THE big book OF font COMBINATIONS

HUNDREDS OF TYPEFACE PAIRING IDEAS FOR GRAPHIC DESIGN & TYPOGRAPHY ENTHUSIASTS

Douglas Bonneville | bonfx

Published in 2019 by
BonFX
Warwick, Rhode Island 02888
USA

For more information about books and apps published by BonFX, please visit https://bonfx.com

Designer and Editor: Douglas Bonneville

Table of Contents

the big book of font combinations

What is this book about?

The *Big Book of Font Combinations* is an inspiration resource for creating great looking combinations of typefaces and fonts for design projects using a carefully selected library of classic typefaces. While there are principles to help designers put together functional and pleasant combinations, nothing beats simply seeing them work together on a page on screen or in print. It takes time to create the samples in order to evaluate them. The goal of this book is to give you back some time, and have fun while learning about typefaces in the process.

Who is this book for?

It is for professional designers, students, and hobbyists alike. Students will learn the names and visual characteristics of some of the most popular typefaces in all of graphic design history. Professionals will find inspiration and save valuable time in the process. In most cases, a designer has to sort through a typeface collection using a type manager application (like Suitcase Fusion), turning individual fonts on and off for use in their design program. After locating and activating a font in the type manager, they then have to flip back to their design application and apply the font to a selection of text. There might be something therapeutic in this slow process for some people, but it does take a lot of time. The *Big Book of Font Combinations* is a little aid to speed that process up.

How do I use this book?

Each "chapter" is prefaced by a header and body combination using the same typeface. Subsequent pages for each chapter leave the header font in place while changing the body typeface among a range of options that will give the designer either a literal working combination, or an inspiration to take to their layout program. Either way, a lot of time can be saved by browsing the pages of this book first before fiddling with and drudging through large type libraries and cumbersome font management programs.

Is this meant to be a visual guide or a set of rules?

The *Big Book of Font Combinations* is not meant to provide a fixed set of font combination options. It is primarily meant to be a learning tool and a time-saving and inspirational resource for designers. While many combinations may work right out of this book, many others serve as examples of contrast. Some examples have more harmony than others, and some have more discord than others, as presented.

It is important to note that no attempt was made to fine tune each type sample to best match another type sample. This was done so that all the type samples would remain consistent from page to page, to help the designer become familiar with the same text, same font size, same leading, etc., from page to page, to help form a mental picture of not only the samples in the book and how they relate, but perhaps how another font on their computer system might work with an example they are familiar with.

Again, while **some combinations of fonts with their respective tracking and leading as shown in each sample might work as-is, they may also be greatly improved** by carefully optimizing their individual attributes for even better results. I leave the fine-tuning of those attributes up to you!

Why do I want this book?

If you love typography and typefaces, you will want this book. It is a working historical record of incredibly influential typefaces from many critical times in graphic design history. It is very easy to **enjoy the pleasure of seeing so many wonderful typefaces in relaxed conversation with each other on the sample pages**. There is no UI to fiddle with, no flaky font substitution or activation from font manager programs or buggy software or fickle fonts to slow down the inspiration process. Just use the table of contents to get to a typeface chapter, or simply peruse.

How were the typefaces chosen?

They were selected by collating several independent sources of research to come up with a list of the most popular typefaces in history. There are various reasons why some typefaces made the list that seem to indicate a bias or preference on the part of the author, but that is not the case. While the list is not exhaustive, the list accurately reflects that all of the typefaces have great popularity and continued high usage in modern design.

What is the difference between a font and a typeface?

This is a great question to search on the web, but in a nutshell here it is: a typeface is the design you see *and* the collection of individual fonts you use, while a font is a particular instance of a typeface that you apply to your text. For instance, "Futura" is a typeface and "Futura", "Futura Bold" and "Futura Italic" are fonts in that typeface.

How were the combinations made?

Each typeface sample was created in InDesign. The body copy and header copy for each typeface are separate files. The InDesign typeface pages were then stacked on top of each other on different layers and saved as a new final composite page. This means that anytime you see a "Futura" header or a "Minion" body copy, you can be assured that they are identical, and not fine-tuned per combination. This is a democratic way of showing each font in a generic manner while giving you a clear idea of the basic typeface personality. As you become familiar with each typeface, combinations will become easier and more intuitive to create.

Why are some of the combinations you came up with ugly? I'd never combine X and Y.

Some of the combinations as presented might not appeal to you now or ever. Please keep in mind that as presented, none of the combinations are attempts to reconcile point size, leading, kerning, etc., among the typeface pairs to perfection. Instead, basic optimizations were done to each typeface independently across a standardized type sample. All effort was made to homogenize the text and basic characteristics of text flow and fit per typeface. However, no effort was made to tweak individual typeface samples to better match any other typeface in order to get the best combination possible. This is because each typeface sample is saved and reused in all the various combinations—without change—so that the reader knows they are working with a baseline sample.

That said, what might appear less-than-optimal to your eyes could easily be tweaked to work nicely if you take the typefaces in question and work to create better harmony by changing kerning, tracking, leading, etc..

What format did you follow?

The idea behind the master layout sample that is adhered to for each sample was to create a modular layout that broke the page up into various sections with different focus points. The main section, covering 2 columns, shows a header, sub-header, body, and footer sample. The other sidebar and subsections show a mixture of applications outside of standard heading and body applications, to show the fonts in various working settings. The overall master layout sample is not a "design" per se, but a functional way to show as many usages per font on one page as is reasonable. Because of that, each sample is not intended to present an overall, balanced font combinations spec sheet. Rather, it is intended to show practical, various usages, while at the same time managing not be completely eye-straining. The focus is decidedly on the fonts, not the layout.

Why did you design such a busy layout for the sample pages?

See the previous question for more detail. In a nutshell, we needed to cram a lot, but not too much, and not too little information on each page. Yes, there is a lot going on. No, you don't want to emulate this layout for your next newsletter. But yes, you get a wide variety of practical samples for each font and each page, all without having to fiddle with any software. Think of it like a sketchbook for typeface combination ideas, and you'll have a perfect understanding of the layout.

Are you promoting old typefaces versus new ones?

It would seem that because many new and popular typefaces are not included in this work that there is a bias against new typefaces designed by living type designers over and against old typefaces designed by generations of past type designers. This is not the case. There is simply a logistical, mechanical, and numerical limit to what we could include in a work of this nature.

While future editions may expand the typeface selection to a degree, it will never be able to include all popular typefaces. However, our suite of mobile applications called *Font Combinations* contains both classic and contemporary typefaces, and can create thousands and thousands of combinations. As of this writing (Fall 2010), the *Font Combinations* app is available from Apple in the iTunes App Store. For more information, please visit:

http://bonfx.com/font-combinations-app

Should designers buy new typefaces?

Yes. The typefaces included in this book are all classics (or darn near close) and widely used. But you must expand into current type design vocabulary in order to be the best designer you can. Please support the work of living typographers. Do yourself and them a favor and purchase new, relevant work. Expand your typographic repertoire.

Are some type designers upset with this book?

Yes, some type designers reacted, at least initially, to the research in this book in a negative manner, because it seemed to display a bias for old typefaces over and against new ones. However, there was no bias in either collecting or reporting the data: the most popular fonts are the most popular fonts however you want to count them!

Why aren't there any condensed fonts shown?

If we had included condensed versions of any of the typefaces, it would only be fair and consistent to include available condensed versions for all of the typefaces. This would have lead to a monstrously long book. Our hundreds of samples would have effectively doubled or tripled.

However, this is something that our apps easily handle. Please see http://bonfx.com for the latest in apps, such as *Font Combinations* for iPhone, for a vastly expanded library of font combinations, which will eventually number in the thousands and thousands—more than anyone could ever need in an entire design career!

What principles did you use to create the combinations?

The basic principle I used was to look for a basic relationship between the x-heights of each typeface. Secondary attention was paid to glyph width. Tertiary attention was then paid to peculiar chemistries between individual fonts which was usually a bold font as a header copy from one typeface and a regular weight font for body copy from another typeface.

Are all these combinations really useful?

All the combinations are useful in some way. Some combinations are ready to go to print. Just copy the basic info for point size and leading right out of the book, but do your own tweaking to the different attributes. Even less-than-apparently-useful combinations are **quite instructive regarding the personality of a typeface or font**. If you know you don't like a combination, you might think about why by zooming in a little and really coming to a conclusion you can articulate. When you can do that, you've really learned something about a typeface or font.

For instance, you may be ambivalent about Stone, but negative about Stone Italic, especially combined with Helvetica. Perhaps the Helvetica brings out the worst in Stone Italic, in a way you didn't see before, and now you can put your finger on why. Once you are able to do that, you have further developed your own visual vocabulary regarding typography in general.

Why didn't you include [insert favorite typeface] in your list?

We had to draw the line somewhere. If we had included the next ten or fifteen fonts from our list of one-hundred typefaces, this book could have approached five-hundred pages. The print version might become unsalable at that size. For this reason, we have developed various apps with a much expanded typographic library with thousands and thousands of font combinations to create and peruse.

Why are there only 350 or so font combinations?

Only 350? In all honesty, we tried to limit each font in the header position to around 6 examples. Some typefaces got more working examples, and some got less. Not to knock any particular font, but you can see at a glance why Helvetica is going to be more workable than say, Rockwell. You can see that with 5-10 samples per typeface, multiplied by 50-or-so core typefaces, we could easily generate over 400 pages of ex-

amples. We actually hit 500 combinations in the first pass, and had to edit that down quite a bit! Editing the combinations down to a reasonable number was the hardest part of putting this together. However, the mission of *The Big Book of Font Combinations* is primarily an instructive and inspirational one, not an exhaustive or encyclopedic one.

Is there a smaller print version available?

As of 2019, there are hard cover (case bound) and paperback versions available from a variety of retailers, including Amazon and Barnes & Noble. Both are 8.5 x 11, and no smaller edition is planned.

Why did you make this book?

I can't explain why for sure. I have a thing for typeface combinations that goes all the way back to square one in 1992 when I got my first copy of Aldus PageMaker for PC. I was designing a little bulletin and found myself smitten and perplexed by all the choices I had with the out-of-the-box fonts installed with my new software. My graphic design studies didn't cover typography beyond rudimentary mechanical instruction with Letraset. With Adobe ATM, a cadre of classic typefaces, and huge laser printer, I was hooked. **I wasted a lot of paper in those days**, because you couldn't be sure what something really looked like until you printed it!

What is your favorite typeface combination?

For me, it changes. However, I will always be partial to Myriad / Minion because it was the first combination I realized really worked well together very early in my design career back in 1992 or so. If my memory serves me right, it was a user manual for Adobe PageMaker that employed this combination. I don't use it much today, but it's fixed in my memory like that first brown, hand-spray painted bike with the banana seat I put together myself, including greased and repacked bearings, back as a kid in 1980 or so: a mini revelation of sorts.

How you should not use this book

Don't flip through this book and copy exactly what you see *without some thought*. Though many combinations are ready to get to work for you, this book isn't necessarily a stamp of approval on all the typeface pairs as presented. Some combinations don't work that well, but that is intentional. Why doesn't a combination work that well? *That is problem for you to solve.* How can a weak combination be made better by altering any of the attributes the samples are designed with? That is what I hope to inspire you to think about. If you do copy an example right out of the book, find a way to improve on it and make it yours and unique to your design project.

How to get the point of this book at it's deepest level

Learn something new about a typeface you didn't know very well before, and **have a lot of fun** in the process. If you lose track of time while doing so, you get bonus points.

The next section provides 29 principles that can help you learn something, have a lot of fun, and lose track of time, all at the same time.

How to miss the point of this book utterly & entirely :)

Here are some bullet points to *ensure* you miss the point of *The Big Book of Font Combinations* and get mad at the author in the process:

*   Copy the examples verbatim without any additional thought or experimentation

*   Assume the examples provided are the only or best examples to be used

*   Assume this book is suggesting that only older typefaces are worth working with

*   Assume because a font is popular or old, it's really still great

*   Assume there is bias on the part of the author towards older typefaces

*   **Assume because not many newer typefaces are included, that you don't need to invest in purchasing the work of contemporary type designers**

Tongue removed from side of cheek...

29 principles for making great font combinations

When it comes to making font combinations, there are principles and methods, but no absolutes. You can't apply all these principles or ideas at the same time. Just peruse this list of ideas and see what strikes you as interesting, and then pursue it!

1. **Combine a serif and a sans serif to give "contrast" and not "concord".** The farther apart the typeface styles are, as a generic but not infallible guideline, the more luck you'll have. Fonts that are too similar look bad together. Go for concord or contrast but avoid the murky, middle ground where all you end up with is conflict. Put Garamond and Sabon together to see what "murky" means. Or try Helvetica and Univers together, which is just as bad.

2. **Don't choose two serifs or two sans serifs** to create a combination, unless they are radically different in some way.

3. **Avoid choosing typefaces from the same categories**, like two Script or two Slabs. You won't get enough contrast, and will end up with conflict. For instance, Clarendon and Rockwell together is not a good thing at all.

4. **Get enough difference in point size** between the various fonts to make contrast.

5. **Assign distinct roles** to each font and commit to them without variance.

6. **Try finding fonts from different categories that have similar x-heights and glyph widths.** For instance, Futura with Times New Roman just doesn't work that well because there is too much contrast between x-heights and widths, but in this case, mostly widths. However, if you are going to work with a condensed font, you can overcome this problem because now you've gone for an extreme contrast.

7. **Find some kind of relationship between the basic shapes.** For instance, look to the letter O in upper and lower case. Round letter O's and taller oval O's, in general don't seem to like each other when creating pairs.

8. **Contrast the overall weight of the fonts.** For instance, Didot and Rockwell look really bad together for many reasons, but one clearly because they both have a heavy presence and just look mad at each other on the same page, at least to my eyes. But a heavy Myriad looks great against the relatively light Minion.

9. **Pay close attention to what makes your eyes dart around.** If your eyes are unsettled, something is off. If your eyes rest and your work gives you that peculiar sense of well-being, your work might be done.

10. **Create different typographic colors.** By color, I mean the overall tint a block of type has when you squint at it. If both of your type samples with different fonts blur to about the same color, try

playing with font size, line spacing, kerning, or even substituting one font for a heavier or lighter one from the same typeface.

11. **Look for clever ways to create contrast**. Increase the leading or tracking of one face while decreasing the other and see what happens.

12. **Don't neglect the fact that using different fonts from the same typeface may also be perfectly suitable**. That is why we provided them at the beginning of each font chapter. You might do well with a Helvetica Black for a header and a Helvetica normal for your body.

13. **Try using typefaces from the same historical period**. This will take a little bit of leg work, but not much.

14. **Don't forget to consider how the italics of each typeface look**. You might get a nice match with a bold / normal pair, but then discover that their respective italic fonts have a cat fight right in the middle of your composition. Don't overlook this in the exploration stage!

15. **Fonts that are too disparate may not work at all** with a large amount of copy, but might work in a logo or strictly minimal text setting.

16. **Try your variations with larger and smaller amounts of text**. Personalities multiply or get obscured with varying amounts of texts.

17. **Study and learn the classic typefaces on their own**. Print them out and stare at them at lunch. Once you know them pretty well, then think about how they work with other typefaces. You'll know much more going in to solve your design problem.

18. **Go for a neutral contrast** where neither font overpowers the other, and they both are content to play different roles without usurping all the attention one way or another. This kind of neutral contrast allows the interior personality of each typeface to speak on its own.

19. **Find a combination that you didn't make that you like and study why it works**. The answers for further combinations are likely in there for you to extrapolate. The entire web is at your disposal for this research.

20. **Stick with high quality typefaces you know the names of**. Many free or cheap typefaces are going to be missing important glyphs, and this will kick you later if you don't take care of this up front.

21. **Stick to two typefaces**, but use the natural fonts within those typefaces. This would give you up to 8 fonts to work with: normal, bold, italic, and bold italic. You could possibly have a third very unique font used in a very limited way, such as in the header of a magazine or logo. But if you require 3 or more fonts to achieve your objective, you might be working too hard at it.

22. **If you can't put your finger on it, change something even if you are not sure what to change**. Just change it. Keep moving, keep iterating. You'll either find it, or change the font for something else.

23. **Change the font sizes**. At certain point sizes, a font pair might not agree at all, but at a different point size, everything falls into place.

24. **Avoid mixing monospaced fonts with proportional fonts**. Well, you can try it, but don't say you weren't warned. I can't ever get combos from those styles to mix well to my eye. I want to like OCR-A with something, but OCR-A only seems to like itself with nothing.

25. **Contrast a distinctive header sans with a neutral body serif**. It's easy to get a golden combination when following that recipe.

26. **Don't mix moods**: work with complimentary ones. A light-hearted Gill Sans is not going to play well with an all-business Didot, I would think. Either get two fonts in the same general mood, or get one with some personality and another with a neutral personality.

27. **Look for similar proportions**, out of the box, and then set the fonts in distinct roles.

28. **Make it obvious**. Typeface choices need to have clear distinctions in order for a document to be legible. If there is not enough contrast, the visual

hierarchy breaks down, and the roles you assign to different fonts won't be clear.

29. **Break the rules**. See what happens. There are no absolutes, and a clever designer can make just about any two typeface combinations work to one degree or another.

More resources for combining fonts

I have a blog article, which has grown past the initial 14 resources referenced in the title, for you to check out. Please visit:

https://bonfx.com/14-top-typeface-and-font-combinations-resources

Your feedback wanted

Please e-mail me at:

douglas@bonfx.com

...with any feedback or suggestions you have about this book. I'd love to hear from you.

There are 2 things in particular I'd like to hear from you regarding:

- Are there any typefaces that you strongly feel should have been included? Please write—there will be a chance to consider input in subsequent editions.

- Please, I humbly ask, if you find any *tpyos*, let me know at the above e-mail address.

And please don't forget to drop by my website at:

https://bonfx.com

Subscribe to the RSS feed and keep up-to-date on new book and app information.

I'd also love to hear from you on Twitter, and appreciate enthusiastic tweets about *The Big Book of Font Combinations* (if you think it's tweet-worthy)!

@dbonneville

Warm Regards to All!

—Douglas Bonneville
January 2019
Warwick, Rhode Island

AKZIDENZ GROTESK BLACK 27/32

Lorem ipsum dolor sit amet, consectetuer adipiscing elit

AKZIDENZ GROTESK BLACK 18/21.6

DUIS TE FEUGI FACILISI. DUIS AUTEM DOLOR IN HENDRERIT IN VULPUTATE VELIT ESSE MOLESTIE CONSEQUAT

AKZIDENZ GROTESK 13/17

Videntes apostoli et alii patres antiqui, et praecipue reverendus pater noster beatus Benedictus, quod otiositas inimica est animae, sicut ipse dicit in regula sua, ipsi propriis manibus laboraverunt, et *religiosis viris opera* manuum secundum quod regula praecepit, studeant propriis manibus laborare.

Sed ne aliquis de dispositione locorum causari possit dicens, tale monasterium non esse apertum ad *opera manuum exercenda*, quia situm est in civitate, in aliquo castro vel villa, propterea.

AKZIDENZ GROTESK BOLD / SMALL CAPS 11/13.2

Dolor sit amet SED UT PERSPICIATIS ipsam voluptatem enim voluptas sit esse Dominico Vaspernatur aut fugit Roma, Januaris 1522.

AKZIDENZ GROTESK / SMALL CAPS 19/22.8

NEMO ENIM

AKZIDENZ GROTESK 11/14

Sed ut perspiciatis unde omnis iste natus error sit voluptatem accusantium doloremque laudantium, totam rem aperiam, eaque ipsa quae ab illo de inventore veritatis et quasi architecto beatae vitae dicta sunt est explicabo natus:

- Neque *porro* quisquam
- Architecto beatae vitae
- Qui *dolorem* ipsum
- Inventore veritatis quasi

Dolores nemo enim ipsam voluptatem quia voluptas sit aspernatur aut odit aut fugit, sed quia consequuntur magni est dolores eos qui ratione.

Nunc enim vere monachi est de sunt, si otiosi non maneant, sicut. Sed ne aliquis de possit dicens, tale est monasterium.

AKZIDENZ GROTESK BOLD 9/15

"Neque porro quisquam est, qui dolorem ipsum quia dolor sit amet, consectetur Nemo voluptatem quia nulla vere monachi maneant, aspernatur aut odit aut fugit, sed quia eos qui ratione voluptatem sequi nesciunt."

AKZIDENZ GROTESK BOLD 9/12

Quisquam					
	1	2	3	4	5	6
7	8	9	10	11	12	13
14	15	16	17	18	19	20
21	22	23	24	25	26	27
28	29	30				

AKZIDENZ GROTESK BOLD 15/20

Operae pretium reor ea quae isto in anno Dominus per beatum Benedictum in Galliis operari dignatus est, ad posterorum memoriam et aedificationem annectere. Quidam namque vir potentissimus Gallorum gente progenitus tantis se ab ipsa infantia execrarat flagitiis.

AKZIDENZ GROTESK 9/11

Cuidam	Vero
Dei	Servo
Juxta	Manenti
Dominus	Ea Quae Circa
Defuncti	Animam
Agebantur	Ostendere
Dignatus	Est
Nam	Statim
Ut de corpore	Exiit

AKZIDENZ GROTESK BLACK 15/20

Et sanctus: Ne vobis injustitiam forte facere videar, ejus facta examinate

AKZIDENZ GROTESK BLACK 27/32

Lorem ipsum dolor sit amet, consectetuer adipiscing elit

AKZIDENZ GROTESK BLACK 18/21.6

DUIS TE FEUGI FACILISI. DUIS AUTEM DOLOR IN HENDRERIT IN VULPUTATE VELIT ESSE MOLESTIE CONSEQUAT

BEMBO 13/15.6

Videntes apostoli et alii patres antiqui, et praecipue reverendus pater noster beatus Benedictus, quod otiositas inimica est animae, sicut ipse dicit in regula sua, ipsi propriis manibus laboraverunt, *et religiosis viris opera* manuum secundum quod regula praecepit, studeant propriis manibus laborare.

Sed ne aliquis de dispositione locorum causari possit dicens, tale monasterium non esse apertum ad *opera manuum exercenda,* quia situm est in civitate, in aliquo castro vel villa, propterea.

BEMBO ITALIC ITALIC & ROMAN / SMALL CAPS 11/13.2

Dolor sit amet SED UT PERSPICIATIS *ipsam voluptatem enim voluptas sit esse Dominico Vaspernatur aut fugit Roma, Januaris 1522.*

BEMBO BOLD / SMALL CAPS 19/22.8

NEMO ENIM

BEMBO 11/14.4

Sed ut perspiciatis unde omnis iste natus error sit voluptatem accusantium doloremque laudantium, totam rem aperiam, eaque ipsa quae ab illo de inventore veritatis et quasi architecto beatae vitae dicta sunt est explicabo natus:

- Neque *porro* quisquam
- Architecto beatae vitae
- Qui *dolorem* ipsum
- Inventore veritatis quasi

Dolores nemo enim ipsam voluptatem quia voluptas sit aspernatur aut odit aut fugit, sed quia consequuntur magni est dolores eos qui ratione.

Nunc enim vere monachi est de sunt, si otiosi non maneant, sicut. Sed ne aliquis de possit dicens, tale est monasterium.

AKZIDENZ GROTESK BOLD 9/15

"Neque porro quisquam est, qui dolorem ipsum quia dolor sit amet, consectetur Nemo voluptatem quia nulla vere monachi maneant, aspernatur aut odit aut fugit, sed quia eos qui ratione voluptatem sequi nesciunt."

AKZIDENZ GROTESK BOLD 9/12

Quisquam					
1	2	3	4	5	6
7	8	9	10	11	12	13
14	15	16	17	18	19	20
21	22	23	24	25	26	27
28	29	30				

BEMBO BOLD 16/19.2

Operae pretium reor ea quae isto in anno Dominus per beatum Benedictum in Galliis operari dignatus est, ad posterorum memoriam et aedificationem annectere. Quidam namque vir potentissimus Gallorum *gente progenitus tantis* se ab ipsa infantia execrarat flagitiis.

AKZIDENZ GROTESK 9/11

Cuidam ....Vero
Dei .... Servo
Juxta... Manenti
Dominus............................Ea Quae Circa
Defuncti .... Animam
Agebantur................................Ostendere
Dignatus ....Est
Nam..Statim
Ut de corpore ....Exiit

AKZIDENZ GROTESK BLACK 15/20

Et sanctus: Ne vobis injustitiam forte facere videar, ejus facta examinate

AKZIDENZ GROTESK BLACK 27/32

Lorem ipsum dolor sit amet, consectetuer adipiscing elit

AKZIDENZ GROTESK BLACK 18/21.6

DUIS TE FEUGI FACILISI. DUIS AUTEM DOLOR IN HENDRERIT IN VULPUTATE VELIT ESSE MOLESTIE CONSEQUAT

CLARENDON LIGHT 11/16.5

Videntes apostoli et alii patres antiqui, et praecipue reverendus pater noster beatus Benedictus, quod otiositas inimica est animae, sicut ipse dicit in regula sua, ipsi propriis manibus laboraverunt, et religiosis viris opera manuum secundum quod regula praecepit, studeant propriis manibus laborare.

Sed ne aliquis de dispositione locorum causari possit dicens, tale monasterium non esse apertum ad opera manuum exercenda, quia situm est in civitate, in aliquo castro vel villa, propterea.

CLARENDON LIGHT / SMALL CAPS 9/12

Dolor sit amet SED UT PERSPICIATIS ipsam voluptatem enim voluptas sit esse Dominico Vaspernatur aut fugit Roma, Januaris 1522.

CLARENDON / SMALL CAPS 19/22.8

NEMO ENIM

CLARENDON LIGHT 10/13.5

Sed ut perspiciatis unde omnis iste natus error sit voluptatem accusantium doloremque laudantium, totam rem aperiam, eaque ipsa quae ab illo de inventore veritatis et quasi architecto beatae vitae dicta sunt est explicabo natus:

- Neque porro quisquam
- Architecto beatae vitae
- Qui dolorem ipsum
- Inventore veritatis quasi

Dolores nemo enim ipsam voluptatem quia voluptas sit aspernatur aut odit aut fugit, sed quia consequuntur magni est dolores eos qui ratione.

Nunc enim vere monachi est de sunt, si otiosi non maneant, sicut. Sed ne aliquis de possit dicens, tale est monasterium.

AKZIDENZ GROTESK BOLD 9/15

"Neque porro quisquam est, qui dolorem ipsum quia dolor sit amet, consectetur Nemo voluptatem quia nulla vere monachi maneant, aspernatur aut odit aut fugit, sed quia eos qui ratione voluptatem sequi nesciunt."

AKZIDENZ GROTESK BOLD 9/12

Quisquam

	1	2	3	4	5	6
7	8	9	10	11	12	13
14	15	16	17	18	19	20
21	22	23	24	25	26	27
28	29	30				

CLARENDON 14/20

Operae pretium reor ea quae isto in anno Dominus per beatum Benedictum in Galliis operari dignatus est, ad posterorum memoriam et aedificationem annectere. Quidam namque vir potentissimus Gallorum gente progenitus tantis se ab ipsa infantia execrarat flagitiis.

AKZIDENZ GROTESK 9/11

Cuidam	Vero
Dei	Servo
Juxta	Manenti
Dominus	Ea Quae Circa
Defuncti	Animam
Agebantur	Ostendere
Dignatus	Est
Nam	Statim
Ut de corpore	Exiit

AKZIDENZ GROTESK BLACK 15/20

Et sanctus: Ne vobis injustitiam forte facere videar, ejus facta examinate

AKZIDENZ GROTESK BLACK 27/32

Lorem ipsum dolor sit amet, consectetuer adipiscing elit

AKZIDENZ GROTESK BLACK 18/21.6

DUIS TE FEUGI FACILISI. DUIS AUTEM DOLOR IN HENDRERIT IN VULPUTATE VELIT ESSE MOLESTIE CONSEQUAT

EGYPTIENNE 11/17

Videntes apostoli et alii patres antiqui, et praecipue reverendus pater noster beatus Benedictus, quod otiositas inimica est animae, sicut ipse dicit in regula sua, ipsi propriis manibus laboraverunt, et **religiosis viris opera** manuum secundum quod regula praecepit, studeant propriis manibus laborare.

Sed ne aliquis de dispositione locorum causari possit dicens, tale monasterium non esse apertum ad **opera manuum exercenda**, quia situm est in civitate, in aliquo castro vel villa, propterea.

EGYPTIENNE BOLD / SMALL CAPS 9/13

Dolor sit amet SED UT PERSPICIATIS ipsam voluptatem enim voluptas sit esse Dominico Vaspernatur aut fugit Roma, Januaris 1522.

EGYPTIENNE / SMALL CAPS 19/22.8

NEMO ENIM

EGYPTIENNE 9/14

Sed ut perspiciatis unde omnis iste natus error sit voluptatem accusantium doloremque laudantium, totam rem aperiam, eaque ipsa quae ab illo de inventore veritatis et quasi architecto beatae vitae dicta sunt est explicabo natus:

- Neque **porro** quisquam
- Architecto beatae vitae
- Qui **dolorem** ipsum
- Inventore veritatis quasi

Dolores nemo enim ipsam voluptatem quia voluptas sit aspernatur aut odit aut fugit, sed quia consequuntur magni est dolores eos qui ratione.

Nunc enim vere monachi est de sunt, si otiosi non maneant, sicut. Sed ne aliquis de possit dicens, tale est monasterium.

AKZIDENZ GROTESK BOLD 9/15

"Neque porro quisquam est, qui dolorem ipsum quia dolor sit amet, consectetur Nemo voluptatem quia nulla vere monachi maneant, aspernatur aut odit aut fugit, sed quia eos qui ratione voluptatem sequi nesciunt."

AKZIDENZ GROTESK BOLD 9/12

Quisquam					
	1	2	3	4	5	6
7	8	9	10	11	12	13
14	15	16	17	18	19	20
21	22	23	24	25	26	27
28	29	30				

EGYPTIENNE BOLD 14/20

Operae pretium reor ea quae isto in anno Dominus per beatum Benedictum in Galliis operari dignatus est, ad posterorum memoriam et aedificationem annectere. Quidam namque vir potentissimus Gallorum gente progenitus tantis se ab ipsa infantia execrarat flagitiis.

AKZIDENZ GROTESK 9/11

Cuidam ....Vero
Dei ....Servo
Juxta.. Manenti
Dominus.............................. Ea Quae Circa
Defuncti .... Animam
Agebantur......................................Ostendere
Dignatus .... Est
Nam .... Statim
Ut de corpore ....Exiit

AKZIDENZ GROTESK BLACK 15/20

Et sanctus: Ne vobis injustitiam forte facere videar, ejus facta examinate

AKZIDENZ GROTESK BLACK 27/32

Lorem ipsum dolor sit amet, consectetuer adipiscing elit

AKZIDENZ GROTESK BLACK 18/21.6

DUIS TE FEUGI FACILISI. DUIS AUTEM DOLOR IN HENDRERIT IN VULPUTATE VELIT ESSE MOLESTIE CONSEQUAT

MINION 14/16.8

Videntes apostoli et alii patres antiqui, et praecipue reverendus pater noster beatus Benedictus, quod otiositas inimica est animae, sicut ipse dicit in regula sua, ipsi propriis manibus laboraverunt, *et religiosis viris opera* manuum secundum quod regula praecepit, student propriis manibus laborare.

Sed ne aliquis de dispositione locorum causari possit dicens, tale monasterium non esse apertum ad *opera manuum exercenda,* quia situm est in civitate, in aliquo castro vel villa, propterea.

MINION ITALIC & ROMAN / SMALL CAPS 11/13.2

Dolor sit amet SED UT PERSPICIATIS *ipsam voluptatem enim voluptas sit esse Dominico Vaspernatur aut fugit Roma, Januaris 1522.*

MINION BOLD / SMALL CAPS 19/22.8

NEMO ENIM

MINION 11/14.4

Sed ut perspiciatis unde omnis iste natus error sit voluptatem accusantium doloremque laudantium, totam rem aperiam, eaque ipsa quae ab illo de inventore veritatis et quasi architecto beatae vitae dicta sunt est explicabo natus:

- Neque *porro* quisquam
- Architecto beatae vitae
- Qui *dolorem* ipsum
- Inventore veritatis quasi

Dolores nemo enim ipsam voluptatem quia voluptas sit aspernatur aut odit aut fugit, sed quia consequuntur magni est dolores eos qui ratione.

Nunc enim vere monachi est de sunt, si otiosi non maneant, sicut. Sed ne aliquis de possit dicens, tale est monasterium.

AKZIDENZ GROTESK BOLD 9/15

"Neque porro quisquam est, qui dolorem ipsum quia dolor sit amet, consectetur Nemo voluptatem quia nulla vere monachi maneant, aspernatur aut odit aut fugit, sed quia eos qui ratione voluptatem sequi nesciunt."

AKZIDENZ GROTESK BOLD 9/12

Quisquam					
	1	2	3	4	5	6
7	8	9	10	11	12	13
14	15	16	17	18	19	20
21	22	23	24	25	26	27
28	29	30				

MINION BOLD 16/19.2

Operae pretium reor ea quae isto in anno Dominus per beatum Benedictum in Galliis operari dignatus est, ad posterorum memoriam et aedificationem annectere. Quidam namque vir potentissimus Gallorum *gente progenitus tantis* se ab ipsa infantia execrarat flagitiis.

AKZIDENZ GROTESK 9/11

Cuidam	Vero
Dei	Servo
Juxta	Manenti
Dominus	Ea Quae Circa
Defuncti	Animam
Agebantur	Ostendere
Dignatus	Est
Nam	Statim
Ut de corpore	Exiit

AKZIDENZ GROTESK BLACK 15/20

Et sanctus: Ne vobis injustitiam forte facere videar, ejus facta examinate

AKZIDENZ GROTESK BLACK 27/32

Lorem ipsum dolor sit amet, consectetuer adipiscing elit

AKZIDENZ GROTESK BLACK 18/21.6

DUIS TE FEUGI FACILISI. DUIS AUTEM DOLOR IN HENDRERIT IN VULPUTATE VELIT ESSE MOLESTIE CONSEQUAT

NEW BASKERVILLE 13/15.6

Videntes apostoli et alii patres antiqui, et praecipue reverendus pater noster beatus Benedictus, quod otiositas inimica est animae, sicut ipse dicit in regula sua, ipsi propriis manibus laboraverunt, *et religiosis viris opera* manuum secundum quod regula praecepit, studeant propriis manibus laborare.

Sed ne aliquis de dispositione locorum causari possit dicens, tale monasterium non esse apertum ad *opera manuum exercenda*, quia situm est in civitate, in aliquo castro vel villa, propterea.

NEW BASKERVILLE ITALIC & ROMAN / SMALL CAPS 11/13.2

Dolor sit amet SED UT PERSPICIATIS *ipsam voluptatem enim voluptas sit esse Dominico Vaspernatur aut fugit Roma, Januaris 1522.*

NEW BASKERVILLE BOLD / SMALL CAPS 19/22.8

NEMO ENIM

NEW BASKERVILLE 10/14.4

Sed ut perspiciatis unde omnis iste natus error sit voluptatem accusantium doloremque laudantium, totam rem aperiam, eaque ipsa quae ab illo de inventore veritatis et quasi architecto beatae vitae dicta sunt est explicabo natus:

- Neque *porro* quisquam
- Architecto beatae vitae
- Qui *dolorem* ipsum
- Inventore veritatis quasi

Dolores nemo enim ipsam voluptatem quia voluptas sit aspernatur aut odit aut fugit, sed quia consequuntur magni est dolores eos qui ratione.

Nunc enim vere monachi est de sunt, si otiosi non maneant, sicut. Sed ne aliquis de possit dicens, tale est monasterium.

AKZIDENZ GROTESK BOLD 9/15

"Neque porro quisquam est, qui dolorem ipsum quia dolor sit amet, consectetur Nemo voluptatem quia nulla vere monachi maneant, aspernatur aut odit aut fugit, sed quia eos qui ratione voluptatem sequi nesciunt."

AKZIDENZ GROTESK BOLD 9/12

Quisquam					
1	2	3	4	5	6
7	8	9	10	11	12	13
14	15	16	17	18	19	20
21	22	23	24	25	26	27
28	29	30				

NEW BASKERVILLE BOLD 16/19.2

Operae pretium reor ea quae isto in anno Dominus per beatum Benedictum in Galliis operari dignatus est, ad posterorum memoriam et aedificationem annectere. Quidam namque vir potentissimus Gallorum *gente progenitus tantis* se ab ipsa infantia execrarat flagitiis.

AKZIDENZ GROTESK 9/11

Cuidam	Vero
Dei	Servo
Juxta	Manenti
Dominus	Ea Quae Circa
Defuncti	Animam
Agebantur	Ostendere
Dignatus	Est
Nam	Statim
Ut de corpore	Exiit

AKZIDENZ GROTESK BLACK 15/20

Et sanctus: Ne vobis injustitiam forte facere videar, ejus facta examinate

AKZIDENZ GROTESK BLACK 27/32

Lorem ipsum dolor sit amet, consectetuer adipiscing elit

AKZIDENZ GROTESK BLACK 18/21.6

DUIS TE FEUGI FACILISI. DUIS AUTEM DOLOR IN HENDRERIT IN VULPUTATE VELIT ESSE MOLESTIE CONSEQUAT

NEW CENTURY SCHOOLBOOK 12/16

Videntes apostoli et alii patres antiqui, et praecipue reverendus pater noster beatus Benedictus, quod otiositas inimica est animae, sicut ipse dicit in regula sua, ipsi propriis manibus laboraverunt, *et religiosis viris opera* manuum secundum quod regula praecepit, studeant propriis manibus laborare.

Sed ne aliquis de dispositione locorum causari possit dicens, tale monasterium non esse apertum ad *opera manuum exercenda,* quia situm est in civitate, in aliquo castro vel villa, propterea.

NEW CENTURY SCHOOLBOOK ITALIC & ROMAN / SMALL CAPS 10/13

Dolor sit amet SED UT PERSPICIATIS *ipsam voluptatem enim voluptas sit esse Dominico Vaspernatur aut fugit Roma, Januaris 1522.*

NEW CENTURY SCHOOL BOOK BOLD / SMALL CAPS 19/22

NEMO ENIM

NEW CENTURY SCHOOLBOOK 10/14.4

Sed ut perspiciatis unde omnis iste natus error sit voluptatem accusantium doloremque laudantium, totam rem aperiam, eaque ipsa quae ab illo de inventore veritatis et quasi architecto beatae vitae dicta sunt est explicabo natus:

- Neque *porro* quisquam
- Architecto beatae vitae
- Qui *dolorem* ipsum
- Inventore veritatis quasi

Dolores nemo enim ipsam voluptatem quia voluptas sit aspernatur aut odit aut fugit, sed quia consequuntur magni est dolores eos qui ratione.

Nunc enim vere monachi est de sunt, si otiosi non maneant, sicut. Sed ne aliquis de possit dicens, tale est monasterium.

AKZIDENZ GROTESK BOLD 9/15

"Neque porro quisquam est, qui dolorem ipsum quia dolor sit amet, consectetur Nemo voluptatem quia nulla vere monachi maneant, aspernatur aut odit aut fugit, sed quia eos qui ratione voluptatem sequi nesciunt."

AKZIDENZ GROTESK BOLD 9/12

Quisquam					
	1	2	3	4	5	6
7	8	9	10	11	12	13
14	15	16	17	18	19	20
21	22	23	24	25	26	27
28	29	30				

NEW CENTURY SCHOOLBOOK BOLD 14/19

Operae pretium reor ea quae isto in anno Dominus per beatum Benedictum in Galliis operari dignatus est, ad posterorum memoriam et aedificationem annectere. Quidam namque vir potentissimus Gallorum *gente progenitus tantis* se ab ipsa infantia execrarat flagitiis.

AKZIDENZ GROTESK 9/11

Cuidam	Vero
Dei	Servo
Juxta	Manenti
Dominus	Ea Quae Circa
Defuncti	Animam
Agebantur	Ostendere
Dignatus	Est
Nam	Statim
Ut de corpore	Exiit

AKZIDENZ GROTESK BLACK 15/20

Et sanctus: Ne vobis injustitiam forte facere videar, ejus facta examinate

AKZIDENZ GROTESK BLACK 27/32

Lorem ipsum dolor sit amet, consectetuer adipiscing elit

AKZIDENZ GROTESK BLACK 18/21.6

DUIS TE FEUGI FACILISI. DUIS AUTEM DOLOR IN HENDRERIT IN VULPUTATE VELIT ESSE MOLESTIE CONSEQUAT

PALATINO 12/16

Videntes apostoli et alii patres antiqui, et praecipue reverendus pater noster beatus Benedictus, quod otiositas inimica est animae, sicut ipse dicit in regula sua, ipsi propriis manibus laboraverunt, et *religiosis viris opera* manuum secundum quod regula praecepit, studeant propriis manibus laborare.

Sed ne aliquis de dispositione locorum causari possit dicens, tale monasterium non esse apertum ad *opera manuum exercenda*, quia situm est in civitate, in aliquo castro vel villa, propterea.

PALATINO ITALIC / SMALL CAPS 10/12

Dolor sit amet SED UT PERSPICIATIS *ipsam voluptatem enim voluptas sit esse Dominico Vaspernatur aut fugit Roma, Januaris 1522.*

PALATINO BOLD / SMALL CAPS 19/22.8

NEMO ENIM

PALATINO 10/14

Sed ut perspiciatis unde omnis iste natus error sit voluptatem accusantium doloremque laudantium, totam rem aperiam, eaque ipsa quae ab illo de inventore veritatis et quasi architecto beatae vitae dicta sunt est explicabo natus:

- Neque *porro* quisquam
- Architecto beatae vitae
- Qui *dolorem* ipsum
- Inventore veritatis quasi

Dolores nemo enim ipsam voluptatem quia voluptas sit aspernatur aut odit aut fugit, sed quia consequuntur magni est dolores eos qui ratione.

Nunc enim vere monachi est de sunt, si otiosi non maneant, sicut. Sed ne aliquis de possit dicens, tale est monasterium.

AKZIDENZ GROTESK BOLD 9/15

"Neque porro quisquam est, qui dolorem ipsum quia dolor sit amet, consectetur Nemo voluptatem quia nulla vere monachi maneant, aspernatur aut odit aut fugit, sed quia eos qui ratione voluptatem sequi nesciunt."

AKZIDENZ GROTESK BOLD 9/12

Quisquam					
	1	2	3	4	5	6
7	8	9	10	11	12	13
14	15	16	17	18	19	20
21	22	23	24	25	26	27
28	29	30				

PALATINO BOLD 15/18

Operae pretium reor ea quae isto in anno Dominus per beatum Benedictum in Galliis operari dignatus est, ad posterorum memoriam et aedificationem annectere. Quidam namque vir potentissimus Gallorum *gente progenitus tantis* se ab ipsa infantia execrarat flagitiis.

AKZIDENZ GROTESK 9/11

Cuidam	Vero
Dei	Servo
Juxta	Manenti
Dominus	Ea Quae Circa
Defuncti	Animam
Agebantur	Ostendere
Dignatus	Est
Nam	Statim
Ut de corpore	Exiit

AKZIDENZ GROTESK BLACK 15/20

Et sanctus: Ne vobis injustitiam forte facere videar, ejus facta examinate

AKZIDENZ GROTESK BLACK 27/32

Lorem ipsum dolor sit amet, consectetuer adipiscing elit

AKZIDENZ GROTESK BLACK 18/21.6

DUIS TE FEUGI FACILISI. DUIS AUTEM DOLOR IN HENDRERIT IN VULPUTATE VELIT ESSE MOLESTIE CONSEQUAT

WARNOCK 13/15.6

Videntes apostoli et alii patres antiqui, et praecipue reverendus pater noster beatus Benedictus, quod otiositas inimica est animae, sicut ipse dicit in regula sua, ipsi propriis manibus laboraverunt, *et religiosis viris opera* manuum secundum quod regula praecepit, studeant propriis manibus laborare.

Sed ne aliquis de dispositione locorum causari possit dicens, tale monasterium non esse apertum ad *opera manuum exercenda,* quia situm est in civitate, in aliquo castro vel villa, propterea.

WARNOCK ITALIC & ROMAN / SMALL CAPS 11/13.2

Dolor sit amet SED UT PERSPICIATIS *ipsam voluptatem enim voluptas sit esse Dominico Vaspernatur aut fugit Roma, Januaris 1522.*

WARNOCK BOLD / SMALL CAPS 19/22.8

NEMO ENIM

WARNOCK 11/14

Sed ut perspiciatis unde omnis iste natus error sit voluptatem accusantium doloremque laudantium, totam rem aperiam, eaque ipsa quae ab illo de inventore veritatis et quasi architecto beatae vitae dicta sunt est explicabo natus:

- Neque *porro* quisquam
- Architecto beatae vitae
- Qui *dolorem* ipsum
- Inventore veritatis quasi

Dolores nemo enim ipsam voluptatem quia voluptas sit aspernatur aut odit aut fugit, sed quia consequuntur magni est dolores eos qui ratione.

Nunc enim vere monachi est de sunt, si otiosi non maneant, sicut. Sed ne aliquis de possit dicens, tale est monasterium.

AKZIDENZ GROTESK BOLD 9/15

"Neque porro quisquam est, qui dolorem ipsum quia dolor sit amet, consectetur Nemo voluptatem quia nulla vere monachi maneant, aspernatur aut odit aut fugit, sed quia eos qui ratione voluptatem sequi nesciunt."

AKZIDENZ GROTESK BOLD 9/12

Quisquam					
1	2	3	4	5	6
7	8	9	10	11	12	13
14	15	16	17	18	19	20
21	22	23	24	25	26	27
28	29	30			

WARNOCK BOLD 16/19.2

Operae pretium reor ea quae isto in anno Dominus per beatum Benedictum in Galliis operari dignatus est, ad posterorum memoriam et aedificationem annectere. Quidam namque vir potentissimus Gallorum *gente progenitus tantis* se ab ipsa infantia execrarat flagitiis.

AKZIDENZ GROTESK 9/11

Cuidam	Vero
Dei	Servo
Juxta	Manenti
Dominus	Ea Quae Circa
Defuncti	Animam
Agebantur	Ostendere
Dignatus	Est
Nam	Statim
Ut de corpore	Exiit

AKZIDENZ GROTESK BLACK 15/20

Et sanctus: Ne vobis injustitiam forte facere videar, ejus facta examinate

ANTIQUE OLIVE BOLD 27/32

Lorem ipsum dolor sit amet, consectetuer adipiscing elit

ANTIQUE OLIVE BOLD / ALL CAPS 18/21.6

DUIS TE FEUGI FACILISI. DUIS AUTEM DOLOR IN HENDRERIT IN VULPUTATE VELIT ESSE MOLESTIE CONSEQUAT

ANTIQUE OLIVE 13/15.6

Videntes apostoli et alii patres antiqui, et praecipue reverendus pater noster beatus Benedictus, quod otiositas inimica est animae, sicut ipse dicit in regula sua, ipsi propriis manibus laboraverunt, *et religiosis viris opera* manuum secundum quod regula praecepit, studeant propriis manibus laborare.

Sed ne aliquis de dispositione locorum causari possit dicens, tale monasterium non esse apertum ad *opera manuum exercenda*, quia situm est in civitate, in aliquo castro vel villa, propterea.

ANTIQUE OLIVE ITALIC & ROMAN / SMALL CAPS 11/13.2

Dolor sit amet SED UT PERSPICIATIS *ipsam voluptatem enim voluptas sit esse Dominico Vaspernatur aut fugit Roma, Januaris 1522.*

ANTIQUE OLIVE BOLD / SMALL CAPS 19/22.8

NEMO ENIM

ANTIQUE OLIVE 10/14

Sed ut perspiciatis unde omnis iste natus error sit voluptatem accusantium doloremque laudantium, totam rem aperiam, eaque ipsa quae ab illo de inventore veritatis et quasi architecto beatae vitae dicta sunt est explicabo natus:

- Neque *porro* quisquam
- Architecto beatae vitae
- Qui *dolorem* ipsum
- Inventore veritatis quasi

Dolores nemo enim ipsam voluptatem quia voluptas sit aspernatur aut odit aut fugit, sed quia consequuntur magni est dolores eos qui ratione.

Nunc enim vere monachi est de sunt, si otiosi non maneant, sicut. Sed ne aliquis de possit dicens, tale est monasterium.

ANTIQUE OLIVE BOLD ITALIC 10/15

"Neque porro quisquam est, qui dolorem ipsum quia dolor sit amet, consectetur Nemo voluptatem quia vere monachi maneant, aspernatur aut odit aut fugit, sed quia eos qui ratione voluptatem sequi nesciunt."

ANTIQUE OLIVE BOLD 9/12

Quisquam					
	1	2	3	4	5	6
7	8	9	10	11	12	13
14	15	16	17	18	19	20
21	22	23	24	25	26	27
28	29	30				

ANTIQUE OLIVE BOLD 15/18

Operae pretium reor ea quae isto in anno Dominus per beatum Benedictum in Galliis operari dignatus est, ad posterorum memoriam et aedificationem annectere. Quidam namque vir potentissimus Gallorum *gente progenitus tantis* se ab ipsa infantia execrarat flagitiis.

ANTIQUE OLIVE 9/11

Cuidam	Vero
Dei	Servo
Juxta	Manenti
Dominus	Ea Quae Circa
Defuncti	Animam
Agebantur	Ostendere
Dignatus	Est
Nam	Statim
Ut de corpore	Exiit

ANTIQUE OLIVE BOLD 14/20

Et sanctus: Ne vobis injustitiam forte facere videar, ejus facta examinate

ANTIQUE OLIVE BOLD 27/32

Lorem ipsum dolor sit amet, consectetuer adipiscing elit

ANTIQUE OLIVE BOLD / ALL CAPS 18/21.6

DUIS TE FEUGI FACILISI. DUIS AUTEM DOLOR IN HENDRERIT IN VULPUTATE VELIT ESSE MOLESTIE CONSEQUAT

HELVETICA 12/17

Videntes apostoli et alii patres antiqui, et praecipue reverendus pater noster beatus Benedictus, quod otiositas inimica est animae, sicut ipse dicit in regula sua, ipsi propriis manibus laboraverunt, *et religiosis viris opera* manuum secundum quod regula praecepit, studeant propriis manibus laborare.

Sed ne aliquis de dispositione locorum causari possit dicens, tale monasterium non esse apertum ad *opera manuum exercenda,* quia situm est in civitate, in aliquo castro vel villa, propterea.

HELVETICA ITALIC & ROMAN / SMALL CAPS 11/13.2

Dolor sit amet SED UT PERSPICIATIS i*psam voluptatem enim voluptas sit esse Dominico Vas git Roma, Januaris 1522.*

HELVETICA BOLD / SMALL CAPS 19/22.8

NEMO ENIM

HELVETICA 10.5/14

Sed ut perspiciatis unde omnis iste natus error sit voluptatem accusantium doloremque laudantium, totam rem aperiam, eaque ipsa quae ab illo de inventore veritatis et quasi architecto beatae vitae dicta sunt est explicabo natus:

- Neque *porro* quisquam
- Architecto beatae vitae
- Qui *dolorem* ipsum
- Inventore veritatis quasi

Dolores nemo enim ipsam voluptatem quia voluptas sit aspernatur aut odit aut fugit, sed quia consequuntur magni est dolores eos qui ratione.

Nunc enim vere monachi est de sunt, si otiosi non maneant, sicut. Sed ne aliquis de possit dicens, tale est monasterium.

ANTIQUE OLIVE BOLD ITALIC 10/15

"Neque porro quisquam est, qui dolorem ipsum quia dolor sit amet, consectetur Nemo voluptatem quia vere monachi maneant, aspernatur aut odit aut fugit, sed quia eos qui ratione voluptatem sequi nesciunt."

ANTIQUE OLIVE BOLD 9/12

Quisquam					
	1	2	3	4	5	6
7	8	9	10	11	12	13
14	15	16	17	18	19	20
21	22	23	24	25	26	27
28	29	30				

HELVETICA BOLD 15/20

Operae pretium reor ea quae isto in anno Dominus per beatum Benedictum in Galliis operari dignatus est, ad posterorum memoriam et aedificationem annectere. Quidam namque vir potentissimus Gallorum *gente progenitus tantis* se ab ipsa infantia execrarat flagitiis.

ANTIQUE OLIVE 9/11

Cuidam	Vero
Dei	Servo
Juxta	Manenti
Dominus	Ea Quae Circa
Defuncti	Animam
Agebantur	Ostendere
Dignatus	Est
Nam	Statim
Ut de corpore	Exiit

ANTIQUE OLIVE BOLD 14/20

Et sanctus: Ne vobis injustitiam forte facere videar, ejus facta examinate

ANTIQUE OLIVE BOLD 27/32

Lorem ipsum dolor sit amet, consectetuer adipiscing elit

ANTIQUE OLIVE BOLD / ALL CAPS 18/21.6

DUIS TE FEUGI FACILISI. DUIS AUTEM DOLOR IN HENDRERIT IN VULPUTATE VELIT ESSE MOLESTIE CONSEQUAT

MINION 14/16.8

Videntes apostoli et alii patres antiqui, et praecipue reverendus pater noster beatus Benedictus, quod otiositas inimica est animae, sicut ipse dicit in regula sua, ipsi propriis manibus laboraverunt, *et religiosis viris opera* manuum secundum quod regula praecepit, studeant propriis manibus laborare.

Sed ne aliquis de dispositione locorum causari possit dicens, tale monasterium non esse apertum ad *opera manuum exercenda,* quia situm est in civitate, in aliquo castro vel villa, propterea.

MINION ITALIC & ROMAN / SMALL CAPS 11/13.2

Dolor sit amet SED UT PERSPICIATIS *ipsam voluptatem enim voluptas sit esse Dominico Vaspernatur aut fugit Roma, Januaris 1522.*

MINION BOLD / SMALL CAPS 19/22.8

NEMO ENIM

MINION 11/14.4

Sed ut perspiciatis unde omnis iste natus error sit voluptatem accusantium doloremque laudantium, totam rem aperiam, eaque ipsa quae ab illo de inventore veritatis et quasi architecto beatae vitae dicta sunt est explicabo natus:

- Neque *porro* quisquam
- Architecto beatae vitae
- Qui *dolorem* ipsum
- Inventore veritatis quasi

Dolores nemo enim ipsam voluptatem quia voluptas sit aspernatur aut odit aut fugit, sed quia consequuntur magni est dolores eos qui ratione.

Nunc enim vere monachi est de sunt, si otiosi non maneant, sicut. Sed ne aliquis de possit dicens, tale est monasterium.

ANTIQUE OLIVE BOLD ITALIC 10/15

"Neque porro quisquam est, qui dolorem ipsum quia dolor sit amet, consectetur Nemo voluptatem quia vere monachi maneant, aspernatur aut odit aut fugit, sed quia eos qui ratione voluptatem sequi nesciunt."

ANTIQUE OLIVE BOLD 9/12

Quisquam						
	1	2	3	4	5	6
7	8	9	10	11	12	13
14	15	16	17	18	19	20
21	22	23	24	25	26	27
28	29	30				

MINION BOLD 16/19.2

Operae pretium reor ea quae isto in anno Dominus per beatum Benedictum in Galliis operari dignatus est, ad posterorum memoriam et aedificationem annectere. Quidam namque vir potentissimus Gallorum *gente progenitus tantis* se ab ipsa infantia execrarat flagitiis.

ANTIQUE OLIVE 9/11

Cuidam	Vero
Dei	Servo
Juxta	Manenti
Dominus	Ea Quae Circa
Defuncti	Animam
Agebantur	Ostendere
Dignatus	Est
Nam	Statim
Ut de corpore	Exiit

ANTIQUE OLIVE BOLD 14/20

Et sanctus: Ne vobis injustitiam forte facere videar, ejus facta examinate

ANTIQUE OLIVE BOLD 27/32

Lorem ipsum dolor sit amet, consectetuer adipiscing elit

ANTIQUE OLIVE BOLD / ALL CAPS 18/21.6

DUIS TE FEUGI FACILISI. DUIS AUTEM DOLOR IN HENDRERIT IN VULPUTATE VELIT ESSE MOLESTIE CONSEQUAT

NEW BASKERVILLE 13/15.6

Videntes apostoli et alii patres antiqui, et praecipue reverendus pater noster beatus Benedictus, quod otiositas inimica est animae, sicut ipse dicit in regula sua, ipsi propriis manibus laboraverunt, *et religiosis viris opera* manuum secundum quod regula praecepit, studeant propriis manibus laborare.

Sed ne aliquis de dispositione locorum causari possit dicens, tale monasterium non esse apertum ad *opera manuum exercenda,* quia situm est in civitate, in aliquo castro vel villa, propterea.

NEW BASKERVILLE ITALIC & ROMAN / SMALL CAPS 11/13.2

Dolor sit amet SED UT PERSPICIATIS *ipsam voluptatem enim voluptas sit esse Dominico Vaspernatur aut fugit Roma, Januaris 1522.*

NEW BASKERVILLE BOLD / SMALL CAPS 19/22.8

NEMO ENIM

NEW BASKERVILLE 10/14.4

Sed ut perspiciatis unde omnis iste natus error sit voluptatem accusantium doloremque laudantium, totam rem aperiam, eaque ipsa quae ab illo de inventore veritatis et quasi architecto beatae vitae dicta sunt est explicabo natus:

- Neque *porro* quisquam
- Architecto beatae vitae
- Qui *dolorem* ipsum
- Inventore veritatis quasi

Dolores nemo enim ipsam voluptatem quia voluptas sit aspernatur aut odit aut fugit, sed quia consequuntur magni est dolores eos qui ratione.

Nunc enim vere monachi est de sunt, si otiosi non maneant, sicut. Sed ne aliquis de possit dicens, tale est monasterium.

ANTIQUE OLIVE BOLD ITALIC 10/15

"Neque porro quisquam est, qui dolorem ipsum quia dolor sit amet, consectetur Nemo voluptatem quia vere monachi maneant, aspernatur aut odit aut fugit, sed quia eos qui ratione voluptatem sequi nesciunt."

ANTIQUE OLIVE BOLD 9/12

Quisquam					
1	2	3	4	5	6
7	8	9	10	11	12	13
14	15	16	17	18	19	20
21	22	23	24	25	26	27
28	29	30				

NEW BASKERVILLE BOLD 16/19.2

Operae pretium reor ea quae isto in anno Dominus per beatum Benedictum in Galliis operari dignatus est, ad posterorum memoriam et aedificationem annectere. Quidam namque vir potentissimus Gallorum *gente progenitus tantis* se ab ipsa infantia execrarat flagitiis.

ANTIQUE OLIVE 9/11

Cuidam	Vero
Dei	Servo
Juxta	Manenti
Dominus	Ea Quae Circa
Defuncti	Animam
Agebantur	Ostendere
Dignatus	Est
Nam	Statim
Ut de corpore	Exiit

ANTIQUE OLIVE BOLD 14/20

Et sanctus: Ne vobis injustitiam forte facere videar, ejus facta examinate

ANTIQUE OLIVE BOLD 27/32

Lorem ipsum dolor sit amet, consectetuer adipiscing elit

ANTIQUE OLIVE BOLD / ALL CAPS 18/21.6

DUIS TE FEUGI FACILISI. DUIS AUTEM DOLOR IN HENDRERIT IN VULPUTATE VELIT ESSE MOLESTIE CONSEQUAT

PALATINO 12/16

Videntes apostoli et alii patres antiqui, et praecipue reverendus pater noster beatus Benedictus, quod otiositas inimica est animae, sicut ipse dicit in regula sua, ipsi propriis manibus laboraverunt, et *religiosis viris opera* manuum secundum quod regula praecepit, studeant propriis manibus laborare.

Sed ne aliquis de dispositione locorum causari possit dicens, tale monasterium non esse apertum ad *opera manuum exercenda,* quia situm est in civitate, in aliquo castro vel villa, propterea.

PALATINO ITALIC / SMALL CAPS 10/12

Dolor sit amet SED UT PERSPICIATIS *ipsam voluptatem enim voluptas sit esse Dominico Vaspernatur aut fugit Roma, Januaris 1522.*

PALATINO BOLD / SMALL CAPS 19/22.8

NEMO ENIM

PALATINO 10/14

Sed ut perspiciatis unde omnis iste natus error sit voluptatem accusantium doloremque laudantium, totam rem aperiam, eaque ipsa quae ab illo de inventore veritatis et quasi architecto beatae vitae dicta sunt est explicabo natus:

- Neque *porro* quisquam
- Architecto beatae vitae
- Qui *dolorem* ipsum
- Inventore veritatis quasi

Dolores nemo enim ipsam voluptatem quia voluptas sit aspernatur aut odit aut fugit, sed quia consequuntur magni est dolores eos qui ratione.

Nunc enim vere monachi est de sunt, si otiosi non maneant, sicut. Sed ne aliquis de possit dicens, tale est monasterium.

ANTIQUE OLIVE BOLD ITALIC 10/15

"Neque porro quisquam est, qui dolorem ipsum quia dolor sit amet, consectetur Nemo voluptatem quia vere monachi maneant, aspernatur aut odit aut fugit, sed quia eos qui ratione voluptatem sequi nesciunt."

ANTIQUE OLIVE BOLD 9/12

Quisquam					
1	2	3	4	5	6
7	8	9	10	11	12	13
14	15	16	17	18	19	20
21	22	23	24	25	26	27
28	29	30				

PALATINO BOLD 15/18

Operae pretium reor ea quae isto in anno Dominus per beatum Benedictum in Galliis operari dignatus est, ad posterorum memoriam et aedificationem annectere. Quidam namque vir potentissimus Gallorum *gente progenitus tantis* se ab ipsa infantia execrarat flagitiis.

ANTIQUE OLIVE 9/11

Cuidam	Vero
Dei	Servo
Juxta	Manenti
Dominus	Ea Quae Circa
Defuncti	Animam
Agebantur	Ostendere
Dignatus	Est
Nam	Statim
Ut de corpore	Exiit

ANTIQUE OLIVE BOLD 14/20

Et sanctus: Ne vobis injustitiam forte facere videar, ejus facta examinate

ANTIQUE OLIVE BOLD 27/32

Lorem ipsum dolor sit amet, consectetuer adipiscing elit

ANTIQUE OLIVE BOLD / ALL CAPS 18/21.6

DUIS TE FEUGI FACILISI. DUIS AUTEM DOLOR IN HENDRERIT IN VULPUTATE VELIT ESSE MOLESTIE CONSEQUAT

SOUVENIR 13/17

Videntes apostoli et alii patres antiqui, et praecipue reverendus pater noster beatus Benedictus, quod otiositas inimica est animae, sicut ipse dicit in regula sua, ipsi propriis manibus laboraverunt, et *religiosis viris opera* manuum secundum quod regula praecepit, studeant propriis manibus laborare.

Sed ne aliquis de dispositione locorum causari possit dicens, tale monasterium non esse apertum ad *opera manuum exercenda*, quia situm est in civitate, in aliquo castro vel villa, propterea.

SOUVENIR ITALIC / SMALL CAPS 11/13.2

Dolor sit amet SED UT PERSPICIATIS *ipsam voluptatem enim voluptas sit esse Dominico Vaspernatur aut fugit Roma, Januaris 1522.*

SOUVENIR BOLD / SMALL CAPS 19/22.8

NEMO ENIM

SOUVENIR 11/14

Sed ut perspiciatis unde omnis iste natus error sit voluptatem accusantium doloremque laudantium, totam rem aperiam, eaque ipsa quae ab illo de inventore veritatis et quasi architecto beatae vitae dicta sunt est explicabo natus:

- Neque *porro* quisquam
- Architecto beatae vitae
- Qui *dolorem* ipsum
- Inventore veritatis quasi

Dolores nemo enim ipsam voluptatem quia voluptas sit aspernatur aut odit aut fugit, sed quia consequuntur magni est dolores eos qui ratione.

Nunc enim vere monachi est de sunt, si otiosi non maneant, sicut. Sed ne aliquis de possit dicens, tale est monasterium.

ANTIQUE OLIVE BOLD ITALIC 10/15

"Neque porro quisquam est, qui dolorem ipsum quia dolor sit amet, consectetur Nemo voluptatem quia vere monachi maneant, aspernatur aut odit aut fugit, sed quia eos qui ratione voluptatem sequi nesciunt."

ANTIQUE OLIVE BOLD 9/12

Quisquam						
	1	2	3	4	5	6
7	8	9	10	11	12	13
14	15	16	17	18	19	20
21	22	23	24	25	26	27
28	29	30				

SOUVENIR BOLD 14/20

Operae pretium reor ea quae isto in anno Dominus per beatum Benedictum in Galliis operari dignatus est, ad posterorum memoriam et aedificationem annectere. Quidam namque vir potentissimus Gallorum *gente progenitus tantis* se ab ipsa infantia execrarat flagitiis.

ANTIQUE OLIVE 9/11

Cuidam	Vero
Dei	Servo
Juxta	Manenti
Dominus	Ea Quae Circa
Defuncti	Animam
Agebantur	Ostendere
Dignatus	Est
Nam	Statim
Ut de corpore	Exiit

ANTIQUE OLIVE BOLD 14/20

Et sanctus: Ne vobis injustitiam forte facere videar, ejus facta examinate

ANTIQUE OLIVE BOLD 27/32

Lorem ipsum dolor sit amet, consectetuer adipiscing elit

ANTIQUE OLIVE BOLD / ALL CAPS 18/21.6

DUIS TE FEUGI FACILISI. DUIS AUTEM DOLOR IN HENDRERIT IN VULPUTATE VELIT ESSE MOLESTIE CONSEQUAT

WARNOCK 13/15.6

Videntes apostoli et alii patres antiqui, et praecipue reverendus pater noster beatus Benedictus, quod otiositas inimica est animae, sicut ipse dicit in regula sua, ipsi propriis manibus laboraverunt, *et religiosis viris opera* manuum secundum quod regula praecepit, studeant propriis manibus laborare.

Sed ne aliquis de dispositione locorum causari possit dicens, tale monasterium non esse apertum ad *opera manuum exercenda,* quia situm est in civitate, in aliquo castro vel villa, propterea.

WARNOCK ITALIC & ROMAN / SMALL CAPS 11/13.2

Dolor sit amet SED UT PERSPICIATIS *ipsam voluptatem enim voluptas sit esse Dominico Vaspernatur aut fugit Roma, Januaris 1522.*

WARNOCK BOLD / SMALL CAPS 19/22.8

NEMO ENIM

WARNOCK 11/14

Sed ut perspiciatis unde omnis iste natus error sit voluptatem accusantium doloremque laudantium, totam rem aperiam, eaque ipsa quae ab illo de inventore veritatis et quasi architecto beatae vitae dicta sunt est explicabo natus:

- Neque *porro* quisquam
- Architecto beatae vitae
- Qui *dolorem* ipsum
- Inventore veritatis quasi

Dolores nemo enim ipsam voluptatem quia voluptas sit aspernatur aut odit aut fugit, sed quia consequuntur magni est dolores eos qui ratione.

Nunc enim vere monachi est de sunt, si otiosi non maneant, sicut. Sed ne aliquis de possit dicens, tale est monasterium.

ANTIQUE OLIVE BOLD ITALIC 10/15

"Neque porro quisquam est, qui dolorem ipsum quia dolor sit amet, consectetur Nemo voluptatem quia vere monachi maneant, aspernatur aut odit aut fugit, sed quia eos qui ratione voluptatem sequi nesciunt."

ANTIQUE OLIVE BOLD 9/12

Quisquam

	1	2	3	4	5	6
7	8	9	10	11	12	13
14	15	16	17	18	19	20
21	22	23	24	25	26	27
28	29	30			

WARNOCK BOLD 16/19.2

Operae pretium reor ea quae isto in anno Dominus per beatum Benedictum in Galliis operari dignatus est, ad posterorum memoriam et aedificationem annectere. Quidam namque vir potentissimus Gallorum *gente progenitus tantis* se ab ipsa infantia execrarat flagitiis.

ANTIQUE OLIVE 9/11

Cuidam	Vero
Dei	Servo
Juxta	Manenti
Dominus	Ea Quae Circa
Defuncti	Animam
Agebantur	Ostendere
Dignatus	Est
Nam	Statim
Ut de corpore	Exiit

ANTIQUE OLIVE BOLD 14/20

Et sanctus: Ne vobis injustitiam forte facere videar, ejus facta examinate

ARNO BOLD 30/32

Lorem ipsum dolor sit amet, consectetuer adipiscing elit

ARNO BOLD / ALL CAPS 18/21.6

DUIS TE FEUGI FACILISI. DUIS AUTEM DOLOR IN HENDRERIT IN VULPUTATE VELIT ESSE MOLESTIE CONSEQUAT

ARNO 14/16.8

Videntes apostoli et alii patres antiqui, et praecipue reverendus pater noster beatus Benedictus, quod otiositas inimica est animae, sicut ipse dicit in regula sua, ipsi propriis manibus laboraverunt, et *religiosis viris opera* manuum secundum quod regula praecepit, studeant propriis manibus laborare.

Sed ne aliquis de dispositione locorum causari possit dicens, tale monasterium non esse apertum ad *opera manuum exercenda,* quia situm est in civitate, in aliquo castro vel villa, propterea.

ARNO ITALIC / SMALL CAPS 11/13.2

Dolor sit amet SED UT PERSPICIATIS *ipsam voluptatem enim voluptas sit esse Dominico Vaspernatur aut fugit Roma, Januaris 1522.*

ARNO BOLD / SMALL CAPS 19/22.8

NEMO ENIM

ARNO 12/14.4

Sed ut perspiciatis unde omnis iste natus error sit voluptatem accusantium doloremque laudantium, totam rem aperiam, eaque ipsa quae ab illo de inventore veritatis et quasi architecto beatae vitae dicta sunt est explicabo natus:

- Neque *porro* quisquam
- Architecto beatae vitae
- Qui *dolorem* ipsum
- Inventore veritatis quasi

Dolores nemo enim ipsam voluptatem quia voluptas sit aspernatur aut odit aut fugit, sed quia consequuntur magni est dolores eos qui ratione.

Nunc enim vere monachi est de sunt, si otiosi non maneant, sicut. Sed ne aliquis de possit dicens, tale est monasterium.

ARNO BOLD ITALIC 11/15

"Neque porro quisquam est, qui dolorem ipsum quia dolor sit amet, consectetur Nemo voluptatem quia vere monachi maneant, aspernatur aut odit aut fugit, sed quia eos qui ratione voluptatem sequi nesciunt."

ARNO BOLD 9/12

Quisquam						
	1	2	3	4	5	6
7	8	9	10	11	12	13
14	15	16	17	18	19	20
21	22	23	24	25	26	27
28	29	30				

ARNO BOLD 16/19.2

Operae pretium reor ea quae isto in anno Dominus per beatum Benedictum in Galliis operari dignatus est, ad posterorum memoriam et aedificationem annectere. Quidam namque vir potentissimus Gallorum *gente progenitus tantis* se ab ipsa infantia execrarat flagitiis.

ARNO 9/11

Cuidam	Vero
Dei	Servo
Juxta	Manenti
Dominus	Ea Quae Circa
Defuncti	Animam
Agebantur	Ostendere
Dignatus	Est
Nam	Statim
Ut de corpore	Exiit

ARNO BOLD 17/20

Et sanctus: Ne vobis injustitiam forte facere videar, ejus facta examinate

ARNO BOLD 30/32

Lorem ipsum dolor sit amet, consectetuer adipiscing elit

ARNO BOLD / ALL CAPS 18/21.6

DUIS TE FEUGI FACILISI. DUIS AUTEM DOLOR IN HENDRERIT IN VULPUTATE VELIT ESSE MOLESTIE CONSEQUAT

AKZIDENZ GROTESK 13/17

Videntes apostoli et alii patres antiqui, et praecipue reverendus pater noster beatus Benedictus, quod otiositas inimica est animae, sicut ipse dicit in regula sua, ipsi propriis manibus laboraverunt, et *religiosis viris opera* manuum secundum quod regula praecepit, studeant propriis manibus laborare.

Sed ne aliquis de dispositione locorum causari possit dicens, tale monasterium non esse apertum ad *opera manuum exercenda*, quia situm est in civitate, in aliquo castro vel villa, propterea.

AKZIDENZ GROTESK BOLD / SMALL CAPS 11/13.2

Dolor sit amet SED UT PERSPICIATIS ipsam voluptatem enim voluptas sit esse Dominico Vaspernatur aut fugit Roma, Januaris 1522.

AKZIDENZ GROTESK / SMALL CAPS 19/22.8

NEMO ENIM

AKZIDENZ GROTESK 11/14

Sed ut perspiciatis unde omnis iste natus error sit voluptatem accusantium doloremque laudantium, totam rem aperiam, eaque ipsa quae ab illo de inventore veritatis et quasi architecto beatae vitae dicta sunt est explicabo natus:

- Neque *porro* quisquam
- Architecto beatae vitae
- Qui *dolorem* ipsum
- Inventore veritatis quasi

Dolores nemo enim ipsam voluptatem quia voluptas sit aspernatur aut odit aut fugit, sed quia consequuntur magni est dolores eos qui ratione.

Nunc enim vere monachi est de sunt, si otiosi non maneant, sicut. Sed ne aliquis de possit dicens, tale est monasterium.

ARNO BOLD ITALIC 11/15

"Neque porro quisquam est, qui dolorem ipsum quia dolor sit amet, consectetur Nemo voluptatem quia vere monachi maneant, aspernatur aut odit aut fugit, sed quia eos qui ratione voluptatem sequi nesciunt."

ARNO BOLD 9/12

Quisquam					
1	2	3	4	5	6
7	8	9	10	11	12	13
14	15	16	17	18	19	20
21	22	23	24	25	26	27
28	29	30				

AKZIDENZ GROTESK BOLD 15/20

Operae pretium reor ea quae isto in anno Dominus per beatum Benedictum in Galliis operari dignatus est, ad posterorum memoriam et aedificationem annectere. Quidam namque vir potentissimus Gallorum gente progenitus tantis se ab ipsa infantia execrarat flagitiis.

ARNO 9/11

Cuidam	Vero
Dei	Servo
Juxta	Manenti
Dominus	Ea Quae Circa
Defuncti	Animam
Agebantur	Ostendere
Dignatus	Est
Nam	Statim
Ut de corpore	Exiit

ARNO BOLD 17/20

Et sanctus: Ne vobis injustitiam forte facere videar, ejus facta examinate

ARNO BOLD 30/32

Lorem ipsum dolor sit amet, consectetuer adipiscing elit

ARNO BOLD / ALL CAPS 18/21.6

DUIS TE FEUGI FACILISI. DUIS AUTEM DOLOR IN HENDRERIT IN VULPUTATE VELIT ESSE MOLESTIE CONSEQUAT

FRANKLIN GOTHIC 13/17

Videntes apostoli et alii patres antiqui, et praecipue reverendus pater noster beatus Benedictus, quod otiositas inimica est animae, sicut ipse dicit in regula sua, ipsi propriis manibus laboraverunt, *et religiosis viris opera* manuum secundum quod regula praecepit, studeant propriis manibus laborare.

Sed ne aliquis de dispositione locorum causari possit dicens, tale monasterium non esse apertum ad *opera manuum exercenda,* quia situm est in civitate, in aliquo castro vel villa, propterea.

FRANKLIN GOTHIC ITALIC / SMALL CAPS 11/13.2

Dolor sit amet SED UT PERSPICIATIS *ipsam voluptatem enim voluptas sit esse Dominico Vaspernatur aut fugit Roma, Januaris 1522.*

FRANKLIN GOTHIC BOLD / SMALL CAPS 19/22.8

NEMO ENIM

FRANKLIN GOTHIC 10/14.4

Sed ut perspiciatis unde omnis iste natus error sit voluptatem accu santium doloremque laudantium, totam rem aperiam, eaque ipsa quae ab illo de inventore veritatis et quasi architecto beatae vitae dicta sunt est explicabo natus:

- Neque *porro* quisquam
- Architecto beatae vitae
- Qui *dolorem* ipsum
- Inventore veritatis quasi

Dolores nemo enim ipsam voluptatem quia voluptas sit aspernatur aut odit aut fugit, sed quia consequuntur magni est dolores eos qui ratione.

Nunc enim vere monachi est de sunt, si otiosi non maneant, sicut. Sed ne aliquis de possit dicens, tale est monasterium.

ARNO BOLD ITALIC 11/15

"Neque porro quisquam est, qui dolorem ipsum quia dolor sit amet, consectetur Nemo voluptatem quia vere monachi maneant, aspernatur aut odit aut fugit, sed quia eos qui ratione voluptatem sequi nesciunt."

ARNO BOLD 9/12

Quisquam					
1	2	3	4	5	6
7	8	9	10	11	12	13
14	15	16	17	18	19	20
21	22	23	24	25	26	27
28	29	30				

FRANKLIN GOTHIC BOLD 16/19.2

Operae pretium reor ea quae isto in anno Dominus per beatum Benedictum in Galliis operari dignatus est, ad posterorum memoriam et aedificationem annectere. Quidam namque vir potentissimus Gallorum *gente progenitus tantis* se ab ipsa infantia execrarat flagitiis.

ARNO 9/11

Cuidam	Vero
Dei	Servo
Juxta	Manenti
Dominus	Ea Quae Circa
Defuncti	Animam
Agebantur	Ostendere
Dignatus	Est
Nam	Statim
Ut de corpore	Exiit

ARNO BOLD 17/20

Et sanctus: Ne vobis injustitiam forte facere videar, ejus facta examinate

ARNO BOLD 30/32

Lorem ipsum dolor sit amet, consectetuer adipiscing elit

ARNO BOLD / ALL CAPS 18/21.6

DUIS TE FEUGI FACILISI. DUIS AUTEM DOLOR IN HENDRERIT IN VULPUTATE VELIT ESSE MOLESTIE CONSEQUAT

FRUTIGER 12/17

Videntes apostoli et alii patres antiqui, et praecipue reverendus pater noster beatus Benedictus, quod otiositas inimica est animae, sicut ipse dicit in regula sua, ipsi propriis manibus laboraverunt, et *religiosis viris opera* manuum secundum quod regula praecepit, studeant propriis manibus laborare.

Sed ne aliquis de dispositione locorum causari possit dicens, tale monasterium non esse apertum ad *opera manuum exercenda*, quia situm est in civitate, in aliquo castro vel villa, propterea.

FRUTIGER ITALIC / SMALL CAPS 10/12

Dolor sit amet SED UT PERSPICIATIS *ipsam voluptatem enim voluptas sit esse Dominico Vaspernatur aut fugit Roma, Januaris 1522.*

FRUTIGER BOLD / SMALL CAPS 19/22.8

NEMO ENIM

FRUTIGER 10/14

Sed ut perspiciatis unde omnis iste natus error sit voluptatem accusantium doloremque laudantium, totam rem aperiam, eaque ipsa quae ab illo de inventore veritatis et quasi architecto beatae vitae dicta sunt est explicabo natus:

- Neque *porro* quisquam
- Architecto beatae vitae
- Qui *dolorem* ipsum
- Inventore veritatis quasi

Dolores nemo enim ipsam voluptatem quia voluptas sit aspernatur aut odit aut fugit, sed quia consequuntur magni est dolores eos qui ratione.

Nunc enim vere monachi est de sunt, si otiosi non maneant, sicut. Sed ne aliquis de possit dicens, tale est monasterium.

ARNO BOLD ITALIC 11/15

"Neque porro quisquam est, qui dolorem ipsum quia dolor sit amet, consectetur Nemo voluptatem quia vere monachi maneant, aspernatur aut odit aut fugit, sed quia eos qui ratione voluptatem sequi nesciunt."

ARNO BOLD 9/12

Quisquam					
	1	2	3	4	5	6
7	8	9	10	11	12	13
14	15	16	17	18	19	20
21	22	23	24	25	26	27
28	29	30				

FRUTIGER BOLD 15/19

Operae pretium reor ea quae isto in anno Dominus per beatum Benedictum in Galliis operari dignatus est, ad posterorum memoriam et aedificationem annectere. Quidam namque vir potentissimus Gallorum *gente progenitus tantis* se ab ipsa infantia execrarat flagitiis.

ARNO 9/11

Cuidam	Vero
Dei	Servo
Juxta	Manenti
Dominus	Ea Quae Circa
Defuncti	Animam
Agebantur	Ostendere
Dignatus	Est
Nam	Statim
Ut de corpore	Exiit

ARNO BOLD 17/20

Et sanctus: Ne vobis injustitiam forte facere videar, ejus facta examinate

ARNO BOLD 30/32

Lorem ipsum dolor sit amet, consectetuer adipiscing elit

ARNO BOLD / ALL CAPS 18/21.6

DUIS TE FEUGI FACILISI. DUIS AUTEM DOLOR IN HENDRERIT IN VULPUTATE VELIT ESSE MOLESTIE CONSEQUAT

HELVETICA 12/17

Videntes apostoli et alii patres antiqui, et praecipue reverendus pater noster beatus Benedictus, quod otiositas inimica est animae, sicut ipse dicit in regula sua, ipsi propriis manibus laboraverunt, *et religiosis viris opera* manuum secundum quod regula praecepit, studeant propriis manibus laborare.

Sed ne aliquis de dispositione locorum causari possit dicens, tale monasterium non esse apertum ad *opera manuum exercenda,* quia situm est in civitate, in aliquo castro vel villa, propterea.

HELVETICA ITALIC & ROMAN / SMALL CAPS 11/13.2

Dolor sit amet SED UT PERSPICIATIS *ipsam voluptatem enim voluptas sit esse Dominico Vas git Roma, Januaris 1522.*

HELVETICA BOLD / SMALL CAPS 19/22.8

NEMO ENIM

HELVETICA 10.5/14

Sed ut perspiciatis unde omnis iste natus error sit voluptatem accusantium doloremque laudantium, totam rem aperiam, eaque ipsa quae ab illo de inventore veritatis et quasi architecto beatae vitae dicta sunt est explicabo natus:

- Neque *porro* quisquam
- Architecto beatae vitae
- Qui *dolorem* ipsum
- Inventore veritatis quasi

Dolores nemo enim ipsam voluptatem quia voluptas sit aspernatur aut odit aut fugit, sed quia consequuntur magni est dolores eos qui ratione.

Nunc enim vere monachi est de sunt, si otiosi non maneant, sicut. Sed ne aliquis de possit dicens, tale est monasterium.

ARNO BOLD ITALIC 11/15

"Neque porro quisquam est, qui dolorem ipsum quia dolor sit amet, consectetur Nemo voluptatem quia vere monachi maneant, aspernatur aut odit aut fugit, sed quia eos qui ratione voluptatem sequi nesciunt."

ARNO BOLD 9/12

Quisquam					
1	2	3	4	5	6
7	8	9	10	11	12	13
14	15	16	17	18	19	20
21	22	23	24	25	26	27
28	29	30				

HELVETICA BOLD 15/20

Operae pretium reor ea quae isto in anno Dominus per beatum Benedictum in Galliis operari dignatus est, ad posterorum memoriam et aedificationem annectere. Quidam namque vir potentissimus Gallorum *gente progenitus tantis* se ab ipsa infantia execrarat flagitiis.

ARNO 9/11

Cuidam	Vero
Dei	Servo
Juxta	Manenti
Dominus	Ea Quae Circa
Defuncti	Animam
Agebantur	Ostendere
Dignatus	Est
Nam	Statim
Ut de corpore	Exiit

ARNO BOLD 17/20

Et sanctus: Ne vobis injustitiam forte facere videar, ejus facta examinate

ARNO BOLD 30/32

Lorem ipsum dolor sit amet, consectetuer adipiscing elit

ARNO BOLD / ALL CAPS 18/21.6

DUIS TE FEUGI FACILISI. DUIS AUTEM DOLOR IN HENDRERIT IN VULPUTATE VELIT ESSE MOLESTIE CONSEQUAT

UNIVERS 12/16

Videntes apostoli et alii patres antiqui, et praecipue reverendus pater noster beatus Benedictus, quod otiositas inimica est animae, sicut ipse dicit in regula sua, ipsi propriis manibus laboraverunt, et *religiosis viris opera* manuum secundum quod regula praecepit, studeant propriis manibus laborare.

Sed ne aliquis de dispositione locorum causari possit dicens, tale monasterium non esse apertum ad *opera manuum exercenda*, quia situm est in civitate, in aliquo castro vel villa, propterea.

UNIVERS ITALIC / SMALL CAPS 11/13.2

Dolor sit amet SED UT PERSPICIATIS *ipsam voluptatem enim voluptas sit esse Dominico Vaspernatur aut fugit Roma, Januaris 1522.*

UNIVERS BOLD / SMALL CAPS 19/22.8

NEMO ENIM

UNIVERS 10/14

Sed ut perspiciatis unde omnis iste natus error sit voluptatem accusantium doloremque laudantium, totam rem aperiam, eaque ipsa quae ab illo de inventore veritatis et quasi architecto beatae vitae dicta sunt est explicabo natus:

- Neque *porro* quisquam
- Architecto beatae vitae
- Qui *dolorem* ipsum
- Inventore veritatis quasi

Dolores nemo enim ipsam voluptatem quia voluptas sit aspernatur aut odit aut fugit, sed quia consequuntur magni est dolores eos qui ratione.

Nunc enim vere monachi est de sunt, si otiosi non maneant, sicut. Sed ne aliquis de possit dicens, tale est monasterium.

ARNO BOLD ITALIC 11/15

"Neque porro quisquam est, qui dolorem ipsum quia dolor sit amet, consectetur Nemo voluptatem quia vere monachi maneant, aspernatur aut odit aut fugit, sed quia eos qui ratione voluptatem sequi nesciunt."

ARNO BOLD 9/12

Quisquam					
1	2	3	4	5	6
7	8	9	10	11	12	13
14	15	16	17	18	19	20
21	22	23	24	25	26	27
28	29	30				

UNIVERS BOLD 15/19

Operae pretium reor ea quae isto in anno Dominus per beatum Benedictum in Galliis operari dignatus est, ad posterorum memoriam et aedificationem annectere. Quidam namque vir potentissimus Gallorum *gente progenitus tantis* se ab ipsa infantia execrarat flagitiis.

ARNO 9/11

Cuidam .... Vero
Dei .... Servo
Juxta .... Manenti
Dominus .... Ea Quae Circa
Defuncti .... Animam
Agebantur .... Ostendere
Dignatus .... Est
Nam .... Statim
Ut de corpore .... Exiit

ARNO BOLD 17/20

Et sanctus: Ne vobis injustitiam forte facere videar, ejus facta examinate

AVANT GARDE BOLD 30/30

Lorem ipsum dolor sit amet, consectetuer adipiscing elit

AVANT GARDE BOLD / ALL CAPS 18/21.6

DUIS TE FEUGI FACILISI. DUIS AUTEM DOLOR IN HENDRERIT IN VULPUTATE VELIT ESSE MOLESTIE CONSEQUAT

AVANT GARDE 12/17

Videntes apostoli et alii patres antiqui, et praecipue reverendus pater noster beatus Benedictus, quod otiositas inimica est animae, sicut ipse dicit in regula sua, ipsi propriis manibus laboraverunt, et *religiosis viris opera* manuum secundum quod regula praecepit, studeant propriis manibus laborare.

Sed ne aliquis de dispositione locorum causari possit dicens, tale monasterium non esse apertum ad *opera manuum exercenda*, quia situm est in civitate, in aliquo castro vel villa, propterea.

AVANT GARDE ITALIC / SMALL CAPS 10/12

Dolor sit amet SED UT PERSPICIATIS *ipsam voluptatem enim voluptas sit esse Dominico Vaspernatur aut fugit Roma, Januaris 1522.*

AVANT GARDE BOLD / SMALL CAPS 19/22.8

NEMO ENIM

AVANT GARDE 10/13

Sed ut perspiciatis unde omnis iste natus error sit voluptatem accusantium doloremque laudantium, totam rem aperiam, eaque ipsa quae ab illo de inventore veritatis et quasi architecto beatae vitae dicta sunt est explicabo natus:

- Neque *porro* quisquam
- Architecto beatae vitae
- Qui *dolorem* ipsum
- Inventore veritatis quasi

Dolores nemo enim ipsam voluptatem quia voluptas sit aspernatur aut odit aut fugit, sed quia consequuntur magni est dolores eos qui ratione.

Nunc enim vere monachi est de sunt, si otiosi non maneant, sicut. Sed ne aliquis de possit dicens, tale est monasterium.

AVANT GARDE BOLD ITALIC 11/15

"Neque porro quisquam est, qui dolorem ipsum quia dolor sit amet, consectetur Nemo voluptatem quia vere monachi maneant, aspernatur aut odit aut fugit, sed quia eos qui ratione voluptatem sequi nesciunt."

AVANT GARDE BOLD 9/12

Quisquam						
	1	2	3	4	5	6
7	8	9	10	11	12	13
14	15	16	17	18	19	20
21	22	23	24	25	26	27
28	29	30				

AVANT GARDE BOLD 15/19

Operae pretium reor ea quae isto in anno Dominus per beatum Benedictum in Galliis operari dignatus est, ad posterorum memoriam et aedificationem annectere. Quidam namque vir potentissimus Gallorum *gente progenitus tantis* se ab ipsa infantia execrarat flagitiis.

AVANT GARDE 9/11

Cuidam	Vero
Dei	Servo
Juxta	Manenti
Dominus	Ea Quae Circa
Defuncti	Animam
Agebantur	Ostendere
Dignatus	Est
Nam	Statim
Ut de corpore	Exiit

AVANT GARDE BOLD 17/20

Et sanctus: Ne vobis injustitiam forte facere videar, ejus facta examinate

AVANT GARDE BOLD 30/30

Lorem ipsum dolor sit amet, consectetuer adipiscing elit

AVANT GARDE BOLD / ALL CAPS 18/21.6

DUIS TE FEUGI FACILISI. DUIS AUTEM DOLOR IN HENDRERIT IN VULPUTATE VELIT ESSE MOLESTIE CONSEQUAT

BERKELEY 14/16.8

Videntes apostoli et alii patres antiqui, et praecipue reverendus pater noster beatus Benedictus, quod otiositas inimica est animae, sicut ipse dicit in regula sua, ipsi propriis manibus laboraverunt, et *religiosis viris opera* manuum secundum quod regula praecepit, studeant propriis manibus laborare.

Sed ne aliquis de dispositione locorum causari possit dicens, tale monasterium non esse apertum ad *opera manuum exercenda*, quia situm est in civitate, in aliquo castro vel villa, propterea.

BERKELEY ITALIC / SMALL CAPS 11/13.2

Dolor sit amet SED UT PERSPICIATIS *ipsam voluptatem enim voluptas sit esse Dominico Vaspernatur aut fugit Roma, Januaris 1522.*

BERKELEY / SMALL CAPS 19/22.8

NEMO ENIM

BERKELEY 11/14

Sed ut perspiciatis unde omnis iste natus error sit voluptatem accusantium doloremque laudantium, totam rem aperiam, eaque ipsa quae ab illo de inventore veritatis et quasi architecto beatae vitae dicta sunt est explicabo natus:

- Neque *porro* quisquam
- Architecto beatae vitae
- Qui *dolorem* ipsum
- Inventore veritatis quasi

Dolores nemo enim ipsam voluptatem quia voluptas sit aspernatur aut odit aut fugit, sed quia consequuntur magni est dolores eos qui ratione.

Nunc enim vere monachi est de sunt, si otiosi non maneant, sicut. Sed ne aliquis de possit dicens, tale est monasterium.

AVANT GARDE BOLD ITALIC 11/15

"Neque porro quisquam est, qui dolorem ipsum quia dolor sit amet, consectetur Nemo voluptatem quia vere monachi maneant, aspernatur aut odit aut fugit, sed quia eos qui ratione voluptatem sequi nesciunt."

AVANT GARDE BOLD 9/12

Quisquam

	1	2	3	4	5	6
7	8	9	10	11	12	13
14	15	16	17	18	19	20
21	22	23	24	25	26	27
28	29	30				

BERKELEY BOLD 12/19

Operae pretium reor ea quae isto in anno Dominus per beatum Benedictum in Galliis operari dignatus est, ad posterorum memoriam et aedificationem annectere. Quidam namque vir potentissimus Gallorum *gente progenitus tantis* se ab ipsa infantia execrarat flagitiis.

AVANT GARDE 9/11

Cuidam	Vero
Dei	Servo
Juxta	Manenti
Dominus	Ea Quae Circa
Defuncti	Animam
Agebantur	Ostendere
Dignatus	Est
Nam	Statim
Ut de corpore	Exiit

AVANT GARDE BOLD 17/20

Et sanctus: Ne vobis injustitiam forte facere videar, ejus facta examinate

AVANT GARDE BOLD 30/30

Lorem ipsum dolor sit amet, consectetuer adipiscing elit

AVANT GARDE BOLD / ALL CAPS 18/21.6

DUIS TE FEUGI FACILISI. DUIS AUTEM DOLOR IN HENDRERIT IN VULPUTATE VELIT ESSE MOLESTIE CONSEQUAT

CASLON 14/16.8

Videntes apostoli et alii patres antiqui, et praecipue reverendus pater noster beatus Benedictus, quod otiositas inimica est animae, sicut ipse dicit in regula sua, ipsi propriis manibus laboraverunt, et *religiosis viris opera* manuum secundum quod regula praecepit, student propriis manibus laborare.

Sed ne aliquis de dispositione locorum causari possit dicens, tale monasterium non esse apertum ad *opera manuum exercenda*, quia situm est in civitate, in aliquo castro vel villa, propterea.

CASLON ITALIC / SMALL CAPS 11/13.2

Dolor sit amet SED UT PERSPICIATIS *ipsam voluptatem enim voluptas sit esse Dominico Vaspernatur aut fugit Roma, Januaris 1522.*

CASLON BOLD / SMALL CAPS 19/22.8

NEMO ENIM

CASLON 11/14

Sed ut perspiciatis unde omnis iste natus error sit voluptatem accusantium doloremque laudantium, totam rem aperiam, eaque ipsa quae ab illo de inventore veritatis et quasi architecto beatae vitae dicta sunt est explicabo natus:

- Neque *porro* quisquam
- Architecto beatae vitae
- Qui *dolorem* ipsum
- Inventore veritatis quasi

Dolores nemo enim ipsam voluptatem quia voluptas sit aspernatur aut odit aut fugit, sed quia consequuntur magni est dolores eos qui ratione.

Nunc enim vere monachi est de sunt, si otiosi non maneant, sicut. Sed ne aliquis de possit dicens, tale est monasterium.

AVANT GARDE BOLD ITALIC 11/15

"Neque porro quisquam est, qui dolorem ipsum quia dolor sit amet, consectetur Nemo voluptatem quia vere monachi maneant, aspernatur aut odit aut fugit, sed quia eos qui ratione voluptatem sequi nesciunt."

AVANT GARDE BOLD 9/12

Quisquam

	1	2	3	4	5	6
7	8	9	10	11	12	13
14	15	16	17	18	19	20
21	22	23	24	25	26	27
28	29	30				

CASLON BOLD 16/19.2

Operae pretium reor ea quae isto in anno Dominus per beatum Benedictum in Galliis operari dignatus est, ad posterorum memoriam et aedificationem annectere. Quidam namque vir potentissimus Gallorum *gente progenitus tantis* se ab ipsa infantia execrarat flagitiis.

AVANT GARDE 9/11

Cuidam	Vero
Dei	Servo
Juxta	Manenti
Dominus	Ea Quae Circa
Defuncti	Animam
Agebantur	Ostendere
Dignatus	Est
Nam	Statim
Ut de corpore	Exiit

AVANT GARDE BOLD 17/20

Et sanctus: Ne vobis injustitiam forte facere videar, ejus facta examinate

AVANT GARDE BOLD 30/30

Lorem ipsum dolor sit amet, consectetuer adipiscing elit

AVANT GARDE BOLD / ALL CAPS 18/21.6

DUIS TE FEUGI FACILISI. DUIS AUTEM DOLOR IN HENDRERIT IN VULPUTATE VELIT ESSE MOLESTIE CONSEQUAT

NEW BASKERVILLE 13/15.6

Videntes apostoli et alii patres antiqui, et praecipue reverendus pater noster beatus Benedictus, quod otiositas inimica est animae, sicut ipse dicit in regula sua, ipsi propriis manibus laboraverunt, *et religiosis viris opera* manuum secundum quod regula praecepit, studeant propriis manibus laborare.

Sed ne aliquis de dispositione locorum causari possit dicens, tale monasterium non esse apertum ad *opera manuum exercenda,* quia situm est in civitate, in aliquo castro vel villa, propterea.

NEW BASKERVILLE ITALIC & ROMAN / SMALL CAPS 11/13.2

Dolor sit amet SED UT PERSPICIATIS *ipsam voluptatem enim voluptas sit esse Dominico Vaspernatur aut fugit Roma, Januaris 1522.*

NEW BASKERVILLE BOLD / SMALL CAPS 19/22.8

NEMO ENIM

NEW BASKERVILLE 10/14.4

Sed ut perspiciatis unde omnis iste natus error sit voluptatem accusantium doloremque laudantium, totam rem aperiam, eaque ipsa quae ab illo de inventore veritatis et quasi architecto beatae vitae dicta sunt est explicabo natus:

- Neque *porro* quisquam
- Architecto beatae vitae
- Qui *dolorem* ipsum
- Inventore veritatis quasi

Dolores nemo enim ipsam voluptatem quia voluptas sit aspernatur aut odit aut fugit, sed quia consequuntur magni est dolores eos qui ratione.

Nunc enim vere monachi est de sunt, si otiosi non maneant, sicut. Sed ne aliquis de possit dicens, tale est monasterium.

AVANT GARDE BOLD ITALIC 11/15

"Neque porro quisquam est, qui dolorem ipsum quia dolor sit amet, consectetur Nemo voluptatem quia vere monachi maneant, aspernatur aut odit aut fugit, sed quia eos qui ratione voluptatem sequi nesciunt."

AVANT GARDE BOLD 9/12

Quisquam						
	1	2	3	4	5	6
7	8	9	10	11	12	13
14	15	16	17	18	19	20
21	22	23	24	25	26	27
28	29	30				

NEW BASKERVILLE BOLD 16/19.2

Operae pretium reor ea quae isto in anno Dominus per beatum Benedictum in Galliis operari dignatus est, ad posterorum memoriam et aedificationem annectere. Quidam namque vir potentissimus Gallorum *gente progenitus tantis* se ab ipsa infantia execrarat flagitiis.

AVANT GARDE 9/11

Cuidam	Vero
Dei	Servo
Juxta	Manenti
Dominus	Ea Quae Circa
Defuncti	Animam
Agebantur	Ostendere
Dignatus	Est
Nam	Statim
Ut de corpore	Exiit

AVANT GARDE BOLD 17/20

Et sanctus: Ne vobis injustitiam forte facere videar, ejus facta examinate

AVANT GARDE BOLD 30/30

Lorem ipsum dolor sit amet, consectetuer adipiscing elit

AVANT GARDE BOLD / ALL CAPS 18/21.6

DUIS TE FEUGI FACILISI. DUIS AUTEM DOLOR IN HENDRERIT IN VULPUTATE VELIT ESSE MOLESTIE CONSEQUAT

PALATINO 12/16

Videntes apostoli et alii patres antiqui, et praecipue reverendus pater noster beatus Benedictus, quod otiositas inimica est animae, sicut ipse dicit in regula sua, ipsi propriis manibus laboraverunt, et *religiosis viris opera* manuum secundum quod regula praecepit, studeant propriis manibus laborare.

Sed ne aliquis de dispositione locorum causari possit dicens, tale monasterium non esse apertum ad *opera manuum exercenda*, quia situm est in civitate, in aliquo castro vel villa, propterea.

PALATINO ITALIC / SMALL CAPS 10/12

Dolor sit amet SED UT PERSPICIATIS *ipsam voluptatem enim voluptas sit esse Dominico Vaspernatur aut fugit Roma, Januaris 1522.*

PALATINO BOLD / SMALL CAPS 19/22.8

NEMO ENIM

PALATINO 10/14

Sed ut perspiciatis unde omnis iste natus error sit voluptatem accusantium doloremque laudantium, totam rem aperiam, eaque ipsa quae ab illo de inventore veritatis et quasi architecto beatae vitae dicta sunt est explicabo natus:

- Neque *porro* quisquam
- Architecto beatae vitae
- Qui *dolorem* ipsum
- Inventore veritatis quasi

Dolores nemo enim ipsam voluptatem quia voluptas sit aspernatur aut odit aut fugit, sed quia consequuntur magni est dolores eos qui ratione.

Nunc enim vere monachi est de sunt, si otiosi non maneant, sicut. Sed ne aliquis de possit dicens, tale est monasterium.

AVANT GARDE BOLD ITALIC 11/15

"Neque porro quisquam est, qui dolorem ipsum quia dolor sit amet, consectetur Nemo voluptatem quia vere monachi maneant, aspernatur aut odit aut fugit, sed quia eos qui ratione voluptatem sequi nesciunt."

AVANT GARDE BOLD 9/12

Quisquam						
	1	2	3	4	5	6
7	8	9	10	11	12	13
14	15	16	17	18	19	20
21	22	23	24	25	26	27
28	29	30				

PALATINO BOLD 15/18

Operae pretium reor ea quae isto in anno Dominus per beatum Benedictum in Galliis operari dignatus est, ad posterorum memoriam et aedificationem annectere. Quidam namque vir potentissimus Gallorum *gente progenitus tantis* se ab ipsa infantia execrarat flagitiis.

AVANT GARDE 9/11

Cuidam	Vero
Dei	Servo
Juxta	Manenti
Dominus	Ea Quae Circa
Defuncti	Animam
Agebantur	Ostendere
Dignatus	Est
Nam	Statim
Ut de corpore	Exiit

AVANT GARDE BOLD 17/20

Et sanctus: Ne vobis injustitiam forte facere videar, ejus facta examinate

AVANT GARDE BOLD 30/30

Lorem ipsum dolor sit amet, consectetuer adipiscing elit

AVANT GARDE BOLD / ALL CAPS 18/21.6

DUIS TE FEUGI FACILISI. DUIS AUTEM DOLOR IN HENDRERIT IN VULPUTATE VELIT ESSE MOLESTIE CONSEQUAT

WARNOCK 13/15.6

Videntes apostoli et alii patres antiqui, et praecipue reverendus pater noster beatus Benedictus, quod otiositas inimica est animae, sicut ipse dicit in regula sua, ipsi propriis manibus laboraverunt, *et religiosis viris opera* manuum secundum quod regula praecepit, studeant propriis manibus laborare.

Sed ne aliquis de dispositione locorum causari possit dicens, tale monasterium non esse apertum ad *opera manuum exercenda,* quia situm est in civitate, in aliquo castro vel villa, propterea.

WARNOCK ITALIC & ROMAN / SMALL CAPS 11/13.2

Dolor sit amet SED UT PERSPICIATIS *ipsam voluptatem enim voluptas sit esse Dominico Vaspernatur aut fugit Roma, Januaris 1522.*

WARNOCK BOLD / SMALL CAPS 19/22.8

NEMO ENIM

WARNOCK 11/14

Sed ut perspiciatis unde omnis iste natus error sit voluptatem accusantium doloremque laudantium, totam rem aperiam, eaque ipsa quae ab illo de inventore veritatis et quasi architecto beatae vitae dicta sunt est explicabo natus:

- Neque *porro* quisquam
- Architecto beatae vitae
- Qui *dolorem* ipsum
- Inventore veritatis quasi

Dolores nemo enim ipsam voluptatem quia voluptas sit aspernatur aut odit aut fugit, sed quia consequuntur magni est dolores eos qui ratione.

Nunc enim vere monachi est de sunt, si otiosi non maneant, sicut. Sed ne aliquis de possit dicens, tale est monasterium.

AVANT GARDE BOLD ITALIC 11/15

"Neque porro quisquam est, qui dolorem ipsum quia dolor sit amet, consectetur Nemo voluptatem quia vere monachi maneant, aspernatur aut odit aut fugit, sed quia eos qui ratione voluptatem sequi nesciunt."

AVANT GARDE BOLD 9/12

Quisquam					
1	2	3	4	5	6
7	8	9	10	11	12	13
14	15	16	17	18	19	20
21	22	23	24	25	26	27
28	29	30				

WARNOCK BOLD 16/19.2

Operae pretium reor ea quae isto in anno Dominus per beatum Benedictum in Galliis operari dignatus est, ad posterorum memoriam et aedificationem annectere. Quidam namque vir potentissimus Gallorum *gente progenitus tantis* se ab ipsa infantia execrarat flagitiis.

AVANT GARDE 9/11

Cuidam	Vero
Dei	Servo
Juxta	Manenti
Dominus	Ea Quae Circa
Defuncti	Animam
Agebantur	Ostendere
Dignatus	Est
Nam	Statim
Ut de corpore	Exiit

AVANT GARDE BOLD 17/20

Et sanctus: Ne vobis injustitiam forte facere videar, ejus facta examinate

AVENIR BOLD 27/30

Lorem ipsum dolor sit amet, consectetuer adipiscing elit

AVENIR BOLD / ALL CAPS 18/21.6

DUIS TE FEUGI FACILISI. DUIS AUTEM DOLOR IN HENDRERIT IN VULPUTATE VELIT ESSE MOLESTIE CONSEQUAT

AVENIR 12/16

Videntes apostoli et alii patres antiqui, et praecipue reverendus pater noster beatus Benedictus, quod otiositas inimica est animae, sicut ipse dicit in regula sua, ipsi propriis manibus laboraverunt, et religiosis viris opera manuum secundum quod regula praecepit, studeant propriis manibus laborare.

Sed ne aliquis de dispositione locorum causari possit dicens, tale monasterium non esse apertum ad opera manuum exercenda, quia situm est in civitate, in aliquo castro vel villa, propterea.

AVENIR ITALIC / SMALL CAPS 10/12

Dolor sit amet SED UT PERSPICIATIS ipsam voluptatem enim voluptas sit esse Dominico Vaspernatur aut fugit Roma, Januaris 1522.

AVENIR BOLD / SMALL CAPS 19/22.8

NEMO ENIM

AVENIR 10/14

Sed ut perspiciatis unde omnis iste natus error sit voluptatem accusantium doloremque laudantium, totam rem aperiam, eaque ipsa quae ab illo de inventore veritatis et quasi architecto beatae vitae dicta sunt est explicabo natus:

- Neque porro quisquam
- Architecto beatae vitae
- Qui dolorem ipsum
- Inventore veritatis quasi

Dolores nemo enim ipsam voluptatem quia voluptas sit aspernatur aut odit aut fugit, sed quia consequuntur magni est dolores eos qui ratione.

Nunc enim vere monachi est de sunt, si otiosi non maneant, sicut. Sed ne aliquis de possit dicens, tale est monasterium.

AVENIR BOLD 9/15

"Neque porro quisquam est, qui dolorem ipsum quia dolor sit amet, consectetur Nemo voluptatem quia vere monachi maneant, aspernatur aut odit aut fugit, sed quia eos qui ratione voluptatem sequi nesciunt."

AVENIR BOLD 9/12

Quisquam						
	1	2	3	4	5	6
7	8	9	10	11	12	13
14	15	16	17	18	19	20
21	22	23	24	25	26	27
28	29	30				

AVENIR BOLD 15/19

Operae pretium reor ea quae isto in anno Dominus per beatum Benedictum in Galliis operari dignatus est, ad posterorum memoriam et aedificationem annectere. Quidam namque vir potentissimus Gallorum gente progenitus tantis se ab ipsa infantia execrarat flagitiis.

AVENIR 9/11

Cuidam ....Vero
Dei .... Servo
Juxta .... Manenti
Dominus........................ Ea Quae Circa
Defuncti ....Animam
Agebantur........................... Ostendere
Dignatus .... Est
Nam ....Statim
Ut de corpore .... Exiit

AVENIR BOLD 14/20

Et sanctus: Ne vobis injustitiam forte facere videar, ejus facta examinate

AVENIR BOLD 27/30

Lorem ipsum dolor sit amet, consectetuer adipiscing elit

AVENIR BOLD / ALL CAPS 18/21.6

DUIS TE FEUGI FACILISI. DUIS AUTEM DOLOR IN HENDRERIT IN VULPUTATE VELIT ESSE MOLESTIE CONSEQUAT

CASLON 14/16.8

Videntes apostoli et alii patres antiqui, et praecipue reverendus pater noster beatus Benedictus, quod otiositas inimica est animae, sicut ipse dicit in regula sua, ipsi propriis manibus laboraverunt, et *religiosis viris opera* manuum secundum quod regula praecepit, studeant propriis manibus laborare.

Sed ne aliquis de dispositione locorum causari possit dicens, tale monasterium non esse apertum ad *opera manuum exercenda*, quia situm est in civitate, in aliquo castro vel villa, propterea.

CASLON ITALIC / SMALL CAPS 11/13.2

Dolor sit amet SED UT PERSPICIATIS *ipsam voluptatem enim voluptas sit esse Dominico Vaspernatur aut fugit Roma, Januaris 1522.*

CASLON BOLD / SMALL CAPS 19/22.8

NEMO ENIM

CASLON 11/14

Sed ut perspiciatis unde omnis iste natus error sit voluptatem accusantium doloremque laudantium, totam rem aperiam, eaque ipsa quae ab illo de inventore veritatis et quasi architecto beatae vitae dicta sunt est explicabo natus:

- Neque *porro* quisquam
- Architecto beatae vitae
- Qui *dolorem* ipsum
- Inventore veritatis quasi

Dolores nemo enim ipsam voluptatem quia voluptas sit aspernatur aut odit aut fugit, sed quia consequuntur magni est dolores eos qui ratione.

Nunc enim vere monachi est de sunt, si otiosi non maneant, sicut. Sed ne aliquis de possit dicens, tale est monasterium.

AVENIR BOLD 9/15

"Neque porro quisquam est, qui dolorem ipsum quia dolor sit amet, consectetur Nemo voluptatem quia vere monachi maneant, aspernatur aut odit aut fugit, sed quia eos qui ratione voluptatem sequi nesciunt."

AVENIR BOLD 9/12

Quisquam						
	1	2	3	4	5	6
7	8	9	10	11	12	13
14	15	16	17	18	19	20
21	22	23	24	25	26	27
28	29	30				

CASLON BOLD 16/19.2

Operae pretium reor ea quae isto in anno Dominus per beatum Benedictum in Galliis operari dignatus est, ad posterorum memoriam et aedificationem annectere. Quidam namque vir potentissimus Gallorum *gente progenitus tantis* se ab ipsa infantia execrarat flagitiis.

AVENIR 9/11

Cuidam	Vero
Dei	Servo
Juxta	Manenti
Dominus	Ea Quae Circa
Defuncti	Animam
Agebantur	Ostendere
Dignatus	Est
Nam	Statim
Ut de corpore	Exiit

AVENIR BOLD 14/20

Et sanctus: Ne vobis injustitiam forte facere videar, ejus facta examinate

AVENIR BOLD 27/30

Lorem ipsum dolor sit amet, consectetuer adipiscing elit

AVENIR BOLD / ALL CAPS 18/21.6

DUIS TE FEUGI FACILISI. DUIS AUTEM DOLOR IN HENDRERIT IN VULPUTATE VELIT ESSE MOLESTIE CONSEQUAT

GOUDY OLD STYLE 14/16.8

Videntes apostoli et alii patres antiqui, et praecipue reverendus pater noster beatus Benedictus, quod otiositas inimica est animae, sicut ipse dicit in regula sua, ipsi propriis manibus laboraverunt, et *religiosis viris opera* manuum secundum quod regula praecepit, studeant propriis manibus laborare.

Sed ne aliquis de dispositione locorum causari possit dicens, tale monasterium non esse apertum ad *opera manuum exercenda,* quia situm est in civitate, in aliquo castro vel villa, propterea.

GOUDY OLD STYLE ITALIC / SMALL CAPS 11/13.2

Dolor sit amet SED UT PERSPICIATIS *ipsam voluptatem enim voluptas sit esse Dominico Vaspernatur aut fugit Roma, Januaris 1522.*

GOUDY OLD STYLE BOLD / SMALL CAPS 19/22.8

NEMO ENIM

GOUDY OLD STYLE 11/14

Sed ut perspiciatis unde omnis iste natus error sit voluptatem accusantium doloremque laudantium, totam rem aperiam, eaque ipsa quae ab illo de inventore veritatis et quasi architecto beatae vitae dicta sunt est explicabo natus:

- Neque *porro* quisquam
- Architecto beatae vitae
- Qui *dolorem* ipsum
- Inventore veritatis quasi

Dolores nemo enim ipsam voluptatem quia voluptas sit aspernatur aut odit aut fugit, sed quia consequuntur magni est dolores eos qui ratione.

Nunc enim vere monachi est de sunt, si otiosi non maneant, sicut. Sed ne aliquis de possit dicens, tale est monasterium.

AVENIR BOLD 9/15

"Neque porro quisquam est, qui dolorem ipsum quia dolor sit amet, consectetur Nemo voluptatem quia vere monachi maneant, aspernatur aut odit aut fugit, sed quia eos qui ratione voluptatem sequi nesciunt."

AVENIR BOLD 9/12

Quisquam						
	1	2	3	4	5	6
7	8	9	10	11	12	13
14	15	16	17	18	19	20
21	22	23	24	25	26	27
28	29	30				

GOUDY OLD STYLE BOLD 16/19.2

Operae pretium reor ea quae isto in anno Dominus per beatum Benedictum in Galliis operari dignatus est, ad posterorum memoriam et aedificationem annectere. Quidam namque vir potentissimus Gallorum *gente progenitus tantis* se ab ipsa infantia execrarat flagitiis.

AVENIR 9/11

Cuidam	Vero
Dei	Servo
Juxta	Manenti
Dominus	Ea Quae Circa
Defuncti	Animam
Agebantur	Ostendere
Dignatus	Est
Nam	Statim
Ut de corpore	Exiit

AVENIR BOLD 14/20

Et sanctus: Ne vobis injustitiam forte facere videar, ejus facta examinate

AVENIR BOLD 27/30

Lorem ipsum dolor sit amet, consectetuer adipiscing elit

AVENIR BOLD / ALL CAPS 18/21.6

DUIS TE FEUGI FACILISI. DUIS AUTEM DOLOR IN HENDRERIT IN VULPUTATE VELIT ESSE MOLESTIE CONSEQUAT

NEW BASKERVILLE 13/15.6

Videntes apostoli et alii patres antiqui, et praecipue reverendus pater noster beatus Benedictus, quod otiositas inimica est animae, sicut ipse dicit in regula sua, ipsi propriis manibus laboraverunt, *et religiosis viris opera* manuum secundum quod regula praecepit, studeant propriis manibus laborare.

Sed ne aliquis de dispositione locorum causari possit dicens, tale monasterium non esse apertum ad *opera manuum exercenda,* quia situm est in civitate, in aliquo castro vel villa, propterea.

NEW BASKERVILLE ITALIC & ROMAN / SMALL CAPS 11/13.2

Dolor sit amet SED UT PERSPICIATIS *ipsam voluptatem enim voluptas sit esse Dominico Vaspernatur aut fugit Roma, Januaris 1522.*

NEW BASKERVILLE BOLD / SMALL CAPS 19/22.8

NEMO ENIM

NEW BASKERVILLE 10/14.4

Sed ut perspiciatis unde omnis iste natus error sit voluptatem accusantium doloremque laudantium, totam rem aperiam, eaque ipsa quae ab illo de inventore veritatis et quasi architecto beatae vitae dicta sunt est explicabo natus:

- Neque *porro* quisquam
- Architecto beatae vitae
- Qui *dolorem* ipsum
- Inventore veritatis quasi

Dolores nemo enim ipsam voluptatem quia voluptas sit aspernatur aut odit aut fugit, sed quia consequuntur magni est dolores eos qui ratione.

Nunc enim vere monachi est de sunt, si otiosi non maneant, sicut. Sed ne aliquis de possit dicens, tale est monasterium.

AVENIR BOLD 9/15

"Neque porro quisquam est, qui dolorem ipsum quia dolor sit amet, consectetur Nemo voluptatem quia vere monachi maneant, aspernatur aut odit aut fugit, sed quia eos qui ratione voluptatem sequi nesciunt."

AVENIR BOLD 9/12

Quisquam					
1	2	3	4	5	6
7	8	9	10	11	12	13
14	15	16	17	18	19	20
21	22	23	24	25	26	27
28	29	30				

NEW BASKERVILLE BOLD 16/19.2

Operae pretium reor ea quae isto in anno Dominus per beatum Benedictum in Galliis operari dignatus est, ad posterorum memoriam et aedificationem annectere. Quidam namque vir potentissimus Gallorum *gente progenitus tantis* se ab ipsa infantia execrarat flagitiis.

AVENIR 9/11

Cuidam	Vero
Dei	Servo
Juxta	Manenti
Dominus	Ea Quae Circa
Defuncti	Animam
Agebantur	Ostendere
Dignatus	Est
Nam	Statim
Ut de corpore	Exiit

AVENIR BOLD 14/20

Et sanctus: Ne vobis injustitiam forte facere videar, ejus facta examinate

AVENIR BOLD 27/30

Lorem ipsum dolor sit amet, consectetuer adipiscing elit

AVENIR BOLD / ALL CAPS 18/21.6

DUIS TE FEUGI FACILISI. DUIS AUTEM DOLOR IN HENDRERIT IN VULPUTATE VELIT ESSE MOLESTIE CONSEQUAT

PALATINO 12/16

Videntes apostoli et alii patres antiqui, et praecipue reverendus pater noster beatus Benedictus, quod otiositas inimica est animae, sicut ipse dicit in regula sua, ipsi propriis manibus laboraverunt, et *religiosis viris opera* manuum secundum quod regula praecepit, studeant propriis manibus laborare.

Sed ne aliquis de dispositione locorum causari possit dicens, tale monasterium non esse apertum ad *opera manuum exercenda*, quia situm est in civitate, in aliquo castro vel villa, propterea.

PALATINO ITALIC / SMALL CAPS 10/12

Dolor sit amet SED UT PERSPICIATIS *ipsam voluptatem enim voluptas sit esse Dominico Vaspernatur aut fugit Roma, Januaris 1522.*

PALATINO BOLD / SMALL CAPS 19/22.8

NEMO ENIM

PALATINO 10/14

Sed ut perspiciatis unde omnis iste natus error sit voluptatem accusantium doloremque laudantium, totam rem aperiam, eaque ipsa quae ab illo de inventore veritatis et quasi architecto beatae vitae dicta sunt est explicabo natus:

- Neque *porro* quisquam
- Architecto beatae vitae
- Qui *dolorem* ipsum
- Inventore veritatis quasi

Dolores nemo enim ipsam voluptatem quia voluptas sit aspernatur aut odit aut fugit, sed quia consequuntur magni est dolores eos qui ratione.

Nunc enim vere monachi est de sunt, si otiosi non maneant, sicut. Sed ne aliquis de possit dicens, tale est monasterium.

AVENIR BOLD 9/15

"Neque porro quisquam est, qui dolorem ipsum quia dolor sit amet, consectetur Nemo voluptatem quia vere monachi maneant, aspernatur aut odit aut fugit, sed quia eos qui ratione voluptatem sequi nesciunt."

AVENIR BOLD 9/12

Quisquam						
	1	2	3	4	5	6
7	8	9	10	11	12	13
14	15	16	17	18	19	20
21	22	23	24	25	26	27
28	29	30				

PALATINO BOLD 15/18

Operae pretium reor ea quae isto in anno Dominus per beatum Benedictum in Galliis operari dignatus est, ad posterorum memoriam et aedificationem annectere. Quidam namque vir potentissimus Gallorum *gente progenitus tantis* se ab ipsa infantia execrarat flagitiis.

AVENIR 9/11

Cuidam	Vero
Dei	Servo
Juxta	Manenti
Dominus	Ea Quae Circa
Defuncti	Animam
Agebantur	Ostendere
Dignatus	Est
Nam	Statim
Ut de corpore	Exiit

AVENIR BOLD 14/20

Et sanctus: Ne vobis injustitiam forte facere videar, ejus facta examinate

AVENIR BOLD 27/30

Lorem ipsum dolor sit amet, consectetuer adipiscing elit

AVENIR BOLD / ALL CAPS 18/21.6

DUIS TE FEUGI FACILISI. DUIS AUTEM DOLOR IN HENDRERIT IN VULPUTATE VELIT ESSE MOLESTIE CONSEQUAT

SABON 13/15.6

Videntes apostoli et alii patres antiqui, et praecipue reverendus pater noster beatus Benedictus, quod otiositas inimica est animae, sicut ipse dicit in regula sua, ipsi propriis manibus laboraverunt, et *religiosis viris opera* manuum secundum quod regula praecepit, studeant propriis manibus laborare.

Sed ne aliquis de dispositione locorum causari possit dicens, tale monasterium non esse apertum ad *opera manuum exercenda*, quia situm est in civitate, in aliquo castro vel villa, propterea.

SABON ITALIC / SMALL CAPS 10/12

Dolor sit amet SED UT PERSPICIATIS *ipsam voluptatem enim voluptas sit esse Dominico Vaspernatur aut fugit Roma, Januaris 1522.*

SABON BOLD / SMALL CAPS 19/22.8

NEMO ENIM

SABON 11/14

Sed ut perspiciatis unde omnis iste natus error sit voluptatem accusantium doloremque laudantium, totam rem aperiam, eaque ipsa quae ab illo de inventore veritatis et quasi architecto beatae vitae dicta sunt est explicabo natus:

- Neque *porro* quisquam
- Architecto beatae vitae
- Qui *dolorem* ipsum
- Inventore veritatis quasi

Dolores nemo enim ipsam voluptatem quia voluptas sit aspernatur aut odit aut fugit, sed quia consequuntur magni est dolores eos qui ratione.

Nunc enim vere monachi est de sunt, si otiosi non maneant, sicut. Sed ne aliquis de possit dicens, tale est monasterium.

AVENIR BOLD 9/15

"Neque porro quisquam est, qui dolorem ipsum quia dolor sit amet, consectetur Nemo voluptatem quia vere monachi maneant, aspernatur aut odit aut fugit, sed quia eos qui ratione voluptatem sequi nesciunt."

AVENIR BOLD 9/12

Quisquam					
	1	2	3	4	5	6
7	8	9	10	11	12	13
14	15	16	17	18	19	20
21	22	23	24	25	26	27
28	29	30				

SABON BOLD 16/19.2

Operae pretium reor ea quae isto in anno Dominus per beatum Benedictum in Galliis operari dignatus est, ad posterorum memoriam et aedificationem annectere. Quidam namque vir potentissimus Gallorum *gente progenitus tantis* se ab ipsa infantia execrarat flagitiis.

AVENIR 9/11

Cuidam .... Vero
Dei .... Servo
Juxta .... Manenti
Dominus....................... Ea Quae Circa
Defuncti .... Animam
Agebantur........................... Ostendere
Dignatus .... Est
Nam....................................... Statim
Ut de corpore .... Exiit

AVENIR BOLD 14/20

Et sanctus: Ne vobis injustitiam forte facere videar, ejus facta examinate

BELL GOTHIC BLACK 30/30

Lorem ipsum dolor sit amet, consectetuer adipiscing elit

BELL GOTHIC BLACK / ALL CAPS 18/21.6

DUIS TE FEUGI FACILISI. DUIS AUTEM DOLOR IN HENDRERIT IN VULPUTATE VELIT ESSE MOLESTIE CONSEQUAT

BELL GOTHIC 13/17

Videntes apostoli et alii patres antiqui, et praecipue reverendus pater noster beatus Benedictus, quod otiositas inimica est animae, sicut ipse dicit in regula sua, ipsi propriis manibus laboraverunt, et religiosis viris opera manuum secundum quod regula praecepit, studeant propriis manibus laborare.

Sed ne aliquis de dispositione locorum causari possit dicens, tale monasterium non esse apertum ad opera manuum exercenda, quia situm est in civitate, in aliquo castro vel villa, propterea.

BELL GOTHIC / SMALL CAPS 11/13.2

Dolor sit amet SED UT PERSPICIATIS ipsam voluptatem enim voluptas sit esse Dominico Vaspernatur aut fugit Roma, Januaris 1522.

BELL GOTHIC BOLD / SMALL CAPS 19/22.8

NEMO ENIM

BELL GOTHIC 11/14

Sed ut perspiciatis unde omnis iste natus error sit voluptatem accus antium doloremque laudantium, totam rem aperiam, eaque ipsa quae ab illo de inventore veritatis et quasi architecto beatae vitae dicta sunt est explicabo natus:

- Neque porro quisquam
- Architecto beatae vitae
- Qui dolorem ipsum
- Inventore veritatis quasi

Dolores nemo enim ipsam voluptatem quia voluptas sit aspernatur aut odit aut fugit, sed quia consequuntur magni est dolores eos qui ratione.

Nunc enim vere monachi est de sunt, si otiosi non maneant, sicut. Sed ne aliquis de possit dicens, tale est monasterium.

BELL GOTHIC BLACK 10/15

"Neque porro quisquam est, qui dolorem ipsum quia dolor sit amet, consectetur Nemo voluptatem quia vere monachi maneant, aspernatur aut odit aut fugit, sed quia eos qui ratione voluptatem sequi nesciunt."

BELL GOTHIC BLACK 9/12

Quisquam						
	1	2	3	4	5	6
7	8	9	10	11	12	13
14	15	16	17	18	19	20
21	22	23	24	25	26	27
28	29	30				

BELL GOTHIC BOLD 16/19.2

Operae pretium reor ea quae isto in anno Dominus per beatum Benedictum in Galliis operari dignatus est, ad posterorum memoriam et aedificationem annectere. Quidam namque vir potentissimus Gallorum gente progenitus tantis se ab ipsa infantia execrarat flagitiis.

BELL GOTHIC 9/11°

Cuidam	Vero
Dei	Servo
Juxta	Manenti
Dominus	Ea Quae Circa
Defuncti	Animam
Agebantur	Ostendere
Dignatus	Est
Nam	Statim
Ut de corpore	Exiit

BELL GOTHIC BLACK 16/20

Et sanctus: Ne vobis injustitiam forte facere videar, ejus facta examinate

BELL GOTHIC BLACK 30/30

Lorem ipsum dolor sit amet, consectetuer adipiscing elit

BELL GOTHIC BLACK / ALL CAPS 18/21.6

DUIS TE FEUGI FACILISI. DUIS AUTEM DOLOR IN HENDRERIT IN VULPUTATE VELIT ESSE MOLESTIE CONSEQUAT

BERKELEY 14/16.8

Videntes apostoli et alii patres antiqui, et praecipue reverendus pater noster beatus Benedictus, quod otiositas inimica est animae, sicut ipse dicit in regula sua, ipsi propriis manibus laboraverunt, et *religiosis viris opera* manuum secundum quod regula praecepit, studeant propriis manibus laborare.

Sed ne aliquis de dispositione locorum causari possit dicens, tale monasterium non esse apertum ad *opera manuum exercenda*, quia situm est in civitate, in aliquo castro vel villa, propterea.

BERKELEY ITALIC / SMALL CAPS 11/13.2

Dolor sit amet SED UT PERSPICIATIS *ipsam voluptatem enim voluptas sit esse Dominico Vaspernatur aut fugit Roma, Januaris 1522.*

BERKELEY / SMALL CAPS 19/22.8

NEMO ENIM

BERKELEY 11/14

Sed ut perspiciatis unde omnis iste natus error sit voluptatem accusantium doloremque laudantium, totam rem aperiam, eaque ipsa quae ab illo de inventore veritatis et quasi architecto beatae vitae dicta sunt est explicabo natus:

- Neque *porro* quisquam
- Architecto beatae vitae
- Qui *dolorem* ipsum
- Inventore veritatis quasi

Dolores nemo enim ipsam voluptatem quia voluptas sit aspernatur aut odit aut fugit, sed quia consequuntur magni est dolores eos qui ratione.

Nunc enim vere monachi est de sunt, si otiosi non maneant, sicut. Sed ne aliquis de possit dicens, tale est monasterium.

BELL GOTHIC BLACK 10/15

"Neque porro quisquam est, qui dolorem ipsum quia dolor sit amet, consectetur Nemo voluptatem quia vere monachi maneant, aspernatur aut odit aut fugit, sed quia eos qui ratione voluptatem sequi nesciunt."

BELL GOTHIC BLACK 9/12

Quisquam					
1	2	3	4	5	6
7	8	9	10	11	12	13
14	15	16	17	18	19	20
21	22	23	24	25	26	27
28	29	30				

BERKELEY BOLD 12/19

Operae pretium reor ea quae isto in anno Dominus per beatum Benedictum in Galliis operari dignatus est, ad posterorum memoriam et aedificationem annectere. Quidam namque vir potentissimus Gallorum *gente progenitus tantis* se ab ipsa infantia execrarat flagitiis.

BELL GOTHIC 9/11

Cuidam	Vero
Dei	Servo
Juxta	Manenti
Dominus	Ea Quae Circa
Defuncti	Animam
Agebantur	Ostendere
Dignatus	Est
Nam	Statim
Ut de corpore	Exiit

BELL GOTHIC BLACK 16/20

Et sanctus: Ne vobis injustitiam forte facere videar, ejus facta examinate

BELL GOTHIC BLACK 30/30

Lorem ipsum dolor sit amet, consectetuer adipiscing elit

BELL GOTHIC BLACK / ALL CAPS 18/21.6

DUIS TE FEUGI FACILISI. DUIS AUTEM DOLOR IN HENDRERIT IN VULPUTATE VELIT ESSE MOLESTIE CONSEQUAT

CASLON 14/16.8

Videntes apostoli et alii patres antiqui, et praecipue reverendus pater noster beatus Benedictus, quod otiositas inimica est animae, sicut ipse dicit in regula sua, ipsi propriis manibus laboraverunt, et *religiosis viris opera* manuum secundum quod regula praecepit, studeant propriis manibus laborare.

Sed ne aliquis de dispositione locorum causari possit dicens, tale monasterium non esse apertum ad *opera manuum exercenda*, quia situm est in civitate, in aliquo castro vel villa, propterea.

CASLON ITALIC / SMALL CAPS 11/13.2

Dolor sit amet SED UT PERSPICIATIS *ipsam voluptatem enim voluptas sit esse Dominico Vaspernatur aut fugit Roma, Januaris 1522.*

CASLON BOLD / SMALL CAPS 19/22.8

NEMO ENIM

CASLON 11/14

Sed ut perspiciatis unde omnis iste natus error sit voluptatem accusantium doloremque laudantium, totam rem aperiam, eaque ipsa quae ab illo de inventore veritatis et quasi architecto beatae vitae dicta sunt est explicabo natus:

- Neque *porro* quisquam
- Architecto beatae vitae
- Qui *dolorem* ipsum
- Inventore veritatis quasi

Dolores nemo enim ipsam voluptatem quia voluptas sit aspernatur aut odit aut fugit, sed quia consequuntur magni est dolores eos qui ratione.

Nunc enim vere monachi est de sunt, si otiosi non maneant, sicut. Sed ne aliquis de possit dicens, tale est monasterium.

BELL GOTHIC BLACK 10/15

"Neque porro quisquam est, qui dolorem ipsum quia dolor sit amet, consectetur Nemo voluptatem quia vere monachi maneant, aspernatur aut odit aut fugit, sed quia eos qui ratione voluptatem sequi nesciunt."

BELL GOTHIC BLACK 9/12

Quisquam					
1	2	3	4	5	6
7	8	9	10	11	12	13
14	15	16	17	18	19	20
21	22	23	24	25	26	27
28	29	30				

CASLON BOLD 16/19.2

Operae pretium reor ea quae isto in anno Dominus per beatum Benedictum in Galliis operari dignatus est, ad posterorum memoriam et aedificationem annectere. Quidam namque vir potentissimus Gallorum *gente progenitus tantis* se ab ipsa infantia execrarat flagitiis.

BELL GOTHIC 9/11

Cuidam	Vero
Dei	Servo
Juxta	Manenti
Dominus	Ea Quae Circa
Defuncti	Animam
Agebantur	Ostendere
Dignatus	Est
Nam	Statim
Ut de corpore	Exiit

BELL GOTHIC BLACK 16/20

Et sanctus: Ne vobis injustitiam forte facere videar, ejus facta examinate

BELL GOTHIC BLACK 30/30

Lorem ipsum dolor sit amet, consectetuer adipiscing elit

BELL GOTHIC BLACK / ALL CAPS 18/21.6

DUIS TE FEUGI FACILISI. DUIS AUTEM DOLOR IN HENDRERIT IN VULPUTATE VELIT ESSE MOLESTIE CONSEQUAT

Videntes apostoli et alii patres antiqui, et praecipue reverendus pater noster beatus Benedictus, quod otiositas inimica est animae, sicut ipse dicit in regula sua, ipsi propriis manibus laboraverunt, et *religiosis viris opera* manuum secundum quod regula praecepit, student propriis manibus laborare.

Sed ne aliquis de dispositione locorum causari possit dicens, tale monasterium non esse apertum ad *opera manuum exercenda*, quia situm est in civitate, in aliquo castro vel villa, propterea.

GILL SANS ITALIC / SMALL CAPS 11/13.2

Dolor sit amet SED UT PERSPICIATIS *ipsam voluptatem enim voluptas sit esse Dominico Vaspernatur aut fugit Roma, Januaris 1522.*

GILL SANS BOLD / SMALL CAPS 19/22.8

NEMO ENIM

GILL SANS 11/14

Sed ut perspiciatis unde omnis iste natus error sit voluptatem accusantium doloremque laudantium, totam rem aperiam, eaque ipsa quae ab illo de inventore veritatis et quasi architecto beatae vitae dicta sunt est explicabo natus:

- Neque *porro* quisquam
- Architecto beatae vitae
- Qui *dolorem* ipsum
- Inventore veritatis quasi

Dolores nemo enim ipsam voluptatem quia voluptas sit aspernatur aut odit aut fugit, sed quia consequuntur magni est dolores eos qui ratione.

Nunc enim vere monachi est de sunt, si otiosi non maneant, sicut. Sed ne aliquis de possit dicens, tale est monasterium.

BELL GOTHIC BLACK 10/15

"Neque porro quisquam est, qui dolorem ipsum quia dolor sit amet, consectetur Nemo voluptatem quia vere monachi maneant, aspernatur aut odit aut fugit, sed quia eos qui ratione voluptatem sequi nesciunt."

BELL GOTHIC BLACK 9/12

Quisquam						
	1	2	3	4	5	6
7	8	9	10	11	12	13
14	15	16	17	18	19	20
21	22	23	24	25	26	27
28	29	30				

GILL SANS BOLD 15/18

Operae pretium reor ea quae isto in anno Dominus per beatum Benedictum in Galliis operari dignatus est, ad posterorum memoriam et aedificationem annectere. Quidam namque vir potentissimus Gallorum *gente progenitus tantis* se ab ipsa infantia execrarat flagitiis.

BELL GOTHIC 9/11

Cuidam	Vero
Dei	Servo
Juxta	Manenti
Dominus	Ea Quae Circa
Defuncti	Animam
Agebantur	Ostendere
Dignatus	Est
Nam	Statim
Ut de corpore	Exiit

BELL GOTHIC BLACK 16/20

Et sanctus: Ne vobis injustitiam forte facere videar, ejus facta examinate

BELL GOTHIC BLACK 30/30

Lorem ipsum dolor sit amet, consectetuer adipiscing elit

BELL GOTHIC BLACK / ALL CAPS 18/21.6

DUIS TE FEUGI FACILISI. DUIS AUTEM DOLOR IN HENDRERIT IN VULPUTATE VELIT ESSE MOLESTIE CONSEQUAT

MINION 14/16.8

Videntes apostoli et alii patres antiqui, et praecipue reverendus pater noster beatus Benedictus, quod otiositas inimica est animae, sicut ipse dicit in regula sua, ipsi propriis manibus laboraverunt, *et religiosis viris opera* manuum secundum quod regula praecepit, studeant propriis manibus laborare.

Sed ne aliquis de dispositione locorum causari possit dicens, tale monasterium non esse apertum ad *opera manuum exercenda,* quia situm est in civitate, in aliquo castro vel villa, propterea.

MINION ITALIC & ROMAN / SMALL CAPS 11/13.2

Dolor sit amet SED UT PERSPICIATIS *ipsam voluptatem enim voluptas sit esse Dominico Vaspernatur aut fugit Roma, Januaris 1522.*

MINION BOLD / SMALL CAPS 19/22.8

NEMO ENIM

MINION 11/14.4

Sed ut perspiciatis unde omnis iste natus error sit voluptatem accusantium doloremque laudantium, totam rem aperiam, eaque ipsa quae ab illo de inventore veritatis et quasi architecto beatae vitae dicta sunt est explicabo natus:

- Neque *porro* quisquam
- Architecto beatae vitae
- Qui *dolorem* ipsum
- Inventore veritatis quasi

Dolores nemo enim ipsam voluptatem quia voluptas sit aspernatur aut odit aut fugit, sed quia consequuntur magni est dolores eos qui ratione.

Nunc enim vere monachi est de sunt, si otiosi non maneant, sicut. Sed ne aliquis de possit dicens, tale est monasterium.

BELL GOTHIC BLACK 10/15

"Neque porro quisquam est, qui dolorem ipsum quia dolor sit amet, consectetur Nemo voluptatem quia vere monachi maneant, aspernatur aut odit aut fugit, sed quia eos qui ratione voluptatem sequi nesciunt."

BELL GOTHIC BLACK 9/12

Quisquam					
1	2	3	4	5	6
7	8	9	10	11	12	13
14	15	16	17	18	19	20
21	22	23	24	25	26	27
28	29	30				

MINION BOLD 16/19.2

Operae pretium reor ea quae isto in anno Dominus per beatum Benedictum in Galliis operari dignatus est, ad posterorum memoriam et aedificationem annectere. Quidam namque vir potentissimus Gallorum *gente progenitus tantis* se ab ipsa infantia execrarat flagitiis.

BELL GOTHIC 9/11

Cuidam .... Vero
Dei...Servo
Juxta .... Manenti
Dominus........................... Ea Quae Circa
Defuncti .... Animam
Agebantur ....Ostendere
Dignatus... Est
Nam .... Statim
Ut de corpore .... Exiit

BELL GOTHIC BLACK 16/20

Et sanctus: Ne vobis injustitiam forte facere videar, ejus facta examinate

BELL GOTHIC BLACK 30/30

Lorem ipsum dolor sit amet, consectetuer adipiscing elit

BELL GOTHIC BLACK / ALL CAPS 18/21.6

DUIS TE FEUGI FACILISI. DUIS AUTEM DOLOR IN HENDRERIT IN VULPUTATE VELIT ESSE MOLESTIE CONSEQUAT

TIMES NEW ROMAN 14/16.8

Videntes apostoli et alii patres antiqui, et praecipue reverendus pater noster beatus Benedictus, quod otiositas inimica est animae, sicut ipse dicit in regula sua, ipsi propriis manibus laboraverunt, et *religiosis viris opera* manuum secundum quod regula praecepit, studeant propriis manibus laborare.

Sed ne aliquis de dispositione locorum causari possit dicens, tale monasterium non esse apertum ad *opera manuum exercenda*, quia situm est in civitate, in aliquo castro vel villa, propterea.

TIMES NEW ROMAN ITALIC / SMALL CAPS 11/13.2

Dolor sit amet SED UT PERSPICIATIS *ipsam voluptatem enim voluptas sit esse Dominico Vaspernatur aut fugit Roma, Januaris 1522.*

TIMES NEW ROMAN BOLD / SMALL CAPS 19/22.8

NEMO ENIM

TIMES NEW ROMAN 11/14

Sed ut perspiciatis unde omnis iste natus error sit voluptatem accusantium doloremque laudantium, totam rem aperiam, eaque ipsa quae ab illo de inventore veritatis et quasi architecto beatae vitae dicta sunt est explicabo natus:

- Neque *porro* quisquam
- Architecto beatae vitae
- Qui *dolorem* ipsum
- Inventore veritatis quasi

Dolores nemo enim ipsam voluptatem quia voluptas sit aspernatur aut odit aut fugit, sed quia consequuntur magni est dolores eos qui ratione.

Nunc enim vere monachi est de sunt, si otiosi non maneant, sicut. Sed ne aliquis de possit dicens, tale est monasterium.

BELL GOTHIC BLACK 10/15

"Neque porro quisquam est, qui dolorem ipsum quia dolor sit amet, consectetur Nemo voluptatem quia vere monachi maneant, aspernatur aut odit aut fugit, sed quia eos qui ratione voluptatem sequi nesciunt."

BELL GOTHIC BLACK.9/12

Quisquam						
	1	2	3	4	5	6
7	8	9	10	11	12	13
14	15	16	17	18	19	20
21	22	23	24	25	26	27
28	29	30				

TIMES NEW ROMAN BOLD 16/19.2

Operae pretium reor ea quae isto in anno Dominus per beatum Benedictum in Galliis operari dignatus est, ad posterorum memoriam et aedificationem annectere. Quidam namque vir potentissimus Gallorum *gente progenitus tantis* se ab ipsa infantia execrarat flagitiis.

BELL GOTHIC 9/11

Cuidam	Vero
Dei	Servo
Juxta	Manenti
Dominus	Ea Quae Circa
Defuncti	Animam
Agebantur	Ostendere
Dignatus	Est
Nam	Statim
Ut de corpore	Exiit

BELL GOTHIC BLACK 16/20

Et sanctus: Ne vobis injustitiam forte facere videar, ejus facta examinate

BEMBO BOLD 28/32

Lorem ipsum dolor sit amet, consectetuer adipiscing elit

BEMBO BOLD / ALL CAPS 18/21.6

DUIS TE FEUGI FACILISI. DUIS AUTEM DOLOR IN HENDRERIT IN VULPUTATE VELIT ESSE MOLESTIE CONSEQUAT

BEMBO 13/15.6

Videntes apostoli et alii patres antiqui, et praecipue reverendus pater noster beatus Benedictus, quod otiositas inimica est animae, sicut ipse dicit in regula sua, ipsi propriis manibus laboraverunt, *et religiosis viris opera* manuum secundum quod regula praecepit, studeant propriis manibus laborare.

Sed ne aliquis de dispositione locorum causari possit dicens, tale monasterium non esse apertum ad *opera manuum exercenda,* quia situm est in civitate, in aliquo castro vel villa, propterea.

BEMBO ITALIC ITALIC & ROMAN / SMALL CAPS 11/13.2

Dolor sit amet SED UT PERSPICIATIS *ipsam voluptatem enim voluptas sit esse Dominico Vaspernatur aut fugit Roma, Januaris 1522.*

BEMBO BOLD / SMALL CAPS 19/22.8

NEMO ENIM

BEMBO 11/14.4

Sed ut perspiciatis unde omnis iste natus error sit voluptatem accusantium doloremque laudantium, totam rem aperiam, eaque ipsa quae ab illo de inventore veritatis et quasi architecto beatae vitae dicta sunt est explicabo natus:

- Neque *porro* quisquam
- Architecto beatae vitae
- Qui *dolorem* ipsum
- Inventore veritatis quasi

Dolores nemo enim ipsam voluptatem quia voluptas sit aspernatur aut odit aut fugit, sed quia consequuntur magni est dolores eos qui ratione.

Nunc enim vere monachi est de sunt, si otiosi non maneant, sicut. Sed ne aliquis de possit dicens, tale est monasterium.

BEMBO BOLD ITALIC 11/14

"Neque porro quisquam est, qui dolorem ipsum quia dolor sit amet, consectetur Nemo voluptatem quia vere monachi maneant, aspernatur aut odit aut fugit, sed quia eos qui ratione voluptatem sequi nesciunt."

BEMBO BOLD 9/12

Quisquam					
	1	2	3	4	5	6
7	8	9	10	11	12	13
14	15	16	17	18	19	20
21	22	23	24	25	26	27
28	29	30				

BEMBO BOLD 16/19.2

Operae pretium reor ea quae isto in anno Dominus per beatum Benedictum in Galliis operari dignatus est, ad posterorum memoriam et aedificationem annectere. Quidam namque vir potentissimus Gallorum *gente progenitus tantis* se ab ipsa infantia execrarat flagitiis.

BEMBO 9/11

Cuidam	Vero
Dei	Servo
Juxta	Manenti
Dominus	Ea Quae Circa
Defuncti	Animam
Agebantur	Ostendere
Dignatus	Est
Nam	Statim
Ut de corpore	Exiit

BEMBO 15/20

Et sanctus: Ne vobis injustitiam forte facere videar, ejus facta examinate

BEMBO BOLD 28/32

Lorem ipsum dolor sit amet, consectetuer adipiscing elit

BEMBO BOLD / ALL CAPS 18/21.6

DUIS TE FEUGI FACILISI. DUIS AUTEM DOLOR IN HENDRERIT IN VULPUTATE VELIT ESSE MOLESTIE CONSEQUAT

AKZIDENZ GROTESK 13/17

Videntes apostoli et alii patres antiqui, et praecipue reverendus pater noster beatus Benedictus, quod otiositas inimica est animae, sicut ipse dicit in regula sua, ipsi propriis manibus laboraverunt, et *religiosis viris opera* manuum secundum quod regula praecepit, studeant propriis manibus laborare.

Sed ne aliquis de dispositione locorum causari possit dicens, tale monasterium non esse apertum ad *opera manuum exercenda*, quia situm est in civitate, in aliquo castro vel villa, propterea.

AKZIDENZ GROTESK BOLD / SMALL CAPS 11/13.2

Dolor sit amet SED UT PERSPICIATIS ipsam voluptatem enim voluptas sit esse Dominico Vaspernatur aut fugit Roma, Januaris 1522.

AKZIDENZ GROTESK / SMALL CAPS 19/22.8

NEMO ENIM

AKZIDENZ GROTESK 11/14

Sed ut perspiciatis unde omnis iste natus error sit voluptatem accusantium doloremque laudantium, totam rem aperiam, eaque ipsa quae ab illo de inventore veritatis et quasi architecto beatae vitae dicta sunt est explicabo natus:

- Neque *porro* quisquam
- Architecto beatae vitae
- Qui *dolorem* ipsum
- Inventore veritatis quasi

Dolores nemo enim ipsam voluptatem quia voluptas sit aspernatur aut odit aut fugit, sed quia consequuntur magni est dolores eos qui ratione.

Nunc enim vere monachi est de sunt, si otiosi non maneant, sicut. Sed ne aliquis de possit dicens, tale est monasterium.

BEMBO BOLD ITALIC 11/14

"Neque porro quisquam est, qui dolorem ipsum quia dolor sit amet, consectetur Nemo voluptatem quia vere monachi maneant, aspernatur aut odit aut fugit, sed quia eos qui ratione voluptatem sequi nesciunt."

BEMBO BOLD 9/12

Quisquam					
	1	2	3	4	5	6
7	8	9	10	11	12	13
14	15	16	17	18	19	20
21	22	23	24	25	26	27
28	29	30				

AKZIDENZ GROTESK BOLD 15/20

Operae pretium reor ea quae isto in anno Dominus per beatum Benedictum in Galliis operari dignatus est, ad posterorum memoriam et aedificationem annectere. Quidam namque vir potentissimus Gallorum gente progenitus tantis se ab ipsa infantia execrarat flagitiis.

BEMBO 9/11

Cuidam	Vero
Dei	Servo
Juxta	Manenti
Dominus	Ea Quae Circa
Defuncti	Animam
Agebantur	Ostendere
Dignatus	Est
Nam	Statim
Ut de corpore	Exiit

BEMBO 15/20

Et sanctus: Ne vobis injustitiam forte facere videar, ejus facta examinate

BEMBO BOLD 28/32

Lorem ipsum dolor sit amet, consectetuer adipiscing elit

BEMBO BOLD / ALL CAPS 18/21.6

DUIS TE FEUGI FACILISI. DUIS AUTEM DOLOR IN HENDRERIT IN VULPUTATE VELIT ESSE MOLESTIE CONSEQUAT

FRANKLIN GOTHIC 13/17

Videntes apostoli et alii patres antiqui, et praecipue reverendus pater noster beatus Benedictus, quod otiositas inimica est animae, sicut ipse dicit in regula sua, ipsi propriis manibus laboraverunt, *et religiosis viris opera* manuum secundum quod regula praecepit, studeant propriis manibus laborare.

Sed ne aliquis de dispositione locorum causari possit dicens, tale monasterium non esse apertum ad *opera manuum exercenda,* quia situm est in civitate, in aliquo castro vel villa, propterea.

FRANKLIN GOTHIC ITALIC / SMALL CAPS 11/13.2

Dolor sit amet SED UT PERSPICIATIS *ipsam voluptatem enim voluptas sit esse Dominico Vaspernatur aut fugit Roma, Januaris 1522.*

FRANKLIN GOTHIC BOLD / SMALL CAPS 19/22.8

NEMO ENIM

FRANKLIN GOTHIC 10/14.4

Sed ut perspiciatis unde omnis iste natus error sit voluptatem accu santium doloremque laudantium, totam rem aperiam, eaque ipsa quae ab illo de inventore veritatis et quasi architecto beatae vitae dicta sunt est explicabo natus:

- Neque *porro* quisquam
- Architecto beatae vitae
- Qui *dolorem* ipsum
- Inventore veritatis quasi

Dolores nemo enim ipsam voluptatem quia voluptas sit aspernatur aut odit aut fugit, sed quia consequuntur magni est dolores eos qui ratione.

Nunc enim vere monachi est de sunt, si otiosi non maneant, sicut. Sed ne aliquis de possit dicens, tale est monasterium.

BEMBO BOLD ITALIC 11/14

"Neque porro quisquam est, qui dolorem ipsum quia dolor sit amet, consectetur Nemo voluptatem quia vere monachi maneant, aspernatur aut odit aut fugit, sed quia eos qui ratione voluptatem sequi nesciunt."

BEMBO BOLD 9/12

Quisquam						
	1	2	3	4	5	6
7	8	9	10	11	12	13
14	15	16	17	18	19	20
21	22	23	24	25	26	27
28	29	30				

FRANKLIN GOTHIC BOLD 16/19.2

Operae pretium reor ea quae isto in anno Dominus per beatum Benedictum in Galliis operari dignatus est, ad posterorum memoriam et aedificationem annectere. Quidam namque vir potentissimus Gallorum *gente progenitus tantis* se ab ipsa infantia execrarat flagitiis.

BEMBO 9/11

Cuidam	Vero
Dei	Servo
Juxta	Manenti
Dominus	Ea Quae Circa
Defuncti	Animam
Agebantur	Ostendere
Dignatus	Est
Nam	Statim
Ut de corpore	Exiit

BEMBO 15/20

Et sanctus: Ne vobis injustitiam forte facere videar, ejus facta examinate

BEMBO BOLD 28/32

Lorem ipsum dolor sit amet, consectetuer adipiscing elit

BEMBO BOLD / ALL CAPS 18/21.6

DUIS TE FEUGI FACILISI. DUIS AUTEM DOLOR IN HENDRERIT IN VULPUTATE VELIT ESSE MOLESTIE CONSEQUAT

FUTURA 13/16

Videntes apostoli et alii patres antiqui, et praecipue reverendus pater noster beatus Benedictus, quod otiositas inimica est animae, sicut ipse dicit in regula sua, ipsi propriis manibus laboraverunt, et *religiosis viris opera* manuum secundum quod regula praecepit, studeant propriis manibus laborare.

Sed ne aliquis de dispositione locorum causari possit dicens, tale monasterium non esse apertum ad *opera manuum exercenda*, quia situm est in civitate, in aliquo castro vel villa, propterea.

FUTURA ITALIC / SMALL CAPS 11/13.2

Dolor sit amet SED UT PERSPICIATIS *ipsam voluptatem enim voluptas sit esse Dominico Vaspernatur aut fugit Roma, Januaris 1522.*

FUTURA BOLD / SMALL CAPS 19/22.8

NEMO ENIM

FUTURA 11/14

Sed ut perspiciatis unde omnis iste natus error sit voluptatem accusantium doloremque laudantium, totam rem aperiam, eaque ipsa quae ab illo de inventore veritatis et quasi architecto beatae vitae dicta sunt est explicabo natus:

- Neque *porro* quisquam
- Architecto beatae vitae
- *Qui dolorem* ipsum
- Inventore veritatis quasi

Dolores nemo enim ipsam voluptatem quia voluptas sit aspernatur aut odit aut fugit, sed quia consequuntur magni est dolores eos qui ratione.

Nunc enim vere monachi est de sunt, si otiosi non maneant, sicut. Sed ne aliquis de possit dicens, tale est monasterium.

BEMBO BOLD ITALIC 11/14

"Neque porro quisquam est, qui dolorem ipsum quia dolor sit amet, consectetur Nemo voluptatem quia vere monachi maneant, aspernatur aut odit aut fugit, sed quia eos qui ratione voluptatem sequi nesciunt."

BEMBO BOLD 9/12

Quisquam					
	1	2	3	4	5	6
7	8	9	10	11	12	13
14	15	16	17	18	19	20
21	22	23	24	25	26	27
28	29	30				

FUTURA BOLD 14/20

Operae pretium reor ea quae isto in anno Dominus per beatum Benedictum in Galliis operari dignatus est, ad posterorum memoriam et aedificationem annectere. Quidam namque vir potentissimus Gallorum *gente progenitus tantis* se ab ipsa infantia execrarat flagitiis.

BEMBO 9/11

Cuidam	Vero
Dei	Servo
Juxta	Manenti
Dominus	Ea Quae Circa
Defuncti	Animam
Agebantur	Ostendere
Dignatus	Est
Nam	Statim
Ut de corpore	Exiit

BEMBO 15/20

Et sanctus: Ne vobis injustitiam forte facere videar, ejus facta examinate

BEMBO BOLD 28/32

Lorem ipsum dolor sit amet, consectetuer adipiscing elit

BEMBO BOLD / ALL CAPS 18/21.6

DUIS TE FEUGI FACILISI. DUIS AUTEM DOLOR IN HENDRERIT IN VULPUTATE VELIT ESSE MOLESTIE CONSEQUAT

HELVETICA 12/17

Videntes apostoli et alii patres antiqui, et praecipue reverendus pater noster beatus Benedictus, quod otiositas inimica est animae, sicut ipse dicit in regula sua, ipsi propriis manibus laboraverunt, *et religiosis viris opera* manuum secundum quod regula praecepit, studeant propriis manibus laborare.

Sed ne aliquis de dispositione locorum causari possit dicens, tale monasterium non esse apertum ad *opera manuum exercenda,* quia situm est in civitate, in aliquo castro vel villa, propterea.

HELVETICA ITALIC & ROMAN / SMALL CAPS 11/13.2

Dolor sit amet SED UT PERSPICIATIS i*psam voluptatem enim voluptas sit esse Dominico Vas git Roma, Januaris 1522.*

HELVETICA BOLD / SMALL CAPS 19/22.8

NEMO ENIM

HELVETICA 10.5/14

Sed ut perspiciatis unde omnis iste natus error sit voluptatem accusantium doloremque laudantium, totam rem aperiam, eaque ipsa quae ab illo de inventore veritatis et quasi architecto beatae vitae dicta sunt est explicabo natus:

- Neque *porro* quisquam
- Architecto beatae vitae
- Qui *dolorem* ipsum
- Inventore veritatis quasi

Dolores nemo enim ipsam voluptatem quia voluptas sit aspernatur aut odit aut fugit, sed quia consequuntur magni est dolores eos qui ratione.

Nunc enim vere monachi est de sunt, si otiosi non maneant, sicut. Sed ne aliquis de possit dicens, tale est monasterium.

BEMBO BOLD ITALIC 11/14

"Neque porro quisquam est, qui dolorem ipsum quia dolor sit amet, consectetur Nemo voluptatem quia vere monachi maneant, aspernatur aut odit aut fugit, sed quia eos qui ratione voluptatem sequi nesciunt."

BEMBO BOLD 9/12

Quisquam						
	1	2	3	4	5	6
7	8	9	10	11	12	13
14	15	16	17	18	19	20
21	22	23	24	25	26	27
28	29	30				

HELVETICA BOLD 15/20

Operae pretium reor ea quae isto in anno Dominus per beatum Benedictum in Galliis operari dignatus est, ad posterorum memoriam et aedificationem annectere. Quidam namque vir potentissimus Gallorum *gente progenitus tantis* se ab ipsa infantia execrarat flagitiis.

BEMBO 9/11

Cuidam	Vero
Dei	Servo
Juxta	Manenti
Dominus	Ea Quae Circa
Defuncti	Animam
Agebantur	Ostendere
Dignatus	Est
Nam	Statim
Ut de corpore	Exiit

BEMBO 15/20

Et sanctus: Ne vobis injustitiam forte facere videar, ejus facta examinate

BEMBO BOLD 28/32

Lorem ipsum dolor sit amet, consectetuer adipiscing elit

BEMBO BOLD / ALL CAPS 18/21.6

DUIS TE FEUGI FACILISI. DUIS AUTEM DOLOR IN HENDRERIT IN VULPUTATE VELIT ESSE MOLESTIE CONSEQUAT

UNIVERS 12/16

Videntes apostoli et alii patres antiqui, et praecipue reverendus pater noster beatus Benedictus, quod otiositas inimica est animae, sicut ipse dicit in regula sua, ipsi propriis manibus laboraverunt, et *religiosis viris opera* manuum secundum quod regula praecepit, studeant propriis manibus laborare.

Sed ne aliquis de dispositione locorum causari possit dicens, tale monasterium non esse apertum ad *opera manuum exercenda*, quia situm est in civitate, in aliquo castro vel villa, propterea.

UNIVERS ITALIC / SMALL CAPS 11/13.2

Dolor sit amet SED UT PERSPICIATIS *ipsam voluptatem enim voluptas sit esse Dominico Vaspernatur aut fugit Roma, Januaris 1522.*

UNIVERS BOLD / SMALL CAPS 19/22.8

NEMO ENIM

UNIVERS 10/14

Sed ut perspiciatis unde omnis iste natus error sit voluptatem accusantium doloremque laudantium, totam rem aperiam, eaque ipsa quae ab illo de inventore veritatis et quasi architecto beatae vitae dicta sunt est explicabo natus:

- Neque *porro* quisquam
- Architecto beatae vitae
- Qui *dolorem* ipsum
- Inventore veritatis quasi

Dolores nemo enim ipsam voluptatem quia voluptas sit aspernatur aut odit aut fugit, sed quia consequuntur magni est dolores eos qui ratione.

Nunc enim vere monachi est de sunt, si otiosi non maneant, sicut. Sed ne aliquis de possit dicens, tale est monasterium.

BEMBO BOLD ITALIC 11/14

"Neque porro quisquam est, qui dolorem ipsum quia dolor sit amet, consectetur Nemo voluptatem quia vere monachi maneant, aspernatur aut odit aut fugit, sed quia eos qui ratione voluptatem sequi nesciunt."

BEMBO BOLD 9/12

Quisquam						
	1	2	3	4	5	6
7	8	9	10	11	12	13
14	15	16	17	18	19	20
21	22	23	24	25	26	27
28	29	30				

UNIVERS BOLD 15/19

Operae pretium reor ea quae isto in anno Dominus per beatum Benedictum in Galliis operari dignatus est, ad posterorum memoriam et aedificationem annectere. Quidam namque vir potentissimus Gallorum *gente progenitus tantis* se ab ipsa infantia execrarat flagitiis.

BEMBO 9/11

Cuidam	Vero
Dei	Servo
Juxta	Manenti
Dominus	Ea Quae Circa
Defuncti	Animam
Agebantur	Ostendere
Dignatus	Est
Nam	Statim
Ut de corpore	Exiit

BEMBO 15/20

Et sanctus: Ne vobis injustitiam forte facere videar, ejus facta examinate

BERKELEY BOLD 31/33

Lorem ipsum dolor sit amet, consectetuer adipiscing elit

BERKELEY BOLD 19/22.8

DUIS TE FEUGI FACILISI. DUIS AUTEM DOLOR IN HENDRERIT IN VULPUTATE VELIT ESSE MOLESTIE CONSEQUAT

BEMBO 13/15.6

Videntes apostoli et alii patres antiqui, et praecipue reverendus pater noster beatus Benedictus, quod otiositas inimica est animae, sicut ipse dicit in regula sua, ipsi propriis manibus laboraverunt, *et religiosis viris opera* manuum secundum quod regula praecepit, studeant propriis manibus laborare.

Sed ne aliquis de dispositione locorum causari possit dicens, tale monasterium non esse apertum ad *opera manuum exercenda,* quia situm est in civitate, in aliquo castro vel villa, propterea.

BEMBO ITALIC ITALIC & ROMAN / SMALL CAPS 11/13.2

Dolor sit amet SED UT PERSPICIATIS *ipsam voluptatem enim voluptas sit esse Dominico Vaspernatur aut fugit Roma, Januaris 1522.*

BEMBO BOLD / SMALL CAPS 19/22.8

NEMO ENIM

BEMBO 11/14.4

Sed ut perspiciatis unde omnis iste natus error sit voluptatem accusantium doloremque laudantium, totam rem aperiam, eaque ipsa quae ab illo de inventore veritatis et quasi architecto beatae vitae dicta sunt est explicabo natus:

- Neque *porro* quisquam
- Architecto beatae vitae
- Qui *dolorem* ipsum
- Inventore veritatis quasi

Dolores nemo enim ipsam voluptatem quia voluptas sit aspernatur aut odit aut fugit, sed quia consequuntur magni est dolores eos qui ratione.

Nunc enim vere monachi est de sunt, si otiosi non maneant, sicut. Sed ne aliquis de possit dicens, tale est monasterium.

BERKELEY BOLD ITALIC 10/15

"Neque porro quisquam est, qui dolorem ipsum quia dolor sit amet, consectetur Nemo voluptatem quia nulla vere monachi maneant, aspernatur aut odit aut fugit, sed quia eos qui ratione voluptatem sequi nesciunt."

BERKELEY BOLD 9/12

Quisquam						
	1	2	3	4	5	6
7	8	9	10	11	12	13
14	15	16	17	18	19	20
21	22	23	24	25	26	27
28	29	30				

BEMBO BOLD 16/19.2

Operae pretium reor ea quae isto in anno Dominus per beatum Benedictum in Galliis operari dignatus est, ad posterorum memoriam et aedificationem annectere. Quidam namque vir potentissimus Gallorum *gente progenitus tantis* se ab ipsa infantia execrarat flagitiis.

BERKELEY 9/11

Cuidam	Vero
Dei	Servo
Juxta	Manenti
Dominus	Ea Quae Circa
Defuncti	Animam
Agebantur	Ostendere
Dignatus	Est
Nam	Statim
Ut de corpore	Exiit

BERKELEY BOLD 16/20

Et sanctus: Ne vobis injustitiam forte facere videar, ejus facta examinate

BERKELEY BOLD 31/33

Lorem ipsum dolor sit amet, consectetuer adipiscing elit

BERKELEY BOLD 19/22.8

DUIS TE FEUGI FACILISI. DUIS AUTEM DOLOR IN HENDRERIT IN VULPUTATE VELIT ESSE MOLESTIE CONSEQUAT

BELL GOTHIC 13/17

Videntes apostoli et alii patres antiqui, et praecipue reverendus pater noster beatus Benedictus, quod otiositas inimica est animae, sicut ipse dicit in regula sua, ipsi propriis manibus laboraverunt, et religiosis viris opera manuum secundum quod regula praecepit, studeant propriis manibus laborare.

Sed ne aliquis de dispositione locorum causari possit dicens, tale monasterium non esse apertum ad opera manuum exercenda, quia situm est in civitate, in aliquo castro vel villa, propterea.

BELL GOTHIC / SMALL CAPS 11/13.2

Dolor sit amet SED UT PERSPICIATIS ipsam voluptatem enim voluptas sit esse Dominico Vaspernatur aut fugit Roma, Januaris 1522.

BELL GOTHIC BOLD / SMALL CAPS 19/22.8

NEMO ENIM

BELL GOTHIC 11/14

Sed ut perspiciatis unde omnis iste natus error sit voluptatem accus antium doloremque laudantium, totam rem aperiam, eaque ipsa quae ab illo de inventore veritatis et quasi architecto beatae vitae dicta sunt est explicabo natus:

- Neque porro quisquam
- Architecto beatae vitae
- Qui dolorem ipsum
- Inventore veritatis quasi

Dolores nemo enim ipsam voluptatem quia voluptas sit aspernatur aut odit aut fugit, sed quia consequuntur magni est dolores eos qui ratione.

Nunc enim vere monachi est de sunt, si otiosi non maneant, sicut. Sed ne aliquis de possit dicens, tale est monasterium.

BERKELEY BOLD ITALIC 10/15

"Neque porro quisquam est, qui dolorem ipsum quia dolor sit amet, consectetur Nemo voluptatem quia nulla vere monachi maneant, aspernatur aut odit aut fugit, sed quia eos qui ratione voluptatem sequi nesciunt."

BERKELEY BOLD 9/12

Quisquam					
	1	2	3	4	5	6
7	8	9	10	11	12	13
14	15	16	17	18	19	20
21	22	23	24	25	26	27
28	29	30				

BELL GOTHIC BOLD 16/19.2

Operae pretium reor ea quae isto in anno Dominus per beatum Benedictum in Galliis operari dignatus est, ad posterorum memoriam et aedificationem annectere. Quidam namque vir potentissimus Gallorum gente progenitus tantis se ab ipsa infantia execrarat flagitiis.

BERKELEY 9/11

Cuidam	Vero
Dei	Servo
Juxta	Manenti
Dominus	Ea Quae Circa
Defuncti	Animam
Agebantur	Ostendere
Dignatus	Est
Nam	Statim
Ut de corpore	Exiit

BERKELEY BOLD 16/20

Et sanctus: Ne vobis injustitiam forte facere videar, ejus facta examinate

BERKELEY BOLD 31/33

Lorem ipsum dolor sit amet, consectetuer adipiscing elit

BERKELEY BOLD 19/22.8

DUIS TE FEUGI FACILISI. DUIS AUTEM DOLOR IN HENDRERIT IN VULPUTATE VELIT ESSE MOLESTIE CONSEQUAT

ANTIQUE OLIVE 13/15.6

Videntes apostoli et alii patres antiqui, et praecipue reverendus pater noster beatus Benedictus, quod otiositas inimica est animae, sicut ipse dicit in regula sua, ipsi propriis manibus laboraverunt, *et religiosis viris opera* manuum secundum quod regula praecepit, studeant propriis manibus laborare.

Sed ne aliquis de dispositione locorum causari possit dicens, tale monasterium non esse apertum ad *opera manuum exercenda*, quia situm est in civitate, in aliquo castro vel villa, propterea.

ANTIQUE OLIVE ITALIC & ROMAN / SMALL CAPS 11/13.2

Dolor sit amet SED UT PERSPICIATIS *ipsam voluptatem enim voluptas sit esse Dominico Vaspernatur aut fugit Roma, Januaris 1522.*

ANTIQUE OLIVE BOLD / SMALL CAPS 19/22.8

NEMO ENIM

ANTIQUE OLIVE 10/14

Sed ut perspiciatis unde omnis iste natus error sit voluptatem accusantium doloremque laudantium, totam rem aperiam, eaque ipsa quae ab illo de inventore veritatis et quasi architecto beatae vitae dicta sunt est explicabo natus:

- Neque *porro* quisquam
- Architecto beatae vitae
- Qui *dolorem* ipsum
- Inventore veritatis quasi

Dolores nemo enim ipsam voluptatem quia voluptas sit aspernatur aut odit aut fugit, sed quia consequuntur magni est dolores eos qui ratione.

Nunc enim vere monachi est de sunt, si otiosi non maneant, sicut. Sed ne aliquis de possit dicens, tale est monasterium.

BERKELEY BOLD ITALIC 10/15

"Neque porro quisquam est, qui dolorem ipsum quia dolor sit amet, consectetur Nemo voluptatem quia nulla vere monachi maneant, aspernatur aut odit aut fugit, sed quia eos qui ratione voluptatem sequi nesciunt."

BERKELEY BOLD 9/12

Quisquam						
	1	2	3	4	5	6
7	8	9	10	11	12	13
14	15	16	17	18	19	20
21	22	23	24	25	26	27
28	29	30				

ANTIQUE OLIVE BOLD 15/18

Operae pretium reor ea quae isto in anno Dominus per beatum Benedictum in Galliis operari dignatus est, ad posterorum memoriam et aedificationem annectere. Quidam namque vir potentissimus Gallorum *gente progenitus tantis* se ab ipsa infantia execrarat flagitiis.

BERKELEY 9/11

Cuidam ....Vero
Dei ....Servo
Juxta..Manenti
Dominus...........................Ea Quae Circa
Defuncti ....Animam
Agebantur..................................Ostendere
Dignatus ....Est
Nam ....Statim
Ut de corpore .... Exiit

BERKELEY BOLD 16/20

Et sanctus: Ne vobis injustitiam forte facere videar, ejus facta examinate

BERKELEY BOLD 31/33

Lorem ipsum dolor sit amet, consectetuer adipiscing elit

BERKELEY BOLD 19/22.8

DUIS TE FEUGI FACILISI. DUIS AUTEM DOLOR IN HENDRERIT IN VULPUTATE VELIT ESSE MOLESTIE CONSEQUAT

META 13/17

Videntes apostoli et alii patres antiqui, et praecipue reverendus pater noster beatus Benedictus, quod otiositas inimica est animae, sicut ipse dicit in regula sua, ipsi propriis manibus laboraverunt, et *religiosis viris opera* manuum secundum quod regula praecepit, studeant propriis manibus laborare.

Sed ne aliquis de dispositione locorum causari possit dicens, tale monasterium non esse apertum ad *opera manuum exercenda*, quia situm est in civitate, in aliquo castro vel villa, propterea.

META ITALIC / SMALL CAPS 11/13.2

Dolor sit amet SED UT PERSPICIATIS *ipsam voluptatem enim voluptas sit esse Dominico Vaspernatur aut fugit Roma, Januaris 1522.*

META BOLD / SMALL CAPS 19/22.8

NEMO ENIM

META 11/14

Sed ut perspiciatis unde omnis iste natus error sit voluptatem accusantium doloremque laudantium, totam rem aperiam, eaque ipsa quae ab illo de inventore veritatis et quasi architecto beatae vitae dicta sunt est explicabo natus:

- Neque *porro* quisquam
- Architecto beatae vitae
- Qui *dolorem* ipsum
- Inventore veritatis quasi

Dolores nemo enim ipsam voluptatem quia voluptas sit aspernatur aut odit aut fugit, sed quia consequuntur magni est dolores eos qui ratione.

Nunc enim vere monachi est de sunt, si otiosi non maneant, sicut. Sed ne aliquis de possit dicens, tale est monasterium.

BERKELEY BOLD ITALIC 10/15

"Neque porro quisquam est, qui dolorem ipsum quia dolor sit amet, consectetur Nemo voluptatem quia nulla vere monachi maneant, aspernatur aut odit aut fugit, sed quia eos qui ratione voluptatem sequi nesciunt."

BERKELEY BOLD 9/12

Quisquam					
1	2	3	4	5	6
7	8	9	10	11	12	13
14	15	16	17	18	19	20
21	22	23	24	25	26	27
28	29	30				

META BOLD 16/19.2

Operae pretium reor ea quae isto in anno Dominus per beatum Benedictum in Galliis operari dignatus est, ad posterorum memoriam et aedificationem annectere. Quidam namque vir potentissimus Gallorum *gente progenitus tantis* se ab ipsa infantia execrarat flagitiis.

BERKELEY 9/11

Cuidam	Vero
Dei	Servo
Juxta	Manenti
Dominus	Ea Quae Circa
Defuncti	Animam
Agebantur	Ostendere
Dignatus	Est
Nam	Statim
Ut de corpore	Exiit

BERKELEY BOLD 16/20

Et sanctus: Ne vobis injustitiam forte facere videar, ejus facta examinate

BERKELEY BOLD 31/33

Lorem ipsum dolor sit amet, consectetuer adipiscing elit

BERKELEY BOLD 19/22.8

DUIS TE FEUGI FACILISI. DUIS AUTEM DOLOR IN HENDRERIT IN VULPUTATE VELIT ESSE MOLESTIE CONSEQUAT

NEWS GOTHIC 13/17

Videntes apostoli et alii patres antiqui, et praecipue reverendus pater noster beatus Benedictus, quod otiositas inimica est animae, sicut ipse dicit in regula sua, ipsi propriis manibus laboraverunt, et *religiosis viris opera* manuum secundum quod regula praecepit, studeant propriis manibus laborare.

Sed ne aliquis de dispositione locorum causari possit dicens, tale monasterium non esse apertum ad *opera manuum exercenda*, quia situm est in civitate, in aliquo castro vel villa, propterea.

NEWS GOTHIC ITALIC / SMALL CAPS 11/13.2

Dolor sit amet SED UT PERSPICIATIS *ipsam voluptatem enim voluptas sit esse Dominico Vaspernatur aut fugit Roma, Januaris 1522.*

NEWS GOTHIC BOLD / SMALL CAPS 19/22.8

NEMO ENIM

NEWS GOTHIC 11/14

Sed ut perspiciatis unde omnis iste natus error sit voluptatem accusantium doloremque laudantium, totam rem aperiam, eaque ipsa quae ab illo de inventore veritatis et quasi architecto beatae vitae dicta sunt est explicabo natus:

- Neque *porro* quisquam
- Architecto beatae vitae
- Qui *dolorem* ipsum
- Inventore veritatis quasi

Dolores nemo enim ipsam voluptatem quia voluptas sit aspernatur aut odit aut fugit, sed quia consequuntur magni est dolores eos qui ratione.

Nunc enim vere monachi est de sunt, si otiosi non maneant, sicut. Sed ne aliquis de possit dicens, tale est monasterium.

BERKELEY BOLD ITALIC 10/15

"Neque porro quisquam est, qui dolorem ipsum quia dolor sit amet, consectetur Nemo voluptatem quia nulla vere monachi maneant, aspernatur aut odit aut fugit, sed quia eos qui ratione voluptatem sequi nesciunt."

BERKELEY BOLD 9/12

Quisquam						
	1	2	3	4	5	6
7	8	9	10	11	12	13
14	15	16	17	18	19	20
21	22	23	24	25	26	27
28	29	30				

NEWS GOTHIC BOLD 15/19

Operae pretium reor ea quae isto in anno Dominus per beatum Benedictum in Galliis operari dignatus est, ad posterorum memoriam et aedificationem annectere. Quidam namque vir potentissimus Gallorum *gente progenitus tantis* se ab ipsa infantia execrarat flagitiis.

BERKELEY 9/11

Cuidam	Vero
Dei	Servo
Juxta	Manenti
Dominus	Ea Quae Circa
Defuncti	Animam
Agebantur	Ostendere
Dignatus	Est
Nam	Statim
Ut de corpore	Exiit

BERKELEY BOLD 16/20

Et sanctus: Ne vobis injustitiam forte facere videar, ejus facta examinate

BERKELEY BOLD 31/33

Lorem ipsum dolor sit amet, consectetuer adipiscing elit

BERKELEY BOLD 19/22.8

DUIS TE FEUGI FACILISI. DUIS AUTEM DOLOR IN HENDRERIT IN VULPUTATE VELIT ESSE MOLESTIE CONSEQUAT

TRADE GOTHIC 12/16

Videntes apostoli et alii patres antiqui, et praecipue reverendus pater noster beatus Benedictus, quod otiositas inimica est animae, sicut ipse dicit in regula sua, ipsi propriis manibus laboraverunt, et *religiosis viris opera* manuum secundum quod regula praecepit, studeant propriis manibus laborare.

Sed ne aliquis de dispositione locorum causari possit dicens, tale monasterium non esse apertum ad *opera manuum exercenda*, quia situm est in civitate, in aliquo castro vel villa, propterea.

TRADE GOTHIC ITALIC / SMALL CAPS 10/12

Dolor sit amet SED UT PERSPICIATIS *ipsam voluptatem enim voluptas sit esse Dominico Vaspernatur aut fugit Roma, Januaris 1522.*

TRADE GOTHIC BOLD / SMALL CAPS 19/22.8

NEMO ENIM

TRADE GOTHIC 10/14

Sed ut perspiciatis unde omnis iste natus error sit voluptatem accusantium doloremque laudantium, totam rem aperiam, eaque ipsa quae ab illo de inventore veritatis et quasi architecto beatae vitae dicta sunt est explicabo natus:

- Neque *porro* quisquam
- Architecto beatae vitae
- Qui *dolorem* ipsum
- Inventore veritatis quasi

Dolores nemo enim ipsam voluptatem quia voluptas sit aspernatur aut odit aut fugit, sed quia consequuntur magni est dolores eos qui ratione.

Nunc enim vere monachi est de sunt, si otiosi non maneant, sicut. Sed ne aliquis de possit dicens, tale est monasterium.

BERKELEY BOLD ITALIC 10/15

"Neque porro quisquam est, qui dolorem ipsum quia dolor sit amet, consectetur Nemo voluptatem quia nulla vere monachi maneant, aspernatur aut odit aut fugit, sed quia eos qui ratione voluptatem sequi nesciunt."

BERKELEY BOLD 9/12

Quisquam					
	1	2	3	4	5	6
7	8	9	10	11	12	13
14	15	16	17	18	19	20
21	22	23	24	25	26	27
28	29	30				

TRADE GOTHIC BOLD 16/19.2

Operae pretium reor ea quae isto in anno Dominus per beatum Benedictum in Galliis operari dignatus est, ad posterorum memoriam et aedificationem annectere. Quidam namque vir potentissimus Gallorum *gente progenitus tantis* se ab ipsa infantia execrarat flagitiis.

BERKELEY 9/11

Cuidam	Vero
Dei	Servo
Juxta	Manenti
Dominus	Ea Quae Circa
Defuncti	Animam
Agebantur	Ostendere
Dignatus	Est
Nam	Statim
Ut de corpore	Exiit

BERKELEY BOLD 16/20

Et sanctus: Ne vobis injustitiam forte facere videar, ejus facta examinate

BERNHARD MODERN BOLD 34/34

Lorem ipsum dolor sit amet, consectetuer adipiscing elit

BERNHARD MODERN BOLD / ALL CAPS 18/21.6

DUIS TE FEUGI FACILISI. DUIS AUTEM DOLOR IN HENDRERIT IN VULPUTATE VELIT ESSE MOLESTIE CONSEQUAT

BERKELEY 14/16.8

Videntes apostoli et alii patres antiqui, et praecipue reverendus pater noster beatus Benedictus, quod otiositas inimica est animae, sicut ipse dicit in regula sua, ipsi propriis manibus laboraverunt, et *religiosis viris opera* manuum secundum quod regula praecepit, studeant propriis manibus laborare.

Sed ne aliquis de dispositione locorum causari possit dicens, tale monasterium non esse apertum ad *opera manuum exercenda*, quia situm est in civitate, in aliquo castro vel villa, propterea.

BERKELEY ITALIC / SMALL CAPS 11/13.2

Dolor sit amet SED UT PERSPICIATIS *ipsam voluptatem enim voluptas sit esse Dominico Vaspernatur aut fugit Roma, Januaris 1522.*

BERKELEY / SMALL CAPS 19/22.8

NEMO ENIM

BERKELEY 11/14

Sed ut perspiciatis unde omnis iste natus error sit voluptatem accusantium doloremque laudantium, totam rem aperiam, eaque ipsa quae ab illo de inventore veritatis et quasi architecto beatae vitae dicta sunt est explicabo natus:

- Neque *porro* quisquam
- Architecto beatae vitae
- *Qui dolorem* ipsum
- Inventore veritatis quasi

Dolores nemo enim ipsam voluptatem quia voluptas sit aspernatur aut odit aut fugit, sed quia consequuntur magni est dolores eos qui ratione.

Nunc enim vere monachi est de sunt, si otiosi non maneant, sicut. Sed ne aliquis de possit dicens, tale est monasterium.

BERNHARD MODERN BOLD ITALIC 10/15

"Neque porro quisquam est, qui dolorem ipsum quia dolor sit amet, consectetur Nemo voluptatem quia vere monachi maneant, aspernatur aut odit aut fugit, sed quia eos qui ratione voluptatem sequi nesciunt."

BERNHARD MODERN BOLD 9/12

Quisquam					
1	2	3	4	5	6
7	8	9	10	11	12	13
14	15	16	17	18	19	20
21	22	23	24	25	26	27
28	29	30				

BERKELEY BOLD 12/19

Operae pretium reor ea quae isto in anno Dominus per beatum Benedictum in Galliis operari dignatus est, ad posterorum memoriam et aedificationem annectere. Quidam namque vir potentissimus Gallorum *gente progenitus tantis* se ab ipsa infantia execrarat flagitiis.

BERNHARD MODERN 9/11

Cuidam..Vero
Dei..Servo
Juxta... Manenti
Dominus ....Ea Quae Circa
Defuncti...Animam
Agebantur .... Ostendere
Dignatus...Est
Nam..Statim
Ut de corpore..Exiit

BERNHARD MODERN BOLD 16/20

Et sanctus: Ne vobis injustitiam forte facere videar, ejus facta examinate

BERNHARD MODERN BOLD 34/34

Lorem ipsum dolor sit amet, consectetuer adipiscing elit

BERNHARD MODERN BOLD / ALL CAPS 18/21.6

DUIS TE FEUGI FACILISI. DUIS AUTEM DOLOR IN HENDRERIT IN VULPUTATE VELIT ESSE MOLESTIE CONSEQUAT

BEMBO 13/15.6

Videntes apostoli et alii patres antiqui, et praecipue reverendus pater noster beatus Benedictus, quod otiositas inimica est animae, sicut ipse dicit in regula sua, ipsi propriis manibus laboraverunt, *et religiosis viris opera* manuum secundum quod regula praecepit, studeant propriis manibus laborare.

Sed ne aliquis de dispositione locorum causari possit dicens, tale monasterium non esse apertum ad *opera manuum exercenda,* quia situm est in civitate, in aliquo castro vel villa, propterea.

BEMBO ITALIC ITALIC & ROMAN / SMALL CAPS 11/13.2

Dolor sit amet SED UT PERSPICIATIS *ipsam voluptatem enim voluptas sit esse Dominico Vaspernatur aut fugit Roma, Januaris 1522.*

BEMBO BOLD / SMALL CAPS 19/22.8

NEMO ENIM

BEMBO 11/14.4

Sed ut perspiciatis unde omnis iste natus error sit voluptatem accusantium doloremque laudantium, totam rem aperiam, eaque ipsa quae ab illo de inventore veritatis et quasi architecto beatae vitae dicta sunt est explicabo natus:

- Neque *porro* quisquam
- Architecto beatae vitae
- Qui *dolorem* ipsum
- Inventore veritatis quasi

Dolores nemo enim ipsam voluptatem quia voluptas sit aspernatur aut odit aut fugit, sed quia consequuntur magni est dolores eos qui ratione.

Nunc enim vere monachi est de sunt, si otiosi non maneant, sicut. Sed ne aliquis de possit dicens, tale est monasterium.

BERNHARD MODERN BOLD ITALIC 10/15

"Neque porro quisquam est, qui dolorem ipsum quia dolor sit amet, consectetur Nemo voluptatem quia vere monachi maneant, aspernatur aut odit aut fugit, sed quia eos qui ratione voluptatem sequi nesciunt."

BERNHARD MODERN BOLD 9/12

Quisquam					
1	2	3	4	5	6
7	8	9	10	11	12	13
14	15	16	17	18	19	20
21	22	23	24	25	26	27
28	29	30				

BEMBO BOLD 16/19.2

Operae pretium reor ea quae isto in anno Dominus per beatum Benedictum in Galliis operari dignatus est, ad posterorum memoriam et aedificationem annectere. Quidam namque vir potentissimus Gallorum *gente progenitus tantis* se ab ipsa infantia execrarat flagitiis.

BERNHARD MODERN 9/11

Cuidam..Vero
Dei...Servo
Juxta...Manenti
Dominus ....Ea Quae Circa
Defuncti...Animam
Agebantur...Ostendere
Dignatus..Est
Nam..Statim
Ut de corpore...Exiit

BERNHARD MODERN BOLD 16/20

Et sanctus: Ne vobis injustitiam forte facere videar, ejus facta examinate

BERNHARD MODERN BOLD 34/34

Lorem ipsum dolor sit amet, consectetuer adipiscing elit

BERNHARD MODERN BOLD / ALL CAPS 18/21.6

DUIS TE FEUGI FACILISI. DUIS AUTEM DOLOR IN HENDRERIT IN VULPUTATE VELIT ESSE MOLESTIE CONSEQUAT

CHAPARRAL 13/16

Videntes apostoli et alii patres antiqui, et praecipue reverendus pater noster beatus Benedictus, quod otiositas inimica est animae, sicut ipse dicit in regula sua, ipsi propriis manibus laboraverunt, et *religiosis viris opera* manuum secundum quod regula praecepit, studeant propriis manibus laborare.

Sed ne aliquis de dispositione locorum causari possit dicens, tale monasterium non esse apertum ad *opera manuum exercenda*, quia situm est in civitate, in aliquo castro vel villa, propterea.

CHAPARRAL ITALIC / SMALL CAPS 11/13.2

Dolor sit amet SED UT PERSPICIATIS *ipsam voluptatem enim voluptas sit esse Dominico Vaspernatur aut fugit Roma, Januaris 1522.*

CHAPARRAL BOLD / SMALL CAPS 19/22.8

NEMO ENIM

CHAPARRAL 11/14

Sed ut perspiciatis unde omnis iste natus error sit voluptatem accusantium doloremque laudantium, totam rem aperiam, eaque ipsa quae ab illo de inventore veritatis et quasi architecto beatae vitae dicta sunt est explicabo natus:

- Neque *porro* quisquam
- Architecto beatae vitae
- Qui *dolorem* ipsum
- Inventore veritatis quasi

Dolores nemo enim ipsam voluptatem quia voluptas sit aspernatur aut odit aut fugit, sed quia consequuntur magni est dolores eos qui ratione.

Nunc enim vere monachi est de sunt, si otiosi non maneant, sicut. Sed ne aliquis de possit dicens, tale est monasterium.

BERNHARD MODERN BOLD ITALIC 10/15

"Neque porro quisquam est, qui dolorem ipsum quia dolor sit amet, consectetur Nemo voluptatem quia vere monachi maneant, aspernatur aut odit aut fugit, sed quia eos qui ratione voluptatem sequi nesciunt."

BERNHARD MODERN BOLD 9/12

Quisquam						
	1	2	3	4	5	6
7	8	9	10	11	12	13
14	15	16	17	18	19	20
21	22	23	24	25	26	27
28	29	30				

CHAPARRAL BOLD 16/19.2

Operae pretium reor ea quae isto in anno Dominus per beatum Benedictum in Galliis operari dignatus est, ad posterorum memoriam et aedificationem annectere. Quidam namque vir potentissimus Gallorum *gente progenitus tantis* se ab ipsa infantia execrarat flagitiis.

BERNHARD MODERN 9/11

Cuidam	Vero
Dei	Servo
Juxta	Manenti
Dominus	Ea Quae Circa
Defuncti	Animam
Agebantur	Ostendere
Dignatus	Est
Nam	Statim
Ut de corpore	Exiit

BERNHARD MODERN BOLD 16/20

Et sanctus: Ne vobis injustitiam forte facere videar, ejus facta examinate

BERNHARD MODERN BOLD 34/34

Lorem ipsum dolor sit amet, consectetuer adipiscing elit

BERNHARD MODERN BOLD / ALL CAPS 18/21.6

DUIS TE FEUGI FACILISI. DUIS AUTEM DOLOR IN HENDRERIT IN VULPUTATE VELIT ESSE MOLESTIE CONSEQUAT

FUTURA 13/16

Videntes apostoli et alii patres antiqui, et praecipue reverendus pater noster beatus Benedictus, quod otiositas inimica est animae, sicut ipse dicit in regula sua, ipsi propriis manibus laboraverunt, et *religiosis viris opera* manuum secundum quod regula praecepit, studeant propriis manibus laborare.

Sed ne aliquis de dispositione locorum causari possit dicens, tale monasterium non esse apertum ad *opera manuum exercenda*, quia situm est in civitate, in aliquo castro vel villa, propterea.

FUTURA ITALIC / SMALL CAPS 11/13.2

Dolor sit amet SED UT PERSPICIATIS *ipsam voluptatem enim voluptas sit esse Dominico Vaspernatur aut fugit Roma, Januaris 1522.*

FUTURA BOLD / SMALL CAPS 19/22.8

NEMO ENIM

FUTURA 11/14

Sed ut perspiciatis unde omnis iste natus error sit voluptatem accusantium doloremque laudantium, totam rem aperiam, eaque ipsa quae ab illo de inventore veritatis et quasi architecto beatae vitae dicta sunt est explicabo natus:

- Neque *porro* quisquam
- Architecto beatae vitae
- *Qui dolorem* ipsum
- Inventore veritatis quasi

Dolores nemo enim ipsam voluptatem quia voluptas sit aspernatur aut odit aut fugit, sed quia consequuntur magni est dolores eos qui ratione.

Nunc enim vere monachi est de sunt, si otiosi non maneant, sicut. Sed ne aliquis de possit dicens, tale est monasterium.

BERNHARD MODERN BOLD ITALIC 10/15

"Neque porro quisquam est, qui dolorem ipsum quia dolor sit amet, consectetur Nemo voluptatem quia vere monachi maneant, aspernatur aut odit aut fugit, sed quia eos qui ratione voluptatem sequi nesciunt."

BERNHARD MODERN BOLD 9/12

Quisquam					
	1	2	3	4	5	6
7	8	9	10	11	12	13
14	15	16	17	18	19	20
21	22	23	24	25	26	27
28	29	30				

FUTURA BOLD 14/20

Operae pretium reor ea quae isto in anno Dominus per beatum Benedictum in Galliis operari dignatus est, ad posterorum memoriam et aedificationem annectere. Quidam namque vir potentissimus Gallorum *gente progenitus tantis* se ab ipsa infantia execrarat flagitiis.

BERNHARD MODERN 9/11

Cuidam...Vero
Dei..Servo
Juxta .... Manenti
Dominus ....Ea Quae Circa
Defuncti ....Animam
Agebantur .... Ostendere
Dignatus ....Est
Nam..Statim
Ut de corpore ....Exiit

BERNHARD MODERN BOLD 16/20

Et sanctus: Ne vobis injustitiam forte facere videar, ejus facta examinate

BERNHARD MODERN BOLD 34/34

Lorem ipsum dolor sit amet, consectetuer adipiscing elit

BERNHARD MODERN BOLD / ALL CAPS 18/21.6

DUIS TE FEUGI FACILISI. DUIS AUTEM DOLOR IN HENDRERIT IN VULPUTATE VELIT ESSE MOLESTIE CONSEQUAT

Videntes apostoli et alii patres antiqui, et praecipue reverendus pater noster beatus Benedictus, quod otiositas inimica est animae, sicut ipse dicit in regula sua, ipsi propriis manibus laboraverunt, et *religiosis viris opera* manuum secundum quod regula praecepit, studeant propriis manibus laborare.

Sed ne aliquis de dispositione locorum causari possit dicens, tale monasterium non esse apertum ad *opera manuum exercenda*, quia situm est in civitate, in aliquo castro vel villa, propterea.

GILL SANS ITALIC / SMALL CAPS 11/13.2

Dolor sit amet SED UT PERSPICIATIS *ipsam voluptatem enim voluptas sit esse Dominico Vaspernatur aut fugit Roma, Januaris 1522.*

GILL SANS BOLD / SMALL CAPS 19/22.8

NEMO ENIM

GILL SANS 11/14

Sed ut perspiciatis unde omnis iste natus error sit voluptatem accusantium doloremque laudantium, totam rem aperiam, eaque ipsa quae ab illo de inventore veritatis et quasi architecto beatae vitae dicta sunt est explicabo natus:

- Neque *porro* quisquam
- Architecto beatae vitae
- Qui *dolorem* ipsum
- Inventore veritatis quasi

Dolores nemo enim ipsam voluptatem quia voluptas sit aspernatur aut odit aut fugit, sed quia consequuntur magni est dolores eos qui ratione.

Nunc enim vere monachi est de sunt, si otiosi non maneant, sicut. Sed ne aliquis de possit dicens, tale est monasterium.

GILL SANS BOLD 15/18

Operae pretium reor ea quae isto in anno Dominus per beatum Benedictum in Galliis operari dignatus est, ad posterorum memoriam et aedificationem annectere. Quidam namque vir potentissimus Gallorum *gente progenitus tantis* se ab ipsa infantia execrarat flagitiis.

BERNHARD MODERN BOLD ITALIC 10/15

"Neque porro quisquam est, qui dolorem ipsum quia dolor sit amet, consectetur Nemo voluptatem quia vere monachi maneant, aspernatur aut odit aut fugit, sed quia eos qui ratione voluptatem sequi nesciunt."

BERNHARD MODERN BOLD 9/12

Quisquam					
1	2	3	4	5	6
7	8	9	10	11	12	13
14	15	16	17	18	19	20
21	22	23	24	25	26	27
28	29	30			

BERNHARD MODERN 9/11

Cuidam..Vero
Dei...Servo
Juxta... Manenti
Dominus ....Ea Quae Circa
Defuncti ....Animam
Agebantur ....Ostendere
Dignatus..Est
Nam..Statim
Ut de corpore...Exiit

BERNHARD MODERN BOLD 16/20

Et sanctus: Ne vobis injustitiam forte facere videar, ejus facta examinate

BERNHARD MODERN BOLD 34/34

Lorem ipsum dolor sit amet, consectetuer adipiscing elit

BERNHARD MODERN BOLD / ALL CAPS 18/21.6

DUIS TE FEUGI FACILISI. DUIS AUTEM DOLOR IN HENDRERIT IN VULPUTATE VELIT ESSE MOLESTIE CONSEQUAT

OPTIMA 13/16

Videntes apostoli et alii patres antiqui, et praecipue reverendus pater noster beatus Benedictus, quod otiositas inimica est animae, sicut ipse dicit in regula sua, ipsi propriis manibus laboraverunt, et *religiosis viris opera* manuum secundum quod regula praecepit, studeant propriis manibus laborare.

Sed ne aliquis de dispositione locorum causari possit dicens, tale monasterium non esse apertum ad *opera manuum exercenda*, quia situm est in civitate, in aliquo castro vel villa, propterea.

OPTIMA ITALIC / SMALL CAPS 11/13.2

Dolor sit amet SED UT PERSPICIATIS *ipsam voluptatem enim voluptas sit esse Dominico Vaspernatur aut fugit Roma, Januaris 1522.*

OPTIMA BOLD / SMALL CAPS 19/22.8

NEMO ENIM

OPTIMA 11/14

Sed ut perspiciatis unde omnis iste natus error sit voluptatem accusantium doloremque laudantium, totam rem aperiam, eaque ipsa quae ab illo de inventore veritatis et quasi architecto beatae vitae dicta sunt est explicabo natus:

- Neque *porro* quisquam
- Architecto beatae vitae
- Qui *dolorem* ipsum
- Inventore veritatis quasi

Dolores nemo enim ipsam voluptatem quia voluptas sit aspernatur aut odit aut fugit, sed quia consequuntur magni est dolores eos qui ratione.

Nunc enim vere monachi est de sunt, si otiosi non maneant, sicut. Sed ne aliquis de possit dicens, tale est monasterium.

BERNHARD MODERN BOLD ITALIC 10/15

"Neque porro quisquam est, qui dolorem ipsum quia dolor sit amet, consectetur Nemo voluptatem quia vere monachi maneant, aspernatur aut odit aut fugit, sed quia eos qui ratione voluptatem sequi nesciunt."

BERNHARD MODERN BOLD 9/12

Quisquam						
	1	2	3	4	5	6
7	8	9	10	11	12	13
14	15	16	17	18	19	20
21	22	23	24	25	26	27
28	29	30				

OPTIMA BOLD 16/19.2

Operae pretium reor ea quae isto in anno Dominus per beatum Benedictum in Galliis operari dignatus est, ad posterorum memoriam et aedificationem annectere. Quidam namque vir potentissimus Gallorum *gente progenitus tantis* se ab ipsa infantia execrarat flagitiis.

BERNHARD MODERN 9/11

Cuidam	Vero
Dei	Servo
Juxta	Manenti
Dominus	Ea Quae Circa
Defuncti	Animam
Agebantur	Ostendere
Dignatus	Est
Nam	Statim
Ut de corpore	Exiit

BERNHARD MODERN BOLD 16/20

Et sanctus: Ne vobis injustitiam forte facere videar, ejus facta examinate

BODONI BOLD 29/29

Lorem ipsum dolor sit amet, consectetuer adipiscing elit

BODONI BOLD / ALL CAPS 18/21.6

DUIS TE FEUGI FACILISI. DUIS AUTEM DOLOR IN HENDRERIT IN VULPUTATE VELIT ESSE MOLESTIE CONSEQUAT

BODONI 14/16.8

Videntes apostoli et alii patres antiqui, et praecipue reverendus pater noster beatus Benedictus, quod otiositas inimica est animae, sicut ipse dicit in regula sua, ipsi propriis manibus laboraverunt, et *religiosis viris opera* manuum secundum quod regula praecepit, studeant propriis manibus laborare.

Sed ne aliquis de dispositione locorum causari possit dicens, tale monasterium non esse apertum ad *opera manuum exercenda*, quia situm est in civitate, in aliquo castro vel villa, propterea.

BODONI ITALIC / SMALL CAPS 11/13.2

Dolor sit amet SED UT PERSPICIATIS *ipsam voluptatem enim voluptas sit esse Dominico Vaspernatur aut fugit Roma, Januaris 1522.*

BODONI BOLD / SMALL CAPS 19/22.8

NEMO ENIM

BODONI 12/14.4

Sed ut perspiciatis unde omnis iste natus error sit voluptatem accusantium doloremque laudantium, totam rem aperiam, eaque ipsa quae ab illo de inventore veritatis et quasi architecto beatae vitae dicta sunt est explicabo natus:

- Neque *porro* quisquam
- Architecto beatae vitae
- Qui *dolorem* ipsum
- Inventore veritatis quasi

Dolores nemo enim ipsam voluptatem quia voluptas sit aspernatur aut odit aut fugit, sed quia consequuntur magni est dolores eos qui ratione.

Nunc enim vere monachi est de sunt, si otiosi non maneant, sicut. Sed ne aliquis de possit dicens, tale est monasterium.

BODONI BOLD ITALIC 10/15

"Neque porro quisquam est, qui dolorem ipsum quia dolor sit amet, consectetur Nemo voluptatem quia vere monachi maneant, aspernatur aut odit aut fugit, sed quia eos qui ratione voluptatem sequi nesciunt."

BODONI BOLD 8/10

Quisquam						
	1	2	3	4	5	6
7	8	9	10	11	12	13
14	15	16	17	18	19	20
21	22	23	24	25	26	27
28	29	30				

BODONI BOLD 16/19.2

Operae pretium reor ea quae isto in anno Dominus per beatum Benedictum in Galliis operari dignatus est, ad posterorum memoriam et aedificationem annectere. Quidam namque vir potentissimus Gallorum *gente progenitus tantis* se ab ipsa infantia execrarat flagitiis.

BODONI 9/11

Cuidam...Vero
Dei..Servo
Juxta ....Manenti
Dominus............................Ea Quae Circa
Defuncti ....Animam
Agebantur ....Ostendere
Dignatus..Est
Nam ....Statim
Ut de corpore......................................Exiit

BODONI BOLD 15/20

Et sanctus: Ne vobis injustitiam forte facere videar, ejus facta examinate

BODONI BOLD 29/29

Lorem ipsum dolor sit amet, consectetuer adipiscing elit

BODONI BOLD / ALL CAPS 18/21.6

DUIS TE FEUGI FACILISI. DUIS AUTEM DOLOR IN HENDRERIT IN VULPUTATE VELIT ESSE MOLESTIE CONSEQUAT

CHAPARRAL 13/16

Videntes apostoli et alii patres antiqui, et praecipue reverendus pater noster beatus Benedictus, quod otiositas inimica est animae, sicut ipse dicit in regula sua, ipsi propriis manibus laboraverunt, et *religiosis viris opera* manuum secundum quod regula praecepit, studeant propriis manibus laborare.

Sed ne aliquis de dispositione locorum causari possit dicens, tale monasterium non esse apertum ad *opera manuum exercenda*, quia situm est in civitate, in aliquo castro vel villa, propterea.

CHAPARRAL ITALIC / SMALL CAPS 11/13.2

Dolor sit amet SED UT PERSPICIATIS *ipsam voluptatem enim voluptas sit esse Dominico Vaspernatur aut fugit Roma, Januaris 1522.*

CHAPARRAL BOLD / SMALL CAPS 19/22.8

NEMO ENIM

CHAPARRAL 11/14

Sed ut perspiciatis unde omnis iste natus error sit voluptatem accusantium doloremque laudantium, totam rem aperiam, eaque ipsa quae ab illo de inventore veritatis et quasi architecto beatae vitae dicta sunt est explicabo natus:

- Neque *porro* quisquam
- Architecto beatae vitae
- Qui *dolorem* ipsum
- Inventore veritatis quasi

Dolores nemo enim ipsam voluptatem quia voluptas sit aspernatur aut odit aut fugit, sed quia consequuntur magni est dolores eos qui ratione.

Nunc enim vere monachi est de sunt, si otiosi non maneant, sicut. Sed ne aliquis de possit dicens, tale est monasterium.

BODONI BOLD ITALIC 10/15

"Neque porro quisquam est, qui dolorem ipsum quia dolor sit amet, consectetur Nemo voluptatem quia vere monachi maneant, aspernatur aut odit aut fugit, sed quia eos qui ratione voluptatem sequi nesciunt."

BODONI BOLD 8/10

Quisquam					
	1	2	3	4	5	6
7	8	9	10	11	12	13
14	15	16	17	18	19	20
21	22	23	24	25	26	27
28	29	30				

CHAPARRAL BOLD 16/19.2

Operae pretium reor ea quae isto in anno Dominus per beatum Benedictum in Galliis operari dignatus est, ad posterorum memoriam et aedificationem annectere. Quidam namque vir potentissimus Gallorum *gente progenitus tantis* se ab ipsa infantia execrarat flagitiis.

BODONI 9/11

Cuidam	Vero
Dei	Servo
Juxta	Manenti
Dominus	Ea Quae Circa
Defuncti	Animam
Agebantur	Ostendere
Dignatus	Est
Nam	Statim
Ut de corpore	Exiit

BODONI BOLD 15/20

Et sanctus: Ne vobis injustitiam forte facere videar, ejus facta examinate

BODONI BOLD 29/29

Lorem ipsum dolor sit amet, consectetuer adipiscing elit

BODONI BOLD / ALL CAPS 18/21.6

DUIS TE FEUGI FACILISI. DUIS AUTEM DOLOR IN HENDRERIT IN VULPUTATE VELIT ESSE MOLESTIE CONSEQUAT

GARAMOND 14/16.8

Videntes apostoli et alii patres antiqui, et praecipue reverendus pater noster beatus Benedictus, quod otiositas inimica est animae, sicut ipse dicit in regula sua, ipsi propriis manibus laboraverunt, et *religiosis viris opera* manuum secundum quod regula praecepit, studeant propriis manibus laborare.

Sed ne aliquis de dispositione locorum causari possit dicens, tale monasterium non esse apertum ad *opera manuum exercenda*, quia situm est in civitate, in aliquo castro vel villa, propterea.

GARAMOND ITALIC / SMALL CAPS 11/13.2

Dolor sit amet SED UT PERSPICIATIS *ipsam voluptatem enim voluptas sit esse Dominico Vaspernatur aut fugit Roma, Januaris 1522.*

GARAMOND BOLD / SMALL CAPS 19/22.8

NEMO ENIM

GARAMOND 12/14.4

Sed ut perspiciatis unde omnis iste natus error sit voluptatem accu santium doloremque laudantium, totam rem aperiam, eaque ipsa quae ab illo de inventore veritatis et quasi architecto beatae vitae dicta sunt est explicabo natus:

- Neque *porro* quisquam
- Architecto beatae vitae
- Qui *dolorem* ipsum
- Inventore veritatis quasi

Dolores nemo enim ipsam voluptatem quia voluptas sit aspernatur aut odit aut fugit, sed quia consequuntur magni est dolores eos qui ratione.

Nunc enim vere monachi est de sunt, si otiosi non maneant, sicut. Sed ne aliquis de possit dicens, tale est monasterium.

BODONI BOLD ITALIC 10/15

"*Neque porro quisquam est, qui dolorem ipsum quia dolor sit amet, consectetur Nemo voluptatem quia vere monachi maneant, aspernatur aut odit aut fugit, sed quia eos qui ratione voluptatem sequi nesciunt.*"

BODONI BOLD 8/10

Quisquam						
	1	2	3	4	5	6
7	8	9	10	11	12	13
14	15	16	17	18	19	20
21	22	23	24	25	26	27
28	29	30				

GARAMOND BOLD 16/19.2

Operae pretium reor ea quae isto in anno Dominus per beatum Benedictum in Galliis operari dignatus est, ad posterorum memoriam et aedificationem annectere. Quidam namque vir potentissimus Gallorum *gente progenitus tantis* se ab ipsa infantia execrarat flagitiis.

BODONI 9/11

Cuidam..Vero
Dei ....Servo
Juxta .... Manenti
Dominus............................. Ea Quae Circa
Defuncti...Animam
Agebantur .... Ostendere
Dignatus ....Est
Nam ....Statim
Ut de corpore.................................... Exiit

BODONI BOLD 15/20

Et sanctus: Ne vobis injustitiam forte facere videar, ejus facta examinate

BODONI BOLD 29/29

Lorem ipsum dolor sit amet, consectetuer adipiscing elit

BODONI BOLD / ALL CAPS 18/21.6

DUIS TE FEUGI FACILISI. DUIS AUTEM DOLOR IN HENDRERIT IN VULPUTATE VELIT ESSE MOLESTIE CONSEQUAT

JENSEN 14/16.8

Videntes apostoli et alii patres antiqui, et praecipue reverendus pater noster beatus Benedictus, quod otiositas inimica est animae, sicut ipse dicit in regula sua, ipsi propriis manibus laboraverunt, et *religiosis viris opera* manuum secundum quod regula praecepit, studeant propriis manibus laborare.

Sed ne aliquis de dispositione locorum causari possit dicens, tale monasterium non esse apertum ad *opera manuum exercenda,* quia situm est in civitate, in aliquo castro vel villa, propterea.

JENSEN ITALIC / SMALL CAPS 11/13.2

Dolor sit amet SED UT PERSPICIATIS *ipsam voluptatem enim voluptas sit esse Dominico Vaspernatur aut fugit Roma, Januaris 1522.*

JENSEN BOLD / SMALL CAPS 19/22.8

NEMO ENIM

JENSEN 12/14.4

Sed ut perspiciatis unde omnis iste natus error sit voluptatem accusantium doloremque laudantium, totam rem aperiam, eaque ipsa quae ab illo de inventore veritatis et quasi architecto beatae vitae dicta sunt est explicabo natus:

* Neque *porro* quisquam
* Architecto beatae vitae
* Qui *dolorem* ipsum
* Inventore veritatis quasi

Dolores nemo enim ipsam voluptatem quia voluptas sit aspernatur aut odit aut fugit, sed quia consequuntur magni est dolores eos qui ratione.

Nunc enim vere monachi est de sunt, si otiosi non maneant, sicut. Sed ne aliquis de possit dicens, tale est monasterium.

JENSEN BOLD 16/19.2

Operae pretium reor ea quae isto in anno Dominus per beatum Benedictum in Galliis operari dignatus est, ad posterorum memoriam et aedificationem annectere. Quidam namque vir potentissimus Gallorum *gente progenitus tantis* se ab ipsa infantia execrarat flagitiis.

BODONI BOLD ITALIC 10/15

"Neque porro quisquam est, qui dolorem ipsum quia dolor sit amet, consectetur Nemo voluptatem quia vere monachi maneant, aspernatur aut odit aut fugit, sed quia eos qui ratione voluptatem sequi nesciunt."

BODONI BOLD 8/10

Quisquam					
1	2	3	4	5	6
7	8	9	10	11	12	13
14	15	16	17	18	19	20
21	22	23	24	25	26	27
28	29	30				

BODONI 9/11

Cuidam	Vero
Dei	Servo
Juxta	Manenti
Dominus	Ea Quae Circa
Defuncti	Animam
Agebantur	Ostendere
Dignatus	Est
Nam	Statim
Ut de corpore	Exiit

BODONI BOLD 15/20

Et sanctus: Ne vobis injustitiam forte facere videar, ejus facta examinate

BODONI BOLD 29/29

Lorem ipsum dolor sit amet, consectetuer adipiscing elit

BODONI BOLD / ALL CAPS 18/21.6

DUIS TE FEUGI FACILISI. DUIS AUTEM DOLOR IN HENDRERIT IN VULPUTATE VELIT ESSE MOLESTIE CONSEQUAT

MINION 14/16.8

Videntes apostoli et alii patres antiqui, et praecipue reverendus pater noster beatus Benedictus, quod otiositas inimica est animae, sicut ipse dicit in regula sua, ipsi propriis manibus laboraverunt, *et religiosis viris opera* manuum secundum quod regula praecepit, studeant propriis manibus laborare.

Sed ne aliquis de dispositione locorum causari possit dicens, tale monasterium non esse apertum ad *opera manuum exercenda,* quia situm est in civitate, in aliquo castro vel villa, propterea.

MINION ITALIC & ROMAN / SMALL CAPS 11/13.2

Dolor sit amet SED UT PERSPICIATIS *ipsam voluptatem enim voluptas sit esse Dominico Vaspernatur aut fugit Roma, Januaris 1522.*

MINION BOLD / SMALL CAPS 19/22.8

NEMO ENIM

MINION 11/14.4

Sed ut perspiciatis unde omnis iste natus error sit voluptatem accusantium doloremque laudantium, totam rem aperiam, eaque ipsa quae ab illo de inventore veritatis et quasi architecto beatae vitae dicta sunt est explicabo natus:

- Neque *porro* quisquam
- Architecto beatae vitae
- Qui *dolorem* ipsum
- Inventore veritatis quasi

Dolores nemo enim ipsam voluptatem quia voluptas sit aspernatur aut odit aut fugit, sed quia consequuntur magni est dolores eos qui ratione.

Nunc enim vere monachi est de sunt, si otiosi non maneant, sicut. Sed ne aliquis de possit dicens, tale est monasterium.

BODONI BOLD ITALIC 10/15

"Neque porro quisquam est, qui dolorem ipsum quia dolor sit amet, consectetur Nemo voluptatem quia vere monachi maneant, aspernatur aut odit aut fugit, sed quia eos qui ratione voluptatem sequi nesciunt."

BODONI BOLD 8/10

Quisquam					
1	2	3	4	5	6
7	8	9	10	11	12	13
14	15	16	17	18	19	20
21	22	23	24	25	26	27
28	29	30			

MINION BOLD 16/19.2

Operae pretium reor ea quae isto in anno Dominus per beatum Benedictum in Galliis operari dignatus est, ad posterorum memoriam et aedificationem annectere. Quidam namque vir potentissimus Gallorum *gente progenitus tantis* se ab ipsa infantia execrarat flagitiis.

BODONI 9/11

Cuidam..Vero
Dei ....Servo
Juxta ....Manenti
Dominus...............................Ea Quae Circa
Defuncti ....Animam
Agebantur ....Ostendere
Dignatus..Est
Nam ....Statim
Ut de corpore.......................................Exiit

BODONI BOLD 15/20

Et sanctus: Ne vobis injustitiam forte facere videar, ejus facta examinate

BODONI BOLD·29/29

Lorem ipsum dolor sit amet, consectetuer adipiscing elit

BODONI BOLD / ALL CAPS 18/21.6

DUIS TE FEUGI FACILISI. DUIS AUTEM DOLOR IN HENDRERIT IN VULPUTATE VELIT ESSE MOLESTIE CONSEQUAT

OPTIMA 13/16

Videntes apostoli et alii patres antiqui, et praecipue reverendus pater noster beatus Benedictus, quod otiositas inimica est animae, sicut ipse dicit in regula sua, ipsi propriis manibus laboraverunt, et *religiosis viris opera* manuum secundum quod regula praecepit, studeant propriis manibus laborare.

Sed ne aliquis de dispositione locorum causari possit dicens, tale monasterium non esse apertum ad *opera manuum exercenda*, quia situm est in civitate, in aliquo castro vel villa, propterea.

OPTIMA ITALIC / SMALL CAPS 11/13.2

Dolor sit amet SED UT PERSPICIATIS *ipsam voluptatem enim voluptas sit esse Dominico Vaspernatur aut fugit Roma, Januaris 1522.*

OPTIMA BOLD / SMALL CAPS 19/22.8

NEMO ENIM

OPTIMA 11/14

Sed ut perspiciatis unde omnis iste natus error sit voluptatem accusantium doloremque laudantium, totam rem aperiam, eaque ipsa quae ab illo de inventore veritatis et quasi architecto beatae vitae dicta sunt est explicabo natus:

- Neque *porro* quisquam
- Architecto beatae vitae
- *Qui dolorem* ipsum
- Inventore veritatis quasi

Dolores nemo enim ipsam voluptatem quia voluptas sit aspernatur aut odit aut fugit, sed quia consequuntur magni est dolores eos qui ratione.

Nunc enim vere monachi est de sunt, si otiosi non maneant, sicut. Sed ne aliquis de possit dicens, tale est monasterium.

BODONI BOLD ITALIC 10/15

"Neque porro quisquam est, qui dolorem ipsum quia dolor sit amet, consectetur Nemo voluptatem quia vere monachi maneant, aspernatur aut odit aut fugit, sed quia eos qui ratione voluptatem sequi nesciunt."

BODONI BOLD 8/10

Quisquam					
1	2	3	4	5	6
7	8	9	10	11	12	13
14	15	16	17	18	19	20
21	22	23	24	25	26	27
28	29	30				

OPTIMA BOLD 16/19.2

Operae pretium reor ea quae isto in anno Dominus per beatum Benedictum in Galliis operari dignatus est, ad posterorum memoriam et aedificationem annectere. Quidam namque vir potentissimus Gallorum *gente progenitus tantis* se ab ipsa infantia execrarat flagitiis.

BODONI 9/11

Cuidam	Vero
Dei	Servo
Juxta	Manenti
Dominus	Ea Quae Circa
Defuncti	Animam
Agebantur	Ostendere
Dignatus	Est
Nam	Statim
Ut de corpore	Exiit

BODONI BOLD 15/20

Et sanctus: Ne vobis injustitiam forte facere videar, ejus facta examinate

BODONI BOLD 29/29

Lorem ipsum dolor sit amet, consectetuer adipiscing elit

BODONI BOLD / ALL CAPS 18/21.6

DUIS TE FEUGI FACILISI. DUIS AUTEM DOLOR IN HENDRERIT IN VULPUTATE VELIT ESSE MOLESTIE CONSEQUAT

PALATINO 12/16

Videntes apostoli et alii patres antiqui, et praecipue reverendus pater noster beatus Benedictus, quod otiositas inimica est animae, sicut ipse dicit in regula sua, ipsi propriis manibus laboraverunt, et *religiosis viris opera* manuum secundum quod regula praecepit, studeant propriis manibus laborare.

Sed ne aliquis de dispositione locorum causari possit dicens, tale monasterium non esse apertum ad *opera manuum exercenda*, quia situm est in civitate, in aliquo castro vel villa, propterea.

PALATINO ITALIC / SMALL CAPS 10/12

Dolor sit amet SED UT PERSPICIATIS *ipsam voluptatem enim voluptas sit esse Dominico Vaspernatur aut fugit Roma, Januaris 1522.*

PALATINO BOLD / SMALL CAPS 19/22.8

NEMO ENIM

PALATINO 10/14

Sed ut perspiciatis unde omnis iste natus error sit voluptatem accusantium doloremque laudantium, totam rem aperiam, eaque ipsa quae ab illo de inventore veritatis et quasi architecto beatae vitae dicta sunt est explicabo natus:

- Neque *porro* quisquam
- Architecto beatae vitae
- Qui *dolorem* ipsum
- Inventore veritatis quasi

Dolores nemo enim ipsam voluptatem quia voluptas sit aspernatur aut odit aut fugit, sed quia consequuntur magni est dolores eos qui ratione.

Nunc enim vere monachi est de sunt, si otiosi non maneant, sicut. Sed ne aliquis de possit dicens, tale est monasterium.

BODONI BOLD ITALIC 10/15

"Neque porro quisquam est, qui dolorem ipsum quia dolor sit amet, consectetur Nemo voluptatem quia vere monachi maneant, aspernatur aut odit aut fugit, sed quia eos qui ratione voluptatem sequi nesciunt."

BODONI BOLD 8/10

Quisquam						
	1	2	3	4	5	6
7	8	9	10	11	12	13
14	15	16	17	18	19	20
21	22	23	24	25	26	27
28	29	30				

PALATINO BOLD 15/18

Operae pretium reor ea quae isto in anno Dominus per beatum Benedictum in Galliis operari dignatus est, ad posterorum memoriam et aedificationem annectere. Quidam namque vir potentissimus Gallorum *gente progenitus tantis* se ab ipsa infantia execrarat flagitiis.

BODONI 9/11

Cuidam	Vero
Dei	Servo
Juxta	Manenti
Dominus	Ea Quae Circa
Defuncti	Animam
Agebantur	Ostendere
Dignatus	Est
Nam	Statim
Ut de corpore	Exiit

BODONI BOLD 15/20

Et sanctus: Ne vobis injustitiam forte facere videar, ejus facta examinate

CASLON BOLD 30/30

Lorem ipsum dolor sit amet, consectetuer adipiscing elit

CASLON BOLD / ALL CAPS 17/20.4

DUIS TE FEUGI FACILISI. DUIS AUTEM DOLOR IN HENDRERIT IN VULPUTATE VELIT ESSE MOLESTIE CONSEQUAT

CASLON 14/16.8

Videntes apostoli et alii patres antiqui, et praecipue reverendus pater noster beatus Benedictus, quod otiositas inimica est animae, sicut ipse dicit in regula sua, ipsi propriis manibus laboraverunt, et *religiosis viris opera* manuum secundum quod regula praecepit, studeant propriis manibus laborare.

Sed ne aliquis de dispositione locorum causari possit dicens, tale monasterium non esse apertum ad *opera manuum exercenda*, quia situm est in civitate, in aliquo castro vel villa, propterea.

CASLON ITALIC / SMALL CAPS 11/13.2

Dolor sit amet SED UT PERSPICIATIS *ipsam voluptatem enim voluptas sit esse Dominico Vaspernatur aut fugit Roma, Januaris 1522.*

CASLON BOLD / SMALL CAPS 19/22.8

NEMO ENIM

CASLON 11/14

Sed ut perspiciatis unde omnis iste natus error sit voluptatem accusantium doloremque laudantium, totam rem aperiam, eaque ipsa quae ab illo de inventore veritatis et quasi architecto beatae vitae dicta sunt est explicabo natus:

- Neque *porro* quisquam
- Architecto beatae vitae
- Qui *dolorem* ipsum
- Inventore veritatis quasi

Dolores nemo enim ipsam voluptatem quia voluptas sit aspernatur aut odit aut fugit, sed quia consequuntur magni est dolores eos qui ratione.

Nunc enim vere monachi est de sunt, si otiosi non maneant, sicut. Sed ne aliquis de possit dicens, tale est monasterium.

CASLON BOLD ITALIC 10/17

"Neque porro quisquam est, qui dolorem ipsum quia dolor sit amet, consectetur Nemo voluptatem quia vere monachi maneant, aspernatur aut odit aut fugit, sed quia eos qui ratione voluptatem sequi nesciunt."

CASLON BOLD 9/12

Quisquam					
1	2	3	4	5	6
7	8	9	10	11	12	13
14	15	16	17	18	19	20
21	22	23	24	25	26	27
28	29	30				

CASLON BOLD 16/19.2

Operae pretium reor ea quae isto in anno Dominus per beatum Benedictum in Galliis operari dignatus est, ad posterorum memoriam et aedificationem annectere. Quidam namque vir potentissimus Gallorum *gente progenitus tantis* se ab ipsa infantia execrarat flagitiis.

CASLON 9/11

Cuidam	Vero
Dei	Servo
Juxta	Manenti
Dominus	Ea Quae Circa
Defuncti	Animam
Agebantur	Ostendere
Dignatus	Est
Nam	Statim
Ut de corpore	Exiit

CASLON BOLD 16/20

Et sanctus: Ne vobis injustitiam forte facere videar, ejus facta examinate

CASLON BOLD 30/30

Lorem ipsum dolor sit amet, consectetuer adipiscing elit

CASLON BOLD / ALL CAPS 17/20.4

DUIS TE FEUGI FACILISI. DUIS AUTEM DOLOR IN HENDRERIT IN VULPUTATE VELIT ESSE MOLESTIE CONSEQUAT

AKZIDENZ GROTESK 13/17

Videntes apostoli et alii patres antiqui, et praecipue reverendus pater noster beatus Benedictus, quod otiositas inimica est animae, sicut ipse dicit in regula sua, ipsi propriis manibus laboraverunt, et *religiosis viris opera* manuum secundum quod regula praecepit, studeant propriis manibus laborare.

Sed ne aliquis de dispositione locorum causari possit dicens, tale monasterium non esse apertum ad *opera manuum exercenda*, quia situm est in civitate, in aliquo castro vel villa, propterea.

AKZIDENZ GROTESK BOLD / SMALL CAPS 11/13.2

Dolor sit amet SED UT PERSPICIATIS ipsam voluptatem enim voluptas sit esse Dominico Vaspernatur aut fugit Roma, Januaris 1522.

AKZIDENZ GROTESK / SMALL CAPS 19/22.8

NEMO ENIM

AKZIDENZ GROTESK 11/14

Sed ut perspiciatis unde omnis iste natus error sit voluptatem accusantium doloremque laudantium, totam rem aperiam, eaque ipsa quae ab illo de inventore veritatis et quasi architecto beatae vitae dicta sunt est explicabo natus:

- Neque *porro* quisquam
- Architecto beatae vitae
- Qui *dolorem* ipsum
- Inventore veritatis quasi

Dolores nemo enim ipsam voluptatem quia voluptas sit aspernatur aut odit aut fugit, sed quia consequuntur magni est dolores eos qui ratione.

Nunc enim vere monachi est de sunt, si otiosi non maneant, sicut. Sed ne aliquis de possit dicens, tale est monasterium.

CASLON BOLD ITALIC 10/17

"Neque porro quisquam est, qui dolorem ipsum quia dolor sit amet, consectetur Nemo voluptatem quia vere monachi maneant, aspernatur aut odit aut fugit, sed quia eos qui ratione voluptatem sequi nesciunt."

CASLON BOLD 9/12

Quisquam					
1	2	3	4	5	6
7	8	9	10	11	12	13
14	15	16	17	18	19	20
21	22	23	24	25	26	27
28	29	30			

AKZIDENZ GROTESK BOLD 15/20

Operae pretium reor ea quae isto in anno Dominus per beatum Benedictum in Galliis operari dignatus est, ad posterorum memoriam et aedificationem annectere. Quidam namque vir potentissimus Gallorum gente progenitus tantis se ab ipsa infantia execrarat flagitiis.

CASLON 9/11

Cuidam	Vero
Dei	Servo
Juxta	Manenti
Dominus	Ea Quae Circa
Defuncti	Animam
Agebantur	Ostendere
Dignatus	Est
Nam	Statim
Ut de corpore	Exiit

CASLON BOLD 16/20

Et sanctus: Ne vobis injustitiam forte facere videar, ejus facta examinate

CASLON BOLD 30/30

Lorem ipsum dolor sit amet, consectetuer adipiscing elit

CASLON BOLD / ALL CAPS 17/20.4

DUIS TE FEUGI FACILISI. DUIS AUTEM DOLOR IN HENDRERIT IN VULPUTATE VELIT ESSE MOLESTIE CONSEQUAT

AVENIR 12/16

Videntes apostoli et alii patres antiqui, et praecipue reverendus pater noster beatus Benedictus, quod otiositas inimica est animae, sicut ipse dicit in regula sua, ipsi propriis manibus laboraverunt, et religiosis viris opera manuum secundum quod regula praecepit, studeant propriis manibus laborare.

Sed ne aliquis de dispositione locorum causari possit dicens, tale monasterium non esse apertum ad opera manuum exercenda, quia situm est in civitate, in aliquo castro vel villa, propterea.

AVENIR ITALIC / SMALL CAPS 10/12

Dolor sit amet SED UT PERSPICIATIS ipsam voluptatem enim voluptas sit esse Dominico Vaspernatur aut fugit Roma, Januaris 1522.

AVENIR BOLD / SMALL CAPS 19/22.8

NEMO ENIM

AVENIR 10/14

Sed ut perspiciatis unde omnis iste natus error sit voluptatem accusantium doloremque laudantium, totam rem aperiam, eaque ipsa quae ab illo de inventore veritatis et quasi architecto beatae vitae dicta sunt est explicabo natus:

- Neque porro quisquam
- Architecto beatae vitae
- Qui dolorem ipsum
- Inventore veritatis quasi

Dolores nemo enim ipsam voluptatem quia voluptas sit aspernatur aut odit aut fugit, sed quia consequuntur magni est dolores eos qui ratione.

Nunc enim vere monachi est de sunt, si otiosi non maneant, sicut. Sed ne aliquis de possit dicens, tale est monasterium.

CASLON BOLD ITALIC 10/17

"Neque porro quisquam est, qui dolorem ipsum quia dolor sit amet, consectetur Nemo voluptatem quia vere monachi maneant, aspernatur aut odit aut fugit, sed quia eos qui ratione voluptatem sequi nesciunt."

CASLON BOLD 9/12

Quisquam					
1	2	3	4	5	6
7	8	9	10	11	12	13
14	15	16	17	18	19	20
21	22	23	24	25	26	27
28	29	30			

AVENIR BOLD 15/19

Operae pretium reor ea quae isto in anno Dominus per beatum Benedictum in Galliis operari dignatus est, ad posterorum memoriam et aedificationem annectere. Quidam namque vir potentissimus Gallorum gente progenitus tantis se ab ipsa infantia execrarat flagitiis.

CASLON 9/11

Cuidam	Vero
Dei	Servo
Juxta	Manenti
Dominus	Ea Quae Circa
Defuncti	Animam
Agebantur	Ostendere
Dignatus	Est
Nam	Statim
Ut de corpore	Exiit

CASLON BOLD 16/20

Et sanctus: Ne vobis injustitiam forte facere videar, ejus facta examinate

CASLON BOLD 30/30

Lorem ipsum dolor sit amet, consectetuer adipiscing elit

CASLON BOLD / ALL CAPS 17/20.4

DUIS TE FEUGI FACILISI. DUIS AUTEM DOLOR IN HENDRERIT IN VULPUTATE VELIT ESSE MOLESTIE CONSEQUAT

FRUTIGER 12/17

Videntes apostoli et alii patres antiqui, et praecipue reverendus pater noster beatus Benedictus, quod otiositas inimica est animae, sicut ipse dicit in regula sua, ipsi propriis manibus laboraverunt, et *religiosis viris opera* manuum secundum quod regula praecepit, studeant propriis manibus laborare.

Sed ne aliquis de dispositione locorum causari possit dicens, tale monasterium non esse apertum ad *opera manuum exercenda*, quia situm est in civitate, in aliquo castro vel villa, propterea.

FRUTIGER ITALIC / SMALL CAPS 10/12

Dolor sit amet SED UT PERSPICIATIS *ipsam voluptatem enim voluptas sit esse Dominico Vaspernatur aut fugit Roma, Januaris 1522.*

FRUTIGER BOLD / SMALL CAPS 19/22.8

NEMO ENIM

FRUTIGER 10/14

Sed ut perspiciatis unde omnis iste natus error sit voluptatem accusantium doloremque laudantium, totam rem aperiam, eaque ipsa quae ab illo de inventore veritatis et quasi architecto beatae vitae dicta sunt est explicabo natus:

- Neque *porro* quisquam
- Architecto beatae vitae
- Qui *dolorem* ipsum
- Inventore veritatis quasi

Dolores nemo enim ipsam voluptatem quia voluptas sit aspernatur aut odit aut fugit, sed quia consequuntur magni est dolores eos qui ratione.

Nunc enim vere monachi est de sunt, si otiosi non maneant, sicut. Sed ne aliquis de possit dicens, tale est monasterium.

CASLON BOLD ITALIC 10/17

"Neque porro quisquam est, qui dolorem ipsum quia dolor sit amet, consectetur Nemo voluptatem quia vere monachi maneant, aspernatur aut odit aut fugit, sed quia eos qui ratione voluptatem sequi nesciunt."

CASLON BOLD 9/12

Quisquam						
	1	2	3	4	5	6
7	8	9	10	11	12	13
14	15	16	17	18	19	20
21	22	23	24	25	26	27
28	29	30				

FRUTIGER BOLD 15/19

Operae pretium reor ea quae isto in anno Dominus per beatum Benedictum in Galliis operari dignatus est, ad posterorum memoriam et aedificationem annectere. Quidam namque vir potentissimus Gallorum *gente progenitus tantis* se ab ipsa infantia execrarat flagitiis.

CASLON 9/11

Cuidam	Vero
Dei	Servo
Juxta	Manenti
Dominus	Ea Quae Circa
Defuncti	Animam
Agebantur	Ostendere
Dignatus	Est
Nam	Statim
Ut de corpore	Exiit

CASLON BOLD 16/20

Et sanctus: Ne vobis injustitiam forte facere videar, ejus facta examinate

CASLON BOLD 30/30

Lorem ipsum dolor sit amet, consectetuer adipiscing elit

CASLON BOLD / ALL CAPS 17/20.4

DUIS TE FEUGI FACILISI. DUIS AUTEM DOLOR IN HENDRERIT IN VULPUTATE VELIT ESSE MOLESTIE CONSEQUAT

META 13/17

Videntes apostoli et alii patres antiqui, et praecipue reverendus pater noster beatus Benedictus, quod otiositas inimica est animae, sicut ipse dicit in regula sua, ipsi propriis manibus laboraverunt, et *religiosis viris opera* manuum secundum quod regula praecepit, studeant propriis manibus laborare.

Sed ne aliquis de dispositione locorum causari possit dicens, tale monasterium non esse apertum ad *opera manuum exercenda*, quia situm est in civitate, in aliquo castro vel villa, propterea.

META ITALIC / SMALL CAPS 11/13.2

Dolor sit amet SED UT PERSPICIATIS *ipsam voluptatem enim voluptas sit esse Dominico Vaspernatur aut fugit Roma, Januaris 1522.*

META BOLD / SMALL CAPS 19/22.8

NEMO ENIM

META 11/14

Sed ut perspiciatis unde omnis iste natus error sit voluptatem accusantium doloremque laudantium, totam rem aperiam, eaque ipsa quae ab illo de inventore veritatis et quasi architecto beatae vitae dicta sunt est explicabo natus:

- Neque *porro* quisquam
- Architecto beatae vitae
- Qui *dolorem* ipsum
- Inventore veritatis quasi

Dolores nemo enim ipsam voluptatem quia voluptas sit aspernatur aut odit aut fugit, sed quia consequuntur magni est dolores eos qui ratione.

Nunc enim vere monachi est de sunt, si otiosi non maneant, sicut. Sed ne aliquis de possit dicens, tale est monasterium.

CASLON BOLD ITALIC 10/17

"Neque porro quisquam est, qui dolorem ipsum quia dolor sit amet, consectetur Nemo voluptatem quia vere monachi maneant, aspernatur aut odit aut fugit, sed quia eos qui ratione voluptatem sequi nesciunt."

CASLON BOLD 9/12

Quisquam					
1	2	3	4	5	6
7	8	9	10	11	12	13
14	15	16	17	18	19	20
21	22	23	24	25	26	27
28	29	30				

META BOLD 16/19.2

Operae pretium reor ea quae isto in anno Dominus per beatum Benedictum in Galliis operari dignatus est, ad posterorum memoriam et aedificationem annectere. Quidam namque vir potentissimus Gallorum *gente progenitus tantis* se ab ipsa infantia execrarat flagitiis.

CASLON 9/11

Cuidam	Vero
Dei	Servo
Juxta	Manenti
Dominus	Ea Quae Circa
Defuncti	Animam
Agebantur	Ostendere
Dignatus	Est
Nam	Statim
Ut de corpore	Exiit

CASLON BOLD 16/20

Et sanctus: Ne vobis injustitiam forte facere videar, ejus facta examinate

CASLON BOLD 30/30

Lorem ipsum dolor sit amet, consectetuer adipiscing elit

CASLON BOLD / ALL CAPS 17/20.4

DUIS TE FEUGI FACILISI. DUIS AUTEM DOLOR IN HENDRERIT IN VULPUTATE VELIT ESSE MOLESTIE CONSEQUAT

OPTIMA 13/16

Videntes apostoli et alii patres antiqui, et praecipue reverendus pater noster beatus Benedictus, quod otiositas inimica est animae, sicut ipse dicit in regula sua, ipsi propriis manibus laboraverunt, et *religiosis viris opera* manuum secundum quod regula praecepit, studeant propriis manibus laborare.

Sed ne aliquis de dispositione locorum causari possit dicens, tale monasterium non esse apertum ad *opera manuum exercenda*, quia situm est in civitate, in aliquo castro vel villa, propterea.

OPTIMA ITALIC / SMALL CAPS 11/13.2

Dolor sit amet SED UT PERSPICIATIS *ipsam voluptatem enim voluptas sit esse Dominico Vaspernatur aut fugit Roma, Januaris 1522.*

OPTIMA BOLD / SMALL CAPS 19/22.8

NEMO ENIM

OPTIMA 11/14

Sed ut perspiciatis unde omnis iste natus error sit voluptatem accusantium doloremque laudantium, totam rem aperiam, eaque ipsa quae ab illo de inventore veritatis et quasi architecto beatae vitae dicta sunt est explicabo natus:

- Neque *porro* quisquam
- Architecto beatae vitae
- Qui *dolorem* ipsum
- Inventore veritatis quasi

Dolores nemo enim ipsam voluptatem quia voluptas sit aspernatur aut odit aut fugit, sed quia consequuntur magni est dolores eos qui ratione.

Nunc enim vere monachi est de sunt, si otiosi non maneant, sicut. Sed ne aliquis de possit dicens, tale est monasterium.

CASLON BOLD ITALIC 10/17

"Neque porro quisquam est, qui dolorem ipsum quia dolor sit amet, consectetur Nemo voluptatem quia vere monachi maneant, aspernatur aut odit aut fugit, sed quia eos qui ratione voluptatem sequi nesciunt."

CASLON BOLD 9/12

Quisquam						
	1	2	3	4	5	6
7	8	9	10	11	12	13
14	15	16	17	18	19	20
21	22	23	24	25	26	27
28	29	30				

OPTIMA BOLD 16/19.2

Operae pretium reor ea quae isto in anno Dominus per beatum Benedictum in Galliis operari dignatus est, ad posterorum memoriam et aedificationem annectere. Quidam namque vir potentissimus Gallorum *gente progenitus tantis* se ab ipsa infantia execrarat flagitiis.

CASLON 9/11

Cuidam	Vero
Dei	Servo
Juxta	Manenti
Dominus	Ea Quae Circa
Defuncti	Animam
Agebantur	Ostendere
Dignatus	Est
Nam	Statim
Ut de corpore	Exiit

CASLON BOLD 16/20

Et sanctus: Ne vobis injustitiam forte facere videar, ejus facta examinate

CENTURY GOTHIC BOLD 27/32

Lorem ipsum dolor sit amet, consectetuer adipiscing elit

CENTURY GOTHIC BOLD / ALL CAPS 18/21.6

DUIS TE FEUGI FACILISI. DUIS AUTEM DOLOR IN HENDRERIT IN VULPUTATE VELIT ESSE MOLESTIE CONSEQUAT

CENTURY GOTHIC 11/17

Videntes apostoli et alii patres antiqui, et praecipue reverendus pater noster beatus Benedictus, quod otiositas inimica est animae, sicut ipse dicit in regula sua, ipsi propriis manibus laboraverunt, et *religiosis viris opera* manuum secundum quod regula praecepit, studeant propriis manibus laborare.

Sed ne aliquis de dispositione locorum causari possit dicens, tale monasterium non esse apertum ad *opera manuum exercenda*, quia situm est in civitate, in aliquo castro vel villa, propterea.

CENTURY GOTHIC ITALIC / SMALL CAPS 9/13

Dolor sit amet SED UT PERSPICIATIS *ipsam voluptatem enim voluptas sit esse Dominico Vaspernatur aut fugit Roma, Januaris 1522.*

CENTURY GOTHIC BOLD / SMALL CAPS 19/22.8

NEMO ENIM

CENTURY GOTHIC 9/14

Sed ut perspiciatis unde omnis iste natus error sit voluptatem accusantium doloremque laudantium, totam rem aperiam, eaque ipsa quae ab illo de inventore veritatis et quasi architecto beatae vitae dicta sunt est explicabo natus:

- Neque *porro* quisquam
- Architecto beatae vitae
- Qui *dolorem* ipsum
- Inventore veritatis quasi

Dolores nemo enim ipsam voluptatem quia voluptas sit aspernatur aut odit aut fugit, sed quia consequuntur magni est dolores eos qui ratione.

Nunc enim vere monachi est de sunt, si otiosi non maneant, sicut. Sed ne aliquis de possit dicens, tale est monasterium.

CENTURY GOTHIC BOLD ITALIC 9/15

"Neque porro quisquam est, qui dolorem ipsum quia dolor sit amet, consectetur Nemo voluptatem quia vere monachi maneant, aspernatur aut odit aut fugit, sed quia eos qui ratione voluptatem sequi nesciunt."

CENTURY GOTHIC BOLD 9/12

Quisquam					
1	2	3	4	5	6
7	8	9	10	11	12	13
14	15	16	17	18	19	20
21	22	23	24	25	26	27
28	29	30				

CENTURY GOTHIC BOLD 15/19

Operae pretium reor ea quae isto in anno Dominus per beatum Benedictum in Galliis operari dignatus est, ad posterorum memoriam et aedificationem annectere. Quidam namque vir potentissimus Gallorum *gente progenitus tantis* se ab ipsa infantia execrarat flagitiis.

CENTURY GOTHIC 9/11

Cuidam	Vero
Dei	Servo
Juxta	Manenti
Dominus	Ea Quae Circa
Defuncti	Animam
Agebantur	Ostendere
Dignatus	Est
Nam	Statim
Ut de corpore	Exiit

CENTURY GOTHIC BOLD 14/20

Et sanctus: Ne vobis injustitiam forte facere videar, ejus facta examinate

CENTURY GOTHIC BOLD 27/32

Lorem ipsum dolor sit amet, consectetuer adipiscing elit

CENTURY GOTHIC BOLD / ALL CAPS 18/21.6

DUIS TE FEUGI FACILISI. DUIS AUTEM DOLOR IN HENDRERIT IN VULPUTATE VELIT ESSE MOLESTIE CONSEQUAT

CASLON 14/16.8

Videntes apostoli et alii patres antiqui, et praecipue reverendus pater noster beatus Benedictus, quod otiositas inimica est animae, sicut ipse dicit in regula sua, ipsi propriis manibus laboraverunt, et *religiosis viris opera* manuum secundum quod regula praecepit, studeant propriis manibus laborare.

Sed ne aliquis de dispositione locorum causari possit dicens, tale monasterium non esse apertum ad *opera manuum exercenda*, quia situm est in civitate, in aliquo castro vel villa, propterea.

CASLON ITALIC / SMALL CAPS 11/13.2

Dolor sit amet SED UT PERSPICIATIS *ipsam voluptatem enim voluptas sit esse Dominico Vaspernatur aut fugit Roma, Januaris 1522.*

CASLON BOLD / SMALL CAPS 19/22.8

NEMO ENIM

CASLON 11/14

Sed ut perspiciatis unde omnis iste natus error sit voluptatem accusantium doloremque laudantium, totam rem aperiam, eaque ipsa quae ab illo de inventore veritatis et quasi architecto beatae vitae dicta sunt est explicabo natus:

- Neque *porro* quisquam
- Architecto beatae vitae
- Qui *dolorem* ipsum
- Inventore veritatis quasi

Dolores nemo enim ipsam voluptatem quia voluptas sit aspernatur aut odit aut fugit, sed quia consequuntur magni est dolores eos qui ratione.

Nunc enim vere monachi est de sunt, si otiosi non maneant, sicut. Sed ne aliquis de possit dicens, tale est monasterium.

CENTURY GOTHIC BOLD ITALIC 9/15

"Neque porro quisquam est, qui dolorem ipsum quia dolor sit amet, consectetur Nemo voluptatem quia vere monachi maneant, aspernatur aut odit aut fugit, sed quia eos qui ratione voluptatem sequi nesciunt."

CENTURY GOTHIC BOLD 9/12

Quisquam					
1	2	3	4	5	6
7	8	9	10	11	12	13
14	15	16	17	18	19	20
21	22	23	24	25	26	27
28	29	30				

CASLON BOLD 16/19.2

Operae pretium reor ea quae isto in anno Dominus per beatum Benedictum in Galliis operari dignatus est, ad posterorum memoriam et aedificationem annectere. Quidam namque vir potentissimus Gallorum *gente progenitus tantis* se ab ipsa infantia execrarat flagitiis.

CENTURY GOTHIC 9/11

Cuidam..Vero
Dei..Servo
Juxta .... Manenti
Dominus.....................Ea Quae Circa
Defuncti................................Animam
Agebantur........................ Ostendere
Dignatus ....Est
Nam ....Statim
Ut de corpore .... Exiit

CENTURY GOTHIC BOLD 14/20

Et sanctus: Ne vobis injustitiam forte facere videar, ejus facta examinate

CENTURY GOTHIC BOLD 27/32

Lorem ipsum dolor sit amet, consectetuer adipiscing elit

CENTURY GOTHIC BOLD / ALL CAPS 18/21.6

DUIS TE FEUGI FACILISI. DUIS AUTEM DOLOR IN HENDRERIT IN VULPUTATE VELIT ESSE MOLESTIE CONSEQUAT

NEW BASKERVILLE 13/15.6

Videntes apostoli et alii patres antiqui, et praecipue reverendus pater noster beatus Benedictus, quod otiositas inimica est animae, sicut ipse dicit in regula sua, ipsi propriis manibus laboraverunt, *et religiosis viris opera* manuum secundum quod regula praecepit, studeant propriis manibus laborare.

Sed ne aliquis de dispositione locorum causari possit dicens, tale monasterium non esse apertum ad *opera manuum exercenda,* quia situm est in civitate, in aliquo castro vel villa, propterea.

NEW BASKERVILLE ITALIC & ROMAN / SMALL CAPS 11/13.2

Dolor sit amet SED UT PERSPICIATIS *ipsam voluptatem enim voluptas sit esse Dominico Vaspernatur aut fugit Roma, Januaris 1522.*

NEW BASKERVILLE BOLD / SMALL CAPS 19/22.8

NEMO ENIM

NEW BASKERVILLE 10/14.4

Sed ut perspiciatis unde omnis iste natus error sit voluptatem accusantium doloremque laudantium, totam rem aperiam, eaque ipsa quae ab illo de inventore veritatis et quasi architecto beatae vitae dicta sunt est explicabo natus:

- Neque *porro* quisquam
- Architecto beatae vitae
- Qui *dolorem* ipsum
- Inventore veritatis quasi

Dolores nemo enim ipsam voluptatem quia voluptas sit aspernatur aut odit aut fugit, sed quia consequuntur magni est dolores eos qui ratione.

Nunc enim vere monachi est de sunt, si otiosi non maneant, sicut. Sed ne aliquis de possit dicens, tale est monasterium.

NEW BASKERVILLE BOLD 16/19.2

Operae pretium reor ea quae isto in anno Dominus per beatum Benedictum in Galliis operari dignatus est, ad posterorum memoriam et aedificationem annectere. Quidam namque vir potentissimus Gallorum *gente progenitus tantis* se ab ipsa infantia execrarat flagitiis.

CENTURY GOTHIC BOLD ITALIC 9/15

"Neque porro quisquam est, qui dolorem ipsum quia dolor sit amet, consectetur Nemo voluptatem quia vere monachi maneant, aspernatur aut odit aut fugit, sed quia eos qui ratione voluptatem sequi nesciunt."

CENTURY GOTHIC BOLD 9/12

Quisquam					
1	2	3	4	5	6
7	8	9	10	11	12	13
14	15	16	17	18	19	20
21	22	23	24	25	26	27
28	29	30				

CENTURY GOTHIC 9/11

Cuidam..Vero
Dei..Servo
Juxta .... Manenti
Dominus.....................Ea Quae Circa
Defuncti.................................Animam
Agebantur........................Ostendere
Dignatus ....Est
Nam ....Statim
Ut de corpore ....Exiit

CENTURY GOTHIC BOLD 14/20

Et sanctus: Ne vobis injustitiam forte facere videar, ejus facta examinate

CENTURY GOTHIC BOLD 27/32

Lorem ipsum dolor sit amet, consectetuer adipiscing elit

CENTURY GOTHIC BOLD / ALL CAPS 18/21.6

DUIS TE FEUGI FACILISI. DUIS AUTEM DOLOR IN HENDRERIT IN VULPUTATE VELIT ESSE MOLESTIE CONSEQUAT

OPTIMA 13/16

Videntes apostoli et alii patres antiqui, et praecipue reverendus pater noster beatus Benedictus, quod otiositas inimica est animae, sicut ipse dicit in regula sua, ipsi propriis manibus laboraverunt, et *religiosis viris opera* manuum secundum quod regula praecepit, studeant propriis manibus laborare.

Sed ne aliquis de dispositione locorum causari possit dicens, tale monasterium non esse apertum ad *opera manuum exercenda*, quia situm est in civitate, in aliquo castro vel villa, propterea.

OPTIMA ITALIC / SMALL CAPS 11/13.2

Dolor sit amet SED UT PERSPICIATIS *ipsam voluptatem enim voluptas sit esse Dominico Vaspernatur aut fugit Roma, Januaris 1522.*

OPTIMA BOLD / SMALL CAPS 19/22.8

NEMO ENIM

OPTIMA 11/14

Sed ut perspiciatis unde omnis iste natus error sit voluptatem accusantium doloremque laudantium, totam rem aperiam, eaque ipsa quae ab illo de inventore veritatis et quasi architecto beatae vitae dicta sunt est explicabo natus:

- Neque *porro* quisquam
- Architecto beatae vitae
- Qui *dolorem* ipsum
- Inventore veritatis quasi

Dolores nemo enim ipsam voluptatem quia voluptas sit aspernatur aut odit aut fugit, sed quia consequuntur magni est dolores eos qui ratione.

Nunc enim vere monachi est de sunt, si otiosi non maneant, sicut. Sed ne aliquis de possit dicens, tale est monasterium.

CENTURY GOTHIC BOLD ITALIC 9/15

"Neque porro quisquam est, qui dolorem ipsum quia dolor sit amet, consectetur Nemo voluptatem quia vere monachi maneant, aspernatur aut odit aut fugit, sed quia eos qui ratione voluptatem sequi nesciunt."

CENTURY GOTHIC BOLD 9/12

Quisquam						
	1	2	3	4	5	6
7	8	9	10	11	12	13
14	15	16	17	18	19	20
21	22	23	24	25	26	27
28	29	30				

OPTIMA BOLD 16/19.2

Operae pretium reor ea quae isto in anno Dominus per beatum Benedictum in Galliis operari dignatus est, ad posterorum memoriam et aedificationem annectere. Quidam namque vir potentissimus Gallorum *gente progenitus tantis* se ab ipsa infantia execrarat flagitiis.

CENTURY GOTHIC 9/11

Cuidam	Vero
Dei	Servo
Juxta	Manenti
Dominus	Ea Quae Circa
Defuncti	Animam
Agebantur	Ostendere
Dignatus	Est
Nam	Statim
Ut de corpore	Exiit

CENTURY GOTHIC BOLD 14/20

Et sanctus: Ne vobis injustitiam forte facere videar, ejus facta examinate

CENTURY GOTHIC BOLD 27/32

Lorem ipsum dolor sit amet, consectetuer adipiscing elit

CENTURY GOTHIC BOLD / ALL CAPS 18/21.6

DUIS TE FEUGI FACILISI. DUIS AUTEM DOLOR IN HENDRERIT IN VULPUTATE VELIT ESSE MOLESTIE CONSEQUAT

PALATINO 12/16

Videntes apostoli et alii patres antiqui, et praecipue reverendus pater noster beatus Benedictus, quod otiositas inimica est animae, sicut ipse dicit in regula sua, ipsi propriis manibus laboraverunt, et *religiosis viris opera* manuum secundum quod regula praecepit, studeant propriis manibus laborare.

Sed ne aliquis de dispositione locorum causari possit dicens, tale monasterium non esse apertum ad *opera manuum exercenda*, quia situm est in civitate, in aliquo castro vel villa, propterea.

PALATINO ITALIC / SMALL CAPS 10/12

Dolor sit amet SED UT PERSPICIATIS *ipsam voluptatem enim voluptas sit esse Dominico Vaspernatur aut fugit Roma, Januaris 1522.*

PALATINO BOLD / SMALL CAPS 19/22.8

NEMO ENIM

PALATINO 10/14

Sed ut perspiciatis unde omnis iste natus error sit voluptatem accusantium doloremque laudantium, totam rem aperiam, eaque ipsa quae ab illo de inventore veritatis et quasi architecto beatae vitae dicta sunt est explicabo natus:

- Neque *porro* quisquam
- Architecto beatae vitae
- Qui *dolorem* ipsum
- Inventore veritatis quasi

Dolores nemo enim ipsam voluptatem quia voluptas sit aspernatur aut odit aut fugit, sed quia consequuntur magni est dolores eos qui ratione.

Nunc enim vere monachi est de sunt, si otiosi non maneant, sicut. Sed ne aliquis de possit dicens, tale est monasterium.

CENTURY GOTHIC BOLD ITALIC 9/15

"Neque porro quisquam est, qui dolorem ipsum quia dolor sit amet, consectetur Nemo voluptatem quia vere monachi maneant, aspernatur aut odit aut fugit, sed quia eos qui ratione voluptatem sequi nesciunt."

CENTURY GOTHIC BOLD 9/12

Quisquam						
	1	2	3	4	5	6
7	8	9	10	11	12	13
14	15	16	17	18	19	20
21	22	23	24	25	26	27
28	29	30				

PALATINO BOLD 15/18

Operae pretium reor ea quae isto in anno Dominus per beatum Benedictum in Galliis operari dignatus est, ad posterorum memoriam et aedificationem annectere. Quidam namque vir potentissimus Gallorum *gente progenitus tantis* se ab ipsa infantia execrarat flagitiis.

CENTURY GOTHIC 9/11

Cuidam	Vero
Dei	Servo
Juxta	Manenti
Dominus	Ea Quae Circa
Defuncti	Animam
Agebantur	Ostendere
Dignatus	Est
Nam	Statim
Ut de corpore	Exiit

CENTURY GOTHIC BOLD 14/20

Et sanctus: Ne vobis injustitiam forte facere videar, ejus facta examinate

CENTURY GOTHIC BOLD 27/32

Lorem ipsum dolor sit amet, consectetuer adipiscing elit

CENTURY GOTHIC BOLD / ALL CAPS 18/21.6

DUIS TE FEUGI FACILISI. DUIS AUTEM DOLOR IN HENDRERIT IN VULPUTATE VELIT ESSE MOLESTIE CONSEQUAT

WARNOCK 13/15.6

Videntes apostoli et alii patres antiqui, et praecipue reverendus pater noster beatus Benedictus, quod otiositas inimica est animae, sicut ipse dicit in regula sua, ipsi propriis manibus laboraverunt, *et religiosis viris opera* manuum secundum quod regula praecepit, studeant propriis manibus laborare.

Sed ne aliquis de dispositione locorum causari possit dicens, tale monasterium non esse apertum ad *opera manuum exercenda,* quia situm est in civitate, in aliquo castro vel villa, propterea.

WARNOCK ITALIC & ROMAN / SMALL CAPS 11/13.2

Dolor sit amet SED UT PERSPICIATIS *ipsam voluptatem enim voluptas sit esse Dominico Vaspernatur aut fugit Roma, Januaris 1522.*

WARNOCK BOLD / SMALL CAPS 19/22.8

NEMO ENIM

WARNOCK 11/14

Sed ut perspiciatis unde omnis iste natus error sit voluptatem accusantium doloremque laudantium, totam rem aperiam, eaque ipsa quae ab illo de inventore veritatis et quasi architecto beatae vitae dicta sunt est explicabo natus:

- Neque *porro* quisquam
- Architecto beatae vitae
- Qui *dolorem* ipsum
- Inventore veritatis quasi

Dolores nemo enim ipsam voluptatem quia voluptas sit aspernatur aut odit aut fugit, sed quia consequuntur magni est dolores eos qui ratione.

Nunc enim vere monachi est de sunt, si otiosi non maneant, sicut. Sed ne aliquis de possit dicens, tale est monasterium.

CENTURY GOTHIC BOLD ITALIC 9/15

"Neque porro quisquam est, qui dolorem ipsum quia dolor sit amet, consectetur Nemo voluptatem quia vere monachi maneant, aspernatur aut odit aut fugit, sed quia eos qui ratione voluptatem sequi nesciunt."

CENTURY GOTHIC BOLD 9/12

Quisquam						
	1	2	3	4	5	6
7	8	9	10	11	12	13
14	15	16	17	18	19	20
21	22	23	24	25	26	27
28	29	30				

WARNOCK BOLD 16/19.2

Operae pretium reor ea quae isto in anno Dominus per beatum Benedictum in Galliis operari dignatus est, ad posterorum memoriam et aedificationem annectere. Quidam namque vir potentissimus Gallorum *gente progenitus tantis* se ab ipsa infantia execrarat flagitiis.

CENTURY GOTHIC 9/11

Cuidam	Vero
Dei	Servo
Juxta	Manenti
Dominus	Ea Quae Circa
Defuncti	Animam
Agebantur	Ostendere
Dignatus	Est
Nam	Statim
Ut de corpore	Exiit

CENTURY GOTHIC BOLD 14/20

Et sanctus: Ne vobis injustitiam forte facere videar, ejus facta examinate

CHAPARRAL BOLD 30/30

Lorem ipsum dolor sit amet, consectetuer adipiscing elit

CHAPARRAL BOLD / ALL CAPS 18/21.6

DUIS TE FEUGI FACILISI. DUIS AUTEM DOLOR IN HENDRERIT IN VULPUTATE VELIT ESSE MOLESTIE CONSEQUAT

CHAPARRAL 13/16

Videntes apostoli et alii patres antiqui, et praecipue reverendus pater noster beatus Benedictus, quod otiositas inimica est animae, sicut ipse dicit in regula sua, ipsi propriis manibus laboraverunt, et *religiosis viris opera* manuum secundum quod regula praecepit, studeant propriis manibus laborare.

Sed ne aliquis de dispositione locorum causari possit dicens, tale monasterium non esse apertum ad *opera manuum exercenda*, quia situm est in civitate, in aliquo castro vel villa, propterea.

CHAPARRAL ITALIC / SMALL CAPS 11/13.2

Dolor sit amet SED UT PERSPICIATIS *ipsam voluptatem enim voluptas sit esse Dominico Vaspernatur aut fugit Roma, Januaris 1522.*

CHAPARRAL BOLD / SMALL CAPS 19/22.8

NEMO ENIM

CHAPARRAL 11/14

Sed ut perspiciatis unde omnis iste natus error sit voluptatem accusantium doloremque laudantium, totam rem aperiam, eaque ipsa quae ab illo de inventore veritatis et quasi architecto beatae vitae dicta sunt est explicabo natus:

- Neque *porro* quisquam
- Architecto beatae vitae
- Qui *dolorem* ipsum
- Inventore veritatis quasi

Dolores nemo enim ipsam voluptatem quia voluptas sit aspernatur aut odit aut fugit, sed quia consequuntur magni est dolores eos qui ratione.

Nunc enim vere monachi est de sunt, si otiosi non maneant, sicut. Sed ne aliquis de possit dicens, tale est monasterium.

CHAPARRAL BOLD ITALIC 10/15

"Neque porro quisquam est, qui dolorem ipsum quia dolor sit amet, consectetur Nemo voluptatem quia vere monachi maneant, aspernatur aut odit aut fugit, sed quia eos qui ratione voluptatem sequi nesciunt."

CHAPARRAL BOLD 9/12

Quisquam					
1	2	3	4	5	6
7	8	9	10	11	12	13
14	15	16	17	18	19	20
21	22	23	24	25	26	27
28	29	30				

CHAPARRAL BOLD 16/19.2

Operae pretium reor ea quae isto in anno Dominus per beatum Benedictum in Galliis operari dignatus est, ad posterorum memoriam et aedificationem annectere. Quidam namque vir potentissimus Gallorum *gente progenitus tantis* se ab ipsa infantia execrarat flagitiis.

CHAPARRAL 9/11

Cuidam	Vero
Dei	Servo
Juxta	Manenti
Dominus	Ea Quae Circa
Defuncti	Animam
Agebantur	Ostendere
Dignatus	Est
Nam	Statim
Ut de corpore	Exiit

CHAPARRAL BOLD 15/20

Et sanctus: Ne vobis injustitiam forte facere videar, ejus facta examinate

CHAPARRAL BOLD 30/30

Lorem ipsum dolor sit amet, consectetuer adipiscing elit

CHAPARRAL BOLD / ALL CAPS 18/21.6

DUIS TE FEUGI FACILISI. DUIS AUTEM DOLOR IN HENDRERIT IN VULPUTATE VELIT ESSE MOLESTIE CONSEQUAT

AKZIDENZ GROTESK 13/17

Videntes apostoli et alii patres antiqui, et praecipue reverendus pater noster beatus Benedictus, quod otiositas inimica est animae, sicut ipse dicit in regula sua, ipsi propriis manibus laboraverunt, et *religiosis viris opera* manuum secundum quod regula praecepit, studeant propriis manibus laborare.

Sed ne aliquis de dispositione locorum causari possit dicens, tale monasterium non esse apertum ad *opera manuum exercenda*, quia situm est in civitate, in aliquo castro vel villa, propterea.

AKZIDENZ GROTESK BOLD / SMALL CAPS 11/13.2

Dolor sit amet SED UT PERSPICIATIS ipsam voluptatem enim voluptas sit esse Dominico Vaspernatur aut fugit Roma, Januaris 1522.

AKZIDENZ GROTESK / SMALL CAPS 19/22.8

NEMO ENIM

AKZIDENZ GROTESK 11/14

Sed ut perspiciatis unde omnis iste natus error sit voluptatem accusantium doloremque laudantium, totam rem aperiam, eaque ipsa quae ab illo de inventore veritatis et quasi architecto beatae vitae dicta sunt est explicabo natus:

- Neque *porro* quisquam
- Architecto beatae vitae
- Qui *dolorem* ipsum
- Inventore veritatis quasi

Dolores nemo enim ipsam voluptatem quia voluptas sit aspernatur aut odit aut fugit, sed quia consequuntur magni est dolores eos qui ratione.

Nunc enim vere monachi est de sunt, si otiosi non maneant, sicut. Sed ne aliquis de possit dicens, tale est monasterium.

CHAPARRAL BOLD ITALIC 10/15

"Neque porro quisquam est, qui dolorem ipsum quia dolor sit amet, consectetur Nemo voluptatem quia vere monachi maneant, aspernatur aut odit aut fugit, sed quia eos qui ratione voluptatem sequi nesciunt."

CHAPARRAL BOLD 9/12

Quisquam						
	1	2	3	4	5	6
7	8	9	10	11	12	13
14	15	16	17	18	19	20
21	22	23	24	25	26	27
28	29	30				

AKZIDENZ GROTESK BOLD 15/20

Operae pretium reor ea quae isto in anno Dominus per beatum Benedictum in Galliis operari dignatus est, ad posterorum memoriam et aedificationem annectere. Quidam namque vir potentissimus Gallorum gente progenitus tantis se ab ipsa infantia execrarat flagitiis.

CHAPARRAL 9/11

Cuidam .... Vero
Dei .... Servo
Juxta .... Manenti
Dominus .... Ea Quae Circa
Defuncti .... Animam
Agebantur .... Ostendere
Dignatus .... Est
Nam .... Statim
Ut de corpore .... Exiit

CHAPARRAL BOLD 15/20

Et sanctus: Ne vobis injustitiam forte facere videar, ejus facta examinate

CHAPARRAL BOLD 30/30

Lorem ipsum dolor sit amet, consectetuer adipiscing elit

CHAPARRAL BOLD / ALL CAPS 18/21.6

DUIS TE FEUGI FACILISI. DUIS AUTEM DOLOR IN HENDRERIT IN VULPUTATE VELIT ESSE MOLESTIE CONSEQUAT

AVENIR 12/16

Videntes apostoli et alii patres antiqui, et praecipue reverendus pater noster beatus Benedictus, quod otiositas inimica est animae, sicut ipse dicit in regula sua, ipsi propriis manibus laboraverunt, et religiosis viris opera manuum secundum quod regula praecepit, studeant propriis manibus laborare.

Sed ne aliquis de dispositione locorum causari possit dicens, tale monasterium non esse apertum ad opera manuum exercenda, quia situm est in civitate, in aliquo castro vel villa, propterea.

AVENIR ITALIC / SMALL CAPS 10/12

Dolor sit amet SED UT PERSPICIATIS ipsam voluptatem enim voluptas sit esse Dominico Vaspernatur aut fugit Roma, Januaris 1522.

AVENIR BOLD / SMALL CAPS 19/22.8

NEMO ENIM

AVENIR 10/14

Sed ut perspiciatis unde omnis iste natus error sit voluptatem accusantium doloremque laudantium, totam rem aperiam, eaque ipsa quae ab illo de inventore veritatis et quasi architecto beatae vitae dicta sunt est explicabo natus:

- Neque porro quisquam
- Architecto beatae vitae
- Qui dolorem ipsum
- Inventore veritatis quasi

Dolores nemo enim ipsam voluptatem quia voluptas sit aspernatur aut odit aut fugit, sed quia consequuntur magni est dolores eos qui ratione.

Nunc enim vere monachi est de sunt, si otiosi non maneant, sicut. Sed ne aliquis de possit dicens, tale est monasterium.

CHAPARRAL BOLD ITALIC 10/15

"Neque porro quisquam est, qui dolorem ipsum quia dolor sit amet, consectetur Nemo voluptatem quia vere monachi maneant, aspernatur aut odit aut fugit, sed quia eos qui ratione voluptatem sequi nesciunt."

CHAPARRAL BOLD 9/12

Quisquam					
1	2	3	4	5	6
7	8	9	10	11	12	13
14	15	16	17	18	19	20
21	22	23	24	25	26	27
28	29	30			

AVENIR BOLD 15/19

Operae pretium reor ea quae isto in anno Dominus per beatum Benedictum in Galliis operari dignatus est, ad posterorum memoriam et aedificationem annectere. Quidam namque vir potentissimus Gallorum gente progenitus tantis se ab ipsa infantia execrarat flagitiis.

CHAPARRAL 9/11

Cuidam	Vero
Dei	Servo
Juxta	Manenti
Dominus	Ea Quae Circa
Defuncti	Animam
Agebantur	Ostendere
Dignatus	Est
Nam	Statim
Ut de corpore	Exiit

CHAPARRAL BOLD 15/20

Et sanctus: Ne vobis injustitiam forte facere videar, ejus facta examinate

CHAPARRAL BOLD 30/30

Lorem ipsum dolor sit amet, consectetuer adipiscing elit

CHAPARRAL BOLD / ALL CAPS 18/21.6

DUIS TE FEUGI FACILISI. DUIS AUTEM DOLOR IN HENDRERIT IN VULPUTATE VELIT ESSE MOLESTIE CONSEQUAT

FRUTIGER 12/17

Videntes apostoli et alii patres antiqui, et praecipue reverendus pater noster beatus Benedictus, quod otiositas inimica est animae, sicut ipse dicit in regula sua, ipsi propriis manibus laboraverunt, et *religiosis viris opera* manuum secundum quod regula praecepit, studeant propriis manibus laborare.

Sed ne aliquis de dispositione locorum causari possit dicens, tale monasterium non esse apertum ad *opera manuum exercenda*, quia situm est in civitate, in aliquo castro vel villa, propterea.

FRUTIGER ITALIC / SMALL CAPS 10/12

Dolor sit amet SED UT PERSPICIATIS *ipsam voluptatem enim voluptas sit esse Dominico Vaspernatur aut fugit Roma, Januaris 1522.*

FRUTIGER BOLD / SMALL CAPS 19/22.8

NEMO ENIM

FRUTIGER 10/14

Sed ut perspiciatis unde omnis iste natus error sit voluptatem accusantium doloremque laudantium, totam rem aperiam, eaque ipsa quae ab illo de inventore veritatis et quasi architecto beatae vitae dicta sunt est explicabo natus:

- Neque *porro* quisquam
- Architecto beatae vitae
- Qui *dolorem* ipsum
- Inventore veritatis quasi

Dolores nemo enim ipsam voluptatem quia voluptas sit aspernatur aut odit aut fugit, sed quia consequuntur magni est dolores eos qui ratione.

Nunc enim vere monachi est de sunt, si otiosi non maneant, sicut. Sed ne aliquis de possit dicens, tale est monasterium.

CHAPARRAL BOLD ITALIC 10/15

"Neque porro quisquam est, qui dolorem ipsum quia dolor sit amet, consectetur Nemo voluptatem quia vere monachi maneant, aspernatur aut odit aut fugit, sed quia eos qui ratione voluptatem sequi nesciunt."

CHAPARRAL BOLD 9/12

Quisquam					
1	2	3	4	5	6
7	8	9	10	11	12	13
14	15	16	17	18	19	20
21	22	23	24	25	26	27
28	29	30			

FRUTIGER BOLD 15/19

Operae pretium reor ea quae isto in anno Dominus per beatum Benedictum in Galliis operari dignatus est, ad posterorum memoriam et aedificationem annectere. Quidam namque vir potentissimus Gallorum *gente progenitus tantis* se ab ipsa infantia execrarat flagitiis.

CHAPARRAL 9/11

Cuidam	Vero
Dei	Servo
Juxta	Manenti
Dominus	Ea Quae Circa
Defuncti	Animam
Agebantur	Ostendere
Dignatus	Est
Nam	Statim
Ut de corpore	Exiit

CHAPARRAL BOLD 15/20

Et sanctus: Ne vobis injustitiam forte facere videar, ejus facta examinate

CHAPARRAL BOLD 30/30

Lorem ipsum dolor sit amet, consectetuer adipiscing elit

CHAPARRAL BOLD / ALL CAPS 18/21.6

DUIS TE FEUGI FACILISI. DUIS AUTEM DOLOR IN HENDRERIT IN VULPUTATE VELIT ESSE MOLESTIE CONSEQUAT

HELVETICA 12/17

Videntes apostoli et alii patres antiqui, et praecipue reverendus pater noster beatus Benedictus, quod otiositas inimica est animae, sicut ipse dicit in regula sua, ipsi propriis manibus laboraverunt, *et religiosis viris opera* manuum secundum quod regula praecepit, studeant propriis manibus laborare.

Sed ne aliquis de dispositione locorum causari possit dicens, tale monasterium non esse apertum ad *opera manuum exercenda,* quia situm est in civitate, in aliquo castro vel villa, propterea.

HELVETICA ITALIC & ROMAN / SMALL CAPS 11/13.2

Dolor sit amet SED UT PERSPICIATIS i*psam voluptatem enim voluptas sit esse Dominico Vas git Roma, Januaris 1522.*

HELVETICA BOLD / SMALL CAPS 19/22.8

NEMO ENIM

HELVETICA 10.5/14

Sed ut perspiciatis unde omnis iste natus error sit voluptatem accusantium doloremque laudantium, totam rem aperiam, eaque ipsa quae ab illo de inventore veritatis et quasi architecto beatae vitae dicta sunt est explicabo natus:

- Neque *porro* quisquam
- Architecto beatae vitae
- Qui *dolorem* ipsum
- Inventore veritatis quasi

Dolores nemo enim ipsam voluptatem quia voluptas sit aspernatur aut odit aut fugit, sed quia consequuntur magni est dolores eos qui ratione.

Nunc enim vere monachi est de sunt, si otiosi non maneant, sicut. Sed ne aliquis de possit dicens, tale est monasterium.

CHAPARRAL BOLD ITALIC 10/15

"Neque porro quisquam est, qui dolorem ipsum quia dolor sit amet, consectetur Nemo voluptatem quia vere monachi maneant, aspernatur aut odit aut fugit, sed quia eos qui ratione voluptatem sequi nesciunt."

CHAPARRAL BOLD 9/12

Quisquam						
	1	2	3	4	5	6
7	8	9	10	11	12	13
14	15	16	17	18	19	20
21	22	23	24	25	26	27
28	29	30				

HELVETICA BOLD 15/20

Operae pretium reor ea quae isto in anno Dominus per beatum Benedictum in Galliis operari dignatus est, ad posterorum memoriam et aedificationem annectere. Quidam namque vir potentissimus Gallorum *gente progenitus tantis* se ab ipsa infantia execrarat flagitiis.

CHAPARRAL 9/11

Cuidam	Vero
Dei	Servo
Juxta	Manenti
Dominus	Ea Quae Circa
Defuncti	Animam
Agebantur	Ostendere
Dignatus	Est
Nam	Statim
Ut de corpore	Exiit

CHAPARRAL BOLD 15/20

Et sanctus: Ne vobis injustitiam forte facere videar, ejus facta examinate

CHAPARRAL BOLD 30/30

Lorem ipsum dolor sit amet, consectetuer adipiscing elit

CHAPARRAL BOLD / ALL CAPS 18/21.6

DUIS TE FEUGI FACILISI. DUIS AUTEM DOLOR IN HENDRERIT IN VULPUTATE VELIT ESSE MOLESTIE CONSEQUAT

LUCIDA SANS 11/16

Videntes apostoli et alii patres antiqui, et praecipue reverendus pater noster beatus Benedictus, quod otiositas inimica est animae, sicut ipse dicit in regula sua, ipsi propriis manibus laboraverunt, et *religiosis viris opera* manuum secundum quod regula praecepit, student propriis manibus laborare.

Sed ne aliquis de dispositione locorum causari possit dicens, tale monasterium non esse apertum ad *opera manuum exercenda*, quia situm est in civitate, in aliquo castro vel villa, propterea.

LUCIDA SANS ITALIC / SMALL CAPS 10/12

Dolor sit amet SED UT PERSPICIATIS *ipsam voluptatem enim voluptas sit esse Dominico Vaspernatur aut fugit Roma, Januaris 1522.*

LUCIDA SANS BOLD / SMALL CAPS 19/22.8

NEMO ENIM

LUCIDA SANS 10/13

Sed ut perspiciatis unde omnis iste natus error sit voluptatem accusantium doloremque laudantium, totam rem aperiam, eaque ipsa quae ab illo de inventore veritatis et quasi architecto beatae vitae dicta sunt est explicabo natus:

- Neque *porro* quisquam
- Architecto beatae vitae
- Qui *dolorem* ipsum
- Inventore veritatis quasi

Dolores nemo enim ipsam voluptatem quia voluptas sit aspernatur aut odit aut fugit, sed quia consequuntur magni est dolores eos qui ratione.

Nunc enim vere monachi est de sunt, si otiosi non maneant, sicut. Sed ne aliquis de possit enim dicens, tale est monasterium.

CHAPARRAL BOLD ITALIC 10/15

"Neque porro quisquam est, qui dolorem ipsum quia dolor sit amet, consectetur Nemo voluptatem quia vere monachi maneant, aspernatur aut odit aut fugit, sed quia eos qui ratione voluptatem sequi nesciunt."

CHAPARRAL BOLD 9/12

Quisquam						
	1	2	3	4	5	6
7	8	9	10	11	12	13
14	15	16	17	18	19	20
21	22	23	24	25	26	27
28	29	30				

LUCIDA SANS BOLD 14/19

Operae pretium reor ea quae isto in anno Dominus per beatum Benedictum in Galliis operari dignatus est, ad posterorum memoriam et aedificationem annectere. Quidam namque vir potentissimus Gallorum *gente progenitus tantis* se ab ipsa infantia execrarat flagitiis.

CHAPARRAL 9/11

Cuidam	Vero
Dei	Servo
Juxta	Manenti
Dominus	Ea Quae Circa
Defuncti	Animam
Agebantur	Ostendere
Dignatus	Est
Nam	Statim
Ut de corpore	Exiit

CHAPARRAL BOLD 15/20

Et sanctus: Ne vobis injustitiam forte facere videar, ejus facta examinate

CHAPARRAL BOLD 30/30

Lorem ipsum dolor sit amet, consectetuer adipiscing elit

CHAPARRAL BOLD / ALL CAPS 18/21.6

DUIS TE FEUGI FACILISI. DUIS AUTEM DOLOR IN HENDRERIT IN VULPUTATE VELIT ESSE MOLESTIE CONSEQUAT

MYRIAD 13/17

Videntes apostoli et alii patres antiqui, et praecipue reverendus pater noster beatus Benedictus, quod otiositas inimica est animae, sicut ipse dicit in regula sua, ipsi propriis manibus laboraverunt, et *religiosis viris opera* manuum secundum quod regula praecepit, studeant propriis manibus laborare.

Sed ne aliquis de dispositione locorum causari possit dicens, tale monasterium non esse apertum ad *opera manuum exercenda*, quia situm est in civitate, in aliquo castro vel villa, propterea.

MYRIAD ITALIC / SMALL CAPS 11/13.2

Dolor sit amet SED UT PERSPICIATIS *ipsam voluptatem enim voluptas sit esse Dominico Vaspernatur aut fugit Roma, Januaris 1522.*

MYRIAD BOLD / SMALL CAPS 19/22.8

NEMO ENIM

MYRIAD 11/14

Sed ut perspiciatis unde omnis iste natus error sit voluptatem accusantium doloremque laudantium, totam rem aperiam, eaque ipsa quae ab illo de inventore veritatis et quasi architecto beatae vitae dicta sunt est explicabo natus:

- Neque *porro* quisquam
- Architecto beatae vitae
- Qui *dolorem* ipsum
- Inventore veritatis quasi

Dolores nemo enim ipsam voluptatem quia voluptas sit aspernatur aut odit aut fugit, sed quia consequuntur magni est dolores eos qui ratione.

Nunc enim vere monachi est de sunt, si otiosi non maneant, sicut. Sed ne aliquis de possit dicens, tale est monasterium.

CHAPARRAL BOLD ITALIC 10/15

"Neque porro quisquam est, qui dolorem ipsum quia dolor sit amet, consectetur Nemo voluptatem quia vere monachi maneant, aspernatur aut odit aut fugit, sed quia eos qui ratione voluptatem sequi nesciunt."

CHAPARRAL BOLD 9/12

Quisquam						
	1	2	3	4	5	6
7	8	9	10	11	12	13
14	15	16	17	18	19	20
21	22	23	24	25	26	27
28	29	30				

MYRIAD BOLD 16/19.2

Operae pretium reor ea quae isto in anno Dominus per beatum Benedictum in Galliis operari dignatus est, ad posterorum memoriam et aedificationem annectere. Quidam namque vir potentissimus Gallorum *gente progenitus tantis* se ab ipsa infantia execrarat flagitiis.

CHAPARRAL 9/11

Cuidam	Vero
Dei	Servo
Juxta	Manenti
Dominus	Ea Quae Circa
Defuncti	Animam
Agebantur	Ostendere
Dignatus	Est
Nam	Statim
Ut de corpore	Exiit

CHAPARRAL BOLD 15/20

Et sanctus: Ne vobis injustitiam forte facere videar, ejus facta examinate

CLARENDON BOLD 26/30

Lorem ipsum dolor sit amet, consectetuer adipiscing elit

CLARENDON BOLD / ALL CAPS 17/20.4

DUIS TE FEUGI FACILISI. DUIS AUTEM DOLOR IN HENDRERIT IN VULPUTATE VELIT ESSE MOLESTIE CONSEQUAT

CLARENDON 11/16.5

Videntes apostoli et alii patres antiqui, et praecipue reverendus pater noster beatus Benedictus, quod otiositas inimica est animae, sicut ipse dicit in regula sua, ipsi propriis manibus laboraverunt, et religiosis viris opera manuum secundum quod regula praecepit, studeant propriis manibus laborare.

Sed ne aliquis de dispositione locorum causari possit dicens, tale monasterium non esse apertum ad opera manuum exercenda, quia situm est in civitate, in aliquo castro vel villa, propterea.

CLARENDON / SMALL CAPS 9/12

Dolor sit amet SED UT PERSPICIATIS ipsam voluptatem enim voluptas sit esse Dominico Vaspernatur aut fugit Roma, Januaris 1522.

CLARENDON BOLD / SMALL CAPS 19/22.8

NEMO ENIM

CLARENDON 10/12.5

Sed ut perspiciatis unde omnis iste natus error sit voluptatem accusantium doloremque laudantium, totam rem aperiam, eaque ipsa quae ab illo de inventore veritatis et quasi architecto beatae vitae dicta sunt est explicabo natus:

- Neque porro quisquam
- Architecto beatae vitae
- Qui dolorem ipsum
- Inventore veritatis quasi

Dolores nemo enim ipsam voluptatem quia voluptas sit aspernatur aut odit aut fugit, sed quia consequuntur magni est dolores eos qui ratione.

Nunc enim vere monachi est de sunt, si otiosi non maneant, sicut. Sed ne aliquis de possit dicens, tale est monasterium.

CLARENDON BOLD 8/15

"Neque porro quisquam est, qui dolorem ipsum quia dolor sit amet, consectetur Nemo voluptatem quia vere monachi maneant, aspernatur aut odit aut fugit, sed quia eos qui ratione voluptatem sequi nesciunt."

CLARENDON BOLD 8/12

Quisquam					
1	2	3	4	5	6
7	8	9	10	11	12	13
14	15	16	17	18	19	20
21	22	23	24	25	26	27
28	29	30				

CLARENDON BOLD 14/20

Operae pretium reor ea quae isto in anno Dominus per beatum Benedictum in Galliis operari dignatus est, ad posterorum memoriam et aedificationem annectere. Quidam namque vir potentissimus Gallorum gente progenitus tantis se ab ipsa infantia execrarat flagitiis.

CLARENDON 9/11

Cuidam .... Vero
Dei ....Servo
Juxta................................... Manenti
Dominus ....Ea Quae Circa
Defuncti............................ Animam
Agebantur......................... Ostendere
Dignatus.................................. Est
Nam ....Statim
Ut de corpore...........................Exiit

CLARENDON BOLD 13/20

Et sanctus: Ne vobis injustitiam forte facere videar, ejus facta examinate

CLARENDON BOLD 26/30

Lorem ipsum dolor sit amet, consectetuer adipiscing elit

CLARENDON BOLD / ALL CAPS 17/20.4

DUIS TE FEUGI FACILISI. DUIS AUTEM DOLOR IN HENDRERIT IN VULPUTATE VELIT ESSE MOLESTIE CONSEQUAT

AMERICAN TYPEWRITER 11/17

Videntes apostoli et alii patres antiqui, et praecipue reverendus pater noster beatus Benedictus, quod otiositas inimica est animae, sicut ipse dicit in regula sua, ipsi propriis manibus laboraverunt, et religiosis viris opera manuum secundum quod regula praecepit, studeant propriis manibus laborare.

Sed ne aliquis de dispositione locorum causari possit dicens, tale monasterium non esse apertum ad opera manuum exercenda, quia situm est in civitate, in aliquo castro vel villa, propterea.

AMERICAN TYPEWRITER / SMALL CAPS 9/12

Dolor sit amet SED UT PERSPICIATIS ipsam voluptatem enim voluptas sit esse Dominico Vaspernatur aut fugit Roma, Januaris 1522.

AMERICAN TYPEWRITER / SMALL CAPS 19/22.8

NEMO ENIM

AMERICAN TYPEWRITER 9/14

Sed ut perspiciatis unde omnis iste natus error sit voluptatem accusantium doloremque laudantium, totam rem aperiam, eaque ipsa quae ab illo de inventore veritatis et quasi architecto beatae vitae dicta sunt est explicabo natus:

- Neque porro quisquam
- Architecto beatae vitae
- Qui dolorem ipsum
- Inventore veritatis quasi

Dolores nemo enim ipsam voluptatem quia voluptas sit aspernatur aut odit aut fugit, sed quia consequuntur magni est dolores eos qui ratione.

Nunc enim vere monachi est de sunt, si otiosi non maneant, sicut. Sed ne aliquis de possit dicens, tale est monasterium.

CLARENDON BOLD 8/15

"Neque porro quisquam est, qui dolorem ipsum quia dolor sit amet, consectetur Nemo voluptatem quia vere monachi maneant, aspernatur aut odit aut fugit, sed quia eos qui ratione voluptatem sequi nesciunt."

CLARENDON BOLD 8/12

Quisquam					
1	2	3	4	5	6
7	8	9	10	11	12	13
14	15	16	17	18	19	20
21	22	23	24	25	26	27
28	29	30				

AMERICAN TYPEWRITER BOLD 14/19

Operae pretium reor ea quae isto in anno Dominus per beatum Benedictum in Galliis operari dignatus est, ad posterorum memoriam et aedificationem annectere. Quidam namque vir potentissimus Gallorum gente progenitus tantis se ab ipsa infantia execrarat flagitiis.

CLARENDON 9/11

Cuidam .... Vero
Dei .... Servo
Juxta................................. Manenti
Dominus .... Ea Quae Circa
Defuncti .... Animam
Agebantur...................... Ostendere
Dignatus .... Est
Nam .... Statim
Ut de corpore .... Exiit

CLARENDON BOLD 13/20

Et sanctus: Ne vobis injustitiam forte facere videar, ejus facta examinate

CLARENDON BOLD 26/30

Lorem ipsum dolor sit amet, consectetuer adipiscing elit

CLARENDON BOLD / ALL CAPS 17/20.4

DUIS TE FEUGI FACILISI. DUIS AUTEM DOLOR IN HENDRERIT IN VULPUTATE VELIT ESSE MOLESTIE CONSEQUAT

BODONI 14/16.8

Videntes apostoli et alii patres antiqui, et praecipue reverendus pater noster beatus Benedictus, quod otiositas inimica est animae, sicut ipse dicit in regula sua, ipsi propriis manibus laboraverunt, et *religiosis viris opera* manuum secundum quod regula praecepit, studeant propriis manibus laborare.

Sed ne aliquis de dispositione locorum causari possit dicens, tale monasterium non esse apertum ad *opera manuum exercenda*, quia situm est in civitate, in aliquo castro vel villa, propterea.

BODONI ITALIC / SMALL CAPS 11/13.2

Dolor sit amet SED UT PERSPICIATIS *ipsam voluptatem enim voluptas sit esse Dominico Vaspernatur aut fugit Roma, Januaris 1522.*

BODONI BOLD / SMALL CAPS 19/22.8

NEMO ENIM

BODONI 12/14.4

Sed ut perspiciatis unde omnis iste natus error sit voluptatem accusantium doloremque laudantium, totam rem aperiam, eaque ipsa quae ab illo de inventore veritatis et quasi architecto beatae vitae dicta sunt est explicabo natus:

- Neque *porro* quisquam
- Architecto beatae vitae
- *Qui dolorem* ipsum
- Inventore veritatis quasi

Dolores nemo enim ipsam voluptatem quia voluptas sit aspernatur aut odit aut fugit, sed quia consequuntur magni est dolores eos qui ratione.

Nunc enim vere monachi est de sunt, si otiosi non maneant, sicut. Sed ne aliquis de possit dicens, tale est monasterium.

CLARENDON BOLD 8/15

"Neque porro quisquam est, qui dolorem ipsum quia dolor sit amet, consectetur Nemo voluptatem quia vere monachi maneant, aspernatur aut odit aut fugit, sed quia eos qui ratione voluptatem sequi nesciunt."

CLARENDON BOLD 8/12

Quisquam					
	1	2	3	4	5	6
7	8	9	10	11	12	13
14	15	16	17	18	19	20
21	22	23	24	25	26	27
28	29	30				

BODONI BOLD 16/19.2

Operae pretium reor ea quae isto in anno Dominus per beatum Benedictum in Galliis operari dignatus est, ad posterorum memoriam et aedificationem annectere. Quidam namque vir potentissimus Gallorum *gente progenitus tantis* se ab ipsa infantia execrarat flagitiis.

CLARENDON 9/11

Cuidam	Vero
Dei	Servo
Juxta	Manenti
Dominus	Ea Quae Circa
Defuncti	Animam
Agebantur	Ostendere
Dignatus	Est
Nam	Statim
Ut de corpore	Exiit

CLARENDON BOLD 13/20

Et sanctus: Ne vobis injustitiam forte facere videar, ejus facta examinate

CLARENDON BOLD 26/30

Lorem ipsum dolor sit amet, consectetuer adipiscing elit

CLARENDON BOLD / ALL CAPS 17/20.4

DUIS TE FEUGI FACILISI. DUIS AUTEM DOLOR IN HENDRERIT IN VULPUTATE VELIT ESSE MOLESTIE CONSEQUAT

EGYPTIENNE 11/17

Videntes apostoli et alii patres antiqui, et praecipue reverendus pater noster beatus Benedictus, quod otiositas inimica est animae, sicut ipse dicit in regula sua, ipsi propriis manibus laboraverunt, et **religiosis viris opera** manuum secundum quod regula praecepit, studeant propriis manibus laborare.

Sed ne aliquis de dispositione locorum causari possit dicens, tale monasterium non esse apertum ad **opera manuum exercenda**, quia situm est in civitate, in aliquo castro vel villa, propterea.

EGYPTIENNE BOLD / SMALL CAPS 9/13

Dolor sit amet SED UT PERSPICIATIS ipsam voluptatem enim voluptas sit esse Dominico Vaspernatur aut fugit Roma, Januaris 1522.

EGYPTIENNE / SMALL CAPS 19/22.8

NEMO ENIM

EGYPTIENNE 9/14

Sed ut perspiciatis unde omnis iste natus error sit voluptatem accusantium doloremque laudantium, totam rem aperiam, eaque ipsa quae ab illo de inventore veritatis et quasi architecto beatae vitae dicta sunt est explicabo natus:

- Neque **porro** quisquam
- Architecto beatae vitae
- Qui **dolorem** ipsum
- Inventore veritatis quasi

Dolores nemo enim ipsam voluptatem quia voluptas sit aspernatur aut odit aut fugit, sed quia consequuntur magni est dolores eos qui ratione.

Nunc enim vere monachi est de sunt, si otiosi non maneant, sicut. Sed ne aliquis de possit dicens, tale est monasterium.

CLARENDON BOLD 8/15

"Neque porro quisquam est, qui dolorem ipsum quia dolor sit amet, consectetur Nemo voluptatem quia vere monachi maneant, aspernatur aut odit aut fugit, sed quia eos qui ratione voluptatem sequi nesciunt."

CLARENDON BOLD 8/12

Quisquam						
	1	2	3	4	5	6
7	8	9	10	11	12	13
14	15	16	17	18	19	20
21	22	23	24	25	26	27
28	29	30				

EGYPTIENNE BOLD 14/20

Operae pretium reor ea quae isto in anno Dominus per beatum Benedictum in Galliis operari dignatus est, ad posterorum memoriam et aedificationem annectere. Quidam namque vir potentissimus Gallorum gente progenitus tantis se ab ipsa infantia execrarat flagitiis.

CLARENDON 9/11

Cuidam	Vero
Dei	Servo
Juxta	Manenti
Dominus	Ea Quae Circa
Defuncti	Animam
Agebantur	Ostendere
Dignatus	Est
Nam	Statim
Ut de corpore	Exiit

CLARENDON BOLD 13/20

Et sanctus: Ne vobis injustitiam forte facere videar, ejus facta examinate

CLARENDON BOLD 26/30

Lorem ipsum dolor sit amet, consectetuer adipiscing elit

CLARENDON BOLD / ALL CAPS 17/20.4

DUIS TE FEUGI FACILISI. DUIS AUTEM DOLOR IN HENDRERIT IN VULPUTATE VELIT ESSE MOLESTIE CONSEQUAT

FRUTIGER 12/17

Videntes apostoli et alii patres antiqui, et praecipue reverendus pater noster beatus Benedictus, quod otiositas inimica est animae, sicut ipse dicit in regula sua, ipsi propriis manibus laboraverunt, et *religiosis viris opera* manuum secundum quod regula praecepit, studeant propriis manibus laborare.

Sed ne aliquis de dispositione locorum causari possit dicens, tale monasterium non esse apertum ad *opera manuum exercenda*, quia situm est in civitate, in aliquo castro vel villa, propterea.

FRUTIGER ITALIC / SMALL CAPS 10/12

Dolor sit amet SED UT PERSPICIATIS *ipsam voluptatem enim voluptas sit esse Dominico Vaspernatur aut fugit Roma, Januaris 1522.*

FRUTIGER BOLD / SMALL CAPS 19/22.8

NEMO ENIM

FRUTIGER 10/14

Sed ut perspiciatis unde omnis iste natus error sit voluptatem accusantium doloremque laudantium, totam rem aperiam, eaque ipsa quae ab illo de inventore veritatis et quasi architecto beatae vitae dicta sunt est explicabo natus:

- Neque *porro* quisquam
- Architecto beatae vitae
- Qui *dolorem* ipsum
- Inventore veritatis quasi

Dolores nemo enim ipsam voluptatem quia voluptas sit aspernatur aut odit aut fugit, sed quia consequuntur magni est dolores eos qui ratione.

Nunc enim vere monachi est de sunt, si otiosi non maneant, sicut. Sed ne aliquis de possit dicens, tale est monasterium.

CLARENDON BOLD 8/15

"Neque porro quisquam est, qui dolorem ipsum quia dolor sit amet, consectetur Nemo voluptatem quia vere monachi maneant, aspernatur aut odit aut fugit, sed quia eos qui ratione voluptatem sequi nesciunt."

CLARENDON BOLD 8/12

Quisquam						
	1	2	3	4	5	6
7	8	9	10	11	12	13
14	15	16	17	18	19	20
21	22	23	24	25	26	27
28	29	30				

FRUTIGER BOLD 15/19

Operae pretium reor ea quae isto in anno Dominus per beatum Benedictum in Galliis operari dignatus est, ad posterorum memoriam et aedificationem annectere. Quidam namque vir potentissimus Gallorum *gente progenitus tantis* se ab ipsa infantia execrarat flagitiis.

CLARENDON 9/11

Cuidam	Vero
Dei	Servo
Juxta	Manenti
Dominus	Ea Quae Circa
Defuncti	Animam
Agebantur	Ostendere
Dignatus	Est
Nam	Statim
Ut de corpore	Exiit

CLARENDON BOLD 13/20

Et sanctus: Ne vobis injustitiam forte facere videar, ejus facta examinate

CLARENDON BOLD 26/30

Lorem ipsum dolor sit amet, consectetuer adipiscing elit

CLARENDON BOLD / ALL CAPS 17/20.4

DUIS TE FEUGI FACILISI. DUIS AUTEM DOLOR IN HENDRERIT IN VULPUTATE VELIT ESSE MOLESTIE CONSEQUAT

HELVETICA 12/17

Videntes apostoli et alii patres antiqui, et praecipue reverendus pater noster beatus Benedictus, quod otiositas inimica est animae, sicut ipse dicit in regula sua, ipsi propriis manibus laboraverunt, *et religiosis viris opera* manuum secundum quod regula praecepit, studeant propriis manibus laborare.

Sed ne aliquis de dispositione locorum causari possit dicens, tale monasterium non esse apertum ad *opera manuum exercenda,* quia situm est in civitate, in aliquo castro vel villa, propterea.

HELVETICA ITALIC & ROMAN / SMALL CAPS 11/13.2

Dolor sit amet SED UT PERSPICIATIS i*psam voluptatem enim voluptas sit esse Dominico Vas git Roma, Januaris 1522.*

HELVETICA BOLD / SMALL CAPS 19/22.8

NEMO ENIM

HELVETICA 10.5/14

Sed ut perspiciatis unde omnis iste natus error sit voluptatem accusantium doloremque laudantium, totam rem aperiam, eaque ipsa quae ab illo de inventore veritatis et quasi architecto beatae vitae dicta sunt est explicabo natus:

- Neque *porro* quisquam
- Architecto beatae vitae
- Qui *dolorem* ipsum
- Inventore veritatis quasi

Dolores nemo enim ipsam voluptatem quia voluptas sit aspernatur aut odit aut fugit, sed quia consequuntur magni est dolores eos qui ratione.

Nunc enim vere monachi est de sunt, si otiosi non maneant, sicut. Sed ne aliquis de possit dicens, tale est monasterium.

CLARENDON BOLD 8/15

"Neque porro quisquam est, qui dolorem ipsum quia dolor sit amet, consectetur Nemo voluptatem quia vere monachi maneant, aspernatur aut odit aut fugit, sed quia eos qui ratione voluptatem sequi nesciunt."

CLARENDON BOLD 8/12

Quisquam					
1	2	3	4	5	6
7	8	9	10	11	12	13
14	15	16	17	18	19	20
21	22	23	24	25	26	27
28	29	30			

HELVETICA BOLD 15/20

Operae pretium reor ea quae isto in anno Dominus per beatum Benedictum in Galliis operari dignatus est, ad posterorum memoriam et aedificationem annectere. Quidam namque vir potentissimus Gallorum *gente progenitus tantis* se ab ipsa infantia execrarat flagitiis.

CLARENDON 9/11

Cuidam	Vero
Dei	Servo
Juxta	Manenti
Dominus	Ea Quae Circa
Defuncti	Animam
Agebantur	Ostendere
Dignatus	Est
Nam	Statim
Ut de corpore	Exiit

CLARENDON BOLD 13/20

Et sanctus: Ne vobis injustitiam forte facere videar, ejus facta examinate

CLARENDON BOLD 26/30

Lorem ipsum dolor sit amet, consectetuer adipiscing elit

CLARENDON BOLD / ALL CAPS 17/20.4

DUIS TE FEUGI FACILISI. DUIS AUTEM DOLOR IN HENDRERIT IN VULPUTATE VELIT ESSE MOLESTIE CONSEQUAT

MYRIAD 13/17

Videntes apostoli et alii patres antiqui, et praecipue reverendus pater noster beatus Benedictus, quod otiositas inimica est animae, sicut ipse dicit in regula sua, ipsi propriis manibus laboraverunt, et *religiosis viris opera* manuum secundum quod regula praecepit, studeant propriis manibus laborare.

Sed ne aliquis de dispositione locorum causari possit dicens, tale monasterium non esse apertum ad *opera manuum exercenda*, quia situm est in civitate, in aliquo castro vel villa, propterea.

MYRIAD ITALIC / SMALL CAPS 11/13.2

Dolor sit amet SED UT PERSPICIATIS *ipsam voluptatem enim voluptas sit esse Dominico Vaspernatur aut fugit Roma, Januaris 1522.*

MYRIAD BOLD / SMALL CAPS 19/22.8

NEMO ENIM

MYRIAD 11/14

Sed ut perspiciatis unde omnis iste natus error sit voluptatem accusantium doloremque laudantium, totam rem aperiam, eaque ipsa quae ab illo de inventore veritatis et quasi architecto beatae vitae dicta sunt est explicabo natus:

- Neque *porro* quisquam
- Architecto beatae vitae
- Qui *dolorem* ipsum
- Inventore veritatis quasi

Dolores nemo enim ipsam voluptatem quia voluptas sit aspernatur aut odit aut fugit, sed quia consequuntur magni est dolores eos qui ratione.

Nunc enim vere monachi est de sunt, si otiosi non maneant, sicut. Sed ne aliquis de possit dicens, tale est monasterium.

CLARENDON BOLD 8/15

"Neque porro quisquam est, qui dolorem ipsum quia dolor sit amet, consectetur Nemo voluptatem quia vere monachi maneant, aspernatur aut odit aut fugit, sed quia eos qui ratione voluptatem sequi nesciunt."

CLARENDON BOLD 8/12

Quisquam						
	1	2	3	4	5	6
7	8	9	10	11	12	13
14	15	16	17	18	19	20
21	22	23	24	25	26	27
28	29	30				

MYRIAD BOLD 16/19.2

Operae pretium reor ea quae isto in anno Dominus per beatum Benedictum in Galliis operari dignatus est, ad posterorum memoriam et aedificationem annectere. Quidam namque vir potentissimus Gallorum *gente progenitus tantis* se ab ipsa infantia execrarat flagitiis.

CLARENDON 9/11

Cuidam	Vero
Dei	Servo
Juxta	Manenti
Dominus	Ea Quae Circa
Defuncti	Animam
Agebantur	Ostendere
Dignatus	Est
Nam	Statim
Ut de corpore	Exiit

CLARENDON BOLD 13/20

Et sanctus: Ne vobis injustitiam forte facere videar, ejus facta examinate

EUROSTYLE BOLD 25/30

Lorem ipsum dolor sit amet, consectetuer adipiscing elit

EUROSTYLE BOLD / ALL CAPS 18/21.6

DUIS TE FEUGI FACILISI. DUIS AUTEM DOLOR IN HENDRERIT IN VULPUTATE VELIT ESSE MOLESTIE CONSEQUAT

EUROSTYLE 11/16

Videntes apostoli et alii patres antiqui, et praecipue reverendus pater noster beatus Benedictus, quod otiositas inimica est animae, sicut ipse dicit in regula sua, ipsi propriis manibus laboraverunt, et *religiosis viris opera* manuum secundum quod regula praecepit, studeant propriis manibus laborare.

Sed ne aliquis de dispositione locorum causari possit dicens, tale monasterium non esse apertum ad *opera manuum exercenda*, quia situm est in civitate, in aliquo castro vel villa, propterea.

EUROSTYLE ITALIC / SMALL CAPS 10/12

Dolor sit amet SED UT PERSPICIATIS *ipsam voluptatem enim voluptas sit esse Dominico Vaspernatur aut fugit Roma, Januaris 1522.*

EUROSTYLE BOLD / SMALL CAPS 19/22.8

NEMO ENIM

EUROSTYLE 10/14.5

Sed ut perspiciatis unde omnis iste natus error sit voluptatem accu santium doloremque laudantium, totam rem aperiam, eaque ipsa quae ab illo de inventore veritatis et quasi architecto beatae vitae dicta sunt est explicabo natus:

- Neque *porro* quisquam
- Architecto beatae vitae
- Qui *dolorem* ipsum
- Inventore veritatis quasi

Dolores nemo enim ipsam voluptatem quia voluptas sit aspernatur aut odit aut fugit, sed quia consequuntur magni est dolores eos qui ratione.

Nunc enim vere monachi est de sunt, si otiosi non maneant, sicut. Sed ne aliquis de possit dicens, tale est monasterium.

EUROSTYLE BOLD ITALIC 8/15

"Neque porro quisquam est, qui dolorem ipsum quia dolor sit amet, consectetur Nemo voluptatem quia vere monachi maneant, aspernatur aut odit aut fugit, sed quia eos qui ratione voluptatem sequi nesciunt."

EUROSTYLE BOLD 7/10

Quisquam					
	1	2	3	4	5	6
7	8	9	10	11	12	13
14	15	16	17	18	19	20
21	22	23	24	25	26	27
28	29	30				

EUROSTYLE BOLD 14/20

Operae pretium reor ea quae isto in anno Dominus per beatum Benedictum in Galliis operari dignatus est, ad posterorum memoriam et aedificationem annectere. Quidam namque vir potentissimus Gallorum *gente progenitus tantis* se ab ipsa infantia execrarat flagitiis.

EUROSTYLE 9/11

Cuidam	Vero
Dei	Servo
Juxta	Manenti
Dominus	Ea Quae Circa
Defuncti	Animam
Agebantur	Ostendere
Dignatus	Est
Nam	Statim
Ut de corpore	Exiit

EUROSTYLE BOLD 13/20

Et sanctus: Ne vobis injustitiam forte facere videar, ejus facta examinate

EUROSTYLE BOLD 25/30

Lorem ipsum dolor sit amet, consectetuer adipiscing elit

EUROSTYLE BOLD / ALL CAPS 18/21.6

DUIS TE FEUGI FACILISI. DUIS AUTEM DOLOR IN HENDRERIT IN VULPUTATE VELIT ESSE MOLESTIE CONSEQUAT

CASLON 14/16.8

Videntes apostoli et alii patres antiqui, et praecipue reverendus pater noster beatus Benedictus, quod otiositas inimica est animae, sicut ipse dicit in regula sua, ipsi propriis manibus laboraverunt, et *religiosis viris opera* manuum secundum quod regula praecepit, studeant propriis manibus laborare.

Sed ne aliquis de dispositione locorum causari possit dicens, tale monasterium non esse apertum ad *opera manuum exercenda*, quia situm est in civitate, in aliquo castro vel villa, propterea.

CASLON ITALIC / SMALL CAPS 11/13.2

Dolor sit amet SED UT PERSPICIATIS *ipsam voluptatem enim voluptas sit esse Dominico Vaspernatur aut fugit Roma, Januaris 1522.*

CASLON BOLD / SMALL CAPS 19/22.8

NEMO ENIM

CASLON 11/14

Sed ut perspiciatis unde omnis iste natus error sit voluptatem accusantium doloremque laudantium, totam rem aperiam, eaque ipsa quae ab illo de inventore veritatis et quasi architecto beatae vitae dicta sunt est explicabo natus:

- Neque *porro* quisquam
- Architecto beatae vitae
- Qui *dolorem* ipsum
- Inventore veritatis quasi

Dolores nemo enim ipsam voluptatem quia voluptas sit aspernatur aut odit aut fugit, sed quia consequuntur magni est dolores eos qui ratione.

Nunc enim vere monachi est de sunt, si otiosi non maneant, sicut. Sed ne aliquis de possit dicens, tale est monasterium.

EUROSTYLE BOLD ITALIC 8/15

"Neque porro quisquam est, qui dolorem ipsum quia dolor sit amet, consectetur Nemo voluptatem quia vere monachi maneant, aspernatur aut odit aut fugit, sed quia eos qui ratione voluptatem sequi nesciunt."

EUROSTYLE BOLD 7/10

Quisquam					
	1	2	3	4	5	6
7	8	9	10	11	12	13
14	15	16	17	18	19	20
21	22	23	24	25	26	27
28	29	30				

CASLON BOLD 16/19.2

Operae pretium reor ea quae isto in anno Dominus per beatum Benedictum in Galliis operari dignatus est, ad posterorum memoriam et aedificationem annectere. Quidam namque vir potentissimus Gallorum *gente progenitus tantis* se ab ipsa infantia execrarat flagitiis.

EUROSTYLE 9/11

Cuidam	Vero
Dei	Servo
Juxta	Manenti
Dominus	Ea Quae Circa
Defuncti	Animam
Agebantur	Ostendere
Dignatus	Est
Nam	Statim
Ut de corpore	Exiit

EUROSTYLE BOLD 13/20

Et sanctus: Ne vobis injustitiam forte facere videar, ejus facta examinate

EUROSTYLE BOLD 25/30

Lorem ipsum dolor sit amet, consectetuer adipiscing elit

EUROSTYLE BOLD / ALL CAPS 18/21.6

DUIS TE FEUGI FACILISI. DUIS AUTEM DOLOR IN HENDRERIT IN VULPUTATE VELIT ESSE MOLESTIE CONSEQUAT

GOUDY OLD STYLE 14/16.8

Videntes apostoli et alii patres antiqui, et praecipue reverendus pater noster beatus Benedictus, quod otiositas inimica est animae, sicut ipse dicit in regula sua, ipsi propriis manibus laboraverunt, et *religiosis viris opera* manuum secundum quod regula praecepit, studeant propriis manibus laborare.

Sed ne aliquis de dispositione locorum causari possit dicens, tale monasterium non esse apertum ad *opera manuum exercenda*, quia situm est in civitate, in aliquo castro vel villa, propterea.

GOUDY OLD STYLE ITALIC / SMALL CAPS 11/13.2

Dolor sit amet SED UT PERSPICIATIS *ipsam voluptatem enim voluptas sit esse Dominico Vaspernatur aut fugit Roma, Januaris 1522.*

GOUDY OLD STYLE BOLD / SMALL CAPS 19/22.8

NEMO ENIM

GOUDY OLD STYLE 11/14

Sed ut perspiciatis unde omnis iste natus error sit voluptatem accusantium doloremque laudantium, totam rem aperiam, eaque ipsa quae ab illo de inventore veritatis et quasi architecto beatae vitae dicta sunt est explicabo natus:

- Neque *porro* quisquam
- Architecto beatae vitae
- Qui *dolorem* ipsum
- Inventore veritatis quasi

Dolores nemo enim ipsam voluptatem quia voluptas sit aspernatur aut odit aut fugit, sed quia consequuntur magni est dolores eos qui ratione.

Nunc enim vere monachi est de sunt, si otiosi non maneant, sicut. Sed ne aliquis de possit dicens, tale est monasterium.

EUROSTYLE BOLD ITALIC 8/15

"Neque porro quisquam est, qui dolorem ipsum quia dolor sit amet, consectetur Nemo voluptatem quia vere monachi maneant, aspernatur aut odit aut fugit, sed quia eos qui ratione voluptatem sequi nesciunt."

EUROSTYLE BOLD 7/10

Quisquam					
1	2	3	4	5	6
7	8	9	10	11	12	13
14	15	16	17	18	19	20
21	22	23	24	25	26	27
28	29	30				

GOUDY OLD STYLE BOLD 16/19.2

Operae pretium reor ea quae isto in anno Dominus per beatum Benedictum in Galliis operari dignatus est, ad posterorum memoriam et aedificationem annectere. Quidam namque vir potentissimus Gallorum *gente progenitus tantis* se ab ipsa infantia execrarat flagitiis.

EUROSTYLE 9/11

Cuidam	Vero
Dei	Servo
Juxta	Manenti
Dominus	Ea Quae Circa
Defuncti	Animam
Agebantur	Ostendere
Dignatus	Est
Nam	Statim
Ut de corpore	Exiit

EUROSTYLE BOLD 13/20

Et sanctus: Ne vobis injustitiam forte facere videar, ejus facta examinate

EUROSTYLE BOLD 25/30

Lorem ipsum dolor sit amet, consectetuer adipiscing elit

EUROSTYLE BOLD / ALL CAPS 18/21.6

DUIS TE FEUGI FACILISI. DUIS AUTEM DOLOR IN HENDRERIT IN VULPUTATE VELIT ESSE MOLESTIE CONSEQUAT

MRS. EAVES 14/16.8

Videntes apostoli et alii patres antiqui, et praecipue reverendus pater noster beatus Benedictus, quod otiositas inimica est animae, sicut ipse dicit in regula sua, ipsi propriis manibus laboraverunt, et religiosis viris opera manuum secundum quod regula praecepit, studeant propriis manibus laborare.

Sed ne aliquis de dispositione locorum causari possit dicens, tale monasterium non esse apertum ad opera manuum exercenda, quia situm est in civitate, in aliquo castro vel villa, propterea.

MRS. EAVES / SMALL CAPS 11/13.2

Dolor sit amet SED UT PERSPICIATIS ipsam voluptatem enim voluptas sit esse Dominico Vaspernatur aut fugit Roma, Januaris 1522.

MRS. EAVES BOLD / SMALL CAPS 19/22.8

NEMO ENIM

MRS. EAVES 12/14

Sed ut perspiciatis unde omnis iste natus error sit voluptatem accusantium doloremque laudantium, totam rem aperiam, eaque ipsa quae ab illo de inventore veritatis et quasi architecto beatae vitae dicta sunt est explicabo natus:

- Neque porro quisquam
- Architecto beatae vitae
- Qui dolorem ipsum
- Inventore veritatis quasi

Dolores nemo enim ipsam voluptatem quia voluptas sit aspernatur aut odit aut fugit, sed quia consequuntur magni est dolores eos qui ratione.

Nunc enim vere monachi est de sunt, si otiosi non maneant, sicut. Sed ne aliquis de possit dicens, tale est monasterium.

EUROSTYLE BOLD ITALIC 8/15

"Neque porro quisquam est, qui dolorem ipsum quia dolor sit amet, consectetur Nemo voluptatem quia vere monachi maneant, aspernatur aut odit aut fugit, sed quia eos qui ratione voluptatem sequi nesciunt."

EUROSTYLE BOLD 7/10

Quisquam					
1	2	3	4	5	6
7	8	9	10	11	12	13
14	15	16	17	18	19	20
21	22	23	24	25	26	27
28	29	30				

MRS. EAVES BOLD 16/19.2

Operae pretium reor ea quae isto in anno Dominus per beatum Benedictum in Galliis operari dignatus est, ad posterorum memoriam et aedificationem annectere. Quidam namque vir potentissimus Gallorum gente progenitus tantis se ab ipsa infantia execrarat flagitiis.

EUROSTYLE 9/11

Cuidam .... Vero
Dei ....Servo
Juxta .... Manenti
Dominus................. Ea Quae Circa
Defuncti .... Animam
Agebantur .... Ostendere
Dignatus...............................Est
Nam .... Statim
Ut de corpore .... Exiit

EUROSTYLE BOLD 13/20

Et sanctus: Ne vobis injustitiam forte facere videar, ejus facta examinate

EUROSTYLE BOLD 25/30

Lorem ipsum dolor sit amet, consectetuer adipiscing elit

EUROSTYLE BOLD / ALL CAPS 18/21.6

DUIS TE FEUGI FACILISI. DUIS AUTEM DOLOR IN HENDRERIT IN VULPUTATE VELIT ESSE MOLESTIE CONSEQUAT

NEW BASKERVILLE 13/15.6

Videntes apostoli et alii patres antiqui, et praecipue reverendus pater noster beatus Benedictus, quod otiositas inimica est animae, sicut ipse dicit in regula sua, ipsi propriis manibus laboraverunt, *et religiosis viris opera* manuum secundum quod regula praecepit, studeant propriis manibus laborare.

Sed ne aliquis de dispositione locorum causari possit dicens, tale monasterium non esse apertum ad *opera manuum exercenda*, quia situm est in civitate, in aliquo castro vel villa, propterea.

NEW BASKERVILLE ITALIC & ROMAN / SMALL CAPS 11/13.2

Dolor sit amet SED UT PERSPICIATIS *ipsam voluptatem enim voluptas sit esse Dominico Vaspernatur aut fugit Roma, Januaris 1522.*

NEW BASKERVILLE BOLD / SMALL CAPS 19/22.8

NEMO ENIM

NEW BASKERVILLE 10/14.4

Sed ut perspiciatis unde omnis iste natus error sit voluptatem accusantium doloremque laudantium, totam rem aperiam, eaque ipsa quae ab illo de inventore veritatis et quasi architecto beatae vitae dicta sunt est explicabo natus:

- Neque *porro* quisquam
- Architecto beatae vitae
- Qui *dolorem* ipsum
- Inventore veritatis quasi

Dolores nemo enim ipsam voluptatem quia voluptas sit aspernatur aut odit aut fugit, sed quia consequuntur magni est dolores eos qui ratione.

Nunc enim vere monachi est de sunt, si otiosi non maneant, sicut. Sed ne aliquis de possit dicens, tale est monasterium.

EUROSTYLE BOLD ITALIC 8/15

"Neque porro quisquam est, qui dolorem ipsum quia dolor sit amet, consectetur Nemo voluptatem quia vere monachi maneant, aspernatur aut odit aut fugit, sed quia eos qui ratione voluptatem sequi nesciunt."

EUROSTYLE BOLD 7/10

Quisquam					
	1	2	3	4	5	6
7	8	9	10	11	12	13
14	15	16	17	18	19	20
21	22	23	24	25	26	27
28	29	30				

NEW BASKERVILLE BOLD 16/19.2

Operae pretium reor ea quae isto in anno Dominus per beatum Benedictum in Galliis operari dignatus est, ad posterorum memoriam et aedificationem annectere. Quidam namque vir potentissimus Gallorum *gente progenitus tantis* se ab ipsa infantia execrarat flagitiis.

EUROSTYLE 9/11

Cuidam	Vero
Dei	Servo
Juxta	Manenti
Dominus	Ea Quae Circa
Defuncti	Animam
Agebantur	Ostendere
Dignatus	Est
Nam	Statim
Ut de corpore	Exiit

EUROSTYLE BOLD 13/20

Et sanctus: Ne vobis injustitiam forte facere videar, ejus facta examinate

EUROSTYLE BOLD 25/30

Lorem ipsum dolor sit amet, consectetuer adipiscing elit

EUROSTYLE BOLD / ALL CAPS 18/21.6

DUIS TE FEUGI FACILISI. DUIS AUTEM DOLOR IN HENDRERIT IN VULPUTATE VELIT ESSE MOLESTIE CONSEQUAT

PALATINO 12/16

Videntes apostoli et alii patres antiqui, et praecipue reverendus pater noster beatus Benedictus, quod otiositas inimica est animae, sicut ipse dicit in regula sua, ipsi propriis manibus laboraverunt, et *religiosis viris opera* manuum secundum quod regula praecepit, studeant propriis manibus laborare.

Sed ne aliquis de dispositione locorum causari possit dicens, tale monasterium non esse apertum ad *opera manuum exercenda*, quia situm est in civitate, in aliquo castro vel villa, propterea.

PALATINO ITALIC / SMALL CAPS 10/12

Dolor sit amet SED UT PERSPICIATIS *ipsam voluptatem enim voluptas sit esse Dominico Vaspernatur aut fugit Roma, Januaris 1522.*

PALATINO BOLD / SMALL CAPS 19/22.8

NEMO ENIM

PALATINO 10/14

Sed ut perspiciatis unde omnis iste natus error sit voluptatem accusantium doloremque laudantium, totam rem aperiam, eaque ipsa quae ab illo de inventore veritatis et quasi architecto beatae vitae dicta sunt est explicabo natus:

- Neque *porro* quisquam
- Architecto beatae vitae
- Qui *dolorem* ipsum
- Inventore veritatis quasi

Dolores nemo enim ipsam voluptatem quia voluptas sit aspernatur aut odit aut fugit, sed quia consequuntur magni est dolores eos qui ratione.

Nunc enim vere monachi est de sunt, si otiosi non maneant, sicut. Sed ne aliquis de possit dicens, tale est monasterium.

EUROSTYLE BOLD ITALIC 8/15

"Neque porro quisquam est, qui dolorem ipsum quia dolor sit amet, consectetur Nemo voluptatem quia vere monachi maneant, aspernatur aut odit aut fugit, sed quia eos qui ratione voluptatem sequi nesciunt."

EUROSTYLE BOLD 7/10

Quisquam					
	1	2	3	4	5	6
7	8	9	10	11	12	13
14	15	16	17	18	19	20
21	22	23	24	25	26	27
28	29	30				

PALATINO BOLD 15/18

Operae pretium reor ea quae isto in anno Dominus per beatum Benedictum in Galliis operari dignatus est, ad posterorum memoriam et aedificationem annectere. Quidam namque vir potentissimus Gallorum *gente progenitus tantis* se ab ipsa infantia execrarat flagitiis.

EUROSTYLE 9/11

Cuidam	Vero
Dei	Servo
Juxta	Manenti
Dominus	Ea Quae Circa
Defuncti	Animam
Agebantur	Ostendere
Dignatus	Est
Nam	Statim
Ut de corpore	Exiit

EUROSTYLE BOLD 13/20

Et sanctus: Ne vobis injustitiam forte facere videar, ejus facta examinate

EUROSTYLE BOLD 25/30

Lorem ipsum dolor sit amet, consectetuer adipiscing elit

EUROSTYLE BOLD / ALL CAPS 18/21.6

DUIS TE FEUGI FACILISI. DUIS AUTEM DOLOR IN HENDRERIT IN VULPUTATE VELIT ESSE MOLESTIE CONSEQUAT

SOUVENIR 13/17

Videntes apostoli et alii patres antiqui, et praecipue reverendus pater noster beatus Benedictus, quod otiositas inimica est animae, sicut ipse dicit in regula sua, ipsi propriis manibus laboraverunt, *et religiosis viris opera* manuum secundum quod regula praecepit, studeant propriis manibus laborare.

Sed ne aliquis de dispositione locorum causari possit dicens, tale monasterium non esse apertum ad *opera manuum exercenda*, quia situm est in civitate, in aliquo castro vel villa, propterea.

SOUVENIR ITALIC / SMALL CAPS 11/13.2

Dolor sit amet SED UT PERSPICIATIS *ipsam voluptatem enim voluptas sit esse Dominico Vaspernatur aut fugit Roma, Januaris 1522.*

SOUVENIR BOLD / SMALL CAPS 19/22.8

NEMO ENIM

SOUVENIR 11/14

Sed ut perspiciatis unde omnis iste natus error sit voluptatem accusantium doloremque laudantium, totam rem aperiam, eaque ipsa quae ab illo de inventore veritatis et quasi architecto beatae vitae dicta sunt est explicabo natus:

- Neque *porro* quisquam
- Architecto beatae vitae
- Qui *dolorem* ipsum
- Inventore veritatis quasi

Dolores nemo enim ipsam voluptatem quia voluptas sit aspernatur aut odit aut fugit, sed quia consequuntur magni est dolores eos qui ratione.

Nunc enim vere monachi est de sunt, si otiosi non maneant, sicut. Sed ne aliquis de possit dicens, tale est monasterium.

EUROSTYLE BOLD ITALIC 8/15

"Neque porro quisquam est, qui dolorem ipsum quia dolor sit amet, consectetur Nemo voluptatem quia vere monachi maneant, aspernatur aut odit aut fugit, sed quia eos qui ratione voluptatem sequi nesciunt."

EUROSTYLE BOLD 7/10

Quisquam					
1	2	3	4	5	6
7	8	9	10	11	12	13
14	15	16	17	18	19	20
21	22	23	24	25	26	27
28	29	30				

SOUVENIR BOLD 14/20

Operae pretium reor ea quae isto in anno Dominus per beatum Benedictum in Galliis operari dignatus est, ad posterorum memoriam et aedificationem annectere. Quidam namque vir potentissimus Gallorum *gente progenitus tantis* se ab ipsa infantia execrarat flagitiis.

EUROSTYLE 9/11

Cuidam	Vero
Dei	Servo
Juxta	Manenti
Dominus	Ea Quae Circa
Defuncti	Animam
Agebantur	Ostendere
Dignatus	Est
Nam	Statim
Ut de corpore	Exiit

EUROSTYLE BOLD 13/20

Et sanctus: Ne vobis injustitiam forte facere videar, ejus facta examinate

DIN BOLD 29/33

Lorem ipsum dolor sit amet, consectetuer adipiscing elit

DIN BOLD / ALL CAPS 18/21.6

DUIS TE FEUGI FACILISI. DUIS AUTEM DOLOR IN HENDRERIT IN VULPUTATE VELIT ESSE MOLESTIE CONSEQUAT

FF DIN 13/18

Videntes apostoli et alii patres antiqui, et praecipue reverendus pater noster beatus Benedictus, quod otiositas inimica est animae, sicut ipse dicit in regula sua, ipsi propriis manibus laboraverunt, et religiosis viris opera manuum secundum quod regula praecepit, studeant propriis manibus laborare.

Sed ne aliquis de dispositione locorum causari possit dicens, tale monasterium non esse apertum ad opera manuum exercenda, quia situm est in civitate, in aliquo castro vel villa, propterea.

FF DIN / SMALL CAPS 11/13.2

Dolor sit amet SED UT PERSPICIATIS ipsam voluptatem enim voluptas sit esse Dominico Vaspernatur aut fugit Roma, Januaris 1522.

FF DIN / SMALL CAPS 19/22.8

NEMO ENIM

FF DIN 11/14

Sed ut perspiciatis unde omnis iste natus error sit voluptatem accusantium doloremque laudantium, totam rem aperiam, eaque ipsa quae ab illo de inventore veritatis et quasi architecto beatae vitae dicta sunt est explicabo natus:

- Neque porro quisquam
- Architecto beatae vitae
- Qui dolorem ipsum
- Inventore veritatis quasi

Dolores nemo enim ipsam voluptatem quia voluptas sit aspernatur aut odit aut fugit, sed quia consequuntur magni est dolores eos qui ratione.

Nunc enim vere monachi est de sunt, si otiosi non maneant, sicut. Sed ne aliquis de possit dicens, tale est monasterium.

DIN BOLD ITALIC 10/15

"Neque porro quisquam est, qui dolorem ipsum quia dolor sit amet, consectetur Nemo voluptatem quia vere monachi maneant, aspernatur aut odit aut fugit, sed quia eos qui ratione voluptatem sequi nesciunt."

DIN BOLD 9/12

Quisquam					
1	2	3	4	5	6
7	8	9	10	11	12	13
14	15	16	17	18	19	20
21	22	23	24	25	26	27
28	29	30				

FF DIN BOLD 16/19.2

Operae pretium reor ea quae isto in anno Dominus per beatum Benedictum in Galliis operari dignatus est, ad posterorum memoriam et aedificationem annectere. Quidam namque vir potentissimus Gallorum gente progenitus tantis se ab ipsa infantia execrarat flagitiis.

DIN 9/11

Cuidam	Vero
Dei	Servo
Juxta	Manenti
Dominus	Ea Quae Circa
Defuncti	Animam
Agebantur	Ostendere
Dignatus	Est
Nam	Statim
Ut de corpore	Exiit

DIN BOLD 15/20

Et sanctus: Ne vobis injustitiam forte facere videar, ejus facta examinate

DIN BOLD 29/33

Lorem ipsum dolor sit amet, consectetuer adipiscing elit

DIN BOLD / ALL CAPS 18/21.6

DUIS TE FEUGI FACILISI. DUIS AUTEM DOLOR IN HENDRERIT IN VULPUTATE VELIT ESSE MOLESTIE CONSEQUAT

BEMBO 13/15.6

Videntes apostoli et alii patres antiqui, et praecipue reverendus pater noster beatus Benedictus, quod otiositas inimica est animae, sicut ipse dicit in regula sua, ipsi propriis manibus laboraverunt, *et religiosis viris opera* manuum secundum quod regula praecepit, studeant propriis manibus laborare.

Sed ne aliquis de dispositione locorum causari possit dicens, tale monasterium non esse apertum ad *opera manuum exercenda,* quia situm est in civitate, in aliquo castro vel villa, propterea.

BEMBO ITALIC ITALIC & ROMAN / SMALL CAPS 11/13.2

Dolor sit amet SED UT PERSPICIATIS *ipsam voluptatem enim voluptas sit esse Dominico Vaspernatur aut fugit Roma, Januaris 1522.*

BEMBO BOLD / SMALL CAPS 19/22.8

NEMO ENIM

BEMBO 11/14.4

Sed ut perspiciatis unde omnis iste natus error sit voluptatem accusantium doloremque laudantium, totam rem aperiam, eaque ipsa quae ab illo de inventore veritatis et quasi architecto beatae vitae dicta sunt est explicabo natus:

- Neque *porro* quisquam
- Architecto beatae vitae
- Qui *dolorem* ipsum
- Inventore veritatis quasi

Dolores nemo enim ipsam voluptatem quia voluptas sit aspernatur aut odit aut fugit, sed quia consequuntur magni est dolores eos qui ratione.

Nunc enim vere monachi est de sunt, si otiosi non maneant, sicut. Sed ne aliquis de possit dicens, tale est monasterium.

DIN BOLD ITALIC 10/15

"Neque porro quisquam est, qui dolorem ipsum quia dolor sit amet, consectetur Nemo voluptatem quia vere monachi maneant, aspernatur aut odit aut fugit, sed quia eos qui ratione voluptatem sequi nesciunt."

DIN BOLD 9/12

Quisquam					
1	2	3	4	5	6
7	8	9	10	11	12	13
14	15	16	17	18	19	20
21	22	23	24	25	26	27
28	29	30				

BEMBO BOLD 16/19.2

Operae pretium reor ea quae isto in anno Dominus per beatum Benedictum in Galliis operari dignatus est, ad posterorum memoriam et aedificationem annectere. Quidam namque vir potentissimus Gallorum *gente progenitus tantis* se ab ipsa infantia execrarat flagitiis.

DIN 9/11

Cuidam	Vero
Dei	Servo
Juxta	Manenti
Dominus	Ea Quae Circa
Defuncti	Animam
Agebantur	Ostendere
Dignatus	Est
Nam	Statim
Ut de corpore	Exiit

DIN BOLD 15/20

Et sanctus: Ne vobis injustitiam forte facere videar, ejus facta examinate

DIN BOLD 29/33

Lorem ipsum dolor sit amet, consectetuer adipiscing elit

DIN BOLD / ALL CAPS 18/21.6

DUIS TE FEUGI FACILISI. DUIS AUTEM DOLOR IN HENDRERIT IN VULPUTATE VELIT ESSE MOLESTIE CONSEQUAT

CASLON 14/16.8

Videntes apostoli et alii patres antiqui, et praecipue reverendus pater noster beatus Benedictus, quod otiositas inimica est animae, sicut ipse dicit in regula sua, ipsi propriis manibus laboraverunt, et *religiosis viris opera* manuum secundum quod regula praecepit, studeant propriis manibus laborare.

Sed ne aliquis de dispositione locorum causari possit dicens, tale monasterium non esse apertum ad *opera manuum exercenda*, quia situm est in civitate, in aliquo castro vel villa, propterea.

CASLON ITALIC / SMALL CAPS 11/13.2

Dolor sit amet SED UT PERSPICIATIS *ipsam voluptatem enim voluptas sit esse Dominico Vaspernatur aut fugit Roma, Januaris 1522.*

CASLON BOLD / SMALL CAPS 19/22.8

NEMO ENIM

CASLON 11/14

Sed ut perspiciatis unde omnis iste natus error sit voluptatem accusantium doloremque laudantium, totam rem aperiam, eaque ipsa quae ab illo de inventore veritatis et quasi architecto beatae vitae dicta sunt est explicabo natus:

- Neque *porro* quisquam
- Architecto beatae vitae
- Qui *dolorem* ipsum
- Inventore veritatis quasi

Dolores nemo enim ipsam voluptatem quia voluptas sit aspernatur aut odit aut fugit, sed quia consequuntur magni est dolores eos qui ratione.

Nunc enim vere monachi est de sunt, si otiosi non maneant, sicut. Sed ne aliquis de possit dicens, tale est monasterium.

DIN BOLD ITALIC 10/15

"Neque porro quisquam est, qui dolorem ipsum quia dolor sit amet, consectetur Nemo voluptatem quia vere monachi maneant, aspernatur aut odit aut fugit, sed quia eos qui ratione voluptatem sequi nesciunt."

DIN BOLD 9/12

Quisquam						
	1	2	3	4	5	6
7	8	9	10	11	12	13
14	15	16	17	18	19	20
21	22	23	24	25	26	27
28	29	30				

CASLON BOLD 16/19.2

Operae pretium reor ea quae isto in anno Dominus per beatum Benedictum in Galliis operari dignatus est, ad posterorum memoriam et aedificationem annectere. Quidam namque vir potentissimus Gallorum *gente progenitus tantis* se ab ipsa infantia execrarat flagitiis.

DIN 9/11

Cuidam	Vero
Dei	Servo
Juxta	Manenti
Dominus	Ea Quae Circa
Defuncti	Animam
Agebantur	Ostendere
Dignatus	Est
Nam	Statim
Ut de corpore	Exiit

DIN BOLD 15/20

Et sanctus: Ne vobis injustitiam forte facere videar, ejus facta examinate

DIN BOLD 29/33

Lorem ipsum dolor sit amet, consectetuer adipiscing elit

DIN BOLD / ALL CAPS 18/21.6

DUIS TE FEUGI FACILISI. DUIS AUTEM DOLOR IN HENDRERIT IN VULPUTATE VELIT ESSE MOLESTIE CONSEQUAT

MINION 14/16.8

Videntes apostoli et alii patres antiqui, et praecipue reverendus pater noster beatus Benedictus, quod otiositas inimica est animae, sicut ipse dicit in regula sua, ipsi propriis manibus laboraverunt, *et religiosis viris opera* manuum secundum quod regula praecepit, studeant propriis manibus laborare.

Sed ne aliquis de dispositione locorum causari possit dicens, tale monasterium non esse apertum ad *opera manuum exercenda,* quia situm est in civitate, in aliquo castro vel villa, propterea.

MINION ITALIC & ROMAN / SMALL CAPS 11/13.2

Dolor sit amet SED UT PERSPICIATIS *ipsam voluptatem enim voluptas sit esse Dominico Vaspernatur aut fugit Roma, Januaris 1522.*

MINION BOLD / SMALL CAPS 19/22.8

NEMO ENIM

MINION 11/14.4

Sed ut perspiciatis unde omnis iste natus error sit voluptatem accusantium doloremque laudantium, totam rem aperiam, eaque ipsa quae ab illo de inventore veritatis et quasi architecto beatae vitae dicta sunt est explicabo natus:

- Neque *porro* quisquam
- Architecto beatae vitae
- Qui *dolorem* ipsum
- Inventore veritatis quasi

Dolores nemo enim ipsam voluptatem quia voluptas sit aspernatur aut odit aut fugit, sed quia consequuntur magni est dolores eos qui ratione.

Nunc enim vere monachi est de sunt, si otiosi non maneant, sicut. Sed ne aliquis de possit dicens, tale est monasterium.

DIN BOLD ITALIC 10/15

"Neque porro quisquam est, qui dolorem ipsum quia dolor sit amet, consectetur Nemo voluptatem quia vere monachi maneant, aspernatur aut odit aut fugit, sed quia eos qui ratione voluptatem sequi nesciunt."

DIN BOLD 9/12

Quisquam						
	1	2	3	4	5	6
7	8	9	10	11	12	13
14	15	16	17	18	19	20
21	22	23	24	25	26	27
28	29	30				

MINION BOLD 16/19.2

Operae pretium reor ea quae isto in anno Dominus per beatum Benedictum in Galliis operari dignatus est, ad posterorum memoriam et aedificationem annectere. Quidam namque vir potentissimus Gallorum *gente progenitus tantis* se ab ipsa infantia execrarat flagitiis.

DIN 9/11

Cuidam ....Vero
Dei ....Servo
Juxta...Manenti
Dominus .... Ea Quae Circa
Defuncti .... Animam
Agebantur............................. Ostendere
Dignatus ....Est
Nam...Statim
Ut de corpore.................................Exiit

DIN BOLD 15/20

Et sanctus: Ne vobis injustitiam forte facere videar, ejus facta examinate

DIN BOLD 29/33

Lorem ipsum dolor sit amet, consectetuer adipiscing elit

DIN BOLD / ALL CAPS 18/21.6

DUIS TE FEUGI FACILISI. DUIS AUTEM DOLOR IN HENDRERIT IN VULPUTATE VELIT ESSE MOLESTIE CONSEQUAT

NEW BASKERVILLE 13/15.6

Videntes apostoli et alii patres antiqui, et praecipue reverendus pater noster beatus Benedictus, quod otiositas inimica est animae, sicut ipse dicit in regula sua, ipsi propriis manibus laboraverunt, *et religiosis viris opera* manuum secundum quod regula praecepit, studeant propriis manibus laborare.

Sed ne aliquis de dispositione locorum causari possit dicens, tale monasterium non esse apertum ad *opera manuum exercenda,* quia situm est in civitate, in aliquo castro vel villa, propterea.

NEW BASKERVILLE ITALIC & ROMAN / SMALL CAPS 11/13.2

Dolor sit amet SED UT PERSPICIATIS *ipsam voluptatem enim voluptas sit esse Dominico Vaspernatur aut fugit Roma, Januaris 1522.*

NEW BASKERVILLE BOLD / SMALL CAPS 19/22.8

NEMO ENIM

NEW BASKERVILLE 10/14.4

Sed ut perspiciatis unde omnis iste natus error sit voluptatem accusantium doloremque laudantium, totam rem aperiam, eaque ipsa quae ab illo de inventore veritatis et quasi architecto beatae vitae dicta sunt est explicabo natus:

- Neque *porro* quisquam
- Architecto beatae vitae
- Qui *dolorem* ipsum
- Inventore veritatis quasi

Dolores nemo enim ipsam voluptatem quia voluptas sit aspernatur aut odit aut fugit, sed quia consequuntur magni est dolores eos qui ratione.

Nunc enim vere monachi est de sunt, si otiosi non maneant, sicut. Sed ne aliquis de possit dicens, tale est monasterium.

DIN BOLD ITALIC 10/15

"Neque porro quisquam est, qui dolorem ipsum quia dolor sit amet, consectetur Nemo voluptatem quia vere monachi maneant, aspernatur aut odit aut fugit, sed quia eos qui ratione voluptatem sequi nesciunt."

DIN BOLD 9/12

Quisquam					
1	2	3	4	5	6
7	8	9	10	11	12	13
14	15	16	17	18	19	20
21	22	23	24	25	26	27
28	29	30				

NEW BASKERVILLE BOLD 16/19.2

Operae pretium reor ea quae isto in anno Dominus per beatum Benedictum in Galliis operari dignatus est, ad posterorum memoriam et aedificationem annectere. Quidam namque vir potentissimus Gallorum *gente progenitus tantis* se ab ipsa infantia execrarat flagitiis.

DIN 9/11

Cuidam	Vero
Dei	Servo
Juxta	Manenti
Dominus	Ea Quae Circa
Defuncti	Animam
Agebantur	Ostendere
Dignatus	Est
Nam	Statim
Ut de corpore	Exiit

DIN BOLD 15/20

Et sanctus: Ne vobis injustitiam forte facere videar, ejus facta examinate

DIN BOLD 29/33

Lorem ipsum dolor sit amet, consectetuer adipiscing elit

DIN BOLD / ALL CAPS 18/21.6

DUIS TE FEUGI FACILISI. DUIS AUTEM DOLOR IN HENDRERIT IN VULPUTATE VELIT ESSE MOLESTIE CONSEQUAT

SABON 13/15.6

Videntes apostoli et alii patres antiqui, et praecipue reverendus pater noster beatus Benedictus, quod otiositas inimica est animae, sicut ipse dicit in regula sua, ipsi propriis manibus laboraverunt, et *religiosis viris opera* manuum secundum quod regula praecepit, studeant propriis manibus laborare.

Sed ne aliquis de dispositione locorum causari possit dicens, tale monasterium non esse apertum ad *opera manuum exercenda*, quia situm est in civitate, in aliquo castro vel villa, propterea.

SABON ITALIC / SMALL CAPS 10/12

Dolor sit amet SED UT PERSPICIATIS *ipsam voluptatem enim voluptas sit esse Dominico Vaspernatur aut fugit Roma, Januaris 1522.*

SABON BOLD / SMALL CAPS 19/22.8

NEMO ENIM

SABON 11/14

Sed ut perspiciatis unde omnis iste natus error sit voluptatem accusantium doloremque laudantium, totam rem aperiam, eaque ipsa quae ab illo de inventore veritatis et quasi architecto beatae vitae dicta sunt est explicabo natus:

- Neque *porro* quisquam
- Architecto beatae vitae
- Qui *dolorem* ipsum
- Inventore veritatis quasi

Dolores nemo enim ipsam voluptatem quia voluptas sit aspernatur aut odit aut fugit, sed quia consequuntur magni est dolores eos qui ratione.

Nunc enim vere monachi est de sunt, si otiosi non maneant, sicut. Sed ne aliquis de possit dicens, tale est monasterium.

DIN BOLD ITALIC 10/15

"Neque porro quisquam est, qui dolorem ipsum quia dolor sit amet, consectetur Nemo voluptatem quia vere monachi maneant, aspernatur aut odit aut fugit, sed quia eos qui ratione voluptatem sequi nesciunt."

DIN BOLD 9/12

SABON BOLD 16/19.2

Operae pretium reor ea quae isto in anno Dominus per beatum Benedictum in Galliis operari dignatus est, ad posterorum memoriam et aedificationem annectere. Quidam namque vir potentissimus Gallorum *gente progenitus tantis* se ab ipsa infantia execrarat flagitiis.

Quisquam					
1	2	3	4	5	6
7	8	9	10	11	12	13
14	15	16	17	18	19	20
21	22	23	24	25	26	27
28	29	30				

DIN 9/11

Cuidam ....Vero
Dei ....Servo
Juxta...Manenti
Dominus .... Ea Quae Circa
Defuncti ....Animam
Agebantur.............................. Ostendere
Dignatus ....Est
Nam...Statim
Ut de corpore..................................Exiit

DIN BOLD 15/20

Et sanctus: Ne vobis injustitiam forte facere videar, ejus facta examinate

DIN BOLD 29/33

Lorem ipsum dolor sit amet, consectetuer adipiscing elit

DIN BOLD / ALL CAPS 18/21.6

DUIS TE FEUGI FACILISI. DUIS AUTEM DOLOR IN HENDRERIT IN VULPUTATE VELIT ESSE MOLESTIE CONSEQUAT

TIMES NEW ROMAN 14/16.8

Videntes apostoli et alii patres antiqui, et praecipue reverendus pater noster beatus Benedictus, quod otiositas inimica est animae, sicut ipse dicit in regula sua, ipsi propriis manibus laboraverunt, et *religiosis viris opera* manuum secundum quod regula praecepit, studeant propriis manibus laborare.

Sed ne aliquis de dispositione locorum causari possit dicens, tale monasterium non esse apertum ad *opera manuum exercenda*, quia situm est in civitate, in aliquo castro vel villa, propterea.

TIMES NEW ROMAN ITALIC / SMALL CAPS 11/13.2

Dolor sit amet SED UT PERSPICIATIS *ipsam voluptatem enim voluptas sit esse Dominico Vaspernatur aut fugit Roma, Januaris 1522.*

TIMES NEW ROMAN BOLD / SMALL CAPS 19/22.8

NEMO ENIM

TIMES NEW ROMAN 11/14

Sed ut perspiciatis unde omnis iste natus error sit voluptatem accusantium doloremque laudantium, totam rem aperiam, eaque ipsa quae ab illo de inventore veritatis et quasi architecto beatae vitae dicta sunt est explicabo natus:

- Neque *porro* quisquam
- Architecto beatae vitae
- Qui *dolorem* ipsum
- Inventore veritatis quasi

Dolores nemo enim ipsam voluptatem quia voluptas sit aspernatur aut odit aut fugit, sed quia consequuntur magni est dolores eos qui ratione.

Nunc enim vere monachi est de sunt, si otiosi non maneant, sicut. Sed ne aliquis de possit dicens, tale est monasterium.

DIN BOLD ITALIC 10/15

"Neque porro quisquam est, qui dolorem ipsum quia dolor sit amet, consectetur Nemo voluptatem quia vere monachi maneant, aspernatur aut odit aut fugit, sed quia eos qui ratione voluptatem sequi nesciunt."

DIN BOLD 9/12

Quisquam					
1	2	3	4	5	6
7	8	9	10	11	12	13
14	15	16	17	18	19	20
21	22	23	24	25	26	27
28	29	30			

TIMES NEW ROMAN BOLD 16/19.2

Operae pretium reor ea quae isto in anno Dominus per beatum Benedictum in Galliis operari dignatus est, ad posterorum memoriam et aedificationem annectere. Quidam namque vir potentissimus Gallorum *gente progenitus tantis* se ab ipsa infantia execrarat flagitiis.

DIN 9/11

Cuidam	Vero
Dei	Servo
Juxta	Manenti
Dominus	Ea Quae Circa
Defuncti	Animam
Agebantur	Ostendere
Dignatus	Est
Nam	Statim
Ut de corpore	Exiit

DIN BOLD 15/20

Et sanctus: Ne vobis injustitiam forte facere videar, ejus facta examinate

FORMATA BOLD 28/32

Lorem ipsum dolor sit amet, consectetuer adipiscing elit

FORMATA BOLD / ALL CAPS 18/21.6

DUIS TE FEUGI FACILISI. DUIS AUTEM DOLOR IN HENDRERIT IN VULPUTATE VELIT ESSE MOLESTIE CONSEQUAT

FORMATA 12/17

Videntes apostoli et alii patres antiqui, et praecipue reverendus pater noster beatus Benedictus, quod otiositas inimica est animae, sicut ipse dicit in regula sua, ipsi propriis manibus laboraverunt, et *religiosis viris opera* manuum secundum quod regula praecepit, studeant propriis manibus laborare.

Sed ne aliquis de dispositione locorum causari possit dicens, tale monasterium non esse apertum ad *opera manuum exercenda*, quia situm est in civitate, in aliquo castro vel villa, propterea.

FORMATA ITALIC / SMALL CAPS 11.5/13.8

Dolor sit amet SED UT PERSPICIATIS *ipsam voluptatem enim voluptas sit esse Dominico Vaspernatur aut fugit Roma, Januaris 1522.*

FORMATA BOLD / SMALL CAPS 19/22.8

NEMO ENIM

FORMATA 10/14.4

Sed ut perspiciatis unde omnis iste natus error sit voluptatem accu santium doloremque laudantium, totam rem aperiam, eaque ipsa quae ab illo de inventore veritatis et quasi architecto beatae vitae dicta sunt est explicabo natus:

- Neque *porro* quisquam
- Architecto beatae vitae
- Qui *dolorem* ipsum
- Inventore veritatis quasi

Dolores nemo enim ipsam voluptatem quia voluptas sit aspernatur aut odit aut fugit, sed quia consequuntur magni est dolores eos qui ratione.

Nunc enim vere monachi est de sunt, si otiosi non maneant, sicut. Sed ne aliquis de possit dicens, tale est monasterium.

FORMATA BOLD ITALIC 9/15

"Neque porro quisquam est, qui dolorem ipsum quia dolor sit amet, consectetur Nemo voluptatem quia vere monachi maneant, aspernatur aut odit aut fugit, sed quia eos qui ratione voluptatem sequi nesciunt."

FORMATA BOLD 9/12

Quisquam					
	1	2	3	4	5	6
7	8	9	10	11	12	13
14	15	16	17	18	19	20
21	22	23	24	25	26	27
28	29	30				

FORMATA BOLD 14/19

Operae pretium reor ea quae isto in anno Dominus per beatum Benedictum in Galliis operari dignatus est, ad posterorum memoriam et aedificationem annectere. Quidam namque vir potentissimus Gallorum *gente progenitus tantis* se ab ipsa infantia execrarat flagitiis.

FORMATA 9/11

Cuidam	Vero
Dei	Servo
Juxta	Manenti
Dominus	Ea Quae Circa
Defuncti	Animam
Agebantur	Ostendere
Dignatus	Est
Nam	Statim
Ut de corpore	Exiit

FORMATA BOLD 14/20

Et sanctus: Ne vobis injustitiam forte facere videar, ejus facta examinate

FORMATA BOLD 28/32

Lorem ipsum dolor sit amet, consectetuer adipiscing elit

FORMATA BOLD / ALL CAPS 18/21.6

DUIS TE FEUGI FACILISI. DUIS AUTEM DOLOR IN HENDRERIT IN VULPUTATE VELIT ESSE MOLESTIE CONSEQUAT

LUCIDA SANS 11/16

Videntes apostoli et alii patres antiqui, et praecipue reverendus pater noster beatus Benedictus, quod otiositas inimica est animae, sicut ipse dicit in regula sua, ipsi propriis manibus laboraverunt, et *religiosis viris opera* manuum secundum quod regula praecepit, studeant propriis manibus laborare.

Sed ne aliquis de dispositione locorum causari possit dicens, tale monasterium non esse apertum ad *opera manuum exercenda*, quia situm est in civitate, in aliquo castro vel villa, propterea.

LUCIDA SANS ITALIC / SMALL CAPS 10/12

Dolor sit amet SED UT PERSPICIATIS *ipsam voluptatem enim voluptas sit esse Dominico Vaspernatur aut fugit Roma, Januaris 1522.*

LUCIDA SANS BOLD / SMALL CAPS 19/22.8

NEMO ENIM

LUCIDA SANS 10/13

Sed ut perspiciatis unde omnis iste natus error sit voluptatem accusantium doloremque laudantium, totam rem aperiam, eaque ipsa quae ab illo de inventore veritatis et quasi architecto beatae vitae dicta sunt est explicabo natus:

· Neque *porro* quisquam
· Architecto beatae vitae
· Qui *dolorem* ipsum
· Inventore veritatis quasi

Dolores nemo enim ipsam voluptatem quia voluptas sit aspernatur aut odit aut fugit, sed quia consequuntur magni est dolores eos qui ratione.

Nunc enim vere monachi est de sunt, si otiosi non maneant, sicut. Sed ne aliquis de possit enim dicens, tale est monasterium.

FORMATA BOLD ITALIC 9/15

"Neque porro quisquam est, qui dolorem ipsum quia dolor sit amet, consectetur Nemo voluptatem quia vere monachi maneant, aspernatur aut odit aut fugit, sed quia eos qui ratione voluptatem sequi nesciunt."

FORMATA BOLD 9/12

Quisquam					
1	2	3	4	5	6
7	8	9	10	11	12	13
14	15	16	17	18	19	20
21	22	23	24	25	26	27
28	29	30				

LUCIDA SANS BOLD 14/19

Operae pretium reor ea quae isto in anno Dominus per beatum Benedictum in Galliis operari dignatus est, ad posterorum memoriam et aedificationem annectere. Quidam namque vir potentissimus Gallorum *gente progenitus tantis* se ab ipsa infantia execrarat flagitiis.

FORMATA 9/11

Cuidam	Vero
Dei	Servo
Juxta	Manenti
Dominus	Ea Quae Circa
Defuncti	Animam
Agebantur	Ostendere
Dignatus	Est
Nam	Statim
Ut de corpore	Exiit

FORMATA BOLD 14/20

Et sanctus: Ne vobis injustitiam forte facere videar, ejus facta examinate

FORMATA BOLD 28/32

Lorem ipsum dolor sit amet, consectetuer adipiscing elit

FORMATA BOLD / ALL CAPS 18/21.6

DUIS TE FEUGI FACILISI. DUIS AUTEM DOLOR IN HENDRERIT IN VULPUTATE VELIT ESSE MOLESTIE CONSEQUAT

MINION 14/16.8

Videntes apostoli et alii patres antiqui, et praecipue reverendus pater noster beatus Benedictus, quod otiositas inimica est animae, sicut ipse dicit in regula sua, ipsi propriis manibus laboraverunt, *et religiosis viris opera* manuum secundum quod regula praecepit, studeant propriis manibus laborare.

Sed ne aliquis de dispositione locorum causari possit dicens, tale monasterium non esse apertum ad *opera manuum exercenda,* quia situm est in civitate, in aliquo castro vel villa, propterea.

MINION ITALIC & ROMAN / SMALL CAPS 11/13.2

Dolor sit amet SED UT PERSPICIATIS *ipsam voluptatem enim voluptas sit esse Dominico Vaspernatur aut fugit Roma, Januaris 1522.*

MINION BOLD / SMALL CAPS 19/22.8

NEMO ENIM

MINION 11/14.4

Sed ut perspiciatis unde omnis iste natus error sit voluptatem accusantium doloremque laudantium, totam rem aperiam, eaque ipsa quae ab illo de inventore veritatis et quasi architecto beatae vitae dicta sunt est explicabo natus:

- Neque *porro* quisquam
- Architecto beatae vitae
- Qui *dolorem* ipsum
- Inventore veritatis quasi

Dolores nemo enim ipsam voluptatem quia voluptas sit aspernatur aut odit aut fugit, sed quia consequuntur magni est dolores eos qui ratione.

Nunc enim vere monachi est de sunt, si otiosi non maneant, sicut. Sed ne aliquis de possit dicens, tale est monasterium.

MINION BOLD 16/19.2

Operae pretium reor ea quae isto in anno Dominus per beatum Benedictum in Galliis operari dignatus est, ad posterorum memoriam et aedificationem annectere. Quidam namque vir potentissimus Gallorum *gente progenitus tantis* se ab ipsa infantia execrarat flagitiis.

FORMATA BOLD ITALIC 9/15

"Neque porro quisquam est, qui dolorem ipsum quia dolor sit amet, consectetur Nemo voluptatem quia vere monachi maneant, aspernatur aut odit aut fugit, sed quia eos qui ratione voluptatem sequi nesciunt."

FORMATA BOLD 9/12

Quisquam					
1	2	3	4	5	6
7	8	9	10	11	12	13
14	15	16	17	18	19	20
21	22	23	24	25	26	27
28	29	30				

FORMATA 9/11

Cuidam	Vero
Dei	Servo
Juxta	Manenti
Dominus	Ea Quae Circa
Defuncti	Animam
Agebantur	Ostendere
Dignatus	Est
Nam	Statim
Ut de corpore	Exiit

FORMATA BOLD 14/20

Et sanctus: Ne vobis injustitiam forte facere videar, ejus facta examinate

FORMATA BOLD 28/32

Lorem ipsum dolor sit amet, consectetuer adipiscing elit

FORMATA BOLD / ALL CAPS 18/21.6

DUIS TE FEUGI FACILISI. DUIS AUTEM DOLOR IN HENDRERIT IN VULPUTATE VELIT ESSE MOLESTIE CONSEQUAT

PALATINO 12/16

Videntes apostoli et alii patres antiqui, et praecipue reverendus pater noster beatus Benedictus, quod otiositas inimica est animae, sicut ipse dicit in regula sua, ipsi propriis manibus laboraverunt, et *religiosis viris opera* manuum secundum quod regula praecepit, studeant propriis manibus laborare.

Sed ne aliquis de dispositione locorum causari possit dicens, tale monasterium non esse apertum ad *opera manuum exercenda*, quia situm est in civitate, in aliquo castro vel villa, propterea.

PALATINO ITALIC / SMALL CAPS 10/12

Dolor sit amet SED UT PERSPICIATIS *ipsam voluptatem enim voluptas sit esse Dominico Vaspernatur aut fugit Roma, Januaris 1522.*

PALATINO BOLD / SMALL CAPS 19/22.8

NEMO ENIM

PALATINO 10/14

Sed ut perspiciatis unde omnis iste natus error sit voluptatem accusantium doloremque laudantium, totam rem aperiam, eaque ipsa quae ab illo de inventore veritatis et quasi architecto beatae vitae dicta sunt est explicabo natus:

- Neque *porro* quisquam
- Architecto beatae vitae
- Qui *dolorem* ipsum
- Inventore veritatis quasi

Dolores nemo enim ipsam voluptatem quia voluptas sit aspernatur aut odit aut fugit, sed quia consequuntur magni est dolores eos qui ratione.

Nunc enim vere monachi est de sunt, si otiosi non maneant, sicut. Sed ne aliquis de possit dicens, tale est monasterium.

FORMATA BOLD ITALIC 9/15

"Neque porro quisquam est, qui dolorem ipsum quia dolor sit amet, consectetur Nemo voluptatem quia vere monachi maneant, aspernatur aut odit aut fugit, sed quia eos qui ratione voluptatem sequi nesciunt."

FORMATA BOLD 9/12

Quisquam						
	1	2	3	4	5	6
7	8	9	10	11	12	13
14	15	16	17	18	19	20
21	22	23	24	25	26	27
28	29	30				

PALATINO BOLD 15/18

Operae pretium reor ea quae isto in anno Dominus per beatum Benedictum in Galliis operari dignatus est, ad posterorum memoriam et aedificationem annectere. Quidam namque vir potentissimus Gallorum *gente progenitus tantis* se ab ipsa infantia execrarat flagitiis.

FORMATA 9/11

Cuidam	Vero
Dei	Servo
Juxta	Manenti
Dominus	Ea Quae Circa
Defuncti	Animam
Agebantur	Ostendere
Dignatus	Est
Nam	Statim
Ut de corpore	Exiit

FORMATA BOLD 14/20

Et sanctus: Ne vobis injustitiam forte facere videar, ejus facta examinate

FORMATA BOLD 28/32

Lorem ipsum dolor sit amet, consectetuer adipiscing elit

FORMATA BOLD / ALL CAPS 18/21.6

DUIS TE FEUGI FACILISI. DUIS AUTEM DOLOR IN HENDRERIT IN VULPUTATE VELIT ESSE MOLESTIE CONSEQUAT

UNIVERS 12/16

Videntes apostoli et alii patres antiqui, et praecipue reverendus pater noster beatus Benedictus, quod otiositas inimica est animae, sicut ipse dicit in regula sua, ipsi propriis manibus laboraverunt, et *religiosis viris opera* manuum secundum quod regula praecepit, studeant propriis manibus laborare.

Sed ne aliquis de dispositione locorum causari possit dicens, tale monasterium non esse apertum ad *opera manuum exercenda*, quia situm est in civitate, in aliquo castro vel villa, propterea.

UNIVERS ITALIC / SMALL CAPS 11/13.2

Dolor sit amet SED UT PERSPICIATIS *ipsam voluptatem enim voluptas sit esse Dominico Vaspernatur aut fugit Roma, Januaris 1522.*

UNIVERS BOLD / SMALL CAPS 19/22.8

NEMO ENIM

UNIVERS 10/14

Sed ut perspiciatis unde omnis iste natus error sit voluptatem accusantium doloremque laudantium, totam rem aperiam, eaque ipsa quae ab illo de inventore veritatis et quasi architecto beatae vitae dicta sunt est explicabo natus:

- Neque *porro* quisquam
- Architecto beatae vitae
- Qui *dolorem* ipsum
- Inventore veritatis quasi

Dolores nemo enim ipsam voluptatem quia voluptas sit aspernatur aut odit aut fugit, sed quia consequuntur magni est dolores eos qui ratione.

Nunc enim vere monachi est de sunt, si otiosi non maneant, sicut. Sed ne aliquis de possit dicens, tale est monasterium.

FORMATA BOLD ITALIC 9/15

"Neque porro quisquam est, qui dolorem ipsum quia dolor sit amet, consectetur Nemo voluptatem quia vere monachi maneant, aspernatur aut odit aut fugit, sed quia eos qui ratione voluptatem sequi nesciunt."

FORMATA BOLD 9/12

Quisquam					
	1	2	3	4	5	6
7	8	9	10	11	12	13
14	15	16	17	18	19	20
21	22	23	24	25	26	27
28	29	30				

UNIVERS BOLD 15/19

Operae pretium reor ea quae isto in anno Dominus per beatum Benedictum in Galliis operari dignatus est, ad posterorum memoriam et aedificationem annectere. Quidam namque vir potentissimus Gallorum *gente progenitus tantis* se ab ipsa infantia execrarat flagitiis.

FORMATA 9/11

Cuidam	Vero
Dei	Servo
Juxta	Manenti
Dominus	Ea Quae Circa
Defuncti	Animam
Agebantur	Ostendere
Dignatus	Est
Nam	Statim
Ut de corpore	Exiit

FORMATA BOLD 14/20

Et sanctus: Ne vobis injustitiam forte facere videar, ejus facta examinate

FORMATA BOLD 28/32

Lorem ipsum dolor sit amet, consectetuer adipiscing elit

FORMATA BOLD / ALL CAPS 18/21.6

DUIS TE FEUGI FACILISI. DUIS AUTEM DOLOR IN HENDRERIT IN VULPUTATE VELIT ESSE MOLESTIE CONSEQUAT

WARNOCK 13/15.6

Videntes apostoli et alii patres antiqui, et praecipue reverendus pater noster beatus Benedictus, quod otiositas inimica est animae, sicut ipse dicit in regula sua, ipsi propriis manibus laboraverunt, *et religiosis viris opera* manuum secundum quod regula praecepit, studeant propriis manibus laborare.

Sed ne aliquis de dispositione locorum causari possit dicens, tale monasterium non esse apertum ad *opera manuum exercenda,* quia situm est in civitate, in aliquo castro vel villa, propterea.

WARNOCK ITALIC & ROMAN / SMALL CAPS 11/13.2

Dolor sit amet SED UT PERSPICIATIS *ipsam voluptatem enim voluptas sit esse Dominico Vaspernatur aut fugit Roma, Januaris 1522.*

WARNOCK BOLD / SMALL CAPS 19/22.8

NEMO ENIM

WARNOCK 11/14

Sed ut perspiciatis unde omnis iste natus error sit voluptatem accusantium doloremque laudantium, totam rem aperiam, eaque ipsa quae ab illo de inventore veritatis et quasi architecto beatae vitae dicta sunt est explicabo natus:

- Neque *porro* quisquam
- Architecto beatae vitae
- Qui *dolorem* ipsum
- Inventore veritatis quasi

Dolores nemo enim ipsam voluptatem quia voluptas sit aspernatur aut odit aut fugit, sed quia consequuntur magni est dolores eos qui ratione.

Nunc enim vere monachi est de sunt, si otiosi non maneant, sicut. Sed ne aliquis de possit dicens, tale est monasterium.

FORMATA BOLD ITALIC 9/15

"Neque porro quisquam est, qui dolorem ipsum quia dolor sit amet, consectetur Nemo voluptatem quia vere monachi maneant, aspernatur aut odit aut fugit, sed quia eos qui ratione voluptatem sequi nesciunt."

FORMATA BOLD 9/12

Quisquam					
1	2	3	4	5	6
7	8	9	10	11	12	13
14	15	16	17	18	19	20
21	22	23	24	25	26	27
28	29	30				

WARNOCK BOLD 16/19.2

Operae pretium reor ea quae isto in anno Dominus per beatum Benedictum in Galliis operari dignatus est, ad posterorum memoriam et aedificationem annectere. Quidam namque vir potentissimus Gallorum *gente progenitus tantis* se ab ipsa infantia execrarat flagitiis.

FORMATA 9/11

Cuidam.. Vero
Dei.. Servo
Juxta.. Manenti
Dominus .... Ea Quae Circa
Defuncti...Animam
Agebantur................................... Ostendere
Dignatus.. Est
Nam..Statim
Ut de corpore ....Exiit

FORMATA BOLD 14/20

Et sanctus: Ne vobis injustitiam forte facere videar, ejus facta examinate

FRANKLIN GOTHIC BOLD 29/31

Lorem ipsum dolor sit amet, consectetuer adipiscing elit

FRANKLIN GOTHIC BOLD / ALL CAPS 18/21.6

DUIS TE FEUGI FACILISI. DUIS AUTEM DOLOR IN HENDRERIT IN VULPUTATE VELIT ESSE MOLESTIE CONSEQUAT

FRANKLIN GOTHIC 13/17

Videntes apostoli et alii patres antiqui, et praecipue reverendus pater noster beatus Benedictus, quod otiositas inimica est animae, sicut ipse dicit in regula sua, ipsi propriis manibus laboraverunt, *et religiosis viris opera* manuum secundum quod regula praecepit, studeant propriis manibus laborare.

Sed ne aliquis de dispositione locorum causari possit dicens, tale monasterium non esse apertum ad *opera manuum exercenda,* quia situm est in civitate, in aliquo castro vel villa, propterea.

FRANKLIN GOTHIC ITALIC / SMALL CAPS 11/13.2

Dolor sit amet SED UT PERSPICIATIS *ipsam voluptatem enim voluptas sit esse Dominico Vaspernatur aut fugit Roma, Januaris 1522.*

FRANKLIN GOTHIC BOLD / SMALL CAPS 19/22.8

NEMO ENIM

FRANKLIN GOTHIC 10/14.4

Sed ut perspiciatis unde omnis iste natus error sit voluptatem accu santium doloremque laudantium, totam rem aperiam, eaque ipsa quae ab illo de inventore veritatis et quasi architecto beatae vitae dicta sunt est explicabo natus:

- Neque *porro* quisquam
- Architecto beatae vitae
- Qui *dolorem* ipsum
- Inventore veritatis quasi

Dolores nemo enim ipsam voluptatem quia voluptas sit aspernatur aut odit aut fugit, sed quia consequuntur magni est dolores eos qui ratione.

Nunc enim vere monachi est de sunt, si otiosi non maneant, sicut. Sed ne aliquis de possit dicens, tale est monasterium.

FRANKLIN GOTHIC BOLD ITALIC 10/15

"Neque porro quisquam est, qui dolorem ipsum quia dolor sit amet, consectetur Nemo voluptatem quia vere monachi maneant, aspernatur aut odit aut fugit, sed quia eos qui ratione voluptatem sequi nesciunt."

FRANKLIN GOTHIC BOLD 9/12

Quisquam					
1	2	3	4	5	6
7	8	9	10	11	12	13
14	15	16	17	18	19	20
21	22	23	24	25	26	27
28	29	30				

FRANKLIN GOTHIC BOLD 16/19.2

Operae pretium reor ea quae isto in anno Dominus per beatum Benedictum in Galliis operari dignatus est, ad posterorum memoriam et aedificationem annectere. Quidam namque vir potentissimus Gallorum *gente progenitus tantis* se ab ipsa infantia execrarat flagitiis.

FRANKLIN GOTHIC 9/11

Cuidam	Vero
Dei	Servo
Juxta	Manenti
Dominus	Ea Quae Circa
Defuncti	Animam
Agebantur	Ostendere
Dignatus	Est
Nam	Statim
Ut de corpore	Exiit

FRANKLIN GOTHIC BOLD 15/20

Et sanctus: Ne vobis injustitiam forte facere videar, ejus facta examinate

FRANKLIN GOTHIC BOLD 29/31

Lorem ipsum dolor sit amet, consectetuer adipiscing elit

FRANKLIN GOTHIC BOLD / ALL CAPS 18/21.6

DUIS TE FEUGI FACILISI. DUIS AUTEM DOLOR IN HENDRERIT IN VULPUTATE VELIT ESSE MOLESTIE CONSEQUAT

ARNO 14/16.8

Videntes apostoli et alii patres antiqui, et praecipue reverendus pater noster beatus Benedictus, quod otiositas inimica est animae, sicut ipse dicit in regula sua, ipsi propriis manibus laboraverunt, et *religiosis viris opera* manuum secundum quod regula praecepit, studeant propriis manibus laborare.

Sed ne aliquis de dispositione locorum causari possit dicens, tale monasterium non esse apertum ad *opera manuum exercenda*, quia situm est in civitate, in aliquo castro vel villa, propterea.

ARNO ITALIC / SMALL CAPS 11/13.2

Dolor sit amet SED UT PERSPICIATIS *ipsam voluptatem enim voluptas sit esse Dominico Vaspernatur aut fugit Roma, Januaris 1522.*

ARNO BOLD / SMALL CAPS 19/22.8

NEMO ENIM

ARNO 12/14.4

Sed ut perspiciatis unde omnis iste natus error sit voluptatem accusantium doloremque laudantium, totam rem aperiam, eaque ipsa quae ab illo de inventore veritatis et quasi architecto beatae vitae dicta sunt est explicabo natus:

- Neque *porro* quisquam
- Architecto beatae vitae
- Qui *dolorem* ipsum
- Inventore veritatis quasi

Dolores nemo enim ipsam voluptatem quia voluptas sit aspernatur aut odit aut fugit, sed quia consequuntur magni est dolores eos qui ratione.

Nunc enim vere monachi est de sunt, si otiosi non maneant, sicut. Sed ne aliquis de possit dicens, tale est monasterium.

FRANKLIN GOTHIC BOLD ITALIC 10/15

"Neque porro quisquam est, qui dolorem ipsum quia dolor sit amet, consectetur Nemo voluptatem quia vere monachi maneant, aspernatur aut odit aut fugit, sed quia eos qui ratione voluptatem sequi nesciunt."

FRANKLIN GOTHIC BOLD 9/12

Quisquam					
1	2	3	4	5	6
7	8	9	10	11	12	13
14	15	16	17	18	19	20
21	22	23	24	25	26	27
28	29	30				

ARNO BOLD 16/19.2

Operae pretium reor ea quae isto in anno Dominus per beatum Benedictum in Galliis operari dignatus est, ad posterorum memoriam et aedificationem annectere. Quidam namque vir potentissimus Gallorum *gente progenitus tantis* se ab ipsa infantia execrarat flagitiis.

FRANKLIN GOTHIC 9/11

Cuidam.. Vero
Dei...Servo
Juxta .... Manenti
Dominus .... Ea Quae Circa
Defuncti................................. Animam
Agebantur ....Ostendere
Dignatus .... Est
Nam....................................... Statim
Ut de corpore ....Exiit

FRANKLIN GOTHIC BOLD 15/20

Et sanctus: Ne vobis injustitiam forte facere videar, ejus facta examinate

FRANKLIN GOTHIC BOLD 29/31

Lorem ipsum dolor sit amet, consectetuer adipiscing elit

FRANKLIN GOTHIC BOLD / ALL CAPS 18/21.6

DUIS TE FEUGI FACILISI. DUIS AUTEM DOLOR IN HENDRERIT IN VULPUTATE VELIT ESSE MOLESTIE CONSEQUAT

CASLON 14/16.8

Videntes apostoli et alii patres antiqui, et praecipue reverendus pater noster beatus Benedictus, quod otiositas inimica est animae, sicut ipse dicit in regula sua, ipsi propriis manibus laboraverunt, et *religiosis viris opera* manuum secundum quod regula praecepit, studeant propriis manibus laborare.

Sed ne aliquis de dispositione locorum causari possit dicens, tale monasterium non esse apertum ad *opera manuum exercenda*, quia situm est in civitate, in aliquo castro vel villa, propterea.

CASLON ITALIC / SMALL CAPS 11/13.2

Dolor sit amet SED UT PERSPICIATIS *ipsam voluptatem enim voluptas sit esse Dominico Vaspernatur aut fugit Roma, Januaris 1522.*

CASLON BOLD / SMALL CAPS 19/22.8

NEMO ENIM

CASLON 11/14

Sed ut perspiciatis unde omnis iste natus error sit voluptatem accusantium doloremque laudantium, totam rem aperiam, eaque ipsa quae ab illo de inventore veritatis et quasi architecto beatae vitae dicta sunt est explicabo natus:

- Neque *porro* quisquam
- Architecto beatae vitae
- Qui *dolorem* ipsum
- Inventore veritatis quasi

Dolores nemo enim ipsam voluptatem quia voluptas sit aspernatur aut odit aut fugit, sed quia consequuntur magni est dolores eos qui ratione.

Nunc enim vere monachi est de sunt, si otiosi non maneant, sicut. Sed ne aliquis de possit dicens, tale est monasterium.

FRANKLIN GOTHIC BOLD ITALIC 10/15

"Neque porro quisquam est, qui dolorem ipsum quia dolor sit amet, consectetur Nemo voluptatem quia vere monachi maneant, aspernatur aut odit aut fugit, sed quia eos qui ratione voluptatem sequi nesciunt."

FRANKLIN GOTHIC BOLD 9/12

Quisquam					
1	2	3	4	5	6
7	8	9	10	11	12	13
14	15	16	17	18	19	20
21	22	23	24	25	26	27
28	29	30				

CASLON BOLD 16/19.2

Operae pretium reor ea quae isto in anno Dominus per beatum Benedictum in Galliis operari dignatus est, ad posterorum memoriam et aedificationem annectere. Quidam namque vir potentissimus Gallorum *gente progenitus tantis* se ab ipsa infantia execrarat flagitiis.

FRANKLIN GOTHIC 9/11

Cuidam	Vero
Dei	Servo
Juxta	Manenti
Dominus	Ea Quae Circa
Defuncti	Animam
Agebantur	Ostendere
Dignatus	Est
Nam	Statim
Ut de corpore	Exiit

FRANKLIN GOTHIC BOLD 15/20

Et sanctus: Ne vobis injustitiam forte facere videar, ejus facta examinate

FRANKLIN GOTHIC BOLD 29/31

Lorem ipsum dolor sit amet, consectetuer adipiscing elit

FRANKLIN GOTHIC BOLD / ALL CAPS 18/21.6

DUIS TE FEUGI FACILISI. DUIS AUTEM DOLOR IN HENDRERIT IN VULPUTATE VELIT ESSE MOLESTIE CONSEQUAT

MINION 14/16.8

Videntes apostoli et alii patres antiqui, et praecipue reverendus pater noster beatus Benedictus, quod otiositas inimica est animae, sicut ipse dicit in regula sua, ipsi propriis manibus laboraverunt, *et religiosis viris opera* manuum secundum quod regula praecepit, studeant propriis manibus laborare.

Sed ne aliquis de dispositione locorum causari possit dicens, tale monasterium non esse apertum ad *opera manuum exercenda,* quia situm est in civitate, in aliquo castro vel villa, propterea.

MINION ITALIC & ROMAN / SMALL CAPS 11/13.2

Dolor sit amet SED UT PERSPICIATIS *ipsam voluptatem enim voluptas sit esse Dominico Vaspernatur aut fugit Roma, Januaris 1522.*

MINION BOLD / SMALL CAPS 19/22.8

NEMO ENIM

MINION 11/14.4

Sed ut perspiciatis unde omnis iste natus error sit voluptatem accusantium doloremque laudantium, totam rem aperiam, eaque ipsa quae ab illo de inventore veritatis et quasi architecto beatae vitae dicta sunt est explicabo natus:

- Neque *porro* quisquam
- Architecto beatae vitae
- Qui *dolorem* ipsum
- Inventore veritatis quasi

Dolores nemo enim ipsam voluptatem quia voluptas sit aspernatur aut odit aut fugit, sed quia consequuntur magni est dolores eos qui ratione.

Nunc enim vere monachi est de sunt, si otiosi non maneant, sicut. Sed ne aliquis de possit dicens, tale est monasterium.

FRANKLIN GOTHIC BOLD ITALIC 10/15

"Neque porro quisquam est, qui dolorem ipsum quia dolor sit amet, consectetur Nemo voluptatem quia vere monachi maneant, aspernatur aut odit aut fugit, sed quia eos qui ratione voluptatem sequi nesciunt."

FRANKLIN GOTHIC BOLD 9/12

Quisquam						
	1	2	3	4	5	6
7	8	9	10	11	12	13
14	15	16	17	18	19	20
21	22	23	24	25	26	27
28	29	30				

MINION BOLD 16/19.2

Operae pretium reor ea quae isto in anno Dominus per beatum Benedictum in Galliis operari dignatus est, ad posterorum memoriam et aedificationem annectere. Quidam namque vir potentissimus Gallorum *gente progenitus tantis* se ab ipsa infantia execrarat flagitiis.

FRANKLIN GOTHIC 9/11

Cuidam	Vero
Dei	Servo
Juxta	Manenti
Dominus	Ea Quae Circa
Defuncti	Animam
Agebantur	Ostendere
Dignatus	Est
Nam	Statim
Ut de corpore	Exiit

FRANKLIN GOTHIC BOLD 15/20

Et sanctus: Ne vobis injustitiam forte facere videar, ejus facta examinate

FRANKLIN GOTHIC BOLD 29/31

Lorem ipsum dolor sit amet, consectetuer adipiscing elit

FRANKLIN GOTHIC BOLD / ALL CAPS 18/21.6

DUIS TE FEUGI FACILISI. DUIS AUTEM DOLOR IN HENDRERIT IN VULPUTATE VELIT ESSE MOLESTIE CONSEQUAT

PALATINO 12/16

Videntes apostoli et alii patres antiqui, et praecipue reverendus pater noster beatus Benedictus, quod otiositas inimica est animae, sicut ipse dicit in regula sua, ipsi propriis manibus laboraverunt, et *religiosis viris opera* manuum secundum quod regula praecepit, studeant propriis manibus laborare.

Sed ne aliquis de dispositione locorum causari possit dicens, tale monasterium non esse apertum ad *opera manuum exercenda*, quia situm est in civitate, in aliquo castro vel villa, propterea.

PALATINO ITALIC / SMALL CAPS 10/12

Dolor sit amet SED UT PERSPICIATIS *ipsam voluptatem enim voluptas sit esse Dominico Vaspernatur aut fugit Roma, Januaris 1522.*

PALATINO BOLD / SMALL CAPS 19/22.8

NEMO ENIM

PALATINO 10/14

Sed ut perspiciatis unde omnis iste natus error sit voluptatem accusantium doloremque laudantium, totam rem aperiam, eaque ipsa quae ab illo de inventore veritatis et quasi architecto beatae vitae dicta sunt est explicabo natus:

- Neque *porro* quisquam
- Architecto beatae vitae
- Qui *dolorem* ipsum
- Inventore veritatis quasi

Dolores nemo enim ipsam voluptatem quia voluptas sit aspernatur aut odit aut fugit, sed quia consequuntur magni est dolores eos qui ratione.

Nunc enim vere monachi est de sunt, si otiosi non maneant, sicut. Sed ne aliquis de possit dicens, tale est monasterium.

FRANKLIN GOTHIC BOLD ITALIC 10/15

"Neque porro quisquam est, qui dolorem ipsum quia dolor sit amet, consectetur Nemo voluptatem quia vere monachi maneant, aspernatur aut odit aut fugit, sed quia eos qui ratione voluptatem sequi nesciunt."

FRANKLIN GOTHIC BOLD 9/12

Quisquam					
	1	2	3	4	5	6
7	8	9	10	11	12	13
14	15	16	17	18	19	20
21	22	23	24	25	26	27
28	29	30				

PALATINO BOLD 15/18

Operae pretium reor ea quae isto in anno Dominus per beatum Benedictum in Galliis operari dignatus est, ad posterorum memoriam et aedificationem annectere. Quidam namque vir potentissimus Gallorum *gente progenitus tantis* se ab ipsa infantia execrarat flagitiis.

FRANKLIN GOTHIC 9/11

Cuidam	Vero
Dei	Servo
Juxta	Manenti
Dominus	Ea Quae Circa
Defuncti	Animam
Agebantur	Ostendere
Dignatus	Est
Nam	Statim
Ut de corpore	Exiit

FRANKLIN GOTHIC BOLD 15/20

Et sanctus: Ne vobis injustitiam forte facere videar, ejus facta examinate

FRANKLIN GOTHIC BOLD 29/31

Lorem ipsum dolor sit amet, consectetuer adipiscing elit

FRANKLIN GOTHIC BOLD / ALL CAPS 18/21.6

DUIS TE FEUGI FACILISI. DUIS AUTEM DOLOR IN HENDRERIT IN VULPUTATE VELIT ESSE MOLESTIE CONSEQUAT

TIMES NEW ROMAN 14/16.8

Videntes apostoli et alii patres antiqui, et praecipue reverendus pater noster beatus Benedictus, quod otiositas inimica est animae, sicut ipse dicit in regula sua, ipsi propriis manibus laboraverunt, et *religiosis viris opera* manuum secundum quod regula praecepit, studeant propriis manibus laborare.

Sed ne aliquis de dispositione locorum causari possit dicens, tale monasterium non esse apertum ad *opera manuum exercenda*, quia situm est in civitate, in aliquo castro vel villa, propterea.

TIMES NEW ROMAN ITALIC / SMALL CAPS 11/13.2

Dolor sit amet SED UT PERSPICIATIS *ipsam voluptatem enim voluptas sit esse Dominico Vaspernatur aut fugit Roma, Januaris 1522.*

TIMES NEW ROMAN BOLD / SMALL CAPS 19/22.8

NEMO ENIM

TIMES NEW ROMAN 11/14

Sed ut perspiciatis unde omnis iste natus error sit voluptatem accusantium doloremque laudantium, totam rem aperiam, eaque ipsa quae ab illo de inventore veritatis et quasi architecto beatae vitae dicta sunt est explicabo natus:

- Neque *porro* quisquam
- Architecto beatae vitae
- Qui *dolorem* ipsum
- Inventore veritatis quasi

Dolores nemo enim ipsam voluptatem quia voluptas sit aspernatur aut odit aut fugit, sed quia consequuntur magni est dolores eos qui ratione.

Nunc enim vere monachi est de sunt, si otiosi non maneant, sicut. Sed ne aliquis de possit dicens, tale est monasterium.

FRANKLIN GOTHIC BOLD ITALIC 10/15

"Neque porro quisquam est, qui dolorem ipsum quia dolor sit amet, consectetur Nemo voluptatem quia vere monachi maneant, aspernatur aut odit aut fugit, sed quia eos qui ratione voluptatem sequi nesciunt."

FRANKLIN GOTHIC BOLD 9/12

Quisquam					
1	2	3	4	5	6
7	8	9	10	11	12	13
14	15	16	17	18	19	20
21	22	23	24	25	26	27
28	29	30				

TIMES NEW ROMAN BOLD 16/19.2

Operae pretium reor ea quae isto in anno Dominus per beatum Benedictum in Galliis operari dignatus est, ad posterorum memoriam et aedificationem annectere. Quidam namque vir potentissimus Gallorum *gente progenitus tantis* se ab ipsa infantia execrarat flagitiis.

FRANKLIN GOTHIC 9/11

Cuidam	Vero
Dei	Servo
Juxta	Manenti
Dominus	Ea Quae Circa
Defuncti	Animam
Agebantur	Ostendere
Dignatus	Est
Nam	Statim
Ut de corpore	Exiit

FRANKLIN GOTHIC BOLD 15/20

Et sanctus: Ne vobis injustitiam forte facere videar, ejus facta examinate

FRANKLIN GOTHIC BOLD 29/31

Lorem ipsum dolor sit amet, consectetuer adipiscing elit

FRANKLIN GOTHIC BOLD / ALL CAPS 18/21.6

DUIS TE FEUGI FACILISI. DUIS AUTEM DOLOR IN HENDRERIT IN VULPUTATE VELIT ESSE MOLESTIE CONSEQUAT

WARNOCK 13/15.6

Videntes apostoli et alii patres antiqui, et praecipue reverendus pater noster beatus Benedictus, quod otiositas inimica est animae, sicut ipse dicit in regula sua, ipsi propriis manibus laboraverunt, *et religiosis viris opera* manuum secundum quod regula praecepit, studeant propriis manibus laborare.

Sed ne aliquis de dispositione locorum causari possit dicens, tale monasterium non esse apertum ad *opera manuum exercenda,* quia situm est in civitate, in aliquo castro vel villa, propterea.

WARNOCK ITALIC & ROMAN / SMALL CAPS 11/13.2

Dolor sit amet SED UT PERSPICIATIS *ipsam voluptatem enim voluptas sit esse Dominico Vaspernatur aut fugit Roma, Januaris 1522.*

WARNOCK BOLD / SMALL CAPS 19/22.8

NEMO ENIM

WARNOCK 11/14

Sed ut perspiciatis unde omnis iste natus error sit voluptatem accusantium doloremque laudantium, totam rem aperiam, eaque ipsa quae ab illo de inventore veritatis et quasi architecto beatae vitae dicta sunt est explicabo natus:

- Neque *porro* quisquam
- Architecto beatae vitae
- Qui *dolorem* ipsum
- Inventore veritatis quasi

Dolores nemo enim ipsam voluptatem quia voluptas sit aspernatur aut odit aut fugit, sed quia consequuntur magni est dolores eos qui ratione.

Nunc enim vere monachi est de sunt, si otiosi non maneant, sicut. Sed ne aliquis de possit dicens, tale est monasterium.

FRANKLIN GOTHIC BOLD ITALIC 10/15

"Neque porro quisquam est, qui dolorem ipsum quia dolor sit amet, consectetur Nemo voluptatem quia vere monachi maneant, aspernatur aut odit aut fugit, sed quia eos qui ratione voluptatem sequi nesciunt."

FRANKLIN GOTHIC BOLD 9/12

Quisquam					
1	2	3	4	5	6
7	8	9	10	11	12	13
14	15	16	17	18	19	20
21	22	23	24	25	26	27
28	29	30			

WARNOCK BOLD 16/19.2

Operae pretium reor ea quae isto in anno Dominus per beatum Benedictum in Galliis operari dignatus est, ad posterorum memoriam et aedificationem annectere. Quidam namque vir potentissimus Gallorum *gente progenitus tantis* se ab ipsa infantia execrarat flagitiis.

FRANKLIN GOTHIC 9/11

Cuidam....................................... Vero
Dei...Servo
Juxta .... Manenti
Dominus .... Ea Quae Circa
Defuncti................................Animam
Agebantur ....Ostendere
Dignatus .... Est
Nam................................... Statim
Ut de corpore ....Exiit

FRANKLIN GOTHIC BOLD 15/20

Et sanctus: Ne vobis injustitiam forte facere videar, ejus facta examinate

FRUTIGER BOLD 28/32

Lorem ipsum dolor sit amet, consectetuer adipiscing elit

FRUTIGER BOLD / ALL CAPS 18/21.6

DUIS TE FEUGI FACILISI. DUIS AUTEM DOLOR IN HENDRERIT IN VULPUTATE VELIT ESSE MOLESTIE CONSEQUAT

FRUTIGER 12/17

Videntes apostoli et alii patres antiqui, et praecipue reverendus pater noster beatus Benedictus, quod otiositas inimica est animae, sicut ipse dicit in regula sua, ipsi propriis manibus laboraverunt, et *religiosis viris opera* manuum secundum quod regula praecepit, studeant propriis manibus laborare.

Sed ne aliquis de dispositione locorum causari possit dicens, tale monasterium non esse apertum ad *opera manuum exercenda*, quia situm est in civitate, in aliquo castro vel villa, propterea.

FRUTIGER ITALIC / SMALL CAPS 10/12

Dolor sit amet SED UT PERSPICIATIS *ipsam voluptatem enim voluptas sit esse Dominico Vaspernatur aut fugit Roma, Januaris 1522.*

FRUTIGER BOLD / SMALL CAPS 19/22.8

NEMO ENIM

FRUTIGER 10/14

Sed ut perspiciatis unde omnis iste natus error sit voluptatem accusantium doloremque laudantium, totam rem aperiam, eaque ipsa quae ab illo de inventore veritatis et quasi architecto beatae vitae dicta sunt est explicabo natus:

- Neque *porro* quisquam
- Architecto beatae vitae
- Qui *dolorem* ipsum
- Inventore veritatis quasi

Dolores nemo enim ipsam voluptatem quia voluptas sit aspernatur aut odit aut fugit, sed quia consequuntur magni est dolores eos qui ratione.

Nunc enim vere monachi est de sunt, si otiosi non maneant, sicut. Sed ne aliquis de possit dicens, tale est monasterium.

FRUTIGER BOLD ITALIC 9/15

"Neque porro quisquam est, qui dolorem ipsum quia dolor sit amet, consectetur Nemo voluptatem quia vere monachi maneant, aspernatur aut odit aut fugit, sed quia eos qui ratione voluptatem sequi nesciunt."

FRUTIGER BOLD 9/12

Quisquam					
1	2	3	4	5	6
7	8	9	10	11	12	13
14	15	16	17	18	19	20
21	22	23	24	25	26	27
28	29	30				

FRUTIGER BOLD 15/19

Operae pretium reor ea quae isto in anno Dominus per beatum Benedictum in Galliis operari dignatus est, ad posterorum memoriam et aedificationem annectere. Quidam namque vir potentissimus Gallorum *gente progenitus tantis* se ab ipsa infantia execrarat flagitiis.

FRUTIGER 9/11

Cuidam	Vero
Dei	Servo
Juxta	Manenti
Dominus	Ea Quae Circa
Defuncti	Animam
Agebantur	Ostendere
Dignatus	Est
Nam	Statim
Ut de corpore	Exiit

FRUTIGER BOLD 15/20

Et sanctus: Ne vobis injustitiam forte facere videar, ejus facta examinate

FRUTIGER BOLD 28/32

Lorem ipsum dolor sit amet, consectetuer adipiscing elit

FRUTIGER BOLD / ALL CAPS 18/21.6

DUIS TE FEUGI FACILISI. DUIS AUTEM DOLOR IN HENDRERIT IN VULPUTATE VELIT ESSE MOLESTIE CONSEQUAT

CASLON 14/16.8

Videntes apostoli et alii patres antiqui, et praecipue reverendus pater noster beatus Benedictus, quod otiositas inimica est animae, sicut ipse dicit in regula sua, ipsi propriis manibus laboraverunt, et *religiosis viris opera* manuum secundum quod regula praecepit, studeant propriis manibus laborare.

Sed ne aliquis de dispositione locorum causari possit dicens, tale monasterium non esse apertum ad *opera manuum exercenda*, quia situm est in civitate, in aliquo castro vel villa, propterea.

CASLON ITALIC / SMALL CAPS 11/13.2

Dolor sit amet SED UT PERSPICIATIS *ipsam voluptatem enim voluptas sit esse Dominico Vaspernatur aut fugit Roma, Januaris 1522.*

CASLON BOLD / SMALL CAPS 19/22.8

NEMO ENIM

CASLON 11/14

Sed ut perspiciatis unde omnis iste natus error sit voluptatem accusantium doloremque laudantium, totam rem aperiam, eaque ipsa quae ab illo de inventore veritatis et quasi architecto beatae vitae dicta sunt est explicabo natus:

- Neque *porro* quisquam
- Architecto beatae vitae
- Qui *dolorem* ipsum
- Inventore veritatis quasi

Dolores nemo enim ipsam voluptatem quia voluptas sit aspernatur aut odit aut fugit, sed quia consequuntur magni est dolores eos qui ratione.

Nunc enim vere monachi est de sunt, si otiosi non maneant, sicut. Sed ne aliquis de possit dicens, tale est monasterium.

FRUTIGER BOLD ITALIC 9/15

"Neque porro quisquam est, qui dolorem ipsum quia dolor sit amet, consectetur Nemo voluptatem quia vere monachi maneant, aspernatur aut odit aut fugit, sed quia eos qui ratione voluptatem sequi nesciunt."

FRUTIGER BOLD 9/12

Quisquam					
1	2	3	4	5	6
7	8	9	10	11	12	13
14	15	16	17	18	19	20
21	22	23	24	25	26	27
28	29	30				

CASLON BOLD 16/19.2

Operae pretium reor ea quae isto in anno Dominus per beatum Benedictum in Galliis operari dignatus est, ad posterorum memoriam et aedificationem annectere. Quidam namque vir potentissimus Gallorum *gente progenitus tantis* se ab ipsa infantia execrarat flagitiis.

FRUTIGER 9/11

Cuidam	Vero
Dei	Servo
Juxta	Manenti
Dominus	Ea Quae Circa
Defuncti	Animam
Agebantur	Ostendere
Dignatus	Est
Nam	Statim
Ut de corpore	Exiit

FRUTIGER BOLD 15/20

Et sanctus: Ne vobis injustitiam forte facere videar, ejus facta examinate

FRUTIGER BOLD 28/32

Lorem ipsum dolor sit amet, consectetuer adipiscing elit

FRUTIGER BOLD / ALL CAPS 18/21.6

DUIS TE FEUGI FACILISI. DUIS AUTEM DOLOR IN HENDRERIT IN VULPUTATE VELIT ESSE MOLESTIE CONSEQUAT

MINION 14/16.8

Videntes apostoli et alii patres antiqui, et praecipue reverendus pater noster beatus Benedictus, quod otiositas inimica est animae, sicut ipse dicit in regula sua, ipsi propriis manibus laboraverunt, *et religiosis viris opera* manuum secundum quod regula praecepit, studeant propriis manibus laborare.

Sed ne aliquis de dispositione locorum causari possit dicens, tale monasterium non esse apertum ad *opera manuum exercenda,* quia situm est in civitate, in aliquo castro vel villa, propterea.

MINION ITALIC & ROMAN / SMALL CAPS 11/13.2

Dolor sit amet SED UT PERSPICIATIS *ipsam voluptatem enim voluptas sit esse Dominico Vaspernatur aut fugit Roma, Januaris 1522.*

MINION BOLD / SMALL CAPS 19/22.8

NEMO ENIM

MINION 11/14.4

Sed ut perspiciatis unde omnis iste natus error sit voluptatem accusantium doloremque laudantium, totam rem aperiam, eaque ipsa quae ab illo de inventore veritatis et quasi architecto beatae vitae dicta sunt est explicabo natus:

- Neque *porro* quisquam
- Architecto beatae vitae
- Qui *dolorem* ipsum
- Inventore veritatis quasi

Dolores nemo enim ipsam voluptatem quia voluptas sit aspernatur aut odit aut fugit, sed quia consequuntur magni est dolores eos qui ratione.

Nunc enim vere monachi est de sunt, si otiosi non maneant, sicut. Sed ne aliquis de possit dicens, tale est monasterium.

FRUTIGER BOLD ITALIC 9/15

"Neque porro quisquam est, qui dolorem ipsum quia dolor sit amet, consectetur Nemo voluptatem quia vere monachi maneant, aspernatur aut odit aut fugit, sed quia eos qui ratione voluptatem sequi nesciunt."

FRUTIGER BOLD 9/12

Quisquam						
	1	2	3	4	5	6
7	8	9	10	11	12	13
14	15	16	17	18	19	20
21	22	23	24	25	26	27
28	29	30				

MINION BOLD 16/19.2

Operae pretium reor ea quae isto in anno Dominus per beatum Benedictum in Galliis operari dignatus est, ad posterorum memoriam et aedificationem annectere. Quidam namque vir potentissimus Gallorum *gente progenitus tantis* se ab ipsa infantia execrarat flagitiis.

FRUTIGER 9/11

Cuidam	Vero
Dei	Servo
Juxta	Manenti
Dominus	Ea Quae Circa
Defuncti	Animam
Agebantur	Ostendere
Dignatus	Est
Nam	Statim
Ut de corpore	Exiit

FRUTIGER BOLD 15/20

Et sanctus: Ne vobis injustitiam forte facere videar, ejus facta examinate

FRUTIGER BOLD 28/32

Lorem ipsum dolor sit amet, consectetuer adipiscing elit

FRUTIGER BOLD / ALL CAPS 18/21.6

DUIS TE FEUGI FACILISI. DUIS AUTEM DOLOR IN HENDRERIT IN VULPUTATE VELIT ESSE MOLESTIE CONSEQUAT

NEW BASKERVILLE 13/15.6

Videntes apostoli et alii patres antiqui, et praecipue reverendus pater noster beatus Benedictus, quod otiositas inimica est animae, sicut ipse dicit in regula sua, ipsi propriis manibus laboraverunt, *et religiosis viris opera* manuum secundum quod regula praecepit, studeant propriis manibus laborare.

Sed ne aliquis de dispositione locorum causari possit dicens, tale monasterium non esse apertum ad *opera manuum exercenda,* quia situm est in civitate, in aliquo castro vel villa, propterea.

NEW BASKERVILLE ITALIC & ROMAN / SMALL CAPS 11/13.2

Dolor sit amet SED UT PERSPICIATIS *ipsam voluptatem enim voluptas sit esse Dominico Vaspernatur aut fugit Roma, Januaris 1522.*

NEW BASKERVILLE BOLD / SMALL CAPS 19/22.8

NEMO ENIM

NEW BASKERVILLE 10/14.4

Sed ut perspiciatis unde omnis iste natus error sit voluptatem accusantium doloremque laudantium, totam rem aperiam, eaque ipsa quae ab illo de inventore veritatis et quasi architecto beatae vitae dicta sunt est explicabo natus:

- Neque *porro* quisquam
- Architecto beatae vitae
- Qui *dolorem* ipsum
- Inventore veritatis quasi

Dolores nemo enim ipsam voluptatem quia voluptas sit aspernatur aut odit aut fugit, sed quia consequuntur magni est dolores eos qui ratione.

Nunc enim vere monachi est de sunt, si otiosi non maneant, sicut. Sed ne aliquis de possit dicens, tale est monasterium.

FRUTIGER BOLD ITALIC 9/15

"Neque porro quisquam est, qui dolorem ipsum quia dolor sit amet, consectetur Nemo voluptatem quia vere monachi maneant, aspernatur aut odit aut fugit, sed quia eos qui ratione voluptatem sequi nesciunt."

FRUTIGER BOLD 9/12

Quisquam						
	1	2	3	4	5	6
7	8	9	10	11	12	13
14	15	16	17	18	19	20
21	22	23	24	25	26	27
28	29	30				

NEW BASKERVILLE BOLD 16/19.2

Operae pretium reor ea quae isto in anno Dominus per beatum Benedictum in Galliis operari dignatus est, ad posterorum memoriam et aedificationem annectere. Quidam namque vir potentissimus Gallorum *gente progenitus tantis* se ab ipsa infantia execrarat flagitiis.

FRUTIGER 9/11

Cuidam	Vero
Dei	Servo
Juxta	Manenti
Dominus	Ea Quae Circa
Defuncti	Animam
Agebantur	Ostendere
Dignatus	Est
Nam	Statim
Ut de corpore	Exiit

FRUTIGER BOLD 15/20

Et sanctus: Ne vobis injustitiam forte facere videar, ejus facta examinate

FRUTIGER BOLD 28/32

Lorem ipsum dolor sit amet, consectetuer adipiscing elit

FRUTIGER BOLD / ALL CAPS 18/21.6

DUIS TE FEUGI FACILISI. DUIS AUTEM DOLOR IN HENDRERIT IN VULPUTATE VELIT ESSE MOLESTIE CONSEQUAT

PALATINO 12/16

Videntes apostoli et alii patres antiqui, et praecipue reverendus pater noster beatus Benedictus, quod otiositas inimica est animae, sicut ipse dicit in regula sua, ipsi propriis manibus laboraverunt, et *religiosis viris opera* manuum secundum quod regula praecepit, studeant propriis manibus laborare.

Sed ne aliquis de dispositione locorum causari possit dicens, tale monasterium non esse apertum ad *opera manuum exercenda*, quia situm est in civitate, in aliquo castro vel villa, propterea.

PALATINO ITALIC / SMALL CAPS 10/12

Dolor sit amet SED UT PERSPICIATIS *ipsam voluptatem enim voluptas sit esse Dominico Vaspernatur aut fugit Roma, Januaris 1522.*

PALATINO BOLD / SMALL CAPS 19/22.8

NEMO ENIM

PALATINO 10/14

Sed ut perspiciatis unde omnis iste natus error sit voluptatem accusantium doloremque laudantium, totam rem aperiam, eaque ipsa quae ab illo de inventore veritatis et quasi architecto beatae vitae dicta sunt est explicabo natus:

- Neque *porro* quisquam
- Architecto beatae vitae
- Qui *dolorem* ipsum
- Inventore veritatis quasi

Dolores nemo enim ipsam voluptatem quia voluptas sit aspernatur aut odit aut fugit, sed quia consequuntur magni est dolores eos qui ratione.

Nunc enim vere monachi est de sunt, si otiosi non maneant, sicut. Sed ne aliquis de possit dicens, tale est monasterium.

FRUTIGER BOLD ITALIC 9/15

"Neque porro quisquam est, qui dolorem ipsum quia dolor sit amet, consectetur Nemo voluptatem quia vere monachi maneant, aspernatur aut odit aut fugit, sed quia eos qui ratione voluptatem sequi nesciunt."

FRUTIGER BOLD 9/12

Quisquam						
	1	2	3	4	5	6
7	8	9	10	11	12	13
14	15	16	17	18	19	20
21	22	23	24	25	26	27
28	29	30				

PALATINO BOLD 15/18

Operae pretium reor ea quae isto in anno Dominus per beatum Benedictum in Galliis operari dignatus est, ad posterorum memoriam et aedificationem annectere. Quidam namque vir potentissimus Gallorum *gente progenitus tantis* se ab ipsa infantia execrarat flagitiis.

FRUTIGER 9/11

Cuidam .... Vero
Dei .... Servo
Juxta .... Manenti
Dominus .... Ea Quae Circa
Defuncti .... Animam
Agebantur .... Ostendere
Dignatus .... Est
Nam .... Statim
Ut de corpore .... Exiit

FRUTIGER BOLD 15/20

Et sanctus: Ne vobis injustitiam forte facere videar, ejus facta examinate

FRUTIGER BOLD 28/32

Lorem ipsum dolor sit amet, consectetuer adipiscing elit

FRUTIGER BOLD / ALL CAPS 18/21.6

DUIS TE FEUGI FACILISI. DUIS AUTEM DOLOR IN HENDRERIT IN VULPUTATE VELIT ESSE MOLESTIE CONSEQUAT

TIMES NEW ROMAN 14/16.8

Videntes apostoli et alii patres antiqui, et praecipue reverendus pater noster beatus Benedictus, quod otiositas inimica est animae, sicut ipse dicit in regula sua, ipsi propriis manibus laboraverunt, et *religiosis viris opera* manuum secundum quod regula praecepit, studeant propriis manibus laborare.

Sed ne aliquis de dispositione locorum causari possit dicens, tale monasterium non esse apertum ad *opera manuum exercenda*, quia situm est in civitate, in aliquo castro vel villa, propterea.

TIMES NEW ROMAN ITALIC / SMALL CAPS 11/13.2

Dolor sit amet SED UT PERSPICIATIS *ipsam voluptatem enim voluptas sit esse Dominico Vaspernatur aut fugit Roma, Januaris 1522.*

TIMES NEW ROMAN BOLD / SMALL CAPS 19/22.8

NEMO ENIM

TIMES NEW ROMAN 11/14

Sed ut perspiciatis unde omnis iste natus error sit voluptatem accusantium doloremque laudantium, totam rem aperiam, eaque ipsa quae ab illo de inventore veritatis et quasi architecto beatae vitae dicta sunt est explicabo natus:

- Neque *porro* quisquam
- Architecto beatae vitae
- Qui *dolorem* ipsum
- Inventore veritatis quasi

Dolores nemo enim ipsam voluptatem quia voluptas sit aspernatur aut odit aut fugit, sed quia consequuntur magni est dolores eos qui ratione.

Nunc enim vere monachi est de sunt, si otiosi non maneant, sicut. Sed ne aliquis de possit dicens, tale est monasterium.

TIMES NEW ROMAN BOLD 16/19.2

Operae pretium reor ea quae isto in anno Dominus per beatum Benedictum in Galliis operari dignatus est, ad posterorum memoriam et aedificationem annectere. Quidam namque vir potentissimus Gallorum *gente progenitus tantis* se ab ipsa infantia execrarat flagitiis.

FRUTIGER BOLD ITALIC 9/15

"Neque porro quisquam est, qui dolorem ipsum quia dolor sit amet, consectetur Nemo voluptatem quia vere monachi maneant, aspernatur aut odit aut fugit, sed quia eos qui ratione voluptatem sequi nesciunt."

FRUTIGER BOLD 9/12

Quisquam					
1	2	3	4	5	6
7	8	9	10	11	12	13
14	15	16	17	18	19	20
21	22	23	24	25	26	27
28	29	30				

FRUTIGER 9/11

Cuidam .... Vero
Dei .... Servo
Juxta .... Manenti
Dominus .... Ea Quae Circa
Defuncti .... Animam
Agebantur .... Ostendere
Dignatus .... Est
Nam .... Statim
Ut de corpore .... Exiit

FRUTIGER BOLD 15/20

Et sanctus: Ne vobis injustitiam forte facere videar, ejus facta examinate

FRUTIGER BOLD 28/32

Lorem ipsum dolor sit amet, consectetuer adipiscing elit

FRUTIGER BOLD / ALL CAPS 18/21.6

DUIS TE FEUGI FACILISI. DUIS AUTEM DOLOR IN HENDRERIT IN VULPUTATE VELIT ESSE MOLESTIE CONSEQUAT

WARNOCK 13/15.6

Videntes apostoli et alii patres antiqui, et praecipue reverendus pater noster beatus Benedictus, quod otiositas inimica est animae, sicut ipse dicit in regula sua, ipsi propriis manibus laboraverunt, *et religiosis viris opera* manuum secundum quod regula praecepit, studeant propriis manibus laborare.

Sed ne aliquis de dispositione locorum causari possit dicens, tale monasterium non esse apertum ad *opera manuum exercenda,* quia situm est in civitate, in aliquo castro vel villa, propterea.

WARNOCK ITALIC & ROMAN / SMALL CAPS 11/13.2

Dolor sit amet SED UT PERSPICIATIS *ipsam voluptatem enim voluptas sit esse Dominico Vaspernatur aut fugit Roma, Januaris 1522.*

WARNOCK BOLD / SMALL CAPS 19/22.8

NEMO ENIM

WARNOCK 11/14

Sed ut perspiciatis unde omnis iste natus error sit voluptatem accusantium doloremque laudantium, totam rem aperiam, eaque ipsa quae ab illo de inventore veritatis et quasi architecto beatae vitae dicta sunt est explicabo natus:

- Neque *porro* quisquam
- Architecto beatae vitae
- Qui *dolorem* ipsum
- Inventore veritatis quasi

Dolores nemo enim ipsam voluptatem quia voluptas sit aspernatur aut odit aut fugit, sed quia consequuntur magni est dolores eos qui ratione.

Nunc enim vere monachi est de sunt, si otiosi non maneant, sicut. Sed ne aliquis de possit dicens, tale est monasterium.

FRUTIGER BOLD ITALIC 9/15

"Neque porro quisquam est, qui dolorem ipsum quia dolor sit amet, consectetur Nemo voluptatem quia vere monachi maneant, aspernatur aut odit aut fugit, sed quia eos qui ratione voluptatem sequi nesciunt."

FRUTIGER BOLD 9/12

Quisquam						
	1	2	3	4	5	6
7	8	9	10	11	12	13
14	15	16	17	18	19	20
21	22	23	24	25	26	27
28	29	30				

WARNOCK BOLD 16/19.2

Operae pretium reor ea quae isto in anno Dominus per beatum Benedictum in Galliis operari dignatus est, ad posterorum memoriam et aedificationem annectere. Quidam namque vir potentissimus Gallorum *gente progenitus tantis* se ab ipsa infantia execrarat flagitiis.

FRUTIGER 9/11

Cuidam	Vero
Dei	Servo
Juxta	Manenti
Dominus	Ea Quae Circa
Defuncti	Animam
Agebantur	Ostendere
Dignatus	Est
Nam	Statim
Ut de corpore	Exiit

FRUTIGER BOLD 15/20

Et sanctus: Ne vobis injustitiam forte facere videar, ejus facta examinate

FUTURA BOLD 25/32

Lorem ipsum dolor sit amet, consectetuer adipiscing elit

FUTURA BOLD / ALL CAPS 18/21.6

DUIS TE FEUGI FACILISI. DUIS AUTEM DOLOR IN HENDRERIT IN VULPUTATE VELIT ESSE MOLESTIE CONSEQUAT

FUTURA 13/16

Videntes apostoli et alii patres antiqui, et praecipue reverendus pater noster beatus Benedictus, quod otiositas inimica est animae, sicut ipse dicit in regula sua, ipsi propriis manibus laboraverunt, et *religiosis viris opera* manuum secundum quod regula praecepit, studeant propriis manibus laborare.

Sed ne aliquis de dispositione locorum causari possit dicens, tale monasterium non esse apertum ad *opera manuum exercenda*, quia situm est in civitate, in aliquo castro vel villa, propterea.

FUTURA ITALIC / SMALL CAPS 11/13.2

Dolor sit amet SED UT PERSPICIATIS *ipsam voluptatem enim voluptas sit esse Dominico Vaspernatur aut fugit Roma, Januaris 1522.*

FUTURA BOLD / SMALL CAPS 19/22.8

NEMO ENIM

FUTURA 11/14

Sed ut perspiciatis unde omnis iste natus error sit voluptatem accusantium doloremque laudantium, totam rem aperiam, eaque ipsa quae ab illo de inventore veritatis et quasi architecto beatae vitae dicta sunt est explicabo natus:

- Neque *porro* quisquam
- Architecto beatae vitae
- Qui *dolorem* ipsum
- Inventore veritatis quasi

Dolores nemo enim ipsam voluptatem quia voluptas sit aspernatur aut odit aut fugit, sed quia consequuntur magni est dolores eos qui ratione.

Nunc enim vere monachi est de sunt, si otiosi non maneant, sicut. Sed ne aliquis de possit dicens, tale est monasterium.

FUTURA BOLD ITALIC 8/15

"Neque porro quisquam est, qui dolorem ipsum quia dolor sit amet, consectetur Nemo voluptatem quia vere monachi maneant, aspernatur aut odit aut fugit, sed quia eos qui ratione voluptatem sequi nesciunt."

FUTURA BOLD 7/12

Quisquam					
1	2	3	4	5	6
7	8	9	10	11	12	13
14	15	16	17	18	19	20
21	22	23	24	25	26	27
28	29	30				

FUTURA BOLD 14/20

Operae pretium reor ea quae isto in anno Dominus per beatum Benedictum in Galliis operari dignatus est, ad posterorum memoriam et aedificationem annectere. **Quidam namque vir potentissimus Gallorum *gente progenitus tantis* se ab ipsa infantia execrarat flagitiis.**

FUTURA 9/11

Cuidam	Vero
Dei	Servo
Juxta	Manenti
Dominus	Ea Quae Circa
Defuncti	Animam
Agebantur	Ostendere
Dignatus	Est
Nam	Statim
Ut de corpore	Exiit

FUTURA BOLD 13/20

Et sanctus: Ne vobis injustitiam forte facere videar, ejus facta examinate

FUTURA BOLD 25/32

Lorem ipsum dolor sit amet, consectetuer adipiscing elit

FUTURA BOLD / ALL CAPS 18/21.6

DUIS TE FEUGI FACILISI. DUIS AUTEM DOLOR IN HENDRERIT IN VULPUTATE VELIT ESSE MOLESTIE CONSEQUAT

AMERICAN TYPEWRITER 11/17

Videntes apostoli et alii patres antiqui, et praecipue reverendus pater noster beatus Benedictus, quod otiositas inimica est animae, sicut ipse dicit in regula sua, ipsi propriis manibus laboraverunt, et religiosis viris opera manuum secundum quod regula praecepit, studeant propriis manibus laborare.

Sed ne aliquis de dispositione locorum causari possit dicens, tale monasterium non esse apertum ad opera manuum exercenda, quia situm est in civitate, in aliquo castro vel villa, propterea.

AMERICAN TYPEWRITER / SMALL CAPS 9/12

Dolor sit amet SED UT PERSPICIATIS ipsam voluptatem enim voluptas sit esse Dominico Vaspernatur aut fugit Roma, Januaris 1522.

AMERICAN TYPEWRITER / SMALL CAPS 19/22.8

NEMO ENIM

AMERICAN TYPEWRITER 9/14

Sed ut perspiciatis unde omnis iste natus error sit voluptatem accusantium doloremque laudantium, totam rem aperiam, eaque ipsa quae ab illo de inventore veritatis et quasi architecto beatae vitae dicta sunt est explicabo natus:

- Neque porro quisquam
- Architecto beatae vitae
- Qui dolorem ipsum
- Inventore veritatis quasi

Dolores nemo enim ipsam voluptatem quia voluptas sit aspernatur aut odit aut fugit, sed quia consequuntur magni est dolores eos qui ratione.

Nunc enim vere monachi est de sunt, si otiosi non maneant, sicut. Sed ne aliquis de possit dicens, tale est monasterium.

FUTURA BOLD ITALIC 8/15

"Neque porro quisquam est, qui dolorem ipsum quia dolor sit amet, consectetur Nemo voluptatem quia vere monachi maneant, aspernatur aut odit aut fugit, sed quia eos qui ratione voluptatem sequi nesciunt."

FUTURA BOLD 7/12

Quisquam						
	1	2	3	4	5	6
7	8	9	10	11	12	13
14	15	16	17	18	19	20
21	22	23	24	25	26	27
28	29	30				

AMERICAN TYPEWRITER BOLD 14/19

Operae pretium reor ea quae isto in anno Dominus per beatum Benedictum in Galliis operari dignatus est, ad posterorum memoriam et aedificationem annectere. Quidam namque vir potentissimus Gallorum gente progenitus tantis se ab ipsa infantia execrarat flagitiis.

FUTURA 9/11

Cuidam	Vero
Dei	Servo
Juxta	Manenti
Dominus	Ea Quae Circa
Defuncti	Animam
Agebantur	Ostendere
Dignatus	Est
Nam	Statim
Ut de corpore	Exiit

FUTURA BOLD 13/20

Et sanctus: Ne vobis injustitiam forte facere videar, ejus facta examinate

FUTURA BOLD 25/32

Lorem ipsum dolor sit amet, consectetuer adipiscing elit

FUTURA BOLD / ALL CAPS 18/21.6

DUIS TE FEUGI FACILISI. DUIS AUTEM DOLOR IN HENDRERIT IN VULPUTATE VELIT ESSE MOLESTIE CONSEQUAT

Videntes apostoli et alii patres antiqui, et praecipue reverendus pater noster beatus Benedictus, quod otiositas inimica est animae, sicut ipse dicit in regula sua, ipsi propriis manibus laboraverunt, et *religiosis viris opera* manuum secundum quod regula praecepit, studeant propriis manibus laborare.

Sed ne aliquis de dispositione locorum causari possit dicens, tale monasterium non esse apertum ad *opera manuum exercenda*, quia situm est in civitate, in aliquo castro vel villa, propterea.

GILL SANS ITALIC / SMALL CAPS 11/13.2

Dolor sit amet SED UT PERSPICIATIS *ipsam voluptatem enim voluptas sit esse Dominico Vaspernatur aut fugit Roma, Januaris 1522.*

GILL SANS BOLD / SMALL CAPS 19/22.8

NEMO ENIM

GILL SANS 11/14

Sed ut perspiciatis unde omnis iste natus error sit voluptatem accusantium doloremque laudantium, totam rem aperiam, eaque ipsa quae ab illo de inventore veritatis et quasi architecto beatae vitae dicta sunt est explicabo natus:

- Neque *porro* quisquam
- Architecto beatae vitae
- Qui *dolorem* ipsum
- Inventore veritatis quasi

Dolores nemo enim ipsam voluptatem quia voluptas sit aspernatur aut odit aut fugit, sed quia consequuntur magni est dolores eos qui ratione.

Nunc enim vere monachi est de sunt, si otiosi non maneant, sicut. Sed ne aliquis de possit dicens, tale est monasterium.

FUTURA BOLD ITALIC 8/15

"Neque porro quisquam est, qui dolorem ipsum quia dolor sit amet, consectetur Nemo voluptatem quia vere monachi maneant, aspernatur aut odit aut fugit, sed quia eos qui ratione voluptatem sequi nesciunt."

FUTURA BOLD 7/12

Quisquam						
	1	2	3	4	5	6
7	8	9	10	11	12	13
14	15	16	17	18	19	20
21	22	23	24	25	26	27
28	29	30				

GILL SANS BOLD 15/18

Operae pretium reor ea quae isto in anno Dominus per beatum Benedictum in Galliis operari dignatus est, ad posterorum memoriam et aedificationem annectere. Quidam namque vir potentissimus Gallorum *gente progenitus tantis* se ab ipsa infantia execrarat flagitiis.

FUTURA 9/11

Cuidam	Vero
Dei	Servo
Juxta	Manenti
Dominus	Ea Quae Circa
Defuncti	Animam
Agebantur	Ostendere
Dignatus	Est
Nam	Statim
Ut de corpore	Exiit

FUTURA BOLD 13/20

Et sanctus: Ne vobis injustitiam forte facere videar, ejus facta examinate

FUTURA BOLD 25/32

Lorem ipsum dolor sit amet, consectetuer adipiscing elit

FUTURA BOLD / ALL CAPS 18/21.6

DUIS TE FEUGI FACILISI. DUIS AUTEM DOLOR IN HENDRERIT IN VULPUTATE VELIT ESSE MOLESTIE CONSEQUAT

MRS. EAVES 14/16.8

Videntes apostoli et alii patres antiqui, et praecipue reverendus pater noster beatus Benedictus, quod otiositas inimica est animae, sicut ipse dicit in regula sua, ipsi propriis manibus laboraverunt, et religiosis viris opera manuum secundum quod regula praecepit, studeant propriis manibus laborare.

Sed ne aliquis de dispositione locorum causari possit dicens, tale monasterium non esse apertum ad opera manuum exercenda, quia situm est in civitate, in aliquo castro vel villa, propterea.

MRS. EAVES / SMALL CAPS 11/13.2

Dolor sit amet SED UT PERSPICIATIS ipsam voluptatem enim voluptas sit esse Dominico Vaspernatur aut fugit Roma, Januaris 1522.

MRS. EAVES BOLD / SMALL CAPS 19/22.8

NEMO ENIM

MRS. EAVES 12/14

Sed ut perspiciatis unde omnis iste natus error sit voluptatem accusantium doloremque laudantium, totam rem aperiam, eaque ipsa quae ab illo de inventore veritatis et quasi architecto beatae vitae dicta sunt est explicabo natus:

- Neque porro quisquam
- Architecto beatae vitae
- Qui dolorem ipsum
- Inventore veritatis quasi

Dolores nemo enim ipsam voluptatem quia voluptas sit aspernatur aut odit aut fugit, sed quia consequuntur magni est dolores eos qui ratione.

Nunc enim vere monachi est de sunt, si otiosi non maneant, sicut. Sed ne aliquis de possit dicens, tale est monasterium.

FUTURA BOLD ITALIC 8/15

"Neque porro quisquam est, qui dolorem ipsum quia dolor sit amet, consectetur Nemo voluptatem quia vere monachi maneant, aspernatur aut odit aut fugit, sed quia eos qui ratione voluptatem sequi nesciunt."

FUTURA BOLD 7/12

Quisquam						
	1	2	3	4	5	6
7	8	9	10	11	12	13
14	15	16	17	18	19	20
21	22	23	24	25	26	27
28	29	30				

MRS. EAVES BOLD 16/19.2

Operae pretium reor ea quae isto in anno Dominus per beatum Benedictum in Galliis operari dignatus est, ad posterorum memoriam et aedificationem annectere. Quidam namque vir potentissimus Gallorum gente progenitus tantis se ab ipsa infantia execrarat flagitiis.

FUTURA 9/11

Cuidam	Vero
Dei	Servo
Juxta	Manenti
Dominus	Ea Quae Circa
Defuncti	Animam
Agebantur	Ostendere
Dignatus	Est
Nam	Statim
Ut de corpore	Exiit

FUTURA BOLD 13/20

Et sanctus: Ne vobis injustitiam forte facere videar, ejus facta examinate

FUTURA BOLD 25/32

Lorem ipsum dolor sit amet, consectetuer adipiscing elit

FUTURA BOLD / ALL CAPS 18/21.6

DUIS TE FEUGI FACILISI. DUIS AUTEM DOLOR IN HENDRERIT IN VULPUTATE VELIT ESSE MOLESTIE CONSEQUAT

NEW BASKERVILLE 13/15.6

Videntes apostoli et alii patres antiqui, et praecipue reverendus pater noster beatus Benedictus, quod otiositas inimica est animae, sicut ipse dicit in regula sua, ipsi propriis manibus laboraverunt, *et religiosis viris opera* manuum secundum quod regula praecepit, studeant propriis manibus laborare.

Sed ne aliquis de dispositione locorum causari possit dicens, tale monasterium non esse apertum ad *opera manuum exercenda,* quia situm est in civitate, in aliquo castro vel villa, propterea.

NEW BASKERVILLE ITALIC & ROMAN / SMALL CAPS 11/13.2

Dolor sit amet SED UT PERSPICIATIS *ipsam voluptatem enim voluptas sit esse Dominico Vaspernatur aut fugit Roma, Januaris 1522.*

NEW BASKERVILLE BOLD / SMALL CAPS 19/22.8

NEMO ENIM

NEW BASKERVILLE 10/14.4

Sed ut perspiciatis unde omnis iste natus error sit voluptatem accusantium doloremque laudantium, totam rem aperiam, eaque ipsa quae ab illo de inventore veritatis et quasi architecto beatae vitae dicta sunt est explicabo natus:

- Neque *porro* quisquam
- Architecto beatae vitae
- Qui *dolorem* ipsum
- Inventore veritatis quasi

Dolores nemo enim ipsam voluptatem quia voluptas sit aspernatur aut odit aut fugit, sed quia consequuntur magni est dolores eos qui ratione.

Nunc enim vere monachi est de sunt, si otiosi non maneant, sicut. Sed ne aliquis de possit dicens, tale est monasterium.

FUTURA BOLD ITALIC 8/15

"Neque porro quisquam est, qui dolorem ipsum quia dolor sit amet, consectetur Nemo voluptatem quia vere monachi maneant, aspernatur aut odit aut fugit, sed quia eos qui ratione voluptatem sequi nesciunt."

FUTURA BOLD 7/12

Quisquam					
1	2	3	4	5	6
7	8	9	10	11	12	13
14	15	16	17	18	19	20
21	22	23	24	25	26	27
28	29	30				

NEW BASKERVILLE BOLD 16/19.2

Operae pretium reor ea quae isto in anno Dominus per beatum Benedictum in Galliis operari dignatus est, ad posterorum memoriam et aedificationem annectere. Quidam namque vir potentissimus Gallorum *gente progenitus tantis* se ab ipsa infantia execrarat flagitiis.

FUTURA 9/11

Cuidam	Vero
Dei	Servo
Juxta	Manenti
Dominus	Ea Quae Circa
Defuncti	Animam
Agebantur	Ostendere
Dignatus	Est
Nam	Statim
Ut de corpore	Exiit

FUTURA BOLD 13/20

Et sanctus: Ne vobis injustitiam forte facere videar, ejus facta examinate

FUTURA BOLD 25/32

Lorem ipsum dolor sit amet, consectetuer adipiscing elit

FUTURA BOLD / ALL CAPS 18/21.6

DUIS TE FEUGI FACILISI. DUIS AUTEM DOLOR IN HENDRERIT IN VULPUTATE VELIT ESSE MOLESTIE CONSEQUAT

OPTIMA 13/16

Videntes apostoli et alii patres antiqui, et praecipue reverendus pater noster beatus Benedictus, quod otiositas inimica est animae, sicut ipse dicit in regula sua, ipsi propriis manibus laboraverunt, et *religiosis viris opera* manuum secundum quod regula praecepit, studeant propriis manibus laborare.

Sed ne aliquis de dispositione locorum causari possit dicens, tale monasterium non esse apertum ad *opera manuum exercenda*, quia situm est in civitate, in aliquo castro vel villa, propterea.

OPTIMA ITALIC / SMALL CAPS 11/13.2

Dolor sit amet SED UT PERSPICIATIS *ipsam voluptatem enim voluptas sit esse Dominico Vaspernatur aut fugit Roma, Januaris 1522.*

OPTIMA BOLD / SMALL CAPS 19/22.8

NEMO ENIM

OPTIMA 11/14

Sed ut perspiciatis unde omnis iste natus error sit voluptatem accusantium doloremque laudantium, totam rem aperiam, eaque ipsa quae ab illo de inventore veritatis et quasi architecto beatae vitae dicta sunt est explicabo natus:

- Neque *porro* quisquam
- Architecto beatae vitae
- Qui *dolorem* ipsum
- Inventore veritatis quasi

Dolores nemo enim ipsam voluptatem quia voluptas sit aspernatur aut odit aut fugit, sed quia consequuntur magni est dolores eos qui ratione.

Nunc enim vere monachi est de sunt, si otiosi non maneant, sicut. Sed ne aliquis de possit dicens, tale est monasterium.

FUTURA BOLD ITALIC 8/15

"Neque porro quisquam est, qui dolorem ipsum quia dolor sit amet, consectetur Nemo voluptatem quia vere monachi maneant, aspernatur aut odit aut fugit, sed quia eos qui ratione voluptatem sequi nesciunt."

FUTURA BOLD 7/12

Quisquam					
1	2	3	4	5	6
7	8	9	10	11	12	13
14	15	16	17	18	19	20
21	22	23	24	25	26	27
28	29	30				

OPTIMA BOLD 16/19.2

Operae pretium reor ea quae isto in anno Dominus per beatum Benedictum in Galliis operari dignatus est, ad posterorum memoriam et aedificationem annectere. Quidam namque vir potentissimus Gallorum *gente progenitus tantis* se ab ipsa infantia execrarat flagitiis.

FUTURA 9/11

Cuidam	Vero
Dei	Servo
Juxta	Manenti
Dominus	Ea Quae Circa
Defuncti	Animam
Agebantur	Ostendere
Dignatus	Est
Nam	Statim
Ut de corpore	Exiit

FUTURA BOLD 13/20

Et sanctus: Ne vobis injustitiam forte facere videar, ejus facta examinate

FUTURA BOLD 25/32

Lorem ipsum dolor sit amet, consectetuer adipiscing elit

FUTURA BOLD / ALL CAPS 18/21.6

DUIS TE FEUGI FACILISI. DUIS AUTEM DOLOR IN HENDRERIT IN VULPUTATE VELIT ESSE MOLESTIE CONSEQUAT

PALATINO 12/16

Videntes apostoli et alii patres antiqui, et praecipue reverendus pater noster beatus Benedictus, quod otiositas inimica est animae, sicut ipse dicit in regula sua, ipsi propriis manibus laboraverunt, et *religiosis viris opera* manuum secundum quod regula praecepit, studeant propriis manibus laborare.

Sed ne aliquis de dispositione locorum causari possit dicens, tale monasterium non esse apertum ad *opera manuum exercenda*, quia situm est in civitate, in aliquo castro vel villa, propterea.

PALATINO ITALIC / SMALL CAPS 10/12

Dolor sit amet SED UT PERSPICIATIS *ipsam voluptatem enim voluptas sit esse Dominico Vaspernatur aut fugit Roma, Januaris 1522.*

PALATINO BOLD / SMALL CAPS 19/22.8

NEMO ENIM

PALATINO 10/14

Sed ut perspiciatis unde omnis iste natus error sit voluptatem accusantium doloremque laudantium, totam rem aperiam, eaque ipsa quae ab illo de inventore veritatis et quasi architecto beatae vitae dicta sunt est explicabo natus:

- Neque *porro* quisquam
- Architecto beatae vitae
- Qui *dolorem* ipsum
- Inventore veritatis quasi

Dolores nemo enim ipsam voluptatem quia voluptas sit aspernatur aut odit aut fugit, sed quia consequuntur magni est dolores eos qui ratione.

Nunc enim vere monachi est de sunt, si otiosi non maneant, sicut. Sed ne aliquis de possit dicens, tale est monasterium.

FUTURA BOLD ITALIC 8/15

"Neque porro quisquam est, qui dolorem ipsum quia dolor sit amet, consectetur Nemo voluptatem quia vere monachi maneant, aspernatur aut odit aut fugit, sed quia eos qui ratione voluptatem sequi nesciunt."

FUTURA BOLD 7/12

Quisquam						
	1	2	3	4	5	6
7	8	9	10	11	12	13
14	15	16	17	18	19	20
21	22	23	24	25	26	27
28	29	30				

PALATINO BOLD 15/18

Operae pretium reor ea quae isto in anno Dominus per beatum Benedictum in Galliis operari dignatus est, ad posterorum memoriam et aedificationem annectere. Quidam namque vir potentissimus Gallorum *gente progenitus tantis* se ab ipsa infantia execrarat flagitiis.

FUTURA 9/11

Cuidam	Vero
Dei	Servo
Juxta	Manenti
Dominus	Ea Quae Circa
Defuncti	Animam
Agebantur	Ostendere
Dignatus	Est
Nam	Statim
Ut de corpore	Exiit

FUTURA BOLD 13/20

Et sanctus: Ne vobis injustitiam forte facere videar, ejus facta examinate

FUTURA BOLD 25/32

Lorem ipsum dolor sit amet, consectetuer adipiscing elit

FUTURA BOLD / ALL CAPS 18/21.6

DUIS TE FEUGI FACILISI. DUIS AUTEM DOLOR IN HENDRERIT IN VULPUTATE VELIT ESSE MOLESTIE CONSEQUAT

SOUVENIR 13/17

Videntes apostoli et alii patres antiqui, et praecipue reverendus pater noster beatus Benedictus, quod otiositas inimica est animae, sicut ipse dicit in regula sua, ipsi propriis manibus laboraverunt, *et religiosis viris opera* manuum secundum quod regula praecepit, studeant propriis manibus laborare.

Sed ne aliquis de dispositione locorum causari possit dicens, tale monasterium non esse apertum ad *opera manuum exercenda*, quia situm est in civitate, in aliquo castro vel villa, propterea.

SOUVENIR ITALIC / SMALL CAPS 11/13.2

Dolor sit amet SED UT PERSPICIATIS *ipsam voluptatem enim voluptas sit esse Dominico Vaspernatur aut fugit Roma, Januaris 1522.*

SOUVENIR BOLD / SMALL CAPS 19/22.8

NEMO ENIM

SOUVENIR 11/14

Sed ut perspiciatis unde omnis iste natus error sit voluptatem accusantium doloremque laudantium, totam rem aperiam, eaque ipsa quae ab illo de inventore veritatis et quasi architecto beatae vitae dicta sunt est explicabo natus:

- Neque *porro* quisquam
- Architecto beatae vitae
- Qui *dolorem* ipsum
- Inventore veritatis quasi

Dolores nemo enim ipsam voluptatem quia voluptas sit aspernatur aut odit aut fugit, sed quia consequuntur magni est dolores eos qui ratione.

Nunc enim vere monachi est de sunt, si otiosi non maneant, sicut. Sed ne aliquis de possit dicens, tale est monasterium.

FUTURA BOLD ITALIC 8/15

"Neque porro quisquam est, qui dolorem ipsum quia dolor sit amet, consectetur Nemo voluptatem quia vere monachi maneant, aspernatur aut odit aut fugit, sed quia eos qui ratione voluptatem sequi nesciunt."

FUTURA BOLD 7/12

Quisquam						
	1	2	3	4	5	6
7	8	9	10	11	12	13
14	15	16	17	18	19	20
21	22	23	24	25	26	27
28	29	30				

SOUVENIR BOLD 14/20

Operae pretium reor ea quae isto in anno Dominus per beatum Benedictum in Galliis operari dignatus est, ad posterorum memoriam et aedificationem annectere. Quidam namque vir potentissimus Gallorum *gente progenitus tantis* se ab ipsa infantia execrarat flagitiis.

FUTURA 9/11

Cuidam	Vero
Dei	Servo
Juxta	Manenti
Dominus	Ea Quae Circa
Defuncti	Animam
Agebantur	Ostendere
Dignatus	Est
Nam	Statim
Ut de corpore	Exiit

FUTURA BOLD 13/20

Et sanctus: Ne vobis injustitiam forte facere videar, ejus facta examinate

GARAMOND BOLD 30/30

Lorem ipsum dolor sit amet, consectetuer adipiscing elit

GARAMOND BOLD / ALL CAPS 18/21.6

DUIS TE FEUGI FACILISI. DUIS AUTEM DOLOR IN HENDRERIT IN VULPUTATE VELIT ESSE MOLESTIE CONSEQUAT

GARAMOND 14/16.8

Videntes apostoli et alii patres antiqui, et praecipue reverendus pater noster beatus Benedictus, quod otiositas inimica est animae, sicut ipse dicit in regula sua, ipsi propriis manibus laboraverunt, et *religiosis viris opera* manuum secundum quod regula praecepit, studeant propriis manibus laborare.

Sed ne aliquis de dispositione locorum causari possit dicens, tale monasterium non esse apertum ad *opera manuum exercenda*, quia situm est in civitate, in aliquo castro vel villa, propterea.

GARAMOND ITALIC / SMALL CAPS 11/13.2

Dolor sit amet SED UT PERSPICIATIS *ipsam voluptatem enim voluptas sit esse Dominico Vaspernatur aut fugit Roma, Januaris 1522.*

GARAMOND BOLD / SMALL CAPS 19/22.8

NEMO ENIM

GARAMOND 12/14.4

Sed ut perspiciatis unde omnis iste natus error sit voluptatem accu santium doloremque laudantium, totam rem aperiam, eaque ipsa quae ab illo de inventore veritatis et quasi architecto beatae vitae dicta sunt est explicabo natus:

- Neque *porro* quisquam
- Architecto beatae vitae
- Qui *dolorem* ipsum
- Inventore veritatis quasi

Dolores nemo enim ipsam voluptatem quia voluptas sit aspernatur aut odit aut fugit, sed quia consequuntur magni est dolores eos qui ratione.

Nunc enim vere monachi est de sunt, si otiosi non maneant, sicut. Sed ne aliquis de possit dicens, tale est monasterium.

GARAMOND BOLD ITALIC 11/15

"Neque porro quisquam est, qui dolorem ipsum quia dolor sit amet, consectetur Nemo voluptatem quia vere monachi maneant, aspernatur aut odit aut fugit, sed quia eos qui ratione voluptatem sequi nesciunt."

GARAMOND BOLD 9/12

Quisquam					
1	2	3	4	5	6
7	8	9	10	11	12	13
14	15	16	17	18	19	20
21	22	23	24	25	26	27
28	29	30			

GARAMOND BOLD 16/19.2

Operae pretium reor ea quae isto in anno Dominus per beatum Benedictum in Galliis operari dignatus est, ad posterorum memoriam et aedificationem annectere. Quidam namque vir potentissimus Gallorum *gente progenitus tantis* se ab ipsa infantia execrarat flagitiis.

GARAMOND 9/11

Cuidam	Vero
Dei	Servo
Juxta	Manenti
Dominus	Ea Quae Circa
Defuncti	Animam
Agebantur	Ostendere
Dignatus	Est
Nam	Statim
Ut de corpore	Exiit

GARAMOND BOLD 17/20

Et sanctus: Ne vobis injustitiam forte facere videar, ejus facta examinate

GARAMOND BOLD 30/30

Lorem ipsum dolor sit amet, consectetuer adipiscing elit

GARAMOND BOLD / ALL CAPS 18/21.6

DUIS TE FEUGI FACILISI. DUIS AUTEM DOLOR IN HENDRERIT IN VULPUTATE VELIT ESSE MOLESTIE CONSEQUAT

FRUTIGER 12/17

Videntes apostoli et alii patres antiqui, et praecipue reverendus pater noster beatus Benedictus, quod otiositas inimica est animae, sicut ipse dicit in regula sua, ipsi propriis manibus laboraverunt, et *religiosis viris opera* manuum secundum quod regula praecepit, studeant propriis manibus laborare.

Sed ne aliquis de dispositione locorum causari possit dicens, tale monasterium non esse apertum ad *opera manuum exercenda*, quia situm est in civitate, in aliquo castro vel villa, propterea.

FRUTIGER ITALIC / SMALL CAPS 10/12

Dolor sit amet SED UT PERSPICIATIS *ipsam voluptatem enim voluptas sit esse Dominico Vaspernatur aut fugit Roma, Januaris 1522.*

FRUTIGER BOLD / SMALL CAPS 19/22.8

NEMO ENIM

FRUTIGER 10/14

Sed ut perspiciatis unde omnis iste natus error sit voluptatem accusantium doloremque laudantium, totam rem aperiam, eaque ipsa quae ab illo de inventore veritatis et quasi architecto beatae vitae dicta sunt est explicabo natus:

- Neque *porro* quisquam
- Architecto beatae vitae
- Qui *dolorem* ipsum
- Inventore veritatis quasi

Dolores nemo enim ipsam voluptatem quia voluptas sit aspernatur aut odit aut fugit, sed quia consequuntur magni est dolores eos qui ratione.

Nunc enim vere monachi est de sunt, si otiosi non maneant, sicut. Sed ne aliquis de possit dicens, tale est monasterium.

GARAMOND BOLD ITALIC 11/15

"Neque porro quisquam est, qui dolorem ipsum quia dolor sit amet, consectetur Nemo voluptatem quia vere monachi maneant, aspernatur aut odit aut fugit, sed quia eos qui ratione voluptatem sequi nesciunt."

GARAMOND BOLD 9/12

Quisquam					
1	2	3	4	5	6
7	8	9	10	11	12	13
14	15	16	17	18	19	20
21	22	23	24	25	26	27
28	29	30				

FRUTIGER BOLD 15/19

Operae pretium reor ea quae isto in anno Dominus per beatum Benedictum in Galliis operari dignatus est, ad posterorum memoriam et aedificationem annectere. Quidam namque vir potentissimus Gallorum *gente progenitus tantis* se ab ipsa infantia execrarat flagitiis.

GARAMOND 9/11

Cuidam ....Vero
Dei... Servo
Juxta...Manenti
Dominus .... Ea Quae Circa
Defuncti...Animam
Agebantur.................................... Ostendere
Dignatus... Est
Nam.. Statim
Ut de corpore ....Exiit

GARAMOND BOLD 17/20

Et sanctus: Ne vobis injustitiam forte facere videar, ejus facta examinate

GARAMOND BOLD 30/30

Lorem ipsum dolor sit amet, consectetuer adipiscing elit

GARAMOND BOLD / ALL CAPS 18/21.6

DUIS TE FEUGI FACILISI. DUIS AUTEM DOLOR IN HENDRERIT IN VULPUTATE VELIT ESSE MOLESTIE CONSEQUAT

HELVETICA 12/17

Videntes apostoli et alii patres antiqui, et praecipue reverendus pater noster beatus Benedictus, quod otiositas inimica est animae, sicut ipse dicit in regula sua, ipsi propriis manibus laboraverunt, *et religiosis viris opera* manuum secundum quod regula praecepit, studeant propriis manibus laborare.

Sed ne aliquis de dispositione locorum causari possit dicens, tale monasterium non esse apertum ad *opera manuum exercenda,* quia situm est in civitate, in aliquo castro vel villa, propterea.

HELVETICA ITALIC & ROMAN / SMALL CAPS 11/13.2

Dolor sit amet SED UT PERSPICIATIS *ipsam voluptatem enim voluptas sit esse Dominico Vas git Roma, Januaris 1522.*

HELVETICA BOLD / SMALL CAPS 19/22.8

NEMO ENIM

HELVETICA 10.5/14

Sed ut perspiciatis unde omnis iste natus error sit voluptatem accusantium doloremque laudantium, totam rem aperiam, eaque ipsa quae ab illo de inventore veritatis et quasi architecto beatae vitae dicta sunt est explicabo natus:

- Neque *porro* quisquam
- Architecto beatae vitae
- Qui *dolorem* ipsum
- Inventore veritatis quasi

Dolores nemo enim ipsam voluptatem quia voluptas sit aspernatur aut odit aut fugit, sed quia consequuntur magni est dolores eos qui ratione.

Nunc enim vere monachi est de sunt, si otiosi non maneant, sicut. Sed ne aliquis de possit dicens, tale est monasterium.

GARAMOND BOLD ITALIC 11/15

"Neque porro quisquam est, qui dolorem ipsum quia dolor sit amet, consectetur Nemo voluptatem quia vere monachi maneant, aspernatur aut odit aut fugit, sed quia eos qui ratione voluptatem sequi nesciunt."

GARAMOND BOLD 9/12

Quisquam					
	1	2	3	4	5	6
7	8	9	10	11	12	13
14	15	16	17	18	19	20
21	22	23	24	25	26	27
28	29	30				

HELVETICA BOLD 15/20

Operae pretium reor ea quae isto in anno Dominus per beatum Benedictum in Galliis operari dignatus est, ad posterorum memoriam et aedificationem annectere. Quidam namque vir potentissimus Gallorum *gente progenitus tantis* se ab ipsa infantia execrarat flagitiis.

GARAMOND 9/11

Cuidam	Vero
Dei	Servo
Juxta	Manenti
Dominus	Ea Quae Circa
Defuncti	Animam
Agebantur	Ostendere
Dignatus	Est
Nam	Statim
Ut de corpore	Exiit

GARAMOND BOLD 17/20

Et sanctus: Ne vobis injustitiam forte facere videar, ejus facta examinate

GARAMOND BOLD 30/30

Lorem ipsum dolor sit amet, consectetuer adipiscing elit

GARAMOND BOLD / ALL CAPS 18/21.6

DUIS TE FEUGI FACILISI. DUIS AUTEM DOLOR IN HENDRERIT IN VULPUTATE VELIT ESSE MOLESTIE CONSEQUAT

UNIVERS 12/16

Videntes apostoli et alii patres antiqui, et praecipue reverendus pater noster beatus Benedictus, quod otiositas inimica est animae, sicut ipse dicit in regula sua, ipsi propriis manibus laboraverunt, et *religiosis viris opera* manuum secundum quod regula praecepit, studeant propriis manibus laborare.

Sed ne aliquis de dispositione locorum causari possit dicens, tale monasterium non esse apertum ad *opera manuum exercenda*, quia situm est in civitate, in aliquo castro vel villa, propterea.

UNIVERS ITALIC / SMALL CAPS 11/13.2

Dolor sit amet SED UT PERSPICIATIS *ipsam voluptatem enim voluptas sit esse Dominico Vaspernatur aut fugit Roma, Januaris 1522.*

UNIVERS BOLD / SMALL CAPS 19/22.8

NEMO ENIM

UNIVERS 10/14

Sed ut perspiciatis unde omnis iste natus error sit voluptatem accusantium doloremque laudantium, totam rem aperiam, eaque ipsa quae ab illo de inventore veritatis et quasi architecto beatae vitae dicta sunt est explicabo natus:

- Neque *porro* quisquam
- Architecto beatae vitae
- Qui *dolorem* ipsum
- Inventore veritatis quasi

Dolores nemo enim ipsam voluptatem quia voluptas sit aspernatur aut odit aut fugit, sed quia consequuntur magni est dolores eos qui ratione.

Nunc enim vere monachi est de sunt, si otiosi non maneant, sicut. Sed ne aliquis de possit dicens, tale est monasterium.

GARAMOND BOLD ITALIC 11/15

"Neque porro quisquam est, qui dolorem ipsum quia dolor sit amet, consectetur Nemo voluptatem quia vere monachi maneant, aspernatur aut odit aut fugit, sed quia eos qui ratione voluptatem sequi nesciunt."

GARAMOND BOLD 9/12

Quisquam						
	1	2	3	4	5	6
7	8	9	10	11	12	13
14	15	16	17	18	19	20
21	22	23	24	25	26	27
28	29	30				

UNIVERS BOLD 15/19

Operae pretium reor ea quae isto in anno Dominus per beatum Benedictum in Galliis operari dignatus est, ad posterorum memoriam et aedificationem annectere. Quidam namque vir potentissimus Gallorum *gente progenitus tantis* se ab ipsa infantia execrarat flagitiis.

GARAMOND 9/11

Cuidam	Vero
Dei	Servo
Juxta	Manenti
Dominus	Ea Quae Circa
Defuncti	Animam
Agebantur	Ostendere
Dignatus	Est
Nam	Statim
Ut de corpore	Exiit

GARAMOND BOLD 17/20

Et sanctus: Ne vobis injustitiam forte facere videar, ejus facta examinate

GILL SANS BOLD 27/29

Lorem ipsum dolor sit amet, consectetuer adipiscing elit

GILL SANS BOLD / ALL CAPS 18/21.6

DUIS TE FEUGI FACILISI. DUIS AUTEM DOLOR IN HENDRERIT IN VULPUTATE VELIT ESSE MOLESTIE CONSEQUAT

Videntes apostoli et alii patres antiqui, et praecipue reverendus pater noster beatus Benedictus, quod otiositas inimica est animae, sicut ipse dicit in regula sua, ipsi propriis manibus laboraverunt, et *religiosis viris opera* manuum secundum quod regula praecepit, studeant propriis manibus laborare.

Sed ne aliquis de dispositione locorum causari possit dicens, tale monasterium non esse apertum ad *opera manuum exercenda*, quia situm est in civitate, in aliquo castro vel villa, propterea.

GILL SANS ITALIC / SMALL CAPS 11/13.2

Dolor sit amet SED UT PERSPICIATIS *ipsam voluptatem enim voluptas sit esse Dominico Vaspernatur aut fugit Roma, Januaris 1522.*

GILL SANS BOLD / SMALL CAPS 19/22.8

NEMO ENIM

GILL SANS 11/14

Sed ut perspiciatis unde omnis iste natus error sit voluptatem accusantium doloremque laudantium, totam rem aperiam, eaque ipsa quae ab illo de inventore veritatis et quasi architecto beatae vitae dicta sunt est explicabo natus:

- Neque *porro* quisquam
- Architecto beatae vitae
- Qui *dolorem* ipsum
- Inventore veritatis quasi

Dolores nemo enim ipsam voluptatem quia voluptas sit aspernatur aut odit aut fugit, sed quia consequuntur magni est dolores eos qui ratione.

Nunc enim vere monachi est de sunt, si otiosi non maneant, sicut. Sed ne aliquis de possit dicens, tale est monasterium.

GILL SANS BOLD ITALIC 10/15

"Neque porro quisquam est, qui dolorem ipsum quia dolor sit amet, consectetur Nemo voluptatem quia vere monachi maneant, aspernatur aut odit aut fugit, sed quia eos qui ratione voluptatem sequi nesciunt."

GILL SANS BOLD 9/12

Quisquam					
1	2	3	4	5	6
7	8	9	10	11	12	13
14	15	16	17	18	19	20
21	22	23	24	25	26	27
28	29	30				

GILL SANS BOLD 15/18

Operae pretium reor ea quae isto in anno Dominus per beatum Benedictum in Galliis operari dignatus est, ad posterorum memoriam et aedificationem annectere. **Quidam namque vir potentissimus Gallorum** *gente progenitus tantis* **se ab ipsa infantia execrarat flagitiis.**

GILL SANS 9/11

Cuidam	Vero
Dei	Servo
Juxta	Manenti
Dominus	Ea Quae Circa
Defuncti	Animam
Agebantur	Ostendere
Dignatus	Est
Nam	Statim
Ut de corpore	Exiit

GILL SANS BOLD 15/20

Et sanctus: Ne vobis injustitiam forte facere videar, ejus facta examinate

GILL SANS BOLD 27/29

Lorem ipsum dolor sit amet, consectetuer adipiscing elit

GILL SANS BOLD / ALL CAPS 18/21.6

DUIS TE FEUGI FACILISI. DUIS AUTEM DOLOR IN HENDRERIT IN VULPUTATE VELIT ESSE MOLESTIE CONSEQUAT

AMERICAN TYPEWRITER 11/17

Videntes apostoli et alii patres antiqui, et praecipue reverendus pater noster beatus Benedictus, quod otiositas inimica est animae, sicut ipse dicit in regula sua, ipsi propriis manibus laboraverunt, et religiosis viris opera manuum secundum quod regula praecepit, studeant propriis manibus laborare.

Sed ne aliquis de dispositione locorum causari possit dicens, tale monasterium non esse apertum ad opera manuum exercenda, quia situm est in civitate, in aliquo castro vel villa, propterea.

AMERICAN TYPEWRITER / SMALL CAPS 9/12

Dolor sit amet SED UT PERSPICIATIS ipsam voluptatem enim voluptas sit esse Dominico Vaspernatur aut fugit Roma, Januaris 1522.

AMERICAN TYPEWRITER / SMALL CAPS 19/22.8

NEMO ENIM

AMERICAN TYPEWRITER 9/14

Sed ut perspiciatis unde omnis iste natus error sit voluptatem accusantium doloremque laudantium, totam rem aperiam, eaque ipsa quae ab illo de inventore veritatis et quasi architecto beatae vitae dicta sunt est explicabo natus:

- Neque porro quisquam
- Architecto beatae vitae
- Qui dolorem ipsum
- Inventore veritatis quasi

Dolores nemo enim ipsam voluptatem quia voluptas sit aspernatur aut odit aut fugit, sed quia consequuntur magni est dolores eos qui ratione.

Nunc enim vere monachi est de sunt, si otiosi non maneant, sicut. Sed ne aliquis de possit dicens, tale est monasterium.

GILL SANS BOLD ITALIC 10/15

"Neque porro quisquam est, qui dolorem ipsum quia dolor sit amet, consectetur Nemo voluptatem quia vere monachi maneant, aspernatur aut odit aut fugit, sed quia eos qui ratione voluptatem sequi nesciunt."

GILL SANS BOLD 9/12

Quisquam					
1	2	3	4	5	6
7	8	9	10	11	12	13
14	15	16	17	18	19	20
21	22	23	24	25	26	27
28	29	30				

AMERICAN TYPEWRITER BOLD 14/19

Operae pretium reor ea quae isto in anno Dominus per beatum Benedictum in Galliis operari dignatus est, ad posterorum memoriam et aedificationem annectere. Quidam namque vir potentissimus Gallorum gente progenitus tantis se ab ipsa infantia execrarat flagitiis.

GILL SANS 9/11

Cuidam	Vero
Dei	Servo
Juxta	Manenti
Dominus	Ea Quae Circa
Defuncti	Animam
Agebantur	Ostendere
Dignatus	Est
Nam	Statim
Ut de corpore	Exiit

GILL SANS BOLD 15/20

Et sanctus: Ne vobis injustitiam forte facere videar, ejus facta examinate

GILL SANS BOLD 27/29

Lorem ipsum dolor sit amet, consectetuer adipiscing elit

GILL SANS BOLD / ALL CAPS 18/21.6

DUIS TE FEUGI FACILISI. DUIS AUTEM DOLOR IN HENDRERIT IN VULPUTATE VELIT ESSE MOLESTIE CONSEQUAT

BEMBO 13/15.6

Videntes apostoli et alii patres antiqui, et praecipue reverendus pater noster beatus Benedictus, quod otiositas inimica est animae, sicut ipse dicit in regula sua, ipsi propriis manibus laboraverunt, *et religiosis viris opera* manuum secundum quod regula praecepit, studeant propriis manibus laborare.

Sed ne aliquis de dispositione locorum causari possit dicens, tale monasterium non esse apertum ad *opera manuum exercenda,* quia situm est in civitate, in aliquo castro vel villa, propterea.

BEMBO ITALIC ITALIC & ROMAN / SMALL CAPS 11/13.2

Dolor sit amet SED UT PERSPICIATIS *ipsam voluptatem enim voluptas sit esse Dominico Vaspernatur aut fugit Roma, Januaris 1522.*

BEMBO BOLD / SMALL CAPS 19/22.8

NEMO ENIM

BEMBO 11/14.4

Sed ut perspiciatis unde omnis iste natus error sit voluptatem accusantium doloremque laudantium, totam rem aperiam, eaque ipsa quae ab illo de inventore veritatis et quasi architecto beatae vitae dicta sunt est explicabo natus:

- Neque *porro* quisquam
- Architecto beatae vitae
- Qui *dolorem* ipsum
- Inventore veritatis quasi

Dolores nemo enim ipsam voluptatem quia voluptas sit aspernatur aut odit aut fugit, sed quia consequuntur magni est dolores eos qui ratione.

Nunc enim vere monachi est de sunt, si otiosi non maneant, sicut. Sed ne aliquis de possit dicens, tale est monasterium.

GILL SANS BOLD ITALIC 10/15

"Neque porro quisquam est, qui dolorem ipsum quia dolor sit amet, consectetur Nemo voluptatem quia vere monachi maneant, aspernatur aut odit aut fugit, sed quia eos qui ratione voluptatem sequi nesciunt."

GILL SANS BOLD 9/12

Quisquam						
	1	2	3	4	5	6
7	8	9	10	11	12	13
14	15	16	17	18	19	20
21	22	23	24	25	26	27
28	29	30				

BEMBO BOLD 16/19.2

Operae pretium reor ea quae isto in anno Dominus per beatum Benedictum in Galliis operari dignatus est, ad posterorum memoriam et aedificationem annectere. Quidam namque vir potentissimus Gallorum *gente progenitus tantis* se ab ipsa infantia execrarat flagitiis.

GILL SANS 9/11

Cuidam..Vero
Dei...Servo
Juxta...Manenti
Dominus...............................Ea Quae Circa
Defuncti...Animam
Agebantur ....Ostendere
Dignatus ....Est
Nam ....Statim
Ut de corpore......................................Exiit

GILL SANS BOLD 15/20

Et sanctus: Ne vobis injustitiam forte facere videar, ejus facta examinate

GILL SANS BOLD 27/29

Lorem ipsum dolor sit amet, consectetuer adipiscing elit

GILL SANS BOLD / ALL CAPS 18/21.6

DUIS TE FEUGI FACILISI. DUIS AUTEM DOLOR IN HENDRERIT IN VULPUTATE VELIT ESSE MOLESTIE CONSEQUAT

GOUDY OLD STYLE 14/16.8

Videntes apostoli et alii patres antiqui, et praecipue reverendus pater noster beatus Benedictus, quod otiositas inimica est animae, sicut ipse dicit in regula sua, ipsi propriis manibus laboraverunt, et *religiosis viris opera* manuum secundum quod regula praecepit, studeant propriis manibus laborare.

Sed ne aliquis de dispositione locorum causari possit dicens, tale monasterium non esse apertum ad *opera manuum exercenda*, quia situm est in civitate, in aliquo castro vel villa, propterea.

GOUDY OLD STYLE ITALIC / SMALL CAPS 11/13.2

Dolor sit amet SED UT PERSPICIATIS *ipsam voluptatem enim voluptas sit esse Dominico Vaspernatur aut fugit Roma, Januaris 1522.*

GOUDY OLD STYLE BOLD / SMALL CAPS 19/22.8

NEMO ENIM

GOUDY OLD STYLE 11/14

Sed ut perspiciatis unde omnis iste natus error sit voluptatem accusantium doloremque laudantium, totam rem aperiam, eaque ipsa quae ab illo de inventore veritatis et quasi architecto beatae vitae dicta sunt est explicabo natus:

- Neque *porro* quisquam
- Architecto beatae vitae
- *Qui dolorem* ipsum
- Inventore veritatis quasi

Dolores nemo enim ipsam voluptatem quia voluptas sit aspernatur aut odit aut fugit, sed quia consequuntur magni est dolores eos qui ratione.

Nunc enim vere monachi est de sunt, si otiosi non maneant, sicut. Sed ne aliquis de possit dicens, tale est monasterium.

GILL SANS BOLD ITALIC 10/15

"Neque porro quisquam est, qui dolorem ipsum quia dolor sit amet, consectetur Nemo voluptatem quia vere monachi maneant, aspernatur aut odit aut fugit, sed quia eos qui ratione voluptatem sequi nesciunt."

GILL SANS BOLD 9/12

Quisquam					
1	2	3	4	5	6
7	8	9	10	11	12	13
14	15	16	17	18	19	20
21	22	23	24	25	26	27
28	29	30				

GOUDY OLD STYLE BOLD 16/19.2

Operae pretium reor ea quae isto in anno Dominus per beatum Benedictum in Galliis operari dignatus est, ad posterorum memoriam et aedificationem annectere. Quidam namque vir potentissimus Gallorum *gente progenitus tantis* se ab ipsa infantia execrarat flagitiis.

GILL SANS 9/11

Cuidam..Vero
Dei...Servo
Juxta... Manenti
Dominus.............................. Ea Quae Circa
Defuncti..Animam
Agebantur .... Ostendere
Dignatus ....Est
Nam .... Statim
Ut de corpore...Exiit

GILL SANS BOLD 15/20

Et sanctus: Ne vobis injustitiam forte facere videar, ejus facta examinate

GILL SANS BOLD 27/29

Lorem ipsum dolor sit amet, consectetuer adipiscing elit

GILL SANS BOLD / ALL CAPS 18/21.6

DUIS TE FEUGI FACILISI. DUIS AUTEM DOLOR IN HENDRERIT IN VULPUTATE VELIT ESSE MOLESTIE CONSEQUAT

NEW BASKERVILLE 13/15.6

Videntes apostoli et alii patres antiqui, et praecipue reverendus pater noster beatus Benedictus, quod otiositas inimica est animae, sicut ipse dicit in regula sua, ipsi propriis manibus laboraverunt, *et religiosis viris opera* manuum secundum quod regula praecepit, studeant propriis manibus laborare.

Sed ne aliquis de dispositione locorum causari possit dicens, tale monasterium non esse apertum ad *opera manuum exercenda,* quia situm est in civitate, in aliquo castro vel villa, propterea.

NEW BASKERVILLE ITALIC & ROMAN / SMALL CAPS 11/13.2

Dolor sit amet SED UT PERSPICIATIS *ipsam voluptatem enim voluptas sit esse Dominico Vaspernatur aut fugit Roma, Januaris 1522.*

NEW BASKERVILLE BOLD / SMALL CAPS 19/22.8

NEMO ENIM

NEW BASKERVILLE 10/14.4

Sed ut perspiciatis unde omnis iste natus error sit voluptatem accusantium doloremque laudantium, totam rem aperiam, eaque ipsa quae ab illo de inventore veritatis et quasi architecto beatae vitae dicta sunt est explicabo natus:

- Neque *porro* quisquam
- Architecto beatae vitae
- Qui *dolorem* ipsum
- Inventore veritatis quasi

Dolores nemo enim ipsam voluptatem quia voluptas sit aspernatur aut odit aut fugit, sed quia consequuntur magni est dolores eos qui ratione.

Nunc enim vere monachi est de sunt, si otiosi non maneant, sicut. Sed ne aliquis de possit dicens, tale est monasterium.

GILL SANS BOLD ITALIC 10/15

"Neque porro quisquam est, qui dolorem ipsum quia dolor sit amet, consectetur Nemo voluptatem quia vere monachi maneant, aspernatur aut odit aut fugit, sed quia eos qui ratione voluptatem sequi nesciunt."

GILL SANS BOLD 9/12

Quisquam					
1	2	3	4	5	6
7	8	9	10	11	12	13
14	15	16	17	18	19	20
21	22	23	24	25	26	27
28	29	30				

NEW BASKERVILLE BOLD 16/19.2

Operae pretium reor ea quae isto in anno Dominus per beatum Benedictum in Galliis operari dignatus est, ad posterorum memoriam et aedificationem annectere. Quidam namque vir potentissimus Gallorum *gente progenitus tantis* se ab ipsa infantia execrarat flagitiis.

GILL SANS 9/11

Cuidam	Vero
Dei	Servo
Juxta	Manenti
Dominus	Ea Quae Circa
Defuncti	Animam
Agebantur	Ostendere
Dignatus	Est
Nam	Statim
Ut de corpore	Exiit

GILL SANS BOLD 15/20

Et sanctus: Ne vobis injustitiam forte facere videar, ejus facta examinate

GILL SANS BOLD 27/29

Lorem ipsum dolor sit amet, consectetuer adipiscing elit

GILL SANS BOLD / ALL CAPS 18/21.6

DUIS TE FEUGI FACILISI. DUIS AUTEM DOLOR IN HENDRERIT IN VULPUTATE VELIT ESSE MOLESTIE CONSEQUAT

TIMES NEW ROMAN 14/16.8

Videntes apostoli et alii patres antiqui, et praecipue reverendus pater noster beatus Benedictus, quod otiositas inimica est animae, sicut ipse dicit in regula sua, ipsi propriis manibus laboraverunt, et *religiosis viris opera* manuum secundum quod regula praecepit, studeant propriis manibus laborare.

Sed ne aliquis de dispositione locorum causari possit dicens, tale monasterium non esse apertum ad *opera manuum exercenda*, quia situm est in civitate, in aliquo castro vel villa, propterea.

TIMES NEW ROMAN ITALIC / SMALL CAPS 11/13.2

Dolor sit amet SED UT PERSPICIATIS *ipsam voluptatem enim voluptas sit esse Dominico Vaspernatur aut fugit Roma, Januaris 1522.*

TIMES NEW ROMAN BOLD / SMALL CAPS 19/22.8

NEMO ENIM

TIMES NEW ROMAN 11/14

Sed ut perspiciatis unde omnis iste natus error sit voluptatem accusantium doloremque laudantium, totam rem aperiam, eaque ipsa quae ab illo de inventore veritatis et quasi architecto beatae vitae dicta sunt est explicabo natus:

- Neque *porro* quisquam
- Architecto beatae vitae
- Qui *dolorem* ipsum
- Inventore veritatis quasi

Dolores nemo enim ipsam voluptatem quia voluptas sit aspernatur aut odit aut fugit, sed quia consequuntur magni est dolores eos qui ratione.

Nunc enim vere monachi est de sunt, si otiosi non maneant, sicut. Sed ne aliquis de possit dicens, tale est monasterium.

GILL SANS BOLD ITALIC 10/15

"Neque porro quisquam est, qui dolorem ipsum quia dolor sit amet, consectetur Nemo voluptatem quia vere monachi maneant, aspernatur aut odit aut fugit, sed quia eos qui ratione voluptatem sequi nesciunt."

GILL SANS BOLD 9/12

Quisquam						
	1	2	3	4	5	6
7	8	9	10	11	12	13
14	15	16	17	18	19	20
21	22	23	24	25	26	27
28	29	30				

TIMES NEW ROMAN BOLD 16/19.2

Operae pretium reor ea quae isto in anno Dominus per beatum Benedictum in Galliis operari dignatus est, ad posterorum memoriam et aedificationem annectere. Quidam namque vir potentissimus Gallorum *gente progenitus tantis* se ab ipsa infantia execrarat flagitiis.

GILL SANS 9/11

Cuidam ....Vero
Dei.. Servo
Juxta... Manenti
Dominus...............................Ea Quae Circa
Defuncti...Animam
Agebantur ....Ostendere
Dignatus ....Est
Nam .... Statim
Ut de corpore ....Exiit

GILL SANS BOLD 15/20

Et sanctus: Ne vobis injustitiam forte facere videar, ejus facta examinate

GILL SANS BOLD 27/29

Lorem ipsum dolor sit amet, consectetuer adipiscing elit

GILL SANS BOLD / ALL CAPS 18/21.6

DUIS TE FEUGI FACILISI. DUIS AUTEM DOLOR IN HENDRERIT IN VULPUTATE VELIT ESSE MOLESTIE CONSEQUAT

WARNOCK 13/15.6

Videntes apostoli et alii patres antiqui, et praecipue reverendus pater noster beatus Benedictus, quod otiositas inimica est animae, sicut ipse dicit in regula sua, ipsi propriis manibus laboraverunt, *et religiosis viris opera* manuum secundum quod regula praecepit, studeant propriis manibus laborare.

Sed ne aliquis de dispositione locorum causari possit dicens, tale monasterium non esse apertum ad *opera manuum exercenda,* quia situm est in civitate, in aliquo castro vel villa, propterea.

WARNOCK ITALIC & ROMAN / SMALL CAPS 11/13.2

Dolor sit amet SED UT PERSPICIATIS *ipsam voluptatem enim voluptas sit esse Dominico Vaspernatur aut fugit Roma, Januaris 1522.*

WARNOCK BOLD / SMALL CAPS 19/22.8

NEMO ENIM

WARNOCK 11/14

Sed ut perspiciatis unde omnis iste natus error sit voluptatem accusantium doloremque laudantium, totam rem aperiam, eaque ipsa quae ab illo de inventore veritatis et quasi architecto beatae vitae dicta sunt est explicabo natus:

- Neque *porro* quisquam
- Architecto beatae vitae
- Qui *dolorem* ipsum
- Inventore veritatis quasi

Dolores nemo enim ipsam voluptatem quia voluptas sit aspernatur aut odit aut fugit, sed quia consequuntur magni est dolores eos qui ratione.

Nunc enim vere monachi est de sunt, si otiosi non maneant, sicut. Sed ne aliquis de possit dicens, tale est monasterium.

GILL SANS BOLD ITALIC 10/15

"Neque porro quisquam est, qui dolorem ipsum quia dolor sit amet, consectetur Nemo voluptatem quia vere monachi maneant, aspernatur aut odit aut fugit, sed quia eos qui ratione voluptatem sequi nesciunt."

GILL SANS BOLD 9/12

Quisquam					
	1	2	3	4	5	6
7	8	9	10	11	12	13
14	15	16	17	18	19	20
21	22	23	24	25	26	27
28	29	30				

WARNOCK BOLD 16/19.2

Operae pretium reor ea quae isto in anno Dominus per beatum Benedictum in Galliis operari dignatus est, ad posterorum memoriam et aedificationem annectere. Quidam namque vir potentissimus Gallorum *gente progenitus tantis* se ab ipsa infantia execrarat flagitiis.

GILL SANS 9/11

Cuidam	Vero
Dei	Servo
Juxta	Manenti
Dominus	Ea Quae Circa
Defuncti	Animam
Agebantur	Ostendere
Dignatus	Est
Nam	Statim
Ut de corpore	Exiit

GILL SANS BOLD 15/20

Et sanctus: Ne vobis injustitiam forte facere videar, ejus facta examinate

GOUDY OLD STYLE BOLD 32/34

Lorem ipsum dolor sit amet, consectetuer adipiscing elit

GOUDY OLD STYLE BOLD / ALL CAPS 18/21.6

DUIS TE FEUGI FACILISI. DUIS AUTEM DOLOR IN HENDRERIT IN VULPUTATE VELIT ESSE MOLESTIE CONSEQUAT

GOUDY OLD STYLE 14/16.8

Videntes apostoli et alii patres antiqui, et praecipue reverendus pater noster beatus Benedictus, quod otiositas inimica est animae, sicut ipse dicit in regula sua, ipsi propriis manibus laboraverunt, et *religiosis viris opera* manuum secundum quod regula praecepit, studeant propriis manibus laborare.

Sed ne aliquis de dispositione locorum causari possit dicens, tale monasterium non esse apertum ad *opera manuum exercenda*, quia situm est in civitate, in aliquo castro vel villa, propterea.

GOUDY OLD STYLE ITALIC / SMALL CAPS 11/13.2

Dolor sit amet SED UT PERSPICIATIS *ipsam voluptatem enim voluptas sit esse Dominico Vaspernatur aut fugit Roma, Januaris 1522.*

GOUDY OLD STYLE BOLD / SMALL CAPS 19/22.8

NEMO ENIM

GOUDY OLD STYLE 11/14

Sed ut perspiciatis unde omnis iste natus error sit voluptatem accusantium doloremque laudantium, totam rem aperiam, eaque ipsa quae ab illo de inventore veritatis et quasi architecto beatae vitae dicta sunt est explicabo natus:

- Neque *porro* quisquam
- Architecto beatae vitae
- *Qui dolorem* ipsum
- Inventore veritatis quasi

Dolores nemo enim ipsam voluptatem quia voluptas sit aspernatur aut odit aut fugit, sed quia consequuntur magni est dolores eos qui ratione.

Nunc enim vere monachi est de sunt, si otiosi non maneant, sicut. Sed ne aliquis de possit dicens, tale est monasterium.

GOUDY OLD STYLE BOLD ITALIC 10/15

"Neque porro quisquam est, qui dolorem ipsum quia dolor sit amet, consectetur Nemo voluptatem quia vere monachi maneant, aspernatur aut odit aut fugit, sed quia eos qui ratione voluptatem sequi nesciunt."

GOUDY OLD STYLE BOLD 9/12

Quisquam					
	1	2	3	4	5	6
7	8	9	10	11	12	13
14	15	16	17	18	19	20
21	22	23	24	25	26	27
28	29	30				

GOUDY OLD STYLE BOLD 16/19.2

Operae pretium reor ea quae isto in anno Dominus per beatum Benedictum in Galliis operari dignatus est, ad posterorum memoriam et aedificationem annectere. Quidam namque vir potentissimus Gallorum *gente progenitus tantis* se ab ipsa infantia execrarat flagitiis.

GOUDY OLD STYLE 9/11

Cuidam .... Vero
Dei .... Servo
Juxta .... Manenti
Dominus .... Ea Quae Circa
Defuncti .... Animam
Agebantur .... Ostendere
Dignatus .... Est
Nam .... Statim
Ut de corpore .... Exiit

GOUDY OLD STYLE BOLD 16/20

Et sanctus: Ne vobis injustitiam forte facere videar, ejus facta examinate

GOUDY OLD STYLE BOLD 32/34

Lorem ipsum dolor sit amet, consectetuer adipiscing elit

GOUDY OLD STYLE BOLD / ALL CAPS 18/21.6

DUIS TE FEUGI FACILISI. DUIS AUTEM DOLOR IN HENDRERIT IN VULPUTATE VELIT ESSE MOLESTIE CONSEQUAT

HELVETICA 12/17

Videntes apostoli et alii patres antiqui, et praecipue reverendus pater noster beatus Benedictus, quod otiositas inimica est animae, sicut ipse dicit in regula sua, ipsi propriis manibus laboraverunt, *et religiosis viris opera* manuum secundum quod regula praecepit, studeant propriis manibus laborare.

Sed ne aliquis de dispositione locorum causari possit dicens, tale monasterium non esse apertum ad *opera manuum exercenda,* quia situm est in civitate, in aliquo castro vel villa, propterea.

HELVETICA ITALIC & ROMAN / SMALL CAPS 11/13.2

Dolor sit amet SED UT PERSPICIATIS i*psam voluptatem enim voluptas sit esse Dominico Vas git Roma, Januaris 1522.*

HELVETICA BOLD / SMALL CAPS 19/22.8

NEMO ENIM

HELVETICA 10.5/14

Sed ut perspiciatis unde omnis iste natus error sit voluptatem accusantium doloremque laudantium, totam rem aperiam, eaque ipsa quae ab illo de inventore veritatis et quasi architecto beatae vitae dicta sunt est explicabo natus:

- Neque *porro* quisquam
- Architecto beatae vitae
- Qui *dolorem* ipsum
- Inventore veritatis quasi

Dolores nemo enim ipsam voluptatem quia voluptas sit aspernatur aut odit aut fugit, sed quia consequuntur magni est dolores eos qui ratione.

Nunc enim vere monachi est de sunt, si otiosi non maneant, sicut. Sed ne aliquis de possit dicens, tale est monasterium.

GOUDY OLD STYLE BOLD ITALIC 10/15

"Neque porro quisquam est, qui dolorem ipsum quia dolor sit amet, consectetur Nemo voluptatem quia vere monachi maneant, aspernatur aut odit aut fugit, sed quia eos qui ratione voluptatem sequi nesciunt."

GOUDY OLD STYLE BOLD 9/12

Quisquam					
1	2	3	4	5	6
7	8	9	10	11	12	13
14	15	16	17	18	19	20
21	22	23	24	25	26	27
28	29	30				

HELVETICA BOLD 15/20

Operae pretium reor ea quae isto in anno Dominus per beatum Benedictum in Galliis operari dignatus est, ad posterorum memoriam et aedificationem annectere. Quidam namque vir potentissimus Gallorum *gente progenitus tantis* se ab ipsa infantia execrarat flagitiis.

GOUDY OLD STYLE 9/11

Cuidam	Vero
Dei	Servo
Juxta	Manenti
Dominus	Ea Quae Circa
Defuncti	Animam
Agebantur	Ostendere
Dignatus	Est
Nam	Statim
Ut de corpore	Exiit

GOUDY OLD STYLE BOLD 16/20

Et sanctus: Ne vobis injustitiam forte facere videar, ejus facta examinate

GOUDY OLD STYLE BOLD 32/34

Lorem ipsum dolor sit amet, consectetuer adipiscing elit

GOUDY OLD STYLE BOLD / ALL CAPS 18/21.6

DUIS TE FEUGI FACILISI. DUIS AUTEM DOLOR IN HENDRERIT IN VULPUTATE VELIT ESSE MOLESTIE CONSEQUAT

META 13/17

Videntes apostoli et alii patres antiqui, et praecipue reverendus pater noster beatus Benedictus, quod otiositas inimica est animae, sicut ipse dicit in regula sua, ipsi propriis manibus laboraverunt, et *religiosis viris opera* manuum secundum quod regula praecepit, studeant propriis manibus laborare.

Sed ne aliquis de dispositione locorum causari possit dicens, tale monasterium non esse apertum ad *opera manuum exercenda*, quia situm est in civitate, in aliquo castro vel villa, propterea.

META ITALIC / SMALL CAPS 11/13.2

Dolor sit amet SED UT PERSPICIATIS *ipsam voluptatem enim voluptas sit esse Dominico Vaspernatur aut fugit Roma, Januaris 1522.*

META BOLD / SMALL CAPS 19/22.8

NEMO ENIM

META 11/14

Sed ut perspiciatis unde omnis iste natus error sit voluptatem accusantium doloremque laudantium, totam rem aperiam, eaque ipsa quae ab illo de inventore veritatis et quasi architecto beatae vitae dicta sunt est explicabo natus:

- Neque *porro* quisquam
- Architecto beatae vitae
- Qui *dolorem* ipsum
- Inventore veritatis quasi

Dolores nemo enim ipsam voluptatem quia voluptas sit aspernatur aut odit aut fugit, sed quia consequuntur magni est dolores eos qui ratione.

Nunc enim vere monachi est de sunt, si otiosi non maneant, sicut. Sed ne aliquis de possit dicens, tale est monasterium.

META BOLD 16/19.2

Operae pretium reor ea quae isto in anno Dominus per beatum Benedictum in Galliis operari dignatus est, ad posterorum memoriam et aedificationem annectere. Quidam namque vir potentissimus Gallorum *gente progenitus tantis* se ab ipsa infantia execrarat flagitiis.

GOUDY OLD STYLE BOLD ITALIC 10/15

"Neque porro quisquam est, qui dolorem ipsum quia dolor sit amet, consectetur Nemo voluptatem quia vere monachi maneant, aspernatur aut odit aut fugit, sed quia eos qui ratione voluptatem sequi nesciunt."

GOUDY OLD STYLE BOLD 9/12

Quisquam					
	1	2	3	4	5	6
7	8	9	10	11	12	13
14	15	16	17	18	19	20
21	22	23	24	25	26	27
28	29	30				

GOUDY OLD STYLE 9/11

Cuidam	Vero
Dei	Servo
Juxta	Manenti
Dominus	Ea Quae Circa
Defuncti	Animam
Agebantur	Ostendere
Dignatus	Est
Nam	Statim
Ut de corpore	Exiit

GOUDY OLD STYLE BOLD 16/20

Et sanctus: Ne vobis injustitiam forte facere videar, ejus facta examinate

GOUDY OLD STYLE BOLD 32/34

Lorem ipsum dolor sit amet, consectetuer adipiscing elit

GOUDY OLD STYLE BOLD / ALL CAPS 18/21.6

DUIS TE FEUGI FACILISI. DUIS AUTEM DOLOR IN HENDRERIT IN VULPUTATE VELIT ESSE MOLESTIE CONSEQUAT

MYRIAD 13/17

Videntes apostoli et alii patres antiqui, et praecipue reverendus pater noster beatus Benedictus, quod otiositas inimica est animae, sicut ipse dicit in regula sua, ipsi propriis manibus laboraverunt, et *religiosis viris opera* manuum secundum quod regula praecepit, studeant propriis manibus laborare.

Sed ne aliquis de dispositione locorum causari possit dicens, tale monasterium non esse apertum ad *opera manuum exercenda*, quia situm est in civitate, in aliquo castro vel villa, propterea.

MYRIAD ITALIC / SMALL CAPS 11/13.2

Dolor sit amet SED UT PERSPICIATIS *ipsam voluptatem enim voluptas sit esse Dominico Vaspernatur aut fugit Roma, Januaris 1522.*

MYRIAD BOLD / SMALL CAPS 19/22.8

NEMO ENIM

MYRIAD 11/14

Sed ut perspiciatis unde omnis iste natus error sit voluptatem accusantium doloremque laudantium, totam rem aperiam, eaque ipsa quae ab illo de inventore veritatis et quasi architecto beatae vitae dicta sunt est explicabo natus:

- Neque *porro* quisquam
- Architecto beatae vitae
- Qui *dolorem* ipsum
- Inventore veritatis quasi

Dolores nemo enim ipsam voluptatem quia voluptas sit aspernatur aut odit aut fugit, sed quia consequuntur magni est dolores eos qui ratione.

Nunc enim vere monachi est de sunt, si otiosi non maneant, sicut. Sed ne aliquis de possit dicens, tale est monasterium.

GOUDY OLD STYLE BOLD ITALIC 10/15

"Neque porro quisquam est, qui dolorem ipsum quia dolor sit amet, consectetur Nemo voluptatem quia vere monachi maneant, aspernatur aut odit aut fugit, sed quia eos qui ratione voluptatem sequi nesciunt."

GOUDY OLD STYLE BOLD 9/12

Quisquam					
	1	2	3	4	5	6
7	8	9	10	11	12	13
14	15	16	17	18	19	20
21	22	23	24	25	26	27
28	29	30				

MYRIAD BOLD 16/19.2

Operae pretium reor ea quae isto in anno Dominus per beatum Benedictum in Galliis operari dignatus est, ad posterorum memoriam et aedificationem annectere. Quidam namque vir potentissimus Gallorum *gente progenitus tantis* se ab ipsa infantia execrarat flagitiis.

GOUDY OLD STYLE 9/11

Cuidam	Vero
Dei	Servo
Juxta	Manenti
Dominus	Ea Quae Circa
Defuncti	Animam
Agebantur	Ostendere
Dignatus	Est
Nam	Statim
Ut de corpore	Exiit

GOUDY OLD STYLE BOLD 16/20

Et sanctus: Ne vobis injustitiam forte facere videar, ejus facta examinate

GOUDY OLD STYLE BOLD 32/34

Lorem ipsum dolor sit amet, consectetuer adipiscing elit

GOUDY OLD STYLE BOLD / ALL CAPS 18/21.6

DUIS TE FEUGI FACILISI. DUIS AUTEM DOLOR IN HENDRERIT IN VULPUTATE VELIT ESSE MOLESTIE CONSEQUAT

TRADE GOTHIC 12/16

Videntes apostoli et alii patres antiqui, et praecipue reverendus pater noster beatus Benedictus, quod otiositas inimica est animae, sicut ipse dicit in regula sua, ipsi propriis manibus laboraverunt, et *religiosis viris opera* manuum secundum quod regula praecepit, studeant propriis manibus laborare.

Sed ne aliquis de dispositione locorum causari possit dicens, tale monasterium non esse apertum ad *opera manuum exercenda*, quia situm est in civitate, in aliquo castro vel villa, propterea.

TRADE GOTHIC ITALIC / SMALL CAPS 10/12

Dolor sit amet SED UT PERSPICIATIS *ipsam voluptatem enim voluptas sit esse Dominico Vaspernatur aut fugit Roma, Januaris 1522.*

TRADE GOTHIC BOLD / SMALL CAPS 19/22.8

NEMO ENIM

TRADE GOTHIC 10/14

Sed ut perspiciatis unde omnis iste natus error sit voluptatem accusantium doloremque laudantium, totam rem aperiam, eaque ipsa quae ab illo de inventore veritatis et quasi architecto beatae vitae dicta sunt est explicabo natus:

- Neque *porro* quisquam
- Architecto beatae vitae
- Qui *dolorem* ipsum
- Inventore veritatis quasi

Dolores nemo enim ipsam voluptatem quia voluptas sit aspernatur aut odit aut fugit, sed quia consequuntur magni est dolores eos qui ratione.

Nunc enim vere monachi est de sunt, si otiosi non maneant, sicut. Sed ne aliquis de possit dicens, tale est monasterium.

GOUDY OLD STYLE BOLD ITALIC 10/15

"Neque porro quisquam est, qui dolorem ipsum quia dolor sit amet, consectetur Nemo voluptatem quia vere monachi maneant, aspernatur aut odit aut fugit, sed quia eos qui ratione voluptatem sequi nesciunt."

GOUDY OLD STYLE BOLD 9/12

Quisquam					
1	2	3	4	5	6
7	8	9	10	11	12	13
14	15	16	17	18	19	20
21	22	23	24	25	26	27
28	29	30				

TRADE GOTHIC BOLD 16/19.2

Operae pretium reor ea quae isto in anno Dominus per beatum Benedictum in Galliis operari dignatus est, ad posterorum memoriam et aedificationem annectere. Quidam namque vir potentissimus Gallorum *gente progenitus tantis* se ab ipsa infantia execrarat flagitiis.

GOUDY OLD STYLE 9/11

Cuidam	Vero
Dei	Servo
Juxta	Manenti
Dominus	Ea Quae Circa
Defuncti	Animam
Agebantur	Ostendere
Dignatus	Est
Nam	Statim
Ut de corpore	Exiit

GOUDY OLD STYLE BOLD 16/20

Et sanctus: Ne vobis injustitiam forte facere videar, ejus facta examinate

GOUDY OLD STYLE BOLD 32/34

Lorem ipsum dolor sit amet, consectetuer adipiscing elit

GOUDY OLD STYLE BOLD / ALL CAPS 18/21.6

DUIS TE FEUGI FACILISI. DUIS AUTEM DOLOR IN HENDRERIT IN VULPUTATE VELIT ESSE MOLESTIE CONSEQUAT

UNIVERS 12/16

Videntes apostoli et alii patres antiqui, et praecipue reverendus pater noster beatus Benedictus, quod otiositas inimica est animae, sicut ipse dicit in regula sua, ipsi propriis manibus laboraverunt, et *religiosis viris opera* manuum secundum quod regula praecepit, studeant propriis manibus laborare.

Sed ne aliquis de dispositione locorum causari possit dicens, tale monasterium non esse apertum ad *opera manuum exercenda*, quia situm est in civitate, in aliquo castro vel villa, propterea.

UNIVERS ITALIC / SMALL CAPS 11/13.2

Dolor sit amet SED UT PERSPICIATIS *ipsam voluptatem enim voluptas sit esse Dominico Vaspernatur aut fugit Roma, Januaris 1522.*

UNIVERS BOLD / SMALL CAPS 19/22.8

NEMO ENIM

UNIVERS 10/14

Sed ut perspiciatis unde omnis iste natus error sit voluptatem accusantium doloremque laudantium, totam rem aperiam, eaque ipsa quae ab illo de inventore veritatis et quasi architecto beatae vitae dicta sunt est explicabo natus:

- Neque *porro* quisquam
- Architecto beatae vitae
- Qui *dolorem* ipsum
- Inventore veritatis quasi

Dolores nemo enim ipsam voluptatem quia voluptas sit aspernatur aut odit aut fugit, sed quia consequuntur magni est dolores eos qui ratione.

Nunc enim vere monachi est de sunt, si otiosi non maneant, sicut. Sed ne aliquis de possit dicens, tale est monasterium.

GOUDY OLD STYLE BOLD ITALIC 10/15

"Neque porro quisquam est, qui dolorem ipsum quia dolor sit amet, consectetur Nemo voluptatem quia vere monachi maneant, aspernatur aut odit aut fugit, sed quia eos qui ratione voluptatem sequi nesciunt."

GOUDY OLD STYLE BOLD 9/12

Quisquam					
1	2	3	4	5	6
7	8	9	10	11	12	13
14	15	16	17	18	19	20
21	22	23	24	25	26	27
28	29	30				

UNIVERS BOLD 15/19

Operae pretium reor ea quae isto in anno Dominus per beatum Benedictum in Galliis operari dignatus est, ad posterorum memoriam et aedificationem annectere. Quidam namque vir potentissimus Gallorum *gente progenitus tantis* se ab ipsa infantia execrarat flagitiis.

GOUDY OLD STYLE 9/11

Cuidam.. Vero
Dei...Servo
Juxta .... Manenti
Dominus ....Ea Quae Circa
Defuncti...Animam
Agebantur............................... Ostendere
Dignatus .... Est
Nam...Statim
Ut de corpore .... Exiit

GOUDY OLD STYLE BOLD 16/20

Et sanctus: Ne vobis injustitiam forte facere videar, ejus facta examinate

HELVETICA BOLD 27/31

Lorem ipsum dolor sit amet, consectetuer adipiscing elit

HELVETICA BOLD / ALL CAPS 18/21.6

DUIS TE FEUGI FACILISI. DUIS AUTEM DOLOR IN HENDRERIT IN VULPUTATE VELIT ESSE MOLESTIE CONSEQUAT

HELVETICA 12/17

Videntes apostoli et alii patres antiqui, et praecipue reverendus pater noster beatus Benedictus, quod otiositas inimica est animae, sicut ipse dicit in regula sua, ipsi propriis manibus laboraverunt, *et religiosis viris opera* manuum secundum quod regula praecepit, studeant propriis manibus laborare.

Sed ne aliquis de dispositione locorum causari possit dicens, tale monasterium non esse apertum ad *opera manuum exercenda,* quia situm est in civitate, in aliquo castro vel villa, propterea.

HELVETICA ITALIC & ROMAN / SMALL CAPS 11/13.2

Dolor sit amet SED UT PERSPICIATIS *ipsam voluptatem enim voluptas sit esse Dominico Vas git Roma, Januaris 1522.*

HELVETICA BOLD / SMALL CAPS 19/22.8

NEMO ENIM

HELVETICA 10.5/14

Sed ut perspiciatis unde omnis iste natus error sit voluptatem accusantium doloremque laudantium, totam rem aperiam, eaque ipsa quae ab illo de inventore veritatis et quasi architecto beatae vitae dicta sunt est explicabo natus:

- Neque *porro* quisquam
- Architecto beatae vitae
- Qui *dolorem* ipsum
- Inventore veritatis quasi

Dolores nemo enim ipsam voluptatem quia voluptas sit aspernatur aut odit aut fugit, sed quia consequuntur magni est dolores eos qui ratione.

Nunc enim vere monachi est de sunt, si otiosi non maneant, sicut. Sed ne aliquis de possit dicens, tale est monasterium.

HELVETICA BOLD ITALIC 9/15

"Neque porro quisquam est, qui dolorem ipsum quia dolor sit amet, consectetur Nemo voluptatem quia vere monachi maneant, aspernatur aut odit aut fugit, sed quia eos qui ratione voluptatem sequi nesciunt."

HELVETICA BOLD 9/12

Quisquam						
	1	2	3	4	5	6
7	8	9	10	11	12	13
14	15	16	17	18	19	20
21	22	23	24	25	26	27
28	29	30				

HELVETICA BOLD 15/20

Operae pretium reor ea quae isto in anno Dominus per beatum Benedictum in Galliis operari dignatus est, ad posterorum memoriam et aedificationem annectere. Quidam namque vir potentissimus Gallorum *gente progenitus tantis* se ab ipsa infantia execrarat flagitiis.

HELVETICA 9/11

Cuidam	Vero
Dei	Servo
Juxta	Manenti
Dominus	Ea Quae Circa
Defuncti	Animam
Agebantur	Ostendere
Dignatus	Est
Nam	Statim
Ut de corpore	Exiit

HELVETICA BOLD 14/20

Et sanctus: Ne vobis injustitiam forte facere videar, ejus facta examinate

HELVETICA BOLD 27/31

Lorem ipsum dolor sit amet, consectetuer adipiscing elit

HELVETICA BOLD / ALL CAPS 18/21.6

DUIS TE FEUGI FACILISI. DUIS AUTEM DOLOR IN HENDRERIT IN VULPUTATE VELIT ESSE MOLESTIE CONSEQUAT

ARNO 14/16.8

Videntes apostoli et alii patres antiqui, et praecipue reverendus pater noster beatus Benedictus, quod otiositas inimica est animae, sicut ipse dicit in regula sua, ipsi propriis manibus laboraverunt, et *religiosis viris opera* manuum secundum quod regula praecepit, studeant propriis manibus laborare.

Sed ne aliquis de dispositione locorum causari possit dicens, tale monasterium non esse apertum ad *opera manuum exercenda*, quia situm est in civitate, in aliquo castro vel villa, propterea.

ARNO ITALIC / SMALL CAPS 11/13.2

Dolor sit amet SED UT PERSPICIATIS *ipsam voluptatem enim voluptas sit esse Dominico Vaspernatur aut fugit Roma, Januaris 1522.*

ARNO BOLD / SMALL CAPS 19/22.8

NEMO ENIM

ARNO 12/14.4

Sed ut perspiciatis unde omnis iste natus error sit voluptatem accusantium doloremque laudantium, totam rem aperiam, eaque ipsa quae ab illo de inventore veritatis et quasi architecto beatae vitae dicta sunt est explicabo natus:

- Neque *porro* quisquam
- Architecto beatae vitae
- Qui *dolorem* ipsum
- Inventore veritatis quasi

Dolores nemo enim ipsam voluptatem quia voluptas sit aspernatur aut odit aut fugit, sed quia consequuntur magni est dolores eos qui ratione.

Nunc enim vere monachi est de sunt, si otiosi non maneant, sicut. Sed ne aliquis de possit dicens, tale est monasterium.

HELVETICA BOLD ITALIC 9/15

"Neque porro quisquam est, qui dolorem ipsum quia dolor sit amet, consectetur Nemo voluptatem quia vere monachi maneant, aspernatur aut odit aut fugit, sed quia eos qui ratione voluptatem sequi nesciunt."

HELVETICA BOLD 9/12

Quisquam						
	1	2	3	4	5	6
7	8	9	10	11	12	13
14	15	16	17	18	19	20
21	22	23	24	25	26	27
28	29	30				

ARNO BOLD 16/19.2

Operae pretium reor ea quae isto in anno Dominus per beatum Benedictum in Galliis operari dignatus est, ad posterorum memoriam et aedificationem annectere. Quidam namque vir potentissimus Gallorum *gente progenitus tantis* se ab ipsa infantia execrarat flagitiis.

HELVETICA 9/11

Cuidam	Vero
Dei	Servo
Juxta	Manenti
Dominus	Ea Quae Circa
Defuncti	Animam
Agebantur	Ostendere
Dignatus	Est
Nam	Statim
Ut de corpore	Exiit

HELVETICA BOLD 14/20

Et sanctus: Ne vobis injustitiam forte facere videar, ejus facta examinate

HELVETICA BOLD 27/31

Lorem ipsum dolor sit amet, consectetuer adipiscing elit

HELVETICA BOLD / ALL CAPS 18/21.6

DUIS TE FEUGI FACILISI. DUIS AUTEM DOLOR IN HENDRERIT IN VULPUTATE VELIT ESSE MOLESTIE CONSEQUAT

BEMBO 13/15.6

Videntes apostoli et alii patres antiqui, et praecipue reverendus pater noster beatus Benedictus, quod otiositas inimica est animae, sicut ipse dicit in regula sua, ipsi propriis manibus laboraverunt, *et religiosis viris opera* manuum secundum quod regula praecepit, studeant propriis manibus laborare.

Sed ne aliquis de dispositione locorum causari possit dicens, tale monasterium non esse apertum ad *opera manuum exercenda,* quia situm est in civitate, in aliquo castro vel villa, propterea.

BEMBO ITALIC ITALIC & ROMAN / SMALL CAPS 11/13.2

Dolor sit amet SED UT PERSPICIATIS *ipsam voluptatem enim voluptas sit esse Dominico Vaspernatur aut fugit Roma, Januaris 1522.*

BEMBO BOLD / SMALL CAPS 19/22.8

NEMO ENIM

BEMBO 11/14.4

Sed ut perspiciatis unde omnis iste natus error sit voluptatem accusantium doloremque laudantium, totam rem aperiam, eaque ipsa quae ab illo de inventore veritatis et quasi architecto beatae vitae dicta sunt est explicabo natus:

- Neque *porro* quisquam
- Architecto beatae vitae
- Qui *dolorem* ipsum
- Inventore veritatis quasi

Dolores nemo enim ipsam voluptatem quia voluptas sit aspernatur aut odit aut fugit, sed quia consequuntur magni est dolores eos qui ratione.

Nunc enim vere monachi est de sunt, si otiosi non maneant, sicut. Sed ne aliquis de possit dicens, tale est monasterium.

HELVETICA BOLD ITALIC 9/15

"Neque porro quisquam est, qui dolorem ipsum quia dolor sit amet, consectetur Nemo voluptatem quia vere monachi maneant, aspernatur aut odit aut fugit, sed quia eos qui ratione voluptatem sequi nesciunt."

HELVETICA BOLD 9/12

Quisquam						
	1	2	3	4	5	6
7	8	9	10	11	12	13
14	15	16	17	18	19	20
21	22	23	24	25	26	27
28	29	30				

BEMBO BOLD 16/19.2

Operae pretium reor ea quae isto in anno Dominus per beatum Benedictum in Galliis operari dignatus est, ad posterorum memoriam et aedificationem annectere. Quidam namque vir potentissimus Gallorum *gente progenitus tantis* se ab ipsa infantia execrarat flagitiis.

HELVETICA 9/11

Cuidam	Vero
Dei	Servo
Juxta	Manenti
Dominus	Ea Quae Circa
Defuncti	Animam
Agebantur	Ostendere
Dignatus	Est
Nam	Statim
Ut de corpore	Exiit

HELVETICA BOLD 14/20

Et sanctus: Ne vobis injustitiam forte facere videar, ejus facta examinate

HELVETICA BOLD 27/31

Lorem ipsum dolor sit amet, consectetuer adipiscing elit

HELVETICA BOLD / ALL CAPS 18/21.6

DUIS TE FEUGI FACILISI. DUIS AUTEM DOLOR IN HENDRERIT IN VULPUTATE VELIT ESSE MOLESTIE CONSEQUAT

BODONI 14/16.8

Videntes apostoli et alii patres antiqui, et praecipue reverendus pater noster beatus Benedictus, quod otiositas inimica est animae, sicut ipse dicit in regula sua, ipsi propriis manibus laboraverunt, et *religiosis viris opera* manuum secundum quod regula praecepit, studeant propriis manibus laborare.

Sed ne aliquis de dispositione locorum causari possit dicens, tale monasterium non esse apertum ad *opera manuum exercenda*, quia situm est in civitate, in aliquo castro vel villa, propterea.

BODONI ITALIC / SMALL CAPS 11/13.2

Dolor sit amet SED UT PERSPICIATIS *ipsam voluptatem enim voluptas sit esse Dominico Vaspernatur aut fugit Roma, Januaris 1522.*

BODONI BOLD / SMALL CAPS 19/22.8

NEMO ENIM

BODONI 12/14.4

Sed ut perspiciatis unde omnis iste natus error sit voluptatem accusantium doloremque laudantium, totam rem aperiam, eaque ipsa quae ab illo de inventore veritatis et quasi architecto beatae vitae dicta sunt est explicabo natus:

- Neque *porro* quisquam
- Architecto beatae vitae
- Qui *dolorem* ipsum
- Inventore veritatis quasi

Dolores nemo enim ipsam voluptatem quia voluptas sit aspernatur aut odit aut fugit, sed quia consequuntur magni est dolores eos qui ratione.

Nunc enim vere monachi est de sunt, si otiosi non maneant, sicut. Sed ne aliquis de possit dicens, tale est monasterium.

HELVETICA BOLD ITALIC 9/15

"Neque porro quisquam est, qui dolorem ipsum quia dolor sit amet, consectetur Nemo voluptatem quia vere monachi maneant, aspernatur aut odit aut fugit, sed quia eos qui ratione voluptatem sequi nesciunt."

HELVETICA BOLD 9/12

Quisquam					
1	2	3	4	5	6
7	8	9	10	11	12	13
14	15	16	17	18	19	20
21	22	23	24	25	26	27
28	29	30				

BODONI BOLD 16/19.2

Operae pretium reor ea quae isto in anno Dominus per beatum Benedictum in Galliis operari dignatus est, ad posterorum memoriam et aedificationem annectere. Quidam namque vir potentissimus Gallorum *gente progenitus tantis* se ab ipsa infantia execrarat flagitiis.

HELVETICA 9/11

Cuidam	Vero
Dei	Servo
Juxta	Manenti
Dominus	Ea Quae Circa
Defuncti	Animam
Agebantur	Ostendere
Dignatus	Est
Nam	Statim
Ut de corpore	Exiit

HELVETICA BOLD 14/20

Et sanctus: Ne vobis injustitiam forte facere videar, ejus facta examinate

HELVETICA BOLD 27/31

Lorem ipsum dolor sit amet, consectetuer adipiscing elit

HELVETICA BOLD / ALL CAPS 18/21.6

DUIS TE FEUGI FACILISI. DUIS AUTEM DOLOR IN HENDRERIT IN VULPUTATE VELIT ESSE MOLESTIE CONSEQUAT

CASLON 14/16.8

Videntes apostoli et alii patres antiqui, et praecipue reverendus pater noster beatus Benedictus, quod otiositas inimica est animae, sicut ipse dicit in regula sua, ipsi propriis manibus laboraverunt, et *religiosis viris opera* manuum secundum quod regula praecepit, studeant propriis manibus laborare.

Sed ne aliquis de dispositione locorum causari possit dicens, tale monasterium non esse apertum ad *opera manuum exercenda*, quia situm est in civitate, in aliquo castro vel villa, propterea.

CASLON ITALIC / SMALL CAPS 11/13.2

Dolor sit amet SED UT PERSPICIATIS *ipsam voluptatem enim voluptas sit esse Dominico Vaspernatur aut fugit Roma, Januaris 1522.*

CASLON BOLD / SMALL CAPS 19/22.8

NEMO ENIM

CASLON 11/14

Sed ut perspiciatis unde omnis iste natus error sit voluptatem accusantium doloremque laudantium, totam rem aperiam, eaque ipsa quae ab illo de inventore veritatis et quasi architecto beatae vitae dicta sunt est explicabo natus:

- Neque *porro* quisquam
- Architecto beatae vitae
- Qui *dolorem* ipsum
- Inventore veritatis quasi

Dolores nemo enim ipsam voluptatem quia voluptas sit aspernatur aut odit aut fugit, sed quia consequuntur magni est dolores eos qui ratione.

Nunc enim vere monachi est de sunt, si otiosi non maneant, sicut. Sed ne aliquis de possit dicens, tale est monasterium.

HELVETICA BOLD ITALIC 9/15

"Neque porro quisquam est, qui dolorem ipsum quia dolor sit amet, consectetur Nemo voluptatem quia vere monachi maneant, aspernatur aut odit aut fugit, sed quia eos qui ratione voluptatem sequi nesciunt."

HELVETICA BOLD 9/12

Quisquam					
1	2	3	4	5	6
7	8	9	10	11	12	13
14	15	16	17	18	19	20
21	22	23	24	25	26	27
28	29	30				

CASLON BOLD 16/19.2

Operae pretium reor ea quae isto in anno Dominus per beatum Benedictum in Galliis operari dignatus est, ad posterorum memoriam et aedificationem annectere. **Quidam namque vir potentissimus Gallorum** *gente progenitus tantis* **se ab ipsa infantia execrarat flagitiis.**

HELVETICA 9/11

Cuidam	Vero
Dei	Servo
Juxta	Manenti
Dominus	Ea Quae Circa
Defuncti	Animam
Agebantur	Ostendere
Dignatus	Est
Nam	Statim
Ut de corpore	Exiit

HELVETICA BOLD 14/20

Et sanctus: Ne vobis injustitiam forte facere videar, ejus facta examinate

HELVETICA BOLD 27/31

Lorem ipsum dolor sit amet, consectetuer adipiscing elit

HELVETICA BOLD / ALL CAPS 18/21.6

DUIS TE FEUGI FACILISI. DUIS AUTEM DOLOR IN HENDRERIT IN VULPUTATE VELIT ESSE MOLESTIE CONSEQUAT

CHAPARRAL 13/16

Videntes apostoli et alii patres antiqui, et praecipue reverendus pater noster beatus Benedictus, quod otiositas inimica est animae, sicut ipse dicit in regula sua, ipsi propriis manibus laboraverunt, et *religiosis viris opera* manuum secundum quod regula praecepit, studeant propriis manibus laborare.

Sed ne aliquis de dispositione locorum causari possit dicens, tale monasterium non esse apertum ad *opera manuum exercenda*, quia situm est in civitate, in aliquo castro vel villa, propterea.

CHAPARRAL ITALIC / SMALL CAPS 11/13.2

Dolor sit amet SED UT PERSPICIATIS *ipsam voluptatem enim voluptas sit esse Dominico Vaspernatur aut fugit Roma, Januaris 1522.*

CHAPARRAL BOLD / SMALL CAPS 19/22.8

NEMO ENIM

CHAPARRAL 11/14

Sed ut perspiciatis unde omnis iste natus error sit voluptatem accusantium doloremque laudantium, totam rem aperiam, eaque ipsa quae ab illo de inventore veritatis et quasi architecto beatae vitae dicta sunt est explicabo natus:

- Neque *porro* quisquam
- Architecto beatae vitae
- Qui *dolorem* ipsum
- Inventore veritatis quasi

Dolores nemo enim ipsam voluptatem quia voluptas sit aspernatur aut odit aut fugit, sed quia consequuntur magni est dolores eos qui ratione.

Nunc enim vere monachi est de sunt, si otiosi non maneant, sicut. Sed ne aliquis de possit dicens, tale est monasterium.

HELVETICA BOLD ITALIC 9/15

"Neque porro quisquam est, qui dolorem ipsum quia dolor sit amet, consectetur Nemo voluptatem quia vere monachi maneant, aspernatur aut odit aut fugit, sed quia eos qui ratione voluptatem sequi nesciunt."

HELVETICA BOLD 9/12

Quisquam						
	1	2	3	4	5	6
7	8	9	10	11	12	13
14	15	16	17	18	19	20
21	22	23	24	25	26	27
28	29	30				

CHAPARRAL BOLD 16/19.2

Operae pretium reor ea quae isto in anno Dominus per beatum Benedictum in Galliis operari dignatus est, ad posterorum memoriam et aedificationem annectere. Quidam namque vir potentissimus Gallorum *gente progenitus tantis* se ab ipsa infantia execrarat flagitiis.

HELVETICA 9/11

Cuidam	Vero
Dei	Servo
Juxta	Manenti
Dominus	Ea Quae Circa
Defuncti	Animam
Agebantur	Ostendere
Dignatus	Est
Nam	Statim
Ut de corpore	Exiit

HELVETICA BOLD 14/20

Et sanctus: Ne vobis injustitiam forte facere videar, ejus facta examinate

HELVETICA BOLD 27/31

Lorem ipsum dolor sit amet, consectetuer adipiscing elit

HELVETICA BOLD / ALL CAPS 18/21.6

DUIS TE FEUGI FACILISI. DUIS AUTEM DOLOR IN HENDRERIT IN VULPUTATE VELIT ESSE MOLESTIE CONSEQUAT

CLARENDON 11/16.5

Videntes apostoli et alii patres antiqui, et praecipue reverendus pater noster beatus Benedictus, quod otiositas inimica est animae, sicut ipse dicit in regula sua, ipsi propriis manibus laboraverunt, et religiosis viris opera manuum secundum quod regula praecepit, studeant propriis manibus laborare.

Sed ne aliquis de dispositione locorum causari possit dicens, tale monasterium non esse apertum ad opera manuum exercenda, quia situm est in civitate, in aliquo castro vel villa, propterea.

CLARENDON / SMALL CAPS 9/12

Dolor sit amet SED UT PERSPICIATIS ipsam voluptatem enim voluptas sit esse Dominico Vaspernatur aut fugit Roma, Januaris 1522.

CLARENDON BOLD / SMALL CAPS 19/22.8

NEMO ENIM

CLARENDON 10/12.5

Sed ut perspiciatis unde omnis iste natus error sit voluptatem accusantium doloremque laudantium, totam rem aperiam, eaque ipsa quae ab illo de inventore veritatis et quasi architecto beatae vitae dicta sunt est explicabo natus:

- Neque porro quisquam
- Architecto beatae vitae
- Qui dolorem ipsum
- Inventore veritatis quasi

Dolores nemo enim ipsam voluptatem quia voluptas sit aspernatur aut odit aut fugit, sed quia consequuntur magni est dolores eos qui ratione.

Nunc enim vere monachi est de sunt, si otiosi non maneant, sicut. Sed ne aliquis de possit dicens, tale est monasterium.

HELVETICA BOLD ITALIC 9/15

"Neque porro quisquam est, qui dolorem ipsum quia dolor sit amet, consectetur Nemo voluptatem quia vere monachi maneant, aspernatur aut odit aut fugit, sed quia eos qui ratione voluptatem sequi nesciunt."

HELVETICA BOLD 9/12

Quisquam					
1	2	3	4	5	6
7	8	9	10	11	12	13
14	15	16	17	18	19	20
21	22	23	24	25	26	27
28	29	30				

CLARENDON BOLD 14/20

Operae pretium reor ea quae isto in anno Dominus per beatum Benedictum in Galliis operari dignatus est, ad posterorum memoriam et aedificationem annectere. Quidam namque vir potentissimus Gallorum gente progenitus tantis se ab ipsa infantia execrarat flagitiis.

HELVETICA 9/11

Cuidam .... Vero
Dei .... Servo
Juxta .... Manenti
Dominus .... Ea Quae Circa
Defuncti .... Animam
Agebantur .... Ostendere
Dignatus .... Est
Nam .... Statim
Ut de corpore .... Exiit

HELVETICA BOLD 14/20

Et sanctus: Ne
vobis injustitiam
forte facere videar,
ejus facta examinate

HELVETICA BOLD 27/31

Lorem ipsum dolor sit amet, consectetuer adipiscing elit

HELVETICA BOLD / ALL CAPS 18/21.6

DUIS TE FEUGI FACILISI. DUIS AUTEM DOLOR IN HENDRERIT IN VULPUTATE VELIT ESSE MOLESTIE CONSEQUAT

GOUDY OLD STYLE 14/16.8

Videntes apostoli et alii patres antiqui, et praecipue reverendus pater noster beatus Benedictus, quod otiositas inimica est animae, sicut ipse dicit in regula sua, ipsi propriis manibus laboraverunt, et *religiosis viris opera* manuum secundum quod regula praecepit, studeant propriis manibus laborare.

Sed ne aliquis de dispositione locorum causari possit dicens, tale monasterium non esse apertum ad *opera manuum exercenda,* quia situm est in civitate, in aliquo castro vel villa, propterea.

GOUDY OLD STYLE ITALIC / SMALL CAPS 11/13.2

Dolor sit amet SED UT PERSPICIATIS *ipsam voluptatem enim voluptas sit esse Dominico Vaspernatur aut fugit Roma, Januaris 1522.*

GOUDY OLD STYLE BOLD / SMALL CAPS 19/22.8

NEMO ENIM

GOUDY OLD STYLE 11/14

Sed ut perspiciatis unde omnis iste natus error sit voluptatem accusantium doloremque laudantium, totam rem aperiam, eaque ipsa quae ab illo de inventore veritatis et quasi architecto beatae vitae dicta sunt est explicabo natus:

- Neque *porro* quisquam
- Architecto beatae vitae
- Qui *dolorem* ipsum
- Inventore veritatis quasi

Dolores nemo enim ipsam voluptatem quia voluptas sit aspernatur aut odit aut fugit, sed quia consequuntur magni est dolores eos qui ratione.

Nunc enim vere monachi est de sunt, si otiosi non maneant, sicut. Sed ne aliquis de possit dicens, tale est monasterium.

HELVETICA BOLD ITALIC 9/15

"Neque porro quisquam est, qui dolorem ipsum quia dolor sit amet, consectetur Nemo voluptatem quia vere monachi maneant, aspernatur aut odit aut fugit, sed quia eos qui ratione voluptatem sequi nesciunt."

HELVETICA BOLD 9/12

Quisquam					
1	2	3	4	5	6
7	8	9	10	11	12	13
14	15	16	17	18	19	20
21	22	23	24	25	26	27
28	29	30				

GOUDY OLD STYLE BOLD 16/19.2

Operae pretium reor ea quae isto in anno Dominus per beatum Benedictum in Galliis operari dignatus est, ad posterorum memoriam et aedificationem annectere. Quidam namque vir potentissimus Gallorum *gente progenitus tantis* se ab ipsa infantia execrarat flagitiis.

HELVETICA 9/11

HELVETICA BOLD 14/20

Et sanctus: Ne vobis injustitiam forte facere videar, ejus facta examinate

HELVETICA BOLD 27/31

Lorem ipsum dolor sit amet, consectetuer adipiscing elit

HELVETICA BOLD / ALL CAPS 18/21.6

DUIS TE FEUGI FACILISI. DUIS AUTEM DOLOR IN HENDRERIT IN VULPUTATE VELIT ESSE MOLESTIE CONSEQUAT

MINION 14/16.8

Videntes apostoli et alii patres antiqui, et praecipue reverendus pater noster beatus Benedictus, quod otiositas inimica est animae, sicut ipse dicit in regula sua, ipsi propriis manibus laboraverunt, *et religiosis viris opera* manuum secundum quod regula praecepit, studeant propriis manibus laborare.

Sed ne aliquis de dispositione locorum causari possit dicens, tale monasterium non esse apertum ad *opera manuum exercenda,* quia situm est in civitate, in aliquo castro vel villa, propterea.

MINION ITALIC & ROMAN / SMALL CAPS 11/13.2

Dolor sit amet SED UT PERSPICIATIS *ipsam voluptatem enim voluptas sit esse Dominico Vaspernatur aut fugit Roma, Januaris 1522.*

MINION BOLD / SMALL CAPS 19/22.8

NEMO ENIM

MINION 11/14.4

Sed ut perspiciatis unde omnis iste natus error sit voluptatem accusantium doloremque laudantium, totam rem aperiam, eaque ipsa quae ab illo de inventore veritatis et quasi architecto beatae vitae dicta sunt est explicabo natus:

- Neque *porro* quisquam
- Architecto beatae vitae
- Qui *dolorem* ipsum
- Inventore veritatis quasi

Dolores nemo enim ipsam voluptatem quia voluptas sit aspernatur aut odit aut fugit, sed quia consequuntur magni est dolores eos qui ratione.

Nunc enim vere monachi est de sunt, si otiosi non maneant, sicut. Sed ne aliquis de possit dicens, tale est monasterium.

HELVETICA BOLD ITALIC 9/15

"Neque porro quisquam est, qui dolorem ipsum quia dolor sit amet, consectetur Nemo voluptatem quia vere monachi maneant, aspernatur aut odit aut fugit, sed quia eos qui ratione voluptatem sequi nesciunt."

HELVETICA BOLD 9/12

Quisquam					
1	2	3	4	5	6
7	8	9	10	11	12	13
14	15	16	17	18	19	20
21	22	23	24	25	26	27
28	29	30				

MINION BOLD 16/19.2

Operae pretium reor ea quae isto in anno Dominus per beatum Benedictum in Galliis operari dignatus est, ad posterorum memoriam et aedificationem annectere. Quidam namque vir potentissimus Gallorum *gente progenitus tantis* se ab ipsa infantia execrarat flagitiis.

HELVETICA 9/11

Cuidam .... Vero
Dei .... Servo
Juxta .... Manenti
Dominus .... Ea Quae Circa
Defuncti................................. Animam
Agebantur .... Ostendere
Dignatus.. Est
Nam .... Statim
Ut de corpore .... Exiit

HELVETICA BOLD 14/20

Et sanctus: Ne vobis injustitiam forte facere videar, ejus facta examinate

HELVETICA BOLD 27/31

Lorem ipsum dolor sit amet, consectetuer adipiscing elit

HELVETICA BOLD / ALL CAPS 18/21.6

DUIS TE FEUGI FACILISI. DUIS AUTEM DOLOR IN HENDRERIT IN VULPUTATE VELIT ESSE MOLESTIE CONSEQUAT

PALATINO 12/16

Videntes apostoli et alii patres antiqui, et praecipue reverendus pater noster beatus Benedictus, quod otiositas inimica est animae, sicut ipse dicit in regula sua, ipsi propriis manibus laboraverunt, et *religiosis viris opera* manuum secundum quod regula praecepit, studeant propriis manibus laborare.

Sed ne aliquis de dispositione locorum causari possit dicens, tale monasterium non esse apertum ad *opera manuum exercenda*, quia situm est in civitate, in aliquo castro vel villa, propterea.

PALATINO ITALIC / SMALL CAPS 10/12

Dolor sit amet SED UT PERSPICIATIS *ipsam voluptatem enim voluptas sit esse Dominico Vaspernatur aut fugit Roma, Januaris 1522.*

PALATINO BOLD / SMALL CAPS 19/22.8

NEMO ENIM

PALATINO 10/14

Sed ut perspiciatis unde omnis iste natus error sit voluptatem accusantium doloremque laudantium, totam rem aperiam, eaque ipsa quae ab illo de inventore veritatis et quasi architecto beatae vitae dicta sunt est explicabo natus:

- Neque *porro* quisquam
- Architecto beatae vitae
- Qui *dolorem* ipsum
- Inventore veritatis quasi

Dolores nemo enim ipsam voluptatem quia voluptas sit aspernatur aut odit aut fugit, sed quia consequuntur magni est dolores eos qui ratione.

Nunc enim vere monachi est de sunt, si otiosi non maneant, sicut. Sed ne aliquis de possit dicens, tale est monasterium.

HELVETICA BOLD ITALIC 9/15

"Neque porro quisquam est, qui dolorem ipsum quia dolor sit amet, consectetur Nemo voluptatem quia vere monachi maneant, aspernatur aut odit aut fugit, sed quia eos qui ratione voluptatem sequi nesciunt."

HELVETICA BOLD 9/12

Quisquam					
	1	2	3	4	5	6
7	8	9	10	11	12	13
14	15	16	17	18	19	20
21	22	23	24	25	26	27
28	29	30				

PALATINO BOLD 15/18

Operae pretium reor ea quae isto in anno Dominus per beatum Benedictum in Galliis operari dignatus est, ad posterorum memoriam et aedificationem annectere. Quidam namque vir potentissimus Gallorum *gente progenitus tantis* se ab ipsa infantia execrarat flagitiis.

HELVETICA 9/11

Cuidam	Vero
Dei	Servo
Juxta	Manenti
Dominus	Ea Quae Circa
Defuncti	Animam
Agebantur	Ostendere
Dignatus	Est
Nam	Statim
Ut de corpore	Exiit

HELVETICA BOLD 14/20

Et sanctus: Ne vobis injustitiam forte facere videar, ejus facta examinate

HELVETICA BOLD 27/31

Lorem ipsum dolor sit amet, consectetuer adipiscing elit

HELVETICA BOLD / ALL CAPS 18/21.6

DUIS TE FEUGI FACILISI. DUIS AUTEM DOLOR IN HENDRERIT IN VULPUTATE VELIT ESSE MOLESTIE CONSEQUAT

SABON 13/15.6

Videntes apostoli et alii patres antiqui, et praecipue reverendus pater noster beatus Benedictus, quod otiositas inimica est animae, sicut ipse dicit in regula sua, ipsi propriis manibus laboraverunt, et *religiosis viris opera* manuum secundum quod regula praecepit, studeant propriis manibus laborare.

Sed ne aliquis de dispositione locorum causari possit dicens, tale monasterium non esse apertum ad *opera manuum exercenda*, quia situm est in civitate, in aliquo castro vel villa, propterea.

SABON ITALIC / SMALL CAPS 10/12

Dolor sit amet SED UT PERSPICIATIS *ipsam voluptatem enim voluptas sit esse Dominico Vaspernatur aut fugit Roma, Januaris 1522.*

SABON BOLD / SMALL CAPS 19/22.8

NEMO ENIM

SABON 11/14

Sed ut perspiciatis unde omnis iste natus error sit voluptatem accusantium doloremque laudantium, totam rem aperiam, eaque ipsa quae ab illo de inventore veritatis et quasi architecto beatae vitae dicta sunt est explicabo natus:

- Neque *porro* quisquam
- Architecto beatae vitae
- Qui *dolorem* ipsum
- Inventore veritatis quasi

Dolores nemo enim ipsam voluptatem quia voluptas sit aspernatur aut odit aut fugit, sed quia consequuntur magni est dolores eos qui ratione.

Nunc enim vere monachi est de sunt, si otiosi non maneant, sicut. Sed ne aliquis de possit dicens, tale est monasterium.

HELVETICA BOLD ITALIC 9/15

"Neque porro quisquam est, qui dolorem ipsum quia dolor sit amet, consectetur Nemo voluptatem quia vere monachi maneant, aspernatur aut odit aut fugit, sed quia eos qui ratione voluptatem sequi nesciunt."

HELVETICA BOLD 9/12

Quisquam					
1	2	3	4	5	6
7	8	9	10	11	12	13
14	15	16	17	18	19	20
21	22	23	24	25	26	27
28	29	30				

SABON BOLD 16/19.2

Operae pretium reor ea quae isto in anno Dominus per beatum Benedictum in Galliis operari dignatus est, ad posterorum memoriam et aedificationem annectere. Quidam namque vir potentissimus Gallorum *gente progenitus tantis* se ab ipsa infantia execrarat flagitiis.

HELVETICA 9/11

Cuidam	Vero
Dei	Servo
Juxta	Manenti
Dominus	Ea Quae Circa
Defuncti	Animam
Agebantur	Ostendere
Dignatus	Est
Nam	Statim
Ut de corpore	Exiit

HELVETICA BOLD 14/20

Et sanctus: Ne vobis injustitiam forte facere videar, ejus facta examinate

HELVETICA BOLD 27/31

Lorem ipsum dolor sit amet, consectetuer adipiscing elit

HELVETICA BOLD / ALL CAPS 18/21.6

DUIS TE FEUGI FACILISI. DUIS AUTEM DOLOR IN HENDRERIT IN VULPUTATE VELIT ESSE MOLESTIE CONSEQUAT

SOUVENIR 13/17

Videntes apostoli et alii patres antiqui, et praecipue reverendus pater noster beatus Benedictus, quod otiositas inimica est animae, sicut ipse dicit in regula sua, ipsi propriis manibus laboraverunt, et *religiosis viris opera* manuum secundum quod regula praecepit, studeant propriis manibus laborare.

Sed ne aliquis de dispositione locorum causari possit dicens, tale monasterium non *esse* apertum ad *opera manuum exercenda*, quia situm est in civitate, in aliquo castro vel villa, propterea.

SOUVENIR ITALIC / SMALL CAPS 11/13.2

Dolor sit amet SED UT PERSPICIATIS *ipsam voluptatem enim voluptas sit esse Dominico Vaspernatur aut fugit Roma, Januaris 1522.*

SOUVENIR BOLD / SMALL CAPS 19/22.8

NEMO ENIM

SOUVENIR 11/14

Sed ut perspiciatis unde omnis iste natus error sit voluptatem accusantium doloremque laudantium, totam rem aperiam, eaque ipsa quae ab illo de inventore veritatis et quasi architecto beatae vitae dicta sunt est explicabo natus:

- Neque *porro* quisquam
- Architecto beatae vitae
- Qui *dolorem* ipsum
- Inventore veritatis quasi

Dolores nemo enim ipsam voluptatem quia voluptas sit aspernatur aut odit aut fugit, sed quia consequuntur magni est dolores eos qui ratione.

Nunc enim vere monachi est de sunt, si otiosi non maneant, sicut. Sed ne aliquis de possit dicens, tale est monasterium.

HELVETICA BOLD ITALIC 9/15

"Neque porro quisquam est, qui dolorem ipsum quia dolor sit amet, consectetur Nemo voluptatem quia vere monachi maneant, aspernatur aut odit aut fugit, sed quia eos qui ratione voluptatem sequi nesciunt."

HELVETICA BOLD 9/12

Quisquam					
1	2	3	4	5	6
7	8	9	10	11	12	13
14	15	16	17	18	19	20
21	22	23	24	25	26	27
28	29	30				

SOUVENIR BOLD 14/20

Operae pretium reor ea quae isto in anno Dominus per beatum Benedictum in Galliis operari dignatus est, ad posterorum memoriam et aedificationem annectere. Quidam namque vir potentissimus Gallorum *gente progenitus tantis* se ab ipsa infantia execrarat flagitiis.

HELVETICA 9/11

Cuidam .... Vero
Dei .... Servo
Juxta .... Manenti
Dominus........................ Ea Quae Circa
Defuncti.................................. Animam
Agebantur .... Ostendere
Dignatus.. Est
Nam .... Statim
Ut de corpore .... Exiit

HELVETICA BOLD 14/20

Et sanctus: Ne vobis injustitiam forte facere videar, ejus facta examinate

HELVETICA BOLD 27/31

Lorem ipsum dolor sit amet, consectetuer adipiscing elit

HELVETICA BOLD / ALL CAPS 18/21.6

DUIS TE FEUGI FACILISI. DUIS AUTEM DOLOR IN HENDRERIT IN VULPUTATE VELIT ESSE MOLESTIE CONSEQUAT

TIMES NEW ROMAN 14/16.8

Videntes apostoli et alii patres antiqui, et praecipue reverendus pater noster beatus Benedictus, quod otiositas inimica est animae, sicut ipse dicit in regula sua, ipsi propriis manibus laboraverunt, et *religiosis viris opera* manuum secundum quod regula praecepit, studeant propriis manibus laborare.

Sed ne aliquis de dispositione locorum causari possit dicens, tale monasterium non esse apertum ad *opera manuum exercenda*, quia situm est in civitate, in aliquo castro vel villa, propterea.

TIMES NEW ROMAN ITALIC / SMALL CAPS 11/13.2

Dolor sit amet SED UT PERSPICIATIS *ipsam voluptatem enim voluptas sit esse Dominico Vaspernatur aut fugit Roma, Januaris 1522.*

TIMES NEW ROMAN BOLD / SMALL CAPS 19/22.8

NEMO ENIM

TIMES NEW ROMAN 11/14

Sed ut perspiciatis unde omnis iste natus error sit voluptatem accusantium doloremque laudantium, totam rem aperiam, eaque ipsa quae ab illo de inventore veritatis et quasi architecto beatae vitae dicta sunt est explicabo natus:

- Neque *porro* quisquam
- Architecto beatae vitae
- Qui *dolorem* ipsum
- Inventore veritatis quasi

Dolores nemo enim ipsam voluptatem quia voluptas sit aspernatur aut odit aut fugit, sed quia consequuntur magni est dolores eos qui ratione.

Nunc enim vere monachi est de sunt, si otiosi non maneant, sicut. Sed ne aliquis de possit dicens, tale est monasterium.

HELVETICA BOLD ITALIC 9/15

"Neque porro quisquam est, qui dolorem ipsum quia dolor sit amet, consectetur Nemo voluptatem quia vere monachi maneant, aspernatur aut odit aut fugit, sed quia eos qui ratione voluptatem sequi nesciunt."

HELVETICA BOLD 9/12

Quisquam					
1	2	3	4	5	6
7	8	9	10	11	12	13
14	15	16	17	18	19	20
21	22	23	24	25	26	27
28	29	30				

TIMES NEW ROMAN BOLD 16/19.2

Operae pretium reor ea quae isto in anno Dominus per beatum Benedictum in Galliis operari dignatus est, ad posterorum memoriam et aedificationem annectere. Quidam namque vir potentissimus Gallorum *gente progenitus tantis* se ab ipsa infantia execrarat flagitiis.

HELVETICA 9/11

Cuidam .... Vero
Dei .... Servo
Juxta .... Manenti
Dominus........................ Ea Quae Circa
Defuncti.................................. Animam
Agebantur .... Ostendere
Dignatus.. Est
Nam .... Statim
Ut de corpore .... Exiit

HELVETICA BOLD 14/20

Et sanctus: Ne vobis injustitiam forte facere videar, ejus facta examinate

HELVETICA BOLD 27/31

Lorem ipsum dolor sit amet, consectetuer adipiscing elit

HELVETICA BOLD / ALL CAPS 18/21.6

DUIS TE FEUGI FACILISI. DUIS AUTEM DOLOR IN HENDRERIT IN VULPUTATE VELIT ESSE MOLESTIE CONSEQUAT

WARNOCK 13/15.6

Videntes apostoli et alii patres antiqui, et praecipue reverendus pater noster beatus Benedictus, quod otiositas inimica est animae, sicut ipse dicit in regula sua, ipsi propriis manibus laboraverunt, *et religiosis viris opera* manuum secundum quod regula praecepit, studeant propriis manibus laborare.

Sed ne aliquis de dispositione locorum causari possit dicens, tale monasterium non esse apertum ad *opera manuum exercenda*, quia situm est in civitate, in aliquo castro vel villa, propterea.

WARNOCK ITALIC & ROMAN / SMALL CAPS 11/13.2

Dolor sit amet SED UT PERSPICIATIS *ipsam voluptatem enim voluptas sit esse Dominico Vaspernatur aut fugit Roma, Januaris 1522.*

WARNOCK BOLD / SMALL CAPS 19/22.8

NEMO ENIM

WARNOCK 11/14

Sed ut perspiciatis unde omnis iste natus error sit voluptatem accusantium doloremque laudantium, totam rem aperiam, eaque ipsa quae ab illo de inventore veritatis et quasi architecto beatae vitae dicta sunt est explicabo natus:

- Neque *porro* quisquam
- Architecto beatae vitae
- Qui *dolorem* ipsum
- Inventore veritatis quasi

Dolores nemo enim ipsam voluptatem quia voluptas sit aspernatur aut odit aut fugit, sed quia consequuntur magni est dolores eos qui ratione.

Nunc enim vere monachi est de sunt, si otiosi non maneant, sicut. Sed ne aliquis de possit dicens, tale est monasterium.

HELVETICA BOLD ITALIC 9/15

"Neque porro quisquam est, qui dolorem ipsum quia dolor sit amet, consectetur Nemo voluptatem quia vere monachi maneant, aspernatur aut odit aut fugit, sed quia eos qui ratione voluptatem sequi nesciunt."

HELVETICA BOLD 9/12

Quisquam					
	1	2	3	4	5	6
7	8	9	10	11	12	13
14	15	16	17	18	19	20
21	22	23	24	25	26	27
28	29	30			

WARNOCK BOLD 16/19.2

Operae pretium reor ea quae isto in anno Dominus per beatum Benedictum in Galliis operari dignatus est, ad posterorum memoriam et aedificationem annectere. Quidam namque vir potentissimus Gallorum *gente progenitus tantis* se ab ipsa infantia execrarat flagitiis.

HELVETICA 9/11

Cuidam	Vero
Dei	Servo
Juxta	Manenti
Dominus	Ea Quae Circa
Defuncti	Animam
Agebantur	Ostendere
Dignatus	Est
Nam	Statim
Ut de corpore	Exiit

HELVETICA BOLD 14/20

Et sanctus: Ne vobis injustitiam forte facere videar, ejus facta examinate

INTERSTATE BOLD 27/31

Lorem ipsum dolor sit amet, consectetuer adipiscing elit

INTERSTATE BOLD / ALL CAPS 18/21.6

DUIS TE FEUGI FACILISI. DUIS AUTEM DOLOR IN HENDRERIT IN VULPUTATE VELIT ESSE MOLESTIE CONSEQUAT

INTERSTATE 12/16

Videntes apostoli et alii patres antiqui, et praecipue reverendus pater noster beatus Benedictus, quod otiositas inimica est animae, sicut ipse dicit in regula sua, ipsi propriis manibus laboraverunt, et religiosis viris opera manuum secundum quod regula praecepit, studeant propriis manibus laborare.

Sed ne aliquis de dispositione locorum causari possit dicens, tale monasterium non esse apertum ad opera manuum exercenda, quia situm est in civitate, in aliquo castro vel villa, propterea.

INTERSTATE 10/12

Dolor sit amet SED UT PERSPICIATIS ipsam voluptatem enim voluptas sit esse Dominico Vaspernatur aut fugit Roma, Januaris 1522.

INTERSTATE BOLD / SMALL CAPS 19/22.8

NEMO ENIM

INTERSTATE 10/14

Sed ut perspiciatis unde omnis iste natus error sit voluptatem accusantium doloremque laudantium, totam rem aperiam, eaque ipsa quae ab illo de inventore veritatis et quasi architecto beatae vitae dicta sunt est explicabo natus:

- Neque porro quisquam
- Architecto beatae vitae
- Qui dolorem ipsum
- Inventore veritatis quasi

Dolores nemo enim ipsam voluptatem quia voluptas sit aspernatur aut odit aut fugit, sed quia consequuntur magni est dolores eos qui ratione.

Nunc enim vere monachi est de sunt, si otiosi non maneant, sicut. Sed ne aliquis de possit dicens, tale est monasterium.

INTERSTATE BOLD 9/15

"Neque porro quisquam est, qui dolorem ipsum quia dolor sit amet, consectetur Nemo voluptatem quia vere monachi maneant, aspernatur aut odit aut fugit, sed quia eos qui ratione voluptatem sequi nesciunt."

INTERSTATE BOLD 8/12

Quisquam						
	1	2	3	4	5	6
7	8	9	10	11	12	13
14	15	16	17	18	19	20
21	22	23	24	25	26	27
28	29	30				

INTERSTATE 15/19.2

Operae pretium reor ea quae isto in anno Dominus per beatum Benedictum in Galliis operari dignatus est, ad posterorum memoriam et aedificationem annectere. Quidam namque vir potentissimus Gallorum gente progenitus tantis se ab ipsa infantia execrarat flagitiis.

INTERSTATE 9/11

Cuidam	Vero
Dei	Servo
Juxta	Manenti
Dominus	Ea Quae Circa
Defuncti	Animam
Agebantur	Ostendere
Dignatus	Est
Nam	Statim
Ut de corpore	Exiit

INTERSTATE BOLD 14/20

Et sanctus: Ne vobis injustitiam forte facere videar, ejus facta examinate

INTERSTATE BOLD 27/31

Lorem ipsum dolor sit amet, consectetuer adipiscing elit

INTERSTATE BOLD / ALL CAPS 18/21.6

DUIS TE FEUGI FACILISI. DUIS AUTEM DOLOR IN HENDRERIT IN VULPUTATE VELIT ESSE MOLESTIE CONSEQUAT

CHAPARRAL 13/16

Videntes apostoli et alii patres antiqui, et praecipue reverendus pater noster beatus Benedictus, quod otiositas inimica est animae, sicut ipse dicit in regula sua, ipsi propriis manibus laboraverunt, et *religiosis viris opera* manuum secundum quod regula praecepit, studeant propriis manibus laborare.

Sed ne aliquis de dispositione locorum causari possit dicens, tale monasterium non esse apertum ad *opera manuum exercenda*, quia situm est in civitate, in aliquo castro vel villa, propterea.

CHAPARRAL ITALIC / SMALL CAPS 11/13.2

Dolor sit amet SED UT PERSPICIATIS *ipsam voluptatem enim voluptas sit esse Dominico Vaspernatur aut fugit Roma, Januaris 1522.*

CHAPARRAL BOLD / SMALL CAPS 19/22.8

NEMO ENIM

CHAPARRAL 11/14

Sed ut perspiciatis unde omnis iste natus error sit voluptatem accusantium doloremque laudantium, totam rem aperiam, eaque ipsa quae ab illo de inventore veritatis et quasi architecto beatae vitae dicta sunt est explicabo natus:

- Neque *porro* quisquam
- Architecto beatae vitae
- Qui *dolorem* ipsum
- Inventore veritatis quasi

Dolores nemo enim ipsam voluptatem quia voluptas sit aspernatur aut odit aut fugit, sed quia consequuntur magni est dolores eos qui ratione.

Nunc enim vere monachi est de sunt, si otiosi non maneant, sicut. Sed ne aliquis de possit dicens, tale est monasterium.

INTERSTATE BOLD 9/15

"Neque porro quisquam est, qui dolorem ipsum quia dolor sit amet, consectetur Nemo voluptatem quia vere monachi maneant, aspernatur aut odit aut fugit, sed quia eos qui ratione voluptatem sequi nesciunt."

INTERSTATE BOLD 8/12

Quisquam						
	1	2	3	4	5	6
7	8	9	10	11	12	13
14	15	16	17	18	19	20
21	22	23	24	25	26	27
28	29	30				

CHAPARRAL BOLD 16/19.2

Operae pretium reor ea quae isto in anno Dominus per beatum Benedictum in Galliis operari dignatus est, ad posterorum memoriam et aedificationem annectere. Quidam namque vir potentissimus Gallorum *gente progenitus tantis* se ab ipsa infantia execrarat flagitiis.

INTERSTATE 9/11

Cuidam	Vero
Dei	Servo
Juxta	Manenti
Dominus	Ea Quae Circa
Defuncti	Animam
Agebantur	Ostendere
Dignatus	Est
Nam	Statim
Ut de corpore	Exiit

INTERSTATE BOLD 14/20

Et sanctus: Ne vobis injustitiam forte facere videar, ejus facta examinate

INTERSTATE BOLD 27/31

Lorem ipsum dolor sit amet, consectetuer adipiscing elit

INTERSTATE BOLD / ALL CAPS 18/21.6

DUIS TE FEUGI FACILISI. DUIS AUTEM DOLOR IN HENDRERIT IN VULPUTATE VELIT ESSE MOLESTIE CONSEQUAT

CLARENDON LIGHT 11/16.5

Videntes apostoli et alii patres antiqui, et praecipue reverendus pater noster beatus Benedictus, quod otiositas inimica est animae, sicut ipse dicit in regula sua, ipsi propriis manibus laboraverunt, et religiosis viris opera manuum secundum quod regula praecepit, studeant propriis manibus laborare.

Sed ne aliquis de dispositione locorum causari possit dicens, tale monasterium non esse apertum ad opera manuum exercenda, quia situm est in civitate, in aliquo castro vel villa, propterea.

CLARENDON LIGHT / SMALL CAPS 9/12

Dolor sit amet SED UT PERSPICIATIS ipsam voluptatem enim voluptas sit esse Dominico Vaspernatur aut fugit Roma, Januaris 1522.

CLARENDON / SMALL CAPS 19/22.8

NEMO ENIM

CLARENDON LIGHT 10/13.5

Sed ut perspiciatis unde omnis iste natus error sit voluptatem accusantium doloremque laudantium, totam rem aperiam, eaque ipsa quae ab illo de inventore veritatis et quasi architecto beatae vitae dicta sunt est explicabo natus:

- Neque porro quisquam
- Architecto beatae vitae
- Qui dolorem ipsum
- Inventore veritatis quasi

Dolores nemo enim ipsam voluptatem quia voluptas sit aspernatur aut odit aut fugit, sed quia consequuntur magni est dolores eos qui ratione.

Nunc enim vere monachi est de sunt, si otiosi non maneant, sicut. Sed ne aliquis de possit dicens, tale est monasterium.

INTERSTATE BOLD 9/15

"Neque porro quisquam est, qui dolorem ipsum quia dolor sit amet, consectetur Nemo voluptatem quia vere monachi maneant, aspernatur aut odit aut fugit, sed quia eos qui ratione voluptatem sequi nesciunt."

INTERSTATE BOLD 8/12

Quisquam						
	1	2	3	4	5	6
7	8	9	10	11	12	13
14	15	16	17	18	19	20
21	22	23	24	25	26	27
28	29	30				

CLARENDON 14/20

Operae pretium reor ea quae isto in anno Dominus per beatum Benedictum in Galliis operari dignatus est, ad posterorum memoriam et aedificationem annectere. Quidam namque vir potentissimus Gallorum gente progenitus tantis se ab ipsa infantia execrarat flagitiis.

INTERSTATE 9/11

INTERSTATE BOLD 14/20

Et sanctus: Ne vobis injustitiam forte facere videar, ejus facta examinate

INTERSTATE BOLD 27/31

Lorem ipsum dolor sit amet, consectetuer adipiscing elit

INTERSTATE BOLD / ALL CAPS 18/21.6

DUIS TE FEUGI FACILISI. DUIS AUTEM DOLOR IN HENDRERIT IN VULPUTATE VELIT ESSE MOLESTIE CONSEQUAT

MINION 14/16.8

Videntes apostoli et alii patres antiqui, et praecipue reverendus pater noster beatus Benedictus, quod otiositas inimica est animae, sicut ipse dicit in regula sua, ipsi propriis manibus laboraverunt, *et religiosis viris opera* manuum secundum quod regula praecepit, studeant propriis manibus laborare.

Sed ne aliquis de dispositione locorum causari possit dicens, tale monasterium non esse apertum ad *opera manuum exercenda,* quia situm est in civitate, in aliquo castro vel villa, propterea.

MINION ITALIC & ROMAN / SMALL CAPS 11/13.2

Dolor sit amet SED UT PERSPICIATIS *ipsam voluptatem enim voluptas sit esse Dominico Vaspernatur aut fugit Roma, Januaris 1522.*

MINION BOLD / SMALL CAPS 19/22.8

NEMO ENIM

MINION 11/14.4

Sed ut perspiciatis unde omnis iste natus error sit voluptatem accusantium doloremque laudantium, totam rem aperiam, eaque ipsa quae ab illo de inventore veritatis et quasi architecto beatae vitae dicta sunt est explicabo natus:

- Neque *porro* quisquam
- Architecto beatae vitae
- Qui *dolorem* ipsum
- Inventore veritatis quasi

Dolores nemo enim ipsam voluptatem quia voluptas sit aspernatur aut odit aut fugit, sed quia consequuntur magni est dolores eos qui ratione.

Nunc enim vere monachi est de sunt, si otiosi non maneant, sicut. Sed ne aliquis de possit dicens, tale est monasterium.

INTERSTATE BOLD 9/15

"Neque porro quisquam est, qui dolorem ipsum quia dolor sit amet, consectetur Nemo voluptatem quia vere monachi maneant, aspernatur aut odit aut fugit, sed quia eos qui ratione voluptatem sequi nesciunt."

INTERSTATE BOLD 8/12

Quisquam					
1	2	3	4	5	6
7	8	9	10	11	12	13
14	15	16	17	18	19	20
21	22	23	24	25	26	27
28	29	30				

MINION BOLD 16/19.2

Operae pretium reor ea quae isto in anno Dominus per beatum Benedictum in Galliis operari dignatus est, ad posterorum memoriam et aedificationem annectere. Quidam namque vir potentissimus Gallorum *gente progenitus tantis* se ab ipsa infantia execrarat flagitiis.

INTERSTATE 9/11

Cuidam ....Vero
Dei... Servo
Juxta .... Manenti
Dominus ....Ea Quae Circa
Defuncti ....Animam
Agebantur.............................. Ostendere
Dignatus...Est
Nam ....Statim
Ut de corpore.................................Exiit

INTERSTATE BOLD 14/20

Et sanctus: Ne vobis injustitiam forte facere videar, ejus facta examinate

INTERSTATE BOLD 27/31

Lorem ipsum dolor sit amet, consectetuer adipiscing elit

INTERSTATE BOLD / ALL CAPS 18/21.6

DUIS TE FEUGI FACILISI. DUIS AUTEM DOLOR IN HENDRERIT IN VULPUTATE VELIT ESSE MOLESTIE CONSEQUAT

TIMES NEW ROMAN 14/16.8

Videntes apostoli et alii patres antiqui, et praecipue reverendus pater noster beatus Benedictus, quod otiositas inimica est animae, sicut ipse dicit in regula sua, ipsi propriis manibus laboraverunt, et *religiosis viris opera* manuum secundum quod regula praecepit, studeant propriis manibus laborare.

Sed ne aliquis de dispositione locorum causari possit dicens, tale monasterium non esse apertum ad *opera manuum exercenda*, quia situm est in civitate, in aliquo castro vel villa, propterea.

TIMES NEW ROMAN ITALIC / SMALL CAPS 11/13.2

Dolor sit amet SED UT PERSPICIATIS *ipsam voluptatem enim voluptas sit esse Dominico Vaspernatur aut fugit Roma, Januaris 1522.*

TIMES NEW ROMAN BOLD / SMALL CAPS 19/22.8

NEMO ENIM

TIMES NEW ROMAN 11/14

Sed ut perspiciatis unde omnis iste natus error sit voluptatem accusantium doloremque laudantium, totam rem aperiam, eaque ipsa quae ab illo de inventore veritatis et quasi architecto beatae vitae dicta sunt est explicabo natus:

- Neque *porro* quisquam
- Architecto beatae vitae
- Qui *dolorem* ipsum
- Inventore veritatis quasi

Dolores nemo enim ipsam voluptatem quia voluptas sit aspernatur aut odit aut fugit, sed quia consequuntur magni est dolores eos qui ratione.

Nunc enim vere monachi est de sunt, si otiosi non maneant, sicut. Sed ne aliquis de possit dicens, tale est monasterium.

INTERSTATE BOLD 9/15

"Neque porro quisquam est, qui dolorem ipsum quia dolor sit amet, consectetur Nemo voluptatem quia vere monachi maneant, aspernatur aut odit aut fugit, sed quia eos qui ratione voluptatem sequi nesciunt."

INTERSTATE BOLD 8/12

Quisquam						
	1	2	3	4	5	6
7	8	9	10	11	12	13
14	15	16	17	18	19	20
21	22	23	24	25	26	27
28	29	30				

TIMES NEW ROMAN BOLD 16/19.2

Operae pretium reor ea quae isto in anno Dominus per beatum Benedictum in Galliis operari dignatus est, ad posterorum memoriam et aedificationem annectere. Quidam namque vir potentissimus Gallorum *gente progenitus tantis* se ab ipsa infantia execrarat flagitiis.

INTERSTATE 9/11

Cuidam	Vero
Dei	Servo
Juxta	Manenti
Dominus	Ea Quae Circa
Defuncti	Animam
Agebantur	Ostendere
Dignatus	Est
Nam	Statim
Ut de corpore	Exiit

INTERSTATE BOLD 14/20

Et sanctus: Ne vobis injustitiam forte facere videar, ejus facta examinate

INTERSTATE BOLD 27/31

Lorem ipsum dolor sit amet, consectetuer adipiscing elit

INTERSTATE BOLD / ALL CAPS 18/21.6

DUIS TE FEUGI FACILISI. DUIS AUTEM DOLOR IN HENDRERIT IN VULPUTATE VELIT ESSE MOLESTIE CONSEQUAT

WARNOCK 13/15.6

Videntes apostoli et alii patres antiqui, et praecipue reverendus pater noster beatus Benedictus, quod otiositas inimica est animae, sicut ipse dicit in regula sua, ipsi propriis manibus laboraverunt, *et religiosis viris opera* manuum secundum quod regula praecepit, studeant propriis manibus laborare.

Sed ne aliquis de dispositione locorum causari possit dicens, tale monasterium non esse apertum ad *opera manuum exercenda,* quia situm est in civitate, in aliquo castro vel villa, propterea.

WARNOCK ITALIC & ROMAN / SMALL CAPS 11/13.2

Dolor sit amet SED UT PERSPICIATIS *ipsam voluptatem enim voluptas sit esse Dominico Vaspernatur aut fugit Roma, Januaris 1522.*

WARNOCK BOLD / SMALL CAPS 19/22.8

NEMO ENIM

WARNOCK 11/14

Sed ut perspiciatis unde omnis iste natus error sit voluptatem accusantium doloremque laudantium, totam rem aperiam, eaque ipsa quae ab illo de inventore veritatis et quasi architecto beatae vitae dicta sunt est explicabo natus:

- Neque *porro* quisquam
- Architecto beatae vitae
- Qui *dolorem* ipsum
- Inventore veritatis quasi

Dolores nemo enim ipsam voluptatem quia voluptas sit aspernatur aut odit aut fugit, sed quia consequuntur magni est dolores eos qui ratione.

Nunc enim vere monachi est de sunt, si otiosi non maneant, sicut. Sed ne aliquis de possit dicens, tale est monasterium.

INTERSTATE BOLD 9/15

"Neque porro quisquam est, qui dolorem ipsum quia dolor sit amet, consectetur Nemo voluptatem quia vere monachi maneant, aspernatur aut odit aut fugit, sed quia eos qui ratione voluptatem sequi nesciunt."

INTERSTATE BOLD 8/12

Quisquam						
	1	2	3	4	5	6
7	8	9	10	11	12	13
14	15	16	17	18	19	20
21	22	23	24	25	26	27
28	29	30				

WARNOCK BOLD 16/19.2

Operae pretium reor ea quae isto in anno Dominus per beatum Benedictum in Galliis operari dignatus est, ad posterorum memoriam et aedificationem annectere. Quidam namque vir potentissimus Gallorum *gente progenitus tantis* se ab ipsa infantia execrarat flagitiis.

INTERSTATE 9/11

Cuidam	Vero
Dei	Servo
Juxta	Manenti
Dominus	Ea Quae Circa
Defuncti	Animam
Agebantur	Ostendere
Dignatus	Est
Nam	Statim
Ut de corpore	Exiit

INTERSTATE BOLD 14/20

Et sanctus: Ne vobis injustitiam forte facere videar, ejus facta examinate

JENSEN BOLD 33/36

Lorem ipsum dolor sit amet, consectetuer adipiscing elit

JENSEN BOLD / ALL CAPS 18/21.6

DUIS TE FEUGI FACILISI. DUIS AUTEM DOLOR IN HENDRERIT IN VULPUTATE VELIT ESSE MOLESTIE CONSEQUAT

JENSEN 14/16.8

Videntes apostoli et alii patres antiqui, et praecipue reverendus pater noster beatus Benedictus, quod otiositas inimica est animae, sicut ipse dicit in regula sua, ipsi propriis manibus laboraverunt, et *religiosis viris opera* manuum secundum quod regula praecepit, studeant propriis manibus laborare.

Sed ne aliquis de dispositione locorum causari possit dicens, tale monasterium non esse apertum ad *opera manuum exercenda*, quia situm est in civitate, in aliquo castro vel villa, propterea.

JENSEN ITALIC / SMALL CAPS 11/13.2

Dolor sit amet SED UT PERSPICIATIS *ipsam voluptatem enim voluptas sit esse Dominico Vaspernatur aut fugit Roma, Januaris 1522.*

JENSEN BOLD / SMALL CAPS 19/22.8

NEMO ENIM

JENSEN 12/14.4

Sed ut perspiciatis unde omnis iste natus error sit voluptatem accusantium doloremque laudantium, totam rem aperiam, eaque ipsa quae ab illo de inventore veritatis et quasi architecto beatae vitae dicta sunt est explicabo natus:

- Neque *porro* quisquam
- Architecto beatae vitae
- Qui *dolorem* ipsum
- Inventore veritatis quasi

Dolores nemo enim ipsam voluptatem quia voluptas sit aspernatur aut odit aut fugit, sed quia consequuntur magni est dolores eos qui ratione.

Nunc enim vere monachi est de sunt, si otiosi non maneant, sicut. Sed ne aliquis de possit dicens, tale est monasterium.

JENSEN BOLD ITALIC 11/15

"Neque porro quisquam est, qui dolorem ipsum quia dolor sit amet, consectetur Nemo voluptatem quia vere monachi maneant, aspernatur aut odit aut fugit, sed quia eos qui ratione voluptatem sequi nesciunt."

JENSEN BOLD 9/12

Quisquam					
1	2	3	4	5	6
7	8	9	10	11	12	13
14	15	16	17	18	19	20
21	22	23	24	25	26	27
28	29	30				

JENSEN BOLD 16/19.2

Operae pretium reor ea quae isto in anno Dominus per beatum Benedictum in Galliis operari dignatus est, ad posterorum memoriam et aedificationem annectere. Quidam namque vir potentissimus Gallorum *gente progenitus tantis* se ab ipsa infantia execrarat flagitiis.

JENSEN 9/11

Cuidam ....Vero
Dei ....Servo
Juxta.. Manenti
Dominus.............................Ea Quae Circa
Defuncti ....Animam
Agebantur.................................. Ostendere
Dignatus .... Est
Nam.. Statim
Ut de corpore ....Exiit

JENSEN BOLD 17/20

Et sanctus: Ne vobis injustitiam forte facere videar, ejus facta examinate

JENSEN BOLD 33/36

Lorem ipsum dolor sit amet, consectetuer adipiscing elit

JENSEN BOLD / ALL CAPS 18/21.6

DUIS TE FEUGI FACILISI. DUIS AUTEM DOLOR IN HENDRERIT IN VULPUTATE VELIT ESSE MOLESTIE CONSEQUAT

FF DIN 13/18

Videntes apostoli et alii patres antiqui, et praecipue reverendus pater noster beatus Benedictus, quod otiositas inimica est animae, sicut ipse dicit in regula sua, ipsi propriis manibus laboraverunt, et religiosis viris opera manuum secundum quod regula praecepit, studeant propriis manibus laborare.

Sed ne aliquis de dispositione locorum causari possit dicens, tale monasterium non esse apertum ad opera manuum exercenda, quia situm est in civitate, in aliquo castro vel villa, propterea.

FF DIN / SMALL CAPS 11/13.2

Dolor sit amet SED UT PERSPICIATIS ipsam voluptatem enim voluptas sit esse Dominico Vaspernatur aut fugit Roma, Januaris 1522.

FF DIN / SMALL CAPS 19/22.8

NEMO ENIM

FF DIN 11/14

Sed ut perspiciatis unde omnis iste natus error sit voluptatem accusantium doloremque laudantium, totam rem aperiam, eaque ipsa quae ab illo de inventore veritatis et quasi architecto beatae vitae dicta sunt est explicabo natus:

- Neque porro quisquam
- Architecto beatae vitae
- Qui dolorem ipsum
- Inventore veritatis quasi

Dolores nemo enim ipsam voluptatem quia voluptas sit aspernatur aut odit aut fugit, sed quia consequuntur magni est dolores eos qui ratione.

Nunc enim vere monachi est de sunt, si otiosi non maneant, sicut. Sed ne aliquis de possit dicens, tale est monasterium.

JENSEN BOLD ITALIC 11/15

"Neque porro quisquam est, qui dolorem ipsum quia dolor sit amet, consectetur Nemo voluptatem quia vere monachi maneant, aspernatur aut odit aut fugit, sed quia eos qui ratione voluptatem sequi nesciunt."

JENSEN BOLD 9/12

Quisquam					
1	2	3	4	5	6
7	8	9	10	11	12	13
14	15	16	17	18	19	20
21	22	23	24	25	26	27
28	29	30				

FF DIN BOLD 16/19.2

Operae pretium reor ea quae isto in anno Dominus per beatum Benedictum in Galliis operari dignatus est, ad posterorum memoriam et aedificationem annectere. Quidam namque vir potentissimus Gallorum gente progenitus tantis se ab ipsa infantia execrarat flagitiis.

JENSEN 9/11

JENSEN BOLD 17/20

Et sanctus: Ne vobis injustitiam forte facere videar, ejus facta examinate

JENSEN BOLD 33/36

Lorem ipsum dolor sit amet, consectetuer adipiscing elit

JENSEN BOLD / ALL CAPS 18/21.6

DUIS TE FEUGI FACILISI. DUIS AUTEM DOLOR IN HENDRERIT IN VULPUTATE VELIT ESSE MOLESTIE CONSEQUAT

FRANKLIN GOTHIC 13/17

Videntes apostoli et alii patres antiqui, et praecipue reverendus pater noster beatus Benedictus, quod otiositas inimica est animae, sicut ipse dicit in regula sua, ipsi propriis manibus laboraverunt, *et religiosis viris opera* manuum secundum quod regula praecepit, studeant propriis manibus laborare.

Sed ne aliquis de dispositione locorum causari possit dicens, tale monasterium non esse apertum ad *opera manuum exercenda,* quia situm est in civitate, in aliquo castro vel villa, propterea.

FRANKLIN GOTHIC ITALIC / SMALL CAPS 11/13.2

Dolor sit amet SED UT PERSPICIATIS *ipsam voluptatem enim voluptas sit esse Dominico Vaspernatur aut fugit Roma, Januaris 1522.*

FRANKLIN GOTHIC BOLD / SMALL CAPS 19/22.8

NEMO ENIM

FRANKLIN GOTHIC 10/14.4

Sed ut perspiciatis unde omnis iste natus error sit voluptatem accu santium doloremque laudantium, totam rem aperiam, eaque ipsa quae ab illo de inventore veritatis et quasi architecto beatae vitae dicta sunt est explicabo natus:

- Neque *porro* quisquam
- Architecto beatae vitae
- Qui *dolorem* ipsum
- Inventore veritatis quasi

Dolores nemo enim ipsam voluptatem quia voluptas sit aspernatur aut odit aut fugit, sed quia consequuntur magni est dolores eos qui ratione.

Nunc enim vere monachi est de sunt, si otiosi non maneant, sicut. Sed ne aliquis de possit dicens, tale est monasterium.

FRANKLIN GOTHIC BOLD 16/19.2

Operae pretium reor ea quae isto in anno Dominus per beatum Benedictum in Galliis operari dignatus est, ad posterorum memoriam et aedificationem annectere. Quidam namque vir potentissimus Gallorum *gente progenitus tantis* se ab ipsa infantia execrarat flagitiis.

JENSEN BOLD ITALIC 11/15

"Neque porro quisquam est, qui dolorem ipsum quia dolor sit amet, consectetur Nemo voluptatem quia vere monachi maneant, aspernatur aut odit aut fugit, sed quia eos qui ratione voluptatem sequi nesciunt."

JENSEN BOLD 9/12

Quisquam						
	1	2	3	4	5	6
7	8	9	10	11	12	13
14	15	16	17	18	19	20
21	22	23	24	25	26	27
28	29	30				

JENSEN 9/11

Cuidam	Vero
Dei	Servo
Juxta	Manenti
Dominus	Ea Quae Circa
Defuncti	Animam
Agebantur	Ostendere
Dignatus	Est
Nam	Statim
Ut de corpore	Exiit

JENSEN BOLD 17/20

Et sanctus: Ne vobis injustitiam forte facere videar, ejus facta examinate

JENSEN BOLD 33/36

Lorem ipsum dolor sit amet, consectetuer adipiscing elit

JENSEN BOLD / ALL CAPS 18/21.6

DUIS TE FEUGI FACILISI. DUIS AUTEM DOLOR IN HENDRERIT IN VULPUTATE VELIT ESSE MOLESTIE CONSEQUAT

HELVETICA 12/17

Videntes apostoli et alii patres antiqui, et praecipue reverendus pater noster beatus Benedictus, quod otiositas inimica est animae, sicut ipse dicit in regula sua, ipsi propriis manibus laboraverunt, *et religiosis viris opera* manuum secundum quod regula praecepit, studeant propriis manibus laborare.

Sed ne aliquis de dispositione locorum causari possit dicens, tale monasterium non esse apertum ad *opera manuum exercenda,* quia situm est in civitate, in aliquo castro vel villa, propterea.

HELVETICA ITALIC & ROMAN / SMALL CAPS 11/13.2

Dolor sit amet SED UT PERSPICIATIS i*psam voluptatem enim voluptas sit esse Dominico Vas git Roma, Januaris 1522.*

HELVETICA BOLD / SMALL CAPS 19/22.8

NEMO ENIM

HELVETICA 10.5/14

Sed ut perspiciatis unde omnis iste natus error sit voluptatem accusantium doloremque laudantium, totam rem aperiam, eaque ipsa quae ab illo de inventore veritatis et quasi architecto beatae vitae dicta sunt est explicabo natus:

- Neque *porro* quisquam
- Architecto beatae vitae
- Qui *dolorem* ipsum
- Inventore veritatis quasi

Dolores nemo enim ipsam voluptatem quia voluptas sit aspernatur aut odit aut fugit, sed quia consequuntur magni est dolores eos qui ratione.

Nunc enim vere monachi est de sunt, si otiosi non maneant, sicut. Sed ne aliquis de possit dicens, tale est monasterium.

JENSEN BOLD ITALIC 11/15

"Neque porro quisquam est, qui dolorem ipsum quia dolor sit amet, consectetur Nemo voluptatem quia vere monachi maneant, aspernatur aut odit aut fugit, sed quia eos qui ratione voluptatem sequi nesciunt."

JENSEN BOLD 9/12

Quisquam					
1	2	3	4	5	6
7	8	9	10	11	12	13
14	15	16	17	18	19	20
21	22	23	24	25	26	27
28	29	30				

HELVETICA BOLD 15/20

Operae pretium reor ea quae isto in anno Dominus per beatum Benedictum in Galliis operari dignatus est, ad posterorum memoriam et aedificationem annectere. Quidam namque vir potentissimus Gallorum *gente progenitus tantis* se ab ipsa infantia execrarat flagitiis.

JENSEN 9/11

Cuidam...Vero
Dei..Servo
Juxta... Manenti
Dominus...............................Ea Quae Circa
Defuncti...Animam
Agebantur.............................. Ostendere
Dignatus.. Est
Nam.. Statim
Ut de corpore...Exiit

JENSEN BOLD 17/20

Et sanctus: Ne vobis injustitiam forte facere videar, ejus facta examinate

JENSEN BOLD 33/36

Lorem ipsum dolor sit amet, consectetuer adipiscing elit

JENSEN BOLD / ALL CAPS 18/21.6

DUIS TE FEUGI FACILISI. DUIS AUTEM DOLOR IN HENDRERIT IN VULPUTATE VELIT ESSE MOLESTIE CONSEQUAT

STONE 12/17

Videntes apostoli et alii patres antiqui, et praecipue reverendus pater noster beatus Benedictus, quod otiositas inimica est animae, sicut ipse dicit in regula sua, ipsi propriis manibus laboraverunt, et *religiosis viris opera* manuum secundum quod regula praecepit, studeant propriis manibus laborare.

Sed ne aliquis de dispositione locorum causari possit dicens, tale monasterium non esse apertum ad *opera manuum exercenda*, quia situm est in civitate, in aliquo castro vel villa, propterea.

STONE ITALIC / SMALL CAPS 11/13.2

Dolor sit amet SED UT PERSPICIATIS *ipsam voluptatem enim voluptas sit esse Dominico Vaspernatur aut fugit Roma, Januaris 1522.*

STONE BOLD / SMALL CAPS 19/22.8

NEMO ENIM

STONE 10/14

Sed ut perspiciatis unde omnis iste natus error sit voluptatem accusantium doloremque laudantium, totam rem aperiam, eaque ipsa quae ab illo de inventore veritatis et quasi architecto beatae vitae dicta sunt est explicabo natus:

- Neque *porro* quisquam
- Architecto beatae vitae
- Qui *dolorem* ipsum
- Inventore veritatis quasi

Dolores nemo enim ipsam voluptatem quia voluptas sit aspernatur aut odit aut fugit, sed quia consequuntur magni est dolores eos qui ratione.

Nunc enim vere monachi est de sunt, si otiosi non maneant, sicut. Sed ne aliquis de possit dicens, tale est monasterium.

JENSEN BOLD ITALIC 11/15

"Neque porro quisquam est, qui dolorem ipsum quia dolor sit amet, consectetur Nemo voluptatem quia vere monachi maneant, aspernatur aut odit aut fugit, sed quia eos qui ratione voluptatem sequi nesciunt."

JENSEN BOLD 9/12

Quisquam					
1	2	3	4	5	6
7	8	9	10	11	12	13
14	15	16	17	18	19	20
21	22	23	24	25	26	27
28	29	30			

STONE BOLD 14/19

Operae pretium reor ea quae isto in anno Dominus per beatum Benedictum in Galliis operari dignatus est, ad posterorum memoriam et aedificationem annectere. Quidam namque vir potentissimus Gallorum *gente progenitus tantis* se ab ipsa infantia execrarat flagitiis.

JENSEN 9/11

Cuidam ....Vero
Dei ....Servo
Juxta.. Manenti
Dominus..Ea Quae Circa
Defuncti ....Animam
Agebantur...Ostendere
Dignatus .... Est
Nam...Statim
Ut de corpore ....Exiit

JENSEN BOLD 17/20

Et sanctus: Ne vobis injustitiam forte facere videar, ejus facta examinate

JENSEN BOLD 33/36

Lorem ipsum dolor sit amet, consectetuer adipiscing elit

JENSEN BOLD / ALL CAPS 18/21.6

DUIS TE FEUGI FACILISI. DUIS AUTEM DOLOR IN HENDRERIT IN VULPUTATE VELIT ESSE MOLESTIE CONSEQUAT

TRADE GOTHIC 12/16

Videntes apostoli et alii patres antiqui, et praecipue reverendus pater noster beatus Benedictus, quod otiositas inimica est animae, sicut ipse dicit in regula sua, ipsi propriis manibus laboraverunt, et *religiosis viris opera* manuum secundum quod regula praecepit, studeant propriis manibus laborare.

Sed ne aliquis de dispositione locorum causari possit dicens, tale monasterium non esse apertum ad *opera manuum exercenda*, quia situm est in civitate, in aliquo castro vel villa, propterea.

TRADE GOTHIC ITALIC / SMALL CAPS 10/12

Dolor sit amet SED UT PERSPICIATIS *ipsam voluptatem enim voluptas sit esse Dominico Vaspernatur aut fugit Roma, Januaris 1522.*

TRADE GOTHIC BOLD / SMALL CAPS 19/22.8

NEMO ENIM

TRADE GOTHIC 10/14

Sed ut perspiciatis unde omnis iste natus error sit voluptatem accusantium doloremque laudantium, totam rem aperiam, eaque ipsa quae ab illo de inventore veritatis et quasi architecto beatae vitae dicta sunt est explicabo natus:

- Neque *porro* quisquam
- Architecto beatae vitae
- Qui *dolorem* ipsum
- Inventore veritatis quasi

Dolores nemo enim ipsam voluptatem quia voluptas sit aspernatur aut odit aut fugit, sed quia consequuntur magni est dolores eos qui ratione.

Nunc enim vere monachi est de sunt, si otiosi non maneant, sicut. Sed ne aliquis de possit dicens, tale est monasterium.

JENSEN BOLD ITALIC 11/15

"Neque porro quisquam est, qui dolorem ipsum quia dolor sit amet, consectetur Nemo voluptatem quia vere monachi maneant, aspernatur aut odit aut fugit, sed quia eos qui ratione voluptatem sequi nesciunt."

JENSEN BOLD 9/12

Quisquam					
	1	2	3	4	5	6
7	8	9	10	11	12	13
14	15	16	17	18	19	20
21	22	23	24	25	26	27
28	29	30			

TRADE GOTHIC BOLD 16/19.2

Operae pretium reor ea quae isto in anno Dominus per beatum Benedictum in Galliis operari dignatus est, ad posterorum memoriam et aedificationem annectere. Quidam namque vir potentissimus Gallorum *gente progenitus tantis* se ab ipsa infantia execrarat flagitiis.

JENSEN 9/11

Cuidam	Vero
Dei	Servo
Juxta	Manenti
Dominus	Ea Quae Circa
Defuncti	Animam
Agebantur	Ostendere
Dignatus	Est
Nam	Statim
Ut de corpore	Exiit

JENSEN BOLD 17/20

Et sanctus: Ne vobis injustitiam forte facere videar, ejus facta examinate

LUCIDA SANS BOLD 25/29

Lorem ipsum dolor sit amet, consectetuer adipiscing elit

LUCIDA SANS BOLD / ALL CAPS 18/21.6

DUIS TE FEUGI FACILISI. DUIS AUTEM DOLOR IN HENDRERIT IN VULPUTATE VELIT ESSE MOLESTIE CONSEQUAT

LUCIDA SANS 11/16

Videntes apostoli et alii patres antiqui, et praecipue reverendus pater noster beatus Benedictus, quod otiositas inimica est animae, sicut ipse dicit in regula sua, ipsi propriis manibus laboraverunt, et *religiosis viris opera* manuum secundum quod regula praecepit, studeant propriis manibus laborare.

Sed ne aliquis de dispositione locorum causari possit dicens, tale monasterium non esse apertum ad *opera manuum exercenda*, quia situm est in civitate, in aliquo castro vel villa, propterea.

LUCIDA SANS ITALIC / SMALL CAPS 10/12

Dolor sit amet SED UT PERSPICIATIS *ipsam voluptatem enim voluptas sit esse Dominico Vaspernatur aut fugit Roma, Januaris 1522.*

LUCIDA SANS BOLD / SMALL CAPS 19/22.8

NEMO ENIM

LUCIDA SANS 10/13

Sed ut perspiciatis unde omnis iste natus error sit voluptatem accusantium doloremque laudantium, totam rem aperiam, eaque ipsa quae ab illo de inventore veritatis et quasi architecto beatae vitae dicta sunt est explicabo natus:

- Neque *porro* quisquam
- Architecto beatae vitae
- Qui *dolorem* ipsum
- Inventore veritatis quasi

Dolores nemo enim ipsam voluptatem quia voluptas sit aspernatur aut odit aut fugit, sed quia consequuntur magni est dolores eos qui ratione.

Nunc enim vere monachi est de sunt, si otiosi non maneant, sicut. Sed ne aliquis de possit enim dicens, tale est monasterium.

LUCIDA SANS BOLD ITALIC 8/15

"Neque porro quisquam est, qui dolorem ipsum quia dolor sit amet, consectetur Nemo voluptatem quia vere monachi maneant, aspernatur aut odit aut fugit, sed quia eos qui ratione voluptatem sequi nesciunt."

LUCIDA SANS BOLD 8/12

Quisquam						
	1	2	3	4	5	6
7	8	9	10	11	12	13
14	15	16	17	18	19	20
21	22	23	24	25	26	27
28	29	30				

LUCIDA SANS BOLD 14/19

Operae pretium reor ea quae isto in anno Dominus per beatum Benedictum in Galliis operari dignatus est, ad posterorum memoriam et aedificationem annectere. Quidam namque vir potentissimus Gallorum *gente progenitus tantis* se ab ipsa infantia execrarat flagitiis.

LUCIDA SANS 9/11

Cuidam	Vero
Dei	Servo
Juxta	Manenti
Dominus	Ea Quae Circa
Defuncti	Animam
Agebantur	Ostendere
Dignatus	Est
Nam	Statim
Ut de corpore	Exiit

LUCIDA SANS BOLD 13/20

Et sanctus: Ne vobis injustitiam forte facere videar, ejus facta examinate

LUCIDA SANS BOLD 25/29

Lorem ipsum dolor sit amet, consectetuer adipiscing elit

LUCIDA SANS BOLD / ALL CAPS 18/21.6

DUIS TE FEUGI FACILISI. DUIS AUTEM DOLOR IN HENDRERIT IN VULPUTATE VELIT ESSE MOLESTIE CONSEQUAT

BEMBO 13/15.6

Videntes apostoli et alii patres antiqui, et praecipue reverendus pater noster beatus Benedictus, quod otiositas inimica est animae, sicut ipse dicit in regula sua, ipsi propriis manibus laboraverunt, *et religiosis viris opera* manuum secundum quod regula praecepit, studeant propriis manibus laborare.

Sed ne aliquis de dispositione locorum causari possit dicens, tale monasterium non esse apertum ad *opera manuum exercenda,* quia situm est in civitate, in aliquo castro vel villa, propterea.

BEMBO ITALIC ITALIC & ROMAN / SMALL CAPS 11/13.2

Dolor sit amet SED UT PERSPICIATIS *ipsam voluptatem enim voluptas sit esse Dominico Vaspernatur aut fugit Roma, Januaris 1522.*

BEMBO BOLD / SMALL CAPS 19/22.8

NEMO ENIM

BEMBO 11/14.4

Sed ut perspiciatis unde omnis iste natus error sit voluptatem accusantium doloremque laudantium, totam rem aperiam, eaque ipsa quae ab illo de inventore veritatis et quasi architecto beatae vitae dicta sunt est explicabo natus:

- Neque *porro* quisquam
- Architecto beatae vitae
- Qui *dolorem* ipsum
- Inventore veritatis quasi

Dolores nemo enim ipsam voluptatem quia voluptas sit aspernatur aut odit aut fugit, sed quia consequuntur magni est dolores eos qui ratione.

Nunc enim vere monachi est de sunt, si otiosi non maneant, sicut. Sed ne aliquis de possit dicens, tale est monasterium.

LUCIDA SANS BOLD ITALIC 8/15

"Neque porro quisquam est, qui dolorem ipsum quia dolor sit amet, consectetur Nemo voluptatem quia vere monachi maneant, aspernatur aut odit aut fugit, sed quia eos qui ratione voluptatem sequi nesciunt."

LUCIDA SANS BOLD 8/12

Quisquam					
	1	2	3	4	5	6
7	8	9	10	11	12	13
14	15	16	17	18	19	20
21	22	23	24	25	26	27
28	29	30				

BEMBO BOLD 16/19.2

Operae pretium reor ea quae isto in anno Dominus per beatum Benedictum in Galliis operari dignatus est, ad posterorum memoriam et aedificationem annectere. Quidam namque vir potentissimus Gallorum *gente progenitus tantis* se ab ipsa infantia execrarat flagitiis.

LUCIDA SANS 9/11

Cuidam	Vero
Dei	Servo
Juxta	Manenti
Dominus	Ea Quae Circa
Defuncti	Animam
Agebantur	Ostendere
Dignatus	Est
Nam	Statim
Ut de corpore	Exiit

LUCIDA SANS BOLD 13/20

Et sanctus: Ne vobis injustitiam forte facere videar, ejus facta examinate

LUCIDA SANS BOLD 25/29

Lorem ipsum dolor sit amet, consectetuer adipiscing elit

LUCIDA SANS BOLD / ALL CAPS 18/21.6

DUIS TE FEUGI FACILISI. DUIS AUTEM DOLOR IN HENDRERIT IN VULPUTATE VELIT ESSE MOLESTIE CONSEQUAT

GOUDY OLD STYLE 14/16.8

Videntes apostoli et alii patres antiqui, et praecipue reverendus pater noster beatus Benedictus, quod otiositas inimica est animae, sicut ipse dicit in regula sua, ipsi propriis manibus laboraverunt, et *religiosis viris opera* manuum secundum quod regula praecepit, studeant propriis manibus laborare.

Sed ne aliquis de dispositione locorum causari possit dicens, tale monasterium non esse apertum ad *opera manuum exercenda*, quia situm est in civitate, in aliquo castro vel villa, propterea.

GOUDY OLD STYLE ITALIC / SMALL CAPS 11/13.2

Dolor sit amet SED UT PERSPICIATIS *ipsam voluptatem enim voluptas sit esse Dominico Vaspernatur aut fugit Roma, Januaris 1522.*

GOUDY OLD STYLE BOLD / SMALL CAPS 19/22.8

NEMO ENIM

GOUDY OLD STYLE 11/14

Sed ut perspiciatis unde omnis iste natus error sit voluptatem accusantium doloremque laudantium, totam rem aperiam, eaque ipsa quae ab illo de inventore veritatis et quasi architecto beatae vitae dicta sunt est explicabo natus:

- Neque *porro* quisquam
- Architecto beatae vitae
- Qui *dolorem* ipsum
- Inventore veritatis quasi

Dolores nemo enim ipsam voluptatem quia voluptas sit aspernatur aut odit aut fugit, sed quia consequuntur magni est dolores eos qui ratione.

Nunc enim vere monachi est de sunt, si otiosi non maneant, sicut. Sed ne aliquis de possit dicens, tale est monasterium.

LUCIDA SANS BOLD ITALIC 8/15

"Neque porro quisquam est, qui dolorem ipsum quia dolor sit amet, consectetur Nemo voluptatem quia vere monachi maneant, aspernatur aut odit aut fugit, sed quia eos qui ratione voluptatem sequi nesciunt."

LUCIDA SANS BOLD 8/12

Quisquam						
	1	2	3	4	5	6
7	8	9	10	11	12	13
14	15	16	17	18	19	20
21	22	23	24	25	26	27
28	29	30				

GOUDY OLD STYLE BOLD 16/19.2

Operae pretium reor ea quae isto in anno Dominus per beatum Benedictum in Galliis operari dignatus est, ad posterorum memoriam et aedificationem annectere. Quidam namque vir potentissimus Gallorum *gente progenitus tantis* se ab ipsa infantia execrarat flagitiis.

LUCIDA SANS 9/11

Cuidam	Vero
Dei	Servo
Juxta	Manenti
Dominus	Ea Quae Circa
Defuncti	Animam
Agebantur	Ostendere
Dignatus	Est
Nam	Statim
Ut de corpore	Exiit

LUCIDA SANS BOLD 13/20

Et sanctus: Ne vobis injustitiam forte facere videar, ejus facta examinate

LUCIDA SANS BOLD 25/29

Lorem ipsum dolor sit amet, consectetuer adipiscing elit

LUCIDA SANS BOLD / ALL CAPS 18/21.6

DUIS TE FEUGI FACILISI. DUIS AUTEM DOLOR IN HENDRERIT IN VULPUTATE VELIT ESSE MOLESTIE CONSEQUAT

MINION 14/16.8

Videntes apostoli et alii patres antiqui, et praecipue reverendus pater noster beatus Benedictus, quod otiositas inimica est animae, sicut ipse dicit in regula sua, ipsi propriis manibus laboraverunt, *et religiosis viris opera* manuum secundum quod regula praecepit, studeant propriis manibus laborare.

Sed ne aliquis de dispositione locorum causari possit dicens, tale monasterium non esse apertum ad *opera manuum exercenda,* quia situm est in civitate, in aliquo castro vel villa, propterea.

MINION ITALIC & ROMAN / SMALL CAPS 11/13.2

Dolor sit amet SED UT PERSPICIATIS *ipsam voluptatem enim voluptas sit esse Dominico Vaspernatur aut fugit Roma, Januaris 1522.*

MINION BOLD / SMALL CAPS 19/22.8

NEMO ENIM

MINION 11/14.4

Sed ut perspiciatis unde omnis iste natus error sit voluptatem accusantium doloremque laudantium, totam rem aperiam, eaque ipsa quae ab illo de inventore veritatis et quasi architecto beatae vitae dicta sunt est explicabo natus:

- Neque *porro* quisquam
- Architecto beatae vitae
- Qui *dolorem* ipsum
- Inventore veritatis quasi

Dolores nemo enim ipsam voluptatem quia voluptas sit aspernatur aut odit aut fugit, sed quia consequuntur magni est dolores eos qui ratione.

Nunc enim vere monachi est de sunt, si otiosi non maneant, sicut. Sed ne aliquis de possit dicens, tale est monasterium.

LUCIDA SANS BOLD ITALIC 8/15

"Neque porro quisquam est, qui dolorem ipsum quia dolor sit amet, consectetur Nemo voluptatem quia vere monachi maneant, aspernatur aut odit aut fugit, sed quia eos qui ratione voluptatem sequi nesciunt."

LUCIDA SANS BOLD 8/12

Quisquam					
	1	2	3	4	5	6
7	8	9	10	11	12	13
14	15	16	17	18	19	20
21	22	23	24	25	26	27
28	29	30				

MINION BOLD 16/19.2

Operae pretium reor ea quae isto in anno Dominus per beatum Benedictum in Galliis operari dignatus est, ad posterorum memoriam et aedificationem annectere. Quidam namque vir potentissimus Gallorum *gente progenitus tantis* se ab ipsa infantia execrarat flagitiis.

LUCIDA SANS 9/11

Cuidam	Vero
Dei	Servo
Juxta	Manenti
Dominus	Ea Quae Circa
Defuncti	Animam
Agebantur	Ostendere
Dignatus	Est
Nam	Statim
Ut de corpore	Exiit

LUCIDA SANS BOLD 13/20

Et sanctus: Ne vobis injustitiam forte facere videar, ejus facta examinate

LUCIDA SANS BOLD 25/29

Lorem ipsum dolor sit amet, consectetuer adipiscing elit

LUCIDA SANS BOLD / ALL CAPS 18/21.6

DUIS TE FEUGI FACILISI. DUIS AUTEM DOLOR IN HENDRERIT IN VULPUTATE VELIT ESSE MOLESTIE CONSEQUAT

PALATINO 12/16

Videntes apostoli et alii patres antiqui, et praecipue reverendus pater noster beatus Benedictus, quod otiositas inimica est animae, sicut ipse dicit in regula sua, ipsi propriis manibus laboraverunt, et *religiosis viris opera* manuum secundum quod regula praecepit, studeant propriis manibus laborare.

Sed ne aliquis de dispositione locorum causari possit dicens, tale monasterium non esse apertum ad *opera manuum exercenda*, quia situm est in civitate, in aliquo castro vel villa, propterea.

PALATINO ITALIC / SMALL CAPS 10/12

Dolor sit amet SED UT PERSPICIATIS *ipsam voluptatem enim voluptas sit esse Dominico Vaspernatur aut fugit Roma, Januaris 1522.*

PALATINO BOLD / SMALL CAPS 19/22.8

NEMO ENIM

PALATINO 10/14

Sed ut perspiciatis unde omnis iste natus error sit voluptatem accusantium doloremque laudantium, totam rem aperiam, eaque ipsa quae ab illo de inventore veritatis et quasi architecto beatae vitae dicta sunt est explicabo natus:

- Neque *porro* quisquam
- Architecto beatae vitae
- Qui *dolorem* ipsum
- Inventore veritatis quasi

Dolores nemo enim ipsam voluptatem quia voluptas sit aspernatur aut odit aut fugit, sed quia consequuntur magni est dolores eos qui ratione.

Nunc enim vere monachi est de sunt, si otiosi non maneant, sicut. Sed ne aliquis de possit dicens, tale est monasterium.

LUCIDA SANS BOLD ITALIC 8/15

"Neque porro quisquam est, qui dolorem ipsum quia dolor sit amet, consectetur Nemo voluptatem quia vere monachi maneant, aspernatur aut odit aut fugit, sed quia eos qui ratione voluptatem sequi nesciunt."

LUCIDA SANS BOLD 8/12

Quisquam						
	1	2	3	4	5	6
7	8	9	10	11	12	13
14	15	16	17	18	19	20
21	22	23	24	25	26	27
28	29	30				

PALATINO BOLD 15/18

Operae pretium reor ea quae isto in anno Dominus per beatum Benedictum in Galliis operari dignatus est, ad posterorum memoriam et aedificationem annectere. Quidam namque vir potentissimus Gallorum *gente progenitus tantis* se ab ipsa infantia execrarat flagitiis.

LUCIDA SANS 9/11

Cuidam	Vero
Dei	Servo
Juxta	Manenti
Dominus	Ea Quae Circa
Defuncti	Animam
Agebantur	Ostendere
Dignatus	Est
Nam	Statim
Ut de corpore	Exiit

LUCIDA SANS BOLD 13/20

Et sanctus: Ne vobis injustitiam forte facere videar, ejus facta examinate

LUCIDA SANS BOLD 25/29

Lorem ipsum dolor sit amet, consectetuer adipiscing elit

LUCIDA SANS BOLD / ALL CAPS 18/21.6

DUIS TE FEUGI FACILISI. DUIS AUTEM DOLOR IN HENDRERIT IN VULPUTATE VELIT ESSE MOLESTIE CONSEQUAT

TIMES NEW ROMAN 14/16.8

Videntes apostoli et alii patres antiqui, et praecipue reverendus pater noster beatus Benedictus, quod otiositas inimica est animae, sicut ipse dicit in regula sua, ipsi propriis manibus laboraverunt, et *religiosis viris opera* manuum secundum quod regula praecepit, studeant propriis manibus laborare.

Sed ne aliquis de dispositione locorum causari possit dicens, tale monasterium non esse apertum ad *opera manuum exercenda*, quia situm est in civitate, in aliquo castro vel villa, propterea.

TIMES NEW ROMAN ITALIC / SMALL CAPS 11/13.2

Dolor sit amet SED UT PERSPICIATIS *ipsam voluptatem enim voluptas sit esse Dominico Vaspernatur aut fugit Roma, Januaris 1522.*

TIMES NEW ROMAN BOLD / SMALL CAPS 19/22.8

NEMO ENIM

TIMES NEW ROMAN 11/14

Sed ut perspiciatis unde omnis iste natus error sit voluptatem accusantium doloremque laudantium, totam rem aperiam, eaque ipsa quae ab illo de inventore veritatis et quasi architecto beatae vitae dicta sunt est explicabo natus:

- Neque *porro* quisquam
- Architecto beatae vitae
- Qui *dolorem* ipsum
- Inventore veritatis quasi

Dolores nemo enim ipsam voluptatem quia voluptas sit aspernatur aut odit aut fugit, sed quia consequuntur magni est dolores eos qui ratione.

Nunc enim vere monachi est de sunt, si otiosi non maneant, sicut. Sed ne aliquis de possit dicens, tale est monasterium.

LUCIDA SANS BOLD ITALIC 8/15

"Neque porro quisquam est, qui dolorem ipsum quia dolor sit amet, consectetur Nemo voluptatem quia vere monachi maneant, aspernatur aut odit aut fugit, sed quia eos qui ratione voluptatem sequi nesciunt."

LUCIDA SANS BOLD 8/12

Quisquam						
	1	2	3	4	5	6
7	8	9	10	11	12	13
14	15	16	17	18	19	20
21	22	23	24	25	26	27
28	29	30				

TIMES NEW ROMAN BOLD 16/19.2

Operae pretium reor ea quae isto in anno Dominus per beatum Benedictum in Galliis operari dignatus est, ad posterorum memoriam et aedificationem annectere. Quidam namque vir potentissimus Gallorum *gente progenitus tantis* se ab ipsa infantia execrarat flagitiis.

LUCIDA SANS 9/11

Cuidam ....Vero
Dei.. Servo
Juxta....................................Manenti
Dominus .... Ea Quae Circa
Defuncti............................ Animam
Agebantur...................... Ostendere
Dignatus .... Est
Nam...................................... Statim
Ut de corpore.......................... Exiit

LUCIDA SANS BOLD 13/20

Et sanctus: Ne vobis injustitiam forte facere videar, ejus facta examinate

META BOLD 31/35

Lorem ipsum dolor sit amet, consectetuer adipiscing elit

META BOLD / ALL CAPS 18/21.6

DUIS TE FEUGI FACILISI. DUIS AUTEM DOLOR IN HENDRERIT IN VULPUTATE VELIT ESSE MOLESTIE CONSEQUAT

META 13/17

Videntes apostoli et alii patres antiqui, et praecipue reverendus pater noster beatus Benedictus, quod otiositas inimica est animae, sicut ipse dicit in regula sua, ipsi propriis manibus laboraverunt, et *religiosis viris opera* manuum secundum quod regula praecepit, studeant propriis manibus laborare.

Sed ne aliquis de dispositione locorum causari possit dicens, tale monasterium non esse apertum ad *opera manuum exercenda*, quia situm est in civitate, in aliquo castro vel villa, propterea.

META ITALIC / SMALL CAPS 11/13.2

Dolor sit amet SED UT PERSPICIATIS *ipsam voluptatem enim voluptas sit esse Dominico Vaspernatur aut fugit Roma, Januaris 1522.*

META BOLD / SMALL CAPS 19/22.8

NEMO ENIM

META 11/14

Sed ut perspiciatis unde omnis iste natus error sit voluptatem accusantium doloremque laudantium, totam rem aperiam, eaque ipsa quae ab illo de inventore veritatis et quasi architecto beatae vitae dicta sunt est explicabo natus:

- Neque *porro* quisquam
- Architecto beatae vitae
- Qui *dolorem* ipsum
- Inventore veritatis quasi

Dolores nemo enim ipsam voluptatem quia voluptas sit aspernatur aut odit aut fugit, sed quia consequuntur magni est dolores eos qui ratione.

Nunc enim vere monachi est de sunt, si otiosi non maneant, sicut. Sed ne aliquis de possit dicens, tale est monasterium.

META BOLD ITALIC 10/15

"Neque porro quisquam est, qui dolorem ipsum quia dolor sit amet, consectetur Nemo voluptatem quia vere monachi maneant, aspernatur aut odit aut fugit, sed quia eos qui ratione voluptatem sequi nesciunt."

META BOLD 9/12

Quisquam						
	1	2	3	4	5	6
7	8	9	10	11	12	13
14	15	16	17	18	19	20
21	22	23	24	25	26	27
28	29	30				

META BOLD 16/19.2

Operae pretium reor ea quae isto in anno Dominus per beatum Benedictum in Galliis operari dignatus est, ad posterorum memoriam et aedificationem annectere. Quidam namque vir potentissimus Gallorum *gente progenitus tantis* se ab ipsa infantia execrarat flagitiis.

META 9/11

Cuidam	Vero
Dei	Servo
Juxta	Manenti
Dominus	Ea Quae Circa
Defuncti	Animam
Agebantur	Ostendere
Dignatus	Est
Nam	Statim
Ut de corpore	Exiit

META BOLD 16/20

Et sanctus: Ne vobis injustitiam forte facere videar, ejus facta examinate

Lorem ipsum dolor sit amet, consectetuer adipiscing elit

DUIS TE FEUGI FACILISI. DUIS AUTEM DOLOR IN HENDRERIT IN VULPUTATE VELIT ESSE MOLESTIE CONSEQUAT

Videntes apostoli et alii patres antiqui, et praecipue reverendus pater noster beatus Benedictus, quod otiositas inimica est animae, sicut ipse dicit in regula sua, ipsi propriis manibus laboraverunt, et *religiosis viris opera* manuum secundum quod regula praecepit, studeant propriis manibus laborare.

Sed ne aliquis de dispositione locorum causari possit dicens, tale monasterium non esse apertum ad *opera manuum exercenda*, quia situm est in civitate, in aliquo castro vel villa, propterea.

Dolor sit amet SED UT PERSPICIATIS *ipsam voluptatem enim voluptas sit esse Dominico Vaspernatur aut fugit Roma, Januaris 1522.*

NEMO ENIM

Sed ut perspiciatis unde omnis iste natus error sit voluptatem accusantium doloremque laudantium, totam rem aperiam, eaque ipsa quae ab illo de inventore veritatis et quasi architecto beatae vitae dicta sunt est explicabo natus:

- Neque *porro* quisquam
- Architecto beatae vitae
- Qui *dolorem* ipsum
- Inventore veritatis quasi

Dolores nemo enim ipsam voluptatem quia voluptas sit aspernatur aut odit aut fugit, sed quia consequuntur magni est dolores eos qui ratione.

Nunc enim vere monachi est de sunt, si otiosi non maneant, sicut. Sed ne aliquis de possit dicens, tale est monasterium.

"Neque porro quisquam est, qui dolorem ipsum quia dolor sit amet, consectetur Nemo voluptatem quia vere monachi maneant, aspernatur aut odit aut fugit, sed quia eos qui ratione voluptatem sequi nesciunt."

Quisquam

1	2	3	4	5	6
7	8	9	10	11	12	13
14	15	16	17	18	19	20
21	22	23	24	25	26	27
28	29	30				

Operae pretium reor ea quae isto in anno Dominus per beatum Benedictum in Galliis operari dignatus est, ad posterorum memoriam et aedificationem annectere. Quidam namque vir potentissimus Gallorum *gente progenitus tantis* se ab ipsa infantia execrarat flagitiis.

Cuidam	Vero
Dei	Servo
Juxta	Manenti
Dominus	Ea Quae Circa
Defuncti	Animam
Agebantur	Ostendere
Dignatus	Est
Nam	Statim
Ut de corpore	Exiit

Et sanctus: Ne vobis injustitiam forte facere videar, ejus facta examinate

META BOLD 31/35

Lorem ipsum dolor sit amet, consectetuer adipiscing elit

META BOLD / ALL CAPS 18/21.6

DUIS TE FEUGI FACILISI. DUIS AUTEM DOLOR IN HENDRERIT IN VULPUTATE VELIT ESSE MOLESTIE CONSEQUAT

MINION 14/16.8

Videntes apostoli et alii patres antiqui, et praecipue reverendus pater noster beatus Benedictus, quod otiositas inimica est animae, sicut ipse dicit in regula sua, ipsi propriis manibus laboraverunt, *et religiosis viris opera* manuum secundum quod regula praecepit, studeant propriis manibus laborare.

Sed ne aliquis de dispositione locorum causari possit dicens, tale monasterium non esse apertum ad *opera manuum exercenda,* quia situm est in civitate, in aliquo castro vel villa, propterea.

MINION ITALIC & ROMAN / SMALL CAPS 11/13.2

Dolor sit amet SED UT PERSPICIATIS *ipsam voluptatem enim voluptas sit esse Dominico Vaspernatur aut fugit Roma, Januaris 1522.*

MINION BOLD / SMALL CAPS 19/22.8

NEMO ENIM

MINION 11/14.4

Sed ut perspiciatis unde omnis iste natus error sit voluptatem accusantium doloremque laudantium, totam rem aperiam, eaque ipsa quae ab illo de inventore veritatis et quasi architecto beatae vitae dicta sunt est explicabo natus:

- Neque *porro* quisquam
- Architecto beatae vitae
- Qui *dolorem* ipsum
- Inventore veritatis quasi

Dolores nemo enim ipsam voluptatem quia voluptas sit aspernatur aut odit aut fugit, sed quia consequuntur magni est dolores eos qui ratione.

Nunc enim vere monachi est de sunt, si otiosi non maneant, sicut. Sed ne aliquis de possit dicens, tale est monasterium.

META BOLD ITALIC 10/15

"Neque porro quisquam est, qui dolorem ipsum quia dolor sit amet, consectetur Nemo voluptatem quia vere monachi maneant, aspernatur aut odit aut fugit, sed quia eos qui ratione voluptatem sequi nesciunt."

META BOLD 9/12

Quisquam						
	1	2	3	4	5	6
7	8	9	10	11	12	13
14	15	16	17	18	19	20
21	22	23	24	25	26	27
28	29	30				

MINION BOLD 16/19.2

Operae pretium reor ea quae isto in anno Dominus per beatum Benedictum in Galliis operari dignatus est, ad posterorum memoriam et aedificationem annectere. Quidam namque vir potentissimus Gallorum *gente progenitus tantis* se ab ipsa infantia execrarat flagitiis.

META 9/11

Cuidam	Vero
Dei	Servo
Juxta	Manenti
Dominus	Ea Quae Circa
Defuncti	Animam
Agebantur	Ostendere
Dignatus	Est
Nam	Statim
Ut de corpore	Exiit

META BOLD 16/20

Et sanctus: Ne vobis injustitiam forte facere videar, ejus facta examinate

META BOLD 31/35

Lorem ipsum dolor sit amet, consectetuer adipiscing elit

META BOLD / ALL CAPS 18/21.6

DUIS TE FEUGI FACILISI. DUIS AUTEM DOLOR IN HENDRERIT IN VULPUTATE VELIT ESSE MOLESTIE CONSEQUAT

PALATINO 12/16

Videntes apostoli et alii patres antiqui, et praecipue reverendus pater noster beatus Benedictus, quod otiositas inimica est animae, sicut ipse dicit in regula sua, ipsi propriis manibus laboraverunt, et *religiosis viris opera* manuum secundum quod regula praecepit, studeant propriis manibus laborare.

Sed ne aliquis de dispositione locorum causari possit dicens, tale monasterium non esse apertum ad *opera manuum exercenda*, quia situm est in civitate, in aliquo castro vel villa, propterea.

PALATINO ITALIC / SMALL CAPS 10/12

Dolor sit amet SED UT PERSPICIATIS *ipsam voluptatem enim voluptas sit esse Dominico Vaspernatur aut fugit Roma, Januaris 1522.*

PALATINO BOLD / SMALL CAPS 19/22.8

NEMO ENIM

PALATINO 10/14

Sed ut perspiciatis unde omnis iste natus error sit voluptatem accusantium doloremque laudantium, totam rem aperiam, eaque ipsa quae ab illo de inventore veritatis et quasi architecto beatae vitae dicta sunt est explicabo natus:

- Neque *porro* quisquam
- Architecto beatae vitae
- Qui *dolorem* ipsum
- Inventore veritatis quasi

Dolores nemo enim ipsam voluptatem quia voluptas sit aspernatur aut odit aut fugit, sed quia consequuntur magni est dolores eos qui ratione.

Nunc enim vere monachi est de sunt, si otiosi non maneant, sicut. Sed ne aliquis de possit dicens, tale est monasterium.

META BOLD ITALIC 10/15

"Neque porro quisquam est, qui dolorem ipsum quia dolor sit amet, consectetur Nemo voluptatem quia vere monachi maneant, aspernatur aut odit aut fugit, sed quia eos qui ratione voluptatem sequi nesciunt."

META BOLD 9/12

Quisquam						
	1	2	3	4	5	6
7	8	9	10	11	12	13
14	15	16	17	18	19	20
21	22	23	24	25	26	27
28	29	30				

PALATINO BOLD 15/18

Operae pretium reor ea quae isto in anno Dominus per beatum Benedictum in Galliis operari dignatus est, ad posterorum memoriam et aedificationem annectere. Quidam namque vir potentissimus Gallorum *gente progenitus tantis* se ab ipsa infantia execrarat flagitiis.

META 9/11

Cuidam	Vero
Dei	Servo
Juxta	Manenti
Dominus	Ea Quae Circa
Defuncti	Animam
Agebantur	Ostendere
Dignatus	Est
Nam	Statim
Ut de corpore	Exiit

META BOLD 16/20

Et sanctus: Ne vobis injustitiam forte facere videar, ejus facta examinate

META BOLD 31/35

Lorem ipsum dolor sit amet, consectetuer adipiscing elit

META BOLD / ALL CAPS 18/21.6

DUIS TE FEUGI FACILISI. DUIS AUTEM DOLOR IN HENDRERIT IN VULPUTATE VELIT ESSE MOLESTIE CONSEQUAT

TIMES NEW ROMAN 14/16.8

Videntes apostoli et alii patres antiqui, et praecipue reverendus pater noster beatus Benedictus, quod otiositas inimica est animae, sicut ipse dicit in regula sua, ipsi propriis manibus laboraverunt, et *religiosis viris opera* manuum secundum quod regula praecepit, student propriis manibus laborare.

Sed ne aliquis de dispositione locorum causari possit dicens, tale monasterium non esse apertum ad *opera manuum exercenda*, quia situm est in civitate, in aliquo castro vel villa, propterea.

TIMES NEW ROMAN ITALIC / SMALL CAPS 11/13.2

Dolor sit amet SED UT PERSPICIATIS *ipsam voluptatem enim voluptas sit esse Dominico Vaspernatur aut fugit Roma, Januaris 1522.*

TIMES NEW ROMAN BOLD / SMALL CAPS 19/22.8

NEMO ENIM

TIMES NEW ROMAN 11/14

Sed ut perspiciatis unde omnis iste natus error sit voluptatem accusantium doloremque laudantium, totam rem aperiam, eaque ipsa quae ab illo de inventore veritatis et quasi architecto beatae vitae dicta sunt est explicabo natus:

- Neque *porro* quisquam
- Architecto beatae vitae
- Qui *dolorem* ipsum
- Inventore veritatis quasi

Dolores nemo enim ipsam voluptatem quia voluptas sit aspernatur aut odit aut fugit, sed quia consequuntur magni est dolores eos qui ratione.

Nunc enim vere monachi est de sunt, si otiosi non maneant, sicut. Sed ne aliquis de possit dicens, tale est monasterium.

META BOLD ITALIC 10/15

"Neque porro quisquam est, qui dolorem ipsum quia dolor sit amet, consectetur Nemo voluptatem quia vere monachi maneant, aspernatur aut odit aut fugit, sed quia eos qui ratione voluptatem sequi nesciunt."

META BOLD 9/12

Quisquam						
	1	2	3	4	5	6
7	8	9	10	11	12	13
14	15	16	17	18	19	20
21	22	23	24	25	26	27
28	29	30				

TIMES NEW ROMAN BOLD 16/19.2

Operae pretium reor ea quae isto in anno Dominus per beatum Benedictum in Galliis operari dignatus est, ad posterorum memoriam et aedificationem annectere. Quidam namque vir potentissimus Gallorum *gente progenitus tantis* se ab ipsa infantia execrarat flagitiis.

META 9/11

Cuidam	Vero
Dei	Servo
Juxta	Manenti
Dominus	Ea Quae Circa
Defuncti	Animam
Agebantur	Ostendere
Dignatus	Est
Nam	Statim
Ut de corpore	Exiit

META BOLD 16/20

Et sanctus: Ne vobis injustitiam forte facere videar, ejus facta examinate

META BOLD 31/35

Lorem ipsum dolor sit amet, consectetuer adipiscing elit

META BOLD / ALL CAPS 18/21.6

DUIS TE FEUGI FACILISI. DUIS AUTEM DOLOR IN HENDRERIT IN VULPUTATE VELIT ESSE MOLESTIE CONSEQUAT

SABON 13/15.6

Videntes apostoli et alii patres antiqui, et praecipue reverendus pater noster beatus Benedictus, quod otiositas inimica est animae, sicut ipse dicit in regula sua, ipsi propriis manibus laboraverunt, et *religiosis viris opera* manuum secundum quod regula praecepit, studeant propriis manibus laborare.

Sed ne aliquis de dispositione locorum causari possit dicens, tale monasterium non esse apertum ad *opera manuum exercenda*, quia situm est in civitate, in aliquo castro vel villa, propterea.

SABON ITALIC / SMALL CAPS 10/12

Dolor sit amet SED UT PERSPICIATIS *ipsam voluptatem enim voluptas sit esse Dominico Vaspernatur aut fugit Roma, Januaris 1522.*

SABON BOLD / SMALL CAPS 19/22.8

NEMO ENIM

SABON 11/14

Sed ut perspiciatis unde omnis iste natus error sit voluptatem accusantium doloremque laudantium, totam rem aperiam, eaque ipsa quae ab illo de inventore veritatis et quasi architecto beatae vitae dicta sunt est explicabo natus:

- Neque *porro* quisquam
- Architecto beatae vitae
- Qui *dolorem* ipsum
- Inventore veritatis quasi

Dolores nemo enim ipsam voluptatem quia voluptas sit aspernatur aut odit aut fugit, sed quia consequuntur magni est dolores eos qui ratione.

Nunc enim vere monachi est de sunt, si otiosi non maneant, sicut. Sed ne aliquis de possit dicens, tale est monasterium.

META BOLD ITALIC 10/15

"Neque porro quisquam est, qui dolorem ipsum quia dolor sit amet, consectetur Nemo voluptatem quia vere monachi maneant, aspernatur aut odit aut fugit, sed quia eos qui ratione voluptatem sequi nesciunt."

META BOLD 9/12

Quisquam						
	1	2	3	4	5	6
7	8	9	10	11	12	13
14	15	16	17	18	19	20
21	22	23	24	25	26	27
28	29	30				

SABON BOLD 16/19.2

Operae pretium reor ea quae isto in anno Dominus per beatum Benedictum in Galliis operari dignatus est, ad posterorum memoriam et aedificationem annectere. Quidam namque vir potentissimus Gallorum *gente progenitus tantis* se ab ipsa infantia execrarat flagitiis.

META 9/11

Cuidam	Vero
Dei	Servo
Juxta	Manenti
Dominus	Ea Quae Circa
Defuncti	Animam
Agebantur	Ostendere
Dignatus	Est
Nam	Statim
Ut de corpore	Exiit

META BOLD 16/20

Et sanctus: Ne vobis injustitiam forte facere videar, ejus facta examinate

MINION BOLD 31/34

Lorem ipsum dolor sit amet, consectetuer adipiscing elit

MINION BOLD / ALL CAPS 18/21.6

DUIS TE FEUGI FACILISI. DUIS AUTEM DOLOR IN HENDRERIT IN VULPUTATE VELIT ESSE MOLESTIE CONSEQUAT

MINION 14/16.8

Videntes apostoli et alii patres antiqui, et praecipue reverendus pater noster beatus Benedictus, quod otiositas inimica est animae, sicut ipse dicit in regula sua, ipsi propriis manibus laboraverunt, *et religiosis viris opera* manuum secundum quod regula praecepit, studeant propriis manibus laborare.

Sed ne aliquis de dispositione locorum causari possit dicens, tale monasterium non esse apertum ad *opera manuum exercenda,* quia situm est in civitate, in aliquo castro vel villa, propterea.

MINION ITALIC & ROMAN / SMALL CAPS 11/13.2

Dolor sit amet SED UT PERSPICIATIS *ipsam voluptatem enim voluptas sit esse Dominico Vaspernatur aut fugit Roma, Januaris 1522.*

MINION BOLD / SMALL CAPS 19/22.8

NEMO ENIM

MINION 11/14.4

Sed ut perspiciatis unde omnis iste natus error sit voluptatem accusantium doloremque laudantium, totam rem aperiam, eaque ipsa quae ab illo de inventore veritatis et quasi architecto beatae vitae dicta sunt est explicabo natus:

- Neque *porro* quisquam
- Architecto beatae vitae
- Qui *dolorem* ipsum
- Inventore veritatis quasi

Dolores nemo enim ipsam voluptatem quia voluptas sit aspernatur aut odit aut fugit, sed quia consequuntur magni est dolores eos qui ratione.

Nunc enim vere monachi est de sunt, si otiosi non maneant, sicut. Sed ne aliquis de possit dicens, tale est monasterium.

MINION BOLD ITALIC 11/15

"Neque porro quisquam est, qui dolorem ipsum quia dolor sit amet, consectetur Nemo voluptatem quia vere monachi maneant, aspernatur aut odit aut fugit, sed quia eos qui ratione voluptatem sequi nesciunt."

MINION BOLD 9/12

Quisquam						
	1	2	3	4	5	6
7	8	9	10	11	12	13
14	15	16	17	18	19	20
21	22	23	24	25	26	27
28	29	30				

MINION BOLD 16/19.2

Operae pretium reor ea quae isto in anno Dominus per beatum Benedictum in Galliis operari dignatus est, ad posterorum memoriam et aedificationem annectere. Quidam namque vir potentissimus Gallorum *gente progenitus tantis* se ab ipsa infantia execrarat flagitiis.

MINION 9/11

Cuidam .... Vero
Dei .... Servo
Juxta ....Manenti
Dominus............................ Ea Quae Circa
Defuncti ....Animam
Agebantur ....Ostendere
Dignatus ....Est
Nam .... Statim
Ut de corpore.. Exiit

MINION BOLD 16/20

Et sanctus: Ne vobis injustitiam forte facere videar, ejus facta examinate

MINION BOLD 31/34

Lorem ipsum dolor sit amet, consectetuer adipiscing elit

MINION BOLD / ALL CAPS 18/21.6

DUIS TE FEUGI FACILISI. DUIS AUTEM DOLOR IN HENDRERIT IN VULPUTATE VELIT ESSE MOLESTIE CONSEQUAT

AKZIDENZ GROTESK 13/17

Videntes apostoli et alii patres antiqui, et praecipue reverendus pater noster beatus Benedictus, quod otiositas inimica est animae, sicut ipse dicit in regula sua, ipsi propriis manibus laboraverunt, et *religiosis viris opera* manuum secundum quod regula praecepit, studeant propriis manibus laborare.

Sed ne aliquis de dispositione locorum causari possit dicens, tale monasterium non esse apertum ad *opera manuum exercenda*, quia situm est in civitate, in aliquo castro vel villa, propterea.

AKZIDENZ GROTESK BOLD / SMALL CAPS 11/13.2

Dolor sit amet SED UT PERSPICIATIS ipsam voluptatem enim voluptas sit esse Dominico Vaspernatur aut fugit Roma, Januaris 1522.

AKZIDENZ GROTESK / SMALL CAPS 19/22.8

NEMO ENIM

AKZIDENZ GROTESK 11/14

Sed ut perspiciatis unde omnis iste natus error sit voluptatem accusantium doloremque laudantium, totam rem aperiam, eaque ipsa quae ab illo de inventore veritatis et quasi architecto beatae vitae dicta sunt est explicabo natus:

- Neque *porro* quisquam
- Architecto beatae vitae
- Qui *dolorem* ipsum
- Inventore veritatis quasi

Dolores nemo enim ipsam voluptatem quia voluptas sit aspernatur aut odit aut fugit, sed quia consequuntur magni est dolores eos qui ratione.

Nunc enim vere monachi est de sunt, si otiosi non maneant, sicut. Sed ne aliquis de possit dicens, tale est monasterium.

MINION BOLD ITALIC 11/15

"Neque porro quisquam est, qui dolorem ipsum quia dolor sit amet, consectetur Nemo voluptatem quia vere monachi maneant, aspernatur aut odit aut fugit, sed quia eos qui ratione voluptatem sequi nesciunt."

MINION BOLD 9/12

Quisquam					
	1	2	3	4	5	6
7	8	9	10	11	12	13
14	15	16	17	18	19	20
21	22	23	24	25	26	27
28	29	30				

AKZIDENZ GROTESK BOLD 15/20

Operae pretium reor ea quae isto in anno Dominus per beatum Benedictum in Galliis operari dignatus est, ad posterorum memoriam et aedificationem annectere. Quidam namque vir potentissimus Gallorum gente progenitus tantis se ab ipsa infantia execrarat flagitiis.

MINION 9/11

Cuidam...Vero
Dei ....Servo
Juxta...Manenti
Dominus............................... Ea Quae Circa
Defuncti ....Animam
Agebantur ....Ostendere
Dignatus ....Est
Nam ....Statim
Ut de corpore...Exiit

MINION BOLD 16/20

Et sanctus: Ne vobis injustitiam forte facere videar, ejus facta examinate

MINION BOLD 31/34

Lorem ipsum dolor sit amet, consectetuer adipiscing elit

MINION BOLD / ALL CAPS 18/21.6

DUIS TE FEUGI FACILISI. DUIS AUTEM DOLOR IN HENDRERIT IN VULPUTATE VELIT ESSE MOLESTIE CONSEQUAT

FRANKLIN GOTHIC 13/17

Videntes apostoli et alii patres antiqui, et praecipue reverendus pater noster beatus Benedictus, quod otiositas inimica est animae, sicut ipse dicit in regula sua, ipsi propriis manibus laboraverunt, *et religiosis viris opera* manuum secundum quod regula praecepit, studeant propriis manibus laborare.

Sed ne aliquis de dispositione locorum causari possit dicens, tale monasterium non esse apertum ad *opera manuum exercenda,* quia situm est in civitate, in aliquo castro vel villa, propterea.

FRANKLIN GOTHIC ITALIC / SMALL CAPS 11/13.2

Dolor sit amet SED UT PERSPICIATIS *ipsam voluptatem enim voluptas sit esse Dominico Vaspernatur aut fugit Roma, Januaris 1522.*

FRANKLIN GOTHIC BOLD / SMALL CAPS 19/22.8

NEMO ENIM

FRANKLIN GOTHIC 10/14.4

Sed ut perspiciatis unde omnis iste natus error sit voluptatem accu santium doloremque laudantium, totam rem aperiam, eaque ipsa quae ab illo de inventore veritatis et quasi architecto beatae vitae dicta sunt est explicabo natus:

- Neque *porro* quisquam
- Architecto beatae vitae
- Qui *dolorem* ipsum
- Inventore veritatis quasi

Dolores nemo enim ipsam voluptatem quia voluptas sit aspernatur aut odit aut fugit, sed quia consequuntur magni est dolores eos qui ratione.

Nunc enim vere monachi est de sunt, si otiosi non maneant, sicut. Sed ne aliquis de possit dicens, tale est monasterium.

MINION BOLD ITALIC 11/15

"Neque porro quisquam est, qui dolorem ipsum quia dolor sit amet, consectetur Nemo voluptatem quia vere monachi maneant, aspernatur aut odit aut fugit, sed quia eos qui ratione voluptatem sequi nesciunt."

MINION BOLD 9/12

Quisquam					
1	2	3	4	5	6
7	8	9	10	11	12	13
14	15	16	17	18	19	20
21	22	23	24	25	26	27
28	29	30				

FRANKLIN GOTHIC BOLD 16/19.2

Operae pretium reor ea quae isto in anno Dominus per beatum Benedictum in Galliis operari dignatus est, ad posterorum memoriam et aedificationem annectere. Quidam namque vir potentissimus Gallorum *gente progenitus tantis* se ab ipsa infantia execrarat flagitiis.

MINION 9/11

Cuidam	Vero
Dei	Servo
Juxta	Manenti
Dominus	Ea Quae Circa
Defuncti	Animam
Agebantur	Ostendere
Dignatus	Est
Nam	Statim
Ut de corpore	Exiit

MINION BOLD 16/20

Et sanctus: Ne vobis injustitiam forte facere videar, ejus facta examinate

MINION BOLD 31/34

Lorem ipsum dolor sit amet, consectetuer adipiscing elit

MINION BOLD / ALL CAPS 18/21.6

DUIS TE FEUGI FACILISI. DUIS AUTEM DOLOR IN HENDRERIT IN VULPUTATE VELIT ESSE MOLESTIE CONSEQUAT

HELVETICA 12/17

Videntes apostoli et alii patres antiqui, et praecipue reverendus pater noster beatus Benedictus, quod otiositas inimica est animae, sicut ipse dicit in regula sua, ipsi propriis manibus laboraverunt, *et religiosis viris opera* manuum secundum quod regula praecepit, studeant propriis manibus laborare.

Sed ne aliquis de dispositione locorum causari possit dicens, tale monasterium non esse apertum ad *opera manuum exercenda,* quia situm est in civitate, in aliquo castro vel villa, propterea.

HELVETICA ITALIC & ROMAN / SMALL CAPS 11/13.2

Dolor sit amet SED UT PERSPICIATIS i*psam voluptatem enim voluptas sit esse Dominico Vas git Roma, Januaris 1522.*

HELVETICA BOLD / SMALL CAPS 19/22.8

NEMO ENIM

HELVETICA 10.5/14

Sed ut perspiciatis unde omnis iste natus error sit voluptatem accusantium doloremque laudantium, totam rem aperiam, eaque ipsa quae ab illo de inventore veritatis et quasi architecto beatae vitae dicta sunt est explicabo natus:

- Neque *porro* quisquam
- Architecto beatae vitae
- Qui *dolorem* ipsum
- Inventore veritatis quasi

Dolores nemo enim ipsam voluptatem quia voluptas sit aspernatur aut odit aut fugit, sed quia consequuntur magni est dolores eos qui ratione.

Nunc enim vere monachi est de sunt, si otiosi non maneant, sicut. Sed ne aliquis de possit dicens, tale est monasterium.

MINION BOLD ITALIC 11/15

"Neque porro quisquam est, qui dolorem ipsum quia dolor sit amet, consectetur Nemo voluptatem quia vere monachi maneant, aspernatur aut odit aut fugit, sed quia eos qui ratione voluptatem sequi nesciunt."

MINION BOLD 9/12

Quisquam						
	1	2	3	4	5	6
7	8	9	10	11	12	13
14	15	16	17	18	19	20
21	22	23	24	25	26	27
28	29	30				

HELVETICA BOLD 15/20

Operae pretium reor ea quae isto in anno Dominus per beatum Benedictum in Galliis operari dignatus est, ad posterorum memoriam et aedificationem annectere. Quidam namque vir potentissimus Gallorum *gente progenitus tantis* se ab ipsa infantia execrarat flagitiis.

MINION 9/11

MINION BOLD 16/20

Et sanctus: Ne vobis injustitiam forte facere videar, ejus facta examinate

MINION BOLD 31/34

Lorem ipsum dolor sit amet, consectetuer adipiscing elit

MINION BOLD / ALL CAPS 18/21.6

DUIS TE FEUGI FACILISI. DUIS AUTEM DOLOR IN HENDRERIT IN VULPUTATE VELIT ESSE MOLESTIE CONSEQUAT

MYRIAD 13/17

Videntes apostoli et alii patres antiqui, et praecipue reverendus pater noster beatus Benedictus, quod otiositas inimica est animae, sicut ipse dicit in regula sua, ipsi propriis manibus laboraverunt, et *religiosis viris opera* manuum secundum quod regula praecepit, studeant propriis manibus laborare.

Sed ne aliquis de dispositione locorum causari possit dicens, tale monasterium non esse apertum ad *opera manuum exercenda*, quia situm est in civitate, in aliquo castro vel villa, propterea.

MYRIAD ITALIC / SMALL CAPS 11/13.2

Dolor sit amet SED UT PERSPICIATIS *ipsam voluptatem enim voluptas sit esse Dominico Vaspernatur aut fugit Roma, Januaris 1522.*

MYRIAD BOLD / SMALL CAPS 19/22.8

NEMO ENIM

MYRIAD 11/14

Sed ut perspiciatis unde omnis iste natus error sit voluptatem accusantium doloremque laudantium, totam rem aperiam, eaque ipsa quae ab illo de inventore veritatis et quasi architecto beatae vitae dicta sunt est explicabo natus:

- Neque *porro* quisquam
- Architecto beatae vitae
- Qui *dolorem* ipsum
- Inventore veritatis quasi

Dolores nemo enim ipsam voluptatem quia voluptas sit aspernatur aut odit aut fugit, sed quia consequuntur magni est dolores eos qui ratione.

Nunc enim vere monachi est de sunt, si otiosi non maneant, sicut. Sed ne aliquis de possit dicens, tale est monasterium.

MINION BOLD ITALIC 11/15

"Neque porro quisquam est, qui dolorem ipsum quia dolor sit amet, consectetur Nemo voluptatem quia vere monachi maneant, aspernatur aut odit aut fugit, sed quia eos qui ratione voluptatem sequi nesciunt."

MINION BOLD 9/12

Quisquam						
	1	2	3	4	5	6
7	8	9	10	11	12	13
14	15	16	17	18	19	20
21	22	23	24	25	26	27
28	29	30				

MYRIAD BOLD 16/19.2

Operae pretium reor ea quae isto in anno Dominus per beatum Benedictum in Galliis operari dignatus est, ad posterorum memoriam et aedificationem annectere. Quidam namque vir potentissimus Gallorum *gente progenitus tantis* se ab ipsa infantia execrarat flagitiis.

MINION 9/11

Cuidam..Vero
Dei ....Servo
Juxta...Manenti
Dominus............................... Ea Quae Circa
Defuncti ....Animam
Agebantur ....Ostendere
Dignatus ....Est
Nam ....Statim
Ut de corpore... Exiit

MINION BOLD 16/20

Et sanctus: Ne vobis injustitiam forte facere videar, ejus facta examinate

MINION BOLD 31/34

Lorem ipsum dolor sit amet, consectetuer adipiscing elit

MINION BOLD / ALL CAPS 18/21.6

DUIS TE FEUGI FACILISI. DUIS AUTEM DOLOR IN HENDRERIT IN VULPUTATE VELIT ESSE MOLESTIE CONSEQUAT

NEWS GOTHIC 13/17

Videntes apostoli et alii patres antiqui, et praecipue reverendus pater noster beatus Benedictus, quod otiositas inimica est animae, sicut ipse dicit in regula sua, ipsi propriis manibus laboraverunt, et *religiosis viris opera* manuum secundum quod regula praecepit, studeant propriis manibus laborare.

Sed ne aliquis de dispositione locorum causari possit dicens, tale monasterium non esse apertum ad *opera manuum exercenda*, quia situm est in civitate, in aliquo castro vel villa, propterea.

NEWS GOTHIC ITALIC / SMALL CAPS 11/13.2

Dolor sit amet SED UT PERSPICIATIS *ipsam voluptatem enim voluptas sit esse Dominico Vaspernatur aut fugit Roma, Januaris 1522.*

NEWS GOTHIC BOLD / SMALL CAPS 19/22.8

NEMO ENIM

NEWS GOTHIC 11/14

Sed ut perspiciatis unde omnis iste natus error sit voluptatem accusantium doloremque laudantium, totam rem aperiam, eaque ipsa quae ab illo de inventore veritatis et quasi architecto beatae vitae dicta sunt est explicabo natus:

- Neque *porro* quisquam
- Architecto beatae vitae
- Qui *dolorem* ipsum
- Inventore veritatis quasi

Dolores nemo enim ipsam voluptatem quia voluptas sit aspernatur aut odit aut fugit, sed quia consequuntur magni est dolores eos qui ratione.

Nunc enim vere monachi est de sunt, si otiosi non maneant, sicut. Sed ne aliquis de possit dicens, tale est monasterium.

MINION BOLD ITALIC 11/15

"Neque porro quisquam est, qui dolorem ipsum quia dolor sit amet, consectetur Nemo voluptatem quia vere monachi maneant, aspernatur aut odit aut fugit, sed quia eos qui ratione voluptatem sequi nesciunt."

MINION BOLD 9/12

Quisquam					
1	2	3	4	5	6
7	8	9	10	11	12	13
14	15	16	17	18	19	20
21	22	23	24	25	26	27
28	29	30				

NEWS GOTHIC BOLD 15/19

Operae pretium reor ea quae isto in anno Dominus per beatum Benedictum in Galliis operari dignatus est, ad posterorum memoriam et aedificationem annectere. Quidam namque vir potentissimus Gallorum *gente progenitus tantis* se ab ipsa infantia execrarat flagitiis.

MINION 9/11

Cuidam	Vero
Dei	Servo
Juxta	Manenti
Dominus	Ea Quae Circa
Defuncti	Animam
Agebantur	Ostendere
Dignatus	Est
Nam	Statim
Ut de corpore	Exiit

MINION BOLD 16/20

Et sanctus: Ne vobis injustitiam forte facere videar, ejus facta examinate

MINION BOLD 31/34

Lorem ipsum dolor sit amet, consectetuer adipiscing elit

MINION BOLD / ALL CAPS 18/21.6

DUIS TE FEUGI FACILISI. DUIS AUTEM DOLOR IN HENDRERIT IN VULPUTATE VELIT ESSE MOLESTIE CONSEQUAT

UNIVERS 12/16

Videntes apostoli et alii patres antiqui, et praecipue reverendus pater noster beatus Benedictus, quod otiositas inimica est animae, sicut ipse dicit in regula sua, ipsi propriis manibus laboraverunt, et *religiosis viris opera* manuum secundum quod regula praecepit, studeant propriis manibus laborare.

Sed ne aliquis de dispositione locorum causari possit dicens, tale monasterium non esse apertum ad *opera manuum exercenda*, quia situm est in civitate, in aliquo castro vel villa, propterea.

UNIVERS ITALIC / SMALL CAPS 11/13.2

Dolor sit amet SED UT PERSPICIATIS *ipsam voluptatem enim voluptas sit esse Dominico Vaspernatur aut fugit Roma, Januaris 1522.*

UNIVERS BOLD / SMALL CAPS 19/22.8

NEMO ENIM

UNIVERS 10/14

Sed ut perspiciatis unde omnis iste natus error sit voluptatem accusantium doloremque laudantium, totam rem aperiam, eaque ipsa quae ab illo de inventore veritatis et quasi architecto beatae vitae dicta sunt est explicabo natus:

- Neque *porro* quisquam
- Architecto beatae vitae
- Qui *dolorem* ipsum
- Inventore veritatis quasi

Dolores nemo enim ipsam voluptatem quia voluptas sit aspernatur aut odit aut fugit, sed quia consequuntur magni est dolores eos qui ratione.

Nunc enim vere monachi est de sunt, si otiosi non maneant, sicut. Sed ne aliquis de possit dicens, tale est monasterium.

MINION BOLD ITALIC 11/15

"Neque porro quisquam est, qui dolorem ipsum quia dolor sit amet, consectetur Nemo voluptatem quia vere monachi maneant, aspernatur aut odit aut fugit, sed quia eos qui ratione voluptatem sequi nesciunt."

MINION BOLD 9/12

Quisquam						
	1	2	3	4	5	6
7	8	9	10	11	12	13
14	15	16	17	18	19	20
21	22	23	24	25	26	27
28	29	30				

UNIVERS BOLD 15/19

Operae pretium reor ea quae isto in anno Dominus per beatum Benedictum in Galliis operari dignatus est, ad posterorum memoriam et aedificationem annectere. Quidam namque vir potentissimus Gallorum *gente progenitus tantis* se ab ipsa infantia execrarat flagitiis.

MINION 9/11

Cuidam.. Vero
Dei .... Servo
Juxta.......................................Manenti
Dominus.............................. Ea Quae Circa
Defuncti ....Animam
Agebantur ....Ostendere
Dignatus ....Est
Nam ....Statim
Ut de corpore...Exiit

MINION BOLD 16/20

Et sanctus: Ne vobis injustitiam forte facere videar, ejus facta examinate

MONOTYPE GROTESQUE BOLD 30/32

Lorem ipsum dolor sit amet, consectetuer adipiscing elit

MONOTYPE GROTESQUE BOLD / ALL CAPS 18/21.6

DUIS TE FEUGI FACILISI. DUIS AUTEM DOLOR IN HENDRERIT IN VULPUTATE VELIT ESSE MOLESTIE CONSEQUAT

MONOTYPE GROTESQUE 13/15.6

Videntes apostoli et alii patres antiqui, et praecipue reverendus pater noster beatus Benedictus, quod otiositas inimica est animae, sicut ipse dicit in regula sua, ipsi propriis manibus laboraverunt, et *religiosis viris opera* manuum secundum quod regula praecepit, studeant propriis manibus laborare.

Sed ne aliquis de dispositione locorum causari possit dicens, tale monasterium non esse apertum ad *opera manuum exercenda*, quia situm est in civitate, in aliquo castro vel villa, propterea.

MONOTYPE GROTESQUE ITALIC / SMALL CAPS 11/13.2

Dolor sit amet SED UT PERSPICIATIS *ipsam voluptatem enim voluptas sit esse Dominico Vaspernatur aut fugit Roma, Januaris 1522.*

MONOTYPE GROTESQUE BOLD / SMALL CAPS 19/22.8

NEMO ENIM

MONOTYPE GROTESQUE 11/13.2

Sed ut perspiciatis unde omnis iste natus error sit voluptatem accusantium doloremque laudantium, totam rem aperiam, eaque ipsa quae ab illo de inventore veritatis et quasi architecto beatae vitae dicta sunt est explicabo natus:

- Neque *porro* quisquam
- Architecto beatae vitae
- Qui *dolorem* ipsum
- Inventore veritatis quasi

Dolores nemo enim ipsam voluptatem quia voluptas sit aspernatur aut odit aut fugit, sed quia consequuntur magni est dolores eos qui ratione.

Nunc enim vere monachi est de sunt, si otiosi non maneant, sicut. Sed ne aliquis de possit dicens, tale est monasterium.

MONOTYPE GROTESQUE BOLD 9/15

"Neque porro quisquam est, qui dolorem ipsum quia dolor sit amet, consectetur Nemo voluptatem quia vere monachi maneant, aspernatur aut odit aut fugit, sed quia eos qui ratione voluptatem sequi nesciunt."

MONOTYPE GROTESQUE BOLD 9/12

Quisquam					
	1	2	3	4	5	6
7	8	9	10	11	12	13
14	15	16	17	18	19	20
21	22	23	24	25	26	27
28	29	30				

MONOTYPE GROTESQUE BOLD 15/19

Operae pretium reor ea quae isto in anno Dominus per beatum Benedictum in Galliis operari dignatus est, ad posterorum memoriam et aedificationem annectere. Quidam namque vir potentissimus Gallorum gente progenitus tantis se ab ipsa infantia execrarat flagitiis.

MONOTYPE GROTESQUE 9/11

Cuidam	Vero
Dei	Servo
Juxta	Manenti
Dominus	Ea Quae Circa
Defuncti	Animam
Agebantur	Ostendere
Dignatus	Est
Nam	Statim
Ut de corpore	Exiit

MONOTYPE GROTESQUE BOLD 15/20

Et sanctus: Ne vobis injustitiam forte facere videar, ejus facta examinate

MONOTYPE GROTESQUE BOLD 30/32

Lorem ipsum dolor sit amet, consectetuer adipiscing elit

MONOTYPE GROTESQUE BOLD / ALL CAPS 18/21.6

DUIS TE FEUGI FACILISI. DUIS AUTEM DOLOR IN HENDRERIT IN VULPUTATE VELIT ESSE MOLESTIE CONSEQUAT

MONOTYPE GROTESQUE 13/15.6

Videntes apostoli et alii patres antiqui, et praecipue reverendus pater noster beatus Benedictus, quod otiositas inimica est animae, sicut ipse dicit in regula sua, ipsi propriis manibus laboraverunt, et *religiosis viris opera* manuum secundum quod regula praecepit, studeant propriis manibus laborare.

Sed ne aliquis de dispositione locorum causari possit dicens, tale monasterium non esse apertum ad *opera manuum exercenda*, quia situm est in civitate, in aliquo castro vel villa, propterea.

MONOTYPE GROTESQUE ITALIC / SMALL CAPS 11/13.2

Dolor sit amet SED UT PERSPICIATIS *ipsam voluptatem enim voluptas sit esse Dominico Vaspernatur aut fugit Roma, Januaris 1522.*

MONOTYPE GROTESQUE BOLD / SMALL CAPS 19/22.8

NEMO ENIM

MONOTYPE GROTESQUE 11/13.2

Sed ut perspiciatis unde omnis iste natus error sit voluptatem accusantium doloremque laudantium, totam rem aperiam, eaque ipsa quae ab illo de inventore veritatis et quasi architecto beatae vitae dicta sunt est explicabo natus:

- Neque *porro* quisquam
- Architecto beatae vitae
- Qui *dolorem* ipsum
- Inventore veritatis quasi

Dolores nemo enim ipsam voluptatem quia voluptas sit aspernatur aut odit aut fugit, sed quia consequuntur magni est dolores eos qui ratione.

Nunc enim vere monachi est de sunt, si otiosi non maneant, sicut. Sed ne aliquis de possit dicens, tale est monasterium.

MONOTYPE GROTESQUE BOLD 9/15

"Neque porro quisquam est, qui dolorem ipsum quia dolor sit amet, consectetur Nemo voluptatem quia vere monachi maneant, aspernatur aut odit aut fugit, sed quia eos qui ratione voluptatem sequi nesciunt."

MONOTYPE GROTESQUE BOLD 9/12

Quisquam					
	1	2	3	4	5	6
7	8	9	10	11	12	13
14	15	16	17	18	19	20
21	22	23	24	25	26	27
28	29	30				

MONOTYPE GROTESQUE BOLD 15/19

Operae pretium reor ea quae isto in anno Dominus per beatum Benedictum in Galliis operari dignatus est, ad posterorum memoriam et aedificationem annectere. Quidam namque vir potentissimus Gallorum gente progenitus tantis se ab ipsa infantia execrarat flagitiis.

MONOTYPE GROTESQUE 9/11

Cuidam	Vero
Dei	Servo
Juxta	Manenti
Dominus	Ea Quae Circa
Defuncti	Animam
Agebantur	Ostendere
Dignatus	Est
Nam	Statim
Ut de corpore	Exiit

MONOTYPE GROTESQUE BOLD 15/20

Et sanctus: Ne vobis injustitiam forte facere videar, ejus facta examinate

MONOTYPE GROTESQUE BOLD 30/32

Lorem ipsum dolor sit amet, consectetuer adipiscing elit

MONOTYPE GROTESQUE BOLD / ALL CAPS 18/21.6

DUIS TE FEUGI FACILISI. DUIS AUTEM DOLOR IN HENDRERIT IN VULPUTATE VELIT ESSE MOLESTIE CONSEQUAT

CASLON 14/16.8

Videntes apostoli et alii patres antiqui, et praecipue reverendus pater noster beatus Benedictus, quod otiositas inimica est animae, sicut ipse dicit in regula sua, ipsi propriis manibus laboraverunt, et *religiosis viris opera* manuum secundum quod regula praecepit, studeant propriis manibus laborare.

Sed ne aliquis de dispositione locorum causari possit dicens, tale monasterium non esse apertum ad *opera manuum exercenda*, quia situm est in civitate, in aliquo castro vel villa, propterea.

CASLON ITALIC / SMALL CAPS 11/13.2

Dolor sit amet SED UT PERSPICIATIS *ipsam voluptatem enim voluptas sit esse Dominico Vaspernatur aut fugit Roma, Januaris 1522.*

CASLON BOLD / SMALL CAPS 19/22.8

NEMO ENIM

CASLON 11/14

Sed ut perspiciatis unde omnis iste natus error sit voluptatem accusantium doloremque laudantium, totam rem aperiam, eaque ipsa quae ab illo de inventore veritatis et quasi architecto beatae vitae dicta sunt est explicabo natus:

- Neque *porro* quisquam
- Architecto beatae vitae
- Qui *dolorem* ipsum
- Inventore veritatis quasi

Dolores nemo enim ipsam voluptatem quia voluptas sit aspernatur aut odit aut fugit, sed quia consequuntur magni est dolores eos qui ratione.

Nunc enim vere monachi est de sunt, si otiosi non maneant, sicut. Sed ne aliquis de possit dicens, tale est monasterium.

MONOTYPE GROTESQUE BOLD 9/15

"Neque porro quisquam est, qui dolorem ipsum quia dolor sit amet, consectetur Nemo voluptatem quia vere monachi maneant, aspernatur aut odit aut fugit, sed quia eos qui ratione voluptatem sequi nesciunt."

MONOTYPE GROTESQUE BOLD 9/12

Quisquam					
	1	2	3	4	5	6
7	8	9	10	11	12	13
14	15	16	17	18	19	20
21	22	23	24	25	26	27
28	29	30				

CASLON BOLD 16/19.2

Operae pretium reor ea quae isto in anno Dominus per beatum Benedictum in Galliis operari dignatus est, ad posterorum memoriam et aedificationem annectere. Quidam namque vir potentissimus Gallorum *gente progenitus tantis* se ab ipsa infantia execrarat flagitiis.

MONOTYPE GROTESQUE 9/11

Cuidam	Vero
Dei	Servo
Juxta	Manenti
Dominus	Ea Quae Circa
Defuncti	Animam
Agebantur	Ostendere
Dignatus	Est
Nam	Statim
Ut de corpore	Exiit

MONOTYPE GROTESQUE BOLD 15/20

Et sanctus: Ne vobis injustitiam forte facere videar, ejus facta examinate

MONOTYPE GROTESQUE BOLD 30/32

Lorem ipsum dolor sit amet, consectetuer adipiscing elit

MONOTYPE GROTESQUE BOLD / ALL CAPS 18/21.6

DUIS TE FEUGI FACILISI. DUIS AUTEM DOLOR IN HENDRERIT IN VULPUTATE VELIT ESSE MOLESTIE CONSEQUAT

CLARENDON 11/16.5

Videntes apostoli et alii patres antiqui, et praecipue reverendus pater noster beatus Benedictus, quod otiositas inimica est animae, sicut ipse dicit in regula sua, ipsi propriis manibus laboraverunt, et religiosis viris opera manuum secundum quod regula praecepit, studeant propriis manibus laborare.

Sed ne aliquis de dispositione locorum causari possit dicens, tale monasterium non esse apertum ad opera manuum exercenda, quia situm est in civitate, in aliquo castro vel villa, propterea.

CLARENDON / SMALL CAPS 9/12

Dolor sit amet SED UT PERSPICIATIS ipsam voluptatem enim voluptas sit esse Dominico Vaspernatur aut fugit Roma, Januaris 1522.

CLARENDON BOLD / SMALL CAPS 19/22.8

NEMO ENIM

CLARENDON 10/12.5

Sed ut perspiciatis unde omnis iste natus error sit voluptatem accusantium doloremque laudantium, totam rem aperiam, eaque ipsa quae ab illo de inventore veritatis et quasi architecto beatae vitae dicta sunt est explicabo natus:

- Neque porro quisquam
- Architecto beatae vitae
- Qui dolorem ipsum
- Inventore veritatis quasi

Dolores nemo enim ipsam voluptatem quia voluptas sit aspernatur aut odit aut fugit, sed quia consequuntur magni est dolores eos qui ratione.

Nunc enim vere monachi est de sunt, si otiosi non maneant, sicut. Sed ne aliquis de possit dicens, tale est monasterium.

MONOTYPE GROTESQUE BOLD 9/15

"Neque porro quisquam est, qui dolorem ipsum quia dolor sit amet, consectetur Nemo voluptatem quia vere monachi maneant, aspernatur aut odit aut fugit, sed quia eos qui ratione voluptatem sequi nesciunt."

MONOTYPE GROTESQUE BOLD 9/12

Quisquam					
1	2	3	4	5	6
7	8	9	10	11	12	13
14	15	16	17	18	19	20
21	22	23	24	25	26	27
28	29	30				

CLARENDON BOLD 14/20

Operae pretium reor ea quae isto in anno Dominus per beatum Benedictum in Galliis operari dignatus est, ad posterorum memoriam et aedificationem annectere. Quidam namque vir potentissimus Gallorum gente progenitus tantis se ab ipsa infantia execrarat flagitiis.

MONOTYPE GROTESQUE 9/11

Cuidam	Vero
Dei	Servo
Juxta	Manenti
Dominus	Ea Quae Circa
Defuncti	Animam
Agebantur	Ostendere
Dignatus	Est
Nam	Statim
Ut de corpore	Exiit

MONOTYPE GROTESQUE BOLD 15/20

Et sanctus: Ne vobis injustitiam forte facere videar, ejus facta examinate

MONOTYPE GROTESQUE BOLD 30/32

Lorem ipsum dolor sit amet, consectetuer adipiscing elit

MONOTYPE GROTESQUE BOLD / ALL CAPS 18/21.6

DUIS TE FEUGI FACILISI. DUIS AUTEM DOLOR IN HENDRERIT IN VULPUTATE VELIT ESSE MOLESTIE CONSEQUAT

EGYPTIENNE 11/17

Videntes apostoli et alii patres antiqui, et praecipue reverendus pater noster beatus Benedictus, quod otiositas inimica est animae, sicut ipse dicit in regula sua, ipsi propriis manibus laboraverunt, et **religiosis viris opera** manuum secundum quod regula praecepit, studeant propriis manibus laborare.

Sed ne aliquis de dispositione locorum causari possit dicens, tale monasterium non esse apertum ad **opera manuum exercenda**, quia situm est in civitate, in aliquo castro vel villa, propterea.

EGYPTIENNE BOLD / SMALL CAPS 9/13

Dolor sit amet SED UT PERSPICIATIS ipsam voluptatem enim voluptas sit esse Dominico Vaspernatur aut fugit Roma, Januaris 1522.

EGYPTIENNE / SMALL CAPS 19/22.8

NEMO ENIM

EGYPTIENNE 9/14

Sed ut perspiciatis unde omnis iste natus error sit voluptatem accusantium doloremque laudantium, totam rem aperiam, eaque ipsa quae ab illo de inventore veritatis et quasi architecto beatae vitae dicta sunt est explicabo natus:

- Neque **porro** quisquam
- Architecto beatae vitae
- Qui **dolorem** ipsum
- Inventore veritatis quasi

Dolores nemo enim ipsam voluptatem quia voluptas sit aspernatur aut odit aut fugit, sed quia consequuntur magni est dolores eos qui ratione.

Nunc enim vere monachi est de sunt, si otiosi non maneant, sicut. Sed ne aliquis de possit dicens, tale est monasterium.

MONOTYPE GROTESQUE BOLD 9/15

"Neque porro quisquam est, qui dolorem ipsum quia dolor sit amet, consectetur Nemo voluptatem quia vere monachi maneant, aspernatur aut odit aut fugit, sed quia eos qui ratione voluptatem sequi nesciunt."

MONOTYPE GROTESQUE BOLD 9/12

Quisquam						
	1	2	3	4	5	6
7	8	9	10	11	12	13
14	15	16	17	18	19	20
21	22	23	24	25	26	27
28	29	30				

EGYPTIENNE BOLD 14/20

Operae pretium reor ea quae isto in anno Dominus per beatum Benedictum in Galliis operari dignatus est, ad posterorum memoriam et aedificationem annectere. Quidam namque vir potentissimus Gallorum gente progenitus tantis se ab ipsa infantia execrarat flagitiis.

MONOTYPE GROTESQUE 9/11

Cuidam	Vero
Dei	Servo
Juxta	Manenti
Dominus	Ea Quae Circa
Defuncti	Animam
Agebantur	Ostendere
Dignatus	Est
Nam	Statim
Ut de corpore	Exiit

MONOTYPE GROTESQUE BOLD 15/20

Et sanctus: Ne vobis injustitiam forte facere videar, ejus facta examinate

MONOTYPE GROTESQUE BOLD 30/32

Lorem ipsum dolor sit amet, consectetuer adipiscing elit

MONOTYPE GROTESQUE BOLD / ALL CAPS 18/21.6

DUIS TE FEUGI FACILISI. DUIS AUTEM DOLOR IN HENDRERIT IN VULPUTATE VELIT ESSE MOLESTIE CONSEQUAT

MINION 14/16.8

Videntes apostoli et alii patres antiqui, et praecipue reverendus pater noster beatus Benedictus, quod otiositas inimica est animae, sicut ipse dicit in regula sua, ipsi propriis manibus laboraverunt, *et religiosis viris opera* manuum secundum quod regula praecepit, studeant propriis manibus laborare.

Sed ne aliquis de dispositione locorum causari possit dicens, tale monasterium non esse apertum ad *opera manuum exercenda,* quia situm est in civitate, in aliquo castro vel villa, propterea.

MINION ITALIC & ROMAN / SMALL CAPS 11/13.2

Dolor sit amet SED UT PERSPICIATIS *ipsam voluptatem enim voluptas sit esse Dominico Vaspernatur aut fugit Roma, Januaris 1522.*

MINION BOLD / SMALL CAPS 19/22.8

NEMO ENIM

MINION 11/14.4

Sed ut perspiciatis unde omnis iste natus error sit voluptatem accusantium doloremque laudantium, totam rem aperiam, eaque ipsa quae ab illo de inventore veritatis et quasi architecto beatae vitae dicta sunt est explicabo natus:

- Neque *porro* quisquam
- Architecto beatae vitae
- Qui *dolorem* ipsum
- Inventore veritatis quasi

Dolores nemo enim ipsam voluptatem quia voluptas sit aspernatur aut odit aut fugit, sed quia consequuntur magni est dolores eos qui ratione.

Nunc enim vere monachi est de sunt, si otiosi non maneant, sicut. Sed ne aliquis de possit dicens, tale est monasterium.

MONOTYPE GROTESQUE BOLD 9/15

"Neque porro quisquam est, qui dolorem ipsum quia dolor sit amet, consectetur Nemo voluptatem quia vere monachi maneant, aspernatur aut odit aut fugit, sed quia eos qui ratione voluptatem sequi nesciunt."

MONOTYPE GROTESQUE BOLD 9/12

Quisquam						
	1	2	3	4	5	6
7	8	9	10	11	12	13
14	15	16	17	18	19	20
21	22	23	24	25	26	27
28	29	30				

MINION BOLD 16/19.2

Operae pretium reor ea quae isto in anno Dominus per beatum Benedictum in Galliis operari dignatus est, ad posterorum memoriam et aedificationem annectere. Quidam namque vir potentissimus Gallorum *gente progenitus tantis* se ab ipsa infantia execrarat flagitiis.

MONOTYPE GROTESQUE 9/11

Cuidam.. Vero
Dei... Servo
Juxta ....Manenti
Dominus.......................Ea Quae Circa
Defuncti .... Animam
Agebantur...........................Ostendere
Dignatus .... Est
Nam.. Statim
Ut de corpore .... Exiit

MONOTYPE GROTESQUE BOLD 15/20

Et sanctus: Ne vobis injustitiam forte facere videar, ejus facta examinate

MONOTYPE GROTESQUE BOLD 30/32

Lorem ipsum dolor sit amet, consectetuer adipiscing elit

MONOTYPE GROTESQUE BOLD / ALL CAPS 18/21.6

DUIS TE FEUGI FACILISI. DUIS AUTEM DOLOR IN HENDRERIT IN VULPUTATE VELIT ESSE MOLESTIE CONSEQUAT

NEW CENTURY SCHOOLBOOK 12/16

Videntes apostoli et alii patres antiqui, et praecipue reverendus pater noster beatus Benedictus, quod otiositas inimica est animae, sicut ipse dicit in regula sua, ipsi propriis manibus laboraverunt, *et religiosis viris opera* manuum secundum quod regula praecepit, studeant propriis manibus laborare.

Sed ne aliquis de dispositione locorum causari possit dicens, tale monasterium non esse apertum ad *opera manuum exercenda,* quia situm est in civitate, in aliquo castro vel villa, propterea.

NEW CENTURY SCHOOLBOOK ITALIC & ROMAN / SMALL CAPS 10/13

Dolor sit amet SED UT PERSPICIATIS *ipsam voluptatem enim voluptas sit esse Dominico Vaspernatur aut fugit Roma, Januaris 1522.*

NEW CENTURY SCHOOL BOOK BOLD / SMALL CAPS 19/22

NEMO ENIM

NEW CENTURY SCHOOLBOOK 10/14.4

Sed ut perspiciatis unde omnis iste natus error sit voluptatem accusantium doloremque laudantium, totam rem aperiam, eaque ipsa quae ab illo de inventore veritatis et quasi architecto beatae vitae dicta sunt est explicabo natus:

- Neque *porro* quisquam
- Architecto beatae vitae
- Qui *dolorem* ipsum
- Inventore veritatis quasi

Dolores nemo enim ipsam voluptatem quia voluptas sit aspernatur aut odit aut fugit, sed quia consequuntur magni est dolores eos qui ratione.

Nunc enim vere monachi est de sunt, si otiosi non maneant, sicut. Sed ne aliquis de possit dicens, tale est monasterium.

MONOTYPE GROTESQUE BOLD 9/15

"Neque porro quisquam est, qui dolorem ipsum quia dolor sit amet, consectetur Nemo voluptatem quia vere monachi maneant, aspernatur aut odit aut fugit, sed quia eos qui ratione voluptatem sequi nesciunt."

MONOTYPE GROTESQUE BOLD 9/12

Quisquam					
1	2	3	4	5	6
7	8	9	10	11	12	13
14	15	16	17	18	19	20
21	22	23	24	25	26	27
28	29	30				

NEW CENTURY SCHOOLBOOK BOLD 14/19

Operae pretium reor ea quae isto in anno Dominus per beatum Benedictum in Galliis operari dignatus est, ad posterorum memoriam et aedificationem annectere. Quidam namque vir potentissimus Gallorum *gente progenitus tantis* se ab ipsa infantia execrarat flagitiis.

MONOTYPE GROTESQUE 9/11

Cuidam	Vero
Dei	Servo
Juxta	Manenti
Dominus	Ea Quae Circa
Defuncti	Animam
Agebantur	Ostendere
Dignatus	Est
Nam	Statim
Ut de corpore	Exiit

MONOTYPE GROTESQUE BOLD 15/20

Et sanctus: Ne vobis injustitiam forte facere videar, ejus facta examinate

MONOTYPE GROTESQUE BOLD 30/32

Lorem ipsum dolor sit amet, consectetuer adipiscing elit

MONOTYPE GROTESQUE BOLD / ALL CAPS 18/21.6

DUIS TE FEUGI FACILISI. DUIS AUTEM DOLOR IN HENDRERIT IN VULPUTATE VELIT ESSE MOLESTIE CONSEQUAT

WARNOCK 13/15.6

Videntes apostoli et alii patres antiqui, et praecipue reverendus pater noster beatus Benedictus, quod otiositas inimica est animae, sicut ipse dicit in regula sua, ipsi propriis manibus laboraverunt, *et religiosis viris opera* manuum secundum quod regula praecepit, studeant propriis manibus laborare.

Sed ne aliquis de dispositione locorum causari possit dicens, tale monasterium non esse apertum ad *opera manuum exercenda,* quia situm est in civitate, in aliquo castro vel villa, propterea.

WARNOCK ITALIC & ROMAN / SMALL CAPS 11/13.2

Dolor sit amet SED UT PERSPICIATIS *ipsam voluptatem enim voluptas sit esse Dominico Vaspernatur aut fugit Roma, Januaris 1522.*

WARNOCK BOLD / SMALL CAPS 19/22.8

NEMO ENIM

WARNOCK 11/14

Sed ut perspiciatis unde omnis iste natus error sit voluptatem accusantium doloremque laudantium, totam rem aperiam, eaque ipsa quae ab illo de inventore veritatis et quasi architecto beatae vitae dicta sunt est explicabo natus:

- Neque *porro* quisquam
- Architecto beatae vitae
- Qui *dolorem* ipsum
- Inventore veritatis quasi

Dolores nemo enim ipsam voluptatem quia voluptas sit aspernatur aut odit aut fugit, sed quia consequuntur magni est dolores eos qui ratione.

Nunc enim vere monachi est de sunt, si otiosi non maneant, sicut. Sed ne aliquis de possit dicens, tale est monasterium.

MONOTYPE GROTESQUE BOLD 9/15

"Neque porro quisquam est, qui dolorem ipsum quia dolor sit amet, consectetur Nemo voluptatem quia vere monachi maneant, aspernatur aut odit aut fugit, sed quia eos qui ratione voluptatem sequi nesciunt."

MONOTYPE GROTESQUE BOLD 9/12

Quisquam					
1	2	3	4	5	6
7	8	9	10	11	12	13
14	15	16	17	18	19	20
21	22	23	24	25	26	27
28	29	30			

WARNOCK BOLD 16/19.2

Operae pretium reor ea quae isto in anno Dominus per beatum Benedictum in Galliis operari dignatus est, ad posterorum memoriam et aedificationem annectere. Quidam namque vir potentissimus Gallorum *gente progenitus tantis* se ab ipsa infantia execrarat flagitiis.

MONOTYPE GROTESQUE 9/11

Cuidam	Vero
Dei	Servo
Juxta	Manenti
Dominus	Ea Quae Circa
Defuncti	Animam
Agebantur	Ostendere
Dignatus	Est
Nam	Statim
Ut de corpore	Exiit

MONOTYPE GROTESQUE BOLD 15/20

Et sanctus: Ne vobis injustitiam forte facere videar, ejus facta examinate

MRS. EAVES BOLD 31/31

Lorem ipsum dolor sit amet, consectetuer adipiscing elit

MRS. EAVES BOLD / ALL CAPS 18/21.6

DUIS TE FEUGI FACILISI. DUIS AUTEM DOLOR IN HENDRERIT IN VULPUTATE VELIT ESSE MOLESTIE CONSEQUAT

MRS. EAVES 14/16.8

Videntes apostoli et alii patres antiqui, et praecipue reverendus pater noster beatus Benedictus, quod otiositas inimica est animae, sicut ipse dicit in regula sua, ipsi propriis manibus laboraverunt, et religiosis viris opera manuum secundum quod regula praecepit, studeant propriis manibus laborare.

Sed ne aliquis de dispositione locorum causari possit dicens, tale monasterium non esse apertum ad opera manuum exercenda, quia situm est in civitate, in aliquo castro vel villa, propterea.

MRS. EAVES / SMALL CAPS 11/13.2

Dolor sit amet SED UT PERSPICIATIS ipsam voluptatem enim voluptas sit esse Dominico Vaspernatur aut fugit Roma, Januaris 1522.

MRS. EAVES BOLD / SMALL CAPS 19/22.8

NEMO ENIM

MRS. EAVES 12/14

Sed ut perspiciatis unde omnis iste natus error sit voluptatem accusantium doloremque laudantium, totam rem aperiam, eaque ipsa quae ab illo de inventore veritatis et quasi architecto beatae vitae dicta sunt est explicabo natus:

· Neque porro quisquam
· Architecto beatae vitae
· Qui dolorem ipsum
· Inventore veritatis quasi

Dolores nemo enim ipsam voluptatem quia voluptas sit aspernatur aut odit aut fugit, sed quia consequuntur magni est dolores eos qui ratione.

Nunc enim vere monachi est de sunt, si otiosi non maneant, sicut. Sed ne aliquis de possit dicens, tale est monasterium.

MRS. EAVES BOLD 11/15

"Neque porro quisquam est, qui dolorem ipsum quia dolor sit amet, consectetur Nemo voluptatem quia vere monachi maneant, aspernatur aut odit aut fugit, sed quia eos qui ratione voluptatem sequi nesciunt."

MRS. EAVES BOLD 9/12

Quisquam					
	1	2	3	4	5	6
7	8	9	10	11	12	13
14	15	16	17	18	19	20
21	22	23	24	25	26	27
28	29	30				

MRS. EAVES BOLD 16/19.2

Operae pretium reor ea quae isto in anno Dominus per beatum Benedictum in Galliis operari dignatus est, ad posterorum memoriam et aedificationem annectere. Quidam namque vir potentissimus Gallorum gente progenitus tantis se ab ipsa infantia execrarat flagitiis.

MRS. EAVES 9/11

Cuidam	Vero
Dei	Servo
Juxta	Manenti
Dominus	Ea Quae Circa
Defuncti	Animam
Agebantur	Ostendere
Dignatus	Est
Nam	Statim
Ut de corpore	Exiit

MRS. EAVES BOLD 17/20

Et sanctus: Ne vobis injustitiam forte facere videar, ejus facta examinate

MRS. EAVES BOLD 31/31

Lorem ipsum dolor sit amet, consectetuer adipiscing elit

MRS. EAVES BOLD / ALL CAPS 18/21.6

DUIS TE FEUGI FACILISI. DUIS AUTEM DOLOR IN HENDRERIT IN VULPUTATE VELIT ESSE MOLESTIE CONSEQUAT

META 13/17

Videntes apostoli et alii patres antiqui, et praecipue reverendus pater noster beatus Benedictus, quod otiositas inimica est animae, sicut ipse dicit in regula sua, ipsi propriis manibus laboraverunt, et *religiosis viris opera* manuum secundum quod regula praecepit, studeant propriis manibus laborare.

Sed ne aliquis de dispositione locorum causari possit dicens, tale monasterium non esse apertum ad *opera manuum exercenda*, quia situm est in civitate, in aliquo castro vel villa, propterea.

META ITALIC / SMALL CAPS 11/13.2

Dolor sit amet SED UT PERSPICIATIS *ipsam voluptatem enim voluptas sit esse Dominico Vaspernatur aut fugit Roma, Januaris 1522.*

META BOLD / SMALL CAPS 19/22.8

NEMO ENIM

META 11/14

Sed ut perspiciatis unde omnis iste natus error sit voluptatem accusantium doloremque laudantium, totam rem aperiam, eaque ipsa quae ab illo de inventore veritatis et quasi architecto beatae vitae dicta sunt est explicabo natus:

- Neque *porro* quisquam
- Architecto beatae vitae
- Qui *dolorem* ipsum
- Inventore veritatis quasi

Dolores nemo enim ipsam voluptatem quia voluptas sit aspernatur aut odit aut fugit, sed quia consequuntur magni est dolores eos qui ratione.

Nunc enim vere monachi est de sunt, si otiosi non maneant, sicut. Sed ne aliquis de possit dicens, tale est monasterium.

MRS. EAVES BOLD 11/15

"Neque porro quisquam est, qui dolorem ipsum quia dolor sit amet, consectetur Nemo voluptatem quia vere monachi maneant, aspernatur aut odit aut fugit, sed quia eos qui ratione voluptatem sequi nesciunt."

MRS. EAVES BOLD 9/12

Quisquam						
	1	2	3	4	5	6
7	8	9	10	11	12	13
14	15	16	17	18	19	20
21	22	23	24	25	26	27
28	29	30				

META BOLD 16/19.2

Operae pretium reor ea quae isto in anno Dominus per beatum Benedictum in Galliis operari dignatus est, ad posterorum memoriam et aedificationem annectere. Quidam namque vir potentissimus Gallorum *gente progenitus tantis* se ab ipsa infantia execrarat flagitiis.

MRS. EAVES 9/11

Cuidam	Vero
Dei	Servo
Juxta	Manenti
Dominus	Ea Quae Circa
Defuncti	Animam
Agebantur	Ostendere
Dignatus	Est
Nam	Statim
Ut de corpore	Exiit

MRS. EAVES BOLD 17/20

Et sanctus: Ne vobis injustitiam forte facere videar, ejus facta examinate

MRS. EAVES BOLD 31/31

Lorem ipsum dolor sit amet, consectetuer adipiscing elit

MRS. EAVES BOLD / ALL CAPS 18/21.6

DUIS TE FEUGI FACILISI. DUIS AUTEM DOLOR IN HENDRERIT IN VULPUTATE VELIT ESSE MOLESTIE CONSEQUAT

MONOTYPE GROTESQUE 13/15.6

Videntes apostoli et alii patres antiqui, et praecipue reverendus pater noster beatus Benedictus, quod otiositas inimica est animae, sicut ipse dicit in regula sua, ipsi propriis manibus laboraverunt, et *religiosis viris opera* manuum secundum quod regula praecepit, studeant propriis manibus laborare.

Sed ne aliquis de dispositione locorum causari possit dicens, tale monasterium non esse apertum ad *opera manuum exercenda*, quia situm est in civitate, in aliquo castro vel villa, propterea.

MONOTYPE GROTESQUE ITALIC / SMALL CAPS 11/13.2

Dolor sit amet SED UT PERSPICIATIS *ipsam voluptatem enim voluptas sit esse Dominico Vaspernatur aut fugit Roma, Januaris 1522.*

MONOTYPE GROTESQUE BOLD / SMALL CAPS 19/22.8

NEMO ENIM

MONOTYPE GROTESQUE 11/13.2

Sed ut perspiciatis unde omnis iste natus error sit voluptatem accusantium doloremque laudantium, totam rem aperiam, eaque ipsa quae ab illo de inventore veritatis et quasi architecto beatae vitae dicta sunt est explicabo natus:

- Neque *porro* quisquam
- Architecto beatae vitae
- Qui *dolorem* ipsum
- Inventore veritatis quasi

Dolores nemo enim ipsam voluptatem quia voluptas sit aspernatur aut odit aut fugit, sed quia consequuntur magni est dolores eos qui ratione.

Nunc enim vere monachi est de sunt, si otiosi non maneant, sicut. Sed ne aliquis de possit dicens, tale est monasterium.

MRS. EAVES BOLD 11/15

"Neque porro quisquam est, qui dolorem ipsum quia dolor sit amet, consectetur Nemo voluptatem quia vere monachi maneant, aspernatur aut odit aut fugit, sed quia eos qui ratione voluptatem sequi nesciunt."

MRS. EAVES BOLD 9/12

Quisquam					
	1	2	3	4	5	6
7	8	9	10	11	12	13
14	15	16	17	18	19	20
21	22	23	24	25	26	27
28	29	30				

MONOTYPE GROTESQUE BOLD 15/19

Operae pretium reor ea quae isto in anno Dominus per beatum Benedictum in Galliis operari dignatus est, ad posterorum memoriam et aedificationem annectere. Quidam namque vir potentissimus Gallorum gente progenitus tantis se ab ipsa infantia execrarat flagitiis.

MRS. EAVES 9/11

Cuidam	Vero
Dei	Servo
Juxta	Manenti
Dominus	Ea Quae Circa
Defuncti	Animam
Agebantur	Ostendere
Dignatus	Est
Nam	Statim
Ut de corpore	Exiit

MRS. EAVES BOLD 17/20

Et sanctus: Ne vobis injustitiam forte facere videar, ejus facta examinate

MRS. EAVES BOLD 31/31

Lorem ipsum dolor sit amet, consectetuer adipiscing elit

MRS. EAVES BOLD / ALL CAPS 18/21.6

DUIS TE FEUGI FACILISI. DUIS AUTEM DOLOR IN HENDRERIT IN VULPUTATE VELIT ESSE MOLESTIE CONSEQUAT

NEW BASKERVILLE 13/15.6

Videntes apostoli et alii patres antiqui, et praecipue reverendus pater noster beatus Benedictus, quod otiositas inimica est animae, sicut ipse dicit in regula sua, ipsi propriis manibus laboraverunt, *et religiosis viris opera* manuum secundum quod regula praecepit, studeant propriis manibus laborare.

Sed ne aliquis de dispositione locorum causari possit dicens, tale monasterium non esse apertum ad *opera manuum exercenda,* quia situm est in civitate, in aliquo castro vel villa, propterea.

NEW BASKERVILLE ITALIC & ROMAN / SMALL CAPS 11/13.2

Dolor sit amet SED UT PERSPICIATIS *ipsam voluptatem enim voluptas sit esse Dominico Vaspernatur aut fugit Roma, Januaris 1522.*

NEW BASKERVILLE BOLD / SMALL CAPS 19/22.8

NEMO ENIM

NEW BASKERVILLE 10/14.4

Sed ut perspiciatis unde omnis iste natus error sit voluptatem accusantium doloremque laudantium, totam rem aperiam, eaque ipsa quae ab illo de inventore veritatis et quasi architecto beatae vitae dicta sunt est explicabo natus:

- Neque *porro* quisquam
- Architecto beatae vitae
- Qui *dolorem* ipsum
- Inventore veritatis quasi

Dolores nemo enim ipsam voluptatem quia voluptas sit aspernatur aut odit aut fugit, sed quia consequuntur magni est dolores eos qui ratione.

Nunc enim vere monachi est de sunt, si otiosi non maneant, sicut. Sed ne aliquis de possit dicens, tale est monasterium.

NEW BASKERVILLE BOLD 16/19.2

Operae pretium reor ea quae isto in anno Dominus per beatum Benedictum in Galliis operari dignatus est, ad posterorum memoriam et aedificationem annectere. Quidam namque vir potentissimus Gallorum *gente progenitus tantis* se ab ipsa infantia execrarat flagitiis.

MRS. EAVES BOLD 11/15

"Neque porro quisquam est, qui dolorem ipsum quia dolor sit amet, consectetur Nemo voluptatem quia vere monachi maneant, aspernatur aut odit aut fugit, sed quia eos qui ratione voluptatem sequi nesciunt."

MRS. EAVES BOLD 9/12

Quisquam						
	I	2	3	4	5	6
7	8	9	10	II	I2	I3
I4	I5	I6	I7	I8	I9	20
2I	22	23	24	25	26	27
28	29	30				

MRS. EAVES 9/11

Cuidam	Vero
Dei	Servo
Juxta	Manenti
Dominus	Ea Quae Circa
Defuncti	Animam
Agebantur	Ostendere
Dignatus	Est
Nam	Statim
Ut de corpore	Exiit

MRS. EAVES BOLD 17/20

Et sanctus: Ne vobis injustitiam forte facere videar, ejus facta examinate

MRS. EAVES BOLD 31/31

Lorem ipsum dolor sit amet, consectetuer adipiscing elit

MRS. EAVES BOLD / ALL CAPS 18/21.6

DUIS TE FEUGI FACILISI. DUIS AUTEM DOLOR IN HENDRERIT IN VULPUTATE VELIT ESSE MOLESTIE CONSEQUAT

OPTIMA 13/16

Videntes apostoli et alii patres antiqui, et praecipue reverendus pater noster beatus Benedictus, quod otiositas inimica est animae, sicut ipse dicit in regula sua, ipsi propriis manibus laboraverunt, et *religiosis viris opera* manuum secundum quod regula praecepit, studeant propriis manibus laborare.

Sed ne aliquis de dispositione locorum causari possit dicens, tale monasterium non esse apertum ad *opera manuum exercenda*, quia situm est in civitate, in aliquo castro vel villa, propterea.

OPTIMA ITALIC / SMALL CAPS 11/13.2

Dolor sit amet SED UT PERSPICIATIS *ipsam voluptatem enim voluptas sit esse Dominico Vaspernatur aut fugit Roma, Januaris 1522.*

OPTIMA BOLD / SMALL CAPS 19/22.8

NEMO ENIM

OPTIMA 11/14

Sed ut perspiciatis unde omnis iste natus error sit voluptatem accusantium doloremque laudantium, totam rem aperiam, eaque ipsa quae ab illo de inventore veritatis et quasi architecto beatae vitae dicta sunt est explicabo natus:

- Neque *porro* quisquam
- Architecto beatae vitae
- Qui *dolorem* ipsum
- Inventore veritatis quasi

Dolores nemo enim ipsam voluptatem quia voluptas sit aspernatur aut odit aut fugit, sed quia consequuntur magni est dolores eos qui ratione.

Nunc enim vere monachi est de sunt, si otiosi non maneant, sicut. Sed ne aliquis de possit dicens, tale est monasterium.

MRS. EAVES BOLD 11/15

"Neque porro quisquam est, qui dolorem ipsum quia dolor sit amet, consectetur Nemo voluptatem quia vere monachi maneant, aspernatur aut odit aut fugit, sed quia eos qui ratione voluptatem sequi nesciunt."

MRS. EAVES BOLD 9/12

Quisquam					
1	2	3	4	5	6
7	8	9	10	11	12	13
14	15	16	17	18	19	20
21	22	23	24	25	26	27
28	29	30				

OPTIMA BOLD 16/19.2

Operae pretium reor ea quae isto in anno Dominus per beatum Benedictum in Galliis operari dignatus est, ad posterorum memoriam et aedificationem annectere. Quidam namque vir potentissimus Gallorum *gente progenitus tantis* se ab ipsa infantia execrarat flagitiis.

MRS. EAVES 9/11

Cuidam	Vero
Dei	Servo
Juxta	Manenti
Dominus	Ea Quae Circa
Defuncti	Animam
Agebantur	Ostendere
Dignatus	Est
Nam	Statim
Ut de corpore	Exiit

MRS. EAVES BOLD 17/20

Et sanctus: Ne vobis injustitiam forte facere videar, ejus facta examinate

MRS. EAVES BOLD 31/31

Lorem ipsum dolor sit amet, consectetuer adipiscing elit

MRS. EAVES BOLD / ALL CAPS 18/21.6

DUIS TE FEUGI FACILISI. DUIS AUTEM DOLOR IN HENDRERIT IN VULPUTATE VELIT ESSE MOLESTIE CONSEQUAT

STONE 12/17

Videntes apostoli et alii patres antiqui, et praecipue reverendus pater noster beatus Benedictus, quod otiositas inimica est animae, sicut ipse dicit in regula sua, ipsi propriis manibus laboraverunt, et *religiosis viris opera* manuum secundum quod regula praecepit, studeant propriis manibus laborare.

Sed ne aliquis de dispositione locorum causari possit dicens, tale monasterium non esse apertum ad *opera manuum exercenda*, quia situm est in civitate, in aliquo castro vel villa, propterea.

STONE ITALIC / SMALL CAPS 11/13.2

Dolor sit amet SED UT PERSPICIATIS *ipsam voluptatem enim voluptas sit esse Dominico Vaspernatur aut fugit Roma, Januaris 1522.*

STONE BOLD / SMALL CAPS 19/22.8

NEMO ENIM

STONE 10/14

Sed ut perspiciatis unde omnis iste natus error sit voluptatem accusantium doloremque laudantium, totam rem aperiam, eaque ipsa quae ab illo de inventore veritatis et quasi architecto beatae vitae dicta sunt est explicabo natus:

- Neque *porro* quisquam
- Architecto beatae vitae
- Qui *dolorem* ipsum
- Inventore veritatis quasi

Dolores nemo enim ipsam voluptatem quia voluptas sit aspernatur aut odit aut fugit, sed quia consequuntur magni est dolores eos qui ratione.

Nunc enim vere monachi est de sunt, si otiosi non maneant, sicut. Sed ne aliquis de possit dicens, tale est monasterium.

MRS. EAVES BOLD 11/15

"Neque porro quisquam est, qui dolorem ipsum quia dolor sit amet, consectetur Nemo voluptatem quia vere monachi maneant, aspernatur aut odit aut fugit, sed quia eos qui ratione voluptatem sequi nesciunt."

MRS. EAVES BOLD 9/12

Quisquam						
	1	2	3	4	5	6
7	8	9	10	11	12	13
14	15	16	17	18	19	20
21	22	23	24	25	26	27
28	29	30				

STONE BOLD 14/19

Operae pretium reor ea quae isto in anno Dominus per beatum Benedictum in Galliis operari dignatus est, ad posterorum memoriam et aedificationem annectere. Quidam namque vir potentissimus Gallorum *gente progenitus tantis* se ab ipsa infantia execrarat flagitiis.

MRS. EAVES 9/11

Cuidam	Vero
Dei	Servo
Juxta	Manenti
Dominus	Ea Quae Circa
Defuncti	Animam
Agebantur	Ostendere
Dignatus	Est
Nam	Statim
Ut de corpore	Exiit

MRS. EAVES BOLD 17/20

Et sanctus: Ne vobis injustitiam forte facere videar, ejus facta examinate

MUSEO BOLD 27/31

Lorem ipsum dolor sit amet, consectetuer adipiscing elit

MUSEO BOLD / ALL CAPS 18/21.6

DUIS TE FEUGI FACILISI. DUIS AUTEM DOLOR IN HENDRERIT IN VULPUTATE VELIT ESSE MOLESTIE CONSEQUAT

MUSEO 12/17

Videntes apostoli et alii patres antiqui, et praecipue reverendus pater noster beatus Benedictus, quod otiositas inimica est animae, sicut ipse dicit in regula sua, ipsi propriis manibus laboraverunt, et **religiosis viris opera** manuum secundum quod regula praecepit, studeant propriis manibus laborare.

Sed ne aliquis de dispositione locorum causari possit dicens, tale monasterium non esse apertum ad **opera manuum exercenda**, quia situm est in civitate, in aliquo castro vel villa, propterea.

MUSEO ITALIC / SMALL CAPS 10/12

Dolor sit amet SED UT PERSPICIATIS ipsam voluptatem enim voluptas sit esse Dominico Vaspernatur aut fugit Roma, Januaris 1522.

MUSEO BOLD / SMALL CAPS 19/22.8

NEMO ENIM

MUSEO 10/14

Sed ut perspiciatis unde omnis iste natus error sit voluptatem accusantium doloremque laudantium, totam rem aperiam, eaque ipsa quae ab illo de inventore veritatis et quasi architecto beatae vitae dicta sunt est explicabo natus:

- Neque **porro** quisquam
- Architecto beatae vitae
- Qui **dolorem** ipsum
- Inventore veritatis quasi

Dolores nemo enim ipsam voluptatem quia voluptas sit aspernatur aut odit aut fugit, sed quia consequuntur magni est dolores eos qui ratione.

Nunc enim vere monachi est de sunt, si otiosi non maneant, sicut. Sed ne aliquis de possit dicens, tale est monasterium.

MUSEO BOLD 9/15

"Neque porro quisquam est, qui dolorem ipsum quia dolor sit amet, consectetur Nemo voluptatem quia vere monachi maneant, aspernatur aut odit aut fugit, sed quia eos qui ratione voluptatem sequi nesciunt."

MUSEO BOLD 9/12

Quisquam					
1	2	3	4	5	6
7	8	9	10	11	12	13
14	15	16	17	18	19	20
21	22	23	24	25	26	27
28	29	30				

MUSEO BOLD 15/18

Operae pretium reor ea quae isto in anno Dominus per beatum Benedictum in Galliis operari dignatus est, ad posterorum memoriam et aedificationem annectere. Quidam namque vir potentissimus Gallorum gente progenitus tantis se ab ipsa infantia execrarat flagitiis.

MUSEO 9/11

Cuidam	Vero
Dei	Servo
Juxta	Manenti
Dominus	Ea Quae Circa
Defuncti	Animam
Agebantur	Ostendere
Dignatus	Est
Nam	Statim
Ut de corpore	Exiit

MUSEO BOLD 14/20

Et sanctus: Ne vobis injustitiam forte facere videar, ejus facta examinate

MUSEO BOLD 27/31

Lorem ipsum dolor sit amet, consectetuer adipiscing elit

MUSEO BOLD / ALL CAPS 18/21.6

DUIS TE FEUGI FACILISI. DUIS AUTEM DOLOR IN HENDRERIT IN VULPUTATE VELIT ESSE MOLESTIE CONSEQUAT

AKZIDENZ GROTESK 13/17

Videntes apostoli et alii patres antiqui, et praecipue reverendus pater noster beatus Benedictus, quod otiositas inimica est animae, sicut ipse dicit in regula sua, ipsi propriis manibus laboraverunt, et *religiosis viris opera* manuum secundum quod regula praecepit, student propriis manibus laborare.

Sed ne aliquis de dispositione locorum causari possit dicens, tale monasterium non esse apertum ad *opera manuum exercenda*, quia situm est in civitate, in aliquo castro vel villa, propterea.

AKZIDENZ GROTESK BOLD / SMALL CAPS 11/13.2

Dolor sit amet SED UT PERSPICIATIS ipsam voluptatem enim voluptas sit esse Dominico Vaspernatur aut fugit Roma, Januaris 1522.

AKZIDENZ GROTESK / SMALL CAPS 19/22.8

NEMO ENIM

AKZIDENZ GROTESK 11/14

Sed ut perspiciatis unde omnis iste natus error sit voluptatem accusantium doloremque laudantium, totam rem aperiam, eaque ipsa quae ab illo de inventore veritatis et quasi architecto beatae vitae dicta sunt est explicabo natus:

- Neque *porro* quisquam
- Architecto beatae vitae
- Qui *dolorem* ipsum
- Inventore veritatis quasi

Dolores nemo enim ipsam voluptatem quia voluptas sit aspernatur aut odit aut fugit, sed quia consequuntur magni est dolores eos qui ratione.

Nunc enim vere monachi est de sunt, si otiosi non maneant, sicut. Sed ne aliquis de possit dicens, tale est monasterium.

MUSEO BOLD 9/15

"Neque porro quisquam est, qui dolorem ipsum quia dolor sit amet, consectetur Nemo voluptatem quia vere monachi maneant, aspernatur aut odit aut fugit, sed quia eos qui ratione voluptatem sequi nesciunt."

MUSEO BOLD 9/12

Quisquam					
1	2	3	4	5	6
7	8	9	10	11	12	13
14	15	16	17	18	19	20
21	22	23	24	25	26	27
28	29	30				

AKZIDENZ GROTESK BOLD 15/20

Operae pretium reor ea quae isto in anno Dominus per beatum Benedictum in Galliis operari dignatus est, ad posterorum memoriam et aedificationem annectere. Quidam namque vir potentissimus Gallorum gente progenitus tantis se ab ipsa infantia execrarat flagitiis.

MUSEO 9/11

Cuidam	Vero
Dei	Servo
Juxta	Manenti
Dominus	Ea Quae Circa
Defuncti	Animam
Agebantur	Ostendere
Dignatus	Est
Nam	Statim
Ut de corpore	Exiit

MUSEO BOLD 14/20

Et sanctus: Ne vobis injustitiam forte facere videar, ejus facta examinate

MUSEO BOLD 27/31

Lorem ipsum dolor sit amet, consectetuer adipiscing elit

MUSEO BOLD / ALL CAPS 18/21.6

DUIS TE FEUGI FACILISI. DUIS AUTEM DOLOR IN HENDRERIT IN VULPUTATE VELIT ESSE MOLESTIE CONSEQUAT

FRUTIGER 12/17

Videntes apostoli et alii patres antiqui, et praecipue reverendus pater noster beatus Benedictus, quod otiositas inimica est animae, sicut ipse dicit in regula sua, ipsi propriis manibus laboraverunt, et *religiosis viris opera* manuum secundum quod regula praecepit, studeant propriis manibus laborare.

Sed ne aliquis de dispositione locorum causari possit dicens, tale monasterium non esse apertum ad *opera manuum exercenda*, quia situm est in civitate, in aliquo castro vel villa, propterea.

FRUTIGER ITALIC / SMALL CAPS 10/12

Dolor sit amet SED UT PERSPICIATIS *ipsam voluptatem enim voluptas sit esse Dominico Vaspernatur aut fugit Roma, Januaris 1522.*

FRUTIGER BOLD / SMALL CAPS 19/22.8

NEMO ENIM

FRUTIGER 10/14

Sed ut perspiciatis unde omnis iste natus error sit voluptatem accusantium doloremque laudantium, totam rem aperiam, eaque ipsa quae ab illo de inventore veritatis et quasi architecto beatae vitae dicta sunt est explicabo natus:

- Neque *porro* quisquam
- Architecto beatae vitae
- Qui *dolorem* ipsum
- Inventore veritatis quasi

Dolores nemo enim ipsam voluptatem quia voluptas sit aspernatur aut odit aut fugit, sed quia consequuntur magni est dolores eos qui ratione.

Nunc enim vere monachi est de sunt, si otiosi non maneant, sicut. Sed ne aliquis de possit dicens, tale est monasterium.

MUSEO BOLD 9/15

"Neque porro quisquam est, qui dolorem ipsum quia dolor sit amet, consectetur Nemo voluptatem quia vere monachi maneant, aspernatur aut odit aut fugit, sed quia eos qui ratione voluptatem sequi nesciunt."

MUSEO BOLD 9/12

Quisquam					
	1	2	3	4	5	6
7	8	9	10	11	12	13
14	15	16	17	18	19	20
21	22	23	24	25	26	27
28	29	30				

FRUTIGER BOLD 15/19

Operae pretium reor ea quae isto in anno Dominus per beatum Benedictum in Galliis operari dignatus est, ad posterorum memoriam et aedificationem annectere. Quidam namque vir potentissimus Gallorum *gente progenitus tantis* se ab ipsa infantia execrarat flagitiis.

MUSEO 9/11

Cuidam	Vero
Dei	Servo
Juxta	Manenti
Dominus	Ea Quae Circa
Defuncti	Animam
Agebantur	Ostendere
Dignatus	Est
Nam	Statim
Ut de corpore	Exiit

MUSEO BOLD 14/20

Et sanctus: Ne vobis injustitiam forte facere videar, ejus facta examinate

MUSEO BOLD 27/31

Lorem ipsum dolor sit amet, consectetuer adipiscing elit

MUSEO BOLD / ALL CAPS 18/21.6

DUIS TE FEUGI FACILISI. DUIS AUTEM DOLOR IN HENDRERIT IN VULPUTATE VELIT ESSE MOLESTIE CONSEQUAT

META 13/17

Videntes apostoli et alii patres antiqui, et praecipue reverendus pater noster beatus Benedictus, quod otiositas inimica est animae, sicut ipse dicit in regula sua, ipsi propriis manibus laboraverunt, et *religiosis viris opera* manuum secundum quod regula praecepit, studeant propriis manibus laborare.

Sed ne aliquis de dispositione locorum causari possit dicens, tale monasterium non esse apertum ad *opera manuum exercenda*, quia situm est in civitate, in aliquo castro vel villa, propterea.

META ITALIC / SMALL CAPS 11/13.2

Dolor sit amet SED UT PERSPICIATIS *ipsam voluptatem enim voluptas sit esse Dominico Vaspernatur aut fugit Roma, Januaris 1522.*

META BOLD / SMALL CAPS 19/22.8

NEMO ENIM

META 11/14

Sed ut perspiciatis unde omnis iste natus error sit voluptatem accusantium doloremque laudantium, totam rem aperiam, eaque ipsa quae ab illo de inventore veritatis et quasi architecto beatae vitae dicta sunt est explicabo natus:

- Neque *porro* quisquam
- Architecto beatae vitae
- Qui *dolorem* ipsum
- Inventore veritatis quasi

Dolores nemo enim ipsam voluptatem quia voluptas sit aspernatur aut odit aut fugit, sed quia consequuntur magni est dolores eos qui ratione.

Nunc enim vere monachi est de sunt, si otiosi non maneant, sicut. Sed ne aliquis de possit dicens, tale est monasterium.

MUSEO BOLD 9/15

"Neque porro quisquam est, qui dolorem ipsum quia dolor sit amet, consectetur Nemo voluptatem quia vere monachi maneant, aspernatur aut odit aut fugit, sed quia eos qui ratione voluptatem sequi nesciunt."

MUSEO BOLD 9/12

Quisquam						
	1	2	3	4	5	6
7	8	9	10	11	12	13
14	15	16	17	18	19	20
21	22	23	24	25	26	27
28	29	30				

META BOLD 16/19.2

Operae pretium reor ea quae isto in anno Dominus per beatum Benedictum in Galliis operari dignatus est, ad posterorum memoriam et aedificationem annectere. Quidam namque vir potentissimus Gallorum *gente progenitus tantis* se ab ipsa infantia execrarat flagitiis.

MUSEO 9/11

Cuidam	Vero
Dei	Servo
Juxta	Manenti
Dominus	Ea Quae Circa
Defuncti	Animam
Agebantur	Ostendere
Dignatus	Est
Nam	Statim
Ut de corpore	Exiit

MUSEO BOLD 14/20

Et sanctus: Ne vobis injustitiam forte facere videar, ejus facta examinate

MUSEO BOLD 27/31

Lorem ipsum dolor sit amet, consectetuer adipiscing elit

MUSEO BOLD / ALL CAPS 18/21.6

DUIS TE FEUGI FACILISI. DUIS AUTEM DOLOR IN HENDRERIT IN VULPUTATE VELIT ESSE MOLESTIE CONSEQUAT

MINION 14/16.8

Videntes apostoli et alii patres antiqui, et praecipue reverendus pater noster beatus Benedictus, quod otiositas inimica est animae, sicut ipse dicit in regula sua, ipsi propriis manibus laboraverunt, *et religiosis viris opera* manuum secundum quod regula praecepit, studeant propriis manibus laborare.

Sed ne aliquis de dispositione locorum causari possit dicens, tale monasterium non esse apertum ad *opera manuum exercenda,* quia situm est in civitate, in aliquo castro vel villa, propterea.

MINION ITALIC & ROMAN / SMALL CAPS 11/13.2

Dolor sit amet SED UT PERSPICIATIS *ipsam voluptatem enim voluptas sit esse Dominico Vaspernatur aut fugit Roma, Januaris 1522.*

MINION BOLD / SMALL CAPS 19/22.8

NEMO ENIM

MINION 11/14.4

Sed ut perspiciatis unde omnis iste natus error sit voluptatem accusantium doloremque laudantium, totam rem aperiam, eaque ipsa quae ab illo de inventore veritatis et quasi architecto beatae vitae dicta sunt est explicabo natus:

- Neque *porro* quisquam
- Architecto beatae vitae
- Qui *dolorem* ipsum
- Inventore veritatis quasi

Dolores nemo enim ipsam voluptatem quia voluptas sit aspernatur aut odit aut fugit, sed quia consequuntur magni est dolores eos qui ratione.

Nunc enim vere monachi est de sunt, si otiosi non maneant, sicut. Sed ne aliquis de possit dicens, tale est monasterium.

MUSEO BOLD 9/15

"Neque porro quisquam est, qui dolorem ipsum quia dolor sit amet, consectetur Nemo voluptatem quia vere monachi maneant, aspernatur aut odit aut fugit, sed quia eos qui ratione voluptatem sequi nesciunt."

MUSEO BOLD 9/12

Quisquam					
1	2	3	4	5	6
7	8	9	10	11	12	13
14	15	16	17	18	19	20
21	22	23	24	25	26	27
28	29	30			

MINION BOLD 16/19.2

Operae pretium reor ea quae isto in anno Dominus per beatum Benedictum in Galliis operari dignatus est, ad posterorum memoriam et aedificationem annectere. Quidam namque vir potentissimus Gallorum *gente progenitus tantis* se ab ipsa infantia execrarat flagitiis.

MUSEO 9/11

Cuidam	Vero
Dei	Servo
Juxta	Manenti
Dominus	Ea Quae Circa
Defuncti	Animam
Agebantur	Ostendere
Dignatus	Est
Nam	Statim
Ut de corpore	Exiit

MUSEO BOLD 14/20

Et sanctus: Ne vobis injustitiam forte facere videar, ejus facta examinate

MUSEO BOLD 27/31

Lorem ipsum dolor sit amet, consectetuer adipiscing elit

MUSEO BOLD / ALL CAPS 18/21.6

DUIS TE FEUGI FACILISI. DUIS AUTEM DOLOR IN HENDRERIT IN VULPUTATE VELIT ESSE MOLESTIE CONSEQUAT

MYRIAD 13/17

Videntes apostoli et alii patres antiqui, et praecipue reverendus pater noster beatus Benedictus, quod otiositas inimica est animae, sicut ipse dicit in regula sua, ipsi propriis manibus laboraverunt, et *religiosis viris opera* manuum secundum quod regula praecepit, studeant propriis manibus laborare.

Sed ne aliquis de dispositione locorum causari possit dicens, tale monasterium non esse apertum ad *opera manuum exercenda*, quia situm est in civitate, in aliquo castro vel villa, propterea.

MYRIAD ITALIC / SMALL CAPS 11/13.2

Dolor sit amet SED UT PERSPICIATIS *ipsam voluptatem enim voluptas sit esse Dominico Vaspernatur aut fugit Roma, Januaris 1522.*

MYRIAD BOLD / SMALL CAPS 19/22.8

NEMO ENIM

MYRIAD 11/14

Sed ut perspiciatis unde omnis iste natus error sit voluptatem accusantium doloremque laudantium, totam rem aperiam, eaque ipsa quae ab illo de inventore veritatis et quasi architecto beatae vitae dicta sunt est explicabo natus:

- Neque *porro* quisquam
- Architecto beatae vitae
- Qui *dolorem* ipsum
- Inventore veritatis quasi

Dolores nemo enim ipsam voluptatem quia voluptas sit aspernatur aut odit aut fugit, sed quia consequuntur magni est dolores eos qui ratione.

Nunc enim vere monachi est de sunt, si otiosi non maneant, sicut. Sed ne aliquis de possit dicens, tale est monasterium.

MUSEO BOLD 9/15

"Neque porro quisquam est, qui dolorem ipsum quia dolor sit amet, consectetur Nemo voluptatem quia vere monachi maneant, aspernatur aut odit aut fugit, sed quia eos qui ratione voluptatem sequi nesciunt."

MUSEO BOLD 9/12

Quisquam						
	1	2	3	4	5	6
7	8	9	10	11	12	13
14	15	16	17	18	19	20
21	22	23	24	25	26	27
28	29	30				

MYRIAD BOLD 16/19.2

Operae pretium reor ea quae isto in anno Dominus per beatum Benedictum in Galliis operari dignatus est, ad posterorum memoriam et aedificationem annectere. Quidam namque vir potentissimus Gallorum *gente progenitus tantis* se ab ipsa infantia execrarat flagitiis.

MUSEO 9/11

Cuidam	Vero
Dei	Servo
Juxta	Manenti
Dominus	Ea Quae Circa
Defuncti	Animam
Agebantur	Ostendere
Dignatus	Est
Nam	Statim
Ut de corpore	Exiit

MUSEO BOLD 14/20

Et sanctus: Ne vobis injustitiam forte facere videar, ejus facta examinate

MYRIAD BOLD 30/32

Lorem ipsum dolor sit amet, consectetuer adipiscing elit

MYRIAD BOLD / ALL CAPS 18/21.6

DUIS TE FEUGI FACILISI. DUIS AUTEM DOLOR IN HENDRERIT IN VULPUTATE VELIT ESSE MOLESTIE CONSEQUAT

MYRIAD 13/17

Videntes apostoli et alii patres antiqui, et praecipue reverendus pater noster beatus Benedictus, quod otiositas inimica est animae, sicut ipse dicit in regula sua, ipsi propriis manibus laboraverunt, et *religiosis viris opera* manuum secundum quod regula praecepit, studeant propriis manibus laborare.

Sed ne aliquis de dispositione locorum causari possit dicens, tale monasterium non esse apertum ad *opera manuum exercenda*, quia situm est in civitate, in aliquo castro vel villa, propterea.

MYRIAD ITALIC / SMALL CAPS 11/13.2

Dolor sit amet SED UT PERSPICIATIS *ipsam voluptatem enim voluptas sit esse Dominico Vaspernatur aut fugit Roma, Januaris 1522.*

MYRIAD BOLD / SMALL CAPS 19/22.8

NEMO ENIM

MYRIAD 11/14

Sed ut perspiciatis unde omnis iste natus error sit voluptatem accusantium doloremque laudantium, totam rem aperiam, eaque ipsa quae ab illo de inventore veritatis et quasi architecto beatae vitae dicta sunt est explicabo natus:

- Neque *porro* quisquam
- Architecto beatae vitae
- Qui *dolorem* ipsum
- Inventore veritatis quasi

Dolores nemo enim ipsam voluptatem quia voluptas sit aspernatur aut odit aut fugit, sed quia consequuntur magni est dolores eos qui ratione.

Nunc enim vere monachi est de sunt, si otiosi non maneant, sicut. Sed ne aliquis de possit dicens, tale est monasterium.

MYRIAD BOLD ITALIC 10/15

"Neque porro quisquam est, qui dolorem ipsum quia dolor sit amet, consectetur Nemo voluptatem quia vere monachi maneant, aspernatur aut odit aut fugit, sed quia eos qui ratione voluptatem sequi nesciunt."

MYRIAD BOLD 9/12

Quisquam					
1	2	3	4	5	6
7	8	9	10	11	12	13
14	15	16	17	18	19	20
21	22	23	24	25	26	27
28	29	30			

MYRIAD BOLD 16/19.2

Operae pretium reor ea quae isto in anno Dominus per beatum Benedictum in Galliis operari dignatus est, ad posterorum memoriam et aedificationem annectere. Quidam namque vir potentissimus Gallorum *gente progenitus tantis* se ab ipsa infantia execrarat flagitiis.

MYRIAD 9/11

Cuidam	Vero
Dei	Servo
Juxta	Manenti
Dominus	Ea Quae Circa
Defuncti	Animam
Agebantur	Ostendere
Dignatus	Est
Nam	Statim
Ut de corpore	Exiit

MYRIAD BOLD 16/20

Et sanctus: Ne vobis injustitiam forte facere videar, ejus facta examinate

MYRIAD BOLD 30/32

Lorem ipsum dolor sit amet, consectetuer adipiscing elit

MYRIAD BOLD / ALL CAPS 18/21.6

DUIS TE FEUGI FACILISI. DUIS AUTEM DOLOR IN HENDRERIT IN VULPUTATE VELIT ESSE MOLESTIE CONSEQUAT

BEMBO 13/15.6

Videntes apostoli et alii patres antiqui, et praecipue reverendus pater noster beatus Benedictus, quod otiositas inimica est animae, sicut ipse dicit in regula sua, ipsi propriis manibus laboraverunt, *et religiosis viris opera* manuum secundum quod regula praecepit, studeant propriis manibus laborare.

Sed ne aliquis de dispositione locorum causari possit dicens, tale monasterium non esse apertum ad *opera manuum exercenda,* quia situm est in civitate, in aliquo castro vel villa, propterea.

BEMBO ITALIC ITALIC & ROMAN / SMALL CAPS 11/13.2

Dolor sit amet SED UT PERSPICIATIS *ipsam voluptatem enim voluptas sit esse Dominico Vaspernatur aut fugit Roma, Januaris 1522.*

BEMBO BOLD / SMALL CAPS 19/22.8

NEMO ENIM

BEMBO 11/14.4

Sed ut perspiciatis unde omnis iste natus error sit voluptatem accusantium doloremque laudantium, totam rem aperiam, eaque ipsa quae ab illo de inventore veritatis et quasi architecto beatae vitae dicta sunt est explicabo natus:

- Neque *porro* quisquam
- Architecto beatae vitae
- Qui *dolorem* ipsum
- Inventore veritatis quasi

Dolores nemo enim ipsam voluptatem quia voluptas sit aspernatur aut odit aut fugit, sed quia consequuntur magni est dolores eos qui ratione.

Nunc enim vere monachi est de sunt, si ótiosi non maneant, sicut. Sed ne aliquis de possit dicens, tale est monasterium.

MYRIAD BOLD ITALIC 10/15

"Neque porro quisquam est, qui dolorem ipsum quia dolor sit amet, consectetur Nemo voluptatem quia vere monachi maneant, aspernatur aut odit aut fugit, sed quia eos qui ratione voluptatem sequi nesciunt."

MYRIAD BOLD 9/12

Quisquam						
	1	2	3	4	5	6
7	8	9	10	11	12	13
14	15	16	17	18	19	20
21	22	23	24	25	26	27
28	29	30				

BEMBO BOLD 16/19.2

Operae pretium reor ea quae isto in anno Dominus per beatum Benedictum in Galliis operari dignatus est, ad posterorum memoriam et aedificationem annectere. Quidam namque vir potentissimus Gallorum *gente progenitus tantis* se ab ipsa infantia execrarat flagitiis.

MYRIAD 9/11

Cuidam	Vero
Dei	Servo
Juxta	Manenti
Dominus	Ea Quae Circa
Defuncti	Animam
Agebantur	Ostendere
Dignatus	Est
Nam	Statim
Ut de corpore	Exiit

MYRIAD BOLD 16/20

Et sanctus: Ne vobis injustitiam forte facere videar, ejus facta examinate

MYRIAD BOLD 30/32

Lorem ipsum dolor sit amet, consectetuer adipiscing elit

MYRIAD BOLD / ALL CAPS 18/21.6

DUIS TE FEUGI FACILISI. DUIS AUTEM DOLOR IN HENDRERIT IN VULPUTATE VELIT ESSE MOLESTIE CONSEQUAT

CASLON 14/16.8

Videntes apostoli et alii patres antiqui, et praecipue reverendus pater noster beatus Benedictus, quod otiositas inimica est animae, sicut ipse dicit in regula sua, ipsi propriis manibus laboraverunt, et *religiosis viris opera* manuum secundum quod regula praecepit, studeant propriis manibus laborare.

Sed ne aliquis de dispositione locorum causari possit dicens, tale monasterium non esse apertum ad *opera manuum exercenda,* quia situm est in civitate, in aliquo castro vel villa, propterea.

CASLON ITALIC / SMALL CAPS 11/13.2

Dolor sit amet SED UT PERSPICIATIS *ipsam voluptatem enim voluptas sit esse Dominico Vaspernatur aut fugit Roma, Januaris 1522.*

CASLON BOLD / SMALL CAPS 19/22.8

NEMO ENIM

CASLON 11/14

Sed ut perspiciatis unde omnis iste natus error sit voluptatem accusantium doloremque laudantium, totam rem aperiam, eaque ipsa quae ab illo de inventore veritatis et quasi architecto beatae vitae dicta sunt est explicabo natus:

- Neque *porro* quisquam
- Architecto beatae vitae
- Qui *dolorem* ipsum
- Inventore veritatis quasi

Dolores nemo enim ipsam voluptatem quia voluptas sit aspernatur aut odit aut fugit, sed quia consequuntur magni est dolores eos qui ratione.

Nunc enim vere monachi est de sunt, si otiosi non maneant, sicut. Sed ne aliquis de possit dicens, tale est monasterium.

CASLON BOLD 16/19.2

Operae pretium reor ea quae isto in anno Dominus per beatum Benedictum in Galliis operari dignatus est, ad posterorum memoriam et aedificationem annectere. Quidam namque vir potentissimus Gallorum *gente progenitus tantis* se ab ipsa infantia execrarat flagitiis.

MYRIAD BOLD ITALIC 10/15

"Neque porro quisquam est, qui dolorem ipsum quia dolor sit amet, consectetur Nemo voluptatem quia vere monachi maneant, aspernatur aut odit aut fugit, sed quia eos qui ratione voluptatem sequi nesciunt."

MYRIAD BOLD 9/12

Quisquam					
1	2	3	4	5	6
7	8	9	10	11	12	13
14	15	16	17	18	19	20
21	22	23	24	25	26	27
28	29	30			

MYRIAD 9/11

Cuidam	Vero
Dei	Servo
Juxta	Manenti
Dominus	Ea Quae Circa
Defuncti	Animam
Agebantur	Ostendere
Dignatus	Est
Nam	Statim
Ut de corpore	Exiit

MYRIAD BOLD 16/20

Et sanctus: Ne vobis injustitiam forte facere videar, ejus facta examinate

MYRIAD BOLD 30/32

Lorem ipsum dolor sit amet, consectetuer adipiscing elit

MYRIAD BOLD / ALL CAPS 18/21.6

DUIS TE FEUGI FACILISI. DUIS AUTEM DOLOR IN HENDRERIT IN VULPUTATE VELIT ESSE MOLESTIE CONSEQUAT

MINION 14/16.8

Videntes apostoli et alii patres antiqui, et praecipue reverendus pater noster beatus Benedictus, quod otiositas inimica est animae, sicut ipse dicit in regula sua, ipsi propriis manibus laboraverunt, *et religiosis viris opera* manuum secundum quod regula praecepit, studeant propriis manibus laborare.

Sed ne aliquis de dispositione locorum causari possit dicens, tale monasterium non esse apertum ad *opera manuum exercenda,* quia situm est in civitate, in aliquo castro vel villa, propterea.

MINION ITALIC & ROMAN / SMALL CAPS 11/13.2

Dolor sit amet SED UT PERSPICIATIS *ipsam voluptatem enim voluptas sit esse Dominico Vaspernatur aut fugit Roma, Januaris 1522.*

MINION BOLD / SMALL CAPS 19/22.8

NEMO ENIM

MINION 11/14.4

Sed ut perspiciatis unde omnis iste natus error sit voluptatem accusantium doloremque laudantium, totam rem aperiam, eaque ipsa quae ab illo de inventore veritatis et quasi architecto beatae vitae dicta sunt est explicabo natus:

- Neque *porro* quisquam
- Architecto beatae vitae
- Qui *dolorem* ipsum
- Inventore veritatis quasi

Dolores nemo enim ipsam voluptatem quia voluptas sit aspernatur aut odit aut fugit, sed quia consequuntur magni est dolores eos qui ratione.

Nunc enim vere monachi est de sunt, si otiosi non maneant, sicut. Sed ne aliquis de possit dicens, tale est monasterium.

MYRIAD BOLD ITALIC 10/15

"Neque porro quisquam est, qui dolorem ipsum quia dolor sit amet, consectetur Nemo voluptatem quia vere monachi maneant, aspernatur aut odit aut fugit, sed quia eos qui ratione voluptatem sequi nesciunt."

MYRIAD BOLD 9/12

Quisquam						
	1	2	3	4	5	6
7	8	9	10	11	12	13
14	15	16	17	18	19	20
21	22	23	24	25	26	27
28	29	30				

MINION BOLD 16/19.2

Operae pretium reor ea quae isto in anno Dominus per beatum Benedictum in Galliis operari dignatus est, ad posterorum memoriam et aedificationem annectere. Quidam namque vir potentissimus Gallorum *gente progenitus tantis* se ab ipsa infantia execrarat flagitiis.

MYRIAD 9/11

Cuidam	Vero
Dei	Servo
Juxta	Manenti
Dominus	Ea Quae Circa
Defuncti	Animam
Agebantur	Ostendere
Dignatus	Est
Nam	Statim
Ut de corpore	Exiit

MYRIAD BOLD 16/20

Et sanctus: Ne vobis injustitiam forte facere videar, ejus facta examinate

MYRIAD BOLD 30/32

Lorem ipsum dolor sit amet, consectetuer adipiscing elit

MYRIAD BOLD / ALL CAPS 18/21.6

DUIS TE FEUGI FACILISI. DUIS AUTEM DOLOR IN HENDRERIT IN VULPUTATE VELIT ESSE MOLESTIE CONSEQUAT

NEW BASKERVILLE 13/15.6

Videntes apostoli et alii patres antiqui, et praecipue reverendus pater noster beatus Benedictus, quod otiositas inimica est animae, sicut ipse dicit in regula sua, ipsi propriis manibus laboraverunt, *et religiosis viris opera* manuum secundum quod regula praecepit, studeant propriis manibus laborare.

Sed ne aliquis de dispositione locorum causari possit dicens, tale monasterium non esse apertum ad *opera manuum exercenda,* quia situm est in civitate, in aliquo castro vel villa, propterea.

NEW BASKERVILLE ITALIC & ROMAN / SMALL CAPS 11/13.2

Dolor sit amet SED UT PERSPICIATIS *ipsam voluptatem enim voluptas sit esse Dominico Vaspernatur aut fugit Roma, Januaris 1522.*

NEW BASKERVILLE BOLD / SMALL CAPS 19/22.8

NEMO ENIM

NEW BASKERVILLE 10/14.4

Sed ut perspiciatis unde omnis iste natus error sit voluptatem accusantium doloremque laudantium, totam rem aperiam, eaque ipsa quae ab illo de inventore veritatis et quasi architecto beatae vitae dicta sunt est explicabo natus:

- Neque *porro* quisquam
- Architecto beatae vitae
- Qui *dolorem* ipsum
- Inventore veritatis quasi

Dolores nemo enim ipsam voluptatem quia voluptas sit aspernatur aut odit aut fugit, sed quia consequuntur magni est dolores eos qui ratione.

Nunc enim vere monachi est de sunt, si otiosi non maneant, sicut. Sed ne aliquis de possit dicens, tale est monasterium.

MYRIAD BOLD ITALIC 10/15

"Neque porro quisquam est, qui dolorem ipsum quia dolor sit amet, consectetur Nemo voluptatem quia vere monachi maneant, aspernatur aut odit aut fugit, sed quia eos qui ratione voluptatem sequi nesciunt."

MYRIAD BOLD 9/12

Quisquam					
1	2	3	4	5	6
7	8	9	10	11	12	13
14	15	16	17	18	19	20
21	22	23	24	25	26	27
28	29	30				

NEW BASKERVILLE BOLD 16/19.2

Operae pretium reor ea quae isto in anno Dominus per beatum Benedictum in Galliis operari dignatus est, ad posterorum memoriam et aedificationem annectere. Quidam namque vir potentissimus Gallorum *gente progenitus tantis* se ab ipsa infantia execrarat flagitiis.

MYRIAD 9/11

Cuidam	Vero
Dei	Servo
Juxta	Manenti
Dominus	Ea Quae Circa
Defuncti	Animam
Agebantur	Ostendere
Dignatus	Est
Nam	Statim
Ut de corpore	Exiit

MYRIAD BOLD 16/20

Et sanctus: Ne vobis injustitiam forte facere videar, ejus facta examinate

MYRIAD BOLD 30/32

Lorem ipsum dolor sit amet, consectetuer adipiscing elit

MYRIAD BOLD / ALL CAPS 18/21.6

DUIS TE FEUGI FACILISI. DUIS AUTEM DOLOR IN HENDRERIT IN VULPUTATE VELIT ESSE MOLESTIE CONSEQUAT

NEW CENTURY SCHOOLBOOK 12/16

Videntes apostoli et alii patres antiqui, et praecipue reverendus pater noster beatus Benedictus, quod otiositas inimica est animae, sicut ipse dicit in regula sua, ipsi propriis manibus laboraverunt, *et religiosis viris opera* manuum secundum quod regula praecepit, studeant propriis manibus laborare.

Sed ne aliquis de dispositione locorum causari possit dicens, tale monasterium non esse apertum ad *opera manuum exercenda,* quia situm est in civitate, in aliquo castro vel villa, propterea.

NEW CENTURY SCHOOLBOOK ITALIC & ROMAN / SMALL CAPS 10/13

Dolor sit amet SED UT PERSPICIATIS *ipsam voluptatem enim voluptas sit esse Dominico Vaspernatur aut fugit Roma, Januaris 1522.*

NEW CENTURY SCHOOL BOOK BOLD / SMALL CAPS 19/22

NEMO ENIM

NEW CENTURY SCHOOLBOOK 10/14.4

Sed ut perspiciatis unde omnis iste natus error sit voluptatem accusantium doloremque laudantium, totam rem aperiam, eaque ipsa quae ab illo de inventore veritatis et quasi architecto beatae vitae dicta sunt est explicabo natus:

- Neque *porro* quisquam
- Architecto beatae vitae
- Qui *dolorem* ipsum
- Inventore veritatis quasi

Dolores nemo enim ipsam voluptatem quia voluptas sit aspernatur aut odit aut fugit, sed quia consequuntur magni est dolores eos qui ratione.

Nunc enim vere monachi est de sunt, si otiosi non maneant, sicut. Sed ne aliquis de possit dicens, tale est monasterium.

MYRIAD BOLD ITALIC 10/15

"Neque porro quisquam est, qui dolorem ipsum quia dolor sit amet, consectetur Nemo voluptatem quia vere monachi maneant, aspernatur aut odit aut fugit, sed quia eos qui ratione voluptatem sequi nesciunt."

MYRIAD BOLD 9/12

Quisquam					
	1	2	3	4	5	6
7	8	9	10	11	12	13
14	15	16	17	18	19	20
21	22	23	24	25	26	27
28	29	30				

NEW CENTURY SCHOOLBOOK BOLD 14/19

Operae pretium reor ea quae isto in anno Dominus per beatum Benedictum in Galliis operari dignatus est, ad posterorum memoriam et aedificationem annectere. Quidam namque vir potentissimus Gallorum *gente progenitus tantis* se ab ipsa infantia execrarat flagitiis.

MYRIAD 9/11

Cuidam	Vero
Dei	Servo
Juxta	Manenti
Dominus	Ea Quae Circa
Defuncti	Animam
Agebantur	Ostendere
Dignatus	Est
Nam	Statim
Ut de corpore	Exiit

MYRIAD BOLD 16/20

Et sanctus: Ne vobis injustitiam forte facere videar, ejus facta examinate

MYRIAD BOLD 30/32

Lorem ipsum dolor sit amet, consectetuer adipiscing elit

MYRIAD BOLD / ALL CAPS 18/21.6

DUIS TE FEUGI FACILISI. DUIS AUTEM DOLOR IN HENDRERIT IN VULPUTATE VELIT ESSE MOLESTIE CONSEQUAT

PALATINO 12/16

Videntes apostoli et alii patres antiqui, et praecipue reverendus pater noster beatus Benedictus, quod otiositas inimica est animae, sicut ipse dicit in regula sua, ipsi propriis manibus laboraverunt, et *religiosis viris opera* manuum secundum quod regula praecepit, studeant propriis manibus laborare.

Sed ne aliquis de dispositione locorum causari possit dicens, tale monasterium non esse apertum ad *opera manuum exercenda*, quia situm est in civitate, in aliquo castro vel villa, propterea.

PALATINO ITALIC / SMALL CAPS 10/12

Dolor sit amet SED UT PERSPICIATIS *ipsam voluptatem enim voluptas sit esse Dominico Vaspernatur aut fugit Roma, Januaris 1522.*

PALATINO BOLD / SMALL CAPS 19/22.8

NEMO ENIM

PALATINO 10/14

Sed ut perspiciatis unde omnis iste natus error sit voluptatem accusantium doloremque laudantium, totam rem aperiam, eaque ipsa quae ab illo de inventore veritatis et quasi architecto beatae vitae dicta sunt est explicabo natus:

- Neque *porro* quisquam
- Architecto beatae vitae
- Qui *dolorem* ipsum
- Inventore veritatis quasi

Dolores nemo enim ipsam voluptatem quia voluptas sit aspernatur aut odit aut fugit, sed quia consequuntur magni est dolores eos qui ratione.

Nunc enim vere monachi est de sunt, si otiosi non maneant, sicut. Sed ne aliquis de possit dicens, tale est monasterium.

MYRIAD BOLD ITALIC 10/15

"Neque porro quisquam est, qui dolorem ipsum quia dolor sit amet, consectetur Nemo voluptatem quia vere monachi maneant, aspernatur aut odit aut fugit, sed quia eos qui ratione voluptatem sequi nesciunt."

MYRIAD BOLD 9/12

Quisquam					
1	2	3	4	5	6
7	8	9	10	11	12	13
14	15	16	17	18	19	20
21	22	23	24	25	26	27
28	29	30			

PALATINO BOLD 15/18

Operae pretium reor ea quae isto in anno Dominus per beatum Benedictum in Galliis operari dignatus est, ad posterorum memoriam et aedificationem annectere. Quidam namque vir potentissimus Gallorum *gente progenitus tantis* se ab ipsa infantia execrarat flagitiis.

MYRIAD 9/11

Cuidam	Vero
Dei	Servo
Juxta	Manenti
Dominus	Ea Quae Circa
Defuncti	Animam
Agebantur	Ostendere
Dignatus	Est
Nam	Statim
Ut de corpore	Exiit

MYRIAD BOLD 16/20

Et sanctus: Ne vobis injustitiam forte facere videar, ejus facta examinate

MYRIAD BOLD 30/32

Lorem ipsum dolor sit amet, consectetuer adipiscing elit

MYRIAD BOLD / ALL CAPS 18/21.6

DUIS TE FEUGI FACILISI. DUIS AUTEM DOLOR IN HENDRERIT IN VULPUTATE VELIT ESSE MOLESTIE CONSEQUAT

SABON 13/15.6

Videntes apostoli et alii patres antiqui, et praecipue reverendus pater noster beatus Benedictus, quod otiositas inimica est animae, sicut ipse dicit in regula sua, ipsi propriis manibus laboraverunt, et *religiosis viris opera* manuum secundum quod regula praecepit, studeant propriis manibus laborare.

Sed ne aliquis de dispositione locorum causari possit dicens, tale monasterium non esse apertum ad *opera manuum exercenda*, quia situm est in civitate, in aliquo castro vel villa, propterea.

SABON ITALIC / SMALL CAPS 10/12

Dolor sit amet SED UT PERSPICIATIS *ipsam voluptatem enim voluptas sit esse Dominico Vaspernatur aut fugit Roma, Januaris 1522.*

SABON BOLD / SMALL CAPS 19/22.8

NEMO ENIM

SABON 11/14

Sed ut perspiciatis unde omnis iste natus error sit voluptatem accusantium doloremque laudantium, totam rem aperiam, eaque ipsa quae ab illo de inventore veritatis et quasi architecto beatae vitae dicta sunt est explicabo natus:

- Neque *porro* quisquam
- Architecto beatae vitae
- Qui *dolorem* ipsum
- Inventore veritatis quasi

Dolores nemo enim ipsam voluptatem quia voluptas sit aspernatur aut odit aut fugit, sed quia consequuntur magni est dolores eos qui ratione.

Nunc enim vere monachi est de sunt, si otiosi non maneant, sicut. Sed ne aliquis de possit dicens, tale est monasterium.

MYRIAD BOLD ITALIC 10/15

"Neque porro quisquam est, qui dolorem ipsum quia dolor sit amet, consectetur Nemo voluptatem quia vere monachi maneant, aspernatur aut odit aut fugit, sed quia eos qui ratione voluptatem sequi nesciunt."

MYRIAD BOLD 9/12

Quisquam						
	1	2	3	4	5	6
7	8	9	10	11	12	13
14	15	16	17	18	19	20
21	22	23	24	25	26	27
28	29	30				

SABON BOLD 16/19.2

Operae pretium reor ea quae isto in anno Dominus per beatum Benedictum in Galliis operari dignatus est, ad posterorum memoriam et aedificationem annectere. Quidam namque vir potentissimus Gallorum *gente progenitus tantis* se ab ipsa infantia execrarat flagitiis.

MYRIAD 9/11

Cuidam	Vero
Dei	Servo
Juxta	Manenti
Dominus	Ea Quae Circa
Defuncti	Animam
Agebantur	Ostendere
Dignatus	Est
Nam	Statim
Ut de corpore	Exiit

MYRIAD BOLD 16/20

Et sanctus: Ne vobis injustitiam forte facere videar, ejus facta examinate

MYRIAD BOLD 30/32

Lorem ipsum dolor sit amet, consectetuer adipiscing elit

MYRIAD BOLD / ALL CAPS 18/21.6

DUIS TE FEUGI FACILISI. DUIS AUTEM DOLOR IN HENDRERIT IN VULPUTATE VELIT ESSE MOLESTIE CONSEQUAT

WARNOCK 13/15.6

Videntes apostoli et alii patres antiqui, et praecipue reverendus pater noster beatus Benedictus, quod otiositas inimica est animae, sicut ipse dicit in regula sua, ipsi propriis manibus laboraverunt, *et religiosis viris opera* manuum secundum quod regula praecepit, studeant propriis manibus laborare.

Sed ne aliquis de dispositione locorum causari possit dicens, tale monasterium non esse apertum ad *opera manuum exercenda,* quia situm est in civitate, in aliquo castro vel villa, propterea.

WARNOCK ITALIC & ROMAN / SMALL CAPS 11/13.2

Dolor sit amet SED UT PERSPICIATIS *ipsam voluptatem enim voluptas sit esse Dominico Vaspernatur aut fugit Roma, Januaris 1522.*

WARNOCK BOLD / SMALL CAPS 19/22.8

NEMO ENIM

WARNOCK 11/14

Sed ut perspiciatis unde omnis iste natus error sit voluptatem accusantium doloremque laudantium, totam rem aperiam, eaque ipsa quae ab illo de inventore veritatis et quasi architecto beatae vitae dicta sunt est explicabo natus:

- Neque *porro* quisquam
- Architecto beatae vitae
- Qui *dolorem* ipsum
- Inventore veritatis quasi

Dolores nemo enim ipsam voluptatem quia voluptas sit aspernatur aut odit aut fugit, sed quia consequuntur magni est dolores eos qui ratione.

Nunc enim vere monachi est de sunt, si otiosi non maneant, sicut. Sed ne aliquis de possit dicens, tale est monasterium.

MYRIAD BOLD ITALIC 10/15

"Neque porro quisquam est, qui dolorem ipsum quia dolor sit amet, consectetur Nemo voluptatem quia vere monachi maneant, aspernatur aut odit aut fugit, sed quia eos qui ratione voluptatem sequi nesciunt."

MYRIAD BOLD 9/12

Quisquam					
1	2	3	4	5	6
7	8	9	10	11	12	13
14	15	16	17	18	19	20
21	22	23	24	25	26	27
28	29	30			

WARNOCK BOLD 16/19.2

Operae pretium reor ea quae isto in anno Dominus per beatum Benedictum in Galliis operari dignatus est, ad posterorum memoriam et aedificationem annectere. Quidam namque vir potentissimus Gallorum *gente progenitus tantis* se ab ipsa infantia execrarat flagitiis.

MYRIAD 9/11

Cuidam	Vero
Dei	Servo
Juxta	Manenti
Dominus	Ea Quae Circa
Defuncti	Animam
Agebantur	Ostendere
Dignatus	Est
Nam	Statim
Ut de corpore	Exiit

MYRIAD BOLD 16/20

Et sanctus: Ne vobis injustitiam forte facere videar, ejus facta examinate

NEW BASKERVILLE BOLD 29/32

Lorem ipsum dolor sit amet, consectetuer adipiscing elit

NEW BASKERVILLE BOLD / ALL CAPS 18/21.6

DUIS TE FEUGI FACILISI. DUIS AUTEM DOLOR IN HENDRERIT IN VULPUTATE VELIT ESSE MOLESTIE CONSEQUAT

NEW BASKERVILLE 13/15.6

Videntes apostoli et alii patres antiqui, et praecipue reverendus pater noster beatus Benedictus, quod otiositas inimica est animae, sicut ipse dicit in regula sua, ipsi propriis manibus laboraverunt, *et religiosis viris opera* manuum secundum quod regula praecepit, studeant propriis manibus laborare.

Sed ne aliquis de dispositione locorum causari possit dicens, tale monasterium non esse apertum ad *opera manuum exercenda,* quia situm est in civitate, in aliquo castro vel villa, propterea.

NEW BASKERVILLE ITALIC & ROMAN / SMALL CAPS 11/13.2

Dolor sit amet SED UT PERSPICIATIS *ipsam voluptatem enim voluptas sit esse Dominico Vaspernatur aut fugit Roma, Januaris 1522.*

NEW BASKERVILLE BOLD / SMALL CAPS 19/22.8

NEMO ENIM

NEW BASKERVILLE 10/14.4

Sed ut perspiciatis unde omnis iste natus error sit voluptatem accusantium doloremque laudantium, totam rem aperiam, eaque ipsa quae ab illo de inventore veritatis et quasi architecto beatae vitae dicta sunt est explicabo natus:

- Neque *porro* quisquam
- Architecto beatae vitae
- Qui *dolorem* ipsum
- Inventore veritatis quasi

Dolores nemo enim ipsam voluptatem quia voluptas sit aspernatur aut odit aut fugit, sed quia consequuntur magni est dolores eos qui ratione.

Nunc enim vere monachi est de sunt, si otiosi non maneant, sicut. Sed ne aliquis de possit dicens, tale est monasterium.

NEW BASKERVILLE BOLD ITALIC 11/15

"Neque porro quisquam est, qui dolorem ipsum quia dolor sit amet, consectetur Nemo voluptatem quia vere monachi maneant, aspernatur aut odit aut fugit, sed quia eos qui ratione voluptatem sequi nesciunt."

NEW BASKERVILLE BOLD 9/12

Quisquam					
	1	2	3	4	5	6
7	8	9	10	11	12	13
14	15	16	17	18	19	20
21	22	23	24	25	26	27
28	29	30				

NEW BASKERVILLE BOLD 16/19.2

Operae pretium reor ea quae isto in anno Dominus per beatum Benedictum in Galliis operari dignatus est, ad posterorum memoriam et aedificationem annectere. Quidam namque vir potentissimus Gallorum *gente progenitus tantis* se ab ipsa infantia execrarat flagitiis.

NEW BASKERVILLE 9/11

Cuidam	Vero
Dei	Servo
Juxta	Manenti
Dominus	Ea Quae Circa
Defuncti	Animam
Agebantur	Ostendere
Dignatus	Est
Nam	Statim
Ut de corpore	Exiit

NEW BASKERVILLE BOLD 16/20

Et sanctus: Ne vobis injustitiam forte facere videar, ejus facta examinate

NEW BASKERVILLE BOLD 29/32

Lorem ipsum dolor sit amet, consectetuer adipiscing elit

NEW BASKERVILLE BOLD / ALL CAPS 18/21.6

DUIS TE FEUGI FACILISI. DUIS AUTEM DOLOR IN HENDRERIT IN VULPUTATE VELIT ESSE MOLESTIE CONSEQUAT

AKZIDENZ GROTESK 13/17

Videntes apostoli et alii patres antiqui, et praecipue reverendus pater noster beatus Benedictus, quod otiositas inimica est animae, sicut ipse dicit in regula sua, ipsi propriis manibus laboraverunt, et *religiosis viris opera* manuum secundum quod regula praecepit, studeant propriis manibus laborare.

Sed ne aliquis de dispositione locorum causari possit dicens, tale monasterium non esse apertum ad *opera manuum exercenda*, quia situm est in civitate, in aliquo castro vel villa, propterea.

AKZIDENZ GROTESK BOLD / SMALL CAPS 11/13.2

Dolor sit amet SED UT PERSPICIATIS ipsam voluptatem enim voluptas sit esse Dominico Vaspernatur aut fugit Roma, Januaris 1522.

AKZIDENZ GROTESK / SMALL CAPS 19/22.8

NEMO ENIM

AKZIDENZ GROTESK 11/14

Sed ut perspiciatis unde omnis iste natus error sit voluptatem accusantium doloremque laudantium, totam rem aperiam, eaque ipsa quae ab illo de inventore veritatis et quasi architecto beatae vitae dicta sunt est explicabo natus:

- Neque *porro* quisquam
- Architecto beatae vitae
- Qui *dolorem* ipsum
- Inventore veritatis quasi

Dolores nemo enim ipsam voluptatem quia voluptas sit aspernatur aut odit aut fugit, sed quia consequuntur magni est dolores eos qui ratione.

Nunc enim vere monachi est de sunt, si otiosi non maneant, sicut. Sed ne aliquis de possit dicens, tale est monasterium.

NEW BASKERVILLE BOLD ITALIC 11/15

"Neque porro quisquam est, qui dolorem ipsum quia dolor sit amet, consectetur Nemo voluptatem quia vere monachi maneant, aspernatur aut odit aut fugit, sed quia eos qui ratione voluptatem sequi nesciunt."

NEW BASKERVILLE BOLD 9/12

Quisquam					
	1	2	3	4	5	6
7	8	9	10	11	12	13
14	15	16	17	18	19	20
21	22	23	24	25	26	27
28	29	30				

AKZIDENZ GROTESK BOLD 15/20

Operae pretium reor ea quae isto in anno Dominus per beatum Benedictum in Galliis operari dignatus est, ad posterorum memoriam et aedificationem annectere. Quidam namque vir potentissimus Gallorum gente progenitus tantis se ab ipsa infantia execrarat flagitiis.

NEW BASKERVILLE 9/11

NEW BASKERVILLE BOLD 16/20

Et sanctus: Ne vobis injustitiam forte facere videar, ejus facta examinate

NEW BASKERVILLE BOLD 29/32

Lorem ipsum dolor sit amet, consectetuer adipiscing elit

NEW BASKERVILLE BOLD / ALL CAPS 18/21.6

DUIS TE FEUGI FACILISI. DUIS AUTEM DOLOR IN HENDRERIT IN VULPUTATE VELIT ESSE MOLESTIE CONSEQUAT

FRANKLIN GOTHIC 13/17

Videntes apostoli et alii patres antiqui, et praecipue reverendus pater noster beatus Benedictus, quod otiositas inimica est animae, sicut ipse dicit in regula sua, ipsi propriis manibus laboraverunt, *et religiosis viris opera* manuum secundum quod regula praecepit, studeant propriis manibus laborare.

Sed ne aliquis de dispositione locorum causari possit dicens, tale monasterium non esse apertum ad *opera manuum exercenda,* quia situm est in civitate, in aliquo castro vel villa, propterea.

FRANKLIN GOTHIC ITALIC / SMALL CAPS 11/13.2

Dolor sit amet SED UT PERSPICIATIS *ipsam voluptatem enim voluptas sit esse Dominico Vaspernatur aut fugit Roma, Januaris 1522.*

FRANKLIN GOTHIC BOLD / SMALL CAPS 19/22.8

NEMO ENIM

FRANKLIN GOTHIC 10/14.4

Sed ut perspiciatis unde omnis iste natus error sit voluptatem accu santium doloremque laudantium, totam rem aperiam, eaque ipsa quae ab illo de inventore veritatis et quasi architecto beatae vitae dicta sunt est explicabo natus:

- Neque *porro* quisquam
- Architecto beatae vitae
- Qui *dolorem* ipsum
- Inventore veritatis quasi

Dolores nemo enim ipsam voluptatem quia voluptas sit aspernatur aut odit aut fugit, sed quia consequuntur magni est dolores eos qui ratione.

Nunc enim vere monachi est de sunt, si otiosi non maneant, sicut. Sed ne aliquis de possit dicens, tale est monasterium.

NEW BASKERVILLE BOLD ITALIC 11/15

"Neque porro quisquam est, qui dolorem ipsum quia dolor sit amet, consectetur Nemo voluptatem quia vere monachi maneant, aspernatur aut odit aut fugit, sed quia eos qui ratione voluptatem sequi nesciunt."

NEW BASKERVILLE BOLD 9/12

Quisquam						
	1	2	3	4	5	6
7	8	9	10	11	12	13
14	15	16	17	18	19	20
21	22	23	24	25	26	27
28	29	30				

FRANKLIN GOTHIC BOLD 16/19.2

Operae pretium reor ea quae isto in anno Dominus per beatum Benedictum in Galliis operari dignatus est, ad posterorum memoriam et aedificationem annectere. Quidam namque vir potentissimus Gallorum *gente progenitus tantis* se ab ipsa infantia execrarat flagitiis.

NEW BASKERVILLE 9/11

Cuidam	Vero
Dei	Servo
Juxta	Manenti
Dominus	Ea Quae Circa
Defuncti	Animam
Agebantur	Ostendere
Dignatus	Est
Nam	Statim
Ut de corpore	Exiit

NEW BASKERVILLE BOLD 16/20

Et sanctus: Ne vobis injustitiam forte facere videar, ejus facta examinate

NEW BASKERVILLE BOLD 29/32

Lorem ipsum dolor sit amet, consectetuer adipiscing elit

NEW BASKERVILLE BOLD / ALL CAPS 18/21.6

DUIS TE FEUGI FACILISI. DUIS AUTEM DOLOR IN HENDRERIT IN VULPUTATE VELIT ESSE MOLESTIE CONSEQUAT

FUTURA 13/16

Videntes apostoli et alii patres antiqui, et praecipue reverendus pater noster beatus Benedictus, quod otiositas inimica est animae, sicut ipse dicit in regula sua, ipsi propriis manibus laboraverunt, et *religiosis viris opera* manuum secundum quod regula praecepit, studeant propriis manibus laborare.

Sed ne aliquis de dispositione locorum causari possit dicens, tale monasterium non esse apertum ad *opera manuum exercenda*, quia situm est in civitate, in aliquo castro vel villa, propterea.

FUTURA ITALIC / SMALL CAPS 11/13.2

Dolor sit amet SED UT PERSPICIATIS *ipsam voluptatem enim voluptas sit esse Dominico Vaspernatur aut fugit Roma, Januaris 1522.*

FUTURA BOLD / SMALL CAPS 19/22.8

NEMO ENIM

FUTURA 11/14

Sed ut perspiciatis unde omnis iste natus error sit voluptatem accusantium doloremque laudantium, totam rem aperiam, eaque ipsa quae ab illo de inventore veritatis et quasi architecto beatae vitae dicta sunt est explicabo natus:

- Neque *porro* quisquam
- Architecto beatae vitae
- Qui *dolorem* ipsum
- Inventore veritatis quasi

Dolores nemo enim ipsam voluptatem quia voluptas sit aspernatur aut odit aut fugit, sed quia consequuntur magni est dolores eos qui ratione.

Nunc enim vere monachi est de sunt, si otiosi non maneant, sicut. Sed ne aliquis de possit dicens, tale est monasterium.

NEW BASKERVILLE BOLD ITALIC 11/15

"Neque porro quisquam est, qui dolorem ipsum quia dolor sit amet, consectetur Nemo voluptatem quia vere monachi maneant, aspernatur aut odit aut fugit, sed quia eos qui ratione voluptatem sequi nesciunt."

NEW BASKERVILLE BOLD 9/12

Quisquam					
	1	2	3	4	5	6
7	8	9	10	11	12	13
14	15	16	17	18	19	20
21	22	23	24	25	26	27
28	29	30				

FUTURA BOLD 14/20

Operae pretium reor ea quae isto in anno Dominus per beatum Benedictum in Galliis operari dignatus est, ad posterorum memoriam et aedificationem annectere. Quidam namque vir potentissimus Gallorum *gente progenitus tantis* se ab ipsa infantia execrarat flagitiis.

NEW BASKERVILLE 9/11

Cuidam... Vero
Dei... Servo
Juxta .... Manenti
Dominus............................Ea Quae Circa
Defuncti .... Animam
Agebantur ....Ostendere
Dignatus.. Est
Nam....................................Statim
Ut de corpore ....Exiit

NEW BASKERVILLE BOLD 16/20

Et sanctus: Ne vobis injustitiam forte facere videar, ejus facta examinate

NEW BASKERVILLE BOLD 29/32

Lorem ipsum dolor sit amet, consectetuer adipiscing elit

NEW BASKERVILLE BOLD / ALL CAPS 18/21.6

DUIS TE FEUGI FACILISI. DUIS AUTEM DOLOR IN HENDRERIT IN VULPUTATE VELIT ESSE MOLESTIE CONSEQUAT

HELVETICA 12/17

Videntes apostoli et alii patres antiqui, et praecipue reverendus pater noster beatus Benedictus, quod otiositas inimica est animae, sicut ipse dicit in regula sua, ipsi propriis manibus laboraverunt, *et religiosis viris opera* manuum secundum quod regula praecepit, studeant propriis manibus laborare.

Sed ne aliquis de dispositione locorum causari possit dicens, tale monasterium non esse apertum ad *opera manuum exercenda,* quia situm est in civitate, in aliquo castro vel villa, propterea.

HELVETICA ITALIC & ROMAN / SMALL CAPS 11/13.2

Dolor sit amet SED UT PERSPICIATIS ipsam *voluptatem enim voluptas sit esse Dominico Vas git Roma, Januaris 1522.*

HELVETICA BOLD / SMALL CAPS 19/22.8

NEMO ENIM

HELVETICA 10.5/14

Sed ut perspiciatis unde omnis iste natus error sit voluptatem accusantium doloremque laudantium, totam rem aperiam, eaque ipsa quae ab illo de inventore veritatis et quasi architecto beatae vitae dicta sunt est explicabo natus:

- Neque *porro* quisquam
- Architecto beatae vitae
- Qui *dolorem* ipsum
- Inventore veritatis quasi

Dolores nemo enim ipsam voluptatem quia voluptas sit aspernatur aut odit aut fugit, sed quia consequuntur magni est dolores eos qui ratione.

Nunc enim vere monachi est de sunt, si otiosi non maneant, sicut. Sed ne aliquis de possit dicens, tale est monasterium.

NEW BASKERVILLE BOLD ITALIC 11/15

"Neque porro quisquam est, qui dolorem ipsum quia dolor sit amet, consectetur Nemo voluptatem quia vere monachi maneant, aspernatur aut odit aut fugit, sed quia eos qui ratione voluptatem sequi nesciunt."

NEW BASKERVILLE BOLD 9/12

Quisquam					
	1	2	3	4	5	6
7	8	9	10	11	12	13
14	15	16	17	18	19	20
21	22	23	24	25	26	27
28	29	30				

HELVETICA BOLD 15/20

Operae pretium reor ea quae isto in anno Dominus per beatum Benedictum in Galliis operari dignatus est, ad posterorum memoriam et aedificationem annectere. Quidam namque vir potentissimus Gallorum *gente progenitus tantis* se ab ipsa infantia execrarat flagitiis.

NEW BASKERVILLE 9/11

NEW BASKERVILLE BOLD 16/20

Et sanctus: Ne vobis injustitiam forte facere videar, ejus facta examinate

NEW BASKERVILLE BOLD 29/32

Lorem ipsum dolor sit amet, consectetuer adipiscing elit

NEW BASKERVILLE BOLD / ALL CAPS 18/21.6

DUIS TE FEUGI FACILISI. DUIS AUTEM DOLOR IN HENDRERIT IN VULPUTATE VELIT ESSE MOLESTIE CONSEQUAT

MONOTYPE GROTESQUE 13/15.6

Videntes apostoli et alii patres antiqui, et praecipue reverendus pater noster beatus Benedictus, quod otiositas inimica est animae, sicut ipse dicit in regula sua, ipsi propriis manibus laboraverunt, et *religiosis viris opera* manuum secundum quod regula praecepit, studeant propriis manibus laborare.

Sed ne aliquis de dispositione locorum causari possit dicens, tale monasterium non esse apertum ad *opera manuum exercenda*, quia situm est in civitate, in aliquo castro vel villa, propterea.

MONOTYPE GROTESQUE ITALIC / SMALL CAPS 11/13.2

Dolor sit amet SED UT PERSPICIATIS *ipsam voluptatem enim voluptas sit esse Dominico Vaspernatur aut fugit Roma, Januaris 1522.*

MONOTYPE GROTESQUE BOLD / SMALL CAPS 19/22.8

NEMO ENIM

MONOTYPE GROTESQUE 11/13.2

Sed ut perspiciatis unde omnis iste natus error sit voluptatem accusantium doloremque laudantium, totam rem aperiam, eaque ipsa quae ab illo de inventore veritatis et quasi architecto beatae vitae dicta sunt est explicabo natus:

- Neque *porro* quisquam
- Architecto beatae vitae
- Qui *dolorem* ipsum
- Inventore veritatis quasi

Dolores nemo enim ipsam voluptatem quia voluptas sit aspernatur aut odit aut fugit, sed quia consequuntur magni est dolores eos qui ratione.

Nunc enim vere monachi est de sunt, si otiosi non maneant, sicut. Sed ne aliquis de possit dicens, tale est monasterium.

NEW BASKERVILLE BOLD ITALIC 11/15

"Neque porro quisquam est, qui dolorem ipsum quia dolor sit amet, consectetur Nemo voluptatem quia vere monachi maneant, aspernatur aut odit aut fugit, sed quia eos qui ratione voluptatem sequi nesciunt."

NEW BASKERVILLE BOLD 9/12

Quisquam					
	1	2	3	4	5	6
7	8	9	10	11	12	13
14	15	16	17	18	19	20
21	22	23	24	25	26	27
28	29	30				

MONOTYPE GROTESQUE BOLD 15/19

Operae pretium reor ea quae isto in anno Dominus per beatum Benedictum in Galliis operari dignatus est, ad posterorum memoriam et aedificationem annectere. Quidam namque vir potentissimus Gallorum gente progenitus tantis se ab ipsa infantia execrarat flagitiis.

NEW BASKERVILLE 9/11

Cuidam	Vero
Dei	Servo
Juxta	Manenti
Dominus	Ea Quae Circa
Defuncti	Animam
Agebantur	Ostendere
Dignatus	Est
Nam	Statim
Ut de corpore	Exiit

NEW BASKERVILLE BOLD 16/20

Et sanctus: Ne vobis injustitiam forte facere videar, ejus facta examinate

NEW BASKERVILLE BOLD 29/32

Lorem ipsum dolor sit amet, consectetuer adipiscing elit

NEW BASKERVILLE BOLD / ALL CAPS 18/21.6

DUIS TE FEUGI FACILISI. DUIS AUTEM DOLOR IN HENDRERIT IN VULPUTATE VELIT ESSE MOLESTIE CONSEQUAT

MYRIAD 13/17

Videntes apostoli et alii patres antiqui, et praecipue reverendus pater noster beatus Benedictus, quod otiositas inimica est animae, sicut ipse dicit in regula sua, ipsi propriis manibus laboraverunt, et *religiosis viris opera* manuum secundum quod regula praecepit, studeant propriis manibus laborare.

Sed ne aliquis de dispositione locorum causari possit dicens, tale monasterium non esse apertum ad *opera manuum exercenda*, quia situm est in civitate, in aliquo castro vel villa, propterea.

MYRIAD ITALIC / SMALL CAPS 11/13.2

Dolor sit amet SED UT PERSPICIATIS *ipsam voluptatem enim voluptas sit esse Dominico Vaspernatur aut fugit Roma, Januaris 1522.*

MYRIAD BOLD / SMALL CAPS 19/22.8

NEMO ENIM

MYRIAD 11/14

Sed ut perspiciatis unde omnis iste natus error sit voluptatem accusantium doloremque laudantium, totam rem aperiam, eaque ipsa quae ab illo de inventore veritatis et quasi architecto beatae vitae dicta sunt est explicabo natus:

- Neque *porro* quisquam
- Architecto beatae vitae
- Qui *dolorem* ipsum
- Inventore veritatis quasi

Dolores nemo enim ipsam voluptatem quia voluptas sit aspernatur aut odit aut fugit, sed quia consequuntur magni est dolores eos qui ratione.

Nunc enim vere monachi est de sunt, si otiosi non maneant, sicut. Sed ne aliquis de possit dicens, tale est monasterium.

NEW BASKERVILLE BOLD ITALIC 11/15

"Neque porro quisquam est, qui dolorem ipsum quia dolor sit amet, consectetur Nemo voluptatem quia vere monachi maneant, aspernatur aut odit aut fugit, sed quia eos qui ratione voluptatem sequi nesciunt."

NEW BASKERVILLE BOLD 9/12

Quisquam						
	1	2	3	4	5	6
7	8	9	10	11	12	13
14	15	16	17	18	19	20
21	22	23	24	25	26	27
28	29	30				

MYRIAD BOLD 16/19.2

Operae pretium reor ea quae isto in anno Dominus per beatum Benedictum in Galliis operari dignatus est, ad posterorum memoriam et aedificationem annectere. Quidam namque vir potentissimus Gallorum *gente progenitus tantis* se ab ipsa infantia execrarat flagitiis.

NEW BASKERVILLE 9/11

Cuidam	Vero
Dei	Servo
Juxta	Manenti
Dominus	Ea Quae Circa
Defuncti	Animam
Agebantur	Ostendere
Dignatus	Est
Nam	Statim
Ut de corpore	Exiit

NEW BASKERVILLE BOLD 16/20

Et sanctus: Ne vobis injustitiam forte facere videar, ejus facta examinate

NEW BASKERVILLE BOLD 29/32

Lorem ipsum dolor sit amet, consectetuer adipiscing elit

NEW BASKERVILLE BOLD / ALL CAPS 18/21.6

DUIS TE FEUGI FACILISI. DUIS AUTEM DOLOR IN HENDRERIT IN VULPUTATE VELIT ESSE MOLESTIE CONSEQUAT

TRADE GOTHIC 12/16

Videntes apostoli et alii patres antiqui, et praecipue reverendus pater noster beatus Benedictus, quod otiositas inimica est animae, sicut ipse dicit in regula sua, ipsi propriis manibus laboraverunt, et *religiosis viris opera* manuum secundum quod regula praecepit, studeant propriis manibus laborare.

Sed ne aliquis de dispositione locorum causari possit dicens, tale monasterium non esse apertum ad *opera manuum exercenda*, quia situm est in civitate, in aliquo castro vel villa, propterea.

TRADE GOTHIC ITALIC / SMALL CAPS 10/12

Dolor sit amet SED UT PERSPICIATIS *ipsam voluptatem enim voluptas sit esse Dominico Vaspernatur aut fugit Roma, Januaris 1522.*

TRADE GOTHIC BOLD / SMALL CAPS 19/22.8

NEMO ENIM

TRADE GOTHIC 10/14

Sed ut perspiciatis unde omnis iste natus error sit voluptatem accusantium doloremque laudantium, totam rem aperiam, eaque ipsa quae ab illo de inventore veritatis et quasi architecto beatae vitae dicta sunt est explicabo natus:

- Neque *porro* quisquam
- Architecto beatae vitae
- Qui *dolorem* ipsum
- Inventore veritatis quasi

Dolores nemo enim ipsam voluptatem quia voluptas sit aspernatur aut odit aut fugit, sed quia consequuntur magni est dolores eos qui ratione.

Nunc enim vere monachi est de sunt, si otiosi non maneant, sicut. Sed ne aliquis de possit dicens, tale est monasterium.

NEW BASKERVILLE BOLD ITALIC 11/15

"Neque porro quisquam est, qui dolorem ipsum quia dolor sit amet, consectetur Nemo voluptatem quia vere monachi maneant, aspernatur aut odit aut fugit, sed quia eos qui ratione voluptatem sequi nesciunt."

NEW BASKERVILLE BOLD 9/12

Quisquam					
1	2	3	4	5	6
7	8	9	10	11	12	13
14	15	16	17	18	19	20
21	22	23	24	25	26	27
28	29	30				

TRADE GOTHIC BOLD 16/19.2

Operae pretium reor ea quae isto in anno Dominus per beatum Benedictum in Galliis operari dignatus est, ad posterorum memoriam et aedificationem annectere. Quidam namque vir potentissimus Gallorum *gente progenitus tantis* se ab ipsa infantia execrarat flagitiis.

NEW BASKERVILLE 9/11

Cuidam	Vero
Dei	Servo
Juxta	Manenti
Dominus	Ea Quae Circa
Defuncti	Animam
Agebantur	Ostendere
Dignatus	Est
Nam	Statim
Ut de corpore	Exiit

NEW BASKERVILLE BOLD 16/20

Et sanctus: Ne vobis injustitiam forte facere videar, ejus facta examinate

NEW BASKERVILLE BOLD 29/32

Lorem ipsum dolor sit amet, consectetuer adipiscing elit

NEW BASKERVILLE BOLD / ALL CAPS 18/21.6

DUIS TE FEUGI FACILISI. DUIS AUTEM DOLOR IN HENDRERIT IN VULPUTATE VELIT ESSE MOLESTIE CONSEQUAT

UNIVERS 12/16

Videntes apostoli et alii patres antiqui, et praecipue reverendus pater noster beatus Benedictus, quod otiositas inimica est animae, sicut ipse dicit in regula sua, ipsi propriis manibus laboraverunt, et *religiosis viris opera* manuum secundum quod regula praecepit, studeant propriis manibus laborare.

Sed ne aliquis de dispositione locorum causari possit dicens, tale monasterium non esse apertum ad *opera manuum exercenda*, quia situm est in civitate, in aliquo castro vel villa, propterea.

UNIVERS ITALIC / SMALL CAPS 11/13.2

Dolor sit amet SED UT PERSPICIATIS *ipsam voluptatem enim voluptas sit esse Dominico Vaspernatur aut fugit Roma, Januaris 1522.*

UNIVERS BOLD / SMALL CAPS 19/22.8

NEMO ENIM

UNIVERS 10/14

Sed ut perspiciatis unde omnis iste natus error sit voluptatem accusantium doloremque laudantium, totam rem aperiam, eaque ipsa quae ab illo de inventore veritatis et quasi architecto beatae vitae dicta sunt est explicabo natus:

- Neque *porro* quisquam
- Architecto beatae vitae
- Qui *dolorem* ipsum
- Inventore veritatis quasi

Dolores nemo enim ipsam voluptatem quia voluptas sit aspernatur aut odit aut fugit, sed quia consequuntur magni est dolores eos qui ratione.

Nunc enim vere monachi est de sunt, si otiosi non maneant, sicut. Sed ne aliquis de possit dicens, tale est monasterium.

NEW BASKERVILLE BOLD ITALIC 11/15

"Neque porro quisquam est, qui dolorem ipsum quia dolor sit amet, consectetur Nemo voluptatem quia vere monachi maneant, aspernatur aut odit aut fugit, sed quia eos qui ratione voluptatem sequi nesciunt."

NEW BASKERVILLE BOLD 9/12

Quisquam					
	1	2	3	4	5	6
7	8	9	10	11	12	13
14	15	16	17	18	19	20
21	22	23	24	25	26	27
28	29	30				

UNIVERS BOLD 15/19

Operae pretium reor ea quae isto in anno Dominus per beatum Benedictum in Galliis operari dignatus est, ad posterorum memoriam et aedificationem annectere. Quidam namque vir potentissimus Gallorum *gente progenitus tantis* se ab ipsa infantia execrarat flagitiis.

NEW BASKERVILLE 9/11

Cuidam	Vero
Dei	Servo
Juxta	Manenti
Dominus	Ea Quae Circa
Defuncti	Animam
Agebantur	Ostendere
Dignatus	Est
Nam	Statim
Ut de corpore	Exiit

NEW BASKERVILLE BOLD 16/20

Et sanctus: Ne vobis injustitiam forte facere videar, ejus facta examinate

NEW CENTURY SCHOOLBOOK BOLD 33/36

Lorem ipsum dolor sit amet, consectetuer adipiscing elit

NEW CENTURY SCHOOLBOOK BOLD / ALL CAPS 18/21.6

DUIS TE FEUGI FACILISI. DUIS AUTEM DOLOR IN HENDRETRIT IN VULPUTATE VELIT ESSE MOLESTIE CONSEQUAT

NEW CENTURY SCHOOLBOOK 12/16

Videntes apostoli et alii patres antiqui, et praecipue reverendus pater noster beatus Benedictus, quod otiositas inimica est animae, sicut ipse dicit in regula sua, ipsi propriis manibus laboraverunt, *et religiosis viris opera* manuum secundum quod regula praecepit, studeant propriis manibus laborare.

Sed ne aliquis de dispositione locorum causari possit dicens, tale monasterium non esse apertum ad *opera manuum exercenda,* quia situm est in civitate, in aliquo castro vel villa, propterea.

NEW CENTURY SCHOOLBOOK ITALIC & ROMAN / SMALL CAPS 10/13

Dolor sit amet SED UT PERSPICIATIS *ipsam voluptatem enim voluptas sit esse Dominico Vaspernatur aut fugit Roma, Januaris 1522.*

NEW CENTURY SCHOOL BOOK BOLD / SMALL CAPS 19/22

NEMO ENIM

NEW CENTURY SCHOOLBOOK 10/14.4

Sed ut perspiciatis unde omnis iste natus error sit voluptatem accusantium doloremque laudantium, totam rem aperiam, eaque ipsa quae ab illo de inventore veritatis et quasi architecto beatae vitae dicta sunt est explicabo natus:

- Neque *porro* quisquam
- Architecto beatae vitae
- Qui *dolorem* ipsum
- Inventore veritatis quasi

Dolores nemo enim ipsam voluptatem quia voluptas sit aspernatur aut odit aut fugit, sed quia consequuntur magni est dolores eos qui ratione.

Nunc enim vere monachi est de sunt, si otiosi non maneant, sicut. Sed ne aliquis de possit dicens, tale est monasterium.

NEW CENTURY SCHOOLBOOK BOLD ITALIC 11/15

"Neque porro quisquam est, qui dolorem ipsum quia dolor sit amet, consectetur Nemo voluptatem quia vere monachi maneant, aspernatur aut odit aut fugit, sed quia eos qui ratione voluptatem sequi nesciunt."

NEW CENTURY SCHOOLBOOK BOLD 9/12

Quisquam					
1	2	3	4	5	6
7	8	9	10	11	12	13
14	15	16	17	18	19	20
21	22	23	24	25	26	27
28	29	30				

NEW CENTURY SCHOOLBOOK BOLD 14/19

Operae pretium reor ea quae isto in anno Dominus per beatum Benedictum in Galliis operari dignatus est, ad posterorum memoriam et aedificationem annectere. Quidam namque vir potentissimus Gallorum *gente progenitus tantis* se ab ipsa infantia execrarat flagitiis.

NEW CENTURY SCHOOLBOOK 9/11

Cuidam	Vero
Dei	Servo
Juxta	Manenti
Dominus	Ea Quae Circa
Defuncti	Animam
Agebantur	Ostendere
Dignatus	Est
Nam	Statim
Ut de corpore	Exiit

NEW CENTURY SCHOOLBOOK BOLD 17/20

Et sanctus: Ne vobis injustitiam forte facere videar, ejus facta examinate

NEW CENTURY SCHOOLBOOK BOLD 33/36

Lorem ipsum dolor sit amet, consectetuer adipiscing elit

NEW CENTURY SCHOOLBOOK BOLD / ALL CAPS 18/21.6

DUIS TE FEUGI FACILISI. DUIS AUTEM DOLOR IN HENDRETRIT IN VULPUTATE VELIT ESSE MOLESTIE CONSEQUAT

AVENIR 12/16

Videntes apostoli et alii patres antiqui, et praecipue reverendus pater noster beatus Benedictus, quod otiositas inimica est animae, sicut ipse dicit in regula sua, ipsi propriis manibus laboraverunt, et religiosis viris opera manuum secundum quod regula praecepit, studeant propriis manibus laborare.

Sed ne aliquis de dispositione locorum causari possit dicens, tale monasterium non esse apertum ad opera manuum exercenda, quia situm est in civitate, in aliquo castro vel villa, propterea.

AVENIR ITALIC / SMALL CAPS 10/12

Dolor sit amet SED UT PERSPICIATIS ipsam voluptatem enim voluptas sit esse Dominico Vaspernatur aut fugit Roma, Januaris 1522.

AVENIR BOLD / SMALL CAPS 19/22.8

NEMO ENIM

AVENIR 10/14

Sed ut perspiciatis unde omnis iste natus error sit voluptatem accusantium doloremque laudantium, totam rem aperiam, eaque ipsa quae ab illo de inventore veritatis et quasi architecto beatae vitae dicta sunt est explicabo natus:

- Neque porro quisquam
- Architecto beatae vitae
- Qui dolorem ipsum
- Inventore veritatis quasi

Dolores nemo enim ipsam voluptatem quia voluptas sit aspernatur aut odit aut fugit, sed quia consequuntur magni est dolores eos qui ratione.

Nunc enim vere monachi est de sunt, si otiosi non maneant, sicut. Sed ne aliquis de possit dicens, tale est monasterium.

NEW CENTURY SCHOOLBOOK BOLD ITALIC 11/15

"Neque porro quisquam est, qui dolorem ipsum quia dolor sit amet, consectetur Nemo voluptatem quia vere monachi maneant, aspernatur aut odit aut fugit, sed quia eos qui ratione voluptatem sequi nesciunt."

NEW CENTURY SCHOOLBOOK BOLD 9/12

Quisquam					
	1	2	3	4	5	6
7	8	9	10	11	12	13
14	15	16	17	18	19	20
21	22	23	24	25	26	27
28	29	30				

AVENIR BOLD 15/19

Operae pretium reor ea quae isto in anno Dominus per beatum Benedictum in Galliis operari dignatus est, ad posterorum memoriam et aedificationem annectere. Quidam namque vir potentissimus Gallorum gente progenitus tantis se ab ipsa infantia execrarat flagitiis.

NEW CENTURY SCHOOLBOOK 9/11

Cuidam	Vero
Dei	Servo
Juxta	Manenti
Dominus	Ea Quae Circa
Defuncti	Animam
Agebantur	Ostendere
Dignatus	Est
Nam	Statim
Ut de corpore	Exiit

NEW CENTURY SCHOOLBOOK BOLD 17/20

Et sanctus: Ne vobis injustitiam forte facere videar, ejus facta examinate

NEW CENTURY SCHOOLBOOK BOLD 33/36

Lorem ipsum dolor sit amet, consectetuer adipiscing elit

NEW CENTURY SCHOOLBOOK BOLD / ALL CAPS 18/21.6

DUIS TE FEUGI FACILISI. DUIS AUTEM DOLOR IN HENDRETRIT IN VULPUTATE VELIT ESSE MOLESTIE CONSEQUAT

FRANKLIN GOTHIC 13/17

Videntes apostoli et alii patres antiqui, et praecipue reverendus pater noster beatus Benedictus, quod otiositas inimica est animae, sicut ipse dicit in regula sua, ipsi propriis manibus laboraverunt, *et religiosis viris opera* manuum secundum quod regula praecepit, studeant propriis manibus laborare.

Sed ne aliquis de dispositione locorum causari possit dicens, tale monasterium non esse apertum ad *opera manuum exercenda,* quia situm est in civitate, in aliquo castro vel villa, propterea.

FRANKLIN GOTHIC ITALIC / SMALL CAPS 11/13.2

Dolor sit amet SED UT PERSPICIATIS *ipsam voluptatem enim voluptas sit esse Dominico Vaspernatur aut fugit Roma, Januaris 1522.*

FRANKLIN GOTHIC BOLD / SMALL CAPS 19/22.8

NEMO ENIM

FRANKLIN GOTHIC 10/14.4

Sed ut perspiciatis unde omnis iste natus error sit voluptatem accu santium doloremque laudantium, totam rem aperiam, eaque ipsa quae ab illo de inventore veritatis et quasi architecto beatae vitae dicta sunt est explicabo natus:

- Neque *porro* quisquam
- Architecto beatae vitae
- Qui *dolorem* ipsum
- Inventore veritatis quasi

Dolores nemo enim ipsam voluptatem quia voluptas sit aspernatur aut odit aut fugit, sed quia consequuntur magni est dolores eos qui ratione.

Nunc enim vere monachi est de sunt, si otiosi non maneant, sicut. Sed ne aliquis de possit dicens, tale est monasterium.

NEW CENTURY SCHOOLBOOK BOLD ITALIC 11/15

"Neque porro quisquam est, qui dolorem ipsum quia dolor sit amet, consectetur Nemo voluptatem quia vere monachi maneant, aspernatur aut odit aut fugit, sed quia eos qui ratione voluptatem sequi nesciunt."

NEW CENTURY SCHOOLBOOK BOLD 9/12

Quisquam					
	1	2	3	4	5	6
7	8	9	10	11	12	13
14	15	16	17	18	19	20
21	22	23	24	25	26	27
28	29	30				

FRANKLIN GOTHIC BOLD 16/19.2

Operae pretium reor ea quae isto in anno Dominus per beatum Benedictum in Galliis operari dignatus est, ad posterorum memoriam et aedificationem annectere. Quidam namque vir potentissimus Gallorum *gente progenitus tantis* se ab ipsa infantia execrarat flagitiis.

NEW CENTURY SCHOOLBOOK 9/11

Cuidam	Vero
Dei	Servo
Juxta	Manenti
Dominus	Ea Quae Circa
Defuncti	Animam
Agebantur	Ostendere
Dignatus	Est
Nam	Statim
Ut de corpore	Exiit

NEW CENTURY SCHOOLBOOK BOLD 17/20

Et sanctus: Ne vobis injustitiam forte facere videar, ejus facta examinate

NEW CENTURY SCHOOLBOOK BOLD 33/36

Lorem ipsum dolor sit amet, consectetuer adipiscing elit

NEW CENTURY SCHOOLBOOK BOLD / ALL CAPS 18/21.6

DUIS TE FEUGI FACILISI. DUIS AUTEM DOLOR IN HENDRETRIT IN VULPUTATE VELIT ESSE MOLESTIE CONSEQUAT

MONOTYPE GROTESQUE 13/15.6

Videntes apostoli et alii patres antiqui, et praecipue reverendus pater noster beatus Benedictus, quod otiositas inimica est animae, sicut ipse dicit in regula sua, ipsi propriis manibus laboraverunt, et *religiosis viris opera* manuum secundum quod regula praecepit, studeant propriis manibus laborare.

Sed ne aliquis de dispositione locorum causari possit dicens, tale monasterium non esse apertum ad *opera manuum exercenda*, quia situm est in civitate, in aliquo castro vel villa, propterea.

MONOTYPE GROTESQUE ITALIC / SMALL CAPS 11/13.2

Dolor sit amet SED UT PERSPICIATIS *ipsam voluptatem enim voluptas sit esse Dominico Vaspernatur aut fugit Roma, Januaris 1522.*

MONOTYPE GROTESQUE BOLD / SMALL CAPS 19/22.8

NEMO ENIM

MONOTYPE GROTESQUE 11/13.2

Sed ut perspiciatis unde omnis iste natus error sit voluptatem accusantium doloremque laudantium, totam rem aperiam, eaque ipsa quae ab illo de inventore veritatis et quasi architecto beatae vitae dicta sunt est explicabo natus:

- Neque *porro* quisquam
- Architecto beatae vitae
- Qui *dolorem* ipsum
- Inventore veritatis quasi

Dolores nemo enim ipsam voluptatem quia voluptas sit aspernatur aut odit aut fugit, sed quia consequuntur magni est dolores eos qui ratione.

Nunc enim vere monachi est de sunt, si otiosi non maneant, sicut. Sed ne aliquis de possit dicens, tale est monasterium.

NEW CENTURY SCHOOLBOOK BOLD ITALIC 11/15

"Neque porro quisquam est, qui dolorem ipsum quia dolor sit amet, consectetur Nemo voluptatem quia vere monachi maneant, aspernatur aut odit aut fugit, sed quia eos qui ratione voluptatem sequi nesciunt."

NEW CENTURY SCHOOLBOOK BOLD 9/12

Quisquam						
	1	2	3	4	5	6
7	8	9	10	11	12	13
14	15	16	17	18	19	20
21	22	23	24	25	26	27
28	29	30				

MONOTYPE GROTESQUE BOLD 15/19

Operae pretium reor ea quae isto in anno Dominus per beatum Benedictum in Galliis operari dignatus est, ad posterorum memoriam et aedificationem annectere. Quidam namque vir potentissimus Gallorum gente progenitus tantis se ab ipsa infantia execrarat flagitiis.

NEW CENTURY SCHOOLBOOK 9/11

Cuidam	Vero
Dei	Servo
Juxta	Manenti
Dominus	Ea Quae Circa
Defuncti	Animam
Agebantur	Ostendere
Dignatus	Est
Nam	Statim
Ut de corpore	Exiit

NEW CENTURY SCHOOLBOOK BOLD 17/20

Et sanctus: Ne vobis injustitiam forte facere videar, ejus facta examinate

NEW CENTURY SCHOOLBOOK BOLD 33/36

Lorem ipsum dolor sit amet, consectetuer adipiscing elit

NEW CENTURY SCHOOLBOOK BOLD / ALL CAPS 18/21.6

DUIS TE FEUGI FACILISI. DUIS AUTEM DOLOR IN HENDRETRIT IN VULPUTATE VELIT ESSE MOLESTIE CONSEQUAT

NEW CENTURY SCHOOLBOOK 12/16

Videntes apostoli et alii patres antiqui, et praecipue reverendus pater noster beatus Benedictus, quod otiositas inimica est animae, sicut ipse dicit in regula sua, ipsi propriis manibus laboraverunt, *et religiosis viris opera* manuum secundum quod regula praecepit, studeant propriis manibus laborare.

Sed ne aliquis de dispositione locorum causari possit dicens, tale monasterium non esse apertum ad *opera manuum exercenda,* quia situm est in civitate, in aliquo castro vel villa, propterea.

NEW CENTURY SCHOOLBOOK ITALIC & ROMAN / SMALL CAPS 10/13

Dolor sit amet SED UT PERSPICIATIS *ipsam voluptatem enim voluptas sit esse Dominico Vaspernatur aut fugit Roma, Januaris 1522.*

NEW CENTURY SCHOOL BOOK BOLD / SMALL CAPS 19/22

NEMO ENIM

NEW CENTURY SCHOOLBOOK 10/14.4

Sed ut perspiciatis unde omnis iste natus error sit voluptatem accusantium doloremque laudantium, totam rem aperiam, eaque ipsa quae ab illo de inventore veritatis et quasi architecto beatae vitae dicta sunt est explicabo natus:

- Neque *porro* quisquam
- Architecto beatae vitae
- Qui *dolorem* ipsum
- Inventore veritatis quasi

Dolores nemo enim ipsam voluptatem quia voluptas sit aspernatur aut odit aut fugit, sed quia consequuntur magni est dolores eos qui ratione.

Nunc enim vere monachi est de sunt, si otiosi non maneant, sicut. Sed ne aliquis de possit dicens, tale est monasterium.

NEW CENTURY SCHOOLBOOK BOLD ITALIC 11/15

"Neque porro quisquam est, qui dolorem ipsum quia dolor sit amet, consectetur Nemo voluptatem quia vere monachi maneant, aspernatur aut odit aut fugit, sed quia eos qui ratione voluptatem sequi nesciunt."

NEW CENTURY SCHOOLBOOK BOLD 9/12

Quisquam					
	1	2	3	4	5	6
7	8	9	10	11	12	13
14	15	16	17	18	19	20
21	22	23	24	25	26	27
28	29	30				

NEW CENTURY SCHOOLBOOK BOLD 14/19

Operae pretium reor ea quae isto in anno Dominus per beatum Benedictum in Galliis operari dignatus est, ad posterorum memoriam et aedificationem annectere. Quidam namque vir potentissimus Gallorum *gente progenitus tantis* se ab ipsa infantia execrarat flagitiis.

NEW CENTURY SCHOOLBOOK 9/11

Cuidam	Vero
Dei	Servo
Juxta	Manenti
Dominus	Ea Quae Circa
Defuncti	Animam
Agebantur	Ostendere
Dignatus	Est
Nam	Statim
Ut de corpore	Exiit

NEW CENTURY SCHOOLBOOK BOLD 17/20

Et sanctus: Ne vobis injustitiam forte facere videar, ejus facta examinate

NEW CENTURY SCHOOLBOOK BOLD 33/36

Lorem ipsum dolor sit amet, consectetuer adipiscing elit

NEW CENTURY SCHOOLBOOK BOLD / ALL CAPS 18/21.6

DUIS TE FEUGI FACILISI. DUIS AUTEM DOLOR IN HENDRETRIT IN VULPUTATE VELIT ESSE MOLESTIE CONSEQUAT

OPTIMA 13/16

Videntes apostoli et alii patres antiqui, et praecipue reverendus pater noster beatus Benedictus, quod otiositas inimica est animae, sicut ipse dicit in regula sua, ipsi propriis manibus laboraverunt, et *religiosis viris opera* manuum secundum quod regula praecepit, studeant propriis manibus laborare.

Sed ne aliquis de dispositione locorum causari possit dicens, tale monasterium non esse apertum ad *opera manuum exercenda*, quia situm est in civitate, in aliquo castro vel villa, propterea.

OPTIMA ITALIC / SMALL CAPS 11/13.2

Dolor sit amet SED UT PERSPICIATIS *ipsam voluptatem enim voluptas sit esse Dominico Vaspernatur aut fugit Roma, Januaris 1522.*

OPTIMA BOLD / SMALL CAPS 19/22.8

NEMO ENIM

OPTIMA 11/14

Sed ut perspiciatis unde omnis iste natus error sit voluptatem accusantium doloremque laudantium, totam rem aperiam, eaque ipsa quae ab illo de inventore veritatis et quasi architecto beatae vitae dicta sunt est explicabo natus:

- Neque *porro* quisquam
- Architecto beatae vitae
- *Qui dolorem* ipsum
- Inventore veritatis quasi

Dolores nemo enim ipsam voluptatem quia voluptas sit aspernatur aut odit aut fugit, sed quia consequuntur magni est dolores eos qui ratione.

Nunc enim vere monachi est de sunt, si otiosi non maneant, sicut. Sed ne aliquis de possit dicens, tale est monasterium.

NEW CENTURY SCHOOLBOOK BOLD ITALIC 11/15

"Neque porro quisquam est, qui dolorem ipsum quia dolor sit amet, consectetur Nemo voluptatem quia vere monachi maneant, aspernatur aut odit aut fugit, sed quia eos qui ratione voluptatem sequi nesciunt."

NEW CENTURY SCHOOLBOOK BOLD 9/12

Quisquam					
1	2	3	4	5	6
7	8	9	10	11	12	13
14	15	16	17	18	19	20
21	22	23	24	25	26	27
28	29	30				

OPTIMA BOLD 16/19.2

Operae pretium reor ea quae isto in anno Dominus per beatum Benedictum in Galliis operari dignatus est, ad posterorum memoriam et aedificationem annectere. Quidam namque vir potentissimus Gallorum *gente progenitus tantis* se ab ipsa infantia execrarat flagitiis.

NEW CENTURY SCHOOLBOOK 9/11

Cuidam	Vero
Dei	Servo
Juxta	Manenti
Dominus	Ea Quae Circa
Defuncti	Animam
Agebantur	Ostendere
Dignatus	Est
Nam	Statim
Ut de corpore	Exiit

NEW CENTURY SCHOOLBOOK BOLD 17/20

Et sanctus: Ne vobis injustitiam forte facere videar, ejus facta examinate

NEW CENTURY SCHOOLBOOK BOLD 33/36

Lorem ipsum dolor sit amet, consectetuer adipiscing elit

NEW CENTURY SCHOOLBOOK BOLD / ALL CAPS 18/21.6

DUIS TE FEUGI FACILISI. DUIS AUTEM DOLOR IN HENDRETRIT IN VULPUTATE VELIT ESSE MOLESTIE CONSEQUAT

UNIVERS 12/16

Videntes apostoli et alii patres antiqui, et praecipue reverendus pater noster beatus Benedictus, quod otiositas inimica est animae, sicut ipse dicit in regula sua, ipsi propriis manibus laboraverunt, et *religiosis viris opera* manuum secundum quod regula praecepit, studeant propriis manibus laborare.

Sed ne aliquis de dispositione locorum causari possit dicens, tale monasterium non esse apertum ad *opera manuum exercenda*, quia situm est in civitate, in aliquo castro vel villa, propterea.

UNIVERS ITALIC / SMALL CAPS 11/13.2

Dolor sit amet SED UT PERSPICIATIS *ipsam voluptatem enim voluptas sit esse Dominico Vaspernatur aut fugit Roma, Januaris 1522.*

UNIVERS BOLD / SMALL CAPS 19/22.8

NEMO ENIM

UNIVERS 10/14

Sed ut perspiciatis unde omnis iste natus error sit voluptatem accusantium doloremque laudantium, totam rem aperiam, eaque ipsa quae ab illo de inventore veritatis et quasi architecto beatae vitae dicta sunt est explicabo natus:

- Neque *porro* quisquam
- Architecto beatae vitae
- Qui *dolorem* ipsum
- Inventore veritatis quasi

Dolores nemo enim ipsam voluptatem quia voluptas sit aspernatur aut odit aut fugit, sed quia consequuntur magni est dolores eos qui ratione.

Nunc enim vere monachi est de sunt, si otiosi non maneant, sicut. Sed ne aliquis de possit dicens, tale est monasterium.

NEW CENTURY SCHOOLBOOK BOLD ITALIC 11/15

"Neque porro quisquam est, qui dolorem ipsum quia dolor sit amet, consectetur Nemo voluptatem quia vere monachi maneant, aspernatur aut odit aut fugit, sed quia eos qui ratione voluptatem sequi nesciunt."

NEW CENTURY SCHOOLBOOK BOLD 9/12

Quisquam					
1	2	3	4	5	6
7	8	9	10	11	12	13
14	15	16	17	18	19	20
21	22	23	24	25	26	27
28	29	30				

UNIVERS BOLD 15/19

Operae pretium reor ea quae isto in anno Dominus per beatum Benedictum in Galliis operari dignatus est, ad posterorum memoriam et aedificationem annectere. Quidam namque vir potentissimus Gallorum *gente progenitus tantis* se ab ipsa infantia execrarat flagitiis.

NEW CENTURY SCHOOLBOOK 9/11

Cuidam	Vero
Dei	Servo
Juxta	Manenti
Dominus	Ea Quae Circa
Defuncti	Animam
Agebantur	Ostendere
Dignatus	Est
Nam	Statim
Ut de corpore	Exiit

NEW CENTURY SCHOOLBOOK BOLD 17/20

Et sanctus: Ne vobis injustitiam forte facere videar, ejus facta examinate

NEWS GOTHIC BOLD 27/32

Lorem ipsum dolor sit amet, consectetuer adipiscing elit

NEWS GOTHIC BOLD / ALL CAPS 18/21.6

DUIS TE FEUGI FACILISI. DUIS AUTEM DOLOR IN HENDRERIT IN VULPUTATE VELIT ESSE MOLESTIE CONSEQUAT

NEWS GOTHIC 13/17

Videntes apostoli et alii patres antiqui, et praecipue reverendus pater noster beatus Benedictus, quod otiositas inimica est animae, sicut ipse dicit in regula sua, ipsi propriis manibus laboraverunt, et *religiosis viris opera* manuum secundum quod regula praecepit, studeant propriis manibus laborare.

Sed ne aliquis de dispositione locorum causari possit dicens, tale monasterium non esse apertum ad *opera manuum exercenda*, quia situm est in civitate, in aliquo castro vel villa, propterea.

NEWS GOTHIC ITALIC / SMALL CAPS 11/13.2

Dolor sit amet SED UT PERSPICIATIS *ipsam voluptatem enim voluptas sit esse Dominico Vaspernatur aut fugit Roma, Januaris 1522.*

NEWS GOTHIC BOLD / SMALL CAPS 19/22.8

NEMO ENIM

NEWS GOTHIC 11/14

Sed ut perspiciatis unde omnis iste natus error sit voluptatem accusantium doloremque laudantium, totam rem aperiam, eaque ipsa quae ab illo de inventore veritatis et quasi architecto beatae vitae dicta sunt est explicabo natus:

- Neque *porro* quisquam
- Architecto beatae vitae
- Qui *dolorem* ipsum
- Inventore veritatis quasi

Dolores nemo enim ipsam voluptatem quia voluptas sit aspernatur aut odit aut fugit, sed quia consequuntur magni est dolores eos qui ratione.

Nunc enim vere monachi est de sunt, si otiosi non maneant, sicut. Sed ne aliquis de possit dicens, tale est monasterium.

NEWS GOTHIC BOLD ITALIC 9/15

"Neque porro quisquam est, qui dolorem ipsum quia dolor sit amet, consectetur Nemo voluptatem quia vere monachi maneant, aspernatur aut odit aut fugit, sed quia eos qui ratione voluptatem sequi nesciunt."

NEWS GOTHIC BOLD 9/12

Quisquam						
	1	2	3	4	5	6
7	8	9	10	11	12	13
14	15	16	17	18	19	20
21	22	23	24	25	26	27
28	29	30				

NEWS GOTHIC BOLD 15/19

Operae pretium reor ea quae isto in anno Dominus per beatum Benedictum in Galliis operari dignatus est, ad posterorum memoriam et aedificationem annectere. Quidam namque vir potentissimus Gallorum *gente progenitus tantis* se ab ipsa infantia execrarat flagitiis.

NEWS GOTHIC 9/11

Cuidam	Vero
Dei	Servo
Juxta	Manenti
Dominus	Ea Quae Circa
Defuncti	Animam
Agebantur	Ostendere
Dignatus	Est
Nam	Statim
Ut de corpore	Exiit

NEWS GOTHIC BOLD 14/20

Et sanctus: Ne vobis injustitiam forte facere videar, ejus facta examinate

NEWS GOTHIC BOLD 27/32

Lorem ipsum dolor sit amet, consectetuer adipiscing elit

NEWS GOTHIC BOLD / ALL CAPS 18/21.6

DUIS TE FEUGI FACILISI. DUIS AUTEM DOLOR IN HENDRERIT IN VULPUTATE VELIT ESSE MOLESTIE CONSEQUAT

BEMBO 13/15.6

Videntes apostoli et alii patres antiqui, et praecipue reverendus pater noster beatus Benedictus, quod otiositas inimica est animae, sicut ipse dicit in regula sua, ipsi propriis manibus laboraverunt, *et religiosis viris opera* manuum secundum quod regula praecepit, studeant propriis manibus laborare.

Sed ne aliquis de dispositione locorum causari possit dicens, tale monasterium non esse apertum ad *opera manuum exercenda,* quia situm est in civitate, in aliquo castro vel villa, propterea.

BEMBO ITALIC ITALIC & ROMAN / SMALL CAPS 11/13.2

Dolor sit amet SED UT PERSPICIATIS *ipsam voluptatem enim voluptas sit esse Dominico Vaspernatur aut fugit Roma, Januaris 1522.*

BEMBO BOLD / SMALL CAPS 19/22.8

NEMO ENIM

BEMBO 11/14.4

Sed ut perspiciatis unde omnis iste natus error sit voluptatem accusantium doloremque laudantium, totam rem aperiam, eaque ipsa quae ab illo de inventore veritatis et quasi architecto beatae vitae dicta sunt est explicabo natus:

- Neque *porro* quisquam
- Architecto beatae vitae
- Qui *dolorem* ipsum
- Inventore veritatis quasi

Dolores nemo enim ipsam voluptatem quia voluptas sit aspernatur aut odit aut fugit, sed quia consequuntur magni est dolores eos qui ratione.

Nunc enim vere monachi est de sunt, si otiosi non maneant, sicut. Sed ne aliquis de possit dicens, tale est monasterium.

NEWS GOTHIC BOLD ITALIC 9/15

"Neque porro quisquam est, qui dolorem ipsum quia dolor sit amet, consectetur Nemo voluptatem quia vere monachi maneant, aspernatur aut odit aut fugit, sed quia eos qui ratione voluptatem sequi nesciunt."

NEWS GOTHIC BOLD 9/12

Quisquam					
1	2	3	4	5	6
7	8	9	10	11	12	13
14	15	16	17	18	19	20
21	22	23	24	25	26	27
28	29	30				

BEMBO BOLD 16/19.2

Operae pretium reor ea quae isto in anno Dominus per beatum Benedictum in Galliis operari dignatus est, ad posterorum memoriam et aedificationem annectere. Quidam namque vir potentissimus Gallorum *gente progenitus tantis* se ab ipsa infantia execrarat flagitiis.

NEWS GOTHIC 9/11

Cuidam..Vero
Dei...Servo
Juxta ....Manenti
Dominus ....Ea Quae Circa
Defuncti.....................................Animam
Agebantur............................. Ostendere
Dignatus .... Est
Nam...Statim
Ut de corpore................................Exiit

NEWS GOTHIC BOLD 14/20

Et sanctus: Ne vobis injustitiam forte facere videar, ejus facta examinate

NEWS GOTHIC BOLD 27/32

Lorem ipsum dolor sit amet, consectetuer adipiscing elit

NEWS GOTHIC BOLD / ALL CAPS 18/21.6

DUIS TE FEUGI FACILISI. DUIS AUTEM DOLOR IN HENDRERIT IN VULPUTATE VELIT ESSE MOLESTIE CONSEQUAT

MINION 14/16.8

Videntes apostoli et alii patres antiqui, et praecipue reverendus pater noster beatus Benedictus, quod otiositas inimica est animae, sicut ipse dicit in regula sua, ipsi propriis manibus laboraverunt, *et religiosis viris opera* manuum secundum quod regula praecepit, studeant propriis manibus laborare.

Sed ne aliquis de dispositione locorum causari possit dicens, tale monasterium non esse apertum ad *opera manuum exercenda,* quia situm est in civitate, in aliquo castro vel villa, propterea.

MINION ITALIC & ROMAN / SMALL CAPS 11/13.2

Dolor sit amet SED UT PERSPICIATIS *ipsam voluptatem enim voluptas sit esse Dominico Vaspernatur aut fugit Roma, Januaris 1522.*

MINION BOLD / SMALL CAPS 19/22.8

NEMO ENIM

MINION 11/14.4

Sed ut perspiciatis unde omnis iste natus error sit voluptatem accusantium doloremque laudantium, totam rem aperiam, eaque ipsa quae ab illo de inventore veritatis et quasi architecto beatae vitae dicta sunt est explicabo natus:

- Neque *porro* quisquam
- Architecto beatae vitae
- Qui *dolorem* ipsum
- Inventore veritatis quasi

Dolores nemo enim ipsam voluptatem quia voluptas sit aspernatur aut odit aut fugit, sed quia consequuntur magni est dolores eos qui ratione.

Nunc enim vere monachi est de sunt, si otiosi non maneant, sicut. Sed ne aliquis de possit dicens, tale est monasterium.

NEWS GOTHIC BOLD ITALIC 9/15

"Neque porro quisquam est, qui dolorem ipsum quia dolor sit amet, consectetur Nemo voluptatem quia vere monachi maneant, aspernatur aut odit aut fugit, sed quia eos qui ratione voluptatem sequi nesciunt."

NEWS GOTHIC BOLD 9/12

Quisquam					
1	2	3	4	5	6
7	8	9	10	11	12	13
14	15	16	17	18	19	20
21	22	23	24	25	26	27
28	29	30				

MINION BOLD 16/19.2

Operae pretium reor ea quae isto in anno Dominus per beatum Benedictum in Galliis operari dignatus est, ad posterorum memoriam et aedificationem annectere. Quidam namque vir potentissimus Gallorum *gente progenitus tantis* se ab ipsa infantia execrarat flagitiis.

NEWS GOTHIC 9/11

Cuidam	Vero
Dei	Servo
Juxta	Manenti
Dominus	Ea Quae Circa
Defuncti	Animam
Agebantur	Ostendere
Dignatus	Est
Nam	Statim
Ut de corpore	Exiit

NEWS GOTHIC BOLD 14/20

Et sanctus: Ne vobis injustitiam forte facere videar, ejus facta examinate

NEWS GOTHIC BOLD 27/32

Lorem ipsum dolor sit amet, consectetuer adipiscing elit

NEWS GOTHIC BOLD / ALL CAPS 18/21.6

DUIS TE FEUGI FACILISI. DUIS AUTEM DOLOR IN HENDRERIT IN VULPUTATE VELIT ESSE MOLESTIE CONSEQUAT

NEW CENTURY SCHOOLBOOK 12/16

Videntes apostoli et alii patres antiqui, et praecipue reverendus pater noster beatus Benedictus, quod otiositas inimica est animae, sicut ipse dicit in regula sua, ipsi propriis manibus laboraverunt, *et religiosis viris opera* manuum secundum quod regula praecepit, studeant propriis manibus laborare.

Sed ne aliquis de dispositione locorum causari possit dicens, tale monasterium non esse apertum ad *opera manuum exercenda,* quia situm est in civitate, in aliquo castro vel villa, propterea.

NEW CENTURY SCHOOLBOOK ITALIC & ROMAN / SMALL CAPS 10/13

Dolor sit amet SED UT PERSPICIATIS *ipsam voluptatem enim voluptas sit esse Dominico Vaspernatur aut fugit Roma, Januaris 1522.*

NEW CENTURY SCHOOL BOOK BOLD / SMALL CAPS 19/22

NEMO ENIM

NEW CENTURY SCHOOLBOOK 10/14.4

Sed ut perspiciatis unde omnis iste natus error sit voluptatem accusantium doloremque laudantium, totam rem aperiam, eaque ipsa quae ab illo de inventore veritatis et quasi architecto beatae vitae dicta sunt est explicabo natus:

- Neque *porro* quisquam
- Architecto beatae vitae
- Qui *dolorem* ipsum
- Inventore veritatis quasi

Dolores nemo enim ipsam voluptatem quia voluptas sit aspernatur aut odit aut fugit, sed quia consequuntur magni est dolores eos qui ratione.

Nunc enim vere monachi est de sunt, si otiosi non maneant, sicut. Sed ne aliquis de possit dicens, tale est monasterium.

NEWS GOTHIC BOLD ITALIC 9/15

"Neque porro quisquam est, qui dolorem ipsum quia dolor sit amet, consectetur Nemo voluptatem quia vere monachi maneant, aspernatur aut odit aut fugit, sed quia eos qui ratione voluptatem sequi nesciunt."

NEWS GOTHIC BOLD 9/12

Quisquam					
	1	2	3	4	5	6
7	8	9	10	11	12	13
14	15	16	17	18	19	20
21	22	23	24	25	26	27
28	29	30				

NEW CENTURY SCHOOLBOOK BOLD 14/19

Operae pretium reor ea quae isto in anno Dominus per beatum Benedictum in Galliis operari dignatus est, ad posterorum memoriam et aedificationem annectere. Quidam namque vir potentissimus Gallorum *gente progenitus tantis* se ab ipsa infantia execrarat flagitiis.

NEWS GOTHIC 9/11

Cuidam...Vero
Dei..Servo
Juxta ....Manenti
Dominus ....Ea Quae Circa
Defuncti......................................Animam
Agebantur............................. Ostendere
Dignatus .... Est
Nam..Statim
Ut de corpore................................Exiit

NEWS GOTHIC BOLD 14/20

Et sanctus: Ne vobis injustitiam forte facere videar, ejus facta examinate

NEWS GOTHIC BOLD 27/32

Lorem ipsum dolor sit amet, consectetuer adipiscing elit

NEWS GOTHIC BOLD / ALL CAPS 18/21.6

DUIS TE FEUGI FACILISI. DUIS AUTEM DOLOR IN HENDRERIT IN VULPUTATE VELIT ESSE MOLESTIE CONSEQUAT

PALATINO 12/16

Videntes apostoli et alii patres antiqui, et praecipue reverendus pater noster beatus Benedictus, quod otiositas inimica est animae, sicut ipse dicit in regula sua, ipsi propriis manibus laboraverunt, et *religiosis viris opera* manuum secundum quod regula praecepit, studeant propriis manibus laborare.

Sed ne aliquis de dispositione locorum causari possit dicens, tale monasterium non esse apertum ad *opera manuum exercenda*, quia situm est in civitate, in aliquo castro vel villa, propterea.

PALATINO ITALIC / SMALL CAPS 10/12

Dolor sit amet SED UT PERSPICIATIS *ipsam voluptatem enim voluptas sit esse Dominico Vaspernatur aut fugit Roma, Januaris 1522.*

PALATINO BOLD / SMALL CAPS 19/22.8

NEMO ENIM

PALATINO 10/14

Sed ut perspiciatis unde omnis iste natus error sit voluptatem accusantium doloremque laudantium, totam rem aperiam, eaque ipsa quae ab illo de inventore veritatis et quasi architecto beatae vitae dicta sunt est explicabo natus:

- Neque *porro* quisquam
- Architecto beatae vitae
- Qui *dolorem* ipsum
- Inventore veritatis quasi

Dolores nemo enim ipsam voluptatem quia voluptas sit aspernatur aut odit aut fugit, sed quia consequuntur magni est dolores eos qui ratione.

Nunc enim vere monachi est de sunt, si otiosi non maneant, sicut. Sed ne aliquis de possit dicens, tale est monasterium.

NEWS GOTHIC BOLD ITALIC 9/15

"Neque porro quisquam est, qui dolorem ipsum quia dolor sit amet, consectetur Nemo voluptatem quia vere monachi maneant, aspernatur aut odit aut fugit, sed quia eos qui ratione voluptatem sequi nesciunt."

NEWS GOTHIC BOLD 9/12

Quisquam					
1	2	3	4	5	6
7	8	9	10	11	12	13
14	15	16	17	18	19	20
21	22	23	24	25	26	27
28	29	30				

PALATINO BOLD 15/18

Operae pretium reor ea quae isto in anno Dominus per beatum Benedictum in Galliis operari dignatus est, ad posterorum memoriam et aedificationem annectere. Quidam namque vir potentissimus Gallorum *gente progenitus tantis* se ab ipsa infantia execrarat flagitiis.

NEWS GOTHIC 9/11

Cuidam	Vero
Dei	Servo
Juxta	Manenti
Dominus	Ea Quae Circa
Defuncti	Animam
Agebantur	Ostendere
Dignatus	Est
Nam	Statim
Ut de corpore	Exiit

NEWS GOTHIC BOLD 14/20

Et sanctus: Ne vobis injustitiam forte facere videar, ejus facta examinate

NEWS GOTHIC BOLD 27/32

Lorem ipsum dolor sit amet, consectetuer adipiscing elit

NEWS GOTHIC BOLD / ALL CAPS 18/21.6

DUIS TE FEUGI FACILISI. DUIS AUTEM DOLOR IN HENDRERIT IN VULPUTATE VELIT ESSE MOLESTIE CONSEQUAT

TIMES NEW ROMAN 14/16.8

Videntes apostoli et alii patres antiqui, et praecipue reverendus pater noster beatus Benedictus, quod otiositas inimica est animae, sicut ipse dicit in regula sua, ipsi propriis manibus laboraverunt, et *religiosis viris opera* manuum secundum quod regula praecepit, studeant propriis manibus laborare.

Sed ne aliquis de dispositione locorum causari possit dicens, tale monasterium non esse apertum ad *opera manuum exercenda*, quia situm est in civitate, in aliquo castro vel villa, propterea.

TIMES NEW ROMAN ITALIC / SMALL CAPS 11/13.2

Dolor sit amet SED UT PERSPICIATIS *ipsam voluptatem enim voluptas sit esse Dominico Vaspernatur aut fugit Roma, Januaris 1522.*

TIMES NEW ROMAN BOLD / SMALL CAPS 19/22.8

NEMO ENIM

TIMES NEW ROMAN 11/14

Sed ut perspiciatis unde omnis iste natus error sit voluptatem accusantium doloremque laudantium, totam rem aperiam, eaque ipsa quae ab illo de inventore veritatis et quasi architecto beatae vitae dicta sunt est explicabo natus:

- Neque *porro* quisquam
- Architecto beatae vitae
- Qui *dolorem* ipsum
- Inventore veritatis quasi

Dolores nemo enim ipsam voluptatem quia voluptas sit aspernatur aut odit aut fugit, sed quia consequuntur magni est dolores eos qui ratione.

Nunc enim vere monachi est de sunt, si otiosi non maneant, sicut. Sed ne aliquis de possit dicens, tale est monasterium.

NEWS GOTHIC BOLD ITALIC 9/15

"Neque porro quisquam est, qui dolorem ipsum quia dolor sit amet, consectetur Nemo voluptatem quia vere monachi maneant, aspernatur aut odit aut fugit, sed quia eos qui ratione voluptatem sequi nesciunt."

NEWS GOTHIC BOLD 9/12

Quisquam					
	1	2	3	4	5	6
7	8	9	10	11	12	13
14	15	16	17	18	19	20
21	22	23	24	25	26	27
28	29	30				

TIMES NEW ROMAN BOLD 16/19.2

Operae pretium reor ea quae isto in anno Dominus per beatum Benedictum in Galliis operari dignatus est, ad posterorum memoriam et aedificationem annectere. Quidam namque vir potentissimus Gallorum *gente progenitus tantis* se ab ipsa infantia execrarat flagitiis.

NEWS GOTHIC 9/11

Cuidam	Vero
Dei	Servo
Juxta	Manenti
Dominus	Ea Quae Circa
Defuncti	Animam
Agebantur	Ostendere
Dignatus	Est
Nam	Statim
Ut de corpore	Exiit

NEWS GOTHIC BOLD 14/20

Et sanctus: Ne vobis injustitiam forte facere videar, ejus facta examinate

NEWS GOTHIC BOLD 27/32

Lorem ipsum dolor sit amet, consectetuer adipiscing elit

NEWS GOTHIC BOLD / ALL CAPS 18/21.6

DUIS TE FEUGI FACILISI. DUIS AUTEM DOLOR IN HENDRERIT IN VULPUTATE VELIT ESSE MOLESTIE CONSEQUAT

WARNOCK 13/15.6

Videntes apostoli et alii patres antiqui, et praecipue reverendus pater noster beatus Benedictus, quod otiositas inimica est animae, sicut ipse dicit in regula sua, ipsi propriis manibus laboraverunt, *et religiosis viris opera* manuum secundum quod regula praecepit, studeant propriis manibus laborare.

Sed ne aliquis de dispositione locorum causari possit dicens, tale monasterium non esse apertum ad *opera manuum exercenda,* quia situm est in civitate, in aliquo castro vel villa, propterea.

WARNOCK ITALIC & ROMAN / SMALL CAPS 11/13.2

Dolor sit amet SED UT PERSPICIATIS *ipsam voluptatem enim voluptas sit esse Dominico Vaspernatur aut fugit Roma, Januaris 1522.*

WARNOCK BOLD / SMALL CAPS 19/22.8

NEMO ENIM

WARNOCK 11/14

Sed ut perspiciatis unde omnis iste natus error sit voluptatem accusantium doloremque laudantium, totam rem aperiam, eaque ipsa quae ab illo de inventore veritatis et quasi architecto beatae vitae dicta sunt est explicabo natus:

- Neque *porro* quisquam
- Architecto beatae vitae
- Qui *dolorem* ipsum
- Inventore veritatis quasi

Dolores nemo enim ipsam voluptatem quia voluptas sit aspernatur aut odit aut fugit, sed quia consequuntur magni est dolores eos qui ratione.

Nunc enim vere monachi est de sunt, si otiosi non maneant, sicut. Sed ne aliquis de possit dicens, tale est monasterium.

NEWS GOTHIC BOLD ITALIC 9/15

"Neque porro quisquam est, qui dolorem ipsum quia dolor sit amet, consectetur Nemo voluptatem quia vere monachi maneant, aspernatur aut odit aut fugit, sed quia eos qui ratione voluptatem sequi nesciunt."

NEWS GOTHIC BOLD 9/12

Quisquam						
	1	2	3	4	5	6
7	8	9	10	11	12	13
14	15	16	17	18	19	20
21	22	23	24	25	26	27
28	29	30				

WARNOCK BOLD 16/19.2

Operae pretium reor ea quae isto in anno Dominus per beatum Benedictum in Galliis operari dignatus est, ad posterorum memoriam et aedificationem annectere. Quidam namque vir potentissimus Gallorum *gente progenitus tantis* se ab ipsa infantia execrarat flagitiis.

NEWS GOTHIC 9/11

Cuidam	Vero
Dei	Servo
Juxta	Manenti
Dominus	Ea Quae Circa
Defuncti	Animam
Agebantur	Ostendere
Dignatus	Est
Nam	Statim
Ut de corpore	Exiit

NEWS GOTHIC BOLD 14/20

Et sanctus: Ne vobis injustitiam forte facere videar, ejus facta examinate

OFFICINA SANS BOLD 30/32

Lorem ipsum dolor sit amet, consectetuer adipiscing elit

OFFICINA SANS BOLD / ALL CAPS 19/22.8

DUIS TE FEUGI FACILISI. DUIS AUTEM DOLOR IN HENDRERIT IN VULPUTATE VELIT ESSE MOLESTIE CONSEQUAT

OFFICINA SANS 13/17

Videntes apostoli et alii patres antiqui, et praecipue reverendus pater noster beatus Benedictus, quod otiositas inimica est animae, sicut ipse dicit in regula sua, ipsi propriis manibus laboraverunt, et *religiosis viris opera* manuum secundum quod regula praecepit, studeant propriis manibus laborare.

Sed ne aliquis de dispositione locorum causari possit dicens, tale monasterium non esse apertum ad *opera manuum exercenda*, quia situm est in civitate, in aliquo castro vel villa, propterea.

OFFICINA SANS ITALIC / SMALL CAPS 11/13.2

Dolor sit amet SED UT PERSPICIATIS *ipsam voluptatem enim voluptas sit esse Dominico Vaspernatur aut fugit Roma, Januaris 1522.*

OFFICINA SANS BOLD / SMALL CAPS 19/22.8

NEMO ENIM

OFFICINA SANS 11/14

Sed ut perspiciatis unde omnis iste natus error sit voluptatem accusantium doloremque laudantium, totam rem aperiam, eaque ipsa quae ab illo de inventore veritatis et quasi architecto beatae vitae dicta sunt est explicabo natus:

- Neque *porro* quisquam
- Architecto beatae vitae
- Qui *dolorem* ipsum
- Inventore veritatis quasi

Dolores nemo enim ipsam voluptatem quia voluptas sit aspernatur aut odit aut fugit, sed quia consequuntur magni est dolores eos qui ratione.

Nunc enim vere monachi est de sunt, si otiosi non maneant, sicut. Sed ne aliquis de possit dicens, tale est monasterium.

OFFICINA SANS BOLD ITALIC 10/15

"Neque porro quisquam est, qui dolorem ipsum quia dolor sit amet, consectetur Nemo voluptatem quia vere monachi maneant, aspernatur aut odit aut fugit, sed quia eos qui ratione voluptatem sequi nesciunt."

OFFICINA SANS BOLD 9/12

Quisquam					
	1	2	3	4	5	6
7	8	9	10	11	12	13
14	15	16	17	18	19	20
21	22	23	24	25	26	27
28	29	30				

OFFICINA SANS BOLD 16/19.2

Operae pretium reor ea quae isto in anno Dominus per beatum Benedictum in Galliis operari dignatus est, ad posterorum memoriam et aedificationem annectere. Quidam namque vir potentissimus Gallorum *gente progenitus tantis* se ab ipsa infantia execrarat flagitiis.

OFFICINA SANS 9/11

Cuidam... Vero
Dei .... Servo
Juxta ....Manenti
Dominus........................... Ea Quae Circa
Defuncti ....Animam
Agebantur................................Ostendere
Dignatus... Est
Nam..Statim
Ut de corpore .... Exiit

OFFICINA SANS BOLD 16/20

Et sanctus: Ne vobis injustitiam forte facere videar, ejus facta examinate

OFFICINA SANS BOLD 30/32

Lorem ipsum dolor sit amet, consectetuer adipiscing elit

OFFICINA SANS BOLD / ALL CAPS 19/22.8

DUIS TE FEUGI FACILISI. DUIS AUTEM DOLOR IN HENDRERIT IN VULPUTATE VELIT ESSE MOLESTIE CONSEQUAT

BEMBO 13/15.6

Videntes apostoli et alii patres antiqui, et praecipue reverendus pater noster beatus Benedictus, quod otiositas inimica est animae, sicut ipse dicit in regula sua, ipsi propriis manibus laboraverunt, *et religiosis viris opera* manuum secundum quod regula praecepit, studeant propriis manibus laborare.

Sed ne aliquis de dispositione locorum causari possit dicens, tale monasterium non esse apertum ad *opera manuum exercenda,* quia situm est in civitate, in aliquo castro vel villa, propterea.

BEMBO ITALIC ITALIC & ROMAN / SMALL CAPS 11/13.2

Dolor sit amet SED UT PERSPICIATIS *ipsam voluptatem enim voluptas sit esse Dominico Vaspernatur aut fugit Roma, Januaris 1522.*

BEMBO BOLD / SMALL CAPS 19/22.8

NEMO ENIM

BEMBO 11/14.4

Sed ut perspiciatis unde omnis iste natus error sit voluptatem accusantium doloremque laudantium, totam rem aperiam, eaque ipsa quae ab illo de inventore veritatis et quasi architecto beatae vitae dicta sunt est explicabo natus:

- Neque *porro* quisquam
- Architecto beatae vitae
- Qui *dolorem* ipsum
- Inventore veritatis quasi

Dolores nemo enim ipsam voluptatem quia voluptas sit aspernatur aut odit aut fugit, sed quia consequuntur magni est dolores eos qui ratione.

Nunc enim vere monachi est de sunt, si otiosi non maneant, sicut. Sed ne aliquis de possit dicens, tale est monasterium.

OFFICINA SANS BOLD ITALIC 10/15

"Neque porro quisquam est, qui dolorem ipsum quia dolor sit amet, consectetur Nemo voluptatem quia vere monachi maneant, aspernatur aut odit aut fugit, sed quia eos qui ratione voluptatem sequi nesciunt."

OFFICINA SANS BOLD 9/12

Quisquam						
	1	2	3	4	5	6
7	8	9	10	11	12	13
14	15	16	17	18	19	20
21	22	23	24	25	26	27
28	29	30				

BEMBO BOLD 16/19.2

Operae pretium reor ea quae isto in anno Dominus per beatum Benedictum in Galliis operari dignatus est, ad posterorum memoriam et aedificationem annectere. Quidam namque vir potentissimus Gallorum *gente progenitus tantis* se ab ipsa infantia execrarat flagitiis.

OFFICINA SANS 9/11

Cuidam	Vero
Dei	Servo
Juxta	Manenti
Dominus	Ea Quae Circa
Defuncti	Animam
Agebantur	Ostendere
Dignatus	Est
Nam	Statim
Ut de corpore	Exiit

OFFICINA SANS BOLD 16/20

Et sanctus: Ne vobis injustitiam forte facere videar, ejus facta examinate

Lorem ipsum dolor sit amet, consectetuer adipiscing elit

DUIS TE FEUGI FACILISI. DUIS AUTEM DOLOR IN HENDRERIT IN VULPUTATE VELIT ESSE MOLESTIE CONSEQUAT

Videntes apostoli et alii patres antiqui, et praecipue reverendus pater noster beatus Benedictus, quod otiositas inimica est animae, sicut ipse dicit in regula sua, ipsi propriis manibus laboraverunt, *et religiosis viris opera* manuum secundum quod regula praecepit, studeant propriis manibus laborare.

Sed ne aliquis de dispositione locorum causari possit dicens, tale monasterium non esse apertum ad *opera manuum exercenda,* quia situm est in civitate, in aliquo castro vel villa, propterea.

Dolor sit amet SED UT PERSPICIATIS *ipsam voluptatem enim voluptas sit esse Dominico Vaspernatur aut fugit Roma, Januaris 1522.*

NEMO ENIM

Sed ut perspiciatis unde omnis iste natus error sit voluptatem accusantium doloremque laudantium, totam rem aperiam, eaque ipsa quae ab illo de inventore veritatis et quasi architecto beatae vitae dicta sunt est explicabo natus:

- Neque *porro* quisquam
- Architecto beatae vitae
- Qui *dolorem* ipsum
- Inventore veritatis quasi

Dolores nemo enim ipsam voluptatem quia voluptas sit aspernatur aut odit aut fugit, sed quia consequuntur magni est dolores eos qui ratione.

Nunc enim vere monachi est de sunt, si otiosi non maneant, sicut. Sed ne aliquis de possit dicens, tale est monasterium.

"Neque porro quisquam est, qui dolorem ipsum quia dolor sit amet, consectetur Nemo voluptatem quia vere monachi maneant, aspernatur aut odit aut fugit, sed quia eos qui ratione voluptatem sequi nesciunt."

Quisquam					
1	2	3	4	5	6
7	8	9	10	11	12	13
14	15	16	17	18	19	20
21	22	23	24	25	26	27
28	29	30				

Operae pretium reor ea quae isto in anno Dominus per beatum Benedictum in Galliis operari dignatus est, ad posterorum memoriam et aedificationem annectere. Quidam namque vir potentissimus Gallorum *gente progenitus tantis* se ab ipsa infantia execrarat flagitiis.

Cuidam	Vero
Dei	Servo
Juxta	Manenti
Dominus	Ea Quae Circa
Defuncti	Animam
Agebantur	Ostendere
Dignatus	Est
Nam	Statim
Ut de corpore	Exiit

Et sanctus: Ne vobis injustitiam forte facere videar, ejus facta examinate

OFFICINA SANS BOLD 30/32

Lorem ipsum dolor sit amet, consectetuer adipiscing elit

OFFICINA SANS BOLD / ALL CAPS 19/22.8

DUIS TE FEUGI FACILISI. DUIS AUTEM DOLOR IN HENDRERIT IN VULPUTATE VELIT ESSE MOLESTIE CONSEQUAT

NEW CENTURY SCHOOLBOOK 12/16

Videntes apostoli et alii patres antiqui, et praecipue reverendus pater noster beatus Benedictus, quod otiositas inimica est animae, sicut ipse dicit in regula sua, ipsi propriis manibus laboraverunt, *et religiosis viris opera* manuum secundum quod regula praecepit, studeant propriis manibus laborare.

Sed ne aliquis de dispositione locorum causari possit dicens, tale monasterium non esse apertum ad *opera manuum exercenda,* quia situm est in civitate, in aliquo castro vel villa, propterea.

NEW CENTURY SCHOOLBOOK ITALIC & ROMAN / SMALL CAPS 10/13

Dolor sit amet SED UT PERSPICIATIS *ipsam voluptatem enim voluptas sit esse Dominico Vaspernatur aut fugit Roma, Januaris 1522.*

NEW CENTURY SCHOOL BOOK BOLD / SMALL CAPS 19/22

NEMO ENIM

NEW CENTURY SCHOOLBOOK 10/14.4

Sed ut perspiciatis unde omnis iste natus error sit voluptatem accusantium doloremque laudantium, totam rem aperiam, eaque ipsa quae ab illo de inventore veritatis et quasi architecto beatae vitae dicta sunt est explicabo natus:

- Neque *porro* quisquam
- Architecto beatae vitae
- *Qui dolorem* ipsum
- Inventore veritatis quasi

Dolores nemo enim ipsam voluptatem quia voluptas sit aspernatur aut odit aut fugit, sed quia consequuntur magni est dolores eos qui ratione.

Nunc enim vere monachi est de sunt, si otiosi non maneant, sicut. Sed ne aliquis de possit dicens, tale est monasterium.

OFFICINA SANS BOLD ITALIC 10/15

"Neque porro quisquam est, qui dolorem ipsum quia dolor sit amet, consectetur Nemo voluptatem quia vere monachi maneant, aspernatur aut odit aut fugit, sed quia eos qui ratione voluptatem sequi nesciunt."

OFFICINA SANS BOLD 9/12

Quisquam						
	1	2	3	4	5	6
7	8	9	10	11	12	13
14	15	16	17	18	19	20
21	22	23	24	25	26	27
28	29	30				

NEW CENTURY SCHOOLBOOK BOLD 14/19

Operae pretium reor ea quae isto in anno Dominus per beatum Benedictum in Galliis operari dignatus est, ad posterorum memoriam et aedificationem annectere. Quidam namque vir potentissimus Gallorum *gente progenitus tantis* se ab ipsa infantia execrarat flagitiis.

OFFICINA SANS 9/11

Cuidam	Vero
Dei	Servo
Juxta	Manenti
Dominus	Ea Quae Circa
Defuncti	Animam
Agebantur	Ostendere
Dignatus	Est
Nam	Statim
Ut de corpore	Exiit

OFFICINA SANS BOLD 16/20

Et sanctus: Ne vobis injustitiam forte facere videar, ejus facta examinate

OFFICINA SANS BOLD 30/32

Lorem ipsum dolor sit amet, consectetuer adipiscing elit

OFFICINA SANS BOLD / ALL CAPS 19/22.8

DUIS TE FEUGI FACILISI. DUIS AUTEM DOLOR IN HENDRERIT IN VULPUTATE VELIT ESSE MOLESTIE CONSEQUAT

TIMES NEW ROMAN 14/16.8

Videntes apostoli et alii patres antiqui, et praecipue reverendus pater noster beatus Benedictus, quod otiositas inimica est animae, sicut ipse dicit in regula sua, ipsi propriis manibus laboraverunt, et *religiosis viris opera* manuum secundum quod regula praecepit, studeant propriis manibus laborare.

Sed ne aliquis de dispositione locorum causari possit dicens, tale monasterium non esse apertum ad *opera manuum exercenda*, quia situm est in civitate, in aliquo castro vel villa, propterea.

TIMES NEW ROMAN ITALIC / SMALL CAPS 11/13.2

Dolor sit amet SED UT PERSPICIATIS *ipsam voluptatem enim voluptas sit esse Dominico Vaspernatur aut fugit Roma, Januaris 1522.*

TIMES NEW ROMAN BOLD / SMALL CAPS 19/22.8

NEMO ENIM

TIMES NEW ROMAN 11/14

Sed ut perspiciatis unde omnis iste natus error sit voluptatem accusantium doloremque laudantium, totam rem aperiam, eaque ipsa quae ab illo de inventore veritatis et quasi architecto beatae vitae dicta sunt est explicabo natus:

- Neque *porro* quisquam
- Architecto beatae vitae
- Qui *dolorem* ipsum
- Inventore veritatis quasi

Dolores nemo enim ipsam voluptatem quia voluptas sit aspernatur aut odit aut fugit, sed quia consequuntur magni est dolores eos qui ratione.

Nunc enim vere monachi est de sunt, si otiosi non maneant, sicut. Sed ne aliquis de possit dicens, tale est monasterium.

OFFICINA SANS BOLD ITALIC 10/15

"Neque porro quisquam est, qui dolorem ipsum quia dolor sit amet, consectetur Nemo voluptatem quia vere monachi maneant, aspernatur aut odit aut fugit, sed quia eos qui ratione voluptatem sequi nesciunt."

OFFICINA SANS BOLD 9/12

Quisquam						
	1	2	3	4	5	6
7	8	9	10	11	12	13
14	15	16	17	18	19	20
21	22	23	24	25	26	27
28	29	30				

TIMES NEW ROMAN BOLD 16/19.2

Operae pretium reor ea quae isto in anno Dominus per beatum Benedictum in Galliis operari dignatus est, ad posterorum memoriam et aedificationem annectere. Quidam namque vir potentissimus Gallorum *gente progenitus tantis* se ab ipsa infantia execrarat flagitiis.

OFFICINA SANS 9/11

Cuidam	Vero
Dei	Servo
Juxta	Manenti
Dominus	Ea Quae Circa
Defuncti	Animam
Agebantur	Ostendere
Dignatus	Est
Nam	Statim
Ut de corpore	Exiit

OFFICINA SANS BOLD 16/20

Et sanctus: Ne vobis injustitiam forte facere videar, ejus facta examinate

OFFICINA SANS BOLD 30/32

Lorem ipsum dolor sit amet, consectetuer adipiscing elit

OFFICINA SANS BOLD / ALL CAPS 19/22.8

DUIS TE FEUGI FACILISI. DUIS AUTEM DOLOR IN HENDRERIT IN VULPUTATE VELIT ESSE MOLESTIE CONSEQUAT

WARNOCK 13/15.6

Videntes apostoli et alii patres antiqui, et praecipue reverendus pater noster beatus Benedictus, quod otiositas inimica est animae, sicut ipse dicit in regula sua, ipsi propriis manibus laboraverunt, *et religiosis viris opera* manuum secundum quod regula praecepit, studeant propriis manibus laborare.

Sed ne aliquis de dispositione locorum causari possit dicens, tale monasterium non esse apertum ad *opera manuum exercenda,* quia situm est in civitate, in aliquo castro vel villa, propterea.

WARNOCK ITALIC & ROMAN / SMALL CAPS 11/13.2

Dolor sit amet SED UT PERSPICIATIS *ipsam voluptatem enim voluptas sit esse Dominico Vaspernatur aut fugit Roma, Januaris 1522.*

WARNOCK BOLD / SMALL CAPS 19/22.8

NEMO ENIM

WARNOCK 11/14

Sed ut perspiciatis unde omnis iste natus error sit voluptatem accusantium doloremque laudantium, totam rem aperiam, eaque ipsa quae ab illo de inventore veritatis et quasi architecto beatae vitae dicta sunt est explicabo natus:

- Neque *porro* quisquam
- Architecto beatae vitae
- Qui *dolorem* ipsum
- Inventore veritatis quasi

Dolores nemo enim ipsam voluptatem quia voluptas sit aspernatur aut odit aut fugit, sed quia consequuntur magni est dolores eos qui ratione.

Nunc enim vere monachi est de sunt, si otiosi non maneant, sicut. Sed ne aliquis de possit dicens, tale est monasterium.

OFFICINA SANS BOLD ITALIC 10/15

"Neque porro quisquam est, qui dolorem ipsum quia dolor sit amet, consectetur Nemo voluptatem quia vere monachi maneant, aspernatur aut odit aut fugit, sed quia eos qui ratione voluptatem sequi nesciunt."

OFFICINA SANS BOLD 9/12

Quisquam						
	1	2	3	4	5	6
7	8	9	10	11	12	13
14	15	16	17	18	19	20
21	22	23	24	25	26	27
28	29	30				

WARNOCK BOLD 16/19.2

Operae pretium reor ea quae isto in anno Dominus per beatum Benedictum in Galliis operari dignatus est, ad posterorum memoriam et aedificationem annectere. Quidam namque vir potentissimus Gallorum *gente progenitus tantis* se ab ipsa infantia execrarat flagitiis.

OFFICINA SANS 9/11

Cuidam	Vero
Dei	Servo
Juxta	Manenti
Dominus	Ea Quae Circa
Defuncti	Animam
Agebantur	Ostendere
Dignatus	Est
Nam	Statim
Ut de corpore	Exiit

OFFICINA SANS BOLD 16/20

Et sanctus: Ne vobis injustitiam forte facere videar, ejus facta examinate

OPTIMA BOLD 30/32

Lorem ipsum dolor sit amet, consectetuer adipiscing elit

OPTIMA BOLD / ALL CAPS 18/21.6

DUIS TE FEUGI FACILISI. DUIS AUTEM DOLOR IN HENDRERIT IN VULPUTATE VELIT ESSE MOLESTIE CONSEQUAT

OPTIMA 13/16

Videntes apostoli et alii patres antiqui, et praecipue reverendus pater noster beatus Benedictus, quod otiositas inimica est animae, sicut ipse dicit in regula sua, ipsi propriis manibus laboraverunt, et *religiosis viris opera* manuum secundum quod regula praecepit, studeant propriis manibus laborare.

Sed ne aliquis de dispositione locorum causari possit dicens, tale monasterium non esse apertum ad *opera manuum exercenda*, quia situm est in civitate, in aliquo castro vel villa, propterea.

OPTIMA ITALIC / SMALL CAPS 11/13.2

Dolor sit amet SED UT PERSPICIATIS *ipsam voluptatem enim voluptas sit esse Dominico Vaspernatur aut fugit Roma, Januaris 1522.*

OPTIMA BOLD / SMALL CAPS 19/22.8

NEMO ENIM

OPTIMA 11/14

Sed ut perspiciatis unde omnis iste natus error sit voluptatem accusantium doloremque laudantium, totam rem aperiam, eaque ipsa quae ab illo de inventore veritatis et quasi architecto beatae vitae dicta sunt est explicabo natus:

- Neque *porro* quisquam
- Architecto beatae vitae
- Qui *dolorem* ipsum
- Inventore veritatis quasi

Dolores nemo enim ipsam voluptatem quia voluptas sit aspernatur aut odit aut fugit, sed quia consequuntur magni est dolores eos qui ratione.

Nunc enim vere monachi est de sunt, si otiosi non maneant, sicut. Sed ne aliquis de possit dicens, tale est monasterium.

OPTIMA BOLD ITALIC 10/15

"Neque porro quisquam est, qui dolorem ipsum quia dolor sit amet, consectetur Nemo voluptatem quia vere monachi maneant, aspernatur aut odit aut fugit, sed quia eos qui ratione voluptatem sequi nesciunt."

OPTIMA BOLD 8/12

Quisquam						
	1	2	3	4	5	6
7	8	9	10	11	12	13
14	15	16	17	18	19	20
21	22	23	24	25	26	27
28	29	30				

OPTIMA BOLD 16/19.2

Operae pretium reor ea quae isto in anno Dominus per beatum Benedictum in Galliis operari dignatus est, ad posterorum memoriam et aedificationem annectere. Quidam namque vir potentissimus Gallorum *gente progenitus tantis* se ab ipsa infantia execrarat flagitiis.

OPTIMA 9/11

Cuidam.. Vero
Dei ....Servo
Juxta .... Manenti
Dominus........................... Ea Quae Circa
Defuncti .... Animam
Agebantur............................. Ostendere
Dignatus...Est
Nam ....Statim
Ut de corpore ....Exiit

OPTIMA BOLD 15/19

Et sanctus: Ne vobis injustitiam forte facere videar, ejus facta examinate

OPTIMA BOLD 30/32

Lorem ipsum dolor sit amet, consectetuer adipiscing elit

OPTIMA BOLD / ALL CAPS 18/21.6

DUIS TE FEUGI FACILISI. DUIS AUTEM DOLOR IN HENDRERIT IN VULPUTATE VELIT ESSE MOLESTIE CONSEQUAT

BEMBO 13/15.6

Videntes apostoli et alii patres antiqui, et praecipue reverendus pater noster beatus Benedictus, quod otiositas inimica est animae, sicut ipse dicit in regula sua, ipsi propriis manibus laboraverunt, *et religiosis viris opera* manuum secundum quod regula praecepit, studeant propriis manibus laborare.

Sed ne aliquis de dispositione locorum causari possit dicens, tale monasterium non esse apertum ad *opera manuum exercenda,* quia situm est in civitate, in aliquo castro vel villa, propterea.

BEMBO ITALIC ITALIC & ROMAN / SMALL CAPS 11/13.2

Dolor sit amet SED UT PERSPICIATIS *ipsam voluptatem enim voluptas sit esse Dominico Vaspernatur aut fugit Roma, Januaris 1522.*

BEMBO BOLD / SMALL CAPS 19/22.8

NEMO ENIM

BEMBO 11/14.4

Sed ut perspiciatis unde omnis iste natus error sit voluptatem accusantium doloremque laudantium, totam rem aperiam, eaque ipsa quae ab illo de inventore veritatis et quasi architecto beatae vitae dicta sunt est explicabo natus:

- Neque *porro* quisquam
- Architecto beatae vitae
- Qui *dolorem* ipsum
- Inventore veritatis quasi

Dolores nemo enim ipsam voluptatem quia voluptas sit aspernatur aut odit aut fugit, sed quia consequuntur magni est dolores eos qui ratione.

Nunc enim vere monachi est de sunt, si otiosi non maneant, sicut. Sed ne aliquis de possit dicens, tale est monasterium.

OPTIMA BOLD ITALIC 10/15

"Neque porro quisquam est, qui dolorem ipsum quia dolor sit amet, consectetur Nemo voluptatem quia vere monachi maneant, aspernatur aut odit aut fugit, sed quia eos qui ratione voluptatem sequi nesciunt."

OPTIMA BOLD 8/12

Quisquam						
	1	2	3	4	5	6
7	8	9	10	11	12	13
14	15	16	17	18	19	20
21	22	23	24	25	26	27
28	29	30				

BEMBO BOLD 16/19.2

Operae pretium reor ea quae isto in anno Dominus per beatum Benedictum in Galliis operari dignatus est, ad posterorum memoriam et aedificationem annectere. Quidam namque vir potentissimus Gallorum *gente progenitus tantis* se ab ipsa infantia execrarat flagitiis.

OPTIMA 9/11

OPTIMA BOLD 15/19

Et sanctus: Ne vobis injustitiam forte facere videar, ejus facta examinate

OPTIMA BOLD 30/32

Lorem ipsum dolor sit amet, consectetuer adipiscing elit

OPTIMA BOLD / ALL CAPS 18/21.6

DUIS TE FEUGI FACILISI. DUIS AUTEM DOLOR IN HENDRERIT IN VULPUTATE VELIT ESSE MOLESTIE CONSEQUAT

MINION 14/16.8

Videntes apostoli et alii patres antiqui, et praecipue reverendus pater noster beatus Benedictus, quod otiositas inimica est animae, sicut ipse dicit in regula sua, ipsi propriis manibus laboraverunt, *et religiosis viris opera* manuum secundum quod regula praecepit, studeant propriis manibus laborare.

Sed ne aliquis de dispositione locorum causari possit dicens, tale monasterium non esse apertum ad *opera manuum exercenda,* quia situm est in civitate, in aliquo castro vel villa, propterea.

MINION ITALIC & ROMAN / SMALL CAPS 11/13.2

Dolor sit amet SED UT PERSPICIATIS *ipsam voluptatem enim voluptas sit esse Dominico Vaspernatur aut fugit Roma, Januaris 1522.*

MINION BOLD / SMALL CAPS 19/22.8

NEMO ENIM

MINION 11/14.4

Sed ut perspiciatis unde omnis iste natus error sit voluptatem accusantium doloremque laudantium, totam rem aperiam, eaque ipsa quae ab illo de inventore veritatis et quasi architecto beatae vitae dicta sunt est explicabo natus:

- Neque *porro* quisquam
- Architecto beatae vitae
- Qui *dolorem* ipsum
- Inventore veritatis quasi

Dolores nemo enim ipsam voluptatem quia voluptas sit aspernatur aut odit aut fugit, sed quia consequuntur magni est dolores eos qui ratione.

Nunc enim vere monachi est de sunt, si otiosi non maneant, sicut. Sed ne aliquis de possit dicens, tale est monasterium.

OPTIMA BOLD ITALIC 10/15

"Neque porro quisquam est, qui dolorem ipsum quia dolor sit amet, consectetur Nemo voluptatem quia vere monachi maneant, aspernatur aut odit aut fugit, sed quia eos qui ratione voluptatem sequi nesciunt."

OPTIMA BOLD 8/12

Quisquam						
	1	2	3	4	5	6
7	8	9	10	11	12	13
14	15	16	17	18	19	20
21	22	23	24	25	26	27
28	29	30				

MINION BOLD 16/19.2

Operae pretium reor ea quae isto in anno Dominus per beatum Benedictum in Galliis operari dignatus est, ad posterorum memoriam et aedificationem annectere. Quidam namque vir potentissimus Gallorum *gente progenitus tantis* se ab ipsa infantia execrarat flagitiis.

OPTIMA 9/11

Cuidam	Vero
Dei	Servo
Juxta	Manenti
Dominus	Ea Quae Circa
Defuncti	Animam
Agebantur	Ostendere
Dignatus	Est
Nam	Statim
Ut de corpore	Exiit

OPTIMA BOLD 15/19

Et sanctus: Ne vobis injustitiam forte facere videar, ejus facta examinate

OPTIMA BOLD 30/32

Lorem ipsum dolor sit amet, consectetuer adipiscing elit

OPTIMA BOLD / ALL CAPS 18/21.6

DUIS TE FEUGI FACILISI. DUIS AUTEM DOLOR IN HENDRERIT IN VULPUTATE VELIT ESSE MOLESTIE CONSEQUAT

NEW CENTURY SCHOOLBOOK 12/16

Videntes apostoli et alii patres antiqui, et praecipue reverendus pater noster beatus Benedictus, quod otiositas inimica est animae, sicut ipse dicit in regula sua, ipsi propriis manibus laboraverunt, *et religiosis viris opera* manuum secundum quod regula praecepit, studeant propriis manibus laborare.

Sed ne aliquis de dispositione locorum causari possit dicens, tale monasterium non esse apertum ad *opera manuum exercenda,* quia situm est in civitate, in aliquo castro vel villa, propterea.

NEW CENTURY SCHOOLBOOK ITALIC & ROMAN / SMALL CAPS 10/13

Dolor sit amet SED UT PERSPICIATIS *ipsam voluptatem enim voluptas sit esse Dominico Vaspernatur aut fugit Roma, Januaris 1522.*

NEW CENTURY SCHOOL BOOK BOLD / SMALL CAPS 19/22

NEMO ENIM

NEW CENTURY SCHOOLBOOK 10/14.4

Sed ut perspiciatis unde omnis iste natus error sit voluptatem accusantium doloremque laudantium, totam rem aperiam, eaque ipsa quae ab illo de inventore veritatis et quasi architecto beatae vitae dicta sunt est explicabo natus:

- Neque *porro* quisquam
- Architecto beatae vitae
- Qui *dolorem* ipsum
- Inventore veritatis quasi

Dolores nemo enim ipsam voluptatem quia voluptas sit aspernatur aut odit aut fugit, sed quia consequuntur magni est dolores eos qui ratione.

Nunc enim vere monachi est de sunt, si otiosi non maneant, sicut. Sed ne aliquis de possit dicens, tale est monasterium.

OPTIMA BOLD ITALIC 10/15

"Neque porro quisquam est, qui dolorem ipsum quia dolor sit amet, consectetur Nemo voluptatem quia vere monachi maneant, aspernatur aut odit aut fugit, sed quia eos qui ratione voluptatem sequi nesciunt."

OPTIMA BOLD 8/12

Quisquam					
	1	2	3	4	5	6
7	8	9	10	11	12	13
14	15	16	17	18	19	20
21	22	23	24	25	26	27
28	29	30				

NEW CENTURY SCHOOLBOOK BOLD 14/19

Operae pretium reor ea quae isto in anno Dominus per beatum Benedictum in Galliis operari dignatus est, ad posterorum memoriam et aedificationem annectere. Quidam namque vir potentissimus Gallorum *gente progenitus tantis* se ab ipsa infantia execrarat flagitiis.

OPTIMA 9/11

Cuidam	Vero
Dei	Servo
Juxta	Manenti
Dominus	Ea Quae Circa
Defuncti	Animam
Agebantur	Ostendere
Dignatus	Est
Nam	Statim
Ut de corpore	Exiit

OPTIMA BOLD 15/19

Et sanctus: Ne vobis injustitiam forte facere videar, ejus facta examinate

OPTIMA BOLD 30/32

Lorem ipsum dolor sit amet, consectetuer adipiscing elit

OPTIMA BOLD / ALL CAPS 18/21.6

DUIS TE FEUGI FACILISI. DUIS AUTEM DOLOR IN HENDRERIT IN VULPUTATE VELIT ESSE MOLESTIE CONSEQUAT

PALATINO 12/16

Videntes apostoli et alii patres antiqui, et praecipue reverendus pater noster beatus Benedictus, quod otiositas inimica est animae, sicut ipse dicit in regula sua, ipsi propriis manibus laboraverunt, et *religiosis viris opera* manuum secundum quod regula praecepit, studeant propriis manibus laborare.

Sed ne aliquis de dispositione locorum causari possit dicens, tale monasterium non esse apertum ad *opera manuum exercenda*, quia situm est in civitate, in aliquo castro vel villa, propterea.

PALATINO ITALIC / SMALL CAPS 10/12

Dolor sit amet SED UT PERSPICIATIS *ipsam voluptatem enim voluptas sit esse Dominico Vaspernatur aut fugit Roma, Januaris 1522.*

PALATINO BOLD / SMALL CAPS 19/22.8

NEMO ENIM

PALATINO 10/14

Sed ut perspiciatis unde omnis iste natus error sit voluptatem accusantium doloremque laudantium, totam rem aperiam, eaque ipsa quae ab illo de inventore veritatis et quasi architecto beatae vitae dicta sunt est explicabo natus:

- Neque *porro* quisquam
- Architecto beatae vitae
- Qui *dolorem* ipsum
- Inventore veritatis quasi

Dolores nemo enim ipsam voluptatem quia voluptas sit aspernatur aut odit aut fugit, sed quia consequuntur magni est dolores eos qui ratione.

Nunc enim vere monachi est de sunt, si otiosi non maneant, sicut. Sed ne aliquis de possit dicens, tale est monasterium.

OPTIMA BOLD ITALIC 10/15

"Neque porro quisquam est, qui dolorem ipsum quia dolor sit amet, consectetur Nemo voluptatem quia vere monachi maneant, aspernatur aut odit aut fugit, sed quia eos qui ratione voluptatem sequi nesciunt."

OPTIMA BOLD 8/12

Quisquam					
	1	2	3	4	5	6
7	8	9	10	11	12	13
14	15	16	17	18	19	20
21	22	23	24	25	26	27
28	29	30				

PALATINO BOLD 15/18

Operae pretium reor ea quae isto in anno Dominus per beatum Benedictum in Galliis operari dignatus est, ad posterorum memoriam et aedificationem annectere. Quidam namque vir potentissimus Gallorum *gente progenitus tantis* se ab ipsa infantia execrarat flagitiis.

OPTIMA 9/11

Cuidam... Vero
Dei ....Servo
Juxta .... Manenti
Dominus......................... Ea Quae Circa
Defuncti .... Animam
Agebantur............................. Ostendere
Dignatus ....Est
Nam ....Statim
Ut de corpore ....Exiit

OPTIMA BOLD 15/19

Et sanctus: Ne vobis injustitiam forte facere videar, ejus facta examinate

OPTIMA BOLD 30/32

Lorem ipsum dolor sit amet, consectetuer adipiscing elit

OPTIMA BOLD / ALL CAPS 18/21.6

DUIS TE FEUGI FACILISI. DUIS AUTEM DOLOR IN HENDRERIT IN VULPUTATE VELIT ESSE MOLESTIE CONSEQUAT

TIMES NEW ROMAN 14/16.8

Videntes apostoli et alii patres antiqui, et praecipue reverendus pater noster beatus Benedictus, quod otiositas inimica est animae, sicut ipse dicit in regula sua, ipsi propriis manibus laboraverunt, et *religiosis viris opera* manuum secundum quod regula praecepit, studeant propriis manibus laborare.

Sed ne aliquis de dispositione locorum causari possit dicens, tale monasterium non esse apertum ad *opera manuum exercenda*, quia situm est in civitate, in aliquo castro vel villa, propterea.

TIMES NEW ROMAN ITALIC / SMALL CAPS 11/13.2

Dolor sit amet SED UT PERSPICIATIS *ipsam voluptatem enim voluptas sit esse Dominico Vaspernatur aut fugit Roma, Januaris 1522.*

TIMES NEW ROMAN BOLD / SMALL CAPS 19/22.8

NEMO ENIM

TIMES NEW ROMAN 11/14

Sed ut perspiciatis unde omnis iste natus error sit voluptatem accusantium doloremque laudantium, totam rem aperiam, eaque ipsa quae ab illo de inventore veritatis et quasi architecto beatae vitae dicta sunt est explicabo natus:

- Neque *porro* quisquam
- Architecto beatae vitae
- Qui *dolorem* ipsum
- Inventore veritatis quasi

Dolores nemo enim ipsam voluptatem quia voluptas sit aspernatur aut odit aut fugit, sed quia consequuntur magni est dolores eos qui ratione.

Nunc enim vere monachi est de sunt, si otiosi non maneant, sicut. Sed ne aliquis de possit dicens, tale est monasterium.

OPTIMA BOLD ITALIC 10/15

"Neque porro quisquam est, qui dolorem ipsum quia dolor sit amet, consectetur Nemo voluptatem quia vere monachi maneant, aspernatur aut odit aut fugit, sed quia eos qui ratione voluptatem sequi nesciunt."

OPTIMA BOLD 8/12

Quisquam						
	1	2	3	4	5	6
7	8	9	10	11	12	13
14	15	16	17	18	19	20
21	22	23	24	25	26	27
28	29	30				

TIMES NEW ROMAN BOLD 16/19.2

Operae pretium reor ea quae isto in anno Dominus per beatum Benedictum in Galliis operari dignatus est, ad posterorum memoriam et aedificationem annectere. Quidam namque vir potentissimus Gallorum *gente progenitus tantis* se ab ipsa infantia execrarat flagitiis.

OPTIMA 9/11

Cuidam	Vero
Dei	Servo
Juxta	Manenti
Dominus	Ea Quae Circa
Defuncti	Animam
Agebantur	Ostendere
Dignatus	Est
Nam	Statim
Ut de corpore	Exiit

OPTIMA BOLD 15/19

Et sanctus: Ne vobis injustitiam forte facere videar, ejus facta examinate

OPTIMA BOLD 30/32

Lorem ipsum dolor sit amet, consectetuer adipiscing elit

OPTIMA BOLD / ALL CAPS 18/21.6

DUIS TE FEUGI FACILISI. DUIS AUTEM DOLOR IN HENDRERIT IN VULPUTATE VELIT ESSE MOLESTIE CONSEQUAT

TRADE GOTHIC 12/16

Videntes apostoli et alii patres antiqui, et praecipue reverendus pater noster beatus Benedictus, quod otiositas inimica est animae, sicut ipse dicit in regula sua, ipsi propriis manibus laboraverunt, et *religiosis viris opera* manuum secundum quod regula praecepit, studeant propriis manibus laborare.

Sed ne aliquis de dispositione locorum causari possit dicens, tale monasterium non esse apertum ad *opera manuum exercenda*, quia situm est in civitate, in aliquo castro vel villa, propterea.

TRADE GOTHIC ITALIC / SMALL CAPS 10/12

Dolor sit amet SED UT PERSPICIATIS *ipsam voluptatem enim voluptas sit esse Dominico Vaspernatur aut fugit Roma, Januaris 1522.*

TRADE GOTHIC BOLD / SMALL CAPS 19/22.8

NEMO ENIM

TRADE GOTHIC 10/14

Sed ut perspiciatis unde omnis iste natus error sit voluptatem accusantium doloremque laudantium, totam rem aperiam, eaque ipsa quae ab illo de inventore veritatis et quasi architecto beatae vitae dicta sunt est explicabo natus:

- Neque *porro* quisquam
- Architecto beatae vitae
- Qui *dolorem* ipsum
- Inventore veritatis quasi

Dolores nemo enim ipsam voluptatem quia voluptas sit aspernatur aut odit aut fugit, sed quia consequuntur magni est dolores eos qui ratione.

Nunc enim vere monachi est de sunt, si otiosi non maneant, sicut. Sed ne aliquis de possit dicens, tale est monasterium.

OPTIMA BOLD ITALIC 10/15

"Neque porro quisquam est, qui dolorem ipsum quia dolor sit amet, consectetur Nemo voluptatem quia vere monachi maneant, aspernatur aut odit aut fugit, sed quia eos qui ratione voluptatem sequi nesciunt."

OPTIMA BOLD 8/12

Quisquam						
	1	2	3	4	5	6
7	8	9	10	11	12	13
14	15	16	17	18	19	20
21	22	23	24	25	26	27
28	29	30				

TRADE GOTHIC BOLD 16/19.2

Operae pretium reor ea quae isto in anno Dominus per beatum Benedictum in Galliis operari dignatus est, ad posterorum memoriam et aedificationem annectere. Quidam namque vir potentissimus Gallorum *gente progenitus tantis* se ab ipsa infantia execrarat flagitiis.

OPTIMA 9/11

Cuidam	Vero
Dei	Servo
Juxta	Manenti
Dominus	Ea Quae Circa
Defuncti	Animam
Agebantur	Ostendere
Dignatus	Est
Nam	Statim
Ut de corpore	Exiit

OPTIMA BOLD 15/19

Et sanctus: Ne vobis injustitiam forte facere videar, ejus facta examinate

OPTIMA BOLD 30/32

Lorem ipsum dolor sit amet, consectetuer adipiscing elit

OPTIMA BOLD / ALL CAPS 18/21.6

DUIS TE FEUGI FACILISI. DUIS AUTEM DOLOR IN HENDRERIT IN VULPUTATE VELIT ESSE MOLESTIE CONSEQUAT

UNIVERS 12/16

Videntes apostoli et alii patres antiqui, et praecipue reverendus pater noster beatus Benedictus, quod otiositas inimica est animae, sicut ipse dicit in regula sua, ipsi propriis manibus laboraverunt, et *religiosis viris opera* manuum secundum quod regula praecepit, studeant propriis manibus laborare.

Sed ne aliquis de dispositione locorum causari possit dicens, tale monasterium non esse apertum ad *opera manuum exercenda*, quia situm est in civitate, in aliquo castro vel villa, propterea.

UNIVERS ITALIC / SMALL CAPS 11/13.2

Dolor sit amet SED UT PERSPICIATIS *ipsam voluptatem enim voluptas sit esse Dominico Vaspernatur aut fugit Roma, Januaris 1522.*

UNIVERS BOLD / SMALL CAPS 19/22.8

NEMO ENIM

UNIVERS 10/14

Sed ut perspiciatis unde omnis iste natus error sit voluptatem accusantium doloremque laudantium, totam rem aperiam, eaque ipsa quae ab illo de inventore veritatis et quasi architecto beatae vitae dicta sunt est explicabo natus:

- Neque *porro* quisquam
- Architecto beatae vitae
- Qui *dolorem* ipsum
- Inventore veritatis quasi

Dolores nemo enim ipsam voluptatem quia voluptas sit aspernatur aut odit aut fugit, sed quia consequuntur magni est dolores eos qui ratione.

Nunc enim vere monachi est de sunt, si otiosi non maneant, sicut. Sed ne aliquis de possit dicens, tale est monasterium.

OPTIMA BOLD ITALIC 10/15

"Neque porro quisquam est, qui dolorem ipsum quia dolor sit amet, consectetur Nemo voluptatem quia vere monachi maneant, aspernatur aut odit aut fugit, sed quia eos qui ratione voluptatem sequi nesciunt."

OPTIMA BOLD 8/12

Quisquam					
1	2	3	4	5	6
7	8	9	10	11	12	13
14	15	16	17	18	19	20
21	22	23	24	25	26	27
28	29	30				

UNIVERS BOLD 15/19

Operae pretium reor ea quae isto in anno Dominus per beatum Benedictum in Galliis operari dignatus est, ad posterorum memoriam et aedificationem annectere. Quidam namque vir potentissimus Gallorum *gente progenitus tantis* se ab ipsa infantia execrarat flagitiis.

OPTIMA 9/11

Cuidam	Vero
Dei	Servo
Juxta	Manenti
Dominus	Ea Quae Circa
Defuncti	Animam
Agebantur	Ostendere
Dignatus	Est
Nam	Statim
Ut de corpore	Exiit

OPTIMA BOLD 15/19

Et sanctus: Ne vobis injustitiam forte facere videar, ejus facta examinate

PALATINO BOLD 29/32

Lorem ipsum dolor sit amet, consectetuer adipiscing elit

PALATINO BOLD / ALL CAPS 18/21.6

DUIS TE FEUGI FACILISI. DUIS AUTEM DOLOR IN HENDRERIT IN VULPUTATE VELIT ESSE MOLESTIE CONSEQUAT

PALATINO 12/16

Videntes apostoli et alii patres antiqui, et praecipue reverendus pater noster beatus Benedictus, quod otiositas inimica est animae, sicut ipse dicit in regula sua, ipsi propriis manibus laboraverunt, et *religiosis viris opera* manuum secundum quod regula praecepit, studeant propriis manibus laborare.

Sed ne aliquis de dispositione locorum causari possit dicens, tale monasterium non esse apertum ad *opera manuum exercenda*, quia situm est in civitate, in aliquo castro vel villa, propterea.

PALATINO ITALIC / SMALL CAPS 10/12

Dolor sit amet SED UT PERSPICIATIS *ipsam voluptatem enim voluptas sit esse Dominico Vaspernatur aut fugit Roma, Januaris 1522.*

PALATINO BOLD / SMALL CAPS 19/22.8

NEMO ENIM

PALATINO 10/14

Sed ut perspiciatis unde omnis iste natus error sit voluptatem accusantium doloremque laudantium, totam rem aperiam, eaque ipsa quae ab illo de inventore veritatis et quasi architecto beatae vitae dicta sunt est explicabo natus:

- Neque *porro* quisquam
- Architecto beatae vitae
- Qui *dolorem* ipsum
- Inventore veritatis quasi

Dolores nemo enim ipsam voluptatem quia voluptas sit aspernatur aut odit aut fugit, sed quia consequuntur magni est dolores eos qui ratione.

Nunc enim vere monachi est de sunt, si otiosi non maneant, sicut. Sed ne aliquis de possit dicens, tale est monasterium.

PALATINO BOLD 15/18

Operae pretium reor ea quae isto in anno Dominus per beatum Benedictum in Galliis operari dignatus est, ad posterorum memoriam et aedificationem annectere. Quidam namque vir potentissimus Gallorum *gente progenitus tantis* se ab ipsa infantia execrarat flagitiis.

PALATINO BOLD ITALIC 9/15

"Neque porro quisquam est, qui dolorem ipsum quia dolor sit amet, consectetur Nemo voluptatem quia vere monachi maneant, aspernatur aut odit aut fugit, sed quia eos qui ratione voluptatem sequi nesciunt."

PALATINO BOLD 9/12

Quisquam						
	1	2	3	4	5	6
7	8	9	10	11	12	13
14	15	16	17	18	19	20
21	22	23	24	25	26	27
28	29	30				

PALATINO 9/11

Cuidam	Vero
Dei	Servo
Juxta	Manenti
Dominus	Ea Quae Circa
Defuncti	Animam
Agebantur	Ostendere
Dignatus	Est
Nam	Statim
Ut de corpore	Exiit

PALATINO BOLD 15/20

Et sanctus: Ne vobis injustitiam forte facere videar, ejus facta examinate

PALATINO BOLD 29/32

Lorem ipsum dolor sit amet, consectetuer adipiscing elit

PALATINO BOLD / ALL CAPS 18/21.6

DUIS TE FEUGI FACILISI. DUIS AUTEM DOLOR IN HENDRERIT IN VULPUTATE VELIT ESSE MOLESTIE CONSEQUAT

AKZIDENZ GROTESK 13/17

Videntes apostoli et alii patres antiqui, et praecipue reverendus pater noster beatus Benedictus, quod otiositas inimica est animae, sicut ipse dicit in regula sua, ipsi propriis manibus laboraverunt, et *religiosis viris opera* manuum secundum quod regula praecepit, studeant propriis manibus laborare.

Sed ne aliquis de dispositione locorum causari possit dicens, tale monasterium non esse apertum ad *opera manuum exercenda*, quia situm est in civitate, in aliquo castro vel villa, propterea.

AKZIDENZ GROTESK BOLD / SMALL CAPS 11/13.2

Dolor sit amet SED UT PERSPICIATIS ipsam voluptatem enim voluptas sit esse Dominico Vaspernatur aut fugit Roma, Januaris 1522.

AKZIDENZ GROTESK / SMALL CAPS 19/22.8

NEMO ENIM

AKZIDENZ GROTESK 11/14

Sed ut perspiciatis unde omnis iste natus error sit voluptatem accusantium doloremque laudantium, totam rem aperiam, eaque ipsa quae ab illo de inventore veritatis et quasi architecto beatae vitae dicta sunt est explicabo natus:

- Neque *porro* quisquam
- Architecto beatae vitae
- Qui *dolorem* ipsum
- Inventore veritatis quasi

Dolores nemo enim ipsam voluptatem quia voluptas sit aspernatur aut odit aut fugit, sed quia consequuntur magni est dolores eos qui ratione.

Nunc enim vere monachi est de sunt, si otiosi non maneant, sicut. Sed ne aliquis de possit dicens, tale est monasterium.

PALATINO BOLD ITALIC 9/15

"Neque porro quisquam est, qui dolorem ipsum quia dolor sit amet, consectetur Nemo voluptatem quia vere monachi maneant, aspernatur aut odit aut fugit, sed quia eos qui ratione voluptatem sequi nesciunt."

PALATINO BOLD 9/12

Quisquam						
	1	2	3	4	5	6
7	8	9	10	11	12	13
14	15	16	17	18	19	20
21	22	23	24	25	26	27
28	29	30				

AKZIDENZ GROTESK BOLD 15/20

Operae pretium reor ea quae isto in anno Dominus per beatum Benedictum in Galliis operari dignatus est, ad posterorum memoriam et aedificationem annectere. Quidam namque vir potentissimus Gallorum gente progenitus tantis se ab ipsa infantia execrarat flagitiis.

PALATINO 9/11

Cuidam	Vero
Dei	Servo
Juxta	Manenti
Dominus	Ea Quae Circa
Defuncti	Animam
Agebantur	Ostendere
Dignatus	Est
Nam	Statim
Ut de corpore	Exiit

PALATINO BOLD 15/20

Et sanctus: Ne vobis injustitiam forte facere videar, ejus facta examinate

PALATINO BOLD 29/32

Lorem ipsum dolor sit amet, consectetuer adipiscing elit

PALATINO BOLD / ALL CAPS 18/21.6

DUIS TE FEUGI FACILISI. DUIS AUTEM DOLOR IN HENDRERIT IN VULPUTATE VELIT ESSE MOLESTIE CONSEQUAT

FRANKLIN GOTHIC 13/17

Videntes apostoli et alii patres antiqui, et praecipue reverendus pater noster beatus Benedictus, quod otiositas inimica est animae, sicut ipse dicit in regula sua, ipsi propriis manibus laboraverunt, *et religiosis viris opera* manuum secundum quod regula praecepit, studeant propriis manibus laborare.

Sed ne aliquis de dispositione locorum causari possit dicens, tale monasterium non esse apertum ad *opera manuum exercenda,* quia situm est in civitate, in aliquo castro vel villa, propterea.

FRANKLIN GOTHIC ITALIC / SMALL CAPS 11/13.2

Dolor sit amet SED UT PERSPICIATIS *ipsam voluptatem enim voluptas sit esse Dominico Vaspernatur aut fugit Roma, Januaris 1522.*

FRANKLIN GOTHIC BOLD / SMALL CAPS 19/22.8

NEMO ENIM

FRANKLIN GOTHIC 10/14.4

Sed ut perspiciatis unde omnis iste natus error sit voluptatem accu santium doloremque laudantium, totam rem aperiam, eaque ipsa quae ab illo de inventore veritatis et quasi architecto beatae vitae dicta sunt est explicabo natus:

- Neque *porro* quisquam
- Architecto beatae vitae
- Qui *dolorem* ipsum
- Inventore veritatis quasi

Dolores nemo enim ipsam voluptatem quia voluptas sit aspernatur aut odit aut fugit, sed quia consequuntur magni est dolores eos qui ratione.

Nunc enim vere monachi est de sunt, si otiosi non maneant, sicut. Sed ne aliquis de possit dicens, tale est monasterium.

PALATINO BOLD ITALIC 9/15

"Neque porro quisquam est, qui dolorem ipsum quia dolor sit amet, consectetur Nemo voluptatem quia vere monachi maneant, aspernatur aut odit aut fugit, sed quia eos qui ratione voluptatem sequi nesciunt."

PALATINO BOLD 9/12

Quisquam						
	1	2	3	4	5	6
7	8	9	10	11	12	13
14	15	16	17	18	19	20
21	22	23	24	25	26	27
28	29	30				

FRANKLIN GOTHIC BOLD 16/19.2

Operae pretium reor ea quae isto in anno Dominus per beatum Benedictum in Galliis operari dignatus est, ad posterorum memoriam et aedificationem annectere. Quidam namque vir potentissimus Gallorum *gente progenitus tantis* se ab ipsa infantia execrarat flagitiis.

PALATINO 9/11

Cuidam	Vero
Dei	Servo
Juxta	Manenti
Dominus	Ea Quae Circa
Defuncti	Animam
Agebantur	Ostendere
Dignatus	Est
Nam	Statim
Ut de corpore	Exiit

PALATINO BOLD 15/20

Et sanctus: Ne vobis injustitiam forte facere videar, ejus facta examinate

PALATINO BOLD 29/32

Lorem ipsum dolor sit amet, consectetuer adipiscing elit

PALATINO BOLD / ALL CAPS 18/21.6

DUIS TE FEUGI FACILISI. DUIS AUTEM DOLOR IN HENDRERIT IN VULPUTATE VELIT ESSE MOLESTIE CONSEQUAT

HELVETICA 12/17

Videntes apostoli et alii patres antiqui, et praecipue reverendus pater noster beatus Benedictus, quod otiositas inimica est animae, sicut ipse dicit in regula sua, ipsi propriis manibus laboraverunt, *et religiosis viris opera* manuum secundum quod regula praecepit, studeant propriis manibus laborare.

Sed ne aliquis de dispositione locorum causari possit dicens, tale monasterium non esse apertum ad *opera manuum exercenda,* quia situm est in civitate, in aliquo castro vel villa, propterea.

HELVETICA ITALIC & ROMAN / SMALL CAPS 11/13.2

Dolor sit amet SED UT PERSPICIATIS *ipsam voluptatem enim voluptas sit esse Dominico Vas git Roma, Januaris 1522.*

HELVETICA BOLD / SMALL CAPS 19/22.8

NEMO ENIM

HELVETICA 10.5/14

Sed ut perspiciatis unde omnis iste natus error sit voluptatem accusantium doloremque laudantium, totam rem aperiam, eaque ipsa quae ab illo de inventore veritatis et quasi architecto beatae vitae dicta sunt est explicabo natus:

- Neque *porro* quisquam
- Architecto beatae vitae
- Qui *dolorem* ipsum
- Inventore veritatis quasi

Dolores nemo enim ipsam voluptatem quia voluptas sit aspernatur aut odit aut fugit, sed quia consequuntur magni est dolores eos qui ratione.

Nunc enim vere monachi est de sunt, si otiosi non maneant, sicut. Sed ne aliquis de possit dicens, tale est monasterium.

PALATINO BOLD ITALIC 9/15

"Neque porro quisquam est, qui dolorem ipsum quia dolor sit amet, consectetur Nemo voluptatem quia vere monachi maneant, aspernatur aut odit aut fugit, sed quia eos qui ratione voluptatem sequi nesciunt."

PALATINO BOLD 9/12

Quisquam

	1	2	3	4	5	6
7	8	9	10	11	12	13
14	15	16	17	18	19	20
21	22	23	24	25	26	27
28	29	30				

HELVETICA BOLD 15/20

Operae pretium reor ea quae isto in anno Dominus per beatum Benedictum in Galliis operari dignatus est, ad posterorum memoriam et aedificationem annectere. Quidam namque vir potentissimus Gallorum *gente progenitus tantis* se ab ipsa infantia execrarat flagitiis.

PALATINO 9/11

Cuidam .... Vero
Dei ....Servo
Juxta... Manenti
Dominus .... Ea Quae Circa
Defuncti ....Animam
Agebantur............................... Ostendere
Dignatus... Est
Nam......................................Statim
Ut de corpore....................................Exiit

PALATINO BOLD 15/20

Et sanctus: Ne vobis injustitiam forte facere videar, ejus facta examinate

PALATINO BOLD 29/32

Lorem ipsum dolor sit amet, consectetuer adipiscing elit

PALATINO BOLD / ALL CAPS 18/21.6

DUIS TE FEUGI FACILISI. DUIS AUTEM DOLOR IN HENDRERIT IN VULPUTATE VELIT ESSE MOLESTIE CONSEQUAT

MYRIAD 13/17

Videntes apostoli et alii patres antiqui, et praecipue reverendus pater noster beatus Benedictus, quod otiositas inimica est animae, sicut ipse dicit in regula sua, ipsi propriis manibus laboraverunt, et *religiosis viris opera* manuum secundum quod regula praecepit, studeant propriis manibus laborare.

Sed ne aliquis de dispositione locorum causari possit dicens, tale monasterium non esse apertum ad *opera manuum exercenda*, quia situm est in civitate, in aliquo castro vel villa, propterea.

MYRIAD ITALIC / SMALL CAPS 11/13.2

Dolor sit amet SED UT PERSPICIATIS *ipsam voluptatem enim voluptas sit esse Dominico Vaspernatur aut fugit Roma, Januaris 1522.*

MYRIAD BOLD / SMALL CAPS 19/22.8

NEMO ENIM

MYRIAD 11/14

Sed ut perspiciatis unde omnis iste natus error sit voluptatem accusantium doloremque laudantium, totam rem aperiam, eaque ipsa quae ab illo de inventore veritatis et quasi architecto beatae vitae dicta sunt est explicabo natus:

- Neque *porro* quisquam
- Architecto beatae vitae
- Qui *dolorem* ipsum
- Inventore veritatis quasi

Dolores nemo enim ipsam voluptatem quia voluptas sit aspernatur aut odit aut fugit, sed quia consequuntur magni est dolores eos qui ratione.

Nunc enim vere monachi est de sunt, si otiosi non maneant, sicut. Sed ne aliquis de possit dicens, tale est monasterium.

PALATINO BOLD ITALIC 9/15

"Neque porro quisquam est, qui dolorem ipsum quia dolor sit amet, consectetur Nemo voluptatem quia vere monachi maneant, aspernatur aut odit aut fugit, sed quia eos qui ratione voluptatem sequi nesciunt."

PALATINO BOLD 9/12

Quisquam						
	1	2	3	4	5	6
7	8	9	10	11	12	13
14	15	16	17	18	19	20
21	22	23	24	25	26	27
28	29	30				

MYRIAD BOLD 16/19.2

Operae pretium reor ea quae isto in anno Dominus per beatum Benedictum in Galliis operari dignatus est, ad posterorum memoriam et aedificationem annectere. Quidam namque vir potentissimus Gallorum *gente progenitus tantis* se ab ipsa infantia execrarat flagitiis.

PALATINO 9/11

Cuidam .... Vero
Dei .... Servo
Juxta .... Manenti
Dominus .... Ea Quae Circa
Defuncti .... Animam
Agebantur .... Ostendere
Dignatus .... Est
Nam .... Statim
Ut de corpore .... Exiit

PALATINO BOLD 15/20

Et sanctus: Ne vobis injustitiam forte facere videar, ejus facta examinate

PALATINO BOLD 29/32

Lorem ipsum dolor sit amet, consectetuer adipiscing elit

PALATINO BOLD / ALL CAPS 18/21.6

DUIS TE FEUGI FACILISI. DUIS AUTEM DOLOR IN HENDRERIT IN VULPUTATE VELIT ESSE MOLESTIE CONSEQUAT

OPTIMA 13/16

Videntes apostoli et alii patres antiqui, et praecipue reverendus pater noster beatus Benedictus, quod otiositas inimica est animae, sicut ipse dicit in regula sua, ipsi propriis manibus laboraverunt, et *religiosis viris opera* manuum secundum quod regula praecepit, studeant propriis manibus laborare.

Sed ne aliquis de dispositione locorum causari possit dicens, tale monasterium non esse apertum ad *opera manuum exercenda*, quia situm est in civitate, in aliquo castro vel villa, propterea.

OPTIMA ITALIC / SMALL CAPS 11/13.2

Dolor sit amet SED UT PERSPICIATIS *ipsam voluptatem enim voluptas sit esse Dominico Vaspernatur aut fugit Roma, Januaris 1522.*

OPTIMA BOLD / SMALL CAPS 19/22.8

NEMO ENIM

OPTIMA 11/14

Sed ut perspiciatis unde omnis iste natus error sit voluptatem accusantium doloremque laudantium, totam rem aperiam, eaque ipsa quae ab illo de inventore veritatis et quasi architecto beatae vitae dicta sunt est explicabo natus:

- Neque *porro* quisquam
- Architecto beatae vitae
- Qui *dolorem* ipsum
- Inventore veritatis quasi

Dolores nemo enim ipsam voluptatem quia voluptas sit aspernatur aut odit aut fugit, sed quia consequuntur magni est dolores eos qui ratione.

Nunc enim vere monachi est de sunt, si otiosi non maneant, sicut. Sed ne aliquis de possit dicens, tale est monasterium.

PALATINO BOLD ITALIC 9/15

"Neque porro quisquam est, qui dolorem ipsum quia dolor sit amet, consectetur Nemo voluptatem quia vere monachi maneant, aspernatur aut odit aut fugit, sed quia eos qui ratione voluptatem sequi nesciunt."

PALATINO BOLD 9/12

Quisquam						
	1	2	3	4	5	6
7	8	9	10	11	12	13
14	15	16	17	18	19	20
21	22	23	24	25	26	27
28	29	30				

OPTIMA BOLD 16/19.2

Operae pretium reor ea quae isto in anno Dominus per beatum Benedictum in Galliis operari dignatus est, ad posterorum memoriam et aedificationem annectere. Quidam namque vir potentissimus Gallorum *gente progenitus tantis* se ab ipsa infantia execrarat flagitiis.

PALATINO 9/11

Cuidam .... Vero
Dei .... Servo
Juxta.. Manenti
Dominus .... Ea Quae Circa
Defuncti ....Animam
Agebantur................................Ostendere
Dignatus.. Est
Nam.. Statim
Ut de corpore..................................Exiit

PALATINO BOLD 15/20

Et sanctus: Ne vobis injustitiam forte facere videar, ejus facta examinate

PALATINO BOLD 29/32

Lorem ipsum dolor sit amet, consectetuer adipiscing elit

PALATINO BOLD / ALL CAPS 18/21.6

DUIS TE FEUGI FACILISI. DUIS AUTEM DOLOR IN HENDRERIT IN VULPUTATE VELIT ESSE MOLESTIE CONSEQUAT

STONE 12/17

Videntes apostoli et alii patres antiqui, et praecipue reverendus pater noster beatus Benedictus, quod otiositas inimica est animae, sicut ipse dicit in regula sua, ipsi propriis manibus laboraverunt, et *religiosis viris opera* manuum secundum quod regula praecepit, studeant propriis manibus laborare.

Sed ne aliquis de dispositione locorum causari possit dicens, tale monasterium non esse apertum ad *opera manuum exercenda*, quia situm est in civitate, in aliquo castro vel villa, propterea.

STONE ITALIC / SMALL CAPS 11/13.2

Dolor sit amet SED UT PERSPICIATIS *ipsam voluptatem enim voluptas sit esse Dominico Vaspernatur aut fugit Roma, Januaris 1522.*

STONE BOLD / SMALL CAPS 19/22.8

NEMO ENIM

STONE 10/14

Sed ut perspiciatis unde omnis iste natus error sit voluptatem accusantium doloremque laudantium, totam rem aperiam, eaque ipsa quae ab illo de inventore veritatis et quasi architecto beatae vitae dicta sunt est explicabo natus:

- Neque *porro* quisquam
- Architecto beatae vitae
- Qui *dolorem* ipsum
- Inventore veritatis quasi

Dolores nemo enim ipsam voluptatem quia voluptas sit aspernatur aut odit aut fugit, sed quia consequuntur magni est dolores eos qui ratione.

Nunc enim vere monachi est de sunt, si otiosi non maneant, sicut. Sed ne aliquis de possit dicens, tale est monasterium.

PALATINO BOLD ITALIC 9/15

"Neque porro quisquam est, qui dolorem ipsum quia dolor sit amet, consectetur Nemo voluptatem quia vere monachi maneant, aspernatur aut odit aut fugit, sed quia eos qui ratione voluptatem sequi nesciunt."

PALATINO BOLD 9/12

Quisquam					
	1	2	3	4	5	6
7	8	9	10	11	12	13
14	15	16	17	18	19	20
21	22	23	24	25	26	27
28	29	30				

STONE BOLD 14/19

Operae pretium reor ea quae isto in anno Dominus per beatum Benedictum in Galliis operari dignatus est, ad posterorum memoriam et aedificationem annectere. Quidam namque vir potentissimus Gallorum *gente progenitus tantis* se ab ipsa infantia execrarat flagitiis.

PALATINO 9/11

Cuidam .... Vero
Dei .... Servo
Juxta.. Manenti
Dominus .... Ea Quae Circa
Defuncti ....Animam
Agebantur................................Ostendere
Dignatus... Est
Nam ....Statim
Ut de corpore...................................Exiit

PALATINO BOLD 15/20

Et sanctus: Ne vobis injustitiam forte facere videar, ejus facta examinate

PALATINO BOLD 29/32

Lorem ipsum dolor sit amet, consectetuer adipiscing elit

PALATINO BOLD / ALL CAPS 18/21.6

DUIS TE FEUGI FACILISI. DUIS AUTEM DOLOR IN HENDRERIT IN VULPUTATE VELIT ESSE MOLESTIE CONSEQUAT

TRADE GOTHIC 12/16

Videntes apostoli et alii patres antiqui, et praecipue reverendus pater noster beatus Benedictus, quod otiositas inimica est animae, sicut ipse dicit in regula sua, ipsi propriis manibus laboraverunt, et *religiosis viris opera* manuum secundum quod regula praecepit, studeant propriis manibus laborare.

Sed ne aliquis de dispositione locorum causari possit dicens, tale monasterium non esse apertum ad *opera manuum exercenda*, quia situm est in civitate, in aliquo castro vel villa, propterea.

TRADE GOTHIC ITALIC / SMALL CAPS 10/12

Dolor sit amet SED UT PERSPICIATIS *ipsam voluptatem enim voluptas sit esse Dominico Vaspernatur aut fugit Roma, Januaris 1522.*

TRADE GOTHIC BOLD / SMALL CAPS 19/22.8

NEMO ENIM

TRADE GOTHIC 10/14

Sed ut perspiciatis unde omnis iste natus error sit voluptatem accusantium doloremque laudantium, totam rem aperiam, eaque ipsa quae ab illo de inventore veritatis et quasi architecto beatae vitae dicta sunt est explicabo natus:

- Neque *porro* quisquam
- Architecto beatae vitae
- Qui *dolorem* ipsum
- Inventore veritatis quasi

Dolores nemo enim ipsam voluptatem quia voluptas sit aspernatur aut odit aut fugit, sed quia consequuntur magni est dolores eos qui ratione.

Nunc enim vere monachi est de sunt, si otiosi non maneant, sicut. Sed ne aliquis de possit dicens, tale est monasterium.

PALATINO BOLD ITALIC 9/15

"Neque porro quisquam est, qui dolorem ipsum quia dolor sit amet, consectetur Nemo voluptatem quia vere monachi maneant, aspernatur aut odit aut fugit, sed quia eos qui ratione voluptatem sequi nesciunt."

PALATINO BOLD 9/12

Quisquam					
1	2	3	4	5	6
7	8	9	10	11	12	13
14	15	16	17	18	19	20
21	22	23	24	25	26	27
28	29	30				

TRADE GOTHIC BOLD 16/19.2

Operae pretium reor ea quae isto in anno Dominus per beatum Benedictum in Galliis operari dignatus est, ad posterorum memoriam et aedificationem annectere. Quidam namque vir potentissimus Gallorum *gente progenitus tantis* se ab ipsa infantia execrarat flagitiis.

PALATINO 9/11

Cuidam	Vero
Dei	Servo
Juxta	Manenti
Dominus	Ea Quae Circa
Defuncti	Animam
Agebantur	Ostendere
Dignatus	Est
Nam	Statim
Ut de corpore	Exiit

PALATINO BOLD 15/20

Et sanctus: Ne vobis injustitiam forte facere videar, ejus facta examinate

ROCKWELL BOLD 26/30

Loremipsumdolorsitamet, consectetueradipiscingelit

ROCKWELL BOLD / ALL CAPS 18/21.6

DUISTEFEUGIFACILISI.DUISAUTEM DOLORINHENDRERITINVULPUTATE VELIT ESSE MOLESTIE CONSEQUAT

ROCKWELL 12/17

Videntes apostoli et alii patres antiqui, et praecipue reverendus pater noster beatus Benedictus, quod otiositas inimica est animae, sicut ipse dicit in regula sua, ipsi propriis manibus laboraverunt, et *religiosis viris opera* manuum secundum quod regula praecepit, studeant propriis manibus laborare.

Sed ne aliquis de dispositione locorum causari possit dicens, tale monasterium non esse apertum ad *opera manuum exercenda*, quia situm est in civitate, in aliquo castro vel villa, propterea.

ROCKWELL ITALIC / SMALL CAPS 10/12

*Dolorsitamet*SED UT PERSPICIATIS*ipsamvoluptatemenimvoluptassitesseDominico Vaspernatur aut fugit Roma, Januaris 1522.*

ROCKWELL BOLD / SMALL CAPS 19/22.8

NEMO ENIM

ROCKWELL 10/14

Sed ut perspiciatis unde omnis iste natus error sit voluptatem accusantium doloremque laudantium, totam rem aperiam, eaque ipsa quae ab illo de inventore veritatis et quasi architecto beatae vitae dicta sunt est explicabo natus:

- Neque *porro* quisquam
- Architecto beatae vitae
- Qui *dolorem* ipsum
- Inventore veritatis quasi

Dolores nemo enim ipsam voluptatem quia voluptas sit aspernatur aut odit aut fugit, sed quia consequuntur magni est dolores eos qui ratione.

Nunc enim vere monachi est de sunt, si otiosi non maneant, sicut. Sed ne aliquis de possit dicens, tale est monasterium.

ROCKWELL BOLD ITALIC 9/15

"Nequeporroquisquamest,qui dolorem ipsum quia dolor sit amet,consectetur Nemo voluptatem quia vere monachi maneant, aspernatur aut odit aut fugit, sed quia eos qui ratione voluptatem sequi nesciunt."

ROCKWELL BOLD 9/12

Quisquam					
1	2	3	4	5	6
7	8	9	10	11	12	13
14	15	16	17	18	19	20
21	22	23	24	25	26	27
28	29	30			

ROCKWELL BOLD 14/19

Operae pretium reor ea quae isto in anno DominusperbeatumBenedictuminGalliis operaridignatusest,adposterorummemoriam et aedificationem annectere. Quidam namque vir potentissimus Gallorum *gente progenitus tantis* se ab ipsa infantia execrarat flagitiis.

ROCKWELL 9/11

Cuidam	Vero
Dei	Servo
Juxta	Manenti
Dominus	Ea Quae Circa
Defuncti	Animam
Agebantur	Ostendere
Dignatus	Est
Nam	Statim
Ut de corpore	Exiit

ROCKWELL BOLD 14/20

Etsanctus:Nevobis injustitiam forte facere videar, ejus facta examinate

ROCKWELL BOLD 26/30

Loremipsumdolorsitamet, consectetueradipiscingelit

ROCKWELL BOLD / ALL CAPS 18/21.6

DUISTEFEUGIFACILISI.DUISAUTEM DOLORINHENDRERITINVULPUTATE VELIT ESSE MOLESTIE CONSEQUAT

AKZIDENZ GROTESK 13/17

Videntes apostoli et alii patres antiqui, et praecipue reverendus pater noster beatus Benedictus, quod otiositas inimica est animae, sicut ipse dicit in regula sua, ipsi propriis manibus laboraverunt, et *religiosis viris opera* manuum secundum quod regula praecepit, studeant propriis manibus laborare.

Sed ne aliquis de dispositione locorum causari possit dicens, tale monasterium non esse apertum ad *opera manuum exercenda*, quia situm est in civitate, in aliquo castro vel villa, propterea.

AKZIDENZ GROTESK BOLD / SMALL CAPS 11/13.2

Dolor sit amet SED UT PERSPICIATIS ipsam voluptatem enim voluptas sit esse Dominico Vaspernatur aut fugit Roma, Januaris 1522.

AKZIDENZ GROTESK / SMALL CAPS 19/22.8

NEMO ENIM

AKZIDENZ GROTESK 11/14

Sed ut perspiciatis unde omnis iste natus error sit voluptatem accusantium doloremque laudantium, totam rem aperiam, eaque ipsa quae ab illo de inventore veritatis et quasi architecto beatae vitae dicta sunt est explicabo natus:

- Neque *porro* quisquam
- Architecto beatae vitae
- Qui *dolorem* ipsum
- Inventore veritatis quasi

Dolores nemo enim ipsam voluptatem quia voluptas sit aspernatur aut odit aut fugit, sed quia consequuntur magni est dolores eos qui ratione.

Nunc enim vere monachi est de sunt, si otiosi non maneant, sicut. Sed ne aliquis de possit dicens, tale est monasterium.

ROCKWELL BOLD ITALIC 9/15

"Nequeporroquisquamest,qui dolorem ipsum quia dolor sit amet,consecteturNemovoluptatem quia vere monachi maneant, aspernatur aut odit aut fugit, sed quia eos qui ratione voluptatem sequi nesciunt."

ROCKWELL BOLD 9/12

Quisquam					
1	2	3	4	5	6
7	8	9	10	11	12	13
14	15	16	17	18	19	20
21	22	23	24	25	26	27
28	29	30				

AKZIDENZ GROTESK BOLD 15/20

Operae pretium reor ea quae isto in anno Dominus per beatum Benedictum in Galliis operari dignatus est, ad posterorum memoriam et aedificationem annectere. Quidam namque vir potentissimus Gallorum gente progenitus tantis se ab ipsa infantia execrarat flagitiis.

ROCKWELL 9/11

Cuidam .... Vero
Dei .... Servo
Juxta....................................Manenti
Dominus ....Ea Quae Circa
Defuncti............................. Animam
Agebantur ....Ostendere
Dignatus... Est
Nam ....Statim
Ut de corpore ....Exiit

ROCKWELL BOLD 14/20

Etsanctus:Nevobis injustitiam forte facere videar, ejus facta examinate

ROCKWELL BOLD 26/30

Loremipsumdolorsitamet, consectetueradipiscingelit

ROCKWELL BOLD / ALL CAPS 18/21.6

DUISTEFEUGIFACILISI.DUISAUTEM DOLORINHENDRERITINVULPUTATE VELIT ESSE MOLESTIE CONSEQUAT

ARNO 14/16.8

Videntes apostoli et alii patres antiqui, et praecipue reverendus pater noster beatus Benedictus, quod otiositas inimica est animae, sicut ipse dicit in regula sua, ipsi propriis manibus laboraverunt, et *religiosis viris opera* manuum secundum quod regula praecepit, studeant propriis manibus laborare.

Sed ne aliquis de dispositione locorum causari possit dicens, tale monasterium non esse apertum ad *opera manuum exercenda*, quia situm est in civitate, in aliquo castro vel villa, propterea.

ARNO ITALIC / SMALL CAPS 11/13.2

Dolor sit amet SED UT PERSPICIATIS *ipsam voluptatem enim voluptas sit esse Dominico Vaspernatur aut fugit Roma, Januaris 1522.*

ARNO BOLD / SMALL CAPS 19/22.8

NEMO ENIM

ARNO 12/14.4

Sed ut perspiciatis unde omnis iste natus error sit voluptatem accusantium doloremque laudantium, totam rem aperiam, eaque ipsa quae ab illo de inventore veritatis et quasi architecto beatae vitae dicta sunt est explicabo natus:

- Neque *porro* quisquam
- Architecto beatae vitae
- Qui *dolorem* ipsum
- Inventore veritatis quasi

Dolores nemo enim ipsam voluptatem quia voluptas sit aspernatur aut odit aut fugit, sed quia consequuntur magni est dolores eos qui ratione.

Nunc enim vere monachi est de sunt, si otiosi non maneant, sicut. Sed ne aliquis de possit dicens, tale est monasterium.

ROCKWELL BOLD ITALIC 9/15

"Nequeporroquisquamest,qui dolorem ipsum quia dolor sit amet,consecteturNemovoluptatem quia vere monachi maneant, aspernatur aut odit aut fugit, sed quia eos qui ratione voluptatem sequi nesciunt."

ROCKWELL BOLD 9/12

Quisquam					
1	2	3	4	5	6
7	8	9	10	11	12	13
14	15	16	17	18	19	20
21	22	23	24	25	26	27
28	29	30				

ARNO BOLD 16/19.2

Operae pretium reor ea quae isto in anno Dominus per beatum Benedictum in Galliis operari dignatus est, ad posterorum memoriam et aedificationem annectere. Quidam namque vir potentissimus Gallorum *gente progenitus tantis* se ab ipsa infantia execrarat flagitiis.

ROCKWELL 9/11

Cuidam	Vero
Dei	Servo
Juxta	Manenti
Dominus	Ea Quae Circa
Defuncti	Animam
Agebantur	Ostendere
Dignatus	Est
Nam	Statim
Ut de corpore	Exiit

ROCKWELL BOLD 14/20

Etsanctus:Nevobis injustitiam forte facere videar, ejus facta examinate

ROCKWELL BOLD 26/30

Loremipsumdolorsitamet, consectetueradipiscingelit

ROCKWELL BOLD / ALL CAPS 18/21.6

DUISTEFEUGIFACILISI.DUISAUTEM DOLORINHENDRERITINVULPUTATE VELIT ESSE MOLESTIE CONSEQUAT

FRUTIGER 12/17

Videntes apostoli et alii patres antiqui, et praecipue reverendus pater noster beatus Benedictus, quod otiositas inimica est animae, sicut ipse dicit in regula sua, ipsi propriis manibus laboraverunt, et *religiosis viris opera* manuum secundum quod regula praecepit, studeant propriis manibus laborare.

Sed ne aliquis de dispositione locorum causari possit dicens, tale monasterium non esse apertum ad *opera manuum exercenda*, quia situm est in civitate, in aliquo castro vel villa, propterea.

FRUTIGER ITALIC / SMALL CAPS 10/12

Dolor sit amet SED UT PERSPICIATIS *ipsam voluptatem enim voluptas sit esse Dominico Vaspernatur aut fugit Roma, Januaris 1522.*

FRUTIGER BOLD / SMALL CAPS 19/22.8

NEMO ENIM

FRUTIGER 10/14

Sed ut perspiciatis unde omnis iste natus error sit voluptatem accusantium doloremque laudantium, totam rem aperiam, eaque ipsa quae ab illo de inventore veritatis et quasi architecto beatae vitae dicta sunt est explicabo natus:

- Neque *porro* quisquam
- Architecto beatae vitae
- Qui *dolorem* ipsum
- Inventore veritatis quasi

Dolores nemo enim ipsam voluptatem quia voluptas sit aspernatur aut odit aut fugit, sed quia consequuntur magni est dolores eos qui ratione.

Nunc enim vere monachi est de sunt, si otiosi non maneant, sicut. Sed ne aliquis de possit dicens, tale est monasterium.

ROCKWELL BOLD ITALIC 9/15

"Nequeporroquisquamest,qui dolorem ipsum quia dolor sit amet,consectetur Nemo voluptatem quia vere monachi maneant, aspernatur aut odit aut fugit, sed quia eos qui ratione voluptatem sequi nesciunt."

ROCKWELL BOLD 9/12

Quisquam					
1	2	3	4	5	6
7	8	9	10	11	12	13
14	15	16	17	18	19	20
21	22	23	24	25	26	27
28	29	30				

FRUTIGER BOLD 15/19

Operae pretium reor ea quae isto in anno Dominus per beatum Benedictum in Galliis operari dignatus est, ad posterorum memoriam et aedificationem annectere. Quidam namque vir potentissimus Gallorum *gente progenitus tantis* se ab ipsa infantia execrarat flagitiis.

ROCKWELL 9/11

Cuidam	Vero
Dei	Servo
Juxta	Manenti
Dominus	Ea Quae Circa
Defuncti	Animam
Agebantur	Ostendere
Dignatus	Est
Nam	Statim
Ut de corpore	Exiit

ROCKWELL BOLD 14/20

Etsanctus:Nevobis injustitiam forte facere videar, ejus facta examinate

ROCKWELL BOLD 26/30

Loremipsumdolorsitamet, consectetueradipiscingelit

ROCKWELL BOLD / ALL CAPS 18/21.6

DUISTEFEUGIFACILISI.DUISAUTEM DOLORINHENDRERITINVULPUTATE VELIT ESSE MOLESTIE CONSEQUAT

MINION 14/16.8

Videntes apostoli et alii patres antiqui, et praecipue reverendus pater noster beatus Benedictus, quod otiositas inimica est animae, sicut ipse dicit in regula sua, ipsi propriis manibus laboraverunt, *et religiosis viris opera* manuum secundum quod regula praecepit, studeant propriis manibus laborare.

Sed ne aliquis de dispositione locorum causari possit dicens, tale monasterium non esse apertum ad *opera manuum exercenda,* quia situm est in civitate, in aliquo castro vel villa, propterea.

MINION ITALIC & ROMAN / SMALL CAPS 11/13.2

Dolor sit amet SED UT PERSPICIATIS *ipsam voluptatem enim voluptas sit esse Dominico Vaspernatur aut fugit Roma, Januaris 1522.*

MINION BOLD / SMALL CAPS 19/22.8

NEMO ENIM

MINION 11/14.4

Sed ut perspiciatis unde omnis iste natus error sit voluptatem accusantium doloremque laudantium, totam rem aperiam, eaque ipsa quae ab illo de inventore veritatis et quasi architecto beatae vitae dicta sunt est explicabo natus:

- Neque *porro* quisquam
- Architecto beatae vitae
- Qui *dolorem* ipsum
- Inventore veritatis quasi

Dolores nemo enim ipsam voluptatem quia voluptas sit aspernatur aut odit aut fugit, sed quia consequuntur magni est dolores eos qui ratione.

Nunc enim vere monachi est de sunt, si otiosi non maneant, sicut. Sed ne aliquis de possit dicens, tale est monasterium.

ROCKWELL BOLD ITALIC 9/15

"Nequeporroquisquamest,qui dolorem ipsum quia dolor sit amet,consecteturNemovoluptatem quia vere monachi maneant, aspernatur aut odit aut fugit, sed quia eos qui ratione voluptatem sequi nesciunt."

ROCKWELL BOLD 9/12

Quisquam					
1	**2**	**3**	**4**	**5**	**6**
7	**8**	**9**	**10**	**11**	**12**	**13**
14	**15**	**16**	**17**	**18**	**19**	**20**
21	**22**	**23**	**24**	**25**	**26**	**27**
28	**29**	**30**				

MINION BOLD 16/19.2

Operae pretium reor ea quae isto in anno Dominus per beatum Benedictum in Galliis operari dignatus est, ad posterorum memoriam et aedificationem annectere. Quidam namque vir potentissimus Gallorum *gente progenitus tantis* se ab ipsa infantia execrarat flagitiis.

ROCKWELL 9/11

Cuidam	Vero
Dei	Servo
Juxta	Manenti
Dominus	Ea Quae Circa
Defuncti	Animam
Agebantur	Ostendere
Dignatus	Est
Nam	Statim
Ut de corpore	Exiit

ROCKWELL BOLD 14/20

Etsanctus:Nevobis injustitiam forte facere videar, ejus facta examinate

ROCKWELL BOLD 26/30

Loremipsumdolorsitamet, consectetueradipiscingelit

ROCKWELL BOLD / ALL CAPS 18/21.6

DUISTEFEUGIFACILISI.DUISAUTEM DOLORINHENDRERITINVULPUTATE VELIT ESSE MOLESTIE CONSEQUAT

MONOTYPE GROTESQUE 13/15.6

Videntes apostoli et alii patres antiqui, et praecipue reverendus pater noster beatus Benedictus, quod otiositas inimica est animae, sicut ipse dicit in regula sua, ipsi propriis manibus laboraverunt, et *religiosis viris opera* manuum secundum quod regula praecepit, studeant propriis manibus laborare.

Sed ne aliquis de dispositione locorum causari possit dicens, tale monasterium non esse apertum ad *opera manuum exercenda*, quia situm est in civitate, in aliquo castro vel villa, propterea.

MONOTYPE GROTESQUE ITALIC / SMALL CAPS 11/13.2

Dolor sit amet SED UT PERSPICIATIS *ipsam voluptatem enim voluptas sit esse Dominico Vaspernatur aut fugit Roma, Januaris 1522.*

MONOTYPE GROTESQUE BOLD / SMALL CAPS 19/22.8

NEMO ENIM

MONOTYPE GROTESQUE 11/13.2

Sed ut perspiciatis unde omnis iste natus error sit voluptatem accusantium doloremque laudantium, totam rem aperiam, eaque ipsa quae ab illo de inventore veritatis et quasi architecto beatae vitae dicta sunt est explicabo natus:

- Neque *porro* quisquam
- Architecto beatae vitae
- Qui *dolorem* ipsum
- Inventore veritatis quasi

Dolores nemo enim ipsam voluptatem quia voluptas sit aspernatur aut odit aut fugit, sed quia consequuntur magni est dolores eos qui ratione.

Nunc enim vere monachi est de sunt, si otiosi non maneant, sicut. Sed ne aliquis de possit dicens, tale est monasterium.

ROCKWELL BOLD ITALIC 9/15

"Nequeporroquisquamest,qui dolorem ipsum quia dolor sit amet,consectetur Nemo voluptatem quia vere monachi maneant, aspernatur aut odit aut fugit, sed quia eos qui ratione voluptatem sequi nesciunt."

ROCKWELL BOLD 9/12

Quisquam					
	1	2	3	4	5	6
7	8	9	10	11	12	13
14	15	16	17	18	19	20
21	22	23	24	25	26	27
28	29	30				

MONOTYPE GROTESQUE BOLD 15/19

Operae pretium reor ea quae isto in anno Dominus per beatum Benedictum in Galliis operari dignatus est, ad posterorum memoriam et aedificationem annectere. Quidam namque vir potentissimus Gallorum gente progenitus tantis se ab ipsa infantia execrarat flagitiis.

ROCKWELL 9/11

Cuidam	Vero
Dei	Servo
Juxta	Manenti
Dominus	Ea Quae Circa
Defuncti	Animam
Agebantur	Ostendere
Dignatus	Est
Nam	Statim
Ut de corpore	Exiit

ROCKWELL BOLD 14/20

Etsanctus:Nevobis injustitiam forte facere videar, ejus facta examinate

ROCKWELL BOLD 26/30

Loremipsumdolorsitamet, consectetueradipiscingelit

ROCKWELL BOLD / ALL CAPS 18/21.6

DUISTEFEUGIFACILISI.DUISAUTEM DOLORINHENDRERITINVULPUTATE VELIT ESSE MOLESTIE CONSEQUAT

NEW CENTURY SCHOOLBOOK 12/16

Videntes apostoli et alii patres antiqui, et praecipue reverendus pater noster beatus Benedictus, quod otiositas inimica est animae, sicut ipse dicit in regula sua, ipsi propriis manibus laboraverunt, *et religiosis viris opera* manuum secundum quod regula praecepit, studeant propriis manibus laborare.

Sed ne aliquis de dispositione locorum causari possit dicens, tale monasterium non esse apertum ad *opera manuum exercenda,* quia situm est in civitate, in aliquo castro vel villa, propterea.

NEW CENTURY SCHOOLBOOK ITALIC & ROMAN / SMALL CAPS 10/13

Dolor sit amet SED UT PERSPICIATIS *ipsam voluptatem enim voluptas sit esse Dominico Vaspernatur aut fugit Roma, Januaris 1522.*

NEW CENTURY SCHOOL BOOK BOLD / SMALL CAPS 19/22

NEMO ENIM

NEW CENTURY SCHOOLBOOK 10/14.4

Sed ut perspiciatis unde omnis iste natus error sit voluptatem accusantium doloremque laudantium, totam rem aperiam, eaque ipsa quae ab illo de inventore veritatis et quasi architecto beatae vitae dicta sunt est explicabo natus:

- Neque *porro* quisquam
- Architecto beatae vitae
- Qui *dolorem* ipsum
- Inventore veritatis quasi

Dolores nemo enim ipsam voluptatem quia voluptas sit aspernatur aut odit aut fugit, sed quia consequuntur magni est dolores eos qui ratione.

Nunc enim vere monachi est de sunt, si otiosi non maneant, sicut. Sed ne aliquis de possit dicens, tale est monasterium.

ROCKWELL BOLD ITALIC 9/15

"Nequeporroquisquamest,qui dolorem ipsum quia dolor sit amet,consectetur Nemo voluptatem quia vere monachi maneant, aspernatur aut odit aut fugit, sed quia eos qui ratione voluptatem sequi nesciunt."

ROCKWELL BOLD 9/12

Quisquam

	1	2	3	4	5	6
7	8	9	10	11	12	13
14	15	16	17	18	19	20
21	22	23	24	25	26	27
28	29	30				

NEW CENTURY SCHOOLBOOK BOLD 14/19

Operae pretium reor ea quae isto in anno Dominus per beatum Benedictum in Galliis operari dignatus est, ad posterorum memoriam et aedificationem annectere. Quidam namque vir potentissimus Gallorum *gente progenitus tantis* se ab ipsa infantia execrarat flagitiis.

ROCKWELL 9/11

Cuidam .... Vero
Dei .... Servo
Juxta .... Manenti
Dominus .... Ea Quae Circa
Defuncti................................ Animam
Agebantur .... Ostendere
Dignatus....................................... Est
Nam ....Statim
Ut de corpore .... Exiit

ROCKWELL BOLD 14/20

Etsanctus:Nevobis injustitiam forte facere videar, ejus facta examinate

ROCKWELL BOLD 26/30

Loremipsumdolorsitamet, consectetueradipiscingelit

ROCKWELL BOLD / ALL CAPS 18/21.6

DUISTEFEUGIFACILISI.DUISAUTEM DOLORINHENDRERITINVULPUTATE VELIT ESSE MOLESTIE CONSEQUAT

UNIVERS 12/16

Videntes apostoli et alii patres antiqui, et praecipue reverendus pater noster beatus Benedictus, quod otiositas inimica est animae, sicut ipse dicit in regula sua, ipsi propriis manibus laboraverunt, et *religiosis viris opera* manuum secundum quod regula praecepit, studeant propriis manibus laborare.

Sed ne aliquis de dispositione locorum causari possit dicens, tale monasterium non esse apertum ad *opera manuum exercenda*, quia situm est in civitate, in aliquo castro vel villa, propterea.

UNIVERS ITALIC / SMALL CAPS 11/13.2

Dolor sit amet SED UT PERSPICIATIS *ipsam voluptatem enim voluptas sit esse Dominico Vaspernatur aut fugit Roma, Januaris 1522.*

UNIVERS BOLD / SMALL CAPS 19/22.8

NEMO ENIM

UNIVERS 10/14

Sed ut perspiciatis unde omnis iste natus error sit voluptatem accusantium doloremque laudantium, totam rem aperiam, eaque ipsa quae ab illo de inventore veritatis et quasi architecto beatae vitae dicta sunt est explicabo natus:

- Neque *porro* quisquam
- Architecto beatae vitae
- Qui *dolorem* ipsum
- Inventore veritatis quasi

Dolores nemo enim ipsam voluptatem quia voluptas sit aspernatur aut odit aut fugit, sed quia consequuntur magni est dolores eos qui ratione.

Nunc enim vere monachi est de sunt, si otiosi non maneant, sicut. Sed ne aliquis de possit dicens, tale est monasterium.

ROCKWELL BOLD ITALIC 9/15

"Nequeporroquisquamest,qui dolorem ipsum quia dolor sit amet,consectetur Nemo voluptatem quia vere monachi maneant, aspernatur aut odit aut fugit, sed quia eos qui ratione voluptatem sequi nesciunt."

ROCKWELL BOLD 9/12

Quisquam					
1	2	3	4	5	6
7	8	9	10	11	12	13
14	15	16	17	18	19	20
21	22	23	24	25	26	27
28	29	30				

UNIVERS BOLD 15/19

Operae pretium reor ea quae isto in anno Dominus per beatum Benedictum in Galliis operari dignatus est, ad posterorum memoriam et aedificationem annectere. Quidam namque vir potentissimus Gallorum *gente progenitus tantis* se ab ipsa infantia execrarat flagitiis.

ROCKWELL 9/11

Cuidam	Vero
Dei	Servo
Juxta	Manenti
Dominus	Ea Quae Circa
Defuncti	Animam
Agebantur	Ostendere
Dignatus	Est
Nam	Statim
Ut de corpore	Exiit

ROCKWELL BOLD 14/20

Etsanctus:Nevobis injustitiam forte facere videar, ejus facta examinate

ROCKWELL BOLD 26/30

Loremipsumdolorsitamet, consectetueradipiscingelit

ROCKWELL BOLD / ALL CAPS 18/21.6

DUISTEFEUGIFACILISI.DUISAUTEM DOLORINHENDRERITINVULPUTATE VELIT ESSE MOLESTIE CONSEQUAT

WARNOCK 13/15.6

Videntes apostoli et alii patres antiqui, et praecipue reverendus pater noster beatus Benedictus, quod otiositas inimica est animae, sicut ipse dicit in regula sua, ipsi propriis manibus laboraverunt, *et religiosis viris opera* manuum secundum quod regula praecepit, studeant propriis manibus laborare.

Sed ne aliquis de dispositione locorum causari possit dicens, tale monasterium non esse apertum ad *opera manuum exercenda,* quia situm est in civitate, in aliquo castro vel villa, propterea.

WARNOCK ITALIC & ROMAN / SMALL CAPS 11/13.2

Dolor sit amet SED UT PERSPICIATIS *ipsam voluptatem enim voluptas sit esse Dominico Vaspernatur aut fugit Roma, Januaris 1522.*

WARNOCK BOLD / SMALL CAPS 19/22.8

NEMO ENIM

WARNOCK 11/14

Sed ut perspiciatis unde omnis iste natus error sit voluptatem accusantium doloremque laudantium, totam rem aperiam, eaque ipsa quae ab illo de inventore veritatis et quasi architecto beatae vitae dicta sunt est explicabo natus:

- Neque *porro* quisquam
- Architecto beatae vitae
- Qui *dolorem* ipsum
- Inventore veritatis quasi

Dolores nemo enim ipsam voluptatem quia voluptas sit aspernatur aut odit aut fugit, sed quia consequuntur magni est dolores eos qui ratione.

Nunc enim vere monachi est de sunt, si otiosi non maneant, sicut. Sed ne aliquis de possit dicens, tale est monasterium.

ROCKWELL BOLD ITALIC 9/15

"Nequeporroquisquamest,qui dolorem ipsum quia dolor sit amet,consecteturNemovoluptatem quia vere monachi maneant, aspernatur aut odit aut fugit, sed quia eos qui ratione voluptatem sequi nesciunt."

ROCKWELL BOLD 9/12

Quisquam

	1	2	3	4	5	6
7	8	9	10	11	12	13
14	15	16	17	18	19	20
21	22	23	24	25	26	27
28	29	30				

WARNOCK BOLD 16/19.2

Operae pretium reor ea quae isto in anno Dominus per beatum Benedictum in Galliis operari dignatus est, ad posterorum memoriam et aedificationem annectere. Quidam namque vir potentissimus Gallorum *gente progenitus tantis* se ab ipsa infantia execrarat flagitiis.

ROCKWELL 9/11

Cuidam	Vero
Dei	Servo
Juxta	Manenti
Dominus	Ea Quae Circa
Defuncti	Animam
Agebantur	Ostendere
Dignatus	Est
Nam	Statim
Ut de corpore	Exiit

ROCKWELL BOLD 14/20

Etsanctus:Nevobis injustitiam forte facere videar, ejus facta examinate

ROTIS BOLD 33/35

Lorem ipsum dolor sit amet, consectetuer adipiscing elit

ROTIS BOLD / ALL CAPS 19/22.8

DUIS TE FEUGI FACILISI. DUIS AUTEM DOLOR IN HENDRERIT IN VULPUTATE VELIT ESSE MOLESTIE CONSEQUAT

ROTIS SANS 14/16.8

Videntes apostoli et alii patres antiqui, et praecipue reverendus pater noster beatus Benedictus, quod otiositas inimica est animae, sicut ipse dicit in regula sua, ipsi propriis manibus laboraverunt, et religiosis viris opera manuum secundum quod regula praecepit, studeant propriis manibus laborare.

Sed ne aliquis de dispositione locorum causari possit dicens, tale monasterium non esse apertum ad opera manuum exercenda, quia situm est in civitate, in aliquo castro vel villa, propterea.

ROTIS SANS ITALIC / SMALL CAPS 11/13.2

Dolor sit amet SED UT PERSPICIATIS ipsam voluptatem enim voluptas sit esse Dominico Vaspernatur aut fugit Roma, Januaris 1522.

ROTIS SANS BOLD / SMALL CAPS 19/22.8

NEMO ENIM

ROTIS SANS 12/14.4

Sed ut perspiciatis unde omnis iste natus error sit voluptatem accusantium doloremque laudantium, totam rem aperiam, eaque ipsa quae ab illo de inventore veritatis et quasi architecto beatae vitae dicta sunt est explicabo natus:

- Neque porro quisquam
- Architecto beatae vitae
- Qui dolorem ipsum
- Inventore veritatis quasi

Dolores nemo enim ipsam voluptatem quia voluptas sit aspernatur aut odit aut fugit, sed quia consequuntur magni est dolores eos qui ratione.

Nunc enim vere monachi est de sunt, si otiosi non maneant, sicut. Sed ne aliquis de possit dicens, tale est monasterium.

ROTIS BOLD 10/15

"Neque porro quisquam est, qui dolorem ipsum quia dolor sit amet, consectetur Nemo voluptatem quia vere monachi maneant, aspernatur aut odit aut fugit, sed quia eos qui ratione voluptatem sequi nesciunt."

ROTIS BOLD 9/12

Quisquam					
	1	2	3	4	5	6
7	8	9	10	11	12	13
14	15	16	17	18	19	20
21	22	23	24	25	26	27
28	29	30				

ROTIS SANS BOLD 17/20

Operae pretium reor ea quae isto in anno Dominus per beatum Benedictum in Galliis operari dignatus est, ad posterorum memoriam et aedificationem annectere. Quidam namque vir potentissimus Gallorum gente progenitus tantis se ab ipsa infantia execrarat flagitiis.

ROTIS 9/11

Cuidam	Vero
Dei	Servo
Juxta	Manenti
Dominus	Ea Quae Circa
Defuncti	Animam
Agebantur	Ostendere
Dignatus	Est
Nam	Statim
Ut de corpore	Exiit

ROTIS BOLD 17/20

Et sanctus: Ne vobis injustitiam forte facere videar, ejus facta examinate

ROTIS BOLD 33/35

Lorem ipsum dolor sit amet, consectetuer adipiscing elit

ROTIS BOLD / ALL CAPS 19/22.8

DUIS TE FEUGI FACILISI. DUIS AUTEM DOLOR IN HENDRERIT IN VULPUTATE VELIT ESSE MOLESTIE CONSEQUAT

MINION 14/16.8

Videntes apostoli et alii patres antiqui, et praecipue reverendus pater noster beatus Benedictus, quod otiositas inimica est animae, sicut ipse dicit in regula sua, ipsi propriis manibus laboraverunt, *et religiosis viris opera* manuum secundum quod regula praecepit, studeant propriis manibus laborare.

Sed ne aliquis de dispositione locorum causari possit dicens, tale monasterium non esse apertum ad *opera manuum exercenda,* quia situm est in civitate, in aliquo castro vel villa, propterea.

MINION ITALIC & ROMAN / SMALL CAPS 11/13.2

Dolor sit amet SED UT PERSPICIATIS *ipsam voluptatem enim voluptas sit esse Dominico Vaspernatur aut fugit Roma, Januaris 1522.*

MINION BOLD / SMALL CAPS 19/22.8

NEMO ENIM

MINION 11/14.4

Sed ut perspiciatis unde omnis iste natus error sit voluptatem accusantium doloremque laudantium, totam rem aperiam, eaque ipsa quae ab illo de inventore veritatis et quasi architecto beatae vitae dicta sunt est explicabo natus:

- Neque *porro* quisquam
- Architecto beatae vitae
- Qui *dolorem* ipsum
- Inventore veritatis quasi

Dolores nemo enim ipsam voluptatem quia voluptas sit aspernatur aut odit aut fugit, sed quia consequuntur magni est dolores eos qui ratione.

Nunc enim vere monachi est de sunt, si otiosi non maneant, sicut. Sed ne aliquis de possit dicens, tale est monasterium.

ROTIS BOLD 10/15

"Neque porro quisquam est, qui dolorem ipsum quia dolor sit amet, consectetur Nemo voluptatem quia vere monachi maneant, aspernatur aut odit aut fugit, sed quia eos qui ratione voluptatem sequi nesciunt."

ROTIS BOLD 9/12

Quisquam					
1	2	3	4	5	6
7	8	9	10	11	12	13
14	15	16	17	18	19	20
21	22	23	24	25	26	27
28	29	30				

MINION BOLD 16/19.2

Operae pretium reor ea quae isto in anno Dominus per beatum Benedictum in Galliis operari dignatus est, ad posterorum memoriam et aedificationem annectere. Quidam namque vir potentissimus Gallorum *gente progenitus tantis* se ab ipsa infantia execrarat flagitiis.

ROTIS 9/11

Cuidam	Vero
Dei	Servo
Juxta	Manenti
Dominus	Ea Quae Circa
Defuncti	Animam
Agebantur	Ostendere
Dignatus	Est
Nam	Statim
Ut de corpore	Exiit

ROTIS BOLD 17/20

Et sanctus: Ne vobis injustitiam forte facere videar, ejus facta examinate

ROTIS BOLD 33/35

Lorem ipsum dolor sit amet, consectetuer adipiscing elit

ROTIS BOLD / ALL CAPS 19/22.8

DUIS TE FEUGI FACILISI. DUIS AUTEM DOLOR IN HENDRERIT IN VULPUTATE VELIT ESSE MOLESTIE CONSEQUAT

NEW CENTURY SCHOOLBOOK 12/16

Videntes apostoli et alii patres antiqui, et praecipue reverendus pater noster beatus Benedictus, quod otiositas inimica est animae, sicut ipse dicit in regula sua, ipsi propriis manibus laboraverunt, *et religiosis viris opera* manuum secundum quod regula praecepit, studeant propriis manibus laborare.

Sed ne aliquis de dispositione locorum causari possit dicens, tale monasterium non esse apertum ad *opera manuum exercenda,* quia situm est in civitate, in aliquo castro vel villa, propterea.

NEW CENTURY SCHOOLBOOK ITALIC & ROMAN / SMALL CAPS 10/13

Dolor sit amet SED UT PERSPICIATIS *ipsam voluptatem enim voluptas sit esse Dominico Vaspernatur aut fugit Roma, Januaris 1522.*

NEW CENTURY SCHOOL BOOK BOLD / SMALL CAPS 19/22

NEMO ENIM

NEW CENTURY SCHOOLBOOK 10/14.4

Sed ut perspiciatis unde omnis iste natus error sit voluptatem accusantium doloremque laudantium, totam rem aperiam, eaque ipsa quae ab illo de inventore veritatis et quasi architecto beatae vitae dicta sunt est explicabo natus:

- Neque *porro* quisquam
- Architecto beatae vitae
- Qui *dolorem* ipsum
- Inventore veritatis quasi

Dolores nemo enim ipsam voluptatem quia voluptas sit aspernatur aut odit aut fugit, sed quia consequuntur magni est dolores eos qui ratione.

Nunc enim vere monachi est de sunt, si otiosi non maneant, sicut. Sed ne aliquis de possit dicens, tale est monasterium.

NEW CENTURY SCHOOLBOOK BOLD 14/19

Operae pretium reor ea quae isto in anno Dominus per beatum Benedictum in Galliis operari dignatus est, ad posterorum memoriam et aedificationem annectere. Quidam namque vir potentissimus Gallorum *gente progenitus tantis* se ab ipsa infantia execrarat flagitiis.

ROTIS BOLD 10/15

"Neque porro quisquam est, qui dolorem ipsum quia dolor sit amet, consectetur Nemo voluptatem quia vere monachi maneant, aspernatur aut odit aut fugit, sed quia eos qui ratione voluptatem sequi nesciunt."

ROTIS BOLD 9/12

Quisquam					
	1	2	3	4	5	6
7	8	9	10	11	12	13
14	15	16	17	18	19	20
21	22	23	24	25	26	27
28	29	30				

ROTIS 9/11

Cuidam	Vero
Dei	Servo
Juxta	Manenti
Dominus	Ea Quae Circa
Defuncti	Animam
Agebantur	Ostendere
Dignatus	Est
Nam	Statim
Ut de corpore	Exiit

ROTIS BOLD 17/20

Et sanctus: Ne vobis injustitiam forte facere videar, ejus facta examinate

ROTIS BOLD 33/35

Lorem ipsum dolor sit amet, consectetuer adipiscing elit

ROTIS BOLD / ALL CAPS 19/22.8

DUIS TE FEUGI FACILISI. DUIS AUTEM DOLOR IN HENDRERIT IN VULPUTATE VELIT ESSE MOLESTIE CONSEQUAT

PALATINO 12/16

Videntes apostoli et alii patres antiqui, et praecipue reverendus pater noster beatus Benedictus, quod otiositas inimica est animae, sicut ipse dicit in regula sua, ipsi propriis manibus laboraverunt, et *religiosis viris opera* manuum secundum quod regula praecepit, studeant propriis manibus laborare.

Sed ne aliquis de dispositione locorum causari possit dicens, tale monasterium non esse apertum ad *opera manuum exercenda*, quia situm est in civitate, in aliquo castro vel villa, propterea.

PALATINO ITALIC / SMALL CAPS 10/12

Dolor sit amet SED UT PERSPICIATIS *ipsam voluptatem enim voluptas sit esse Dominico Vaspernatur aut fugit Roma, Januaris 1522.*

PALATINO BOLD / SMALL CAPS 19/22.8

NEMO ENIM

PALATINO 10/14

Sed ut perspiciatis unde omnis iste natus error sit voluptatem accusantium doloremque laudantium, totam rem aperiam, eaque ipsa quae ab illo de inventore veritatis et quasi architecto beatae vitae dicta sunt est explicabo natus:

- Neque *porro* quisquam
- Architecto beatae vitae
- Qui *dolorem* ipsum
- Inventore veritatis quasi

Dolores nemo enim ipsam voluptatem quia voluptas sit aspernatur aut odit aut fugit, sed quia consequuntur magni est dolores eos qui ratione.

Nunc enim vere monachi est de sunt, si otiosi non maneant, sicut. Sed ne aliquis de possit dicens, tale est monasterium.

PALATINO BOLD 15/18

Operae pretium reor ea quae isto in anno Dominus per beatum Benedictum in Galliis operari dignatus est, ad posterorum memoriam et aedificationem annectere. Quidam namque vir potentissimus Gallorum *gente progenitus tantis* se ab ipsa infantia execrarat flagitiis.

ROTIS BOLD 10/15

"Neque porro quisquam est, qui dolorem ipsum quia dolor sit amet, consectetur Nemo voluptatem quia vere monachi maneant, aspernatur aut odit aut fugit, sed quia eos qui ratione voluptatem sequi nesciunt."

ROTIS BOLD 9/12

Quisquam					
	1	2	3	4	5	6
7	8	9	10	11	12	13
14	15	16	17	18	19	20
21	22	23	24	25	26	27
28	29	30				

ROTIS 9/11

Cuidam	Vero
Dei	Servo
Juxta	Manenti
Dominus	Ea Quae Circa
Defuncti	Animam
Agebantur	Ostendere
Dignatus	Est
Nam	Statim
Ut de corpore	Exiit

ROTIS BOLD 17/20

Et sanctus: Ne vobis injustitiam forte facere videar, ejus facta examinate

ROTIS BOLD 33/35

Lorem ipsum dolor sit amet, consectetuer adipiscing elit

ROTIS BOLD / ALL CAPS 19/22.8

DUIS TE FEUGI FACILISI. DUIS AUTEM DOLOR IN HENDRERIT IN VULPUTATE VELIT ESSE MOLESTIE CONSEQUAT

TIMES NEW ROMAN 14/16.8

Videntes apostoli et alii patres antiqui, et praecipue reverendus pater noster beatus Benedictus, quod otiositas inimica est animae, sicut ipse dicit in regula sua, ipsi propriis manibus laboraverunt, et *religiosis viris opera* manuum secundum quod regula praecepit, studeant propriis manibus laborare.

Sed ne aliquis de dispositione locorum causari possit dicens, tale monasterium non esse apertum ad *opera manuum exercenda*, quia situm est in civitate, in aliquo castro vel villa, propterea.

TIMES NEW ROMAN ITALIC / SMALL CAPS 11/13.2

Dolor sit amet SED UT PERSPICIATIS *ipsam voluptatem enim voluptas sit esse Dominico Vaspernatur aut fugit Roma, Januaris 1522.*

TIMES NEW ROMAN BOLD / SMALL CAPS 19/22.8

NEMO ENIM

TIMES NEW ROMAN 11/14

Sed ut perspiciatis unde omnis iste natus error sit voluptatem accusantium doloremque laudantium, totam rem aperiam, eaque ipsa quae ab illo de inventore veritatis et quasi architecto beatae vitae dicta sunt est explicabo natus:

- Neque *porro* quisquam
- Architecto beatae vitae
- Qui *dolorem* ipsum
- Inventore veritatis quasi

Dolores nemo enim ipsam voluptatem quia voluptas sit aspernatur aut odit aut fugit, sed quia consequuntur magni est dolores eos qui ratione.

Nunc enim vere monachi est de sunt, si otiosi non maneant, sicut. Sed ne aliquis de possit dicens, tale est monasterium.

ROTIS BOLD 10/15

"Neque porro quisquam est, qui dolorem ipsum quia dolor sit amet, consectetur Nemo voluptatem quia vere monachi maneant, aspernatur aut odit aut fugit, sed quia eos qui ratione voluptatem sequi nesciunt."

ROTIS BOLD 9/12

Quisquam					
	1	2	3	4	5	6
7	8	9	10	11	12	13
14	15	16	17	18	19	20
21	22	23	24	25	26	27
28	29	30				

TIMES NEW ROMAN BOLD 16/19.2

Operae pretium reor ea quae isto in anno Dominus per beatum Benedictum in Galliis operari dignatus est, ad posterorum memoriam et aedificationem annectere. Quidam namque vir potentissimus Gallorum *gente progenitus tantis* se ab ipsa infantia execrarat flagitiis.

ROTIS 9/11

Cuidam .... Vero
Dei.. Servo
Juxta .... Manenti
Dominus .... Ea Quae Circa
Defuncti.. Animam
Agebantur................................... Ostendere
Dignatus .... Est
Nam.. Statim
Ut de corpore.. Exiit

ROTIS BOLD 17/20

Et sanctus: Ne vobis injustitiam forte facere videar, ejus facta examinate

ROTIS BOLD 33/35

Lorem ipsum dolor sit amet, consectetuer adipiscing elit

ROTIS BOLD / ALL CAPS 19/22.8

DUIS TE FEUGI FACILISI. DUIS AUTEM DOLOR IN HENDRERIT IN VULPUTATE VELIT ESSE MOLESTIE CONSEQUAT

WARNOCK 13/15.6

Videntes apostoli et alii patres antiqui, et praecipue reverendus pater noster beatus Benedictus, quod otiositas inimica est animae, sicut ipse dicit in regula sua, ipsi propriis manibus laboraverunt, *et religiosis viris opera* manuum secundum quod regula praecepit, studeant propriis manibus laborare.

Sed ne aliquis de dispositione locorum causari possit dicens, tale monasterium non esse apertum ad *opera manuum exercenda,* quia situm est in civitate, in aliquo castro vel villa, propterea.

WARNOCK ITALIC & ROMAN / SMALL CAPS 11/13.2

Dolor sit amet SED UT PERSPICIATIS *ipsam voluptatem enim voluptas sit esse Dominico Vaspernatur aut fugit Roma, Januaris 1522.*

WARNOCK BOLD / SMALL CAPS 19/22.8

NEMO ENIM

WARNOCK 11/14

Sed ut perspiciatis unde omnis iste natus error sit voluptatem accusantium doloremque laudantium, totam rem aperiam, eaque ipsa quae ab illo de inventore veritatis et quasi architecto beatae vitae dicta sunt est explicabo natus:

- Neque *porro* quisquam
- Architecto beatae vitae
- Qui *dolorem* ipsum
- Inventore veritatis quasi

Dolores nemo enim ipsam voluptatem quia voluptas sit aspernatur aut odit aut fugit, sed quia consequuntur magni est dolores eos qui ratione.

Nunc enim vere monachi est de sunt, si otiosi non maneant, sicut. Sed ne aliquis de possit dicens, tale est monasterium.

ROTIS BOLD 10/15

"Neque porro quisquam est, qui dolorem ipsum quia dolor sit amet, consectetur Nemo voluptatem quia vere monachi maneant, aspernatur aut odit aut fugit, sed quia eos qui ratione voluptatem sequi nesciunt."

ROTIS BOLD 9/12

Quisquam					
	1	2	3	4	5	6
7	8	9	10	11	12	13
14	15	16	17	18	19	20
21	22	23	24	25	26	27
28	29	30				

WARNOCK BOLD 16/19.2

Operae pretium reor ea quae isto in anno Dominus per beatum Benedictum in Galliis operari dignatus est, ad posterorum memoriam et aedificationem annectere. Quidam namque vir potentissimus Gallorum *gente progenitus tantis* se ab ipsa infantia execrarat flagitiis.

ROTIS 9/11

Cuidam	Vero
Dei	Servo
Juxta	Manenti
Dominus	Ea Quae Circa
Defuncti	Animam
Agebantur	Ostendere
Dignatus	Est
Nam	Statim
Ut de corpore	Exiit

ROTIS BOLD 17/20

Et sanctus: Ne vobis injustitiam forte facere videar, ejus facta examinate

SABON BOLD 30/32

Lorem ipsum dolor sit amet, consectetuer adipiscing elit

SABON BOLD / ALL CAPS 18/21.6

DUIS TE FEUGI FACILISI. DUIS AUTEM DOLOR IN HENDRERIT IN VULPUTATE VELIT ESSE MOLESTIE CONSEQUAT

SABON 13/15.6

Videntes apostoli et alii patres antiqui, et praecipue reverendus pater noster beatus Benedictus, quod otiositas inimica est animae, sicut ipse dicit in regula sua, ipsi propriis manibus laboraverunt, et *religiosis viris opera* manuum secundum quod regula praecepit, studeant propriis manibus laborare.

Sed ne aliquis de dispositione locorum causari possit dicens, tale monasterium non esse apertum ad *opera manuum exercenda*, quia situm est in civitate, in aliquo castro vel villa, propterea.

SABON ITALIC / SMALL CAPS 10/12

Dolor sit amet SED UT PERSPICIATIS *ipsam voluptatem enim voluptas sit esse Dominico Vaspernatur aut fugit Roma, Januaris 1522.*

SABON BOLD / SMALL CAPS 19/22.8

NEMO ENIM

SABON 11/14

Sed ut perspiciatis unde omnis iste natus error sit voluptatem accusantium doloremque laudantium, totam rem aperiam, eaque ipsa quae ab illo de inventore veritatis et quasi architecto beatae vitae dicta sunt est explicabo natus:

- Neque *porro* quisquam
- Architecto beatae vitae
- Qui *dolorem* ipsum
- Inventore veritatis quasi

Dolores nemo enim ipsam voluptatem quia voluptas sit aspernatur aut odit aut fugit, sed quia consequuntur magni est dolores eos qui ratione.

Nunc enim vere monachi est de sunt, si otiosi non maneant, sicut. Sed ne aliquis de possit dicens, tale est monasterium.

SABON BOLD ITALIC 10/15

"Neque porro quisquam est, qui dolorem ipsum quia dolor sit amet, consectetur Nemo voluptatem quia vere monachi maneant, aspernatur aut odit aut fugit, sed quia eos qui ratione voluptatem sequi nesciunt."

SABON BOLD 9/12

Quisquam					
	1	2	3	4	5	6
7	8	9	10	11	12	13
14	15	16	17	18	19	20
21	22	23	24	25	26	27
28	29	30				

SABON BOLD 16/19.2

Operae pretium reor ea quae isto in anno Dominus per beatum Benedictum in Galliis operari dignatus est, ad posterorum memoriam et aedificationem annectere. Quidam namque vir potentissimus Gallorum *gente progenitus tantis* se ab ipsa infantia execrarat flagitiis.

SABON 9/11

Cuidam	Vero
Dei	Servo
Juxta	Manenti
Dominus	Ea Quae Circa
Defuncti	Animam
Agebantur	Ostendere
Dignatus	Est
Nam	Statim
Ut de corpore	Exiit

SABON BOLD 16/20

Et sanctus: Ne vobis injustitiam forte facere videar, ejus facta examinate

Lorem ipsum dolor sit amet, consectetuer adipiscing elit

DUIS TE FEUGI FACILISI. DUIS AUTEM DOLOR IN HENDRERIT IN VULPUTATE VELIT ESSE MOLESTIE CONSEQUAT

Videntes apostoli et alii patres antiqui, et praecipue reverendus pater noster beatus Benedictus, quod otiositas inimica est animae, sicut ipse dicit in regula sua, ipsi propriis manibus laboraverunt, *et religiosis viris opera* manuum secundum quod regula praecepit, studeant propriis manibus laborare.

Sed ne aliquis de dispositione locorum causari possit dicens, tale monasterium non esse apertum ad *opera manuum exercenda,* quia situm est in civitate, in aliquo castro vel villa, propterea.

Dolor sit amet SED UT PERSPICIATIS *ipsam voluptatem enim voluptas sit esse Dominico Vaspernatur aut fugit Roma, Januaris 1522.*

NEMO ENIM

Sed ut perspiciatis unde omnis iste natus error sit voluptatem accu santium doloremque laudantium, totam rem aperiam, eaque ipsa quae ab illo de inventore veritatis et quasi architecto beatae vitae dicta sunt est explicabo natus:

- Neque *porro* quisquam
- Architecto beatae vitae
- Qui *dolorem* ipsum
- Inventore veritatis quasi

Dolores nemo enim ipsam voluptatem quia voluptas sit aspernatur aut odit aut fugit, sed quia consequuntur magni est dolores eos qui ratione.

Nunc enim vere monachi est de sunt, si otiosi non maneant, sicut. Sed ne aliquis de possit dicens, tale est monasterium.

"Neque porro quisquam est, qui dolorem ipsum quia dolor sit amet, consectetur Nemo voluptatem quia vere monachi maneant, aspernatur aut odit aut fugit, sed quia eos qui ratione voluptatem sequi nesciunt."

Quisquam					
	1	2	3	4	5	6
7	8	9	10	11	12	13
14	15	16	17	18	19	20
21	22	23	24	25	26	27
28	29	30				

Operae pretium reor ea quae isto in anno Dominus per beatum Benedictum in Galliis operari dignatus est, ad posterorum memoriam et aedificationem annectere. Quidam namque vir potentissimus Gallorum *gente progenitus tantis* se ab ipsa infantia execrarat flagitiis.

Cuidam	Vero
Dei	Servo
Juxta	Manenti
Dominus	Ea Quae Circa
Defuncti	Animam
Agebantur	Ostendere
Dignatus	Est
Nam	Statim
Ut de corpore	Exiit

Et sanctus: Ne vobis injustitiam forte facere videar, ejus facta examinate

SABON BOLD 30/32

Lorem ipsum dolor sit amet, consectetuer adipiscing elit

SABON BOLD / ALL CAPS 18/21.6

DUIS TE FEUGI FACILISI. DUIS AUTEM DOLOR IN HENDRERIT IN VULPUTATE VELIT ESSE MOLESTIE CONSEQUAT

HELVETICA 12/17

Videntes apostoli et alii patres antiqui, et praecipue reverendus pater noster beatus Benedictus, quod otiositas inimica est animae, sicut ipse dicit in regula sua, ipsi propriis manibus laboraverunt, *et religiosis viris opera* manuum secundum quod regula praecepit, studeant propriis manibus laborare.

Sed ne aliquis de dispositione locorum causari possit dicens, tale monasterium non esse apertum ad *opera manuum exercenda,* quia situm est in civitate, in aliquo castro vel villa, propterea.

HELVETICA ITALIC & ROMAN / SMALL CAPS 11/13.2

Dolor sit amet SED UT PERSPICIATIS i*psam voluptatem enim voluptas sit esse Dominico Vas git Roma, Januaris 1522.*

HELVETICA BOLD / SMALL CAPS 19/22.8

NEMO ENIM

HELVETICA 10.5/14

Sed ut perspiciatis unde omnis iste natus error sit voluptatem accusantium doloremque laudantium, totam rem aperiam, eaque ipsa quae ab illo de inventore veritatis et quasi architecto beatae vitae dicta sunt est explicabo natus:

- Neque *porro* quisquam
- Architecto beatae vitae
- Qui *dolorem* ipsum
- Inventore veritatis quasi

Dolores nemo enim ipsam voluptatem quia voluptas sit aspernatur aut odit aut fugit, sed quia consequuntur magni est dolores eos qui ratione.

Nunc enim vere monachi est de sunt, si otiosi non maneant, sicut. Sed ne aliquis de possit dicens, tale est monasterium.

SABON BOLD ITALIC 10/15

"Neque porro quisquam est, qui dolorem ipsum quia dolor sit amet, consectetur Nemo voluptatem quia vere monachi maneant, aspernatur aut odit aut fugit, sed quia eos qui ratione voluptatem sequi nesciunt."

SABON BOLD 9/12

Quisquam						
	1	2	3	4	5	6
7	8	9	10	11	12	13
14	15	16	17	18	19	20
21	22	23	24	25	26	27
28	29	30				

HELVETICA BOLD 15/20

Operae pretium reor ea quae isto in anno Dominus per beatum Benedictum in Galliis operari dignatus est, ad posterorum memoriam et aedificationem annectere. Quidam namque vir potentissimus Gallorum *gente progenitus tantis* se ab ipsa infantia execrarat flagitiis.

SABON 9/11

Cuidam	Vero
Dei	Servo
Juxta	Manenti
Dominus	Ea Quae Circa
Defuncti	Animam
Agebantur	Ostendere
Dignatus	Est
Nam	Statim
Ut de corpore	Exiit

SABON BOLD 16/20

Et sanctus: Ne vobis injustitiam forte facere videar, ejus facta examinate

SABON BOLD 30/32

Lorem ipsum dolor sit amet, consectetuer adipiscing elit

SABON BOLD / ALL CAPS 18/21.6

DUIS TE FEUGI FACILISI. DUIS AUTEM DOLOR IN HENDRERIT IN VULPUTATE VELIT ESSE MOLESTIE CONSEQUAT

LUCIDA SANS 11/16

Videntes apostoli et alii patres antiqui, et praecipue reverendus pater noster beatus Benedictus, quod otiositas inimica est animae, sicut ipse dicit in regula sua, ipsi propriis manibus laboraverunt, et *religiosis viris opera* manuum secundum quod regula praecepit, studeant propriis manibus laborare.

Sed ne aliquis de dispositione locorum causari possit dicens, tale monasterium non esse apertum ad *opera manuum exercenda*, quia situm est in civitate, in aliquo castro vel villa, propterea.

LUCIDA SANS ITALIC / SMALL CAPS 10/12

Dolor sit amet SED UT PERSPICIATIS *ipsam voluptatem enim voluptas sit esse Dominico Vaspernatur aut fugit Roma, Januaris 1522.*

LUCIDA SANS BOLD / SMALL CAPS 19/22.8

NEMO ENIM

LUCIDA SANS 10/13

Sed ut perspiciatis unde omnis iste natus error sit voluptatem accusantium doloremque laudantium, totam rem aperiam, eaque ipsa quae ab illo de inventore veritatis et quasi architecto beatae vitae dicta sunt est explicabo natus:

· Neque *porro* quisquam
· Architecto beatae vitae
· Qui *dolorem* ipsum
· Inventore veritatis quasi

Dolores nemo enim ipsam voluptatem quia voluptas sit aspernatur aut odit aut fugit, sed quia consequuntur magni est dolores eos qui ratione.

Nunc enim vere monachi est de sunt, si otiosi non maneant, sicut. Sed ne aliquis de possit enim dicens, tale est monasterium.

SABON BOLD ITALIC 10/15

"Neque porro quisquam est, qui dolorem ipsum quia dolor sit amet, consectetur Nemo voluptatem quia vere monachi maneant, aspernatur aut odit aut fugit, sed quia eos qui ratione voluptatem sequi nesciunt."

SABON BOLD 9/12

Quisquam						
	1	2	3	4	5	6
7	8	9	10	11	12	13
14	15	16	17	18	19	20
21	22	23	24	25	26	27
28	29	30				

LUCIDA SANS BOLD 14/19

Operae pretium reor ea quae isto in anno Dominus per beatum Benedictum in Galliis operari dignatus est, ad posterorum memoriam et aedificationem annectere. Quidam namque vir potentissimus Gallorum *gente progenitus tantis* se ab ipsa infantia execrarat flagitiis.

SABON 9/11

Cuidam .... Vero
Dei ....Servo
Juxta .... Manenti
Dominus........................Ea Quae Circa
Defuncti .... Animam
Agebantur ....Ostendere
Dignatus... Est
Nam.. Statim
Ut de corpore ....Exiit

SABON BOLD 16/20

Et sanctus: Ne vobis injustitiam forte facere videar, ejus facta examinate

SABON BOLD 30/32

Lorem ipsum dolor sit amet, consectetuer adipiscing elit

SABON BOLD / ALL CAPS 18/21.6

DUIS TE FEUGI FACILISI. DUIS AUTEM DOLOR IN HENDRERIT IN VULPUTATE VELIT ESSE MOLESTIE CONSEQUAT

MONOTYPE GROTESQUE 13/15.6

Videntes apostoli et alii patres antiqui, et praecipue reverendus pater noster beatus Benedictus, quod otiositas inimica est animae, sicut ipse dicit in regula sua, ipsi propriis manibus laboraverunt, et *religiosis viris opera* manuum secundum quod regula praecepit, studeant propriis manibus laborare.

Sed ne aliquis de dispositione locorum causari possit dicens, tale monasterium non esse apertum ad *opera manuum exercenda*, quia situm est in civitate, in aliquo castro vel villa, propterea.

MONOTYPE GROTESQUE ITALIC / SMALL CAPS 11/13.2

Dolor sit amet SED UT PERSPICIATIS *ipsam voluptatem enim voluptas sit esse Dominico Vaspernatur aut fugit Roma, Januaris 1522.*

MONOTYPE GROTESQUE BOLD / SMALL CAPS 19/22.8

NEMO ENIM

MONOTYPE GROTESQUE 11/13.2

Sed ut perspiciatis unde omnis iste natus error sit voluptatem accusantium doloremque laudantium, totam rem aperiam, eaque ipsa quae ab illo de inventore veritatis et quasi architecto beatae vitae dicta sunt est explicabo natus:

- Neque *porro* quisquam
- Architecto beatae vitae
- Qui *dolorem* ipsum
- Inventore veritatis quasi

Dolores nemo enim ipsam voluptatem quia voluptas sit aspernatur aut odit aut fugit, sed quia consequuntur magni est dolores eos qui ratione.

Nunc enim vere monachi est de sunt, si otiosi non maneant, sicut. Sed ne aliquis de possit dicens, tale est monasterium.

SABON BOLD ITALIC 10/15

"Neque porro quisquam est, qui dolorem ipsum quia dolor sit amet, consectetur Nemo voluptatem quia vere monachi maneant, aspernatur aut odit aut fugit, sed quia eos qui ratione voluptatem sequi nesciunt."

SABON BOLD 9/12

Quisquam					
1	2	3	4	5	6
7	8	9	10	11	12	13
14	15	16	17	18	19	20
21	22	23	24	25	26	27
28	29	30			

MONOTYPE GROTESQUE BOLD 15/19

Operae pretium reor ea quae isto in anno Dominus per beatum Benedictum in Galliis operari dignatus est, ad posterorum memoriam et aedificationem annectere. Quidam namque vir potentissimus Gallorum gente progenitus tantis se ab ipsa infantia execrarat flagitiis.

SABON 9/11

Cuidam	Vero
Dei	Servo
Juxta	Manenti
Dominus	Ea Quae Circa
Defuncti	Animam
Agebantur	Ostendere
Dignatus	Est
Nam	Statim
Ut de corpore	Exiit

SABON BOLD 16/20

Et sanctus: Ne vobis injustitiam forte facere videar, ejus facta examinate

SABON BOLD 30/32

Lorem ipsum dolor sit amet, consectetuer adipiscing elit

SABON BOLD / ALL CAPS 18/21.6

DUIS TE FEUGI FACILISI. DUIS AUTEM DOLOR IN HENDRERIT IN VULPUTATE VELIT ESSE MOLESTIE CONSEQUAT

MYRIAD 13/17

Videntes apostoli et alii patres antiqui, et praecipue reverendus pater noster beatus Benedictus, quod otiositas inimica est animae, sicut ipse dicit in regula sua, ipsi propriis manibus laboraverunt, et *religiosis viris opera* manuum secundum quod regula praecepit, studeant propriis manibus laborare.

Sed ne aliquis de dispositione locorum causari possit dicens, tale monasterium non esse apertum ad *opera manuum exercenda*, quia situm est in civitate, in aliquo castro vel villa, propterea.

MYRIAD ITALIC / SMALL CAPS 11/13.2

Dolor sit amet SED UT PERSPICIATIS *ipsam voluptatem enim voluptas sit esse Dominico Vaspernatur aut fugit Roma, Januaris 1522.*

MYRIAD BOLD / SMALL CAPS 19/22.8

NEMO ENIM

MYRIAD 11/14

Sed ut perspiciatis unde omnis iste natus error sit voluptatem accusantium doloremque laudantium, totam rem aperiam, eaque ipsa quae ab illo de inventore veritatis et quasi architecto beatae vitae dicta sunt est explicabo natus:

- Neque *porro* quisquam
- Architecto beatae vitae
- Qui *dolorem* ipsum
- Inventore veritatis quasi

Dolores nemo enim ipsam voluptatem quia voluptas sit aspernatur aut odit aut fugit, sed quia consequuntur magni est dolores eos qui ratione.

Nunc enim vere monachi est de sunt, si otiosi non maneant, sicut. Sed ne aliquis de possit dicens, tale est monasterium.

SABON BOLD ITALIC 10/15

"Neque porro quisquam est, qui dolorem ipsum quia dolor sit amet, consectetur Nemo voluptatem quia vere monachi maneant, aspernatur aut odit aut fugit, sed quia eos qui ratione voluptatem sequi nesciunt."

SABON BOLD 9/12

Quisquam						
	1	2	3	4	5	6
7	8	9	10	11	12	13
14	15	16	17	18	19	20
21	22	23	24	25	26	27
28	29	30				

MYRIAD BOLD 16/19.2

Operae pretium reor ea quae isto in anno Dominus per beatum Benedictum in Galliis operari dignatus est, ad posterorum memoriam et aedificationem annectere. Quidam namque vir potentissimus Gallorum *gente progenitus tantis* se ab ipsa infantia execrarat flagitiis.

SABON 9/11

Cuidam	Vero
Dei	Servo
Juxta	Manenti
Dominus	Ea Quae Circa
Defuncti	Animam
Agebantur	Ostendere
Dignatus	Est
Nam	Statim
Ut de corpore	Exiit

SABON BOLD 16/20

Et sanctus: Ne vobis injustitiam forte facere videar, ejus facta examinate

SABON BOLD 30/32

Lorem ipsum dolor sit amet, consectetuer adipiscing elit

SABON BOLD / ALL CAPS 18/21.6

DUIS TE FEUGI FACILISI. DUIS AUTEM DOLOR IN HENDRERIT IN VULPUTATE VELIT ESSE MOLESTIE CONSEQUAT

STONE 12/17

Videntes apostoli et alii patres antiqui, et praecipue reverendus pater noster beatus Benedictus, quod otiositas inimica est animae, sicut ipse dicit in regula sua, ipsi propriis manibus laboraverunt, et *religiosis viris opera* manuum secundum quod regula praecepit, studeant propriis manibus laborare.

Sed ne aliquis de dispositione locorum causari possit dicens, tale monasterium non esse apertum ad *opera manuum exercenda*, quia situm est in civitate, in aliquo castro vel villa, propterea.

STONE ITALIC / SMALL CAPS 11/13.2

Dolor sit amet SED UT PERSPICIATIS *ipsam voluptatem enim voluptas sit esse Dominico Vaspernatur aut fugit Roma, Januaris 1522.*

STONE BOLD / SMALL CAPS 19/22.8

NEMO ENIM

STONE 10/14

Sed ut perspiciatis unde omnis iste natus error sit voluptatem accusantium doloremque laudantium, totam rem aperiam, eaque ipsa quae ab illo de inventore veritatis et quasi architecto beatae vitae dicta sunt est explicabo natus:

- Neque *porro* quisquam
- Architecto beatae vitae
- Qui *dolorem* ipsum
- Inventore veritatis quasi

Dolores nemo enim ipsam voluptatem quia voluptas sit aspernatur aut odit aut fugit, sed quia consequuntur magni est dolores eos qui ratione.

Nunc enim vere monachi est de sunt, si otiosi non maneant, sicut. Sed ne aliquis de possit dicens, tale est monasterium.

SABON BOLD ITALIC 10/15

"Neque porro quisquam est, qui dolorem ipsum quia dolor sit amet, consectetur Nemo voluptatem quia vere monachi maneant, aspernatur aut odit aut fugit, sed quia eos qui ratione voluptatem sequi nesciunt."

SABON BOLD 9/12

Quisquam						
	1	2	3	4	5	6
7	8	9	10	11	12	13
14	15	16	17	18	19	20
21	22	23	24	25	26	27
28	29	30				

STONE BOLD 14/19

Operae pretium reor ea quae isto in anno Dominus per beatum Benedictum in Galliis operari dignatus est, ad posterorum memoriam et aedificationem annectere. Quidam namque vir potentissimus Gallorum *gente progenitus tantis* se ab ipsa infantia execrarat flagitiis.

SABON 9/11

Cuidam	Vero
Dei	Servo
Juxta	Manenti
Dominus	Ea Quae Circa
Defuncti	Animam
Agebantur	Ostendere
Dignatus	Est
Nam	Statim
Ut de corpore	Exiit

SABON BOLD 16/20

Et sanctus: Ne vobis injustitiam forte facere videar, ejus facta examinate

SABON BOLD 30/32

Lorem ipsum dolor sit amet, consectetuer adipiscing elit

SABON BOLD / ALL CAPS 18/21.6

DUIS TE FEUGI FACILISI. DUIS AUTEM DOLOR IN HENDRERIT IN VULPUTATE VELIT ESSE MOLESTIE CONSEQUAT

TRADE GOTHIC 12/16

Videntes apostoli et alii patres antiqui, et praecipue reverendus pater noster beatus Benedictus, quod otiositas inimica est animae, sicut ipse dicit in regula sua, ipsi propriis manibus laboraverunt, et *religiosis viris opera* manuum secundum quod regula praecepit, studeant propriis manibus laborare.

Sed ne aliquis de dispositione locorum causari possit dicens, tale monasterium non esse apertum ad *opera manuum exercenda*, quia situm est in civitate, in aliquo castro vel villa, propterea.

TRADE GOTHIC ITALIC / SMALL CAPS 10/12

Dolor sit amet SED UT PERSPICIATIS *ipsam voluptatem enim voluptas sit esse Dominico Vaspernatur aut fugit Roma, Januaris 1522.*

TRADE GOTHIC BOLD / SMALL CAPS 19/22.8

NEMO ENIM

TRADE GOTHIC 10/14

Sed ut perspiciatis unde omnis iste natus error sit voluptatem accusantium doloremque laudantium, totam rem aperiam, eaque ipsa quae ab illo de inventore veritatis et quasi architecto beatae vitae dicta sunt est explicabo natus:

- Neque *porro* quisquam
- Architecto beatae vitae
- Qui *dolorem* ipsum
- Inventore veritatis quasi

Dolores nemo enim ipsam voluptatem quia voluptas sit aspernatur aut odit aut fugit, sed quia consequuntur magni est dolores eos qui ratione.

Nunc enim vere monachi est de sunt, si otiosi non maneant, sicut. Sed ne aliquis de possit dicens, tale est monasterium.

SABON BOLD ITALIC 10/15

"Neque porro quisquam est, qui dolorem ipsum quia dolor sit amet, consectetur Nemo voluptatem quia vere monachi maneant, aspernatur aut odit aut fugit, sed quia eos qui ratione voluptatem sequi nesciunt."

SABON BOLD 9/12

Quisquam					
1	2	3	4	5	6
7	8	9	10	11	12	13
14	15	16	17	18	19	20
21	22	23	24	25	26	27
28	29	30				

TRADE GOTHIC BOLD 16/19.2

Operae pretium reor ea quae isto in anno Dominus per beatum Benedictum in Galliis operari dignatus est, ad posterorum memoriam et aedificationem annectere. Quidam namque vir potentissimus Gallorum *gente progenitus tantis* se ab ipsa infantia execrarat flagitiis.

SABON 9/11

Cuidam .... Vero
Dei ....Servo
Juxta .... Manenti
Dominus..........................Ea Quae Circa
Defuncti ....Animam
Agebantur ....Ostendere
Dignatus................................... Est
Nam....................................... Statim
Ut de corpore ....Exiit

SABON BOLD 16/20

Et sanctus: Ne vobis injustitiam forte facere videar, ejus facta examinate

SABON BOLD 30/32

Lorem ipsum dolor sit amet, consectetuer adipiscing elit

SABON BOLD / ALL CAPS 18/21.6

DUIS TE FEUGI FACILISI. DUIS AUTEM DOLOR IN HENDRERIT IN VULPUTATE VELIT ESSE MOLESTIE CONSEQUAT

UNIVERS 12/16

Videntes apostoli et alii patres antiqui, et praecipue reverendus pater noster beatus Benedictus, quod otiositas inimica est animae, sicut ipse dicit in regula sua, ipsi propriis manibus laboraverunt, et *religiosis viris opera* manuum secundum quod regula praecepit, studeant propriis manibus laborare.

Sed ne aliquis de dispositione locorum causari possit dicens, tale monasterium non esse apertum ad *opera manuum exercenda*, quia situm est in civitate, in aliquo castro vel villa, propterea.

UNIVERS ITALIC / SMALL CAPS 11/13.2

Dolor sit amet SED UT PERSPICIATIS *ipsam voluptatem enim voluptas sit esse Dominico Vaspernatur aut fugit Roma, Januaris 1522.*

UNIVERS BOLD / SMALL CAPS 19/22.8

NEMO ENIM

UNIVERS 10/14

Sed ut perspiciatis unde omnis iste natus error sit voluptatem accusantium doloremque laudantium, totam rem aperiam, eaque ipsa quae ab illo de inventore veritatis et quasi architecto beatae vitae dicta sunt est explicabo natus:

- Neque *porro* quisquam
- Architecto beatae vitae
- Qui *dolorem* ipsum
- Inventore veritatis quasi

Dolores nemo enim ipsam voluptatem quia voluptas sit aspernatur aut odit aut fugit, sed quia consequuntur magni est dolores eos qui ratione.

Nunc enim vere monachi est de sunt, si otiosi non maneant, sicut. Sed ne aliquis de possit dicens, tale est monasterium.

SABON BOLD ITALIC 10/15

"Neque porro quisquam est, qui dolorem ipsum quia dolor sit amet, consectetur Nemo voluptatem quia vere monachi maneant, aspernatur aut odit aut fugit, sed quia eos qui ratione voluptatem sequi nesciunt."

SABON BOLD 9/12

Quisquam					
	1	2	3	4	5	6
7	8	9	10	11	12	13
14	15	16	17	18	19	20
21	22	23	24	25	26	27
28	29	30				

UNIVERS BOLD 15/19

Operae pretium reor ea quae isto in anno Dominus per beatum Benedictum in Galliis operari dignatus est, ad posterorum memoriam et aedificationem annectere. Quidam namque vir potentissimus Gallorum *gente progenitus tantis* se ab ipsa infantia execrarat flagitiis.

SABON 9/11

Cuidam	Vero
Dei	Servo
Juxta	Manenti
Dominus	Ea Quae Circa
Defuncti	Animam
Agebantur	Ostendere
Dignatus	Est
Nam	Statim
Ut de corpore	Exiit

SABON BOLD 16/20

Et sanctus: Ne vobis injustitiam forte facere videar, ejus facta examinate

SOUVENIR BOLD 26/28

Lorem ipsum dolor sit amet, consectetuer adipiscing elit

SOUVENIR BOLD / ALL CAPS 18/21.6

DUIS TE FEUGI FACILISI. DUIS AUTEM DOLOR IN HENDRERIT IN VULPUTATE VELIT ESSE MOLESTIE CONSEQUAT

SOUVENIR 13/17

Videntes apostoli et alii patres antiqui, et praecipue reverendus pater noster beatus Benedictus, quod otiositas inimica est animae, sicut ipse dicit in regula sua, ipsi propriis manibus laboraverunt, *et religiosis viris opera* manuum secundum quod regula praecepit, studeant propriis manibus laborare.

Sed ne aliquis de dispositione locorum causari possit dicens, tale monasterium non esse apertum ad *opera manuum exercenda*, quia situm est in civitate, in aliquo castro vel villa, propterea.

SOUVENIR ITALIC / SMALL CAPS 11/13.2

Dolor sit amet SED UT PERSPICIATIS *ipsam voluptatem enim voluptas sit esse Dominico Vaspernatur aut fugit Roma, Januaris 1522.*

SOUVENIR BOLD / SMALL CAPS 19/22.8

NEMO ENIM

SOUVENIR 11/14

Sed ut perspiciatis unde omnis iste natus error sit voluptatem accusantium doloremque laudantium, totam rem aperiam, eaque ipsa quae ab illo de inventore veritatis et quasi architecto beatae vitae dicta sunt est explicabo natus:

- Neque *porro* quisquam
- Architecto beatae vitae
- Qui *dolorem* ipsum
- Inventore veritatis quasi

Dolores nemo enim ipsam voluptatem quia voluptas sit aspernatur aut odit aut fugit, sed quia consequuntur magni est dolores eos qui ratione.

Nunc enim vere monachi est de sunt, si otiosi non maneant, sicut. Sed ne aliquis de possit dicens, tale est monasterium.

SOUVENIR BOLD ITALIC 8/15

"Neque porro quisquam est, qui dolorem ipsum quia dolor sit amet, consectetur Nemo voluptatem quia vere monachi maneant, aspernatur aut odit aut fugit, sed quia eos qui ratione voluptatem sequi nesciunt."

SOUVENIR BOLD 7/12

Quisquam						
	1	2	3	4	5	6
7	8	9	10	11	12	13
14	15	16	17	18	19	20
21	22	23	24	25	26	27
28	29	30				

SOUVENIR BOLD 14/20

Operae pretium reor ea quae isto in anno Dominus per beatum Benedictum in Galliis operari dignatus est, ad posterorum memoriam et aedificationem annectere. Quidam namque vir potentissimus Gallorum *gente progenitus tantis* se ab ipsa infantia execrarat flagitiis.

SOUVENIR 9/11

Cuidam	Vero
Dei	Servo
Juxta	Manenti
Dominus	Ea Quae Circa
Defuncti	Animam
Agebantur	Ostendere
Dignatus	Est
Nam	Statim
Ut de corpore	Exiit

SOUVENIR BOLD 13/20

Et sanctus: Ne vobis injustitiam forte facere videar, ejus facta examinate

SOUVENIR BOLD 26/28

Lorem ipsum dolor sit amet, consectetuer adipiscing elit

SOUVENIR BOLD / ALL CAPS 18/21.6

DUIS TE FEUGI FACILISI. DUIS AUTEM DOLOR IN HENDRERIT IN VULPUTATE VELIT ESSE MOLESTIE CONSEQUAT

AKZIDENZ GROTESK 13/17

Videntes apostoli et alii patres antiqui, et praecipue reverendus pater noster beatus Benedictus, quod otiositas inimica est animae, sicut ipse dicit in regula sua, ipsi propriis manibus laboraverunt, et *religiosis viris opera* manuum secundum quod regula praecepit, studeant propriis manibus laborare.

Sed ne aliquis de dispositione locorum causari possit dicens, tale monasterium non esse apertum ad *opera manuum exercenda*, quia situm est in civitate, in aliquo castro vel villa, propterea.

AKZIDENZ GROTESK BOLD / SMALL CAPS 11/13.2

Dolor sit amet SED UT PERSPICIATIS ipsam voluptatem enim voluptas sit esse Dominico Vaspernatur aut fugit Roma, Januaris 1522.

AKZIDENZ GROTESK / SMALL CAPS 19/22.8

NEMO ENIM

AKZIDENZ GROTESK 11/14

Sed ut perspiciatis unde omnis iste natus error sit voluptatem accusantium doloremque laudantium, totam rem aperiam, eaque ipsa quae ab illo de inventore veritatis et quasi architecto beatae vitae dicta sunt est explicabo natus:

- Neque *porro* quisquam
- Architecto beatae vitae
- Qui *dolorem* ipsum
- Inventore veritatis quasi

Dolores nemo enim ipsam voluptatem quia voluptas sit aspernatur aut odit aut fugit, sed quia consequuntur magni est dolores eos qui ratione.

Nunc enim vere monachi est de sunt, si otiosi non maneant, sicut. Sed ne aliquis de possit dicens, tale est monasterium.

SOUVENIR BOLD ITALIC 8/15

"Neque porro quisquam est, qui dolorem ipsum quia dolor sit amet, consectetur Nemo voluptatem quia vere monachi maneant, aspernatur aut odit aut fugit, sed quia eos qui ratione voluptatem sequi nesciunt."

SOUVENIR BOLD 7/12

Quisquam					
	1	2	3	4	5	6
7	8	9	10	11	12	13
14	15	16	17	18	19	20
21	22	23	24	25	26	27
28	29	30				

AKZIDENZ GROTESK BOLD 15/20

Operae pretium reor ea quae isto in anno Dominus per beatum Benedictum in Galliis operari dignatus est, ad posterorum memoriam et aedificationem annectere. Quidam namque vir potentissimus Gallorum gente progenitus tantis se ab ipsa infantia execrarat flagitiis.

SOUVENIR 9/11

SOUVENIR BOLD 13/20

Et sanctus: Ne vobis injustitiam forte facere videar, ejus facta examinate

SOUVENIR BOLD 26/28

Lorem ipsum dolor sit amet, consectetuer adipiscing elit

SOUVENIR BOLD / ALL CAPS 18/21.6

DUIS TE FEUGI FACILISI. DUIS AUTEM DOLOR IN HENDRERIT IN VULPUTATE VELIT ESSE MOLESTIE CONSEQUAT

FUTURA 13/16

Videntes apostoli et alii patres antiqui, et praecipue reverendus pater noster beatus Benedictus, quod otiositas inimica est animae, sicut ipse dicit in regula sua, ipsi propriis manibus laboraverunt, et *religiosis viris opera* manuum secundum quod regula praecepit, studeant propriis manibus laborare.

Sed ne aliquis de dispositione locorum causari possit dicens, tale monasterium non esse apertum ad *opera manuum exercenda*, quia situm est in civitate, in aliquo castro vel villa, propterea.

FUTURA ITALIC / SMALL CAPS 11/13.2

Dolor sit amet SED UT PERSPICIATIS *ipsam voluptatem enim voluptas sit esse Dominico Vaspernatur aut fugit Roma, Januaris 1522.*

FUTURA BOLD / SMALL CAPS 19/22.8

NEMO ENIM

FUTURA 11/14

Sed ut perspiciatis unde omnis iste natus error sit voluptatem accusantium doloremque laudantium, totam rem aperiam, eaque ipsa quae ab illo de inventore veritatis et quasi architecto beatae vitae dicta sunt est explicabo natus:

- Neque *porro* quisquam
- Architecto beatae vitae
- Qui *dolorem* ipsum
- Inventore veritatis quasi

Dolores nemo enim ipsam voluptatem quia voluptas sit aspernatur aut odit aut fugit, sed quia consequuntur magni est dolores eos qui ratione.

Nunc enim vere monachi est de sunt, si otiosi non maneant, sicut. Sed ne aliquis de possit dicens, tale est monasterium.

SOUVENIR BOLD ITALIC 8/15

"Neque porro quisquam est, qui dolorem ipsum quia dolor sit amet, consectetur Nemo voluptatem quia vere monachi maneant, aspernatur aut odit aut fugit, sed quia eos qui ratione voluptatem sequi nesciunt."

SOUVENIR BOLD 7/12

Quisquam					
1	2	3	4	5	6
7	8	9	10	11	12	13
14	15	16	17	18	19	20
21	22	23	24	25	26	27
28	29	30			

FUTURA BOLD 14/20

Operae pretium reor ea quae isto in anno Dominus per beatum Benedictum in Galliis operari dignatus est, ad posterorum memoriam et aedificationem annectere. Quidam namque vir potentissimus Gallorum *gente progenitus tantis* se ab ipsa infantia execrarat flagitiis.

SOUVENIR 9/11

Cuidam......................................Vero
Dei.. Servo
Juxta ....Manenti
Dominus........................Ea Quae Circa
Defuncti....................................Animam
Agebantur............................Ostendere
Dignatus .... Est
Nam.. Statim
Ut de corpore............................. Exiit

SOUVENIR BOLD 13/20

Et sanctus: Ne vobis injustitiam forte facere videar, ejus facta examinate

SOUVENIR BOLD 26/28

Lorem ipsum dolor sit amet, consectetuer adipiscing elit

SOUVENIR BOLD / ALL CAPS 18/21.6

DUIS TE FEUGI FACILISI. DUIS AUTEM DOLOR IN HENDRERIT IN VULPUTATE VELIT ESSE MOLESTIE CONSEQUAT

HELVETICA 12/17

Videntes apostoli et alii patres antiqui, et praecipue reverendus pater noster beatus Benedictus, quod otiositas inimica est animae, sicut ipse dicit in regula sua, ipsi propriis manibus laboraverunt, *et religiosis viris opera* manuum secundum quod regula praecepit, studeant propriis manibus laborare.

Sed ne aliquis de dispositione locorum causari possit dicens, tale monasterium non esse apertum ad *opera manuum exercenda,* quia situm est in civitate, in aliquo castro vel villa, propterea.

HELVETICA ITALIC & ROMAN / SMALL CAPS 11/13.2

Dolor sit amet SED UT PERSPICIATIS ipsam *voluptatem enim voluptas sit esse Dominico Vas git Roma, Januaris 1522.*

HELVETICA BOLD / SMALL CAPS 19/22.8

NEMO ENIM

HELVETICA 10.5/14

Sed ut perspiciatis unde omnis iste natus error sit voluptatem accusantium doloremque laudantium, totam rem aperiam, eaque ipsa quae ab illo de inventore veritatis et quasi architecto beatae vitae dicta sunt est explicabo natus:

- Neque *porro* quisquam
- Architecto beatae vitae
- Qui *dolorem* ipsum
- Inventore veritatis quasi

Dolores nemo enim ipsam voluptatem quia voluptas sit aspernatur aut odit aut fugit, sed quia consequuntur magni est dolores eos qui ratione.

Nunc enim vere monachi est de sunt, si otiosi non maneant, sicut. Sed ne aliquis de possit dicens, tale est monasterium.

SOUVENIR BOLD ITALIC 8/15

"Neque porro quisquam est, qui dolorem ipsum quia dolor sit amet, consectetur Nemo voluptatem quia vere monachi maneant, aspernatur aut odit aut fugit, sed quia eos qui ratione voluptatem sequi nesciunt."

SOUVENIR BOLD 7/12

Quisquam					
	1	2	3	4	5	6
7	8	9	10	11	12	13
14	15	16	17	18	19	20
21	22	23	24	25	26	27
28	29	30				

HELVETICA BOLD 15/20

Operae pretium reor ea quae isto in anno Dominus per beatum Benedictum in Galliis operari dignatus est, ad posterorum memoriam et aedificationem annectere. Quidam namque vir potentissimus Gallorum *gente progenitus tantis* se ab ipsa infantia execrarat flagitiis.

SOUVENIR 9/11

Cuidam	Vero
Dei	Servo
Juxta	Manenti
Dominus	Ea Quae Circa
Defuncti	Animam
Agebantur	Ostendere
Dignatus	Est
Nam	Statim
Ut de corpore	Exiit

SOUVENIR BOLD 13/20

Et sanctus: Ne vobis injustitiam forte facere videar, ejus facta examinate

SOUVENIR BOLD 26/28

Lorem ipsum dolor sit amet, consectetuer adipiscing elit

SOUVENIR BOLD / ALL CAPS 18/21.6

DUIS TE FEUGI FACILISI. DUIS AUTEM DOLOR IN HENDRERIT IN VULPUTATE VELIT ESSE MOLESTIE CONSEQUAT

MONOTYPE GROTESQUE 13/15.6

Videntes apostoli et alii patres antiqui, et praecipue reverendus pater noster beatus Benedictus, quod otiositas inimica est animae, sicut ipse dicit in regula sua, ipsi propriis manibus laboraverunt, et *religiosis viris opera* manuum secundum quod regula praecepit, studeant propriis manibus laborare.

Sed ne aliquis de dispositione locorum causari possit dicens, tale monasterium non esse apertum ad *opera manuum exercenda*, quia situm est in civitate, in aliquo castro vel villa, propterea.

MONOTYPE GROTESQUE ITALIC / SMALL CAPS 11/13.2

Dolor sit amet SED UT PERSPICIATIS *ipsam voluptatem enim voluptas sit esse Dominico Vaspernatur aut fugit Roma, Januaris 1522.*

MONOTYPE GROTESQUE BOLD / SMALL CAPS 19/22.8

NEMO ENIM

MONOTYPE GROTESQUE 11/13.2

Sed ut perspiciatis unde omnis iste natus error sit voluptatem accusantium doloremque laudantium, totam rem aperiam, eaque ipsa quae ab illo de inventore veritatis et quasi architecto beatae vitae dicta sunt est explicabo natus:

- Neque *porro* quisquam
- Architecto beatae vitae
- Qui *dolorem* ipsum
- Inventore veritatis quasi

Dolores nemo enim ipsam voluptatem quia voluptas sit aspernatur aut odit aut fugit, sed quia consequuntur magni est dolores eos qui ratione.

Nunc enim vere monachi est de sunt, si otiosi non maneant, sicut. Sed ne aliquis de possit dicens, tale est monasterium.

SOUVENIR BOLD ITALIC 8/15

"Neque porro quisquam est, qui dolorem ipsum quia dolor sit amet, consectetur Nemo voluptatem quia vere monachi maneant, aspernatur aut odit aut fugit, sed quia eos qui ratione voluptatem sequi nesciunt."

SOUVENIR BOLD 7/12

Quisquam					
1	2	3	4	5	6
7	8	9	10	11	12	13
14	15	16	17	18	19	20
21	22	23	24	25	26	27
28	29	30				

MONOTYPE GROTESQUE BOLD 15/19

Operae pretium reor ea quae isto in anno Dominus per beatum Benedictum in Galliis operari dignatus est, ad posterorum memoriam et aedificationem annectere. Quidam namque vir potentissimus Gallorum gente progenitus tantis se ab ipsa infantia execrarat flagitiis.

SOUVENIR 9/11

SOUVENIR BOLD 13/20

Et sanctus: Ne vobis injustitiam forte facere videar, ejus facta examinate

SOUVENIR BOLD 26/28

Lorem ipsum dolor sit amet, consectetuer adipiscing elit

SOUVENIR BOLD / ALL CAPS 18/21.6

DUIS TE FEUGI FACILISI. DUIS AUTEM DOLOR IN HENDRERIT IN VULPUTATE VELIT ESSE MOLESTIE CONSEQUAT

MYRIAD 13/17

Videntes apostoli et alii patres antiqui, et praecipue reverendus pater noster beatus Benedictus, quod otiositas inimica est animae, sicut ipse dicit in regula sua, ipsi propriis manibus laboraverunt, et *religiosis viris opera* manuum secundum quod regula praecepit, studeant propriis manibus laborare.

Sed ne aliquis de dispositione locorum causari possit dicens, tale monasterium non esse apertum ad *opera manuum exercenda*, quia situm est in civitate, in aliquo castro vel villa, propterea.

MYRIAD ITALIC / SMALL CAPS 11/13.2

Dolor sit amet SED UT PERSPICIATIS *ipsam voluptatem enim voluptas sit esse Dominico Vaspernatur aut fugit Roma, Januaris 1522.*

MYRIAD BOLD / SMALL CAPS 19/22.8

NEMO ENIM

MYRIAD 11/14

Sed ut perspiciatis unde omnis iste natus error sit voluptatem accusantium doloremque laudantium, totam rem aperiam, eaque ipsa quae ab illo de inventore veritatis et quasi architecto beatae vitae dicta sunt est explicabo natus:

- Neque *porro* quisquam
- Architecto beatae vitae
- Qui *dolorem* ipsum
- Inventore veritatis quasi

Dolores nemo enim ipsam voluptatem quia voluptas sit aspernatur aut odit aut fugit, sed quia consequuntur magni est dolores eos qui ratione.

Nunc enim vere monachi est de sunt, si otiosi non maneant, sicut. Sed ne aliquis de possit dicens, tale est monasterium.

SOUVENIR BOLD ITALIC 8/15

"Neque porro quisquam est, qui dolorem ipsum quia dolor sit amet, consectetur Nemo voluptatem quia vere monachi maneant, aspernatur aut odit aut fugit, sed quia eos qui ratione voluptatem sequi nesciunt."

SOUVENIR BOLD 7/12

Quisquam						
	1	2	3	4	5	6
7	8	9	10	11	12	13
14	15	16	17	18	19	20
21	22	23	24	25	26	27
28	29	30				

MYRIAD BOLD 16/19.2

Operae pretium reor ea quae isto in anno Dominus per beatum Benedictum in Galliis operari dignatus est, ad posterorum memoriam et aedificationem annectere. Quidam namque vir potentissimus Gallorum *gente progenitus tantis* se ab ipsa infantia execrarat flagitiis.

SOUVENIR 9/11

Cuidam.......................................Vero
Dei...Servo
Juxta......................................Manenti
Dominus......................Ea Quae Circa
Defuncti..............................Animam
Agebantur.......................Ostendere
Dignatus.....................................Est
Nam...Statim
Ut de corpore.............................Exiit

SOUVENIR BOLD 13/20

Et sanctus: Ne vobis injustitiam forte facere videar, ejus facta examinate

SOUVENIR BOLD 26/28

Lorem ipsum dolor sit amet, consectetuer adipiscing elit

SOUVENIR BOLD / ALL CAPS 18/21.6

DUIS TE FEUGI FACILISI. DUIS AUTEM DOLOR IN HENDRERIT IN VULPUTATE VELIT ESSE MOLESTIE CONSEQUAT

STONE 12/17

Videntes apostoli et alii patres antiqui, et praecipue reverendus pater noster beatus Benedictus, quod otiositas inimica est animae, sicut ipse dicit in regula sua, ipsi propriis manibus laboraverunt, et *religiosis viris opera* manuum secundum quod regula praecepit, studeant propriis manibus laborare.

Sed ne aliquis de dispositione locorum causari possit dicens, tale monasterium non esse apertum ad *opera manuum exercenda*, quia situm est in civitate, in aliquo castro vel villa, propterea.

STONE ITALIC / SMALL CAPS 11/13.2

Dolor sit amet SED UT PERSPICIATIS *ipsam voluptatem enim voluptas sit esse Dominico Vaspernatur aut fugit Roma, Januaris 1522.*

STONE BOLD / SMALL CAPS 19/22.8

NEMO ENIM

STONE 10/14

Sed ut perspiciatis unde omnis iste natus error sit voluptatem accusantium doloremque laudantium, totam rem aperiam, eaque ipsa quae ab illo de inventore veritatis et quasi architecto beatae vitae dicta sunt est explicabo natus:

- Neque *porro* quisquam
- Architecto beatae vitae
- Qui *dolorem* ipsum
- Inventore veritatis quasi

Dolores nemo enim ipsam voluptatem quia voluptas sit aspernatur aut odit aut fugit, sed quia consequuntur magni est dolores eos qui ratione.

Nunc enim vere monachi est de sunt, si otiosi non maneant, sicut. Sed ne aliquis de possit dicens, tale est monasterium.

SOUVENIR BOLD ITALIC 8/15

"Neque porro quisquam est, qui dolorem ipsum quia dolor sit amet, consectetur Nemo voluptatem quia vere monachi maneant, aspernatur aut odit aut fugit, sed quia eos qui ratione voluptatem sequi nesciunt."

SOUVENIR BOLD 7/12

Quisquam					
	1	2	3	4	5	6
7	8	9	10	11	12	13
14	15	16	17	18	19	20
21	22	23	24	25	26	27
28	29	30				

STONE BOLD 14/19

Operae pretium reor ea quae isto in anno Dominus per beatum Benedictum in Galliis operari dignatus est, ad posterorum memoriam et aedificationem annectere. Quidam namque vir potentissimus Gallorum *gente progenitus tantis* se ab ipsa infantia execrarat flagitiis.

SOUVENIR 9/11

Cuidam	Vero
Dei	Servo
Juxta	Manenti
Dominus	Ea Quae Circa
Defuncti	Animam
Agebantur	Ostendere
Dignatus	Est
Nam	Statim
Ut de corpore	Exiit

SOUVENIR BOLD 13/20

Et sanctus: Ne vobis injustitiam forte facere videar, ejus facta examinate

SOUVENIR BOLD 26/28

Lorem ipsum dolor sit amet, consectetuer adipiscing elit

SOUVENIR BOLD / ALL CAPS 18/21.6

DUIS TE FEUGI FACILISI. DUIS AUTEM DOLOR IN HENDRERIT IN VULPUTATE VELIT ESSE MOLESTIE CONSEQUAT

UNIVERS 12/16

Videntes apostoli et alii patres antiqui, et praecipue reverendus pater noster beatus Benedictus, quod otiositas inimica est animae, sicut ipse dicit in regula sua, ipsi propriis manibus laboraverunt, et *religiosis viris opera* manuum secundum quod regula praecepit, studeant propriis manibus laborare.

Sed ne aliquis de dispositione locorum causari possit dicens, tale monasterium non esse apertum ad *opera manuum exercenda*, quia situm est in civitate, in aliquo castro vel villa, propterea.

UNIVERS ITALIC / SMALL CAPS 11/13.2

Dolor sit amet SED UT PERSPICIATIS *ipsam voluptatem enim voluptas sit esse Dominico Vaspernatur aut fugit Roma, Januaris 1522.*

UNIVERS BOLD / SMALL CAPS 19/22.8

NEMO ENIM

UNIVERS 10/14

Sed ut perspiciatis unde omnis iste natus error sit voluptatem accusantium doloremque laudantium, totam rem aperiam, eaque ipsa quae ab illo de inventore veritatis et quasi architecto beatae vitae dicta sunt est explicabo natus:

- Neque *porro* quisquam
- Architecto beatae vitae
- Qui *dolorem* ipsum
- Inventore veritatis quasi

Dolores nemo enim ipsam voluptatem quia voluptas sit aspernatur aut odit aut fugit, sed quia consequuntur magni est dolores eos qui ratione.

Nunc enim vere monachi est de sunt, si otiosi non maneant, sicut. Sed ne aliquis de possit dicens, tale est monasterium.

SOUVENIR BOLD ITALIC 8/15

"Neque porro quisquam est, qui dolorem ipsum quia dolor sit amet, consectetur Nemo voluptatem quia vere monachi maneant, aspernatur aut odit aut fugit, sed quia eos qui ratione voluptatem sequi nesciunt."

SOUVENIR BOLD 7/12

Quisquam					
	1	2	3	4	5	6
7	8	9	10	11	12	13
14	15	16	17	18	19	20
21	22	23	24	25	26	27
28	29	30				

UNIVERS BOLD 15/19

Operae pretium reor ea quae isto in anno Dominus per beatum Benedictum in Galliis operari dignatus est, ad posterorum memoriam et aedificationem annectere. Quidam namque vir potentissimus Gallorum *gente progenitus tantis* se ab ipsa infantia execrarat flagitiis.

SOUVENIR 9/11

Cuidam	Vero
Dei	Servo
Juxta	Manenti
Dominus	Ea Quae Circa
Defuncti	Animam
Agebantur	Ostendere
Dignatus	Est
Nam	Statim
Ut de corpore	Exiit

SOUVENIR BOLD 13/20

Et sanctus: Ne vobis injustitiam forte facere videar, ejus facta examinate

STONE BOLD 25/30

Lorem ipsum dolor sit amet, consectetuer adipiscing elit

STONE BOLD / ALL CAPS 18/21.6

DUIS TE FEUGI FACILISI. DUIS AUTEM DOLOR IN HENDRERIT IN VULPUTATE VELIT ESSE MOLESTIE CONSEQUAT

STONE 12/17

Videntes apostoli et alii patres antiqui, et praecipue reverendus pater noster beatus Benedictus, quod otiositas inimica est animae, sicut ipse dicit in regula sua, ipsi propriis manibus laboraverunt, et *religiosis viris opera* manuum secundum quod regula praecepit, studeant propriis manibus laborare.

Sed ne aliquis de dispositione locorum causari possit dicens, tale monasterium non esse apertum ad *opera manuum exercenda*, quia situm est in civitate, in aliquo castro vel villa, propterea.

STONE ITALIC / SMALL CAPS 11/13.2

Dolor sit amet SED UT PERSPICIATIS *ipsam voluptatem enim voluptas sit esse Dominico Vaspernatur aut fugit Roma, Januaris 1522.*

STONE BOLD / SMALL CAPS 19/22.8

NEMO ENIM

STONE 10/14

Sed ut perspiciatis unde omnis iste natus error sit voluptatem accusantium doloremque laudantium, totam rem aperiam, eaque ipsa quae ab illo de inventore veritatis et quasi architecto beatae vitae dicta sunt est explicabo natus:

- Neque *porro* quisquam
- Architecto beatae vitae
- Qui *dolorem* ipsum
- Inventore veritatis quasi

Dolores nemo enim ipsam voluptatem quia voluptas sit aspernatur aut odit aut fugit, sed quia consequuntur magni est dolores eos qui ratione.

Nunc enim vere monachi est de sunt, si otiosi non maneant, sicut. Sed ne aliquis de possit dicens, tale est monasterium.

STONE BOLD ITALIC 9/15

"Neque porro quisquam est, qui dolorem ipsum quia dolor sit amet, consectetur Nemo voluptatem quia vere monachi maneant, aspernatur aut odit aut fugit, sed quia eos qui ratione voluptatem sequi nesciunt."

STONE BOLD 8/12

Quisquam						
	1	2	3	4	5	6
7	8	9	10	11	12	13
14	15	16	17	18	19	20
21	22	23	24	25	26	27
28	29	30				

STONE BOLD 14/19

Operae pretium reor ea quae isto in anno Dominus per beatum Benedictum in Galliis operari dignatus est, ad posterorum memoriam et aedificationem annectere. Quidam namque vir potentissimus Gallorum *gente progenitus tantis* se ab ipsa infantia execrarat flagitiis.

STONE 9/11

Cuidam	Vero
Dei	Servo
Juxta	Manenti
Dominus	Ea Quae Circa
Defuncti	Animam
Agebantur	Ostendere
Dignatus	Est
Nam	Statim
Ut de corpore	Exiit

STONE BOLD 13/20

Et sanctus: Ne vobis injustitiam forte facere videar, ejus facta examinate

STONE BOLD 25/30

Lorem ipsum dolor sit amet, consectetuer adipiscing elit

STONE BOLD / ALL CAPS 18/21.6

DUIS TE FEUGI FACILISI. DUIS AUTEM DOLOR IN HENDRERIT IN VULPUTATE VELIT ESSE MOLESTIE CONSEQUAT

BEMBO 13/15.6

Videntes apostoli et alii patres antiqui, et praecipue reverendus pater noster beatus Benedictus, quod otiositas inimica est animae, sicut ipse dicit in regula sua, ipsi propriis manibus laboraverunt, *et religiosis viris opera* manuum secundum quod regula praecepit, studeant propriis manibus laborare.

Sed ne aliquis de dispositione locorum causari possit dicens, tale monasterium non esse apertum ad *opera manuum exercenda,* quia situm est in civitate, in aliquo castro vel villa, propterea.

BEMBO ITALIC ITALIC & ROMAN / SMALL CAPS 11/13.2

Dolor sit amet SED UT PERSPICIATIS *ipsam voluptatem enim voluptas sit esse Dominico Vaspernatur aut fugit Roma, Januaris 1522.*

BEMBO BOLD / SMALL CAPS 19/22.8

NEMO ENIM

BEMBO 11/14.4

Sed ut perspiciatis unde omnis iste natus error sit voluptatem accusantium doloremque laudantium, totam rem aperiam, eaque ipsa quae ab illo de inventore veritatis et quasi architecto beatae vitae dicta sunt est explicabo natus:

- Neque *porro* quisquam
- Architecto beatae vitae
- Qui *dolorem* ipsum
- Inventore veritatis quasi

Dolores nemo enim ipsam voluptatem quia voluptas sit aspernatur aut odit aut fugit, sed quia consequuntur magni est dolores eos qui ratione.

Nunc enim vere monachi est de sunt, si otiosi non maneant, sicut. Sed ne aliquis de possit dicens, tale est monasterium.

STONE BOLD ITALIC 9/15

"Neque porro quisquam est, qui dolorem ipsum quia dolor sit amet, consectetur Nemo voluptatem quia vere monachi maneant, aspernatur aut odit aut fugit, sed quia eos qui ratione voluptatem sequi nesciunt."

STONE BOLD 8/12

Quisquam						
	1	2	3	4	5	6
7	8	9	10	11	12	13
14	15	16	17	18	19	20
21	22	23	24	25	26	27
28	29	30				

BEMBO BOLD 16/19.2

Operae pretium reor ea quae isto in anno Dominus per beatum Benedictum in Galliis operari dignatus est, ad posterorum memoriam et aedificationem annectere. Quidam namque vir potentissimus Gallorum *gente progenitus tantis* se ab ipsa infantia execrarat flagitiis.

STONE 9/11

Cuidam	Vero
Dei	Servo
Juxta	Manenti
Dominus	Ea Quae Circa
Defuncti	Animam
Agebantur	Ostendere
Dignatus	Est
Nam	Statim
Ut de corpore	Exiit

STONE BOLD 13/20

Et sanctus: Ne vobis injustitiam forte facere videar, ejus facta examinate

STONE BOLD 25/30

Lorem ipsum dolor sit amet, consectetuer adipiscing elit

STONE BOLD / ALL CAPS 18/21.6

DUIS TE FEUGI FACILISI. DUIS AUTEM DOLOR IN HENDRERIT IN VULPUTATE VELIT ESSE MOLESTIE CONSEQUAT

MINION 14/16.8

Videntes apostoli et alii patres antiqui, et praecipue reverendus pater noster beatus Benedictus, quod otiositas inimica est animae, sicut ipse dicit in regula sua, ipsi propriis manibus laboraverunt, *et religiosis viris opera* manuum secundum quod regula praecepit, studeant propriis manibus laborare.

Sed ne aliquis de dispositione locorum causari possit dicens, tale monasterium non esse apertum ad *opera manuum exercenda,* quia situm est in civitate, in aliquo castro vel villa, propterea.

MINION ITALIC & ROMAN / SMALL CAPS 11/13.2

Dolor sit amet SED UT PERSPICIATIS *ipsam voluptatem enim voluptas sit esse Dominico Vaspernatur aut fugit Roma, Januaris 1522.*

MINION BOLD / SMALL CAPS 19/22.8

NEMO ENIM

MINION 11/14.4

Sed ut perspiciatis unde omnis iste natus error sit voluptatem accusantium doloremque laudantium, totam rem aperiam, eaque ipsa quae ab illo de inventore veritatis et quasi architecto beatae vitae dicta sunt est explicabo natus:

- Neque *porro* quisquam
- Architecto beatae vitae
- Qui *dolorem* ipsum
- Inventore veritatis quasi

Dolores nemo enim ipsam voluptatem quia voluptas sit aspernatur aut odit aut fugit, sed quia consequuntur magni est dolores eos qui ratione.

Nunc enim vere monachi est de sunt, si otiosi non maneant, sicut. Sed ne aliquis de possit dicens, tale est monasterium.

MINION BOLD 16/19.2

Operae pretium reor ea quae isto in anno Dominus per beatum Benedictum in Galliis operari dignatus est, ad posterorum memoriam et aedificationem annectere. Quidam namque vir potentissimus Gallorum *gente progenitus tantis* se ab ipsa infantia execrarat flagitiis.

STONE BOLD ITALIC 9/15

"Neque porro quisquam est, qui dolorem ipsum quia dolor sit amet, consectetur Nemo voluptatem quia vere monachi maneant, aspernatur aut odit aut fugit, sed quia eos qui ratione voluptatem sequi nesciunt."

STONE BOLD 8/12

Quisquam						
	1	2	3	4	5	6
7	8	9	10	11	12	13
14	15	16	17	18	19	20
21	22	23	24	25	26	27
28	29	30				

STONE 9/11

Cuidam	Vero
Dei	Servo
Juxta	Manenti
Dominus	Ea Quae Circa
Defuncti	Animam
Agebantur	Ostendere
Dignatus	Est
Nam	Statim
Ut de corpore	Exiit

STONE BOLD 13/20

Et sanctus: Ne vobis injustitiam forte facere videar, ejus facta examinate

STONE BOLD 25/30

Lorem ipsum dolor sit amet, consectetuer adipiscing elit

STONE BOLD / ALL CAPS 18/21.6

DUIS TE FEUGI FACILISI. DUIS AUTEM DOLOR IN HENDRERIT IN VULPUTATE VELIT ESSE MOLESTIE CONSEQUAT

NEW CENTURY SCHOOLBOOK 12/16

Videntes apostoli et alii patres antiqui, et praecipue reverendus pater noster beatus Benedictus, quod otiositas inimica est animae, sicut ipse dicit in regula sua, ipsi propriis manibus laboraverunt, *et religiosis viris opera* manuum secundum quod regula praecepit, studeant propriis manibus laborare.

Sed ne aliquis de dispositione locorum causari possit dicens, tale monasterium non esse apertum ad *opera manuum exercenda,* quia situm est in civitate, in aliquo castro vel villa, propterea.

NEW CENTURY SCHOOLBOOK ITALIC & ROMAN / SMALL CAPS 10/13

Dolor sit amet SED UT PERSPICIATIS *ipsam voluptatem enim voluptas sit esse Dominico Vaspernatur aut fugit Roma, Januaris 1522.*

NEW CENTURY SCHOOL BOOK BOLD / SMALL CAPS 19/22

NEMO ENIM

NEW CENTURY SCHOOLBOOK 10/14.4

Sed ut perspiciatis unde omnis iste natus error sit voluptatem accusantium doloremque laudantium, totam rem aperiam, eaque ipsa quae ab illo de inventore veritatis et quasi architecto beatae vitae dicta sunt est explicabo natus:

- Neque *porro* quisquam
- Architecto beatae vitae
- Qui *dolorem* ipsum
- Inventore veritatis quasi

Dolores nemo enim ipsam voluptatem quia voluptas sit aspernatur aut odit aut fugit, sed quia consequuntur magni est dolores eos qui ratione.

Nunc enim vere monachi est de sunt, si otiosi non maneant, sicut. Sed ne aliquis de possit dicens, tale est monasterium.

STONE BOLD ITALIC 9/15

"Neque porro quisquam est, qui dolorem ipsum quia dolor sit amet, consectetur Nemo voluptatem quia vere monachi maneant, aspernatur aut odit aut fugit, sed quia eos qui ratione voluptatem sequi nesciunt."

STONE BOLD 8/12

Quisquam					
1	2	3	4	5	6
7	8	9	10	11	12	13
14	15	16	17	18	19	20
21	22	23	24	25	26	27
28	29	30				

NEW CENTURY SCHOOLBOOK BOLD 14/19

Operae pretium reor ea quae isto in anno Dominus per beatum Benedictum in Galliis operari dignatus est, ad posterorum memoriam et aedificationem annectere. Quidam namque vir potentissimus Gallorum *gente progenitus tantis* se ab ipsa infantia execrarat flagitiis.

STONE 9/11

Cuidam.. Vero
Dei ....Servo
Juxta ....Manenti
Dominus....................Ea Quae Circa
Defuncti................................ Animam
Agebantur........................... Ostendere
Dignatus..Est
Nam .... Statim
Ut de corpore ....Exiit

STONE BOLD 13/20

Et sanctus: Ne vobis injustitiam forte facere videar, ejus facta examinate

STONE BOLD 25/30

Lorem ipsum dolor sit amet, consectetuer adipiscing elit

STONE BOLD / ALL CAPS 18/21.6

DUIS TE FEUGI FACILISI. DUIS AUTEM DOLOR IN HENDRERIT IN VULPUTATE VELIT ESSE MOLESTIE CONSEQUAT

PALATINO 12/16

Videntes apostoli et alii patres antiqui, et praecipue reverendus pater noster beatus Benedictus, quod otiositas inimica est animae, sicut ipse dicit in regula sua, ipsi propriis manibus laboraverunt, et *religiosis viris opera* manuum secundum quod regula praecepit, studeant propriis manibus laborare.

Sed ne aliquis de dispositione locorum causari possit dicens, tale monasterium non esse apertum ad *opera manuum exercenda*, quia situm est in civitate, in aliquo castro vel villa, propterea.

PALATINO ITALIC / SMALL CAPS 10/12

Dolor sit amet SED UT PERSPICIATIS *ipsam voluptatem enim voluptas sit esse Dominico Vaspernatur aut fugit Roma, Januaris 1522.*

PALATINO BOLD / SMALL CAPS 19/22.8

NEMO ENIM

PALATINO 10/14

Sed ut perspiciatis unde omnis iste natus error sit voluptatem accusantium doloremque laudantium, totam rem aperiam, eaque ipsa quae ab illo de inventore veritatis et quasi architecto beatae vitae dicta sunt est explicabo natus:

- Neque *porro* quisquam
- Architecto beatae vitae
- Qui *dolorem* ipsum
- Inventore veritatis quasi

Dolores nemo enim ipsam voluptatem quia voluptas sit aspernatur aut odit aut fugit, sed quia consequuntur magni est dolores eos qui ratione.

Nunc enim vere monachi est de sunt, si otiosi non maneant, sicut. Sed ne aliquis de possit dicens, tale est monasterium.

STONE BOLD ITALIC 9/15

"Neque porro quisquam est, qui dolorem ipsum quia dolor sit amet, consectetur Nemo voluptatem quia vere monachi maneant, aspernatur aut odit aut fugit, sed quia eos qui ratione voluptatem sequi nesciunt."

STONE BOLD 8/12

Quisquam						
	1	2	3	4	5	6
7	8	9	10	11	12	13
14	15	16	17	18	19	20
21	22	23	24	25	26	27
28	29	30				

PALATINO BOLD 15/18

Operae pretium reor ea quae isto in anno Dominus per beatum Benedictum in Galliis operari dignatus est, ad posterorum memoriam et aedificationem annectere. Quidam namque vir potentissimus Gallorum *gente progenitus tantis* se ab ipsa infantia execrarat flagitiis.

STONE 9/11

Cuidam	Vero
Dei	Servo
Juxta	Manenti
Dominus	Ea Quae Circa
Defuncti	Animam
Agebantur	Ostendere
Dignatus	Est
Nam	Statim
Ut de corpore	Exiit

STONE BOLD 13/20

Et sanctus: Ne vobis injustitiam forte facere videar, ejus facta examinate

STONE BOLD 25/30

Lorem ipsum dolor sit amet, consectetuer adipiscing elit

STONE BOLD / ALL CAPS 18/21.6

DUIS TE FEUGI FACILISI. DUIS AUTEM DOLOR IN HENDRERIT IN VULPUTATE VELIT ESSE MOLESTIE CONSEQUAT

SABON 13/15.6

Videntes apostoli et alii patres antiqui, et praecipue reverendus pater noster beatus Benedictus, quod otiositas inimica est animae, sicut ipse dicit in regula sua, ipsi propriis manibus laboraverunt, et *religiosis viris opera* manuum secundum quod regula praecepit, studeant propriis manibus laborare.

Sed ne aliquis de dispositione locorum causari possit dicens, tale monasterium non esse apertum ad *opera manuum exercenda*, quia situm est in civitate, in aliquo castro vel villa, propterea.

SABON ITALIC / SMALL CAPS 10/12

Dolor sit amet SED UT PERSPICIATIS *ipsam voluptatem enim voluptas sit esse Dominico Vaspernatur aut fugit Roma, Januaris 1522.*

SABON BOLD / SMALL CAPS 19/22.8

NEMO ENIM

SABON 11/14

Sed ut perspiciatis unde omnis iste natus error sit voluptatem accusantium doloremque laudantium, totam rem aperiam, eaque ipsa quae ab illo de inventore veritatis et quasi architecto beatae vitae dicta sunt est explicabo natus:

- Neque *porro* quisquam
- Architecto beatae vitae
- Qui *dolorem* ipsum
- Inventore veritatis quasi

Dolores nemo enim ipsam voluptatem quia voluptas sit aspernatur aut odit aut fugit, sed quia consequuntur magni est dolores eos qui ratione.

Nunc enim vere monachi est de sunt, si otiosi non maneant, sicut. Sed ne aliquis de possit dicens, tale est monasterium.

STONE BOLD ITALIC 9/15

"Neque porro quisquam est, qui dolorem ipsum quia dolor sit amet, consectetur Nemo voluptatem quia vere monachi maneant, aspernatur aut odit aut fugit, sed quia eos qui ratione voluptatem sequi nesciunt."

STONE BOLD 8/12

Quisquam						
	1	2	3	4	5	6
7	8	9	10	11	12	13
14	15	16	17	18	19	20
21	22	23	24	25	26	27
28	29	30				

SABON BOLD 16/19.2

Operae pretium reor ea quae isto in anno Dominus per beatum Benedictum in Galliis operari dignatus est, ad posterorum memoriam et aedificationem annectere. Quidam namque vir potentissimus Gallorum *gente progenitus tantis* se ab ipsa infantia execrarat flagitiis.

STONE 9/11

Cuidam	Vero
Dei	Servo
Juxta	Manenti
Dominus	Ea Quae Circa
Defuncti	Animam
Agebantur	Ostendere
Dignatus	Est
Nam	Statim
Ut de corpore	Exiit

STONE BOLD 13/20

Et sanctus: Ne vobis injustitiam forte facere videar, ejus facta examinate

STONE BOLD 25/30

Lorem ipsum dolor sit amet, consectetuer adipiscing elit

STONE BOLD / ALL CAPS 18/21.6

DUIS TE FEUGI FACILISI. DUIS AUTEM DOLOR IN HENDRERIT IN VULPUTATE VELIT ESSE MOLESTIE CONSEQUAT

TIMES NEW ROMAN 14/16.8

Videntes apostoli et alii patres antiqui, et praecipue reverendus pater noster beatus Benedictus, quod otiositas inimica est animae, sicut ipse dicit in regula sua, ipsi propriis manibus laboraverunt, et *religiosis viris opera* manuum secundum quod regula praecepit, student propriis manibus laborare.

Sed ne aliquis de dispositione locorum causari possit dicens, tale monasterium non esse apertum ad *opera manuum exercenda*, quia situm est in civitate, in aliquo castro vel villa, propterea.

TIMES NEW ROMAN ITALIC / SMALL CAPS 11/13.2

Dolor sit amet SED UT PERSPICIATIS *ipsam voluptatem enim voluptas sit esse Dominico Vaspernatur aut fugit Roma, Januaris 1522.*

TIMES NEW ROMAN BOLD / SMALL CAPS 19/22.8

NEMO ENIM

TIMES NEW ROMAN 11/14

Sed ut perspiciatis unde omnis iste natus error sit voluptatem accusantium doloremque laudantium, totam rem aperiam, eaque ipsa quae ab illo de inventore veritatis et quasi architecto beatae vitae dicta sunt est explicabo natus:

- Neque *porro* quisquam
- Architecto beatae vitae
- Qui *dolorem* ipsum
- Inventore veritatis quasi

Dolores nemo enim ipsam voluptatem quia voluptas sit aspernatur aut odit aut fugit, sed quia consequuntur magni est dolores eos qui ratione.

Nunc enim vere monachi est de sunt, si otiosi non maneant, sicut. Sed ne aliquis de possit dicens, tale est monasterium.

STONE BOLD ITALIC 9/15

"Neque porro quisquam est, qui dolorem ipsum quia dolor sit amet, consectetur Nemo voluptatem quia vere monachi maneant, aspernatur aut odit aut fugit, sed quia eos qui ratione voluptatem sequi nesciunt."

STONE BOLD 8/12

Quisquam					
	1	2	3	4	5	6
7	8	9	10	11	12	13
14	15	16	17	18	19	20
21	22	23	24	25	26	27
28	29	30				

TIMES NEW ROMAN BOLD 16/19.2

Operae pretium reor ea quae isto in anno Dominus per beatum Benedictum in Galliis operari dignatus est, ad posterorum memoriam et aedificationem annectere. Quidam namque vir potentissimus Gallorum *gente progenitus tantis* se ab ipsa infantia execrarat flagitiis.

STONE 9/11

Cuidam	Vero
Dei	Servo
Juxta	Manenti
Dominus	Ea Quae Circa
Defuncti	Animam
Agebantur	Ostendere
Dignatus	Est
Nam	Statim
Ut de corpore	Exiit

STONE BOLD 13/20

Et sanctus: Ne vobis injustitiam forte facere videar, ejus facta examinate

STONE BOLD 25/30

Lorem ipsum dolor sit amet, consectetuer adipiscing elit

STONE BOLD / ALL CAPS 18/21.6

DUIS TE FEUGI FACILISI. DUIS AUTEM DOLOR IN HENDRERIT IN VULPUTATE VELIT ESSE MOLESTIE CONSEQUAT

WARNOCK 13/15.6

Videntes apostoli et alii patres antiqui, et praecipue reverendus pater noster beatus Benedictus, quod otiositas inimica est animae, sicut ipse dicit in regula sua, ipsi propriis manibus laboraverunt, *et religiosis viris opera* manuum secundum quod regula praecepit, studeant propriis manibus laborare.

Sed ne aliquis de dispositione locorum causari possit dicens, tale monasterium non esse apertum ad *opera manuum exercenda,* quia situm est in civitate, in aliquo castro vel villa, propterea.

WARNOCK ITALIC & ROMAN / SMALL CAPS 11/13.2

Dolor sit amet SED UT PERSPICIATIS *ipsam voluptatem enim voluptas sit esse Dominico Vaspernatur aut fugit Roma, Januaris 1522.*

WARNOCK BOLD / SMALL CAPS 19/22.8

NEMO ENIM

WARNOCK 11/14

Sed ut perspiciatis unde omnis iste natus error sit voluptatem accusantium doloremque laudantium, totam rem aperiam, eaque ipsa quae ab illo de inventore veritatis et quasi architecto beatae vitae dicta sunt est explicabo natus:

- Neque *porro* quisquam
- Architecto beatae vitae
- Qui *dolorem* ipsum
- Inventore veritatis quasi

Dolores nemo enim ipsam voluptatem quia voluptas sit aspernatur aut odit aut fugit, sed quia consequuntur magni est dolores eos qui ratione.

Nunc enim vere monachi est de sunt, si otiosi non maneant, sicut. Sed ne aliquis de possit dicens, tale est monasterium.

STONE BOLD ITALIC 9/15

"Neque porro quisquam est, qui dolorem ipsum quia dolor sit amet, consectetur Nemo voluptatem quia vere monachi maneant, aspernatur aut odit aut fugit, sed quia eos qui ratione voluptatem sequi nesciunt."

STONE BOLD 8/12

Quisquam					
	1	2	3	4	5	6
7	8	9	10	11	12	13
14	15	16	17	18	19	20
21	22	23	24	25	26	27
28	29	30				

WARNOCK BOLD 16/19.2

Operae pretium reor ea quae isto in anno Dominus per beatum Benedictum in Galliis operari dignatus est, ad posterorum memoriam et aedificationem annectere. Quidam namque vir potentissimus Gallorum *gente progenitus tantis* se ab ipsa infantia execrarat flagitiis.

STONE 9/11

Cuidam... Vero
Dei ....Servo
Juxta ....Manenti
Dominus........................Ea Quae Circa
Defuncti............................... Animam
Agebantur......................... Ostendere
Dignatus ....Est
Nam .... Statim
Ut de corpore ....Exiit

STONE BOLD 13/20

Et sanctus: Ne vobis injustitiam forte facere videar, ejus facta examinate

THESIS BOLD 30/32

Lorem ipsum dolor sit amet, consectetuer adipiscing elit

THESIS BOLD / ALL CAPS 18/21.6

DUIS TE FEUGI FACILISI. DUIS AUTEM DOLOR IN HENDRERIT IN VULPUTATE VELIT ESSE MOLESTIE CONSEQUAT

THESIS 12/14.4

Videntes apostoli et alii patres antiqui, et praecipue reverendus pater noster beatus Benedictus, quod otiositas inimica est animae, sicut ipse dicit in regula sua, ipsi propriis manibus laboraverunt, et *religiosis viris opera* manuum secundum quod regula praecepit, studeant propriis manibus laborare.

Sed ne aliquis de dispositione locorum causari possit dicens, tale monasterium non esse apertum ad *opera manuum exercenda*, quia situm est in civitate, in aliquo castro vel villa, propterea.

THESIS ITALIC / SMALL CAPS 10/12

Dolor sit amet SED UT PERSPICIATIS *ipsam voluptatem enim voluptas sit esse Dominico Vaspernatur aut fugit Roma, Januaris 1522.*

THESIS BOLD / SMALL CAPS 19/22.8

NEMO ENIM

THESIS 10/14

Sed ut perspiciatis unde omnis iste natus error sit voluptatem ac cusantium doloremque laudantium, totam rem aperiam, eaque ipsa quae ab illo de inventore veritatis et quasi architecto beatae vitae dicta sunt est explicabo natus:

- Neque *porro* quisquam
- Architecto beatae vitae
- Qui *dolorem* ipsum
- Inventore veritatis quasi

Dolores nemo enim ipsam voluptatem quia voluptas sit aspernatur aut odit aut fugit, sed quia consequuntur magni est dolores eos qui ratione.

Nunc enim vere monachi est de sunt, si otiosi non maneant, sicut. Sed ne aliquis de possit dicens, tale est monasterium.

THESIS BOLD ITALIC 8/17

"Neque porro quisquam est, qui dolorem ipsum quia dolor sit amet, consectetur Nemo voluptatem quia vere monachi maneant, aspernatur aut odit aut fugit, sed quia eos qui ratione voluptatem sequi nesciunt."

THESIS BOLD 8/12

Quisquam						
	1	2	3	4	5	6
7	8	9	10	11	12	13
14	15	16	17	18	19	20
21	22	23	24	25	26	27
28	29	30				

THESIS BOLD 16/19.2

Operae pretium reor ea quae isto in anno Dominus per beatum Benedictum in Galliis operari dignatus est, ad posterorum memoriam et aedificationem annectere. Quidam namque vir potentissimus Gallorum *gente progenitus tantis* se ab ipsa infantia execrarat flagitiis.

THESIS 9/11

Cuidam	Vero
Dei	Servo
Juxta	Manenti
Dominus	Ea Quae Circa
Defuncti	Animam
Agebantur	Ostendere
Dignatus	Est
Nam	Statim
Ut de corpore	Exiit

THESIS BOLD 14/19

Et sanctus: Ne vobis injustitiam forte facere videar, ejus facta examinate

THESIS BOLD 30/32

Lorem ipsum dolor sit amet, consectetuer adipiscing elit

THESIS BOLD / ALL CAPS 18/21.6

DUIS TE FEUGI FACILISI. DUIS AUTEM DOLOR IN HENDRERIT IN VULPUTATE VELIT ESSE MOLESTIE CONSEQUAT

MINION 14/16.8

Videntes apostoli et alii patres antiqui, et praecipue reverendus pater noster beatus Benedictus, quod otiositas inimica est animae, sicut ipse dicit in regula sua, ipsi propriis manibus laboraverunt, *et religiosis viris opera* manuum secundum quod regula praecepit, studeant propriis manibus laborare.

Sed ne aliquis de dispositione locorum causari possit dicens, tale monasterium non esse apertum ad *opera manuum exercenda,* quia situm est in civitate, in aliquo castro vel villa, propterea.

MINION ITALIC & ROMAN / SMALL CAPS 11/13.2

Dolor sit amet SED UT PERSPICIATIS *ipsam voluptatem enim voluptas sit esse Dominico Vaspernatur aut fugit Roma, Januaris 1522.*

MINION BOLD / SMALL CAPS 19/22.8

NEMO ENIM

MINION 11/14.4

Sed ut perspiciatis unde omnis iste natus error sit voluptatem accusantium doloremque laudantium, totam rem aperiam, eaque ipsa quae ab illo de inventore veritatis et quasi architecto beatae vitae dicta sunt est explicabo natus:

- Neque *porro* quisquam
- Architecto beatae vitae
- Qui *dolorem* ipsum
- Inventore veritatis quasi

Dolores nemo enim ipsam voluptatem quia voluptas sit aspernatur aut odit aut fugit, sed quia consequuntur magni est dolores eos qui ratione.

Nunc enim vere monachi est de sunt, si otiosi non maneant, sicut. Sed ne aliquis de possit dicens, tale est monasterium.

THESIS BOLD ITALIC 8/17

"Neque porro quisquam est, qui dolorem ipsum quia dolor sit amet, consectetur Nemo voluptatem quia vere monachi maneant, aspernatur aut odit aut fugit, sed quia eos qui ratione voluptatem sequi nesciunt."

THESIS BOLD 8/12

Quisquam						
	1	2	3	4	5	6
7	8	9	10	11	12	13
14	15	16	17	18	19	20
21	22	23	24	25	26	27
28	29	30				

MINION BOLD 16/19.2

Operae pretium reor ea quae isto in anno Dominus per beatum Benedictum in Galliis operari dignatus est, ad posterorum memoriam et aedificationem annectere. Quidam namque vir potentissimus Gallorum *gente progenitus tantis* se ab ipsa infantia execrarat flagitiis.

THESIS 9/11

Cuidam	Vero
Dei	Servo
Juxta	Manenti
Dominus	Ea Quae Circa
Defuncti	Animam
Agebantur	Ostendere
Dignatus	Est
Nam	Statim
Ut de corpore	Exiit

THESIS BOLD 14/19

Et sanctus: Ne vobis injustitiam forte facere videar, ejus facta examinate

THESIS BOLD 30/32

Lorem ipsum dolor sit amet, consectetuer adipiscing elit

THESIS BOLD / ALL CAPS 18/21.6

DUIS TE FEUGI FACILISI. DUIS AUTEM DOLOR IN HENDRERIT IN VULPUTATE VELIT ESSE MOLESTIE CONSEQUAT

NEW CENTURY SCHOOLBOOK 12/16

Videntes apostoli et alii patres antiqui, et praecipue reverendus pater noster beatus Benedictus, quod otiositas inimica est animae, sicut ipse dicit in regula sua, ipsi propriis manibus laboraverunt, *et religiosis viris opera* manuum secundum quod regula praecepit, studeant propriis manibus laborare.

Sed ne aliquis de dispositione locorum causari possit dicens, tale monasterium non esse apertum ad *opera manuum exercenda,* quia situm est in civitate, in aliquo castro vel villa, propterea.

NEW CENTURY SCHOOLBOOK ITALIC & ROMAN / SMALL CAPS 10/13

Dolor sit amet SED UT PERSPICIATIS *ipsam voluptatem enim voluptas sit esse Dominico Vaspernatur aut fugit Roma, Januaris 1522.*

NEW CENTURY SCHOOL BOOK BOLD / SMALL CAPS 19/22

NEMO ENIM

NEW CENTURY SCHOOLBOOK 10/14.4

Sed ut perspiciatis unde omnis iste natus error sit voluptatem accusantium doloremque laudantium, totam rem aperiam, eaque ipsa quae ab illo de inventore veritatis et quasi architecto beatae vitae dicta sunt est explicabo natus:

- Neque *porro* quisquam
- Architecto beatae vitae
- Qui *dolorem* ipsum
- Inventore veritatis quasi

Dolores nemo enim ipsam voluptatem quia voluptas sit aspernatur aut odit aut fugit, sed quia consequuntur magni est dolores eos qui ratione.

Nunc enim vere monachi est de sunt, si otiosi non maneant, sicut. Sed ne aliquis de possit dicens, tale est monasterium.

THESIS BOLD ITALIC 8/17

"Neque porro quisquam est, qui dolorem ipsum quia dolor sit amet, consectetur Nemo voluptatem quia vere monachi maneant, aspernatur aut odit aut fugit, sed quia eos qui ratione voluptatem sequi nesciunt."

THESIS BOLD 8/12

Quisquam						
	1	2	3	4	5	6
7	8	9	10	11	12	13
14	15	16	17	18	19	20
21	22	23	24	25	26	27
28	29	30				

NEW CENTURY SCHOOLBOOK BOLD 14/19

Operae pretium reor ea quae isto in anno Dominus per beatum Benedictum in Galliis operari dignatus est, ad posterorum memoriam et aedificationem annectere. Quidam namque vir potentissimus Gallorum *gente progenitus tantis* se ab ipsa infantia execrarat flagitiis.

THESIS 9/11

Cuidam ....Vero
Dei ....Servo
Juxta.. Manenti
Dominus............................Ea Quae Circa
Defuncti ....Animam
Agebantur....................................Ostendere
Dignatus...Est
Nam..Statim
Ut de corpore ....Exiit

THESIS BOLD 14/19

Et sanctus: Ne vobis injustitiam forte facere videar, ejus facta examinate

THESIS BOLD 30/32

Lorem ipsum dolor sit amet, consectetuer adipiscing elit

THESIS BOLD / ALL CAPS 18/21.6

DUIS TE FEUGI FACILISI. DUIS AUTEM DOLOR IN HENDRERIT IN VULPUTATE VELIT ESSE MOLESTIE CONSEQUAT

PALATINO 12/16

Videntes apostoli et alii patres antiqui, et praecipue reverendus pater noster beatus Benedictus, quod otiositas inimica est animae, sicut ipse dicit in regula sua, ipsi propriis manibus laboraverunt, et *religiosis viris opera* manuum secundum quod regula praecepit, studeant propriis manibus laborare.

Sed ne aliquis de dispositione locorum causari possit dicens, tale monasterium non esse apertum ad *opera manuum exercenda*, quia situm est in civitate, in aliquo castro vel villa, propterea.

PALATINO ITALIC / SMALL CAPS 10/12

Dolor sit amet SED UT PERSPICIATIS *ipsam voluptatem enim voluptas sit esse Dominico Vaspernatur aut fugit Roma, Januaris 1522.*

PALATINO BOLD / SMALL CAPS 19/22.8

NEMO ENIM

PALATINO 10/14

Sed ut perspiciatis unde omnis iste natus error sit voluptatem accusantium doloremque laudantium, totam rem aperiam, eaque ipsa quae ab illo de inventore veritatis et quasi architecto beatae vitae dicta sunt est explicabo natus:

- Neque *porro* quisquam
- Architecto beatae vitae
- Qui *dolorem* ipsum
- Inventore veritatis quasi

Dolores nemo enim ipsam voluptatem quia voluptas sit aspernatur aut odit aut fugit, sed quia consequuntur magni est dolores eos qui ratione.

Nunc enim vere monachi est de sunt, si otiosi non maneant, sicut. Sed ne aliquis de possit dicens, tale est monasterium.

THESIS BOLD ITALIC 8/17

"Neque porro quisquam est, qui dolorem ipsum quia dolor sit amet, consectetur Nemo voluptatem quia vere monachi maneant, aspernatur aut odit aut fugit, sed quia eos qui ratione voluptatem sequi nesciunt."

THESIS BOLD 8/12

Quisquam					
	1	2	3	4	5	6
7	8	9	10	11	12	13
14	15	16	17	18	19	20
21	22	23	24	25	26	27
28	29	30				

PALATINO BOLD 15/18

Operae pretium reor ea quae isto in anno Dominus per beatum Benedictum in Galliis operari dignatus est, ad posterorum memoriam et aedificationem annectere. Quidam namque vir potentissimus Gallorum *gente progenitus tantis* se ab ipsa infantia execrarat flagitiis.

THESIS 9/11

Cuidam	Vero
Dei	Servo
Juxta	Manenti
Dominus	Ea Quae Circa
Defuncti	Animam
Agebantur	Ostendere
Dignatus	Est
Nam	Statim
Ut de corpore	Exiit

THESIS BOLD 14/19

Et sanctus: Ne vobis injustitiam forte facere videar, ejus facta examinate

THESIS BOLD 30/32

Lorem ipsum dolor sit amet, consectetuer adipiscing elit

THESIS BOLD / ALL CAPS 18/21.6

DUIS TE FEUGI FACILISI. DUIS AUTEM DOLOR IN HENDRERIT IN VULPUTATE VELIT ESSE MOLESTIE CONSEQUAT

SABON 13/15.6

Videntes apostoli et alii patres antiqui, et praecipue reverendus pater noster beatus Benedictus, quod otiositas inimica est animae, sicut ipse dicit in regula sua, ipsi propriis manibus laboraverunt, et *religiosis viris opera* manuum secundum quod regula praecepit, studeant propriis manibus laborare.

Sed ne aliquis de dispositione locorum causari possit dicens, tale monasterium non esse apertum ad *opera manuum exercenda*, quia situm est in civitate, in aliquo castro vel villa, propterea.

SABON ITALIC / SMALL CAPS 10/12

Dolor sit amet SED UT PERSPICIATIS *ipsam voluptatem enim voluptas sit esse Dominico Vaspernatur aut fugit Roma, Januaris 1522.*

SABON BOLD / SMALL CAPS 19/22.8

NEMO ENIM

SABON 11/14

Sed ut perspiciatis unde omnis iste natus error sit voluptatem accusantium doloremque laudantium, totam rem aperiam, eaque ipsa quae ab illo de inventore veritatis et quasi architecto beatae vitae dicta sunt est explicabo natus:

- Neque *porro* quisquam
- Architecto beatae vitae
- Qui *dolorem* ipsum
- Inventore veritatis quasi

Dolores nemo enim ipsam voluptatem quia voluptas sit aspernatur aut odit aut fugit, sed quia consequuntur magni est dolores eos qui ratione.

Nunc enim vere monachi est de sunt, si otiosi non maneant, sicut. Sed ne aliquis de possit dicens, tale est monasterium.

THESIS BOLD ITALIC 8/17

"Neque porro quisquam est, qui dolorem ipsum quia dolor sit amet, consectetur Nemo voluptatem quia vere monachi maneant, aspernatur aut odit aut fugit, sed quia eos qui ratione voluptatem sequi nesciunt."

THESIS BOLD 8/12

Quisquam						
	1	2	3	4	5	6
7	8	9	10	11	12	13
14	15	16	17	18	19	20
21	22	23	24	25	26	27
28	29	30				

SABON BOLD 16/19.2

Operae pretium reor ea quae isto in anno Dominus per beatum Benedictum in Galliis operari dignatus est, ad posterorum memoriam et aedificationem annectere. Quidam namque vir potentissimus Gallorum *gente progenitus tantis* se ab ipsa infantia execrarat flagitiis.

THESIS 9/11

Cuidam	Vero
Dei	Servo
Juxta	Manenti
Dominus	Ea Quae Circa
Defuncti	Animam
Agebantur	Ostendere
Dignatus	Est
Nam	Statim
Ut de corpore	Exiit

THESIS BOLD 14/19

Et sanctus: Ne vobis injustitiam forte facere videar, ejus facta examinate

THESIS BOLD 30/32

Lorem ipsum dolor sit amet, consectetuer adipiscing elit

THESIS BOLD / ALL CAPS 18/21.6

DUIS TE FEUGI FACILISI. DUIS AUTEM DOLOR IN HENDRERIT IN VULPUTATE VELIT ESSE MOLESTIE CONSEQUAT

TIMES NEW ROMAN 14/16.8

Videntes apostoli et alii patres antiqui, et praecipue reverendus pater noster beatus Benedictus, quod otiositas inimica est animae, sicut ipse dicit in regula sua, ipsi propriis manibus laboraverunt, et *religiosis viris opera* manuum secundum quod regula praecepit, studeant propriis manibus laborare.

Sed ne aliquis de dispositione locorum causari possit dicens, tale monasterium non esse apertum ad *opera manuum exercenda*, quia situm est in civitate, in aliquo castro vel villa, propterea.

TIMES NEW ROMAN ITALIC / SMALL CAPS 11/13.2

Dolor sit amet SED UT PERSPICIATIS *ipsam voluptatem enim voluptas sit esse Dominico Vaspernatur aut fugit Roma, Januaris 1522.*

TIMES NEW ROMAN BOLD / SMALL CAPS 19/22.8

NEMO ENIM

TIMES NEW ROMAN 11/14

Sed ut perspiciatis unde omnis iste natus error sit voluptatem accusantium doloremque laudantium, totam rem aperiam, eaque ipsa quae ab illo de inventore veritatis et quasi architecto beatae vitae dicta sunt est explicabo natus:

- Neque *porro* quisquam
- Architecto beatae vitae
- Qui *dolorem* ipsum
- Inventore veritatis quasi

Dolores nemo enim ipsam voluptatem quia voluptas sit aspernatur aut odit aut fugit, sed quia consequuntur magni est dolores eos qui ratione.

Nunc enim vere monachi est de sunt, si otiosi non maneant, sicut. Sed ne aliquis de possit dicens, tale est monasterium.

THESIS BOLD ITALIC 8/17

"Neque porro quisquam est, qui dolorem ipsum quia dolor sit amet, consectetur Nemo voluptatem quia vere monachi maneant, aspernatur aut odit aut fugit, sed quia eos qui ratione voluptatem sequi nesciunt."

THESIS BOLD 8/12

Quisquam						
	1	2	3	4	5	6
7	8	9	10	11	12	13
14	15	16	17	18	19	20
21	22	23	24	25	26	27
28	29	30				

TIMES NEW ROMAN BOLD 16/19.2

Operae pretium reor ea quae isto in anno Dominus per beatum Benedictum in Galliis operari dignatus est, ad posterorum memoriam et aedificationem annectere. Quidam namque vir potentissimus Gallorum *gente progenitus tantis* se ab ipsa infantia execrarat flagitiis.

THESIS 9/11

THESIS BOLD 14/19

Et sanctus: Ne vobis injustitiam forte facere videar, ejus facta examinate

TIMES ROMAN BOLD 30/32

Lorem ipsum dolor sit amet, consectetuer adipiscing elit

TIMES ROMAN BOLD / ALL CAPS 18/21.6

DUIS TE FEUGI FACILISI. DUIS AUTEM DOLOR IN HENDRERIT IN VULPUTATE VELIT ESSE MOLESTIE CONSEQUAT

TIMES NEW ROMAN 14/16.8

Videntes apostoli et alii patres antiqui, et praecipue reverendus pater noster beatus Benedictus, quod otiositas inimica est animae, sicut ipse dicit in regula sua, ipsi propriis manibus laboraverunt, et *religiosis viris opera* manuum secundum quod regula praecepit, studeant propriis manibus laborare.

Sed ne aliquis de dispositione locorum causari possit dicens, tale monasterium non esse apertum ad *opera manuum exercenda*, quia situm est in civitate, in aliquo castro vel villa, propterea.

TIMES NEW ROMAN ITALIC / SMALL CAPS 11/13.2

Dolor sit amet SED UT PERSPICIATIS *ipsam voluptatem enim voluptas sit esse Dominico Vaspernatur aut fugit Roma, Januaris 1522.*

TIMES NEW ROMAN BOLD / SMALL CAPS 19/22.8

NEMO ENIM

TIMES NEW ROMAN 11/14

Sed ut perspiciatis unde omnis iste natus error sit voluptatem accusantium doloremque laudantium, totam rem aperiam, eaque ipsa quae ab illo de inventore veritatis et quasi architecto beatae vitae dicta sunt est explicabo natus:

- Neque *porro* quisquam
- Architecto beatae vitae
- Qui *dolorem* ipsum
- Inventore veritatis quasi

Dolores nemo enim ipsam voluptatem quia voluptas sit aspernatur aut odit aut fugit, sed quia consequuntur magni est dolores eos qui ratione.

Nunc enim vere monachi est de sunt, si otiosi non maneant, sicut. Sed ne aliquis de possit dicens, tale est monasterium.

TIMES ROMAN BOLD ITALIC 10/15

"Neque porro quisquam est, qui dolorem ipsum quia dolor sit amet, consectetur Nemo voluptatem quia vere monachi maneant, aspernatur aut odit aut fugit, sed quia eos qui ratione voluptatem sequi nesciunt."

TIMES ROMAN BOLD 9/12

Quisquam						
	1	2	3	4	5	6
7	8	9	10	11	12	13
14	15	16	17	18	19	20
21	22	23	24	25	26	27
28	29	30				

TIMES NEW ROMAN BOLD 16/19.2

Operae pretium reor ea quae isto in anno Dominus per beatum Benedictum in Galliis operari dignatus est, ad posterorum memoriam et aedificationem annectere. Quidam namque vir potentissimus Gallorum *gente progenitus tantis* se ab ipsa infantia execrarat flagitiis.

TIMES ROMAN 9/11

Cuidam	Vero
Dei	Servo
Juxta	Manenti
Dominus	Ea Quae Circa
Defuncti	Animam
Agebantur	Ostendere
Dignatus	Est
Nam	Statim
Ut de corpore	Exiit

TIMES ROMAN BOLD 16/20

Et sanctus: Ne vobis injustitiam forte facere videar, ejus facta examinate

TIMES ROMAN BOLD 30/32

Lorem ipsum dolor sit amet, consectetuer adipiscing elit

TIMES ROMAN BOLD / ALL CAPS 18/21.6

DUIS TE FEUGI FACILISI. DUIS AUTEM DOLOR IN HENDRERIT IN VULPUTATE VELIT ESSE MOLESTIE CONSEQUAT

FRANKLIN GOTHIC 13/17

Videntes apostoli et alii patres antiqui, et praecipue reverendus pater noster beatus Benedictus, quod otiositas inimica est animae, sicut ipse dicit in regula sua, ipsi propriis manibus laboraverunt, *et religiosis viris opera* manuum secundum quod regula praecepit, studeant propriis manibus laborare.

Sed ne aliquis de dispositione locorum causari possit dicens, tale monasterium non esse apertum ad *opera manuum exercenda,* quia situm est in civitate, in aliquo castro vel villa, propterea.

FRANKLIN GOTHIC ITALIC / SMALL CAPS 11/13.2

Dolor sit amet SED UT PERSPICIATIS *ipsam voluptatem enim voluptas sit esse Dominico Vaspernatur aut fugit Roma, Januaris 1522.*

FRANKLIN GOTHIC BOLD / SMALL CAPS 19/22.8

NEMO ENIM

FRANKLIN GOTHIC 10/14.4

Sed ut perspiciatis unde omnis iste natus error sit voluptatem accu santium doloremque laudantium, totam rem aperiam, eaque ipsa quae ab illo de inventore veritatis et quasi architecto beatae vitae dicta sunt est explicabo natus:

- Neque *porro* quisquam
- Architecto beatae vitae
- Qui *dolorem* ipsum
- Inventore veritatis quasi

Dolores nemo enim ipsam voluptatem quia voluptas sit aspernatur aut odit aut fugit, sed quia consequuntur magni est dolores eos qui ratione.

Nunc enim vere monachi est de sunt, si otiosi non maneant, sicut. Sed ne aliquis de possit dicens, tale est monasterium.

TIMES ROMAN BOLD ITALIC 10/15

"Neque porro quisquam est, qui dolorem ipsum quia dolor sit amet, consectetur Nemo voluptatem quia vere monachi maneant, aspernatur aut odit aut fugit, sed quia eos qui ratione voluptatem sequi nesciunt."

TIMES ROMAN BOLD 9/12

Quisquam					
1	2	3	4	5	6
7	8	9	10	11	12	13
14	15	16	17	18	19	20
21	22	23	24	25	26	27
28	29	30				

FRANKLIN GOTHIC BOLD 16/19.2

Operae pretium reor ea quae isto in anno Dominus per beatum Benedictum in Galliis operari dignatus est, ad posterorum memoriam et aedificationem annectere. Quidam namque vir potentissimus Gallorum *gente progenitus tantis* se ab ipsa infantia execrarat flagitiis.

TIMES ROMAN 9/11

Cuidam	Vero
Dei	Servo
Juxta	Manenti
Dominus	Ea Quae Circa
Defuncti	Animam
Agebantur	Ostendere
Dignatus	Est
Nam	Statim
Ut de corpore	Exiit

TIMES ROMAN BOLD 16/20

Et sanctus: Ne vobis injustitiam forte facere videar, ejus facta examinate

TIMES ROMAN BOLD 30/32

Lorem ipsum dolor sit amet, consectetuer adipiscing elit

TIMES ROMAN BOLD / ALL CAPS 18/21.6

DUIS TE FEUGI FACILISI. DUIS AUTEM DOLOR IN HENDRERIT IN VULPUTATE VELIT ESSE MOLESTIE CONSEQUAT

HELVETICA 12/17

Videntes apostoli et alii patres antiqui, et praecipue reverendus pater noster beatus Benedictus, quod otiositas inimica est animae, sicut ipse dicit in regula sua, ipsi propriis manibus laboraverunt, *et religiosis viris opera* manuum secundum quod regula praecepit, studeant propriis manibus laborare.

Sed ne aliquis de dispositione locorum causari possit dicens, tale monasterium non esse apertum ad *opera manuum exercenda,* quia situm est in civitate, in aliquo castro vel villa, propterea.

HELVETICA ITALIC & ROMAN / SMALL CAPS 11/13.2

Dolor sit amet SED UT PERSPICIATIS *ipsam voluptatem enim voluptas sit esse Dominico Vas git Roma, Januaris 1522.*

HELVETICA BOLD / SMALL CAPS 19/22.8

NEMO ENIM

HELVETICA 10.5/14

Sed ut perspiciatis unde omnis iste natus error sit voluptatem accusantium doloremque laudantium, totam rem aperiam, eaque ipsa quae ab illo de inventore veritatis et quasi architecto beatae vitae dicta sunt est explicabo natus:

- Neque *porro* quisquam
- Architecto beatae vitae
- Qui *dolorem* ipsum
- Inventore veritatis quasi

Dolores nemo enim ipsam voluptatem quia voluptas sit aspernatur aut odit aut fugit, sed quia consequuntur magni est dolores eos qui ratione.

Nunc enim vere monachi est de sunt, si otiosi non maneant, sicut. Sed ne aliquis de possit dicens, tale est monasterium.

TIMES ROMAN BOLD ITALIC 10/15

"Neque porro quisquam est, qui dolorem ipsum quia dolor sit amet, consectetur Nemo voluptatem quia vere monachi maneant, aspernatur aut odit aut fugit, sed quia eos qui ratione voluptatem sequi nesciunt."

TIMES ROMAN BOLD 9/12

Quisquam					
	1	2	3	4	5	6
7	8	9	10	11	12	13
14	15	16	17	18	19	20
21	22	23	24	25	26	27
28	29	30				

HELVETICA BOLD 15/20

Operae pretium reor ea quae isto in anno Dominus per beatum Benedictum in Galliis operari dignatus est, ad posterorum memoriam et aedificationem annectere. Quidam namque vir potentissimus Gallorum *gente progenitus tantis* se ab ipsa infantia execrarat flagitiis.

TIMES ROMAN 9/11

Cuidam	Vero
Dei	Servo
Juxta	Manenti
Dominus	Ea Quae Circa
Defuncti	Animam
Agebantur	Ostendere
Dignatus	Est
Nam	Statim
Ut de corpore	Exiit

TIMES ROMAN BOLD 16/20

Et sanctus: Ne vobis injustitiam forte facere videar, ejus facta examinate

TIMES ROMAN BOLD 30/32

Lorem ipsum dolor sit amet, consectetuer adipiscing elit

TIMES ROMAN BOLD / ALL CAPS 18/21.6

DUIS TE FEUGI FACILISI. DUIS AUTEM DOLOR IN HENDRERIT IN VULPUTATE VELIT ESSE MOLESTIE CONSEQUAT

MONOTYPE GROTESQUE 13/15.6

Videntes apostoli et alii patres antiqui, et praecipue reverendus pater noster beatus Benedictus, quod otiositas inimica est animae, sicut ipse dicit in regula sua, ipsi propriis manibus laboraverunt, et *religiosis viris opera* manuum secundum quod regula praecepit, studeant propriis manibus laborare.

Sed ne aliquis de dispositione locorum causari possit dicens, tale monasterium non esse apertum ad *opera manuum exercenda*, quia situm est in civitate, in aliquo castro vel villa, propterea.

MONOTYPE GROTESQUE ITALIC / SMALL CAPS 11/13.2

Dolor sit amet SED UT PERSPICIATIS *ipsam voluptatem enim voluptas sit esse Dominico Vaspernatur aut fugit Roma, Januaris 1522.*

MONOTYPE GROTESQUE BOLD / SMALL CAPS 19/22.8

NEMO ENIM

MONOTYPE GROTESQUE 11/13.2

Sed ut perspiciatis unde omnis iste natus error sit voluptatem accusantium doloremque laudantium, totam rem aperiam, eaque ipsa quae ab illo de inventore veritatis et quasi architecto beatae vitae dicta sunt est explicabo natus:

- Neque *porro* quisquam
- Architecto beatae vitae
- Qui *dolorem* ipsum
- Inventore veritatis quasi

Dolores nemo enim ipsam voluptatem quia voluptas sit aspernatur aut odit aut fugit, sed quia consequuntur magni est dolores eos qui ratione.

Nunc enim vere monachi est de sunt, si otiosi non maneant, sicut. Sed ne aliquis de possit dicens, tale est monasterium.

TIMES ROMAN BOLD ITALIC 10/15

"Neque porro quisquam est, qui dolorem ipsum quia dolor sit amet, consectetur Nemo voluptatem quia vere monachi maneant, aspernatur aut odit aut fugit, sed quia eos qui ratione voluptatem sequi nesciunt."

TIMES ROMAN BOLD 9/12

Quisquam					
1	2	3	4	5	6
7	8	9	10	11	12	13
14	15	16	17	18	19	20
21	22	23	24	25	26	27
28	29	30				

MONOTYPE GROTESQUE BOLD 15/19

Operae pretium reor ea quae isto in anno Dominus per beatum Benedictum in Galliis operari dignatus est, ad posterorum memoriam et aedificationem annectere. Quidam namque vir potentissimus Gallorum gente progenitus tantis se ab ipsa infantia execrarat flagitiis.

TIMES ROMAN 9/11

Cuidam .... Vero
Dei..Servo
Juxta ....Manenti
Dominus ....Ea Quae Circa
Defuncti.. Animam
Agebantur....................................Ostendere
Dignatus ....Est
Nam...Statim
Ut de corpore.....................................Exiit

TIMES ROMAN BOLD 16/20

Et sanctus: Ne vobis injustitiam forte facere videar, ejus facta examinate

TIMES ROMAN BOLD 30/32

Lorem ipsum dolor sit amet, consectetuer adipiscing elit

TIMES ROMAN BOLD / ALL CAPS 18/21.6

DUIS TE FEUGI FACILISI. DUIS AUTEM DOLOR IN HENDRERIT IN VULPUTATE VELIT ESSE MOLESTIE CONSEQUAT

NEWS GOTHIC 13/17

Videntes apostoli et alii patres antiqui, et praecipue reverendus pater noster beatus Benedictus, quod otiositas inimica est animae, sicut ipse dicit in regula sua, ipsi propriis manibus laboraverunt, et *religiosis viris opera* manuum secundum quod regula praecepit, studeant propriis manibus laborare.

Sed ne aliquis de dispositione locorum causari possit dicens, tale monasterium non esse apertum ad *opera manuum exercenda*, quia situm est in civitate, in aliquo castro vel villa, propterea.

NEWS GOTHIC ITALIC / SMALL CAPS 11/13.2

Dolor sit amet SED UT PERSPICIATIS *ipsam voluptatem enim voluptas sit esse Dominico Vaspernatur aut fugit Roma, Januaris 1522.*

NEWS GOTHIC BOLD / SMALL CAPS 19/22.8

NEMO ENIM

NEWS GOTHIC 11/14

Sed ut perspiciatis unde omnis iste natus error sit voluptatem accusantium doloremque laudantium, totam rem aperiam, eaque ipsa quae ab illo de inventore veritatis et quasi architecto beatae vitae dicta sunt est explicabo natus:

- Neque *porro* quisquam
- Architecto beatae vitae
- Qui *dolorem* ipsum
- Inventore veritatis quasi

Dolores nemo enim ipsam voluptatem quia voluptas sit aspernatur aut odit aut fugit, sed quia consequuntur magni est dolores eos qui ratione.

Nunc enim vere monachi est de sunt, si otiosi non maneant, sicut. Sed ne aliquis de possit dicens, tale est monasterium.

TIMES ROMAN BOLD ITALIC 10/15

"Neque porro quisquam est, qui dolorem ipsum quia dolor sit amet, consectetur Nemo voluptatem quia vere monachi maneant, aspernatur aut odit aut fugit, sed quia eos qui ratione voluptatem sequi nesciunt."

TIMES ROMAN BOLD 9/12

Quisquam						
	1	2	3	4	5	6
7	8	9	10	11	12	13
14	15	16	17	18	19	20
21	22	23	24	25	26	27
28	29	30				

NEWS GOTHIC BOLD 15/19

Operae pretium reor ea quae isto in anno Dominus per beatum Benedictum in Galliis operari dignatus est, ad posterorum memoriam et aedificationem annectere. Quidam namque vir potentissimus Gallorum *gente progenitus tantis* se ab ipsa infantia execrarat flagitiis.

TIMES ROMAN 9/11

Cuidam	Vero
Dei	Servo
Juxta	Manenti
Dominus	Ea Quae Circa
Defuncti	Animam
Agebantur	Ostendere
Dignatus	Est
Nam	Statim
Ut de corpore	Exiit

TIMES ROMAN BOLD 16/20

Et sanctus: Ne vobis injustitiam forte facere videar, ejus facta examinate

TIMES ROMAN BOLD 30/32

Lorem ipsum dolor sit amet, consectetuer adipiscing elit

TIMES ROMAN BOLD / ALL CAPS 18/21.6

DUIS TE FEUGI FACILISI. DUIS AUTEM DOLOR IN HENDRERIT IN VULPUTATE VELIT ESSE MOLESTIE CONSEQUAT

TRADE GOTHIC 12/16

Videntes apostoli et alii patres antiqui, et praecipue reverendus pater noster beatus Benedictus, quod otiositas inimica est animae, sicut ipse dicit in regula sua, ipsi propriis manibus laboraverunt, et *religiosis viris opera* manuum secundum quod regula praecepit, studeant propriis manibus laborare.

Sed ne aliquis de dispositione locorum causari possit dicens, tale monasterium non esse apertum ad *opera manuum exercenda*, quia situm est in civitate, in aliquo castro vel villa, propterea.

TRADE GOTHIC ITALIC / SMALL CAPS 10/12

Dolor sit amet SED UT PERSPICIATIS *ipsam voluptatem enim voluptas sit esse Dominico Vaspernatur aut fugit Roma, Januaris 1522.*

TRADE GOTHIC BOLD / SMALL CAPS 19/22.8

NEMO ENIM

TRADE GOTHIC 10/14

Sed ut perspiciatis unde omnis iste natus error sit voluptatem accusantium doloremque laudantium, totam rem aperiam, eaque ipsa quae ab illo de inventore veritatis et quasi architecto beatae vitae dicta sunt est explicabo natus:

- Neque *porro* quisquam
- Architecto beatae vitae
- Qui *dolorem* ipsum
- Inventore veritatis quasi

Dolores nemo enim ipsam voluptatem quia voluptas sit aspernatur aut odit aut fugit, sed quia consequuntur magni est dolores eos qui ratione.

Nunc enim vere monachi est de sunt, si otiosi non maneant, sicut. Sed ne aliquis de possit dicens, tale est monasterium.

TIMES ROMAN BOLD ITALIC 10/15

"Neque porro quisquam est, qui dolorem ipsum quia dolor sit amet, consectetur Nemo voluptatem quia vere monachi maneant, aspernatur aut odit aut fugit, sed quia eos qui ratione voluptatem sequi nesciunt."

TIMES ROMAN BOLD 9/12

Quisquam					
1	2	3	4	5	6
7	8	9	10	11	12	13
14	15	16	17	18	19	20
21	22	23	24	25	26	27
28	29	30				

TRADE GOTHIC BOLD 16/19.2

Operae pretium reor ea quae isto in anno Dominus per beatum Benedictum in Galliis operari dignatus est, ad posterorum memoriam et aedificationem annectere. Quidam namque vir potentissimus Gallorum *gente progenitus tantis* se ab ipsa infantia execrarat flagitiis.

TIMES ROMAN 9/11

Cuidam .... Vero
Dei...Servo
Juxta...Manenti
Dominus .... Ea Quae Circa
Defuncti..Animam
Agebantur...Ostendere
Dignatus ....Est
Nam ....Statim
Ut de corpore ....Exiit

TIMES ROMAN BOLD 16/20

Et sanctus: Ne vobis injustitiam forte facere videar, ejus facta examinate

TIMES ROMAN BOLD 30/32

Lorem ipsum dolor sit amet, consectetuer adipiscing elit

TIMES ROMAN BOLD / ALL CAPS 18/21.6

DUIS TE FEUGI FACILISI. DUIS AUTEM DOLOR IN HENDRERIT IN VULPUTATE VELIT ESSE MOLESTIE CONSEQUAT

UNIVERS 12/16

Videntes apostoli et alii patres antiqui, et praecipue reverendus pater noster beatus Benedictus, quod otiositas inimica est animae, sicut ipse dicit in regula sua, ipsi propriis manibus laboraverunt, et *religiosis viris opera* manuum secundum quod regula praecepit, studeant propriis manibus laborare.

Sed ne aliquis de dispositione locorum causari possit dicens, tale monasterium non esse apertum ad *opera manuum exercenda*, quia situm est in civitate, in aliquo castro vel villa, propterea.

UNIVERS ITALIC / SMALL CAPS 11/13.2

Dolor sit amet SED UT PERSPICIATIS *ipsam voluptatem enim voluptas sit esse Dominico Vaspernatur aut fugit Roma, Januaris 1522.*

UNIVERS BOLD / SMALL CAPS 19/22.8

NEMO ENIM

UNIVERS 10/14

Sed ut perspiciatis unde omnis iste natus error sit voluptatem accusantium doloremque laudantium, totam rem aperiam, eaque ipsa quae ab illo de inventore veritatis et quasi architecto beatae vitae dicta sunt est explicabo natus:

- Neque *porro* quisquam
- Architecto beatae vitae
- Qui *dolorem* ipsum
- Inventore veritatis quasi

Dolores nemo enim ipsam voluptatem quia voluptas sit aspernatur aut odit aut fugit, sed quia consequuntur magni est dolores eos qui ratione.

Nunc enim vere monachi est de sunt, si otiosi non maneant, sicut. Sed ne aliquis de possit dicens, tale est monasterium.

TIMES ROMAN BOLD ITALIC 10/15

"Neque porro quisquam est, qui dolorem ipsum quia dolor sit amet, consectetur Nemo voluptatem quia vere monachi maneant, aspernatur aut odit aut fugit, sed quia eos qui ratione voluptatem sequi nesciunt."

TIMES ROMAN BOLD 9/12

Quisquam					
	1	2	3	4	5	6
7	8	9	10	11	12	13
14	15	16	17	18	19	20
21	22	23	24	25	26	27
28	29	30				

UNIVERS BOLD 15/19

Operae pretium reor ea quae isto in anno Dominus per beatum Benedictum in Galliis operari dignatus est, ad posterorum memoriam et aedificationem annectere. Quidam namque vir potentissimus Gallorum *gente progenitus tantis* se ab ipsa infantia execrarat flagitiis.

TIMES ROMAN 9/11

Cuidam	Vero
Dei	Servo
Juxta	Manenti
Dominus	Ea Quae Circa
Defuncti	Animam
Agebantur	Ostendere
Dignatus	Est
Nam	Statim
Ut de corpore	Exiit

TIMES ROMAN BOLD 16/20

Et sanctus: Ne vobis injustitiam forte facere videar, ejus facta examinate

TRADE GOTHIC BOLD 30/32

Lorem ipsum dolor sit amet, consectetuer adipiscing elit

TRADE GOTHIC BOLD / ALL CAPS 18/21.6

DUIS TE FEUGI FACILISI. DUIS AUTEM DOLOR IN HENDRERIT IN VULPUTATE VELIT ESSE MOLESTIE CONSEQUAT

TRADE GOTHIC 12/16

Videntes apostoli et alii patres antiqui, et praecipue reverendus pater noster beatus Benedictus, quod otiositas inimica est animae, sicut ipse dicit in regula sua, ipsi propriis manibus laboraverunt, et *religiosis viris opera* manuum secundum quod regula praecepit, studeant propriis manibus laborare.

Sed ne aliquis de dispositione locorum causari possit dicens, tale monasterium non esse apertum ad *opera manuum exercenda*, quia situm est in civitate, in aliquo castro vel villa, propterea.

TRADE GOTHIC ITALIC / SMALL CAPS 10/12

Dolor sit amet SED UT PERSPICIATIS *ipsam voluptatem enim voluptas sit esse Dominico Vaspernatur aut fugit Roma, Januaris 1522.*

TRADE GOTHIC BOLD / SMALL CAPS 19/22.8

NEMO ENIM

TRADE GOTHIC 10/14

Sed ut perspiciatis unde omnis iste natus error sit voluptatem accusantium doloremque laudantium, totam rem aperiam, eaque ipsa quae ab illo de inventore veritatis et quasi architecto beatae vitae dicta sunt est explicabo natus:

- Neque *porro* quisquam
- Architecto beatae vitae
- Qui *dolorem* ipsum
- Inventore veritatis quasi

Dolores nemo enim ipsam voluptatem quia voluptas sit aspernatur aut odit aut fugit, sed quia consequuntur magni est dolores eos qui ratione.

Nunc enim vere monachi est de sunt, si otiosi non maneant, sicut. Sed ne aliquis de possit dicens, tale est monasterium.

TRADE GOTHIC BOLD ITALIC 9/15

"Neque porro quisquam est, qui dolorem ipsum quia dolor sit amet, consectetur Nemo voluptatem quia vere monachi maneant, aspernatur aut odit aut fugit, sed quia eos qui ratione voluptatem sequi nesciunt."

TRADE GOTHIC BOLD 8/12

Quisquam						
	1	2	3	4	5	6
7	8	9	10	11	12	13
14	15	16	17	18	19	20
21	22	23	24	25	26	27
28	29	30				

TRADE GOTHIC BOLD 16/19.2

Operae pretium reor ea quae isto in anno Dominus per beatum Benedictum in Galliis operari dignatus est, ad posterorum memoriam et aedificationem annectere. Quidam namque vir potentissimus Gallorum *gente progenitus tantis* se ab ipsa infantia execrarat flagitiis.

TRADE GOTHIC 9/11

Cuidam..Vero
Dei...Servo
Juxta .... Manenti
Dominus ....Ea Quae Circa
Defuncti .... Animam
Agebantur .... Ostendere
Dignatus .... Est
Nam...................................... Statim
Ut de corpore .... Exiit

TRADE GOTHIC BOLD 14/19

Et sanctus: Ne vobis injustitiam forte facere videar, ejus facta examinate

TRADE GOTHIC BOLD 30/32

Lorem ipsum dolor sit amet, consectetuer adipiscing elit

TRADE GOTHIC BOLD / ALL CAPS 18/21.6

DUIS TE FEUGI FACILISI. DUIS AUTEM DOLOR IN HENDRERIT IN VULPUTATE VELIT ESSE MOLESTIE CONSEQUAT

BEMBO 13/15.6

Videntes apostoli et alii patres antiqui, et praecipue reverendus pater noster beatus Benedictus, quod otiositas inimica est animae, sicut ipse dicit in regula sua, ipsi propriis manibus laboraverunt, *et religiosis viris opera* manuum secundum quod regula praecepit, studeant propriis manibus laborare.

Sed ne aliquis de dispositione locorum causari possit dicens, tale monasterium non esse apertum ad *opera manuum exercenda,* quia situm est in civitate, in aliquo castro vel villa, propterea.

BEMBO ITALIC ITALIC & ROMAN / SMALL CAPS 11/13.2

Dolor sit amet SED UT PERSPICIATIS *ipsam voluptatem enim voluptas sit esse Dominico Vaspernatur aut fugit Roma, Januaris 1522.*

BEMBO BOLD / SMALL CAPS 19/22.8

NEMO ENIM

BEMBO 11/14.4

Sed ut perspiciatis unde omnis iste natus error sit voluptatem accusantium doloremque laudantium, totam rem aperiam, eaque ipsa quae ab illo de inventore veritatis et quasi architecto beatae vitae dicta sunt est explicabo natus:

- Neque *porro* quisquam
- Architecto beatae vitae
- Qui *dolorem* ipsum
- Inventore veritatis quasi

Dolores nemo enim ipsam voluptatem quia voluptas sit aspernatur aut odit aut fugit, sed quia consequuntur magni est dolores eos qui ratione.

Nunc enim vere monachi est de sunt, si otiosi non maneant, sicut. Sed ne aliquis de possit dicens, tale est monasterium.

TRADE GOTHIC BOLD ITALIC 9/15

"Neque porro quisquam est, qui dolorem ipsum quia dolor sit amet, consectetur Nemo voluptatem quia vere monachi maneant, aspernatur aut odit aut fugit, sed quia eos qui ratione voluptatem sequi nesciunt."

TRADE GOTHIC BOLD 8/12

Quisquam						
	1	2	3	4	5	6
7	8	9	10	11	12	13
14	15	16	17	18	19	20
21	22	23	24	25	26	27
28	29	30				

BEMBO BOLD 16/19.2

Operae pretium reor ea quae isto in anno Dominus per beatum Benedictum in Galliis operari dignatus est, ad posterorum memoriam et aedificationem annectere. Quidam namque vir potentissimus Gallorum *gente progenitus tantis* se ab ipsa infantia execrarat flagitiis.

TRADE GOTHIC 9/11

Cuidam	Vero
Dei	Servo
Juxta	Manenti
Dominus	Ea Quae Circa
Defuncti	Animam
Agebantur	Ostendere
Dignatus	Est
Nam	Statim
Ut de corpore	Exiit

TRADE GOTHIC BOLD 14/19

Et sanctus: Ne vobis injustitiam forte facere videar, ejus facta examinate

TRADE GOTHIC BOLD 30/32

Lorem ipsum dolor sit amet, consectetuer adipiscing elit

TRADE GOTHIC BOLD / ALL CAPS 18/21.6

DUIS TE FEUGI FACILISI. DUIS AUTEM DOLOR IN HENDRERIT IN VULPUTATE VELIT ESSE MOLESTIE CONSEQUAT

CASLON 14/16.8

Videntes apostoli et alii patres antiqui, et praecipue reverendus pater noster beatus Benedictus, quod otiositas inimica est animae, sicut ipse dicit in regula sua, ipsi propriis manibus laboraverunt, et *religiosis viris opera* manuum secundum quod regula praecepit, studeant propriis manibus laborare.

Sed ne aliquis de dispositione locorum causari possit dicens, tale monasterium non esse apertum ad *opera manuum exercenda*, quia situm est in civitate, in aliquo castro vel villa, propterea.

CASLON ITALIC / SMALL CAPS 11/13.2

Dolor sit amet SED UT PERSPICIATIS *ipsam voluptatem enim voluptas sit esse Dominico Vaspernatur aut fugit Roma, Januaris 1522.*

CASLON BOLD / SMALL CAPS 19/22.8

NEMO ENIM

CASLON 11/14

Sed ut perspiciatis unde omnis iste natus error sit voluptatem accusantium doloremque laudantium, totam rem aperiam, eaque ipsa quae ab illo de inventore veritatis et quasi architecto beatae vitae dicta sunt est explicabo natus:

- Neque *porro* quisquam
- Architecto beatae vitae
- Qui *dolorem* ipsum
- Inventore veritatis quasi

Dolores nemo enim ipsam voluptatem quia voluptas sit aspernatur aut odit aut fugit, sed quia consequuntur magni est dolores eos qui ratione.

Nunc enim vere monachi est de sunt, si otiosi non maneant, sicut. Sed ne aliquis de possit dicens, tale est monasterium.

TRADE GOTHIC BOLD ITALIC 9/15

"Neque porro quisquam est, qui dolorem ipsum quia dolor sit amet, consectetur Nemo voluptatem quia vere monachi maneant, aspernatur aut odit aut fugit, sed quia eos qui ratione voluptatem sequi nesciunt."

TRADE GOTHIC BOLD 8/12

Quisquam					
	1	2	3	4	5	6
7	8	9	10	11	12	13
14	15	16	17	18	19	20
21	22	23	24	25	26	27
28	29	30				

CASLON BOLD 16/19.2

Operae pretium reor ea quae isto in anno Dominus per beatum Benedictum in Galliis operari dignatus est, ad posterorum memoriam et aedificationem annectere. Quidam namque vir potentissimus Gallorum *gente progenitus tantis* se ab ipsa infantia execrarat flagitiis.

TRADE GOTHIC 9/11

Cuidam	Vero
Dei	Servo
Juxta	Manenti
Dominus	Ea Quae Circa
Defuncti	Animam
Agebantur	Ostendere
Dignatus	Est
Nam	Statim
Ut de corpore	Exiit

TRADE GOTHIC BOLD 14/19

Et sanctus: Ne vobis injustitiam forte facere videar, ejus facta examinate

TRADE GOTHIC BOLD 30/32

Lorem ipsum dolor sit amet, consectetuer adipiscing elit

TRADE GOTHIC BOLD / ALL CAPS 18/21.6

DUIS TE FEUGI FACILISI. DUIS AUTEM DOLOR IN HENDRERIT IN VULPUTATE VELIT ESSE MOLESTIE CONSEQUAT

MINION 14/16.8

Videntes apostoli et alii patres antiqui, et praecipue reverendus pater noster beatus Benedictus, quod otiositas inimica est animae, sicut ipse dicit in regula sua, ipsi propriis manibus laboraverunt, *et religiosis viris opera* manuum secundum quod regula praecepit, studeant propriis manibus laborare.

Sed ne aliquis de dispositione locorum causari possit dicens, tale monasterium non esse apertum ad *opera manuum exercenda,* quia situm est in civitate, in aliquo castro vel villa, propterea.

MINION ITALIC & ROMAN / SMALL CAPS 11/13.2

Dolor sit amet SED UT PERSPICIATIS *ipsam voluptatem enim voluptas sit esse Dominico Vaspernatur aut fugit Roma, Januaris 1522.*

MINION BOLD / SMALL CAPS 19/22.8

NEMO ENIM

MINION 11/14.4

Sed ut perspiciatis unde omnis iste natus error sit voluptatem accusantium doloremque laudantium, totam rem aperiam, eaque ipsa quae ab illo de inventore veritatis et quasi architecto beatae vitae dicta sunt est explicabo natus:

- Neque *porro* quisquam
- Architecto beatae vitae
- Qui *dolorem* ipsum
- Inventore veritatis quasi

Dolores nemo enim ipsam voluptatem quia voluptas sit aspernatur aut odit aut fugit, sed quia consequuntur magni est dolores eos qui ratione.

Nunc enim vere monachi est de sunt, si otiosi non maneant, sicut. Sed ne aliquis de possit dicens, tale est monasterium.

TRADE GOTHIC BOLD ITALIC 9/15

"Neque porro quisquam est, qui dolorem ipsum quia dolor sit amet, consectetur Nemo voluptatem quia vere monachi maneant, aspernatur aut odit aut fugit, sed quia eos qui ratione voluptatem sequi nesciunt."

TRADE GOTHIC BOLD 8/12

Quisquam						
	1	2	3	4	5	6
7	8	9	10	11	12	13
14	15	16	17	18	19	20
21	22	23	24	25	26	27
28	29	30				

MINION BOLD 16/19.2

Operae pretium reor ea quae isto in anno Dominus per beatum Benedictum in Galliis operari dignatus est, ad posterorum memoriam et aedificationem annectere. Quidam namque vir potentissimus Gallorum *gente progenitus tantis* se ab ipsa infantia execrarat flagitiis.

TRADE GOTHIC 9/11

Cuidam	Vero
Dei	Servo
Juxta	Manenti
Dominus	Ea Quae Circa
Defuncti	Animam
Agebantur	Ostendere
Dignatus	Est
Nam	Statim
Ut de corpore	Exiit

TRADE GOTHIC BOLD 14/19

Et sanctus: Ne vobis injustitiam forte facere videar, ejus facta examinate

TRADE GOTHIC BOLD 30/32

Lorem ipsum dolor sit amet, consectetuer adipiscing elit

TRADE GOTHIC BOLD / ALL CAPS 18/21.6

DUIS TE FEUGI FACILISI. DUIS AUTEM DOLOR IN HENDRERIT IN VULPUTATE VELIT ESSE MOLESTIE CONSEQUAT

NEW CENTURY SCHOOLBOOK 12/16

Videntes apostoli et alii patres antiqui, et praecipue reverendus pater noster beatus Benedictus, quod otiositas inimica est animae, sicut ipse dicit in regula sua, ipsi propriis manibus laboraverunt, *et religiosis viris opera* manuum secundum quod regula praecepit, studeant propriis manibus laborare.

Sed ne aliquis de dispositione locorum causari possit dicens, tale monasterium non esse apertum ad *opera manuum exercenda,* quia situm est in civitate, in aliquo castro vel villa, propterea.

NEW CENTURY SCHOOLBOOK ITALIC & ROMAN / SMALL CAPS 10/13

Dolor sit amet SED UT PERSPICIATIS *ipsam voluptatem enim voluptas sit esse Dominico Vaspernatur aut fugit Roma, Januaris 1522.*

NEW CENTURY SCHOOL BOOK BOLD / SMALL CAPS 19/22

NEMO ENIM

NEW CENTURY SCHOOLBOOK 10/14.4

Sed ut perspiciatis unde omnis iste natus error sit voluptatem accusantium doloremque laudantium, totam rem aperiam, eaque ipsa quae ab illo de inventore veritatis et quasi architecto beatae vitae dicta sunt est explicabo natus:

- Neque *porro* quisquam
- Architecto beatae vitae
- *Qui dolorem* ipsum
- Inventore veritatis quasi

Dolores nemo enim ipsam voluptatem quia voluptas sit aspernatur aut odit aut fugit, sed quia consequuntur magni est dolores eos qui ratione.

Nunc enim vere monachi est de sunt, si otiosi non maneant, sicut. Sed ne aliquis de possit dicens, tale est monasterium.

TRADE GOTHIC BOLD ITALIC 9/15

"Neque porro quisquam est, qui dolorem ipsum quia dolor sit amet, consectetur Nemo voluptatem quia vere monachi maneant, aspernatur aut odit aut fugit, sed quia eos qui ratione voluptatem sequi nesciunt."

TRADE GOTHIC BOLD 8/12

Quisquam					
	1	2	3	4	5	6
7	8	9	10	11	12	13
14	15	16	17	18	19	20
21	22	23	24	25	26	27
28	29	30				

NEW CENTURY SCHOOLBOOK BOLD 14/19

Operae pretium reor ea quae isto in anno Dominus per beatum Benedictum in Galliis operari dignatus est, ad posterorum memoriam et aedificationem annectere. Quidam namque vir potentissimus Gallorum *gente progenitus tantis* se ab ipsa infantia execrarat flagitiis.

TRADE GOTHIC 9/11

Cuidam	Vero
Dei	Servo
Juxta	Manenti
Dominus	Ea Quae Circa
Defuncti	Animam
Agebantur	Ostendere
Dignatus	Est
Nam	Statim
Ut de corpore	Exiit

TRADE GOTHIC BOLD 14/19

Et sanctus: Ne vobis injustitiam forte facere videar, ejus facta examinate

TRADE GOTHIC BOLD 30/32

Lorem ipsum dolor sit amet, consectetuer adipiscing elit

TRADE GOTHIC BOLD / ALL CAPS 18/21.6

DUIS TE FEUGI FACILISI. DUIS AUTEM DOLOR IN HENDRERIT IN VULPUTATE VELIT ESSE MOLESTIE CONSEQUAT

PALATINO 12/16

Videntes apostoli et alii patres antiqui, et praecipue reverendus pater noster beatus Benedictus, quod otiositas inimica est animae, sicut ipse dicit in regula sua, ipsi propriis manibus laboraverunt, et *religiosis viris opera* manuum secundum quod regula praecepit, studeant propriis manibus laborare.

Sed ne aliquis de dispositione locorum causari possit dicens, tale monasterium non esse apertum ad *opera manuum exercenda*, quia situm est in civitate, in aliquo castro vel villa, propterea.

PALATINO ITALIC / SMALL CAPS 10/12

Dolor sit amet SED UT PERSPICIATIS *ipsam voluptatem enim voluptas sit esse Dominico Vaspernatur aut fugit Roma, Januaris 1522.*

PALATINO BOLD / SMALL CAPS 19/22.8

NEMO ENIM

PALATINO 10/14

Sed ut perspiciatis unde omnis iste natus error sit voluptatem accusantium doloremque laudantium, totam rem aperiam, eaque ipsa quae ab illo de inventore veritatis et quasi architecto beatae vitae dicta sunt est explicabo natus:

- Neque *porro* quisquam
- Architecto beatae vitae
- Qui *dolorem* ipsum
- Inventore veritatis quasi

Dolores nemo enim ipsam voluptatem quia voluptas sit aspernatur aut odit aut fugit, sed quia consequuntur magni est dolores eos qui ratione.

Nunc enim vere monachi est de sunt, si otiosi non maneant, sicut. Sed ne aliquis de possit dicens, tale est monasterium.

TRADE GOTHIC BOLD ITALIC 9/15

"Neque porro quisquam est, qui dolorem ipsum quia dolor sit amet, consectetur Nemo voluptatem quia vere monachi maneant, aspernatur aut odit aut fugit, sed quia eos qui ratione voluptatem sequi nesciunt."

TRADE GOTHIC BOLD 8/12

Quisquam						
	1	2	3	4	5	6
7	8	9	10	11	12	13
14	15	16	17	18	19	20
21	22	23	24	25	26	27
28	29	30				

PALATINO BOLD 15/18

Operae pretium reor ea quae isto in anno Dominus per beatum Benedictum in Galliis operari dignatus est, ad posterorum memoriam et aedificationem annectere. Quidam namque vir potentissimus Gallorum *gente progenitus tantis* se ab ipsa infantia execrarat flagitiis.

TRADE GOTHIC 9/11

Cuidam	Vero
Dei	Servo
Juxta	Manenti
Dominus	Ea Quae Circa
Defuncti	Animam
Agebantur	Ostendere
Dignatus	Est
Nam	Statim
Ut de corpore	Exiit

TRADE GOTHIC BOLD 14/19

Et sanctus: Ne vobis injustitiam forte facere videar, ejus facta examinate

TRADE GOTHIC BOLD 30/32

Lorem ipsum dolor sit amet, consectetuer adipiscing elit

TRADE GOTHIC BOLD / ALL CAPS 18/21.6

DUIS TE FEUGI FACILISI. DUIS AUTEM DOLOR IN HENDRERIT IN VULPUTATE VELIT ESSE MOLESTIE CONSEQUAT

SABON 13/15.6

Videntes apostoli et alii patres antiqui, et praecipue reverendus pater noster beatus Benedictus, quod otiositas inimica est animae, sicut ipse dicit in regula sua, ipsi propriis manibus laboraverunt, et *religiosis viris opera* manuum secundum quod regula praecepit, studeant propriis manibus laborare.

Sed ne aliquis de dispositione locorum causari possit dicens, tale monasterium non esse apertum ad *opera manuum exercenda*, quia situm est in civitate, in aliquo castro vel villa, propterea.

SABON ITALIC / SMALL CAPS 10/12

Dolor sit amet SED UT PERSPICIATIS *ipsam voluptatem enim voluptas sit esse Dominico Vaspernatur aut fugit Roma, Januaris 1522.*

SABON BOLD / SMALL CAPS 19/22.8

NEMO ENIM

SABON 11/14

Sed ut perspiciatis unde omnis iste natus error sit voluptatem accusantium doloremque laudantium, totam rem aperiam, eaque ipsa quae ab illo de inventore veritatis et quasi architecto beatae vitae dicta sunt est explicabo natus:

- Neque *porro* quisquam
- Architecto beatae vitae
- Qui *dolorem* ipsum
- Inventore veritatis quasi

Dolores nemo enim ipsam voluptatem quia voluptas sit aspernatur aut odit aut fugit, sed quia consequuntur magni est dolores eos qui ratione.

Nunc enim vere monachi est de sunt, si otiosi non maneant, sicut. Sed ne aliquis de possit dicens, tale est monasterium.

TRADE GOTHIC BOLD ITALIC 9/15

"Neque porro quisquam est, qui dolorem ipsum quia dolor sit amet, consectetur Nemo voluptatem quia vere monachi maneant, aspernatur aut odit aut fugit, sed quia eos qui ratione voluptatem sequi nesciunt."

TRADE GOTHIC BOLD 8/12

Quisquam						
	1	2	3	4	5	6
7	8	9	10	11	12	13
14	15	16	17	18	19	20
21	22	23	24	25	26	27
28	29	30				

SABON BOLD 16/19.2

Operae pretium reor ea quae isto in anno Dominus per beatum Benedictum in Galliis operari dignatus est, ad posterorum memoriam et aedificationem annectere. Quidam namque vir potentissimus Gallorum *gente progenitus tantis* se ab ipsa infantia execrarat flagitiis.

TRADE GOTHIC 9/11

Cuidam..Vero
Dei...Servo
Juxta .... Manenti
Dominus ....Ea Quae Circa
Defuncti .... Animam
Agebantur .... Ostendere
Dignatus .... Est
Nam.. Statim
Ut de corpore .... Exiit

TRADE GOTHIC BOLD 14/19

Et sanctus: Ne vobis injustitiam forte facere videar, ejus facta examinate

TRADE GOTHIC BOLD 30/32

Lorem ipsum dolor sit amet, consectetuer adipiscing elit

TRADE GOTHIC BOLD / ALL CAPS 18/21.6

DUIS TE FEUGI FACILISI. DUIS AUTEM DOLOR IN HENDRERIT IN VULPUTATE VELIT ESSE MOLESTIE CONSEQUAT

TIMES NEW ROMAN 14/16.8

Videntes apostoli et alii patres antiqui, et praecipue reverendus pater noster beatus Benedictus, quod otiositas inimica est animae, sicut ipse dicit in regula sua, ipsi propriis manibus laboraverunt, et *religiosis viris opera* manuum secundum quod regula praecepit, studeant propriis manibus laborare.

Sed ne aliquis de dispositione locorum causari possit dicens, tale monasterium non esse apertum ad *opera manuum exercenda*, quia situm est in civitate, in aliquo castro vel villa, propterea.

TIMES NEW ROMAN ITALIC / SMALL CAPS 11/13.2

Dolor sit amet SED UT PERSPICIATIS *ipsam voluptatem enim voluptas sit esse Dominico Vaspernatur aut fugit Roma, Januaris 1522.*

TIMES NEW ROMAN BOLD / SMALL CAPS 19/22.8

NEMO ENIM

TIMES NEW ROMAN 11/14

Sed ut perspiciatis unde omnis iste natus error sit voluptatem accusantium doloremque laudantium, totam rem aperiam, eaque ipsa quae ab illo de inventore veritatis et quasi architecto beatae vitae dicta sunt est explicabo natus:

- Neque *porro* quisquam
- Architecto beatae vitae
- Qui *dolorem* ipsum
- Inventore veritatis quasi

Dolores nemo enim ipsam voluptatem quia voluptas sit aspernatur aut odit aut fugit, sed quia consequuntur magni est dolores eos qui ratione.

Nunc enim vere monachi est de sunt, si otiosi non maneant, sicut. Sed ne aliquis de possit dicens, tale est monasterium.

TRADE GOTHIC BOLD ITALIC 9/15

"Neque porro quisquam est, qui dolorem ipsum quia dolor sit amet, consectetur Nemo voluptatem quia vere monachi maneant, aspernatur aut odit aut fugit, sed quia eos qui ratione voluptatem sequi nesciunt."

TRADE GOTHIC BOLD 8/12

Quisquam						
	1	2	3	4	5	6
7	8	9	10	11	12	13
14	15	16	17	18	19	20
21	22	23	24	25	26	27
28	29	30				

TIMES NEW ROMAN BOLD 16/19.2

Operae pretium reor ea quae isto in anno Dominus per beatum Benedictum in Galliis operari dignatus est, ad posterorum memoriam et aedificationem annectere. Quidam namque vir potentissimus Gallorum *gente progenitus tantis* se ab ipsa infantia execrarat flagitiis.

TRADE GOTHIC 9/11

Cuidam	Vero
Dei	Servo
Juxta	Manenti
Dominus	Ea Quae Circa
Defuncti	Animam
Agebantur	Ostendere
Dignatus	Est
Nam	Statim
Ut de corpore	Exiit

TRADE GOTHIC BOLD 14/19

Et sanctus: Ne vobis injustitiam forte facere videar, ejus facta examinate

TRADE GOTHIC BOLD 30/32

Lorem ipsum dolor sit amet, consectetuer adipiscing elit

TRADE GOTHIC BOLD / ALL CAPS 18/21.6

DUIS TE FEUGI FACILISI. DUIS AUTEM DOLOR IN HENDRERIT IN VULPUTATE VELIT ESSE MOLESTIE CONSEQUAT

WARNOCK 13/15.6

Videntes apostoli et alii patres antiqui, et praecipue reverendus pater noster beatus Benedictus, quod otiositas inimica est animae, sicut ipse dicit in regula sua, ipsi propriis manibus laboraverunt, *et religiosis viris opera* manuum secundum quod regula praecepit, studeant propriis manibus laborare.

Sed ne aliquis de dispositione locorum causari possit dicens, tale monasterium non esse apertum ad *opera manuum exercenda,* quia situm est in civitate, in aliquo castro vel villa, propterea.

WARNOCK ITALIC & ROMAN / SMALL CAPS 11/13.2

Dolor sit amet SED UT PERSPICIATIS *ipsam voluptatem enim voluptas sit esse Dominico Vaspernatur aut fugit Roma, Januaris 1522.*

WARNOCK BOLD / SMALL CAPS 19/22.8

NEMO ENIM

WARNOCK 11/14

Sed ut perspiciatis unde omnis iste natus error sit voluptatem accusantium doloremque laudantium, totam rem aperiam, eaque ipsa quae ab illo de inventore veritatis et quasi architecto beatae vitae dicta sunt est explicabo natus:

- Neque *porro* quisquam
- Architecto beatae vitae
- Qui *dolorem* ipsum
- Inventore veritatis quasi

Dolores nemo enim ipsam voluptatem quia voluptas sit aspernatur aut odit aut fugit, sed quia consequuntur magni est dolores eos qui ratione.

Nunc enim vere monachi est de sunt, si otiosi non maneant, sicut. Sed ne aliquis de possit dicens, tale est monasterium.

TRADE GOTHIC BOLD ITALIC 9/15

"Neque porro quisquam est, qui dolorem ipsum quia dolor sit amet, consectetur Nemo voluptatem quia vere monachi maneant, aspernatur aut odit aut fugit, sed quia eos qui ratione voluptatem sequi nesciunt."

TRADE GOTHIC BOLD 8/12

Quisquam					
	1	2	3	4	5	6
7	8	9	10	11	12	13
14	15	16	17	18	19	20
21	22	23	24	25	26	27
28	29	30				

WARNOCK BOLD 16/19.2

Operae pretium reor ea quae isto in anno Dominus per beatum Benedictum in Galliis operari dignatus est, ad posterorum memoriam et aedificationem annectere. Quidam namque vir potentissimus Gallorum *gente progenitus tantis* se ab ipsa infantia execrarat flagitiis.

TRADE GOTHIC 9/11

Cuidam	Vero
Dei	Servo
Juxta	Manenti
Dominus	Ea Quae Circa
Defuncti	Animam
Agebantur	Ostendere
Dignatus	Est
Nam	Statim
Ut de corpore	Exiit

TRADE GOTHIC BOLD 14/19

Et sanctus: Ne vobis injustitiam forte facere videar, ejus facta examinate

UNIVERS BOLD 27/30

Lorem ipsum dolor sit amet, consectetuer adipiscing elit

UNIVERS BOLD / ALL CAPS 18/21.6

DUIS TE FEUGI FACILISI. DUIS AUTEM DOLOR IN HENDRERIT IN VULPUTATE VELIT ESSE MOLESTIE CONSEQUAT

UNIVERS 12/16

Videntes apostoli et alii patres antiqui, et praecipue reverendus pater noster beatus Benedictus, quod otiositas inimica est animae, sicut ipse dicit in regula sua, ipsi propriis manibus laboraverunt, et *religiosis viris opera* manuum secundum quod regula praecepit, studeant propriis manibus laborare.

Sed ne aliquis de dispositione locorum causari possit dicens, tale monasterium non esse apertum ad *opera manuum exercenda*, quia situm est in civitate, in aliquo castro vel villa, propterea.

UNIVERS ITALIC / SMALL CAPS 11/13.2

Dolor sit amet SED UT PERSPICIATIS *ipsam voluptatem enim voluptas sit esse Dominico Vaspernatur aut fugit Roma, Januaris 1522.*

UNIVERS BOLD / SMALL CAPS 19/22.8

NEMO ENIM

UNIVERS 10/14

Sed ut perspiciatis unde omnis iste natus error sit voluptatem accusantium doloremque laudantium, totam rem aperiam, eaque ipsa quae ab illo de inventore veritatis et quasi architecto beatae vitae dicta sunt est explicabo natus:

- Neque *porro* quisquam
- Architecto beatae vitae
- Qui *dolorem* ipsum
- Inventore veritatis quasi

Dolores nemo enim ipsam voluptatem quia voluptas sit aspernatur aut odit aut fugit, sed quia consequuntur magni est dolores eos qui ratione.

Nunc enim vere monachi est de sunt, si otiosi non maneant, sicut. Sed ne aliquis de possit dicens, tale est monasterium.

UNIVERS BOLD ITALIC 9/15

"Neque porro quisquam est, qui dolorem ipsum quia dolor sit amet, consectetur Nemo voluptatem quia vere monachi maneant, aspernatur aut odit aut fugit, sed quia eos qui ratione voluptatem sequi nesciunt."

UNIVERS BOLD 9/12

Quisquam					
	1	2	3	4	5	6
7	8	9	10	11	12	13
14	15	16	17	18	19	20
21	22	23	24	25	26	27
28	29	30				

UNIVERS BOLD 15/19

Operae pretium reor ea quae isto in anno Dominus per beatum Benedictum in Galliis operari dignatus est, ad posterorum memoriam et aedificationem annectere. Quidam namque vir potentissimus Gallorum *gente progenitus tantis* se ab ipsa infantia execrarat flagitiis.

UNIVERS 9/11

Cuidam..Vero
Dei...Servo
Juxta .... Manenti
Dominus ....Ea Quae Circa
Defuncti ....Animam
Agebantur .... Ostendere
Dignatus...Est
Nam...Statim
Ut de corpore................................ Exiit

UNIVERS BOLD 15/20

Et sanctus: Ne vobis injustitiam forte facere videar, ejus facta examinate

UNIVERS BOLD 27/30

Lorem ipsum dolor sit amet, consectetuer adipiscing elit

UNIVERS BOLD / ALL CAPS 18/21.6

DUIS TE FEUGI FACILISI. DUIS AUTEM DOLOR IN HENDRERIT IN VULPUTATE VELIT ESSE MOLESTIE CONSEQUAT

BEMBO 13/15.6

Videntes apostoli et alii patres antiqui, et praecipue reverendus pater noster beatus Benedictus, quod otiositas inimica est animae, sicut ipse dicit in regula sua, ipsi propriis manibus laboraverunt, *et religiosis viris opera* manuum secundum quod regula praecepit, studeant propriis manibus laborare.

Sed ne aliquis de dispositione locorum causari possit dicens, tale monasterium non esse apertum ad *opera manuum exercenda,* quia situm est in civitate, in aliquo castro vel villa, propterea.

BEMBO ITALIC ITALIC & ROMAN / SMALL CAPS 11/13.2

Dolor sit amet SED UT PERSPICIATIS *ipsam voluptatem enim voluptas sit esse Dominico Vaspernatur aut fugit Roma, Januaris 1522.*

BEMBO BOLD / SMALL CAPS 19/22.8

NEMO ENIM

BEMBO 11/14.4

Sed ut perspiciatis unde omnis iste natus error sit voluptatem accusantium doloremque laudantium, totam rem aperiam, eaque ipsa quae ab illo de inventore veritatis et quasi architecto beatae vitae dicta sunt est explicabo natus:

- Neque *porro* quisquam
- Architecto beatae vitae
- Qui *dolorem* ipsum
- Inventore veritatis quasi

Dolores nemo enim ipsam voluptatem quia voluptas sit aspernatur aut odit aut fugit, sed quia consequuntur magni est dolores eos qui ratione.

Nunc enim vere monachi est de sunt, si otiosi non maneant, sicut. Sed ne aliquis de possit dicens, tale est monasterium.

UNIVERS BOLD ITALIC 9/15

"Neque porro quisquam est, qui dolorem ipsum quia dolor sit amet, consectetur Nemo voluptatem quia vere monachi maneant, aspernatur aut odit aut fugit, sed quia eos qui ratione voluptatem sequi nesciunt."

UNIVERS BOLD 9/12

Quisquam					
1	2	3	4	5	6
7	8	9	10	11	12	13
14	15	16	17	18	19	20
21	22	23	24	25	26	27
28	29	30				

BEMBO BOLD 16/19.2

Operae pretium reor ea quae isto in anno Dominus per beatum Benedictum in Galliis operari dignatus est, ad posterorum memoriam et aedificationem annectere. Quidam namque vir potentissimus Gallorum *gente progenitus tantis* se ab ipsa infantia execrarat flagitiis.

UNIVERS 9/11

Cuidam..Vero
Dei ....Servo
Juxta .... Manenti
Dominus .... Ea Quae Circa
Defuncti ....Animam
Agebantur .... Ostendere
Dignatus...Est
Nam ....Statim
Ut de corpore .... Exiit

UNIVERS BOLD 15/20

Et sanctus: Ne vobis injustitiam forte facere videar, ejus facta examinate

UNIVERS BOLD 27/30

Lorem ipsum dolor sit amet, consectetuer adipiscing elit

UNIVERS BOLD / ALL CAPS 18/21.6

DUIS TE FEUGI FACILISI. DUIS AUTEM DOLOR IN HENDRERIT IN VULPUTATE VELIT ESSE MOLESTIE CONSEQUAT

BODONI 14/16.8

Videntes apostoli et alii patres antiqui, et praecipue reverendus pater noster beatus Benedictus, quod otiositas inimica est animae, sicut ipse dicit in regula sua, ipsi propriis manibus laboraverunt, et *religiosis viris opera* manuum secundum quod regula praecepit, studeant propriis manibus laborare.

Sed ne aliquis de dispositione locorum causari possit dicens, tale monasterium non esse apertum ad *opera manuum exercenda*, quia situm est in civitate, in aliquo castro vel villa, propterea.

BODONI ITALIC / SMALL CAPS 11/13.2

Dolor sit amet SED UT PERSPICIATIS *ipsam voluptatem enim voluptas sit esse Dominico Vaspernatur aut fugit Roma, Januaris 1522.*

BODONI BOLD / SMALL CAPS 19/22.8

NEMO ENIM

BODONI 12/14.4

Sed ut perspiciatis unde omnis iste natus error sit voluptatem accusantium doloremque laudantium, totam rem aperiam, eaque ipsa quae ab illo de inventore veritatis et quasi architecto beatae vitae dicta sunt est explicabo natus:

- Neque *porro* quisquam
- Architecto beatae vitae
- Qui *dolorem* ipsum
- Inventore veritatis quasi

Dolores nemo enim ipsam voluptatem quia voluptas sit aspernatur aut odit aut fugit, sed quia consequuntur magni est dolores eos qui ratione.

Nunc enim vere monachi est de sunt, si otiosi non maneant, sicut. Sed ne aliquis de possit dicens, tale est monasterium.

UNIVERS BOLD ITALIC 9/15

"Neque porro quisquam est, qui dolorem ipsum quia dolor sit amet, consectetur Nemo voluptatem quia vere monachi maneant, aspernatur aut odit aut fugit, sed quia eos qui ratione voluptatem sequi nesciunt."

UNIVERS BOLD 9/12

Quisquam					
1	2	3	4	5	6
7	8	9	10	11	12	13
14	15	16	17	18	19	20
21	22	23	24	25	26	27
28	29	30				

BODONI BOLD 16/19.2

Operae pretium reor ea quae isto in anno Dominus per beatum Benedictum in Galliis operari dignatus est, ad posterorum memoriam et aedificationem annectere. Quidam namque vir potentissimus Gallorum *gente progenitus tantis* se ab ipsa infantia execrarat flagitiis.

UNIVERS 9/11

Cuidam	Vero
Dei	Servo
Juxta	Manenti
Dominus	Ea Quae Circa
Defuncti	Animam
Agebantur	Ostendere
Dignatus	Est
Nam	Statim
Ut de corpore	Exiit

UNIVERS BOLD 15/20

Et sanctus: Ne vobis injustitiam forte facere videar, ejus facta examinate

UNIVERS BOLD 27/30

Lorem ipsum dolor sit amet, consectetuer adipiscing elit

UNIVERS BOLD / ALL CAPS 18/21.6

DUIS TE FEUGI FACILISI. DUIS AUTEM DOLOR IN HENDRERIT IN VULPUTATE VELIT ESSE MOLESTIE CONSEQUAT

MINION 14/16.8

Videntes apostoli et alii patres antiqui, et praecipue reverendus pater noster beatus Benedictus, quod otiositas inimica est animae, sicut ipse dicit in regula sua, ipsi propriis manibus laboraverunt, *et religiosis viris opera* manuum secundum quod regula praecepit, studeant propriis manibus laborare.

Sed ne aliquis de dispositione locorum causari possit dicens, tale monasterium non esse apertum ad *opera manuum exercenda,* quia situm est in civitate, in aliquo castro vel villa, propterea.

MINION ITALIC & ROMAN / SMALL CAPS 11/13.2

Dolor sit amet SED UT PERSPICIATIS *ipsam voluptatem enim voluptas sit esse Dominico Vaspernatur aut fugit Roma, Januaris 1522.*

MINION BOLD / SMALL CAPS 19/22.8

NEMO ENIM

MINION 11/14.4

Sed ut perspiciatis unde omnis iste natus error sit voluptatem accusantium doloremque laudantium, totam rem aperiam, eaque ipsa quae ab illo de inventore veritatis et quasi architecto beatae vitae dicta sunt est explicabo natus:

- Neque *porro* quisquam
- Architecto beatae vitae
- Qui *dolorem* ipsum
- Inventore veritatis quasi

Dolores nemo enim ipsam voluptatem quia voluptas sit aspernatur aut odit aut fugit, sed quia consequuntur magni est dolores eos qui ratione.

Nunc enim vere monachi est de sunt, si otiosi non maneant, sicut. Sed ne aliquis de possit dicens, tale est monasterium.

UNIVERS BOLD ITALIC 9/15

"Neque porro quisquam est, qui dolorem ipsum quia dolor sit amet, consectetur Nemo voluptatem quia vere monachi maneant, aspernatur aut odit aut fugit, sed quia eos qui ratione voluptatem sequi nesciunt."

UNIVERS BOLD 9/12

Quisquam					
	1	2	3	4	5	6
7	8	9	10	11	12	13
14	15	16	17	18	19	20
21	22	23	24	25	26	27
28	29	30				

MINION BOLD 16/19.2

Operae pretium reor ea quae isto in anno Dominus per beatum Benedictum in Galliis operari dignatus est, ad posterorum memoriam et aedificationem annectere. Quidam namque vir potentissimus Gallorum *gente progenitus tantis* se ab ipsa infantia execrarat flagitiis.

UNIVERS 9/11

Cuidam	Vero
Dei	Servo
Juxta	Manenti
Dominus	Ea Quae Circa
Defuncti	Animam
Agebantur	Ostendere
Dignatus	Est
Nam	Statim
Ut de corpore	Exiit

UNIVERS BOLD 15/20

Et sanctus: Ne vobis injustitiam forte facere videar, ejus facta examinate

UNIVERS BOLD 27/30

Lorem ipsum dolor sit amet, consectetuer adipiscing elit

UNIVERS BOLD / ALL CAPS 18/21.6

DUIS TE FEUGI FACILISI. DUIS AUTEM DOLOR IN HENDRERIT IN VULPUTATE VELIT ESSE MOLESTIE CONSEQUAT

NEW CENTURY SCHOOLBOOK 12/16

Videntes apostoli et alii patres antiqui, et praecipue reverendus pater noster beatus Benedictus, quod otiositas inimica est animae, sicut ipse dicit in regula sua, ipsi propriis manibus laboraverunt, *et religiosis viris opera* manuum secundum quod regula praecepit, studeant propriis manibus laborare.

Sed ne aliquis de dispositione locorum causari possit dicens, tale monasterium non esse apertum ad *opera manuum exercenda,* quia situm est in civitate, in aliquo castro vel villa, propterea.

NEW CENTURY SCHOOLBOOK ITALIC & ROMAN / SMALL CAPS 10/13

Dolor sit amet SED UT PERSPICIATIS *ipsam voluptatem enim voluptas sit esse Dominico Vaspernatur aut fugit Roma, Januaris 1522.*

NEW CENTURY SCHOOL BOOK BOLD / SMALL CAPS 19/22

NEMO ENIM

NEW CENTURY SCHOOLBOOK 10/14.4

Sed ut perspiciatis unde omnis iste natus error sit voluptatem accusantium doloremque laudantium, totam rem aperiam, eaque ipsa quae ab illo de inventore veritatis et quasi architecto beatae vitae dicta sunt est explicabo natus:

- Neque *porro* quisquam
- Architecto beatae vitae
- Qui *dolorem* ipsum
- Inventore veritatis quasi

Dolores nemo enim ipsam voluptatem quia voluptas sit aspernatur aut odit aut fugit, sed quia consequuntur magni est dolores eos qui ratione.

Nunc enim vere monachi est de sunt, si otiosi non maneant, sicut. Sed ne aliquis de possit dicens, tale est monasterium.

UNIVERS BOLD ITALIC 9/15

"Neque porro quisquam est, qui dolorem ipsum quia dolor sit amet, consectetur Nemo voluptatem quia vere monachi maneant, aspernatur aut odit aut fugit, sed quia eos qui ratione voluptatem sequi nesciunt."

UNIVERS BOLD 9/12

Quisquam						
	1	2	3	4	5	6
7	8	9	10	11	12	13
14	15	16	17	18	19	20
21	22	23	24	25	26	27
28	29	30				

NEW CENTURY SCHOOLBOOK BOLD 14/19

Operae pretium reor ea quae isto in anno Dominus per beatum Benedictum in Galliis operari dignatus est, ad posterorum memoriam et aedificationem annectere. Quidam namque vir potentissimus Gallorum *gente progenitus tantis* se ab ipsa infantia execrarat flagitiis.

UNIVERS 9/11

Cuidam..Vero
Dei...Servo
Juxta...Manenti
Dominus.......................Ea Quae Circa
Defuncti...................................Animam
Agebantur.........................Ostendere
Dignatus...Est
Nam...Statim
Ut de corpore...............................Exiit

UNIVERS BOLD 15/20

Et sanctus: Ne vobis injustitiam forte facere videar, ejus facta examinate

UNIVERS BOLD 27/30

Lorem ipsum dolor sit amet, consectetuer adipiscing elit

UNIVERS BOLD / ALL CAPS 18/21.6

DUIS TE FEUGI FACILISI. DUIS AUTEM DOLOR IN HENDRERIT IN VULPUTATE VELIT ESSE MOLESTIE CONSEQUAT

PALATINO 12/16

Videntes apostoli et alii patres antiqui, et praecipue reverendus pater noster beatus Benedictus, quod otiositas inimica est animae, sicut ipse dicit in regula sua, ipsi propriis manibus laboraverunt, et *religiosis viris opera* manuum secundum quod regula praecepit, studeant propriis manibus laborare.

Sed ne aliquis de dispositione locorum causari possit dicens, tale monasterium non esse apertum ad *opera manuum exercenda*, quia situm est in civitate, in aliquo castro vel villa, propterea.

PALATINO ITALIC / SMALL CAPS 10/12

Dolor sit amet SED UT PERSPICIATIS *ipsam voluptatem enim voluptas sit esse Dominico Vaspernatur aut fugit Roma, Januaris 1522.*

PALATINO BOLD / SMALL CAPS 19/22.8

NEMO ENIM

PALATINO 10/14

Sed ut perspiciatis unde omnis iste natus error sit voluptatem accusantium doloremque laudantium, totam rem aperiam, eaque ipsa quae ab illo de inventore veritatis et quasi architecto beatae vitae dicta sunt est explicabo natus:

- Neque *porro* quisquam
- Architecto beatae vitae
- Qui *dolorem* ipsum
- Inventore veritatis quasi

Dolores nemo enim ipsam voluptatem quia voluptas sit aspernatur aut odit aut fugit, sed quia consequuntur magni est dolores eos qui ratione.

Nunc enim vere monachi est de sunt, si otiosi non maneant, sicut. Sed ne aliquis de possit dicens, tale est monasterium.

UNIVERS BOLD ITALIC 9/15

"Neque porro quisquam est, qui dolorem ipsum quia dolor sit amet, consectetur Nemo voluptatem quia vere monachi maneant, aspernatur aut odit aut fugit, sed quia eos qui ratione voluptatem sequi nesciunt."

UNIVERS BOLD 9/12

Quisquam					
1	2	3	4	5	6
7	8	9	10	11	12	13
14	15	16	17	18	19	20
21	22	23	24	25	26	27
28	29	30			

PALATINO BOLD 15/18

Operae pretium reor ea quae isto in anno Dominus per beatum Benedictum in Galliis operari dignatus est, ad posterorum memoriam et aedificationem annectere. Quidam namque vir potentissimus Gallorum *gente progenitus tantis* se ab ipsa infantia execrarat flagitiis.

UNIVERS 9/11

Cuidam..Vero
Dei ....Servo
Juxta ....Manenti
Dominus ....Ea Quae Circa
Defuncti ....Animam
Agebantur ....Ostendere
Dignatus...Est
Nam ....Statim
Ut de corpore................................. Exiit

UNIVERS BOLD 15/20

Et sanctus: Ne vobis injustitiam forte facere videar, ejus facta examinate

UNIVERS BOLD 27/30

Lorem ipsum dolor sit amet, consectetuer adipiscing elit

UNIVERS BOLD / ALL CAPS 18/21.6

DUIS TE FEUGI FACILISI. DUIS AUTEM DOLOR IN HENDRERIT IN VULPUTATE VELIT ESSE MOLESTIE CONSEQUAT

SABON 13/15.6

Videntes apostoli et alii patres antiqui, et praecipue reverendus pater noster beatus Benedictus, quod otiositas inimica est animae, sicut ipse dicit in regula sua, ipsi propriis manibus laboraverunt, et *religiosis viris opera* manuum secundum quod regula praecepit, studeant propriis manibus laborare.

Sed ne aliquis de dispositione locorum causari possit dicens, tale monasterium non esse apertum ad *opera manuum exercenda*, quia situm est in civitate, in aliquo castro vel villa, propterea.

SABON ITALIC / SMALL CAPS 10/12

Dolor sit amet SED UT PERSPICIATIS *ipsam voluptatem enim voluptas sit esse Dominico Vaspernatur aut fugit Roma, Januaris 1522.*

SABON BOLD / SMALL CAPS 19/22.8

NEMO ENIM

SABON 11/14

Sed ut perspiciatis unde omnis iste natus error sit voluptatem accusantium doloremque laudantium, totam rem aperiam, eaque ipsa quae ab illo de inventore veritatis et quasi architecto beatae vitae dicta sunt est explicabo natus:

- Neque *porro* quisquam
- Architecto beatae vitae
- Qui *dolorem* ipsum
- Inventore veritatis quasi

Dolores nemo enim ipsam voluptatem quia voluptas sit aspernatur aut odit aut fugit, sed quia consequuntur magni est dolores eos qui ratione.

Nunc enim vere monachi est de sunt, si otiosi non maneant, sicut. Sed ne aliquis de possit dicens, tale est monasterium.

UNIVERS BOLD ITALIC 9/15

"Neque porro quisquam est, qui dolorem ipsum quia dolor sit amet, consectetur Nemo voluptatem quia vere monachi maneant, aspernatur aut odit aut fugit, sed quia eos qui ratione voluptatem sequi nesciunt."

UNIVERS BOLD 9/12

Quisquam					
1	2	3	4	5	6
7	8	9	10	11	12	13
14	15	16	17	18	19	20
21	22	23	24	25	26	27
28	29	30				

SABON BOLD 16/19.2

Operae pretium reor ea quae isto in anno Dominus per beatum Benedictum in Galliis operari dignatus est, ad posterorum memoriam et aedificationem annectere. Quidam namque vir potentissimus Gallorum *gente progenitus tantis* se ab ipsa infantia execrarat flagitiis.

UNIVERS 9/11

Cuidam..Vero
Dei..Servo
Juxta...Manenti
Dominus ....Ea Quae Circa
Defuncti.....................................Animam
Agebantur ....Ostendere
Dignatus...Est
Nam...Statim
Ut de corpore................................Exiit

UNIVERS BOLD 15/20

Et sanctus: Ne vobis injustitiam forte facere videar, ejus facta examinate

UNIVERS BOLD 27/30

Lorem ipsum dolor sit amet, consectetuer adipiscing elit

UNIVERS BOLD / ALL CAPS 18/21.6

DUIS TE FEUGI FACILISI. DUIS AUTEM DOLOR IN HENDRERIT IN VULPUTATE VELIT ESSE MOLESTIE CONSEQUAT

TIMES NEW ROMAN 14/16.8

Videntes apostoli et alii patres antiqui, et praecipue reverendus pater noster beatus Benedictus, quod otiositas inimica est animae, sicut ipse dicit in regula sua, ipsi propriis manibus laboraverunt, et *religiosis viris opera* manuum secundum quod regula praecepit, studeant propriis manibus laborare.

Sed ne aliquis de dispositione locorum causari possit dicens, tale monasterium non esse apertum ad *opera manuum exercenda*, quia situm est in civitate, in aliquo castro vel villa, propterea.

TIMES NEW ROMAN ITALIC / SMALL CAPS 11/13.2

Dolor sit amet SED UT PERSPICIATIS *ipsam voluptatem enim voluptas sit esse Dominico Vaspernatur aut fugit Roma, Januaris 1522.*

TIMES NEW ROMAN BOLD / SMALL CAPS 19/22.8

NEMO ENIM

TIMES NEW ROMAN 11/14

Sed ut perspiciatis unde omnis iste natus error sit voluptatem accusantium doloremque laudantium, totam rem aperiam, eaque ipsa quae ab illo de inventore veritatis et quasi architecto beatae vitae dicta sunt est explicabo natus:

- Neque *porro* quisquam
- Architecto beatae vitae
- Qui *dolorem* ipsum
- Inventore veritatis quasi

Dolores nemo enim ipsam voluptatem quia voluptas sit aspernatur aut odit aut fugit, sed quia consequuntur magni est dolores eos qui ratione.

Nunc enim vere monachi est de sunt, si otiosi non maneant, sicut. Sed ne aliquis de possit dicens, tale est monasterium.

UNIVERS BOLD ITALIC 9/15

"Neque porro quisquam est, qui dolorem ipsum quia dolor sit amet, consectetur Nemo voluptatem quia vere monachi maneant, aspernatur aut odit aut fugit, sed quia eos qui ratione voluptatem sequi nesciunt."

UNIVERS BOLD 9/12

Quisquam					
1	2	3	4	5	6
7	8	9	10	11	12	13
14	15	16	17	18	19	20
21	22	23	24	25	26	27
28	29	30				

TIMES NEW ROMAN BOLD 16/19.2

Operae pretium reor ea quae isto in anno Dominus per beatum Benedictum in Galliis operari dignatus est, ad posterorum memoriam et aedificationem annectere. Quidam namque vir potentissimus Gallorum *gente progenitus tantis* se ab ipsa infantia execrarat flagitiis.

UNIVERS 9/11

Cuidam	Vero
Dei	Servo
Juxta	Manenti
Dominus	Ea Quae Circa
Defuncti	Animam
Agebantur	Ostendere
Dignatus	Est
Nam	Statim
Ut de corpore	Exiit

UNIVERS BOLD 15/20

Et sanctus: Ne vobis injustitiam forte facere videar, ejus facta examinate

UNIVERS BOLD 27/30

Lorem ipsum dolor sit amet, consectetuer adipiscing elit

UNIVERS BOLD / ALL CAPS 18/21.6

DUIS TE FEUGI FACILISI. DUIS AUTEM DOLOR IN HENDRERIT IN VULPUTATE VELIT ESSE MOLESTIE CONSEQUAT

WARNOCK 13/15.6

Videntes apostoli et alii patres antiqui, et praecipue reverendus pater noster beatus Benedictus, quod otiositas inimica est animae, sicut ipse dicit in regula sua, ipsi propriis manibus laboraverunt, *et religiosis viris opera* manuum secundum quod regula praecepit, studeant propriis manibus laborare.

Sed ne aliquis de dispositione locorum causari possit dicens, tale monasterium non esse apertum ad *opera manuum exercenda,* quia situm est in civitate, in aliquo castro vel villa, propterea.

WARNOCK ITALIC & ROMAN / SMALL CAPS 11/13.2

Dolor sit amet SED UT PERSPICIATIS *ipsam voluptatem enim voluptas sit esse Dominico Vaspernatur aut fugit Roma, Januaris 1522.*

WARNOCK BOLD / SMALL CAPS 19/22.8

NEMO ENIM

WARNOCK 11/14

Sed ut perspiciatis unde omnis iste natus error sit voluptatem accusantium doloremque laudantium, totam rem aperiam, eaque ipsa quae ab illo de inventore veritatis et quasi architecto beatae vitae dicta sunt est explicabo natus:

- Neque *porro* quisquam
- Architecto beatae vitae
- Qui *dolorem* ipsum
- Inventore veritatis quasi

Dolores nemo enim ipsam voluptatem quia voluptas sit aspernatur aut odit aut fugit, sed quia consequuntur magni est dolores eos qui ratione.

Nunc enim vere monachi est de sunt, si otiosi non maneant, sicut. Sed ne aliquis de possit dicens, tale est monasterium.

UNIVERS BOLD ITALIC 9/15

"Neque porro quisquam est, qui dolorem ipsum quia dolor sit amet, consectetur Nemo voluptatem quia vere monachi maneant, aspernatur aut odit aut fugit, sed quia eos qui ratione voluptatem sequi nesciunt."

UNIVERS BOLD 9/12

Quisquam					
	1	2	3	4	5	6
7	8	9	10	11	12	13
14	15	16	17	18	19	20
21	22	23	24	25	26	27
28	29	30				

WARNOCK BOLD 16/19.2

Operae pretium reor ea quae isto in anno Dominus per beatum Benedictum in Galliis operari dignatus est, ad posterorum memoriam et aedificationem annectere. Quidam namque vir potentissimus Gallorum *gente progenitus tantis* se ab ipsa infantia execrarat flagitiis.

UNIVERS 9/11

Cuidam..Vero
Dei ....Servo
Juxta ....Manenti
Dominus ....Ea Quae Circa
Defuncti ....Animam
Agebantur .... Ostendere
Dignatus...Est
Nam ....Statim
Ut de corpore............................... Exiit

UNIVERS BOLD 15/20

Et sanctus: Ne vobis injustitiam forte facere videar, ejus facta examinate

WARNOCK BOLD 30/32

Lorem ipsum dolor sit amet, consectetuer adipiscing elit

WARNOCK BOLD / ALL CAPS 18/21.6

DUIS TE FEUGI FACILISI. DUIS AUTEM DOLOR IN HENDRERIT IN VULPUTATE VELIT ESSE MOLESTIE CONSEQUAT

WARNOCK 13/15.6

Videntes apostoli et alii patres antiqui, et praecipue reverendus pater noster beatus Benedictus, quod otiositas inimica est animae, sicut ipse dicit in regula sua, ipsi propriis manibus laboraverunt, *et religiosis viris opera* manuum secundum quod regula praecepit, studeant propriis manibus laborare.

Sed ne aliquis de dispositione locorum causari possit dicens, tale monasterium non esse apertum ad *opera manuum exercenda,* quia situm est in civitate, in aliquo castro vel villa, propterea.

WARNOCK ITALIC & ROMAN / SMALL CAPS 11/13.2

Dolor sit amet SED UT PERSPICIATIS *ipsam voluptatem enim voluptas sit esse Dominico Vaspernatur aut fugit Roma, Januaris 1522.*

WARNOCK BOLD / SMALL CAPS 19/22.8

NEMO ENIM

WARNOCK 11/14

Sed ut perspiciatis unde omnis iste natus error sit voluptatem accusantium doloremque laudantium, totam rem aperiam, eaque ipsa quae ab illo de inventore veritatis et quasi architecto beatae vitae dicta sunt est explicabo natus:

- Neque *porro* quisquam
- Architecto beatae vitae
- Qui *dolorem* ipsum
- Inventore veritatis quasi

Dolores nemo enim ipsam voluptatem quia voluptas sit aspernatur aut odit aut fugit, sed quia consequuntur magni est dolores eos qui ratione.

Nunc enim vere monachi est de sunt, si otiosi non maneant, sicut. Sed ne aliquis de possit dicens, tale est monasterium.

WARNOCK BOLD ITALIC 10/15

"Neque porro quisquam est, qui dolorem ipsum quia dolor sit amet, consectetur Nemo voluptatem quia vere monachi maneant, aspernatur aut odit aut fugit, sed quia eos qui ratione voluptatem sequi nesciunt."

WARNOCK BOLD 9/12

Quisquam					
1	2	3	4	5	6
7	8	9	10	11	12	13
14	15	16	17	18	19	20
21	22	23	24	25	26	27
28	29	30				

WARNOCK BOLD 16/19.2

Operae pretium reor ea quae isto in anno Dominus per beatum Benedictum in Galliis operari dignatus est, ad posterorum memoriam et aedificationem annectere. Quidam namque vir potentissimus Gallorum *gente progenitus tantis* se ab ipsa infantia execrarat flagitiis.

WARNOCK 9/11

Cuidam	Vero
Dei	Servo
Juxta	Manenti
Dominus	Ea Quae Circa
Defuncti	Animam
Agebantur	Ostendere
Dignatus	Est
Nam	Statim
Ut de corpore	Exiit

WARNOCK BOLD 16/20

Et sanctus: Ne vobis injustitiam forte facere videar, ejus facta examinate

WARNOCK BOLD 30/32

Lorem ipsum dolor sit amet, consectetuer adipiscing elit

WARNOCK BOLD / ALL CAPS 18/21.6

DUIS TE FEUGI FACILISI. DUIS AUTEM DOLOR IN HENDRERIT IN VULPUTATE VELIT ESSE MOLESTIE CONSEQUAT

AKZIDENZ GROTESK 13/17

Videntes apostoli et alii patres antiqui, et praecipue reverendus pater noster beatus Benedictus, quod otiositas inimica est animae, sicut ipse dicit in regula sua, ipsi propriis manibus laboraverunt, et *religiosis viris opera* manuum secundum quod regula praecepit, studeant propriis manibus laborare.

Sed ne aliquis de dispositione locorum causari possit dicens, tale monasterium non esse apertum ad *opera manuum exercenda*, quia situm est in civitate, in aliquo castro vel villa, propterea.

AKZIDENZ GROTESK BOLD / SMALL CAPS 11/13.2

Dolor sit amet SED UT PERSPICIATIS ipsam voluptatem enim voluptas sit esse Dominico Vaspernatur aut fugit Roma, Januaris 1522.

AKZIDENZ GROTESK / SMALL CAPS 19/22.8

NEMO ENIM

AKZIDENZ GROTESK 11/14

Sed ut perspiciatis unde omnis iste natus error sit voluptatem accusantium doloremque laudantium, totam rem aperiam, eaque ipsa quae ab illo de inventore veritatis et quasi architecto beatae vitae dicta sunt est explicabo natus:

- Neque *porro* quisquam
- Architecto beatae vitae
- Qui *dolorem* ipsum
- Inventore veritatis quasi

Dolores nemo enim ipsam voluptatem quia voluptas sit aspernatur aut odit aut fugit, sed quia consequuntur magni est dolores eos qui ratione.

Nunc enim vere monachi est de sunt, si otiosi non maneant, sicut. Sed ne aliquis de possit dicens, tale est monasterium.

WARNOCK BOLD ITALIC 10/15

"Neque porro quisquam est, qui dolorem ipsum quia dolor sit amet, consectetur Nemo voluptatem quia vere monachi maneant, aspernatur aut odit aut fugit, sed quia eos qui ratione voluptatem sequi nesciunt."

WARNOCK BOLD 9/12

Quisquam					
	1	2	3	4	5	6
7	8	9	10	11	12	13
14	15	16	17	18	19	20
21	22	23	24	25	26	27
28	29	30				

AKZIDENZ GROTESK BOLD 15/20

Operae pretium reor ea quae isto in anno Dominus per beatum Benedictum in Galliis operari dignatus est, ad posterorum memoriam et aedificationem annectere. Quidam namque vir potentissimus Gallorum gente progenitus tantis se ab ipsa infantia execrarat flagitiis.

WARNOCK 9/11

Cuidam	Vero
Dei	Servo
Juxta	Manenti
Dominus	Ea Quae Circa
Defuncti	Animam
Agebantur	Ostendere
Dignatus	Est
Nam	Statim
Ut de corpore	Exiit

WARNOCK BOLD 16/20

Et sanctus: Ne vobis injustitiam forte facere videar, ejus facta examinate

WARNOCK BOLD 30/32

Lorem ipsum dolor sit amet, consectetuer adipiscing elit

WARNOCK BOLD / ALL CAPS 18/21.6

DUIS TE FEUGI FACILISI. DUIS AUTEM DOLOR IN HENDRERIT IN VULPUTATE VELIT ESSE MOLESTIE CONSEQUAT

BELL GOTHIC 13/17

Videntes apostoli et alii patres antiqui, et praecipue reverendus pater noster beatus Benedictus, quod otiositas inimica est animae, sicut ipse dicit in regula sua, ipsi propriis manibus laboraverunt, et religiosis viris opera manuum secundum quod regula praecepit, studeant propriis manibus laborare.

Sed ne aliquis de dispositione locorum causari possit dicens, tale monasterium non esse apertum ad opera manuum exercenda, quia situm est in civitate, in aliquo castro vel villa, propterea.

BELL GOTHIC / SMALL CAPS 11/13.2

Dolor sit amet SED UT PERSPICIATIS ipsam voluptatem enim voluptas sit esse Dominico Vaspernatur aut fugit Roma, Januaris 1522.

BELL GOTHIC BOLD / SMALL CAPS 19/22.8

NEMO ENIM

BELL GOTHIC 11/14

Sed ut perspiciatis unde omnis iste natus error sit voluptatem accus antium doloremque laudantium, totam rem aperiam, eaque ipsa quae ab illo de inventore veritatis et quasi architecto beatae vitae dicta sunt est explicabo natus:

- Neque porro quisquam
- Architecto beatae vitae
- Qui dolorem ipsum
- Inventore veritatis quasi

Dolores nemo enim ipsam voluptatem quia voluptas sit aspernatur aut odit aut fugit, sed quia consequuntur magni est dolores eos qui ratione.

Nunc enim vere monachi est de sunt, si otiosi non maneant, sicut. Sed ne aliquis de possit dicens, tale est monasterium.

WARNOCK BOLD ITALIC 10/15

"Neque porro quisquam est, qui dolorem ipsum quia dolor sit amet, consectetur Nemo voluptatem quia vere monachi maneant, aspernatur aut odit aut fugit, sed quia eos qui ratione voluptatem sequi nesciunt."

WARNOCK BOLD 9/12

Quisquam					
	1	2	3	4	5	6
7	8	9	10	11	12	13
14	15	16	17	18	19	20
21	22	23	24	25	26	27
28	29	30				

BELL GOTHIC BOLD 16/19.2

Operae pretium reor ea quae isto in anno Dominus per beatum Benedictum in Galliis operari dignatus est, ad posterorum memoriam et aedificationem annectere. Quidam namque vir potentissimus Gallorum gente progenitus tantis se ab ipsa infantia execrarat flagitiis.

WARNOCK 9/11

Cuidam	Vero
Dei	Servo
Juxta	Manenti
Dominus	Ea Quae Circa
Defuncti	Animam
Agebantur	Ostendere
Dignatus	Est
Nam	Statim
Ut de corpore	Exiit

WARNOCK BOLD 16/20

Et sanctus: Ne vobis injustitiam forte facere videar, ejus facta examinate

WARNOCK BOLD 30/32

Lorem ipsum dolor sit amet, consectetuer adipiscing elit

WARNOCK BOLD / ALL CAPS 18/21.6

DUIS TE FEUGI FACILISI. DUIS AUTEM DOLOR IN HENDRERIT IN VULPUTATE VELIT ESSE MOLESTIE CONSEQUAT

FRANKLIN GOTHIC 13/17

Videntes apostoli et alii patres antiqui, et praecipue reverendus pater noster beatus Benedictus, quod otiositas inimica est animae, sicut ipse dicit in regula sua, ipsi propriis manibus laboraverunt, *et religiosis viris opera* manuum secundum quod regula praecepit, studeant propriis manibus laborare.

Sed ne aliquis de dispositione locorum causari possit dicens, tale monasterium non esse apertum ad *opera manuum exercenda,* quia situm est in civitate, in aliquo castro vel villa, propterea.

FRANKLIN GOTHIC ITALIC / SMALL CAPS 11/13.2

Dolor sit amet SED UT PERSPICIATIS *ipsam voluptatem enim voluptas sit esse Dominico Vaspernatur aut fugit Roma, Januaris 1522.*

FRANKLIN GOTHIC BOLD / SMALL CAPS 19/22.8

NEMO ENIM

FRANKLIN GOTHIC 10/14.4

Sed ut perspiciatis unde omnis iste natus error sit voluptatem accu santium doloremque laudantium, totam rem aperiam, eaque ipsa quae ab illo de inventore veritatis et quasi architecto beatae vitae dicta sunt est explicabo natus:

- Neque *porro* quisquam
- Architecto beatae vitae
- Qui *dolorem* ipsum
- Inventore veritatis quasi

Dolores nemo enim ipsam voluptatem quia voluptas sit aspernatur aut odit aut fugit, sed quia consequuntur magni est dolores eos qui ratione.

Nunc enim vere monachi est de sunt, si otiosi non maneant, sicut. Sed ne aliquis de possit dicens, tale est monasterium.

WARNOCK BOLD ITALIC 10/15

"Neque porro quisquam est, qui dolorem ipsum quia dolor sit amet, consectetur Nemo voluptatem quia vere monachi maneant, aspernatur aut odit aut fugit, sed quia eos qui ratione voluptatem sequi nesciunt."

WARNOCK BOLD 9/12

Quisquam					
1	2	3	4	5	6
7	8	9	10	11	12	13
14	15	16	17	18	19	20
21	22	23	24	25	26	27
28	29	30				

FRANKLIN GOTHIC BOLD 16/19.2

Operae pretium reor ea quae isto in anno Dominus per beatum Benedictum in Galliis operari dignatus est, ad posterorum memoriam et aedificationem annectere. Quidam namque vir potentissimus Gallorum *gente progenitus tantis* se ab ipsa infantia execrarat flagitiis.

WARNOCK 9/11

Cuidam ....Vero
Dei ....Servo
Juxta ....Manenti
Dominus............................... Ea Quae Circa
Defuncti..Animam
Agebantur.....................................Ostendere
Dignatus ....Est
Nam...Statim
Ut de corpore..Exiit

WARNOCK BOLD 16/20

Et sanctus: Ne vobis injustitiam forte facere videar, ejus facta examinate

WARNOCK BOLD 30/32

Lorem ipsum dolor sit amet, consectetuer adipiscing elit

WARNOCK BOLD / ALL CAPS 18/21.6

DUIS TE FEUGI FACILISI. DUIS AUTEM DOLOR IN HENDRERIT IN VULPUTATE VELIT ESSE MOLESTIE CONSEQUAT

META 13/17

Videntes apostoli et alii patres antiqui, et praecipue reverendus pater noster beatus Benedictus, quod otiositas inimica est animae, sicut ipse dicit in regula sua, ipsi propriis manibus laboraverunt, et *religiosis viris opera* manuum secundum quod regula praecepit, studeant propriis manibus laborare.

Sed ne aliquis de dispositione locorum causari possit dicens, tale monasterium non esse apertum ad *opera manuum exercenda*, quia situm est in civitate, in aliquo castro vel villa, propterea.

META ITALIC / SMALL CAPS 11/13.2

Dolor sit amet SED UT PERSPICIATIS *ipsam voluptatem enim voluptas sit esse Dominico Vaspernatur aut fugit Roma, Januaris 1522.*

META BOLD / SMALL CAPS 19/22.8

NEMO ENIM

META 11/14

Sed ut perspiciatis unde omnis iste natus error sit voluptatem accusantium doloremque laudantium, totam rem aperiam, eaque ipsa quae ab illo de inventore veritatis et quasi architecto beatae vitae dicta sunt est explicabo natus:

- Neque *porro* quisquam
- Architecto beatae vitae
- Qui *dolorem* ipsum
- Inventore veritatis quasi

Dolores nemo enim ipsam voluptatem quia voluptas sit aspernatur aut odit aut fugit, sed quia consequuntur magni est dolores eos qui ratione.

Nunc enim vere monachi est de sunt, si otiosi non maneant, sicut. Sed ne aliquis de possit dicens, tale est monasterium.

WARNOCK BOLD ITALIC 10/15

"Neque porro quisquam est, qui dolorem ipsum quia dolor sit amet, consectetur Nemo voluptatem quia vere monachi maneant, aspernatur aut odit aut fugit, sed quia eos qui ratione voluptatem sequi nesciunt."

WARNOCK BOLD 9/12

Quisquam					
1	2	3	4	5	6
7	8	9	10	11	12	13
14	15	16	17	18	19	20
21	22	23	24	25	26	27
28	29	30			

META BOLD 16/19.2

Operae pretium reor ea quae isto in anno Dominus per beatum Benedictum in Galliis operari dignatus est, ad posterorum memoriam et aedificationem annectere. Quidam namque vir potentissimus Gallorum *gente progenitus tantis* se ab ipsa infantia execrarat flagitiis.

WARNOCK 9/11

Cuidam	Vero
Dei	Servo
Juxta	Manenti
Dominus	Ea Quae Circa
Defuncti	Animam
Agebantur	Ostendere
Dignatus	Est
Nam	Statim
Ut de corpore	Exiit

WARNOCK BOLD 16/20

Et sanctus: Ne vobis injustitiam forte facere videar, ejus facta examinate

WARNOCK BOLD 30/32

Lorem ipsum dolor sit amet, consectetuer adipiscing elit

WARNOCK BOLD / ALL CAPS 18/21.6

DUIS TE FEUGI FACILISI. DUIS AUTEM DOLOR IN HENDRERIT IN VULPUTATE VELIT ESSE MOLESTIE CONSEQUAT

MONOTYPE GROTESQUE 13/15.6

Videntes apostoli et alii patres antiqui, et praecipue reverendus pater noster beatus Benedictus, quod otiositas inimica est animae, sicut ipse dicit in regula sua, ipsi propriis manibus laboraverunt, et *religiosis viris opera* manuum secundum quod regula praecepit, studeant propriis manibus laborare.

Sed ne aliquis de dispositione locorum causari possit dicens, tale monasterium non esse apertum ad *opera manuum exercenda*, quia situm est in civitate, in aliquo castro vel villa, propterea.

MONOTYPE GROTESQUE ITALIC / SMALL CAPS 11/13.2

Dolor sit amet SED UT PERSPICIATIS *ipsam voluptatem enim voluptas sit esse Dominico Vaspernatur aut fugit Roma, Januaris 1522.*

MONOTYPE GROTESQUE BOLD / SMALL CAPS 19/22.8

NEMO ENIM

MONOTYPE GROTESQUE 11/13.2

Sed ut perspiciatis unde omnis iste natus error sit voluptatem accusantium doloremque laudantium, totam rem aperiam, eaque ipsa quae ab illo de inventore veritatis et quasi architecto beatae vitae dicta sunt est explicabo natus:

- Neque *porro* quisquam
- Architecto beatae vitae
- Qui *dolorem* ipsum
- Inventore veritatis quasi

Dolores nemo enim ipsam voluptatem quia voluptas sit aspernatur aut odit aut fugit, sed quia consequuntur magni est dolores eos qui ratione.

Nunc enim vere monachi est de sunt, si otiosi non maneant, sicut. Sed ne aliquis de possit dicens, tale est monasterium.

WARNOCK BOLD ITALIC 10/15

"Neque porro quisquam est, qui dolorem ipsum quia dolor sit amet, consectetur Nemo voluptatem quia vere monachi maneant, aspernatur aut odit aut fugit, sed quia eos qui ratione voluptatem sequi nesciunt."

WARNOCK BOLD 9/12

Quisquam					
	1	2	3	4	5	6
7	8	9	10	11	12	13
14	15	16	17	18	19	20
21	22	23	24	25	26	27
28	29	30				

MONOTYPE GROTESQUE BOLD 15/19

Operae pretium reor ea quae isto in anno Dominus per beatum Benedictum in Galliis operari dignatus est, ad posterorum memoriam et aedificationem annectere. Quidam namque vir potentissimus Gallorum gente progenitus tantis se ab ipsa infantia execrarat flagitiis.

WARNOCK 9/11

Cuidam	Vero
Dei	Servo
Juxta	Manenti
Dominus	Ea Quae Circa
Defuncti	Animam
Agebantur	Ostendere
Dignatus	Est
Nam	Statim
Ut de corpore	Exiit

WARNOCK BOLD 16/20

Et sanctus: Ne vobis injustitiam forte facere videar, ejus facta examinate

WARNOCK BOLD 30/32

Lorem ipsum dolor sit amet, consectetuer adipiscing elit

WARNOCK BOLD / ALL CAPS 18/21.6

DUIS TE FEUGI FACILISI. DUIS AUTEM DOLOR IN HENDRERIT IN VULPUTATE VELIT ESSE MOLESTIE CONSEQUAT

MYRIAD 13/17

Videntes apostoli et alii patres antiqui, et praecipue reverendus pater noster beatus Benedictus, quod otiositas inimica est animae, sicut ipse dicit in regula sua, ipsi propriis manibus laboraverunt, et *religiosis viris opera* manuum secundum quod regula praecepit, studeant propriis manibus laborare.

Sed ne aliquis de dispositione locorum causari possit dicens, tale monasterium non esse apertum ad *opera manuum exercenda*, quia situm est in civitate, in aliquo castro vel villa, propterea.

MYRIAD ITALIC / SMALL CAPS 11/13.2

Dolor sit amet SED UT PERSPICIATIS *ipsam voluptatem enim voluptas sit esse Dominico Vaspernatur aut fugit Roma, Januaris 1522.*

MYRIAD BOLD / SMALL CAPS 19/22.8

NEMO ENIM

MYRIAD 11/14

Sed ut perspiciatis unde omnis iste natus error sit voluptatem accusantium doloremque laudantium, totam rem aperiam, eaque ipsa quae ab illo de inventore veritatis et quasi architecto beatae vitae dicta sunt est explicabo natus:

- Neque *porro* quisquam
- Architecto beatae vitae
- Qui *dolorem* ipsum
- Inventore veritatis quasi

Dolores nemo enim ipsam voluptatem quia voluptas sit aspernatur aut odit aut fugit, sed quia consequuntur magni est dolores eos qui ratione.

Nunc enim vere monachi est de sunt, si otiosi non maneant, sicut. Sed ne aliquis de possit dicens, tale est monasterium.

WARNOCK BOLD ITALIC 10/15

"Neque porro quisquam est, qui dolorem ipsum quia dolor sit amet, consectetur Nemo voluptatem quia vere monachi maneant, aspernatur aut odit aut fugit, sed quia eos qui ratione voluptatem sequi nesciunt."

WARNOCK BOLD 9/12

Quisquam						
	1	2	3	4	5	6
7	8	9	10	11	12	13
14	15	16	17	18	19	20
21	22	23	24	25	26	27
28	29	30				

MYRIAD BOLD 16/19.2

Operae pretium reor ea quae isto in anno Dominus per beatum Benedictum in Galliis operari dignatus est, ad posterorum memoriam et aedificationem annectere. Quidam namque vir potentissimus Gallorum *gente progenitus tantis* se ab ipsa infantia execrarat flagitiis.

WARNOCK 9/11

Cuidam	Vero
Dei	Servo
Juxta	Manenti
Dominus	Ea Quae Circa
Defuncti	Animam
Agebantur	Ostendere
Dignatus	Est
Nam	Statim
Ut de corpore	Exiit

WARNOCK BOLD 16/20

Et sanctus: Ne vobis injustitiam forte facere videar, ejus facta examinate

WARNOCK BOLD 30/32

Lorem ipsum dolor sit amet, consectetuer adipiscing elit

WARNOCK BOLD / ALL CAPS 18/21.6

DUIS TE FEUGI FACILISI. DUIS AUTEM DOLOR IN HENDRERIT IN VULPUTATE VELIT ESSE MOLESTIE CONSEQUAT

TRADE GOTHIC 12/16

Videntes apostoli et alii patres antiqui, et praecipue reverendus pater noster beatus Benedictus, quod otiositas inimica est animae, sicut ipse dicit in regula sua, ipsi propriis manibus laboraverunt, et *religiosis viris opera* manuum secundum quod regula praecepit, studeant propriis manibus laborare.

Sed ne aliquis de dispositione locorum causari possit dicens, tale monasterium non esse apertum ad *opera manuum exercenda*, quia situm est in civitate, in aliquo castro vel villa, propterea.

TRADE GOTHIC ITALIC / SMALL CAPS 10/12

Dolor sit amet SED UT PERSPICIATIS *ipsam voluptatem enim voluptas sit esse Dominico Vaspernatur aut fugit Roma, Januaris 1522.*

TRADE GOTHIC BOLD / SMALL CAPS 19/22.8

NEMO ENIM

TRADE GOTHIC 10/14

Sed ut perspiciatis unde omnis iste natus error sit voluptatem accusantium doloremque laudantium, totam rem aperiam, eaque ipsa quae ab illo de inventore veritatis et quasi architecto beatae vitae dicta sunt est explicabo natus:

- Neque *porro* quisquam
- Architecto beatae vitae
- Qui *dolorem* ipsum
- Inventore veritatis quasi

Dolores nemo enim ipsam voluptatem quia voluptas sit aspernatur aut odit aut fugit, sed quia consequuntur magni est dolores eos qui ratione.

Nunc enim vere monachi est de sunt, si otiosi non maneant, sicut. Sed ne aliquis de possit dicens, tale est monasterium.

WARNOCK BOLD ITALIC 10/15

"Neque porro quisquam est, qui dolorem ipsum quia dolor sit amet, consectetur Nemo voluptatem quia vere monachi maneant, aspernatur aut odit aut fugit, sed quia eos qui ratione voluptatem sequi nesciunt."

WARNOCK BOLD 9/12

Quisquam						
	1	2	3	4	5	6
7	8	9	10	11	12	13
14	15	16	17	18	19	20
21	22	23	24	25	26	27
28	29	30				

TRADE GOTHIC BOLD 16/19.2

Operae pretium reor ea quae isto in anno Dominus per beatum Benedictum in Galliis operari dignatus est, ad posterorum memoriam et aedificationem annectere. Quidam namque vir potentissimus Gallorum *gente progenitus tantis* se ab ipsa infantia execrarat flagitiis.

WARNOCK 9/11

Cuidam	Vero
Dei	Servo
Juxta	Manenti
Dominus	Ea Quae Circa
Defuncti	Animam
Agebantur	Ostendere
Dignatus	Est
Nam	Statim
Ut de corpore	Exiit

WARNOCK BOLD 16/20

Et sanctus: Ne vobis injustitiam forte facere videar, ejus facta examinate

WARNOCK BOLD 30/32

Lorem ipsum dolor sit amet, consectetuer adipiscing elit

WARNOCK BOLD / ALL CAPS 18/21.6

DUIS TE FEUGI FACILISI. DUIS AUTEM DOLOR IN HENDRERIT IN VULPUTATE VELIT ESSE MOLESTIE CONSEQUAT

UNIVERS 12/16

Videntes apostoli et alii patres antiqui, et praecipue reverendus pater noster beatus Benedictus, quod otiositas inimica est animae, sicut ipse dicit in regula sua, ipsi propriis manibus laboraverunt, et *religiosis viris opera* manuum secundum quod regula praecepit, studeant propriis manibus laborare.

Sed ne aliquis de dispositione locorum causari possit dicens, tale monasterium non esse apertum ad *opera manuum exercenda*, quia situm est in civitate, in aliquo castro vel villa, propterea.

UNIVERS ITALIC / SMALL CAPS 11/13.2

Dolor sit amet SED UT PERSPICIATIS *ipsam voluptatem enim voluptas sit esse Dominico Vaspernatur aut fugit Roma, Januaris 1522.*

UNIVERS BOLD / SMALL CAPS 19/22.8

NEMO ENIM

UNIVERS 10/14

Sed ut perspiciatis unde omnis iste natus error sit voluptatem accusantium doloremque laudantium, totam rem aperiam, eaque ipsa quae ab illo de inventore veritatis et quasi architecto beatae vitae dicta sunt est explicabo natus:

- Neque *porro* quisquam
- Architecto beatae vitae
- Qui *dolorem* ipsum
- Inventore veritatis quasi

Dolores nemo enim ipsam voluptatem quia voluptas sit aspernatur aut odit aut fugit, sed quia consequuntur magni est dolores eos qui ratione.

Nunc enim vere monachi est de sunt, si otiosi non maneant, sicut. Sed ne aliquis de possit dicens, tale est monasterium.

WARNOCK BOLD ITALIC 10/15

"Neque porro quisquam est, qui dolorem ipsum quia dolor sit amet, consectetur Nemo voluptatem quia vere monachi maneant, aspernatur aut odit aut fugit, sed quia eos qui ratione voluptatem sequi nesciunt."

WARNOCK BOLD 9/12

Quisquam						
	1	2	3	4	5	6
7	8	9	10	11	12	13
14	15	16	17	18	19	20
21	22	23	24	25	26	27
28	29	30				

UNIVERS BOLD 15/19

Operae pretium reor ea quae isto in anno Dominus per beatum Benedictum in Galliis operari dignatus est, ad posterorum memoriam et aedificationem annectere. Quidam namque vir potentissimus Gallorum *gente progenitus tantis* se ab ipsa infantia execrarat flagitiis.

WARNOCK 9/11

Cuidam	Vero
Dei	Servo
Juxta	Manenti
Dominus	Ea Quae Circa
Defuncti	Animam
Agebantur	Ostendere
Dignatus	Est
Nam	Statim
Ut de corpore	Exiit

WARNOCK BOLD 16/20

Et sanctus: Ne vobis injustitiam forte facere videar, ejus facta examinate

typefaces that like to be left alone

Some typefaces and fonts just don't like to play nice with other typefaces and fonts. On the next few pages, I've included some typefaces that are certainly popular, but tend to be used alone, or in a setting much different than the type samples used in this book.

For instance, Mistral is a very popular typeface. It suffers from over exposure. It is an easy go-to typeface for signage. In the context of a sign, Mistral can be paired up with some contrasting typeface fairly easily. For instance, a condensed Helvetica would probably work great, if Mistral is your kind of typeface to begin with. But, this book was not designed to be of much help, though it might be some, for use in designing logomarks. Yes, it may well help if your logo design has certain pre-existing requirements or design direction, but the peculiar and unique requirements of logo design limits the use, or even production, of a book like this for logo-oriented typesetting.

Why show typefaces without a combination?

I want to save you some time! I had a lot of trouble getting any of these typefaces to play nice with any of the other ones used in the book. The samples layouts are so standardized, that they prevent the following typefaces from exhibiting their natural strengths which would normally be exhibited in a design tailored to their personality.

So, while you may find some inspiration to work with the following typefaces in a sign, or poster, or some other context, you may find them difficult to create a happy combination for more general text application, while limiting yourself to the other typeface choices in this book.

You might grab one of these typefaces and head over to your favorite typeface retailer or independent foundry, and find a fine-tuned match for the perfect font combination. If you do find some zingers out in the wild, or come up with a great combination using the fonts in this book, I'd love to know about it!

Yes, some of these look ugly, just as I said. These typefaces are popular but not in the context of setting large amounts of type and even more certainly not in the context of the standardized type sample for the purpose of analyzing potential pairs we've been using for the last 360 pages!

Your mileage may vary!

BICKHAM SCRIPT BOLD 34/34

Lorem ipsum dolor sit amet, consectetuer adipiscing elit

BICKHAM SCRIPT BOLD 25/30

Duis te feugi facilisi. duis autem dolor in hendrerit in vulputate velit esse molestie consequat

BICKHAM SCRIPT 18/18

Videntes apostoli et alii patres antiqui, et praecipue reverendus pater noster beatus Benedictus, quod otiositas inimica est animae, sicut ipse dicit in regula sua, ipsi propriis manibus laboraverunt, et **religiosis viris opera** manuum secundum quod regula praecepit, studeant propriis manibus laborare.

Sed ne aliquis de dispositione locorum causari possit dicens, tale monasterium non esse apertum ad **opera manuum exercenda**, quia situm est in civitate, in aliquo castro vel villa, propterea.

BICKHAM SCRIPT BOLD / SMALL CAPS 11/11

Dolor sit amet SED UT PERSPICIATIS ipsam voluptatem enim voluptas sit esse Dominico Vaspernatur aut fugit Roma, Januaris 1522.

BICKHAM SCRIPT BOLD / SMALL CAPS 25/30

NEMO ENIM

BICKHAM SCRIPT 17/14

Sed ut perspiciatis unde omnis iste natus error sit voluptatem accusantium doloremque laudantium, totam rem aperiam, eaque ipsa quae ab illo de inventore veritatis et quasi architecto beatae vitae dicta sunt est explicabo natus:

- Neque **porro** quisquam.
- Architecto beatae vitae
- Qui **dolorem** ipsum
- Inventore veritatis quasi

Dolores nemo enim ipsam voluptatem quia voluptas sit aspernatur aut odit aut fugit, sed quia consequuntur magni est dolores eos qui ratione.

Nunc enim vere monachi est de sunt, si otiosi non maneant; sicut. Sed ne aliquis de possit dicens, tale est monasterium.

BICKHAM SCRIPT BOLD 13/15

"Neque porro quisquam est, qui dolorem ipsum quia dolor sit amet, consectetur Nemo voluptatem quia vere monachi maneant, aspernatur aut odit aut fugit, sed quia eos qui ratione voluptatem sequi nesciunt."

BICKHAM SCRIPT BOLD 10/12

Quisquam.

1	2	3	4	5	6
7	8	9	10	11	12	13
14	15	16	17	18	19	20
21	22	23	24	25	26	27
28	29	30				

BICKHAM SCRIPT BOLD 19/22.8

Operae pretium reor ea quae isto in anno Dominus per beatum Benedictum in Galliis operari dignatus est, ad posterorum memoriam et aedificationem annectere. Quidam namque vir potentissimus Gallorum gente progenitus tantis se ab ipsa infantia execrarat flagitiis.

BICKHAM SCRIPT 11/11

Cuidam	Vero
Dei	Servo
Juxta	Manenti
Dominus	Ea Quae Circa
Defuncti	Animam
Agebantur	Ostendere
Dignatus	Est
Nam	Statim
Ut de corpore	Exit

BICKHAM SCRIPT BOLD 19/19

Et sanctus: Ne vobis injustitiam forte facere videar, ejus facta examinate

TRAJAN 21/24

LOREM IPSUM DOLOR SIT AMET, CONSECTETUER ADIPISCING ELIT

TRAJAN BOLD 17/20.4

DUIS TE FEUGI FACILISI. DUIS AUTEM DOLOR IN HENDRERIT IN VULPUTATE VELIT ESSE MOLESTIE CONSEQUAT

LETTER GOTHIC 11/13.2

Videntes apostoli et alii patres antiqui, et praecipue reverendus pater noster beatus Benedictus, quod otiositas inimica est animae, sicut ipse dicit in regula sua, ipsi propriis manibus laboraverunt, et *religiosis viris opera* manuum secundum quod regula praecepit, studeant propriis manibus laborare.

Sed ne aliquis de dispositione locorum causari possit dicens, tale monasterium non esse apertum ad *opera manuum exercenda*, quia situm est in civitate, in aliquo castro vel villa, propterea.

LETTER GOTHIC ITALIC / SMALL CAPS 9/10.8

Dolor sit amet SED UT PERSPICIATIS *ipsam voluptatem enim voluptas sit esse Dominico Vaspernatur aut fugit Roma, Januaris 1522.*

LETTER GOTHIC BOLD / SMALL CAPS 19/22.8

NEMO ENIM

LETTER GOTHIC 9/11.5

Sed ut perspiciatis unde omnis iste natus error sit voluptatem accusantium doloremque laudantium, totam rem aperiam, eaque ipsa quae ab illo de inventore veritatis et quasi architecto beatae vitae dicta sunt est explicabo natus:

- Neque *porro* quisquam
- Architecto beatae vitae
- Qui *dolorem* ipsum
- Inventore veritatis quasi

Dolores nemo enim ipsam voluptatem quia voluptas sit aspernatur aut odit aut fugit, sed quia consequuntur magni est dolores eos qui ratione.

Nunc enim vere monachi est de sunt, si otiosi non maneant, sicut. Sed ne aliquis de possit dicens, tale est monasterium.

TRAJAN BOLD 8/13

"NEQUE PORRO QUISQUAM EST, QUI DOLOREM IPSUM QUIA DOLOR SIT AMET, CONSECTETUR NEMO VOLUPTATEM QUIA VERE MONACHI MANEANT, ASPERNATUR AUT ODIT AUT FUGIT, SED QUIA EOS QUI RATIONE VOLUPTATEM SEQUI NESCIUNT."

TRAJAN 7/12

QUISQUAM					
	1	2	3	4	5	6
7	8	9	10	11	12	13
14	15	16	17	18	19	20
21	22	23	24	25	26	27
28	29	30				

LETTER GOTHIC BOLD 14/16.8

Operae pretium reor ea quae isto in anno Dominus per beatum Benedictum in Galliis operari dignatus est, ad posterorum memoriam et aedificationem annectere. Quidam namque vir potentissimus Gallorum *gente progenitus tantis* se ab ipsa infantia execrarat flagitiis.

TRAJAN 9/11

CUIDAM	VERO
DEI	SERVO
JUXTA	MANENTI
DOMINUS	EA QUAE CIRCA
DEFUNCTI	ANIMAM
AGEBANTUR	OSTENDERE
DIGNATUS	EST
NAM	STATIM
UT DE CORPORE	EXIIT

TRAJAN BOLD 12/21

ET SANCTUS: NE VOBIS INJUSTITIAM FORTE FACERE VIDEAR, EJUS FACTA EXAMINATE

MISTRAL 36/36

Lorem ipsum dolor sit amet, consectetuer adipiscing elit

MISTRAL / ALL CAPS 22/26.4

DUIS TE FEUGI FACILISI. DUIS AUTEM DOLOR IN HENDRERIT IN VULPUTATE VELIT ESSE MOLESTIE

MISTRAL 15/17

Videntes apostoli et alii patres antiqui, et praecipue reverendus pater noster beatus Benedictus, quod otiositas inimica est animae, sicut ipse dicit in regula sua, ipsi propriis manibus laboraverunt, et religiosis viris opera manuum secundum quod regula praecepit, studeant propriis manibus laborare.

Sed ne aliquis de dispositione locorum causari possit dicens, tale monasterium non esse apertum ad opera manuum exercenda, quia situm est in civitate, in aliquo castro vel villa, propterea.

MISTRAL ITALIC / SMALL CAPS 11/13.2

Dolor sit amet SED UT PERSPICIATIS ipsam voluptatem enim voluptas sit esse Dominico Vaspernatur aut fugit Roma, Januaris 1522.

MISTRAL BOLD / SMALL CAPS 19/22.8

NEMO ENIM

MISTRAL 12/15

Sed ut perspiciatis unde omnis iste natus error sit voluptatem accusantium doloremque laudantium, totam rem aperiam, eaque ipsa quae ab illo de inventore veritatis et quasi architecto beatae vitae dicta sunt est explicabo natus:

- Neque porro quisquam
- Architecto beatae vitae
- Qui dolorem ipsum
- Inventore veritatis quasi

Dolores nemo enim ipsam voluptatem quia voluptas sit aspernatur aut odit aut fugit, sed quia consequuntur magni est dolores eos qui ratione.

Nunc enim vere monachi est de sunt, si otiosi non maneant, sicut. Sed ne aliquis de possit dicens, tale est monasterium.

MISTRAL 13/14

"Neque porro quisquam est, qui dolorem ipsum quia dolor sit amet, consectetur Nemo voluptatem quia vere monachi maneant, aspernatur aut odit aut fugit, sed quia eos qui ratione voluptatem sequi nesciunt."

MISTRAL 9/12

Quisquam					
1	2	3	4	5	6
7	8	9	10	11	12	13
14	15	16	17	18	19	20
21	22	23	24	25	26	27
28	29	30				

MISTRAL BOLD 18/23

Operae pretium reor ea quae isto in anno Dominus per beatum Benedictum in Galliis operari dignatus est, ad posterorum memoriam et aedificationem annectere. Quidam namque vir potentissimus Gallorum gente progenitus tantis se ab ipsa infantia execrarat flagitiis.

MISTRAL 9/11

Cuidam	Vero
Dei	Servo
Juxta	Manenti
Dominus	Ea Quae Circa
Defuncti	Animam
Agebantur	Ostendere
Dignatus	Est
Nam	Statim
Ut de corpore	Exiit

MISTRAL 19/19

Et sanctus: Ne vobis injustitiam forte facere videar, ejus facta examinate

OCR A 18/24

Lorem ipsum dolor sit amet, consectetuer adipiscing elit

OCR A / ALL CAPS 15/18

DUIS TE FEUGI FACILISI. DUIS AUTEM DOLOR IN HENDRERIT IN VULPUTATE VELIT ESSE MOLESTIE CONSEQUAT

OCR A 10/13

Videntes apostoli et alii patres antiqui, et praecipue reverendus pater noster beatus Benedictus, quod otiositas inimica est animae, sicut ipse dicit in regula sua, ipsi propriis manibus laboraverunt, et religiosis viris opera manuum secundum quod regula praecepit, studeant propriis manibus laborare.

Sed ne aliquis de dispositione locorum causari possit dicens, tale monasterium non esse apertum ad opera manuum exercenda, quia situm est in civitate, in aliquo castro vel villa, propterea.

OCR A / SMALL CAPS 7/8.4

Dolor sit amet SED UT PERSPICIATIS ipsam voluptatem enim voluptas sit esse Dominico Vaspernatur aut fugit Roma, Januaris 1522.

OCR A / SMALL CAPS 19/22.8

NEMO ENIM

OCR A 8/10.5

Sed ut perspiciatis unde omnis iste natus error sit voluptatem accusantium doloremque laudantium, totam rem aperiam, eaque ipsa quae ab illo de inventore veritatis et quasi architecto beatae vitae dicta sunt est ne explicabo natus:

- Neque porro quisquam
- Architecto beatae vitae
- Qui dolorem ipsum
- Inventore veritatis quasi

Dolores nemo enim ipsam voluptatem quia voluptas sit aspernatur aut odit aut fugit, sed quia consequuntur magni est dolores eos qui ratione.

Nunc enim vere monachi est sunt, otiosi non maneant, sicut. Sed aliquis de possit dicens, tale est monasterium.

OCR A 6/15

"Neque porro quisquam est, qui dolorem ipsum quia dolor sit amet, consectetur Nemo voluptatem quia vere monachi maneant, aspernatur aut odit aut fugit, sed quia eos qui ratione voluptatem sequi nesciunt."

OCR A 7/12

Quisquam					
1	2	3	4	5	6
7	8	9	10	11	12	13
14	15	16	17	18	19	20
21	22	23	24	25	26	27
28	29	30				

OCR A 12/14.4

Operae pretium reor ea quae isto in anno Dominus per beatum Benedictum in Galliis operari dignatus est, ad posterorum memoriam et aedificationem annectere. Quidam namque vir potentissimus Gallorum gente progenitus tantis se ab ipsa infantia execrarat flagitiis.

OCR A 9/11

Cuidam	Vero
Dei	Servo
Juxta	Manenti
Dominus	Ea Quae Circa
Defuncti	Animam
Agebantur	Ostendere
Dignatus	Est
Nam	Statim
Ut de corpore	Exiit

OCR A 9/20

Et sanctus: Ne vobis injustitiam forte facere videar, ejus facta examinate

TRAJAN 21/24

LOREM IPSUM DOLOR SIT AMET, CONSECTETUER ADIPISCING ELIT

TRAJAN BOLD 17/20.4

DUIS TE FEUGI FACILISI. DUIS AUTEM DOLOR IN HENDRERIT IN VULPUTATE VELIT ESSE MOLESTIE CONSEQUAT

TRAJAN 11/13.2

VIDENTES APOSTOLI ET ALII PATRES ANTIQUI, ET PRAECIPUE REVERENDUS PATER NOSTER BEATUS BENEDICTUS, QUOD OTIOSITAS INIMICA EST ANIMAE, SICUT IPSE DICIT IN REGULA SUA, IPSI PROPRIIS MANIBUS LABORAVERUNT, ET RELIGIOSIS VIRIS OPERA MANUUM SECUNDUM QUOD REGULA PRAECEPIT, STUDEANT PROPRIIS MANIBUS LABORARE.

SED NE ALIQUIS DE DISPOSITIONE LOCORUM CAUSARI POSSIT DICENS, TALE MONASTERIUM NON ESSE APERTUM AD OPERA MANUUM EXERCENDA, QUIA SITUM EST IN CIVITATE, IN ALIQUO CASTRO VEL VILLA, PROPTEREA.

TRAJAN / SMALL CAPS 8/9.6

DOLOR SIT AMET SED UT PERSPICIATIS IPSAM VOLUPTATEM ENIM VOLUPTAS SIT ESSE DOMINICO VASPERNATUR AUT FUGIT ROMA, JANUARIS 1522.

TRAJAN BOLD / SMALL CAPS 19/22.8

NEMO ENIM

TRAJAN 8.5/12

SED UT PERSPICIATIS UNDE OMNIS ISTE NATUS ERROR SIT VOLUPTATEM ACCUSANTIUM DOLORE MQUE LAUDANTIUM, TOTAM REM APERIAM, EAQUE IPSA QUAE AB ILLO DE INVENTORE VERITATIS ET QUASI ARCHITECTO BEATAE VITAE DICTA SUNT EST EXPLICABO NATUS:

· NEQUE PORRO QUISQUAM
· ARCHITECTO BEATAE VITAE
· QUI DOLOREM IPSUM
· INVENTORE VERITATIS QUASI

DOLORES NEMO ENIM IPSAM VOLUPTATEM QUIA VOLUPTAS SIT ASPERNATUR AUT ODIT AUT FUGIT, SED QUIA CONSEQUUNTUR MAGNI EST DOLORES EOS QUI RATIONE.

NUNC ENIM VERE MONACHI EST DE SUNT, SI OTIOSI NON MANEANT, SICUT. SED NE ALIQUIS DE POSSIT DICENS, TALE EST MONASTERIUM.

TRAJAN BOLD 8/13

"NEQUE PORRO QUISQUAM EST, QUI DOLOREM IPSUM QUIA DOLOR SIT AMET, CONSECTETUR NEMO VOLUPTATEM QUIA VERE MONACHI MANEANT, ASPERNATUR AUT ODIT AUT FUGIT, SED QUIA EOS QUI RATIONE VOLUPTATEM SEQUI NESCIUNT."

TRAJAN 7/12

QUISQUAM					
	1	2	3	4	5	6
7	8	9	10	11	12	13
14	15	16	17	18	19	20
21	22	23	24	25	26	27
28	29	30				

TRAJAN BOLD 14/16.8

OPERAE PRETIUM REOR EA QUAE ISTO IN ANNO DOMINUS PER BEATUM BENEDICTUM IN GALLIIS OPERARI DIGNATUS EST, AD POSTERORUM MEMORIAM ET AEDIFICATIONEM ANNECTERE. QUIDAM NAMQUE VIR POTENTISSIMUS GALLORUM GENTE PROGENITUS TANTIS SE AB IPSA INFANTIA EXECRARAT FLAGITIIS.

TRAJAN 9/11

CUIDAM	VERO
DEI	SERVO
JUXTA	MANENTI
DOMINUS	EA QUAE CIRCA
DEFUNCTI	ANIMAM
AGEBANTUR	OSTENDERE
DIGNATUS	EST
NAM	STATIM
UT DE CORPORE	EXIIT

TRAJAN BOLD 12/21

ET SANCTUS: NE VOBIS INJUSTITIAM FORTE FACERE VIDEAR, EJUS FACTA EXAMINATE

ZAPFINO BOLD 22/26.4

Lorem ipsum dolor sit amet

ZAPFINO / ALL CAPS 12/28

DUIS TE FEUGI FACILISI. DUIS AUTEM DOLOR IN HENDRERIT

ZAPFINO 8/19

Videntes apostoli et alii patres antiqui, et praecipue reverendus pater noster beatus Benedictus, quod otiositas inimica est animae, sicut ipse dicit in regula sua, ipsi propriis manibus laboraverunt, et religiosis viris opera manuum secundum quod regula praecepit, studeant propriis manibus laborare.

Sed ne aliquis de dispositione locorum causari possit dicens, tale monasterium non esse apertum ad opera manuum exercenda, quia situm est in civitate, in aliquo castro vel villa, propterea.

ZAPFINO ITALIC / SMALL CAPS 11/13.2

Dolor sit amet SED UT PERSPICIATIS ipsam voluptatem enim voluptas sit esse Dominico Vaspernatur aut fugit Roma, Januaris 1522.

ZAPFINO BOLD / SMALL CAPS 11/22.8

NEMO ENIM

ZAPFINO 7/14.5

Sed ut perspiciatis unde omnis iste natus error sit voluptatem accusantium doloremque laudantium, totam rem aperiam, eaque ipsa quae ab illo de inventore veritatis et quasi architecto beatae vitae dicta sunt est explicabo natus:

- Neque porro quisquam
- Architecto beatae vitae
- Qui dolorem ipsum
- Inventore veritatis quasi

Dolores nemo enim ipsam voluptatem quia voluptas sit aspernatur aut odit aut fugit, sed quia consequuntur magni est dolores eos qui ratione.

Nunc enim vere monachi est de sunt, si otiosi non maneant, sicut. Sed ne aliquis de possit dicens, tale est monasterium.

ZAPFINO 7/19

"Neque porro quisquam est, qui dolorem ipsum quia dolor sit amet, consectetur Nemo voluptatem quia vere monachi maneant, aspernatur aut odit aut fugit."

ZAPFINO 5/12

Quisquam					
1	2	3	4	5	6
7	8	9	10	11	12	13
14	15	16	17	18	19	20
21	22	23	24	25	26	27

ZAPFINO BOLD 10/20

Operae pretium reor ea quae isto in anno Dominus per beatum Benedictum in Galliis operari dignatus est, ad posterorum memoriam et aedificationem annectere. Quidam namque vir potentissimus Gallorum gente progenitus tantis se ab ipsa infantia execrarat flagitiis.

ZAPFINO 6/20

Cuidam	Vero
Dei	Servo
Juxta	Manenti
Dominus	Ea Quae Circa
Defuncti	Animam

ZAPFINO 8/24

Et sanctus: Ne vobis injustitiam forte facere videar, ejus facta examinate

Coming Soon....

"The Big Book of Comic Sans"

just kidding... :)

**Don't forget to mention "The Big Book of Font Combinations"
on Twitter, Facebook, and your blog!**

CPSIA information can be obtained
at www.ICGtesting.com
Printed in the USA
BVHW011119071022
648919BV00004B/349